Vincenz Pieper
Philologische Erkenntnis

spectrum
Literaturwissenschaft/
spectrum Literature

Komparatistische Studien/Comparative Studies

Herausgegeben von/Edited by
Moritz Baßler, Werner Frick,
Monika Schmitz-Emans

Wissenschaftlicher Beirat/Editorial Board
Sam-Huan Ahn, Peter-André Alt, Aleida Assmann, Francis Claudon,
Marcus Deufert, Wolfgang Matzat, Fritz Paul, Terence James Reed,
Herta Schmid, Simone Winko, Bernhard Zimmermann,
Theodore Ziolkowski

Band 65

Vincenz Pieper

Philologische Erkenntnis

Eine Untersuchung zu den begrifflichen Grundlagen
der Literaturforschung

DE GRUYTER

Gedruckt mit freundlicher Unterstützung der Geschwister Boehringer Ingelheim Stiftung für
Geisteswissenschaften in Ingelheim am Rhein

ISBN 978-3-11-221560-9
e-ISBN (PDF) 978-3-11-062926-2
e-ISBN (EPUB) 978-3-11-062590-5
ISSN 1860-210X

Library of Congress Control Number: 2019938705

Bibliografische Information der Deutschen Nationalbibliothek
Die Deutsche Nationalbibliothek verzeichnet diese Publikation in der Deutschen
Nationalbibliografie; detaillierte bibliografische Daten sind im Internet über
http://dnb.dnb.de abrufbar.

© 2025 Walter de Gruyter GmbH, Berlin/Boston
Dieser Band ist text- und seitenidentisch mit der 2019 erschienenen gebundenen Ausgabe.
Satz: Integra Software Services Pvt. Ltd.
Druck: CPI books GmbH, Leck

www.degruyter.com

Wer mit Wortgrübelei sein Nachdenken nicht anfängt, der kommt, wenig gesagt, nie damit zu Ende.

Lessing: Über eine zeitige Aufgabe.

Inhaltsverzeichnis

Einleitung —— 1

1 Sprach- und Literaturforschung im Bann von Mythen —— 5
  1.1 Zur Methode: Die kritische Aufgabe der Begriffsanalyse —— 5
  1.2 Der Mythos der Bedeutung —— 17
    1.2.1 Die Augustinische Sprachauffassung —— 17
    1.2.2 Annäherung an eine Fehlerdiagnose —— 21
    1.2.3 Psychologisierung von Bedeutungen —— 25
    1.2.4 Platonisierung von Bedeutungen —— 31
    1.2.5 Konturen einer konstruktiven Bedeutungsauffassung —— 36
  1.3 Der Mythos des Inhalts —— 38
    1.3.1 Wortinhalt und Bezeichnetes —— 40
    1.3.2 Satzinhalt und Gesagtes —— 42
    1.3.3 Propositionen —— 45
    1.3.4 Darstellungsinhalt —— 48
    1.3.5 Was inhaltsangebende Sätze leisten —— 51
    1.3.6 Klarstellungen zur Vorgehensweise —— 56
  1.4 Das Innen-Außen-Bild —— 57
    1.4.1 Seelenvorstellungen als Produkte mythischen Denkens —— 62
    1.4.2 Hypostasierung des Mentalen —— 63
    1.4.3 Direkter und indirekter Zugang —— 71
    1.4.4 Das Subjekt hinter dem Verhalten —— 78
    1.4.5 Mentale Repräsentation —— 84
    1.4.6 Fehlerquellen —— 92
  1.5 Sprache als äußeres Zeichen des Inneren —— 94
    1.5.1 Sprache und Vorstellungen —— 95
    1.5.2 Mentalistische Dichtungstheorien —— 101
    1.5.3 Verdopplung der Phänomene —— 110
    1.5.4 Sinn durch Einbettung —— 114
    1.5.5 Was ‚hat' man, wenn man eine Vorstellung hat? —— 117
  1.6 Absichten als Ursachen und Bedeutungsquellen —— 121
    1.6.1 Werden Bedeutungen intendiert? —— 123
    1.6.2 Sind Absichten die inneren Ursachen des Schreibens? —— 127
    1.6.3 Die Ungereimtheit des Intentionalismus —— 133

1.6.4 Was mit ‚meinen' gemeint ist —— **139**
1.6.5 Konsequenzen für die Literaturforschung —— **146**
1.7 Mythologien des Verstehens —— **149**
    1.7.1 Verstehen als Korrespondenz innerer Zustände —— **150**
    1.7.2 Kommunikationsskepsis —— **153**
    1.7.3 Verfehlte Kritik am Übertragungsmodell —— **157**
    1.7.4 Sinnliches Rohmaterial, mentales Produkt —— **163**
    1.7.5 Verstehen als innerer Vorgang —— **169**
    1.7.6 Mentale Wörterbücher und ‚frames' —— **172**
1.8 Abschließende Diskussion der kritischen Untersuchungen —— **175**

2 Versuch einer Neubestimmung der Begriffe —— **179**
2.1 Zur Methode: Die konstruktive Aufgabe der Begriffsanalyse —— **180**
2.2 Eine verhaltensorientierte Auffassung von Sprache und Geist —— **189**
    2.2.1 Die anthropologisch-ethnologische Sprachauffassung —— **191**
    2.2.2 Entpsychologisierung der Psychologie —— **203**
    2.2.3 Dichte Beschreibungen —— **209**
    2.2.4 Begriffliche Grundlagen der Poetik —— **214**
    2.2.5 Dichtung als soziale Institution —— **223**
2.3 Worüber redet man, wenn man über Texte redet? —— **230**
    2.3.1 Die Trennung von Autor und Text —— **232**
    2.3.2 Herstellungszusammenhang und Textzusammenhang —— **238**
    2.3.3 Prozeßcharakter sprachlicher Gebilde —— **245**
    2.3.4 Schriftliche Sprachverwendung —— **248**
2.4 Über einige Besonderheiten fiktionaler Darstellung —— **253**
    2.4.1 Gegen den Strukturalismus —— **253**
    2.4.2 Gegen den impliziten Autor —— **256**
    2.4.3 Fiktionale Erzählung —— **259**
    2.4.4 Fiktionale Erzählerrede —— **263**
    2.4.5 Fiktionale Rede in anderen Literaturgattungen —— **267**
    2.4.6 Mittel, Modus und Gegenstand der fiktionalen Darstellung —— **274**
2.5 Philologische Forschung: Skizze des Begriffsfelds —— **280**
    2.5.1 Untersuchung —— **281**
    2.5.2 Auffassung —— **289**
    2.5.3 Verstehen —— **291**
    2.5.4 Würdigung —— **294**

    2.5.5   Erklärung —— **299**
    2.5.6   Interpretation —— **305**
2.6 Aspekte philologischer Erkenntnis —— **312**
    2.6.1   Wahrnehmung —— **317**
    2.6.2   Theoriebildung —— **327**
    2.6.3   Simulation —— **333**
2.7 Die Herstellung von Evidenz im wissenschaftlichen Gespräch über Texte —— **347**
    2.7.1   Evidenz als Ziel der Analyse —— **348**
    2.7.2   Evidenz und Gespräch —— **352**
2.8 Abschließende Diskussion der konstruktiven Überlegungen —— **360**

Dank —— 363

Siglenverzeichnis —— 365

Literaturverzeichnis —— 367

Personenregister —— 415

Einleitung

Was heißt es eigentlich, ein sprachliches Gebilde zu verstehen? Was meint man, wenn man sagt, daß die Philologie nach Erkenntnis strebt? Der Germanist und Komparatist Peter Szondi hat diesen Fragen eine aufschlußreiche Abhandlung gewidmet, die als fortdauernde Herausforderung zur wissenschaftsphilosophischen Reflexion gelesen werden kann.[1] Szondi hat sich intensiv mit den erkenntnis- und wissenschaftstheoretischen Grundlagen beschäftigt, die verschiedenen Richtungen der Literaturforschung gemeinsam sind. Die Fragen, die er stellt, haben nichts von ihrer Dinglichkeit verloren, die Erklärungen, die er anbietet, laden zur Vertiefung und zur kritischen Weiterführung ein. Allerdings muß man, wenn man sich heute mit den von Szondi aufgeworfenen Problemen beschäftigt, eigene Wege gehen und grundsätzlich überlegen, wie man bestimmen kann, was philologische Erkenntnis ist. Was vermag die hier zuständige Disziplin, die man als ‚Philosophie der Philologie' bezeichnen könnte, überhaupt zu leisten? Diese Studie macht sich die methodologischen Einsichten von Otto Neurath, Ludwig Wittgenstein, Rudolf Carnap, Gilbert Ryle und John Austin zunutze, um zu zeigen, daß Fortschritte auf dem Gebiet der Wissenschaftsphilosophie vor allem durch die Klärung von Begriffen und Gedanken erzielt werden können. Die Begriffsanalyse, wie ich sie verstehe, hat eine konstruktive und eine kritische Seite. Ihre *konstruktive* Aufgabe ist es, die Ausdrücke zu erläutern, mit denen man über Texte und über die wissenschaftliche Beschäftigung mit ihnen diskutiert: Die historische und systematische Untersuchung der Wissenschaftssprache führt, wenn sie erfolgreich ist, zum Klarwerden der Sätze, mit denen etwas Richtiges oder Falsches über literarische Werke gesagt werden kann. Die *kritische* Aufgabe der Begriffsanalyse ist es, Sätze zu entkräften, die für einleuchtend gehalten und bereitwillig akzeptiert werden, tatsächlich aber ungereimt und keiner empirischen Bestätigung fähig sind.

---

[1] Peter Szondi: Zur Erkenntnisproblematik in der Literaturwissenschaft, in: Die Neue Rundschau 73 (1962), S. 146–165; mit verändertem Titel wiederabgedruckt in: ders.: Hölderlin-Studien. Mit einem Traktat über philologische Erkenntnis, Frankfurt/M. 1967, S. 9–30; dann aufgenommen in: ders.: Schriften, Bd. 1, Frankfurt/M. 1978, S. 261–418. Über Szondis geistiges Profil informieren: Eberhard Lämmert: Peter Szondi. Ein Rückblick zu seinem 65. Geburtstag, in: Poetica 26 (1994), S. 1–30; Christoph König: Engführungen. Peter Szondi und die Literatur, Marbach 2004; Andreas Isenschmid: Peter Szondi. Portrait des Literaturwissenschaftlers als junger Mann, in: Textgelehrte. Literaturwissenschaft und literarisches Wissen im Umfeld der kritischen Theorie, hg. von Nicolas Berg und Dieter Burdorf, Göttingen 2014, S. 389–408; Dieter Burdorf: Der letzte Textgelehrte. Bemerkungen zu Peter Szondi, in: ebd., S. 409–425; Thomas Sparr: Peter Szondi. Über philologische Erkenntnis, in: ebd., S. 427–438.

Die Arbeit ist in zwei Teile gegliedert, die ungefähr den beiden Aufgaben der Begriffsanalyse entsprechen: Der erste Teil knüpft an die Einsichten Wittgensteins an und zeichnet die Entstehung einer Mythologie des Sprachverstehens nach. Mit ‚Mythologie' ist ein System von anschaulichen Vorstellungen gemeint, das durch Ausdrucksformen der Sprache hervorgerufen und aufrechterhalten wird. Die kritische Analyse richtet sich nicht gegen diese Ausdrucksformen, denn im wissenschaftlichen Gespräch über Autoren und ihre Texte sind sie nicht allein harmlos, sondern auch schwer ersetzbar. Damit sie jedoch keine Illusionen verursachen, ist es notwendig, die versteckten Trugschlüsse sichtbar zu machen, die zur Annahme von „müßigen Zwischenobjekten"[2] führen: Bedeutungen, die mit den sprachlichen Zeichen verbunden sind, oder Absichten, die das äußere Verhalten steuern. Aus der Verwechslung dieser unbeobachtbaren Zwischenobjekte mit den möglichen Gegenständen der Untersuchung entstehen zweifelhafte Auffassungen vom Textverstehen, die ich anhand verschiedener Traditionen der Theoriebildung diskutieren werde. Nach der Rekonstruktion der sprachinduzierten Illusionen wird im zweiten Teil der Studie ein Gegenentwurf präsentiert, der zu einer präziseren Bestimmung der philologischen Tätigkeit und ihres Objektbereichs führen soll. Die vorgeschlagene Konzeption des *Gegenstandsbereichs* kann annäherungsweise als ‚poststrukturalistisch' (Zeichen bilden keine eigenständigen, vom Verfasser losgelösten Strukturen, sondern sind in sprachliche Tätigkeiten eingebettet) und ‚verhaltensbezogen' (psychologische Sätze beschreiben keine inneren Vorkommnisse, sondern beziehen sich auf das, was Autoren zu tun geneigt sind) gekennzeichnet werden. Die Neukonzeption der *wissenschaftlichen Tätigkeit* ist darauf angelegt, die Fixierung auf ‚Interpretation' und ‚Bedeutungszuweisung' zu überwinden. Philologie wird als rationale Untersuchung verstanden, die einen Beobachtungs-, einen Theoriebildungs- und einen Einfühlungsaspekt hat. Man entwickelt, wenn man Texte untersucht, eine Auffassung davon, was der Autor tut, indem er sie schreibt. Das Autorbild, das man dabei entwirft, ist ein hypothetisches Konstrukt und eine Projektionsleistung – das schließt jedoch nicht aus, daß es gelingt, das Verhalten des empirischen Autors richtig zu erfassen.

Die Beschäftigung mit den begrifflichen Grundlagen der eigenen Disziplin ist für die Literaturwissenschaft in zweifacher Hinsicht von Bedeutung: 1. Das wissenschaftliche Denken wird oft durch ungeprüfte Ausdrucksweisen irregeführt, was zu überflüssigen Streitigkeiten und fruchtloser Theoriebildung führt. Eine

---

[2] Oliver Scholz: Verstehen = Zusammenhänge erkennen, in: Verstehen und Verständigung, hg. von Klaus Sachs-Hombach, Stuttgart 2016, S. 17–32, S. 29; ders.: Verstehen verstehen, in: Mathematik verstehen. Philosophische und didaktische Perspektiven, hg. von Markus Helmerich, Katja Lengnink, Gregor Nickel und Martin Rathgeb, Wiesbaden 2011, S. 3–14, S. 12.

sprachkritische Untersuchung kann dazu beitragen, eingebildetes von wirklichem Wissen zu unterscheiden. Sie erleichtert die wissenschaftliche Zusammenarbeit, indem sie unnötige Verwirrungen und falsche Gegensätze abbaut. 2. Die Klärung der Begriffe schärft das Bewußtsein für den Gegenstandsbereich, die Ziele und die Untersuchungsmethoden der Wissenschaft. Sie kann die Fähigkeit befördern, geeignete Fragen zu formulieren und die Güte von Erklärungen richtig einzuschätzen.

1 Sprach- und Literaturforschung im Bann von Mythen

Das Ziel dieses ersten Teils ist es, eine Mythologie zu rekonstruieren, die sich im Nachdenken über Sprache und Sprachverstehen etabliert hat. Aus unauffälligen Gedankensprüngen und subtilen Verwechslungen entstehen folgenreiche Verwicklungen, die das Verständnis von Philologie tiefgreifend beeinflussen. Ich beginne mit einigen vorbereitenden Erläuterungen zur kritischen Funktion der Begriffsanalyse (1.1). Es folgt die Untersuchung einzelner Denkmuster, wobei sich zeigen wird, wie verschiedene Traditionen der Theoriebildung von der unreflektierten Neigung geprägt sind, Bedeutungen und Darstellungsinhalte als Begleiterscheinungen oder Ergänzungen der bloßen Schriftzeichen zu deuten (1.2, 1.3). Die problematische Tendenz zur Verdinglichung führt nicht nur zu einer konfusen Bedeutungsauffassung, sondern auch zu einer umfassenden Mythologisierung des Mentalen, deren Auswirkungen auf das Selbstverständnis der Literaturwissenschaft in den folgenden Kapiteln dargelegt wird (1.4, 1.5, 1.6, 1.7). Das letzte Kapitel diskutiert einige Einwände, die man gegen die sprachkritische Analyse wissenschaftlicher Theorien erhoben hat (1.8).

1.1 Zur Methode: Die kritische Aufgabe der Begriffsanalyse

In der Abhandlung *Über philologische Erkenntnis* dokumentiert Peter Szondi seinen Widerstand gegen eine traditionelle Konzeption des Lesens und Verstehens: Er bestreitet, daß die Philologie herausfinden müsse, „welche Bedeutung oder auch welche Bedeutungen von dem Dichter gemeint waren",[1] er will die Wörter nicht als „Vehikel im Dienst von Gedanken und Vorstellungen"[2] verstanden wissen und lehnt es ab, einen Text „ins imaginäre Netz der Intention zu ziehen".[3] Szondi hat weder Einwände gegen die Bemühung, die ‚volle Bedeutung' des Ausdrucks „abendländische Junonische Nüchternheit" zu ergründen, noch gegen den Anspruch, Hölderlins ‚Gedanken' und ‚Vorstellungen' möglichst genau zu verstehen.[4] Es ist das *theoretische Verständnis* dieser Begriffe, das aus Szondis

---

[1] Szondi: Über philologische Erkenntnis, S. 283.
[2] Szondi: Über philologische Erkenntnis, S. 283.
[3] Szondi: Über philologische Erkenntnis, S. 284.
[4] Vgl. Peter Szondi: Überwindung des Klassizismus. Hölderlins Brief an Böhlendorff vom 4. Dezember 1801 [1964], in: ders.: Schriften, Bd. 1, Frankfurt/M. 1978, S. 345–366.

Perspektive dafür sorgt, daß der Gegenstand der Philologie „eher verkannt denn erkannt",[5] ja „verfälscht"[6] wird. Was Szondi anstrebt, ist die „Revision" einer irreführenden „Vorstellung von der Natur der Sprache",[7] die zu einem veränderten Selbstverständnis der Literaturforschung führen soll.

Die beste Kritik an der Sprachauffassung, die auch in den gegenwärtigen Diskussionen noch zu einem unzureichenden Verständnis von Philologie führt, stammt wohl von Ludwig Wittgenstein. Szondi hat Wittgensteins Schriften gelesen und in *Über philologische Erkenntnis* mit spürbarer Anerkennung zitiert.[8] Vielleicht hat er die Tragweite der *Philosophischen Untersuchungen* nicht in vollem Umfang erfaßt, seine von Friedrich Schleiermacher inspirierte Auffassung der Schrift als Lebensäußerung und sein lebhaftes Interesse an Jacques Derridas Sprachkonzeption (bei gleichzeitiger Distanzierung von einer „Esoterik à la Derrida"[9]) rechtfertigen es jedoch, seine Überlegungen zu den

---

5 Szondi: Über philologische Erkenntnis, S. 283.
6 Szondi: Über philologische Erkenntnis, S. 284.
7 Peter Szondi: Hegels Lehre von der Dichtung [1964/65], in: ders.: Poetik und Geschichtsphilosophie I, hg. von Senta Metz und Hans Hagen Hildebrandt, Frankfurt/M. 1974, S. 267–511, S. 485f.
8 Szondi zeigte sich von dem Philosophieverständnis, das in Wittgensteins *Tractatus* entfaltet wird, beeindruckt. Philosophie, verstanden als eine kritische Analyse und Erläuterung von Sätzen, schien ihm mit dem Geschäft der Philologie verwandt (Über philologische Erkenntnis, S. 266). Zwar erwähnt er einmal die „von Wittgenstein beeinflußte Sprachkonzeption" Lars Gustafssons (Diskussion II: Metaphern und Metaphern-Systeme, in: Sprache im technischen Zeitalter 31 (1969), S. 204–210, S. 209), doch sonst hat sich Szondi über Wittgensteins spätere Arbeiten nicht geäußert. Daß er sie zur Kenntnis genommen hat, ist dennoch ziemlich sicher. Er zitiert den *Tractatus* nach dem kurz zuvor bei Suhrkamp erschienenen Band der *Schriften* (Frankfurt/M. 1960), der auch die *Philosophischen Untersuchungen* enthielt. Überdies hatte Ingeborg Bachmann, mit der Szondi in freundschaftlicher Verbindung stand, Wittgensteins Philosophie in zwei Essays dargestellt: Ludwig Wittgenstein – Zu einem Kapitel der jüngsten Philosophiegeschichte [1953], in: dies.: Werke, Bd. 4, hg. von Christine Koschel, Inge von Weidenbaum und Clemens Münster, München 1993, S. 12–23; dies.: Sagbares und Unsagbares – Die Philosophie Ludwig Wittgensteins [1954], in: ebd., S. 103–127. Von dem Interesse der damaligen literarischen Welt an Wittgensteins späterer Philosophie zeugen auch die Aufsätze Jürgen von Kempskis: Wittgenstein und die Analytische Philosophie, in: Merkur 161 (1961), S. 664–667; ders.: Über Wittgenstein, in: Neue Deutsche Hefte 82 (1961), S. 43–60; gesammelt in: ders.: Brechungen. Kritische Versuche zur Philosophie der Gegenwart, hg. von Achim Eschbach, Frankfurt/M. 1992, S. 358–389. Vgl. Werner Kraft: Wittgenstein und Karl Kraus, in: Die Neue Rundschau 72 (1961), S. 812–844.
9 Peter Szondi: An Herbert Dieckmann, 20. November 1970, in: ders.: Briefe, hg. von Christoph König und Thomas Sparr, Frankfurt/M. 1993, S. 318.

"methodologischen und erkenntnistheoretischen Voraussetzungen"[10] der Literaturwissenschaft in Wittgensteins Richtung weiterzudenken.[11] Das Bild vom Funktionieren der Sprache, von dem sich Szondi, ohne seine Natur und seinen weitreichenden Einfluß ganz zu durchschauen, befreien will, wird in Wittgensteins *Blauem Buch* erhellend analysiert:

> Es scheint, daß es gewisse definitive geistige Vorgänge gibt, die mit dem Arbeiten der Sprache verbunden sind, Vorgänge, durch die allein die Sprache funktionieren kann. Ich meine die Vorgänge des Verstehens und Meinens. Die Zeichen unserer Sprache erscheinen tot ohne diese geistigen Vorgänge; und es könnte der Eindruck entstehen, daß es die einzige Funktion der Zeichen ist, solche Vorgänge hervorzurufen, und daß diese Vorgänge eigentlich das sind, wofür wir uns interessieren sollten. [...] Wir sind versucht zu denken, daß die Aktion der Sprache aus zwei Teilen besteht; einem inorganischen Teil, dem Handhaben von Zeichen, und einem organischen Teil, den wir als Verstehen, Meinen, Deuten und Denken dieser Zeichen bezeichnen können.[12]

Diese Rekonstruktion gibt eine erste Idee von der Sprachauffassung, mit der sich Szondi auseinandersetzt. Die Aussagen, die Wittgenstein wiedergibt, kennzeichnen die Muster, nach denen Theorien des Sprachverstehens aufgebaut sind: Man beginnt mit der Feststellung, daß die sprachlichen Ausdrücke von sich aus nichts bedeuten und mit einer Bedeutung verbunden werden müssen. Daß eine Verbindung von Ausdruck und Bedeutung zustande kommt, liegt daran, daß Autoren nicht nur Zeichen produzieren, sondern auch etwas mit ihnen zu verstehen geben wollen. Sie intendieren bestimmte Bedeutungen, die vom Leser reproduziert werden sollen. Das Verstehen des Textes ist ein seelischer Vorgang, bei dem der Leser die Zeichen wieder mit Bedeutungen verbindet, wobei er ihnen möglichst die Bedeutungen zuweisen sollte, die der Autor intendiert hat. Bei der Interpretation schließt man von den gegebenen Zeichen auf die verborgenen Absichten, um die richtigen Bedeutungszuweisungen vorzunehmen. Die Übereinstimmung der gemeinten mit der verstandenen Bedeutung ist das Ziel, dem man sich annähert.

Es ist nicht leicht, die skizzierte Sprachauffassung richtig zu beurteilen. Selbst einige ihrer radikalsten und beharrlichsten Gegner gehen in ihrer Kritik nicht weit genug. Die Aussage, daß Zeichen mit Bedeutungen verbunden sind, die Aussage, daß das Verstehen ein Vorgang ist, und die Aussage, daß das Denken im Kopf

---

10 Szondi: Über philologische Erkenntnis, S. 273.
11 Eberhard Lämmert deutet an, daß man Szondis Überlegungen in Auseinandersetzung mit Wittgenstein und Austin präzisieren könne: Theorie und Praxis der Kritik. Peter Szondis Hermeneutik, in: Literaturwissenschaft als kritische Wissenschaft, hg. von Michael Klein und Sieglinde Klettenhammer, Wien 2005, S. 77–99, S. 88.
12 Ludwig Wittgenstein: Das Blaue Buch, übers. von Petra von Morstein, in: ders.: Werkausgabe, Bd. 5, Frankfurt/M. 1970, S. 15–116, S. 18f.

stattfindet, wirken so vertraut und einsichtig, daß man es nicht für nötig hält, sie genauer zu prüfen – und so bestimmen sie nicht nur die vorwissenschaftliche Auffassung vom Textverstehen, sondern werden auch von Forschern verschiedener Disziplinen bei der Ausarbeitung von mehr oder weniger anspruchsvollen Theorien bedenkenlos vorausgesetzt. Im Laufe der Untersuchung wird sich allmählich zeigen, daß diese Basisannahmen, die viele Sprach- und Literaturwissenschaftler für unverdächtig und von selbst einleuchtend halten, unstimmig sind: Sie entstehen aus einer unbewußten Fehldeutung der Begriffe ‚Verstehen', ‚Bedeutung', ‚Absicht', ‚Gedanke', ‚Vorstellung' – einer Fehldeutung, die schwer zu korrigieren ist. Die Tendenz, diese und andere Grundbegriffe der Literaturwissenschaft verdinglichend zu deuten, führt unbemerkt zu einer metaphysischen Auffassung des Sprach- und Textverstehens: Es werden Fragen gestellt, die auf falschen Voraussetzungen beruhen, Prozesse und Strukturen postuliert, die unverständlich bleiben, und Probleme bearbeitet, die keine sind.

Wittgenstein versteht unter ‚Metaphysik' eine wissenschaftliche oder quasiwissenschaftliche Theoriebildung, die eine Fehldeutung der Sprachformen voraussetzt: „Man bevölkert die Welt mit ätherischen Wesen, den schattenhaften Begleitern der Substantive. Die Wissenschaft von diesen Scheinwesen könnte man mit Recht Metaphysik nennen."[13] Carnap benutzt ‚Metaphysik' „als Bezeichnung für den Bereich angeblichen Wissens über das Wesen der Dinge [...], der sich der empirisch begründeten induktiven Wissenschaft entzieht",[14] und er nennt, mit welcher Berechtigung sei dahingestellt, die Schriften von Fichte, Schelling, Bergson

---

13 Gordon Baker (Hg.): The Voices of Wittgenstein, London 2003, S. 160. Nach Wittgenstein gibt es eine „Unmenge" von diesen Schatten in der Philosophie und, so darf man wohl ergänzen, in den empirischen Wissenschaften: „Es spukt in der Philosophie überall von solchen schattenhaften Gebilden." (Eine philosophische Betrachtung, in: ders.: Werkausgabe, Bd. 5, Frankfurt/M. 1970, S. 117–282, S. 216.) Wittgensteins Ausdruck ‚Schatten' – alternative Bezeichnungen sind „Chimäre" oder „falsche Idealisierung" (Letzte Schriften über die Philosophie der Psychologie. Das Innere und das Äußere, 1949–1951 [= LS II], Frankfurt/M. 1993, S. 66) – wird aufgenommen von Charles Travis: Unshadowed Thought. Representation in Thought and Language, Cambridge, MA 2000. Zur historischen Einordnung vgl. Hilary Putnam: Travis on Meaning, Thought and the Ways the World Is, in: The Philosophical Quarterly 52/206 (2002), S. 96–106.

14 Rudolf Carnap: Überwindung der Metaphysik durch logische Analyse der Sprache [1931], in: ders.: Scheinprobleme in der Philosophie und andere metaphysikkritische Schriften, hg. von Thomas Mormann, Hamburg 2004, S. 81–109, S. 108. Die erheblichen Schwächen dieses Aufsatzes sollten nicht davon ablenken, daß das antimetaphysische Programm von Wittgenstein, Ryle und Austin geteilt wurde. Um eine gerechte Beurteilung Carnaps bemühen sich: Peter Hacker: Carnaps ‚Überwindung der Metaphysik', in: Deutsche Zeitschrift für Philosophie 48 (2000), S. 469–486; Jacques Bouveresse: Rudolf Carnap et l'héritage de l'Aufklärung, in: ders.: Essais VI. Les lumières des positivismes, Marseille 2011, S. 55–133.

und Heidegger als Beispiele. Damit ist jedoch nur ein geringer und vielleicht nicht einmal der interessanteste Teil dessen abgedeckt, was mit Wittgenstein und Carnap als ‚Metaphysik' verstanden werden kann.[15] Denn auch in wissenschaftlichen Theorien, die den Anspruch erheben, durch empirische Belege gestützt zu sein, können „Scheinsätze"[16] vorkommen, d.h. täuschende Sätze, die auf den ersten Blick bestätigungsfähig zu sein scheinen und oft auch für begründet gehalten werden, die aber bei genauerer Betrachtung einen Mangel an Klarheit aufweisen, der mit dem Anspruch auf Nachprüfbarkeit unvereinbar ist.[17]

---

[15] Carnaps Definition paßt nicht ganz zu seiner eigenen Verwendungsweise dieses Ausdrucks, denn er will „erkenntnistheoretische Richtungen" wie Idealismus, Solipsismus, Phänomenalismus auch dann als ‚metaphysisch' bezeichnen, wenn die betreffenden Autoren nach ihrem Selbstverständnis keine Metaphysik betreiben (Carnap: Überwindung der Metaphysik, S. 103). Otto Neurath hebt ausdrücklich hervor, daß sich Metaphysik oft „hinter der Fassade der Wissenschaft versteckt" (Empirische Soziologie. Der wissenschaftliche Gehalt der Geschichte und Nationalökonomie [1931], in: ders.: Gesammelte philosophische und methodologische Schriften, hg. von Rudolf Haller und Heiner Rutte, Wien 1981, S. 423–527, S. 425). Alfred Ayer erklärt, daß metaphysische Sätze aus Denkfehlern und nicht aus einem Streben nach besonderen, metaphysischen Einsichten hervorgehen können (Language, Truth and Logic, London 1947, S. 13). Wittgenstein legt großen Wert auf die Feststellung, daß nicht nur Philosophen und Wissenschaftler, sondern *alle* Menschen anfällig dafür sind, Metaphysik zu produzieren, d.h. Ungereimtheiten oder neue Darstellungsnormen, die sich als empirische Aussagen maskieren.
[16] Carnap: Überwindung der Metaphysik, S. 92–104.
[17] Die Begriffsanalyse im Stil Wittgensteins wurde schon häufig für die Philosophie der Einzelwissenschaften fruchtbar gemacht: *Philosophie der Neurowissenschaft*: Maxwell Bennett und Peter Hacker: Philosophical Foundations of Neuroscience, Oxford 2003; dies.: History of Cognitive Neuroscience, Oxford 2008. – *Philosophie der Soziologie:* Jeff Coulter: The Social Construction of Mind. Studies in Ethnomethodology and Linguistic Philosophy, London 1979; ders.: Mind in Action, Oxford 1989; Leonidas Tsilipakos: Clarity and Confusion in Social Theory. Taking Concepts Seriously, London 2015. – *Philosophie der Psychologie:* Wes Sharrock und Jeff Coulter: Brain, Mind, and Human Behavior in Contemporary Cognitive Science. Critical Assessment of the Philosophy of Psychology, Lewiston, NY 2007; Alan Costall und Ivan Leudar (Hg.): Against Theory of Mind, London 2009; Timothy Racine und Kathleen Slaney (Hg.): A Wittgensteinian Perspective on the Use of Conceptual Analysis in Psychology, Basingstoke 2013. – *Rechtsphilosophie:* Herbert Hart: The Concept of Law [1961], hg. von Penelope Bulloch und Joseph Raz, 3. Aufl., Oxford 2012; Alan White: Grounds of Liability. An Introduction to the Philosophy of Law, Oxford 1985; Michael Pardo und Dennis Patterson: Minds, Brains, and Law. Conceptual Foundations of Law and Neuroscience, Oxford 2013. – *Philosophie der Kunstgeschichte:* John Hyman: The Objective Eye. Colour, Form and Reality in the Theory of Art, Chicago 2006. – *Philosophie der Sprachwissenschaft:* Gordon Baker und Peter Hacker: Language, Sense and Nonsense. A Critical Investigation into Modern Theories of Language, Oxford 1984; Pär Segerdahl: Language Use. A Philosophical Investigation into the Basic Notions of Pragmatics, London 1996.

Unter dem Einfluß von Harald Fricke hat sich die Literaturwissenschaft Carnaps Explikationsprojekt erfolgreich zu eigen gemacht.[18] Die metaphysikkritischen Einsichten der Analytischen Philosophie wurden hingegen eher vernachlässigt. Dabei könnten sie die Methodologie der Textanalyse bereichern.[19] Eine sprachkritische Untersuchung kann zeigen, daß Sätze, die mit wissenschaftlichem Anspruch vorgetragen werden und etwas Richtiges zu sagen scheinen, keine Kandidaten für empirische Bewährung sind. Der Eindruck, daß sie eine nachprüfbare Beschreibung besonderer Phänomene geben, entsteht aus einer trügerischen Verwendung der Wörter. Die Begriffsanalyse entkräftet, indem sie klarstellt, daß der Anschein empirischer Bestätigung auf Konfusionen und Trugschlüssen beruht, die unberechtigten Erkenntnisansprüche. Theorien werden also nicht deswegen zurückgewiesen, weil sie die Erfahrungsdaten nicht gut erklären können, gegen sie wird auch nicht bloß der bekannte Vorwurf erhoben, überflüssige Wesenheiten einzuführen. Das Hauptanliegen der Untersuchung ist es vielmehr, die – oft uneingestandenen – rhetorischen Operationen offenzulegen, die „Blendwerken den Anstrich der Wahrheit"[20] geben.

---

18 Vgl. Harald Fricke: Die Sprache der Literaturwissenschaft. Textanalytische und philosophische Untersuchungen, München 1977, S. 253–265; Harald Fricke und Klaus Weimar: Begriffsgeschichte im Explikationsprogramm. Konzeptuelle Anmerkungen zum neubearbeiteten Reallexikon der deutschen Literaturwissenschaft, in: Archiv für Begriffsgeschichte 39 (1996), S. 7–18; dies.: Begriffsgeschichte und Explikation in der Literaturwissenschaft, in: Die Interdisziplinarität der Begriffsgeschichte, hg. von Gunter Scholtz, Hamburg 2000, S. 67–72. Wichtige Einzelstudien berufen sich seitdem auf Carnap, vgl. Dieter Burdorf: Poetik der Form. Eine Begriffs- und Problemgeschichte, Stuttgart 2001, S. 11f.
19 Vgl. etwa die subtilen Textanalysen Pär Segerdahls: Gender, Language and Philosophical Reconciliation. What Does Judith Butler Destabilize?, in: Ethics and the Philosophy of Culture. Wittgensteinian Approaches, hg. von Ylva Gustafsson, Camilla Kronqvist und Hannes Nykänen, Newcastle 2013, S. 172–211; ders.: The Rhetoric and Prose of the Human/Animal Contrast, in: Language & Communication 42 (2015), S. 36–49.
20 Immanuel Kant: Kritik der reinen Vernunft [1781/87], hg. von Raymund Schmidt, Hamburg 1976, A 61/B 86. Kant wird von John Austin als Vorläufer des logischen Positivismus verstanden, vgl. How to Do Things with Words, hg. von James Urmson und Marina Sbisà, London 1962, S. 2f. Auch David Humes Zurückweisung von „sophistry and illusion" kann in diese Traditionslinie eingeordnet werden, vgl. Enquiries Concerning Human Understanding and Concerning the Principles of Morals [1748/51], hg. und bearb. von Peter Nidditch, 3. Aufl., Oxford 1975, S. 165. Ferner gibt es eine Ähnlichkeit mit Paul Valéry, der metaphysische (im schlechten Sinn ‚philosophische') Sätze und Probleme als Scheinprobleme und Scheinsätze begreift: „Toute métaphysique résulte d'un mauvais usage des mots." (Cahiers 1894–1914, Bd. 1, hg. von Nicole Celeyrette-Pietri, Paris 1973, S. 481) „La plurpart des problèmes de la philosophie sont des non-sens; je veux dire qu'il est généralement impossible de les ‚poser' de facon précise sans les détruire." (ebd., S. 532.) Vgl. Jacques Bouveresse: La philosophie d'un anti-

Die sprachliche Analyse von Theorien fällt in den Aufgabenbereich der Literaturforschung. Die „philologische Leidenschaft des Differenzierens"[21] findet hier ein sinnvolles Betätigungsfeld.

Der Gefahr, sich von Ungereimtheiten täuschen zu lassen, ist jeder Forscher ausgesetzt, der systematisch über das Sprachverstehen nachdenkt. Der Grund dafür ist, daß die Illusionen von vertrauten Wörtern und Redewendungen hervorgerufen werden, die im Alltag und in den Wissenschaften regelmäßig zur Anwendung kommen. Schon Lichtenberg stellte fest, daß eine falsche Philosophie „der ganzen Sprache einverleibt"[22] sei und sich jedem, der von ihr Gebrauch mache, unwillkürlich aufdränge. Auch Nietzsche sprach von einer „Verführung von Seiten der Grammatik", die das wissenschaftliche Denken systematisch irreleite. Er war sich bewußt, daß die „philosophische Mythologie", die in der Sprache versteckt ist, „alle Augenblicke wieder herausbricht, so vorsichtig man sonst auch sein mag".[23] Doch erst im 20. Jahrhundert bemühte man sich systematisch darum, der Entstehung grammatischer Illusionen auf den Grund zu gehen. Wittgenstein gab diesem Projekt eine ganz neue Wendung und die von ihm beeinflußte Strömung der Analytischen Philosophie konnte seine methodologischen Einsichten produktiv weiterentwickeln.[24] Als deren

---

philosophe: Paul Valéry, in: ders.: Essais IV. Pourquoi pas des philosophes?, Marseilles 2004, S. 243–278.

21 Peter Szondi: Einführung in die literarische Hermeneutik, hg. von Jean Bollack und Helen Stierlin, Frankfurt/M. 1975, S. 170. Mirco Limpinsel meint, daß die „Rekonstruktion von Rede- und Vorstellungssystemen" als „genuin philologischer Zugang zur Hermeneutik" mit einem Verzicht auf Urteile über logische Stimmigkeit und sachliche Richtigkeit einhergehen müsse. Die Philologie konzentriere sich darauf, „historisch zu kartographieren, anstatt [...] philosophisch zu prüfen" (Unfertige Hermeneutik. Zum hermeneutischen Topos der ‚Fragment gebliebenen Theorie', in: Fragment und Gesamtwerk. Relationsbestimmungen in Edition und Interpretation, hg. von Matthias Berning und Stephanie Jordans, Kassel 2015, S. 89–104, S. 103). Die Geschichte der Hermeneutik philologisch zu betrachten, ist ein vielversprechender Ansatz, der Wunsch jedoch, die Philologie von ‚philosophischer' Prüfung freizuhalten, ist bei der Rekonstruktion von Rede- und Denkmustern eher hinderlich, da auch Trugschlüsse und begriffliche Konfusionen historische Tatsachen sind, die man in der Analyse ‚kartographieren' kann.

22 Georg Christoph Lichtenberg: Schriften und Briefe, Bd. 1, hg. von Wolfgang Promies, München 1983, S. 343.

23 Friedrich Nietzsche: Menschliches, Allzumenschliches. Ein Buch für freie Geister. Zweiter Band [1886], in: ders.: Sämtliche Werke. Kritische Studienausgabe in 15 Einzelbänden, Bd. 2, hg. Giorgio Colli und Mazzino Montinari, 3. Aufl., Berlin 1999, S. 367–704, S. 547.

24 Wittgenstein bezieht sich auf Lichtenberg (The Big Typescript, Wien 2002, S. 285) und formuliert ähnlich wie Nietzsche: „In unserer Sprache ist eine ganze Mythologie niedergelegt." (S. 291) Wittgensteins Philosophieauffassung wird erhellend verteidigt von: Peter Hacker: Verstehen wollen, in: Was ist ein philosophisches Problem?, hg. von Joachim Schulte und Uwe Justus Wenzel,

Hauptvertreter sind Moritz Schlick, Otto Neurath, Rudolf Carnap, Friedrich Waismann, Gilbert Ryle, John Austin, Peter Strawson, Norman Malcolm, Anthony Kenny, Alan White, Bede Rundle, Peter Hacker, John Hyman, Hans-Johann Glock, Severin Schroeder und Eugen Fischer zu nennen.[25] Welche Aufgabe die Begriffsanalyse in Bezug auf die Psychologie und andere Geisteswissenschaften hat, legt Rundle pointiert dar:

> Negatively, the philosopher's task is to disentangle confusions, to expose nonsense. Positively, it is to elucidate the interrelations between the concepts which the psychologist [man kann hier ‚the historian' oder ‚the literary critic' einsetzen, V.P.] uses in his or her descriptions and explanations.[26]

Daß Sätze als ‚ungereimt' oder ‚absurd' abgelehnt werden, heißt nicht, daß sie völlig unverständlich sind, ja man muß sie in einer gewissen Hinsicht verstanden haben, um sie als Begriffsverwirrungen durchschauen zu können. Die Analyse zeigt nicht, daß die betreffenden Sätze *keinen* Sinn ergeben, sondern bestreitet lediglich, daß mit ihnen einwandfrei formulierte Hypothesen gebildet werden, die man empirisch bestätigen oder widerlegen kann.[27]

Frankfurt/M. 2001, S. 54–71; ders.: Philosophy: a Contribution not to Human Knowledge, but to Human Understanding, in: The Nature of Philosophy, hg. von Anthony O'Hear, Cambridge 2010, S. 219–254. Zur Einordnung der von Wittgenstein geprägten Strömung der Analytischen Philosophie vgl.: Edward Kanterian: Analytische Philosophie, Frankfurt/M. 2004; Hans-Johann Glock: What is Analytic Philosophy?, Cambridge 2008, S. 21–60. Wittgensteins Stellung in der Geschichte der Analytischen Philosophie wird dargestellt von Peter Hacker: Wittgenstein's Place in Twentieth Century Analytic Philosophy, Oxford 1996. Zu den Methoden der Begriffsanalyse vgl. Alan White: Conceptual Analysis, in: The Owl of Minerva. Philosophers on Philosophy, hg. von Charles Bontempo, New York 1975, S. 103–117; Peter Hacker: The Intellectual Powers: A Study of Human Nature, Oxford 2013, S. 436–463.

25 Innerhalb dieser Richtung gibt es natürlich erhebliche Meinungsverschiedenheiten; auch ist die Fähigkeit, Begriffe zu analysieren, im Wiener Kreis noch nicht so fein ausgebildet wie zum Beispiel bei Bede Rundle und Alan White.

26 Bede Rundle: Analytical Philosophy and Psychology, in: Rethinking Psychology, hg. von Jonathan Smith, Rom Harré und Luk van Langenhove, London 1995, S. 207–221, S. 207.

27 Bede Rundle erklärt, daß „a lack of definition of key terms when applied in the context envisaged [...] plus forms of incoherence close to, or actually involving contradiction" als Kriterien ausreichen, um das Projekt von Wittgenstein, Carnap, Ryle und Austin, die Überwindung der Metaphysik durch logische Analyse der Sprache, weiterführen zu können (Why There Is Something Rather than Nothing, Oxford 2004, S. 4). Typen von Unverständlichkeit unterscheidet Hans-Johann Glock: Unverständlichkeit verständlich machen, in: Fiktion, Wahrheit, Interpretation. Philologische und philosophische Perspektiven, hg. von Jürgen Daiber, Eva Maria Konrad, Thomas Petraschka und Hans Rott, Paderborn 2013, S. 220–239.

Mit der Wende zur Sprache, dem ‚Linguistic Turn', hat sich die Philosophie in der Nachfolge Wittgensteins einer Beschäftigung mit Sprache angenähert, die man sinnvoll als ‚Dekonstruktion' bezeichnen kann.[28] Sie läßt sich mit John Austin als das Bestreben verstehen, die unberechtigte Geltung von Denktraditionen und das unverdiente Ansehen von Theorien durch die genaue Untersuchung der verwendeten Wörter abzubauen. Wenn man die Metaphysik in den Geisteswissenschaften beleuchtet, muß man eine Vielzahl von begrifflichen Konfusionen nach und nach entwirren: „It is a matter of unpicking, one by one, a mass of seductive (mainly verbal) fallacies, of exposing a wide variety of concealed motives – an operation which leaves us, in a sense, just where we began."[29] Indem man die Scheinfragen analysiert, von denen das metaphysische Denken seinen Ausgang nimmt, entzieht man dem dogmatischen Theoretisieren die Grundlage: „The right policy is to go back to a much earlier stage, and to dismantle the whole doctrine before it gets off the ground."[30]

Manchmal wird der hier dargestellten Arbeitsweise das Etikett ‚Philosophie der normalen Sprache' (‚ordinary language philosophy') angeheftet. Obwohl diese Bezeichnung in letzter Zeit öfters zur Selbstbeschreibung benutzt wurde, ist es nicht ratsam, sie zu übernehmen.[31] Denn erstens ist unklar, wovon die

---

[28] Präzedenzfälle für die Aneignung dieses Begriffs sind: Herman Philipse: Overcoming Epistemology, in: The Oxford Handbook of Continental Philosophy, hg. von Brian Leiter und Michael Rosen, Oxford 2007, S. 334–378, S. 369; ders.: Can Philosophy be a Rigorous Science?, in: Royal Institute of Philosophy Supplement 65 (2009), S. 155–176, S. 161. Peter Hacker: Intellectual Powers. A Study of Human Nature, Oxford 2013, S. 5, 51, 251. Für Derridas Praxis der ‚Dekonstruktion' gilt dasselbe wie für Heideggers Praxis der ‚Destruktion': „One should not engage Heidegger as a teacher in this method, for he himself gets entangled in conceptual confusions again and again. Its paradigmatic practitioners are Wittgenstein, Austin, Ryle, Strawson, and many other figures in the analytical tradition, such as Norman Malcolm, Arthur Prior, Alan White, Bede Rundle, Anthony Kenny, and Peter Hacker." (Herman Philipse: Heidegger's Philosophy of Being. A Critical Interpretation, Princeton 1998, S. 341) Zum Linguistic Turn im Analytischen Denken vgl. Peter Hacker: The Linguistic Turn in Analytic Philosophy, in: The Oxford Handbook of the History of Analytic Philosophy, hg. von Michael Beaney, Oxford 2013, S. 926–947; ders.: Analytic Philosophy. Beyond the Linguistic Turn and Back Again, in: The Analytic Turn. Analysis in Early Analytic Philosophy and Phenomenology, hg. von Michael Beaney, London 2006, S. 125–141.
[29] John Austin: Sense and Sensibilia, hg. von Geoffrey Warnock, Oxford 1962, S. 4f.
[30] Austin: Sense and Sensibilia, S. 142.
[31] Einige gute Arbeiten verteidigen die Begriffsanalyse unter diesem Namen: Sandra Laugier: Du réel à l'ordinaire: quelle philosophie du langage aujourd'hui?, Paris 1999; Oswald Hanfling: Philosophy and Ordinary Language. The Bent and Genius of Our Tongue, London 2000; Avner Baz: When Words are Called For. A Defence of Ordinary Language Philosophy, Cambridge 2012; Toril Moi: Revolution of the Ordinary. Literary Studies after Wittgenstein, Austin, and Cavell, Chicago 2017. Das Verhältnis der Philosophie zur üblichen Sprache diskutiert Gilbert Ryle: Ordinary Language, in: The Philosophical Review 62/2 (1953), S. 167–186.

,normale' Sprache sinnvoll abgegrenzt werden kann.[32] Und zweitens besteht die Vorgehensweise nicht darin, die Verwendung von Wörtern unter Berufung auf den normalen Sprachgebrauch als ‚sprachwidrig' oder ‚unverständlich' zurückzuweisen.[33] Die Abweichung vom üblichen Gebrauch oder von der Alltagssprache ist für sich genommen unproblematisch. Eine Verwirrung der Begriffe entsteht erst dann, wenn man eingeführte Ausdrücke, ohne es zu bemerken, in einer neuen Bedeutung verwendet und dann Schlüsse zieht, die nur in Anerkennung ihres etablierten Gebrauchs gezogen werden können.[34] Der Fehler liegt also nicht in der *Abweichung* von der normalen Sprache, sondern in der *Verwechslung* der geläufigen und vom Forscher implizit akzeptierten Verwendungsweise mit einem verdeckt metaphysischen Gebrauch der Ausdrücke.

Um zu erkennen, daß Theorien, die als empirische Forschung präsentiert werden, metaphysische Sätze enthalten, ist es notwendig, die gedanklichen Schritte zu rekonstruieren, die zu ihrer Entstehung führen. Die Philosophie der Philologie ist, so verstanden, ein Kampf gegen die „Verhexung unseres Verstandes durch die Mittel der Sprache".[35] Die Sprache legt einleuchtend wirkende Bilder nahe, von denen man sich zu einer metaphysischen Theoriebildung anstiften läßt. Wittgensteins Beobachtung, daß solche vorgefaßten Bilder das wissenschaftliche Denken

---

32 Vgl. Jacques Derrida: Response to Mulhall, in: Ratio 13 (2000), S. 415–418, S. 415. Oliver Scholz und Eike von Savigny erklären, „daß auch [...] Fachsprachen, etwa die Sprache einer [...] Wissenschaft oder Diszplin, zu den [...] normalen Sprachen gerechnet werden" (Art. Das Normalsprachenprogramm in der Analytischen Philosophie, in: Sprachphilosophie. Ein internationales Handbuch zeitgenössischer Forschung, Bd. 1, hg. von Marcelo Dascal, Berlin 1993, S. 859–872, S. 859). ‚Normalsprachenprogramm' ist dann jedoch eine eher mißverständliche Beschreibung. Auch spricht gegen diesen Namen, daß er eine neue Methode nahelegt, wo doch Wittgenstein und Ryle nur bewährte Techniken zu klarem Bewußtsein gebracht haben. Einige Beispiele aus der Philosophiegeschichte werden vorgestellt in: Hacker: Intellectual Powers, S. 438–443.
33 Die Einwände, die Panajotis Kondylis gegen Wittgenstein vorbringt, setzen voraus, daß dieser zur Lösung der Probleme eine schlichte „Rückkehr zum normalen Sprachgebrauch" empfiehlt (Die neuzeitliche Metaphysikkritik, Stuttgart 1990, S. 506). Das Mißverständnis wird durch manche Aussagen von Vertretern der sogenannten Normalsprachenphilosophie verfestigt: „The critical project involves arguing that philosophers produce ‚nonsense' or don't really understand what they are saying when they depart from or ignore the way language is ordinarily used." (Nat Hansen: Contemporary Ordinary Language Philosophy, in: Philosophy Compass 9/8 (2014), S. 556–569, S. 556)
34 Vgl. Hacker: Philosophical Foundations of Neuroscience, S. 74; Eugen Fischer: Verbal Fallacies and Philosophical Intuitions. The Continuing Relevance of Ordinary Language Analysis, in: Austin on Language, hg. von Brian Garvey, Basingstoke 2014, S. 124–140.
35 Ludwig Wittgenstein: Philosophische Untersuchungen. Kritisch-genetische Edition [= PU], hg. von Joachim Schulte, Frankfurt/M. 2001, § 109.

geradezu „gefangen halten"³⁶ können, wird von Eugen Fischer hilfreich präzisiert: Ein Forscher läßt sich genau dann von einem philosophischen Bild irreführen, wenn er unwillkürlich eine Analogie herstellt, die den Gegenstand der Untersuchung systematisch an ein Modell angleicht, obwohl er eigentlich weiß, daß sie sich in relevanten Hinsichten unterscheiden.³⁷ Die unbemerkte Analogiebildung erzeugt philosophische Intuitionen, d.h. Sätze, die durch die folgenden Merkmale gekennzeichnet sind: 1. Ein Forscher gelangt zu ihnen, ohne zu bemerken, daß er einen Schluß gezogen hat. 2. Er empfindet sie als unmittelbar einleuchtend und unwiderlegbar. 3. Er hält an ihnen fest, auch wenn er keine Argumente erbringen kann, um sie zu stützen.³⁸

Das Selbstverständnis der Literaturwissenschaft ist in hohem Ausmaß von philosophischen Intuitionen geprägt, die durch die unwillkürliche Fehldeutung von geläufigen Sprachformen entstehen. Die Unruhestifter, mit denen man sich beschäftigen muß, sind Begriffe wie ‚Bedeutung', ‚Sinn', ‚Verstehen', ‚Meinen' und ‚Absicht', die in der Literaturwissenschaft meist ins Zentrum gestellt werden, aber auch ‚Geist', ‚Vorstellung', ‚Begriff', ‚Gedanke', ‚Verständnis'. Der Eindruck, daß diesen Wörtern unbeobachtbare Phänomene entsprechen, die wissenschaftlich zu erforschen sind, wird durch Ausdrucksformen wie ‚Man weiß nicht, welche Absicht hinter diesem Satz steckt', ‚Er behält seine wahre Meinung für sich', ‚Das Gedicht drückt aus, was ihn im Innersten bewegt' mitverursacht. Diese Formulierungen sind nützlich, wenn man sie als *bildhafte* Redeweisen verwendet. Bei der Theoriebildung führt die instinktive Fehleinschätzung ihrer Funktionsweise dazu, Dinge anzunehmen, wo keine sind.

Die These, daß die Literaturwissenschaft permanent von falschen Bildern geleitet wird, mag auf den ersten Blick wenig plausibel erscheinen. Wie kann es sein, daß Grundbegriffe wie ‚Sinn', ‚Absicht', ‚Interpretation' und ‚Verstehen' fortwährend mißverstanden werden? Müßten die Irrtümer nicht längst durch empirische Studien widerlegt sein? Wie wäre die Hartnäckigkeit zu erklären, mit der die ungereimten Sätze reproduziert werden? Nach Eugen Fischer lassen sich für die Zählebigkeit der Intuitionen mindestens drei Ursachen anführen:

---

36 „Ein Bild hielt uns gefangen. Und heraus konnten wir nicht, denn es lag in unsrer Sprache, und sie schien es uns nur unerbittlich zu wiederholen." (PU, § 115) Zum Umgang mit solchen Bildern vgl. Peter Strawson: Categories [1970], in: ders.: Freedom and Resentment and Other Essays, Oxford 2008, S. 119–146, S. 143; Peter Hacker: Wittgenstein. Meaning and Mind, Oxford 1990, S. 541; John Hyman: Introduction, in: Investigating Psychology. Sciences of the Mind after Wittgenstein, hg. von dems., London 1991, S. 1–24.
37 Vgl. Eugen Fischer: Philosophical Delusion and its Therapy. Outline of a Philosophical Revolution, London 2010, S. 32.
38 Vgl. Fischer: Philosophical Delusion and its Therapy, S. 34.

Die erste Ursache ist, daß der Gegenstand der Untersuchung an ein einfaches Modell angeglichen wird, ohne daß man sich dies bewußt macht. Die Analogiebildung entzieht sich der kritischen Aufmerksamkeit, da sie in einer Phase des wissenschaftlichen Arbeitens erfolgt, die dem bewußten Sammeln und Auswerten empirischer Daten vorausgeht. Im Gespräch über Texte formuliert man überwiegend konkrete Aussagen wie ‚Diese Stelle des Gedichts ist schwer zu verstehen', ‚Ich möchte besser verstehen, warum der Autor das getan hat', ‚Jetzt verstehe ich, wozu das gut sein soll'. Bei dem Versuch, das Phänomen des Verstehens zu erforschen, stellt man unkontrolliert die Analogie zu einem Vorgang her. Mit der Frage, wie das Verstehen von den bloßen Zeichen zum sinnvollen Text führt, hat man sich bereits auf eine ungerechtfertigte Annahme festgelegt: daß es einen besonderen seelischen Vorgang gibt, der ‚Verstehen' heißt. Die zweite Ursache ist die voreingenommene Betrachtung der Tatsachen. Die Annahmen, zu denen ein Forscher durch unwillkürliche Analogiebildungen gelangt, bestimmen sein gesamtes weiteres Nachdenken über den Gegenstand der Untersuchung. Das vorgefaßte Bild vom Verstehen, von Bedeutungen, von Absichten wird künftig in den üblichen Gebrauch dieser Begriffe hineingedeutet. Wenn Leser den Anspruch erheben, einen Satz ‚verstanden' zu haben, scheint dies bereits zu beweisen, daß ein Vorgang des Verstehens stattgefunden hat. Vermutungen über die ‚Absichten' des Autors werden als Vermutung über innere Zustände behandelt. Die Tatsache, daß Leser die ‚Bedeutung' eines Wortes angeben können, zeigt bereits, daß eine Verbindung zwischen dem Wort und einer Bedeutung hergestellt wurde. Wenn ein Forscher also den Gebrauch eines Begriffs im Lichte seiner Vorurteile betrachtet, gewinnt er den Eindruck, daß seine Intuitionen offensichtlich wahr sind. Eine dritte Ursache ist, daß Intuitionen häufig den Eindruck erzeugen, etwas zu erklären. So werden *mentale Repräsentationen* postuliert, um verständlich zu machen, daß man abwesende Dinge sprachlich darstellen kann. Die Theorie, daß Leser über ein *mentales Wörterbuch* verfügen, soll erklären, daß graphische Muster als Wörter erkannt werden. Obwohl man nicht genau angeben kann, was es heißt, eine *innere Repräsentation* oder ein *inneres Wörterbuch* zu verwenden, hat man den Eindruck, daß diese kognitiven Strukturen im Kopf vorhanden sein müssen, damit der beobachtbare Sprachgebrauch stattfinden kann.

Der Mangel an Vorsicht bei den ersten Schritten der Untersuchung, die voreingenommene Betrachtung der Tatsachen und der Eindruck, verborgene Prozesse und Strukturen einführen zu müssen, um die Phänomene zu erklären, sind die drei Hauptursachen für die konsequente Fortführung des Falschen. Um zu verhindern, daß einem immer wieder dieselben Trugschlüsse unterlaufen, muß man erstens das Bewußtsein für die Sätze schärfen, die als sichere Ausgangspunkte der Diskussion gelten, und sie einer Prüfung unterziehen. Zweitens muß man philosophische Intuitionen und die Begriffe ‚Bedeutung', ‚Absicht', ‚Verstehen' usw., die sich im alltäglichen und wissenschaftlichen Gespräch über Texte als nützlich erweisen, genauer voneinander unterscheiden. Und man muß drittens die Frage stellen, ob die unbeobachtbaren Dinge, die postuliert werden, tatsächlich etwas erklären oder ob lediglich phantasievolle Neubeschreibungen der bekannten Tatsachen angeboten werden.

1.2 Der Mythos der Bedeutung

Weniges ist in der Sprach- und Literaturwissenschaft so unumstritten wie die Annahme, daß es zusätzlich zu den Schriftzeichen etwas geben müsse, das die Bedeutung dieser Zeichen ist. Heftig gestritten wird jedoch darüber, ob die Wörter feste, reproduzierbare Bedeutungen haben, und darüber, ob die Bedeutung, die man ihnen zuweist, mit den Absichten des Autors übereinstimmen muß. Wenn man in Zweifel zieht, daß die Schriftzeichen *überhaupt* auf solche Ergänzungen angewiesen sind, provoziert man zuverlässig Ungeduld und Abwehrverhalten. Die Ungeduld mag sich daraus erklären, daß man es für unergiebig hält, eine Voraussetzung zu überprüfen, wo vielversprechende Alternativen nicht verfügbar zu sein scheinen. Selbst diejenigen, die zugeben, daß man nichts Genaues über Bedeutungen sagen könne, bestehen darauf, daß man an diese Dinge *glauben* müsse.[39] Die Abwehr erfolgt als Reaktion auf den Eindruck, daß etwas Wichtiges in Frage gestellt wird: Ohne ihre Bedeutung, so meint man, wären die sprachlichen Zeichen belanglos; alle Versuche, sie zu deuten, wären haltlos. Diese Idee, daß die Zeichen entweder eine Bedeutung tragen oder uninteressant sind, ist ein Symptom dafür, wie ein Mythos das wissenschaftliche Denken irreführt und das eigentlich Faszinierende der philologischen Arbeit verdeckt.

1.2.1 Die Augustinische Sprachauffassung

Wenn über die Aufgaben der Philologie diskutiert wird, werden mit großer Selbstverständlichkeit Formeln wie ‚Bedeutung des Textes' und ‚Interpretation'

---

39 Eric Hirsch nutzt alte Kunstgriffe aus dem Formenrepertoire des Antipositivismus, um Autoren abzuwehren, die nicht an Bedeutungen glauben: Er karikiert sie als „theologians of cognitive atheism" (The Aims of Interpretation, Chicago 1976, S. 13). Hirschs konservative Ideologie und verschwommene Rhetorik werden diskutiert in: Barbara Herrnstein Smith: CultLit: Hirsch, Literacy, and the ‚National Culture', in: The Politics of Liberal Education, hg. von Darryl Gless u. ders., Durham, NC 1992, S. 75–94.

benutzt. Die folgenden Aussagen enthalten beinahe so etwas wie die vorherrschende Meinung. Erstens: „Ohne die Annahme, daß Texte einen Sinn haben, ist hermeneutisches Verstehen nicht zu erlangen".[40] Zweitens: „Der Sinn muß [...] als etwas begriffen werden, was sich im Prozeß der Interpretation erst herstellt".[41] Zweifel an diesen Rede- und Denkgewohnheiten werden neuerdings häufiger formuliert.[42] Eine Neukonzeption scheint möglich, vielleicht sogar dringend erforderlich zu sein, doch ist einstweilen unklar, wie man damit beginnen soll.[43]

Wie schnell man bei dem Versuch, sich aus der Metaphysik zu befreien, wieder in sie zurückfallen kann, zeigt Hans Ulrich Gumbrechts *Diesseits der Hermeneutik*: In dieser Abhandlung wird weitgehend überzeugend dargelegt, daß das geläufige Verständnis von Philologie eine cartesianische Auffassung des Geistes und einen dualistischen Zeichenbegriff voraussetzt. Da Gumbrecht die Unzulänglichkeit dieser Denktraditionen bewußt ist, schwebt ihm eine „begriffliche Neubestimmung"[44] vor. Er wendet sich Heidegger und Derrida zu, doch diese Autoren können ihm, so treffend ihre Metaphysikkritik im Einzelnen sein mag, nur begrenzt weiterhelfen. Wie man eine wirkliche Revision der Begriffe anzufangen hätte, wird aus ihren Schriften nicht ersichtlich. Und so verbleiben die Einsichten, die Gumbrecht für sich beansprucht, im Dualismus von äußerlichen Schriftzeichen und geistigen Inhalten: Er leugnet zum Beispiel „die Möglichkeit, einen Sinnkomplex von seiner Medialität getrennt zu halten".[45] Dabei ist die Idee, Schrift und Sinn als untrennbare Einheit aufzufassen, nicht sonderlich innovativ.[46] Es ist auch kein wirklicher Fortschritt, die „Unmöglichkeit der

---

[40] Peter Brenner: Das Problem der Interpretation. Eine Einführung in die Grundlagen der Literaturwissenschaft, Tübingen 1998, S. 163. Als Antwort auf Derrida erklärt Brenner, er habe (wie Gadamer!) die „Abkehr von der Metaphysik" schon vollzogen (S. 164).
[41] Brenner: Das Problem der Interpretation, S. 287.
[42] Vgl. z.B. Tom Kindt und Tilmann Köppe: Einleitung, in: Moderne Interpretationstheorien. Ein Reader, Göttingen 2008, S. 7–26, S. 13.
[43] Daran hat auch die letzte ausführlichere Diskussion wenig geändert, deren Anliegen es immerhin war, den Bedeutungsbegriff nicht länger „den Vorurteilen und Zufälligkeiten zu überlassen, die seine Konzeptualisierung [...] bestimmen" (Fotis Jannidis, Gerhard Lauer, Matías Martínez und Simone Winko: Der Bedeutungsbegriff in der Literaturwissenschaft. Eine historische und systematische Skizze, in: Regeln der Bedeutung. Zur Theorie der Bedeutung literarischer Texte, hg. von dens., Berlin 2003, S. 3–30, S. 7).
[44] Hans Ulrich Gumbrecht: Diesseits der Hermeneutik. Über die Produktion von Präsenz, Frankfurt/M. 2004, S. 35.
[45] Gumbrecht: Diesseits der Hermeneutik, S. 28.
[46] Konrad Burdach erklärt, die Philologie sei „die Wissenschaft, die [...] die Einheit von Wort und Sinn ergründen will" (Vorspiel. Gesammelte Schriften zur Geschichte des deutschen

Setzung stabiler Sinnstrukturen"[47] zu behaupten, denn die fragwürdige Vorstellung, daß die Schrift auf die Ergänzung durch „etwas Geistiges",[48] also einen Bedeutungskomplex, angewiesen sei, wird hier weiterhin vorausgesetzt. Zwar gibt es, wie Gumbrecht zu wissen behauptet, „überzeugende Argumente dafür, das Zeitalter der Polarität zwischen dem rein materiellen Signifikanten und dem rein geistigen Signifikat zum Abschluß zu bringen", doch scheint ihm die Durchführung dieses Vorhabens eine „unendliche Geduld"[49] zu erfordern. Da er die Überwindung der Metaphysik mit dem Verzicht auf Sinnzuschreibungen verwechselt, ist für ihn auch gar nicht ersichtlich, warum es sich lohnen könnte, die Geduld für eine Neufassung der Begriffe aufzubringen. Er begnügt sich also damit, die „exklusive Stellung"[50] der Interpretation zu relativieren und eine Philologie zu fordern, die „zusätzlich zum Interpretieren noch etwas anderes tut"[51] – zum Beispiel das Gespür für Rhythmus und Stimmung befördern. Diese wenig ambitionierte Lösung dürfte die Zustimmung der Forscher finden, die an dem Bild, das Derrida so energisch kritisiert hat, festhalten wollen. Gumbrecht erkennt die Beschränktheit der metaphysischen Auffassung, kann sich aber keinen stimmigen Gegenentwurf vorstellen und findet sich damit ab: „An und für sich ist gar nichts auszusetzen an der Sinnproduktion, der Sinnidentifikation und dem metaphysischen Paradigma."[52]

Geistes, Bd. 1, Halle 1925, S. 11). Hans-Georg Gadamer behauptet eine „Verwobenheit" von Klang und Bedeutung (Über den Beitrag der Dichtkunst bei der Suche nach der Wahrheit, in: ders.: Gesammelte Werke, Bd. 8: Ästhetik und Poetik I: Kunst als Aussage, Tübingen 1993, S. 70–79, S. 76). In der Diskussion mit Jacques Derrida behauptet er, seine Theorie der Textinterpretation habe die Metaphysikkritik bereits verinnerlicht. Denn genau wie Derrida lehne er es ab, „ein metaphysisches Sinnreich" anzunehmen, „dem die Worte und Wortbedeutungen zugeordnet sind" (Destruktion und Dekonstruktion [1985], Gesammelte Werke, Bd. 2: Wahrheit und Methode. Ergänzungen. Register, Tübingen 1993, S. 361–372). Diese ungeschickte Formulierung deutet darauf hin, daß Gadamer nicht ganz verstanden hat, was eine metaphysische Sprachauffassung ist. In seinem Hauptwerk stellt er die Schrift als „eine Art entfremdete Rede" dar und definiert die hermeneutische Aufgabe als „Rückverwandlung der Zeichen in Rede und in Sinn" (Gesammelte Werke, Bd. 1: Wahrheit und Methode. Grundzüge einer philosophischen Hermeneutik, Tübingen 1990, S. 397). Die „Rückverwandlung toter Sinnspur in lebendigen Sinn" ereigne sich „im Verstehen" (S. 169).
47 Gumbrecht: Diesseits der Hermeneutik, S. 29.
48 Gumbrecht: Diesseits der Hermeneutik, S. 32.
49 Gumbrecht: Diesseits der Hermeneutik, S. 70.
50 Gumbrecht: Diesseits der Hermeneutik, S. 18.
51 Gumbrecht: Diesseits der Hermeneutik, S. 71.
52 Gumbrecht: Diesseits der Hermeneutik, S. 32.

Wer glaubt, er könne „der Metaphysik eines Tages einfach entkommen",[53] macht es sich gewiß zu einfach; aber es ist auch keine Lösung, darin zu verharren. Was kann man also tun, um sich von ihr zu distanzieren und ihre Geltungsansprüche zu prüfen? Halten wir zunächst fest, daß Forscher recht genau wissen, wofür sie sich interessieren, wenn sie nach der Bedeutung von Wörtern oder Sätzen fragen – und zwar unabhängig davon, ob sie eine bestimmte Meinung dazu haben, was ‚Bedeutung' heißt. Das wissenschaftliche Gespräch über Texte, in dem sich die Begriffe ‚Bedeutung' und ‚Sinn' als nützlich erweisen, wird von der sprachphilosophischen Diskussion über Bedeutung erstaunlich wenig beeinflußt. Dies sollte man im Bewußtsein behalten, wenn man sich Wittgenstein zuwendet, der in seinen *Philosophischen Untersuchungen* ein „Bild von dem Wesen der menschlichen Sprache"[54] Stück für Stück freilegt, das bei der Theoriebildung für viele Mißverständnisse sorgt. Zu diesem Bild gehört der „philosophische Begriff der Bedeutung",[55] den man unwillkürlich mit dem geläufigen Begriff der Bedeutung in eins setzt. Der Übergang vom eingespielten zum metaphysisch belasteten Begriff der Bedeutung ist schwer zu erkennen: Von dem Satz, daß jedes Wort eine Bedeutung hat, geht man unkontrolliert zu der Intuition über, daß jedem Wort eine Bedeutung „zugeordnet"[56] ist. Aus der Beobachtung, daß ‚die Bedeutung eines Ausdrucks kennen' oft so viel heißt wie ‚wissen, was er bezeichnet' schließt man voreilig, daß die Bedeutung dasjenige sein müsse, was das Wort bezeichnet. Der philosophische Bedeutungsbegriff, der durch solche Gedankensprünge zustande kommt, ist Teil einer „primitiven Vorstellung von der Art und Weise, wie die Sprache funktioniert".[57]

Die metaphysische Auffassung vom Wesen der Sprache führt Wittgenstein am Beispiel von Augustins *Confessiones* ein. Deswegen spricht man in der von Wittgenstein inspirierten Forschung auch von der ‚Augustinischen Sprachkonzeption'. Sie bildet, wie Peter Hacker in seinem Kommentar zu den *Philosophischen Untersuchungen* darlegt, den gewohnheitsmäßig akzeptierten Rahmen der Sprachreflexion:

---

[53] Jacques Derrida: Semiologie und Grammatologie [1968]. Gespräch mit Julia Kristeva, in: ders.: Positionen. Gespräche mit Henri Ronse, Julia Kristeva, Jean-Louis Houdebine, Guy Scarpetta, übers. von Dorothea Schmidt und Astrid Wintersberger, Wien 1986, S. 52–82, S. 52.
[54] PU, § 1.
[55] PU, § 2.
[56] PU, § 1.
[57] PU, § 2.

The Augustinian conception of [...] language has moulded centuries of reflection. It is not itself a ‚theory of language', let alone a ‚theory of meaning'. It is, rather, a framework of thought, a conception commonly taken for granted prior to systematic reflection. It is, as it were, the gravitational field within which much European speculation on the nature of language has operated.[58]

Die Augustinische Sprachauffassung umfaßt Intuitionen, aus denen verschiedene, einander entgegengesetzte Lehrmeinungen hervorgehen. Den Einfluß, den sie auf das Selbstverständnis der Literaturforschung hat, werde ich im Folgenden an einigen Beispielen illustrieren. Dabei möchte ich die Aufmerksamkeit auf die Rede- und Denkmuster richten, aufgrund derer sich ein trügerisches Bild von *Bedeutung* etabliert, das dann in den weiteren Schritten der Theoriebildung vorausgesetzt wird und immer neue Probleme und Irritationen erzeugt.

1.2.2 Annäherung an eine Fehlerdiagnose

Der folgende Gedanke scheint ein natürlicher Ausganspunkt der hermeneutischen Reflexion zu sein: ‚Ein Erzählwerk ist doch keine bloße Ansammlung von Strichen auf dem Papier, es ist mehr.'[59] Akzeptiert man diese Ausgangsposition, sind weitere Überlegungen vorgezeichnet. Es stellt sich die Frage, was es außer den graphischen Mustern, die man wahrnehmen kann, sonst noch gibt. Eine Möglichkeit wäre, daß ein Erzählwerk wohlgeformte Sätze, rhetorische Figuren, Beschreibungen von Ereignissen und Gleichnisse enthält. Doch eine solche Antwort ist nicht zufriedenstellend. Statt die Vielfalt dessen anzuerkennen,

---

[58] Gordon Baker und Peter Hacker: Wittgenstein. Understanding and Meaning. Part I: Essays, 2. Aufl., Oxford 2009, S. 3. Die Analyse dieses Bildes wird auch von Autoren geteilt, die sich nicht in die Tradition Wittgensteins stellen, vgl. Christopher Gauker: Thinking Out Loud. An Essay on the Relation between Thought and Language, Princeton 1994, S. 3–50; ders.: Words without Meaning, Cambridge, MA 2003, S. 3–25.

[59] „Eigentlich möchte man sagen: Der Satz ist nicht bloss diese Lautverbindung. Es muss doch noch etwas dahinter stecken." (Baker: The Voices of Wittgenstein, S. 28) „Der Satz ist keine bloße Lautreihe, er ist mehr." (Ludwig Wittgenstein: Philosophische Grammatik [= PG], in: ders.: Werkausgabe, Bd. 4, hg. von Rush Rhees, Frankfurt/M. 1989, S. 24) Michael Morris identifiziert in seiner Einführung die Annahme, daß Wörter für sich genommen bloß äußere Zeichen sind, als Voraussetzung des Intentionalismus: „The view that words are just types of mark and sound is very deeply entrenched: so deeply, in fact, that it's hard to begin to make sense of an alternative." (An Introduction to the Philosophy of Language, Cambridge 2007, S. 269) Daß eine andere Denkweise möglich ist, zeigt er in: Language, Fiction, and the Later Wittgenstein, in: Reality and Culture. Essays on the Philosophy of Bernard Harrison, hg. von Patricia Hanna, New York 2014, S. 185–202.

was uns bei der Untersuchung eines sprachlichen Gebildes auffallen oder entgehen kann, verlangt man nach einer anspruchsvollen theoretischen Erklärung: Man will wissen, was *hinzukommen* muß, damit aus den Figuren auf dem Papier die vertraute Erzählung wird. Hier drängt sich fast unvermeidlich der Begriff der Bedeutung auf: Die Schrift ist nur eine Ansammlung von sichtbaren Figuren auf dem Papier, die durch Bedeutungen ergänzt werden müssen. Man bezeichnet diese Ergänzung als „Bedeutungskonstitution", wobei es eine Streitfrage bleibt, welche „Instanz"[60] hierbei ausschlaggebend ist.

Die Begriffe *Bedeutung* und *Sinn* spielen im Gespräch über Texte eine wichtige Rolle: Leser unterstellen, daß den Wörtern, aus denen ein Text besteht, eine Bedeutung zukommt. Sie verstehen ein Wort oder einen Satz, wenn sie die Wortbedeutung oder den Sinn des Satzes erkennen. Das Ziel der Textanalyse scheint unter anderem darin zu bestehen, die Bedeutung von Textstellen zu klären. Diese Feststellungen sind nicht allzu problematisch. Sie verpflichten uns noch nicht auf eine bestimmte Auffassung vom Wesen der Philologie. Die Schwierigkeiten, die Szondi umgetrieben haben, beginnen, wenn man fragt, was es außer den Wörtern, die man wahrnimmt, *sonst noch gibt*, denn mit dieser Frage legt man sich auf eine *verdinglichende* Auffassung fest.[61] Es ist fraglos möglich, den

---

60 Der Autor könne „als eine Instanz der Bedeutungskonstitution unter anderen, oder als zentrale Instanz aufgefaßt werden" (Fotis Jannidis: Art. Autorfunktion, in: Lexikon Literatur- und Kulturtheorie. Ansätze – Personen – Grundbegriffe, hg. von Ansgar Nünning, 3., erw. und akt. Aufl., Stuttgart 2004, S. 38). „Einen wichtigen Beitrag zum Wissenskanon des Fachs hat die Rezeptionsforschung in den 1970er Jahren mit der Einsicht geleistet, daß der Leser wesentlich zur Bedeutungskonstitution eines literarischen Textes beiträgt." (ders.: Figur und Person. Beitrag zu einer historischen Narratologie, Berlin 2004, S. 28) Die Verwendung von ‚Bedeutungskonstitution' und ‚Instanz' ist unkonturiert und schwankend, so daß man sogar den „medialen Aspekt von Kommunikation" zur „entscheidenden Instanz der Bedeutungskonstitution" machen kann (Jannidis, Lauer, Martínez und Winko: Der Bedeutungsbegriff in der Literaturwissenschaft, S. 22).
61 „The conceptions of meaning under attack are those that conceive of the meaning of a word or sentence as something extraneous to it, something that is correlated with a linguistic sign by convention or by intention, by association or by causation." (Peter Hacker: Wittgenstein. Mind and Will, Oxford 1996, S. 327) Dieser Grundirrtum der gängigen Bedeutungstheorien wird herausstellt von: Oliver Scholz: Verstehen und Rationalität. Untersuchungen zu den Grundlagen von Hermeneutik und Sprachphilosophie, 3. Aufl., Frankfurt/M. 2016, S. 258–267. Wie Wittgenstein diesen Fehler kritisiert, zeigt Eugen Fischer: Therapie statt Theorie. Das Big Typescript als Schlüssel zu Wittgensteins später Philosophieauffassung, in: Wittgensteins „große Maschinenschrift". Untersuchungen zum philosophischen Ort des Big Typescripts im Werk Ludwig Wittgensteins, hg. von Stefan Majetschak, Frankfurt/M. 2006, S. 31–59; vgl. Bede Rundle: Meaning and Understanding, in: Wittgenstein. A Critical Reader, hg. von Hans-Johann Glock, Oxford 2001, S. 94–119; Baker und Hacker: Wittgenstein. Understanding and Meaning, S. 1–28.

sprachlichen Ausdruck wahrzunehmen, ohne seine Bedeutung zu kennen. Ausdruck und Bedeutung können unterschieden werden, doch an diesem Punkt geschieht es leicht, daß man, ohne sich dessen bewußt zu sein, eine problematische Intuition akzeptiert: daß Zeichen irgendwie mit Bedeutungen *verbunden* sind. Man geht davon aus, daß die Bedeutung sich nicht vom Ausdruck unterscheiden könne, ohne *zusätzlich* zum Ausdruck vorhanden zu sein, und gelangt auf dieser Grundlage zu dem Ergebnis, daß es *neben* oder *in* den sichtbaren Zeichen eine Bedeutung geben müsse.[62] So entsteht der Eindruck, daß Bedeutungen rätselhafte Phänomene sind, die man unvermeidlich postulieren muß, wenn man auch nicht genau sagen kann, wo diese sich aufhalten und wie sie beschaffen sind: Die Bedeutung des sprachlichen Ausdrucks soll dasjenige sein, was einem Leser fehlt, wenn er den Ausdruck noch nicht versteht, und was ihm gegenwärtig ist, wenn er ihm klar wird.

Der falsche Schein, der aus der Angleichung an ein einfaches Modell entsteht, kann als „Mythos"[63] bezeichnet werden. Ein Mythos muß keinen Irrtum hervorrufen. Mythen sind in Redeweisen wie ‚etwas auf dem Herzen haben' oder ‚den Wörtern etwas entnehmen' angelegt. Diese nützlichen Ausdrucksformen werden verstanden, ohne daß man sich von den darin artikulierten Bildern irreführen läßt. Bei abstrakteren Untersuchungen geschieht es jedoch leicht, daß man die Funktionsweise der Mythen nicht durchschaut und sie in eine wissenschaftliche Theorie umzuwandeln versucht: Wörter sind dann wirklich mit Bedeutungen verbunden und das Denken findet buchstäblich im Kopf statt. Wittgenstein beschreibt diesen Vorgang als Sublimierung: „Die Gefahr beginnt, wenn wir merken, daß das alte Modell nicht genügt, es nun aber nicht ändern, sondern nur gleichsam sublimieren."[64]

Die Intuitionen, die aus einer Fehldeutung der Sprachformen hervorgehen, stehen meist im Widerspruch zu weiteren Annahmen, die man anerkennt. So auch in diesem Fall: Nachdem man Bedeutungen an *Dinge* angeglichen hat, stellt man fest, daß diese Dinge nicht wahrnehmbar sind. Wo sie zu finden sind und woraus sie bestehen, kann man nicht zweifelsfrei angeben – und doch scheint man die Bedeutung vieler Wörter genau zu kennen. Es entsteht eine Spannung zwischen

---

[62] Die unbegründete Annahme, daß sich ein Y von einem X nicht unterscheiden kann, ohne zusätzlich zu X zu existieren, ist seit Platon eine unerschöpfliche Quelle metaphysischer Theoriebildung, vgl. Alan White: Methods of Metaphysics, London 1987, S. 14f.
[63] Dieser Begriff ist in der Diskussion nicht nur bei Wittgenstein und seinen Nachfolgern etabliert, vgl. etwa Donald Davidson: The Myth of the Subjective, in: ders.: Subjective, Intersubjective, Objective, Oxford 2001, S. 39–52.
[64] Wittgenstein: The Big Typescript, MS 213, 435.

der Überzeugung, daß etwas existieren muß, das die Bedeutung des Wortes ist, und der anerkannten Tatsache, daß Wörter nicht mit wahrnehmbaren Bedeutungskörpern verbunden sind. Diese Spannung läßt sich als „Vereinbarungsproblem"[65] begreifen: Die Annahme, daß Bedeutungen mit dem Wort verbunden sind, muß mit der Tatsache in Einklang gebracht werden, daß sie nicht beobachtbar sind. Bedeutungen können nicht materiell und räumlich gedacht werden, sonst wären sie wahrnehmbar; andererseits müssen sie etwas sein, das zusätzlich zu den bloßen Zeichen vorhanden ist.

Vereinbarungsprobleme werden oft durch eine instinktive Umdeutung der ursprünglichen Annahme gelöst: So definiert man Bedeutungen spontan als *quasi-räumliche, quasi-materielle* Dinge, wobei man stillschweigend voraussetzt, daß sich der geläufige Begriff der Bedeutung auf diese Dinge bezieht, so daß man das gesamte Wissen über die Bedeutung sprachlicher Gebilde mit einem Wissen über diese schattenhaften Dinge gleichsetzen zu dürfen meint. Ray Jackendoff hält es für eine Gewißheit, daß die Bedeutung der direkten Wahrnehmung entzogen ist. Nach seiner Einschätzung kommen alle Theorien in diesem Punkt überein: „As different as these approaches in linguistics are, they agree on one thing: we have no direct perceptual access to meanings – they are indeed hidden from us."[66] In der Tat gibt es viele Äußerungen, die diese Einschätzung zu bestätigen scheinen. So hat der Sprachwissenschaftler Peter Rolf Lutzeier den Eindruck, daß Bedeutungen etwas Flüchtiges sind, schwer erhaschbare Erscheinungen, die sich dem Zugriff entziehen: „Das Problem ist [...], daß Inhalte/Bedeutungen für uns nicht greifbar sind."[67] Der Literaturwissenschaftler Michael Titzmann scheint den literarischen Text für ein Gebilde zu halten, in dem sichtbare Zeichenfolgen und unsichtbare Bedeutungen eine Verbindung eingehen: „*Direkt* wahrnehmbar sind nur (Folgen von) ‚Signifikanten', nicht aber die ‚Signifikate', also die ‚Bedeutun-

---

[65] Vgl. Fischer: Philosophical Delusion, S. 62; ders.: Philosophie der Philosophie, in: Grundriss Wissenschaftsphilosophie. Die Philosophien der Einzelwissenschaften, hg. von Simon Lohse und Thomas Reydon, Hamburg 2017, S. 77–104, S. 94.
[66] Ray Jackendoff: A User's Guide to Thought and Meaning, Oxford 2012, S. 49.
[67] Peter Rolf Lutzeier: Wort und Bedeutung. Grundzüge der lexikalischen Semantik, in: Über Wörter. Grundkurs Linguistik, hg. von Jürgen Dittmann und Claudia Schmitt, Freiburg/Br. 2002, S. 33–58, S. 35. Sebastian Löbner suggeriert, daß hinter dem sichtbaren Ausdruck noch eine unsichtbare Bedeutung stehe: „Ganz wichtig ist nun Folgendes: Ausdrücke *haben* zwar ihre Bedeutung, aber sie ist ihnen nicht anzusehen. [...] Alles, was man einem Wort in diesem Sinne ‚ansehen' kann, ist seine Lautgestalt, wenn es gesprochen wird, bzw. seine schriftliche Form, wenn es geschrieben wird." (Semantik. Eine Einführung. 2., akt. und stark erw. Aufl., Berlin 2015, S. 22)

gen', die der Sprachgebrauch den Signifikanten zuordnet."[68] Lutzeier und Titzmann haben entgegengesetzte Meinungen darüber, was Bedeutungen sind, aber wenn sie sagen, daß Bedeutungen ‚unsichtbar' und ‚verborgen' sind, dann bringen sie zum Ausdruck, was für beide der gesicherte Ausgangspunkt ist. An dieser Stelle setzt das bewußte wissenschaftliche Denken ein, das verschiedene Abzweigungen nehmen kann: Man kann die Bedeutung des Wortes als etwas *Psychisches* auffassen (wie Lutzeier) oder als etwas *Abstraktes* (wie Titzmann). Ich werde diese Denktraditionen der Reihe nach analysieren: Zunächst diskutiere ich einige der Schwierigkeiten, die sich aus der Unterstellung ergeben, daß die Bedeutung der Wörter im Geist des jeweiligen Sprachbenutzers zu finden sei, dann wende ich mich der Theorie zu, die Bedeutungen zu freischwebenen Dingen in einem Ideenreich macht.

1.2.3 Psychologisierung von Bedeutungen

Die Psychologisierung von Bedeutungen ist gewissermaßen der Weg des geringsten Widerstands. Es ist die seit langem vorherrschende Meinung, daß Bedeutungen schwer faßbare Dinge sind, die sich *im Geist* befinden und aus diesem Grund nicht mit den äußeren Sinnen wahrgenommen werden können. Üblicherweise wird unterstellt, daß man sie mit einem *inneren Sinn* erkennt oder jedenfalls einen wahrnehmungsähnlichen Zugang zu ihnen hat. Bedeutungen, so denkt man, müssen uns beim Schreiben oder Lesen gegenwärtig sein, denn sonst könnten wir das Geschriebene nicht verstehen. Musterbeispiel für einen Autor, der mit dieser Grundannahme arbeitet, ist Augustinus.[69] Er geht davon aus, daß ein Zeichen nicht ein bloßer Laut ist, sondern etwas, „das sich selbst den Sinnen und außer sich selbst etwas dem Geist darbietet".[70] Die Überlegung, daß der wahrnehmbare Laut nicht dasselbe sein könne wie die Bedeutung, die weder hörbar noch sichtbar sei, führt ihn zu dem Schluß, daß Laut und Bedeutung zwei verschiedene Phänomene sein müssen, das eine körperlich und das andere geistig:

> AUG. Wenn also der Name selbst aus Klang und Bedeutung besteht, der Klang aber zu den Ohren, die Bedeutung zum Verstand gehört, glaubst du dann nicht, daß im Namen

---

68 Michael Titzmann: ‚Empirie' in der Literaturwissenschaft, in: Empirie in der Literaturwissenschaft, hg. von Philip Ajouri, Katja Mellmann und Christoph Rauen, Münster 2013, S. 149–179, S. 160.
69 Vgl. Christopher Kirwan: Augustine, Oxford 1999, S. 35–59. Die Rezeption seiner Sprachtheorie untersucht: Stephan Meier-Oeser: Die Spur des Zeichens. Das Zeichen und seine Funktion in der Philosophie des Mittelalters und der frühen Neuzeit, Berlin 1997.
70 „Signum est quod et se ipsum sensui et praeter se aliquid animo ostendit." (*De dial.* V, 7, 6)

genauso wie in einem Lebewesen, der Klang der Körper ist und die Bedeutung gleichsam die Seele des Klanges? Ev. Der Vergleich scheint mir genau zu stimmen.[71]

Für Augustinus verhält sich also der Laut zur Bedeutung wie der Körper zur Seele. Wie ein Mensch ohne die Seele nur ein unbelebter Körper ist, so ist das Wort ohne die ihm zugeordnete Bedeutung ein belangloser Laut. Wie der Körper durch die Seele, so wird der Laut durch die Bedeutung, die ihm zukommt, lebendig gemacht. Die Tatsache, daß man Seelen und Bedeutungen nicht in der Außenwelt beobachten kann, beweist bloß, daß sie unsichtbare und wohl auch immaterielle Wesenheiten sind, von deren Existenz man sich durch Introspektion überzeugen kann, die darüber hinaus jedoch schwer zu fassen sind. Auf die schwierige Frage, an welchem Ort sich Bedeutungen befinden, antwortet Augustinus selbstgewiß, daß sie in der Seele vorhanden sind: „Ein Zeichen läßt neben der Gestalt, die es den Sinnen eingibt, ein zusätzliches Element in die Gedanken gelangen."[72] Ist das Vereinbarungsproblem mit der Angabe ‚in der Seele' zufriedenstellend gelöst? Um den Verdacht, daß hier ein imaginärer Ort mit imaginären Dingen gefüllt wird, zu erhärten, muß man das Innen-Außen-Bild diskutieren, was ich auf später verschieben will. Festzuhalten ist hier, daß die Vergeistigung und Verinnerlichung die Annahme, daß es Dinge gibt, die ‚Bedeutungen' heißen, vor einer leichten empirischen Widerlegung schützt. Die Behauptung, daß der Sinn eines Satzes ‚in die Gedanken' gelangt, ist zu nebulös, als daß man sie klar entkräften könnte. Sie schwankt zwischen einer harmlosen Redeweise (vergleichbar mit ‚etwas auf dem Herzen haben') und der Annahme eines geistigen Vorgangs, bei dem eine unsichtbare Bedeutung in einen besonderen Bereich (‚das Innere') eintritt.

Man könnte einwenden, daß gegenwärtig niemand mehr die Augustinische Sprachauffassung vertritt. Was man heute in den Geisteswissenschaften empirisch untersucht, hat, so werden manche sagen, nichts mit dem zu tun, worüber Augustinus spekuliert. Doch es gibt Kontinuitäten, die man nur schwer ignorieren kann. Viele empfinden immer noch die Notwendigkeit, den Untersuchungsgegenstand – was kennen Sprecher, wenn sie die Bedeutung sprachlicher Ausdrücke kennen? – als ein besonderes Objekt zu bestimmen. So erklärt Thomas Ede Zimmermann: „In der Semantik geht es darum, dieses [sprachliche]

---

[71] Augustinus: Philosophische Spätdialoge, eingel., übers. und erl. von Karl-Heinrich Lütcke und Günther Weigel, Zürich 1973, S. 209. [„Aug. Cum ergo nomen ipsum sono et significatione constet, sonus autem ad aures, significatio ad mentem pertineat, nonne arbitraris in nomine, velut in aliquo animante, sonum esse corpus, significationem autem quasi animam soni? – Ev. Nihil mihi videtur similius." (*De quantitate animae*, 32, 66)]

[72] „Signum est enim res, praeter speciem, quam ingerit sensibus, aliud aliquid ex se faciens in cogitationem venire." (*De doctr. chr.* II, 1, 1)

Wissen explizit zu machen. Dafür sind insbesondere Annahmen darüber vonnöten, um was für Objekte es sich bei sprachlichen Bedeutungen handelt."[73] Die „Annahmen" über den Untersuchungsgegenstand, auf die Zimmermann anspielt, sind keine Erfahrungsurteile, sondern *Festlegungen* oder *Setzungen*. Ein Indiz dafür ist, daß von dem Modalverb ‚müssen' Gebrauch gemacht wird: Die Bedeutung „muss etwas sein, das sich in [unserem] Kopf befindet".[74] In dieser apodiktisch vorgetragenen Aussage wird eine unbegründete Intuition mit dem etablierten Begriff der Bedeutung gleichgesetzt. Nachdem man ‚die Bedeutung des Wortes kennen' und ‚das Wort mit einer Bedeutung verbinden' vermengt hat, wird in einem zweiten Schritt die metaphysische Auffassung durch zusätzliche Bestimmungen weiter ausgestaltet und zwar meistens in der Weise, daß man das unbekannte Objekt im Kopf des jeweiligen Sprachbenutzers verortet. Wenn nun von einer Person im geläufigen Sinn ausgesagt werden kann, daß sie die Bedeutung eines Zeichens versteht, wird dies als definitiver Beweis dafür gewertet, daß diese Person ein lautliches oder graphisches Muster „in ihrem Kopf mit der Bedeutung [...] verknüpft".[75]

Wer sich fragt, was Bedeutungen sind, wird auf die Introspektion verwiesen. Die Vorstellung, daß Bedeutungen dem Geist vorschweben, ist seltsam vertraut: Muß nicht der Sinn, den man erfaßt, wenn man einen Text liest, in unser Bewußtsein gelangen? Unterscheidet sich nicht die Erfahrung des Satzes, dessen Sinn sich uns erschließt, von der Erfahrung des Satzes, der uns unverständlich bleibt? Niemand kann ernsthaft bezweifeln, daß außer der Wahrnehmung der Wörter noch manches andere in uns vorgeht. Zum Beispiel entstehen Bilder vor unserem geistigen Auge und es werden Gedanken in uns wachgerufen, die zuvor nicht vorhanden waren. Die Bedeutung scheint zu diesen Dingen zu gehören, die in unserem Inneren entstehen, wenn wir die Zeichen aufnehmen. Andererseits kommen auch Zweifel auf: Können nicht Wörter eine Bedeutung haben, ohne daß irgendwelche Bilder vor unserem inneren Auge vorüberziehen? Ist die Bedeutung tatsächlich etwas Flüchtiges, das kurzzeitig im Geist auftaucht und dann wieder verschwindet? Haben die Wörter so viele Bedeutungen wie es innere Bilder gibt, die sie evozieren? Sind die Bedeutungen, die der Autor ursprünglich gemeint hat, für immer verloren? Wie kann man sie jemals zuverlässig erschließen und reproduzieren? Ist eine Aussage darüber, was in uns geschieht, wenn wir ein Zeichen lesen, nicht ohnehin etwas anderes als eine Aussage über die Bedeutung der Wörter? Wird eine Interpretation nicht ganz unabhängig von den Erfahrungen, die Zeichen in uns auslösen, bestätigt oder widerlegt?

---

73 Thomas Ede Zimmermann: Einführung in die Semantik, Darmstadt 2014, S. 13f.
74 Löbner: Einführung in die Semantik, S. 22.
75 Löbner: Einführung in die Semantik, S. 23.

Die *Psychologisierung* der Bedeutungen führt zu der Frage, wie man Zugang zu ihnen bekommt: „Da Bedeutungen geistige Einheiten sind, die der direkten Beobachtung nicht zugänglich sind, ergibt sich [...] das methodische Problem, Einblick in den Geist zu bekommen."[76] Und es ist nicht nur so, daß man die Bedeutungen, die andere Sprachbenutzer mit ihren Worten verbinden, nicht direkt beobachten kann. Nicht einmal darauf kann man sich verlassen, daß man Einblick in den eigenen Geist, Zugang zu den eigenen Bedeutungen hat. Die Bedeutungen scheinen zu entschwinden, sobald man die Aufmerksamkeit auf sie richtet. Johnson-Laird konstatiert: „The single most obvious phenomenon about the meanings of words is the difficulty of focussing consciousness upon them."[77] Zwar sei man mit der Bedeutung vieler sprachlicher Ausdrücke unmittelbar vertraut, aber wenn man in sein Inneres schaue, finde man dort kein mentales Wörterbuch, in dem eine Darstellung der Bedeutung angeboten wird: „You cannot turn to the appropriate definition in a mental dictionary and read out the contents you find there. [...] In short, you have an immediate awareness of knowing the sense of a word, but you have no direct introspective access to the representation of its meaning."[78] Auch Jackendoff weist auf dieses Problem hin: „But [...] we can't hear or see its meaning, despite the fact that it's in our heads."[79] Ist diese Erklärung wesentlich klarer formuliert als der herkömmliche Psychologismus? Können wir denn sonst *sehen* oder *hören*, was sich in unserem Kopf abspielt? Was soll es überhaupt heißen, daß Wörter, Bilder, Töne oder Bedeutungserklärungen in unseren Köpfen vorhanden sind? Wie könnte man sie dort erkennen?[80]

Statt seinen metaphysischen Bedeutungsbegriff in Frage zu stellen, reagiert Jackendoff auf das Vereinbarungsproblem, indem er die Vergeistigung noch einen Schritt weitertreibt. Die Bedeutung müsse, so behauptet er, eine mentale Struktur sein, die im Unbewußten gespeichert ist.[81] Durch diese *zusätzliche* Sublimierung wird die Idee, daß Bedeutungen mit den Wörtern verbundene Dinge sind, ein weiteres Mal geschützt – diesmal vor der Nachprüfung durch Introspektion. Doch auch diese Lösung ist nicht zufriedenstellend: Hat die Bedeutung, die

---

[76] Monika Schwarz-Friesel und Jeanette Chur: Semantik. Ein Arbeitsbuch. 6., grundl. überarb. und erw. Aufl., Tübingen 2014, S. 37.
[77] Philip Johnson-Laird: The Mental Representation of the Meaning of Words, in: Readings in Philosophy and Cognitive Science, hg. von Alvin Goldman, Cambridge, MA 1993, S. 561–583, S. 562.
[78] Johnson-Laird: The Mental Representation of the Meaning of Words, S. 563.
[79] Jackendoff: A User's Guide to Thought and Meaning, S. 49.
[80] Das Problem des inneren Erfahrungssubjekts wird in Kap. 1.4.4 diskutiert.
[81] Vgl. Jackendoff: A User's Guide to Thought and Meaning, S. 49.

im Geist verborgen ist, noch etwas mit der Bedeutung zu tun, die man herausfinden und erklären will? Entgleitet uns, wenn wir Bedeutungen als unbewußte Strukturen definieren, nicht vollends das, was uns als Sprach- und Literaturforscher eigentlich interessiert, wenn wir die Bedeutung von Wörtern und Sätzen untersuchen? Wenige haben diese Schwierigkeit, die sich aus der Verdinglichung und der anschließenden Vergeistigung von Bedeutungen ergibt, so deutlich ausgesprochen wie Peter Rolf Lutzeier: „Im Grunde unterhalten wir uns über etwas, wovon wir überhaupt nicht wissen, was es ist."[82] Die verheerende Konsequenz, daß wir nicht wissen, wofür wir uns interessieren und was wir verstehen wollen, wenn wir die Bedeutung sprachlicher Ausdrücke analysieren, muß uns zur Prüfung der Voraussetzungen veranlassen, von denen wir ausgegangen sind: Wonach fragt man, wenn man nach der Bedeutung fragt? Untersucht man tatsächlich etwas Psychisches, das mit dem Ausdruck verbunden ist?

Die Annahme, daß es etwas gibt, das die Bedeutung des Wortes ist, braucht nicht direkt verneint zu werden, denn man kann nichts sinnvoll verneinen, was man nicht verstehen kann. Eine sprachkritische Philologie kann allenfalls versuchen, den falschen Schein, daß man mit solchen Dingen in Beziehung tritt, allmählich abzubauen. Das läßt sich dadurch erreichen, daß man die schwer durchschaubare Verwechslung einer metaphysischen mit einer weniger voraussetzungsreichen Verwendung des Begriffs ‚Bedeutung' bewußt hält. Solange diese Verwirrung unbemerkt bleibt, ist die Einschätzung, wie verständlich und wie gut begründet die Überzeugung ist, daß Wörter mit Bedeutungen verbunden sind, systematisch verzerrt; denn so lange wird man jede Aussage über Bedeutungen als Aussage über Dinge lesen, die ‚Bedeutung' heißen. Um die These, daß es etwas gibt, das die Bedeutung des Wortes ist, unvoreingenommen bewerten zu können, muß diese Verwechslung korrigiert werden. Erst dann wird klar: Man kann leugnen, daß Wörtern eine Bedeutung zugeordnet ist, ohne sich von dem Gedanken verabschieden zu müssen, daß Wörter eine Bedeutung haben.

Manche Forscher werden spätestens an dieser Stelle einwenden, daß die gesamte Diskussion längst erledigt sei: Saussure habe abschließend bewiesen, daß die Bedeutung *nicht außerhalb* der Zeichen liege, sondern den Zeichen immanent sei. Ganz so klar und eindeutig ist die Lage jedoch nicht. Denn nach Saussures Darstellung ist das Zeichen eine Kombination aus Lauteindruck und Bedeutung, einer chemischen Verbindung vergleichbar: „On pourrait penser [...] à un composé chimique, l'eau par exemple; c'est une combinaison d'hydrogène et d'oxygène; pris à part, chacun de ces éléments n'a aucune des

---

[82] Peter Rolf Lutzeier: Linguistische Semantik, Stuttgart 1985, S. 19.

propriétés de l'eau."⁸³ Ist diese Analogie tatsächlich ein Fortschritt gegenüber der älteren Vorstellung, daß Wort und Bedeutung sich wie Leib und Seele zueinander verhalten?⁸⁴ Saussure lokalisiert das Zeichen im Kopf, was die Konsequenz hat, daß es vollständig unbeobachtbar ist. Deswegen wird die Theorie manchmal dahingehend abgeschwächt, daß Zeichen *teilweise* unbeobachtbar sind: „Denn ein Wort ist, wie jedes Zeichen, aus zwei Teilen verfugt: aus einem nichtwahrnehmbaren, dem Sinn; und aus einem sinnlich wahrnehmbaren, dem Ausdruck."⁸⁵ Damit kehrt man im Grunde zum Dualismus der Augustinischen Sprachkonzeption zurück.

Folgt man John Josephs Rekonstruktion, ist Saussures Zeichenmodell das Ergebnis, zu dem man kommen muß, wenn man einsieht, daß es keine Bedeutungen gibt, die separat von den Wörtern vorhanden sind. Die geläufige Redeweise, daß Wörter eine Bedeutung ‚haben', sei also falsch:

> There arose [...] for Saussure a whole complex of problems emanating from our very way of talking about ‚words and their meanings', or about words ‚having meanings', as though the word is the sound part only and the meaning exists separately from it. What a word signifies, Saussure insists, is itself part of the word, indissociable from it. Whether words ‚have' meanings or ‚contain' them seems like a semantic quibble, but it is the very crux of Saussure's theory of the linguistic sign – and ultimately also of the great intellectual debates that have unfolded around structuralism and post-structuralism from the 1940s to the present [...].⁸⁶

Wer diesen Gedankengang akzeptiert, übersieht, daß ‚etwas haben' nicht eine Beziehung zu einem gesonderten Ding beschreiben muß: ‚Das Wort hat eine Funktion im Satz' heißt sicherlich nicht, daß mit dem Wort etwas verbunden ist, das

---

83 Ferdinand de Saussure: Cours de linguistique générale. Edition Critique, hg. von Rudolf Engler, Wiesbaden 1989, S. 232.
84 Jacques Derrida sieht eine wesentliche Errungenschaft Saussures in der Ersetzung des Leib-Seele-Modells durch das Modell einer Zweiheit, die „untrennbar [...] verbunden" sei (Semiologie und Grammatologie, S. 53). Das irreführende Modell der Untrennbarkeit taucht bei ihm mehrfach auf: „Wir halten es prinzipiell für unmöglich, durch Interpretation oder Kommentar das Signifikat vom Signifikanten zu trennen" (Grammatologie [1967], übersetzt von Hans-Jörg Rheinberger und Hanns Zischler, Frankfurt/M. 1974, S. 276).
85 Manfred Frank: Was ist ein literarischer Text, und was heißt es, ihn zu verstehen?, in: ders.: Das Sagbare und das Unsagbare. Studien zur deutsch-französischen Hermeneutik und Texttheorie, Frankfurt/M. 1989, S. 121–195, S. 137.
86 John Joseph: The Linguistic Sign, in: The Cambridge Companion to Saussure, hg. von Carol Sanders, Cambridge 2006, S. 59–75, S. 63. Josephs kenntnisreiche und außerordentlich wohlwollende Rekonstruktion kann die Ungereimtheiten in der Zeichenkonzeption Saussures nicht auflösen. Ein Beispiel: „When what is included in the category ‚cattle' changes, the entire sign changes. It becomes a new sign, even if the sound pattern (the signifier) remains the same." (S. 64) Diese Umdeutung von ‚Zeichen' würde ausschließen, daß ein Zeichen im Gespräch mal in einem engeren, mal in einem weiteren Sinn verwendet wird.

‚Funktion' genannt wird.[87] Die Behauptung, ein Wort *enthalte* seine Bedeutung, beruht auf derselben falschen Voraussetzung, daß die Bedeutung irgendwo vorhanden sein müsse. Man kann Saussure in dem Punkt beipflichten, daß der Begriff ‚Bedeutung' nicht dazu dient, eine Entität zu identifizieren, die *zusätzlich* zum Zeichen vorhanden ist; aber die Idee, daß die Bedeutung den Zeichen immanent sei, ist nicht weniger problematisch. Der Saussuresche Vorschlag, das Wort als Kombination aus Form und Bedeutung zu begreifen, ist bloß eine subtilere Fortsetzung des alten Dualismus, der aus der unbegründeten Annahme hervorgeht, daß es außer dem Laut noch eine Bedeutung geben müsse. Am Beispiel Saussures und seiner Anhänger zeigt sich, daß die Kritik des einen Irrtums (die Wörter sind mit Bedeutungen verbunden) in einen neuen Irrtum (die Bedeutung steckt in den Wörtern) führt, wenn die Fehlerquelle – die Mißdeutung der Redeweise ‚eine Bedeutung haben' – nicht erkannt wird. Eine analytische Distanz zum Mythos der Bedeutung kann erst hergestellt werden, wenn man eingesehen hat, daß man Laut und Bedeutung voneinander unterscheiden kann, auch wenn es weder zwei Dinge sind noch zwei Seiten desselben Dings.

1.2.4 Platonisierung von Bedeutungen

Auf die Verdinglichung von Bedeutungen folgt nicht zwingend ihre Vergeistigung. Manche Forscher legen Wert darauf, die Bedeutung der Wörter von den inneren Begleitvorgängen des Sprachgebrauchs zu unterscheiden. Wer die Bedeutung von sprachlichen Ausdrücken erforschen will, hat es nach Zimmermann „nicht [...] mit dem subjektiven, psychologischen Aspekt des sprachlichen Verständnisses zu tun – also mit der Frage, was in den einzelnen Personen vorgeht [...]. Vielmehr geht es um die Frage, *was* diese Personen verstehen, was also diese ominöse [...] Bedeutung ist, die sie erfassen."[88] Hier werden die Bildung einer Auffassung von der Bedeutung und die Bedeutung selbst angemessen unterschieden. Zimmermann stellt jedoch nicht in Frage, daß Bedeutungen „ominöse", schwer bestimmbare Dinge sind, die Sprachbenutzer geistig erfassen müssen, um die Wörter zu verstehen. Wenn Bedeutungen nicht in der Innenwelt und nicht in der Außenwelt sind, dann sind sie nach seiner Ansicht in einer dritten Welt anzusiedeln, „im logischen Raum",[89] wo sie als „abstrakte Objekte" für verschiedene

---

[87] Dies wird von Frank Palmer richtig gesehen, allerdings verbunden mit der irrigen Behauptung, daß ‚having' in ‚having a meaning' nicht im wörtlichen Sinn zu verstehen sei (Semantics, Cambridge 1981, S. 28f.).
[88] Zimmermann: Einführung in die Semantik, S. 16.
[89] Zimmermann: Einführung in die Semantik, S. 142.

Personen „gleichermaßen zugänglich" sind und sich „quasi zwischen ihnen"[90] befinden. Gottlob Frege ist wohl der bekannteste Vertreter der Theorie, die Zimmermann weiterführt: Er verstößt den Sinn des Satzes aus dem Bewußtsein und versetzt ihn ins „Reich desjenigen, was nicht sinnlich wahrnehmbar ist".[91]

In der Literaturwissenschaft hat die Theorie, daß Bedeutungen intersubjektive Dinge sind, mit Roman Ingarden und Eric Hirsch zwei einflußreiche Vertreter gefunden. Ingarden lehnt die Verwandlung von Bedeutungen in geistige Vorkommnisse ab, hat jedoch nach wie vor den Drang, sie mit irgendeiner Art von Vorkommnis zu identifizieren: Der Wortkörper ist für ihn „Ausdruck von etwas von ihm selbst Verschiedenem [...]; dieses Verschiedene ist eben der Sinn, die Bedeutung des Wortes".[92] ‚Einen Sinn haben' kann er nicht anders interpretieren als ‚mit einem Sinn verbunden sein', folglich behauptet er, daß es im Aufbau des literarischen Werks eine Schicht von schattenhaften Bedeutungseinheiten gibt, einen „Fluß der sich nacheinander entwickelnden Satzsinne".[93] In ähnlicher Weise versucht Hirsch, die Bedeutung von den Vorgängen, die im Inneren der Sprachbenutzer stattfinden, zu trennen. Aber auch er hält daran fest, daß einer Reihe von Wörtern ein unsichtbarer Zusammenhang von Bedeutungen („complex of meaning"[94]) entspricht.

Die Platonisierung der Bedeutung ist attraktiv, da sie die Gefahr des Psychologismus abzuwehren und der Analyse von Texten eine solide Grundlage zu verschaffen scheint: „Wäre die These von der Intersubjektivität [des Sinns] nämlich nicht haltbar, so würde sich die Frage nach der Erlernbarkeit des Sinnes im wesentlichen erübrigen."[95] Wenn die Bedeutung etwas Seelisches ist, hat, so denkt man,

---

90 Zimmermann: Einführung in die Semantik, S. 142.
91 Gottlob Frege: Der Gedanke. Eine logische Untersuchung [1918], in: ders.: Logische Untersuchungen, hg. und eingel. von Günther Patzig, Göttingen 1966, S. 35–62, S. 59.
92 Roman Ingarden: Vom Erkennen des literarischen Kunstwerks, Tübingen 1968, S. 18. „Die Bedeutung des Wortes fordert eine äußere Hülle, in welcher sie ‚zum Ausdruck' kommen kann." (Roman Ingarden: Das literarische Kunstwerk [1931], 4. Aufl., Tübingen 1972, S. 34)
93 Ingarden: Vom Erkennen des literarischen Kunstwerks, S. 38.
94 Eric Hirsch: Validity in Interpretation, London 1967, S. 4.
95 Hans Ineichen: Philosophische Hermeneutik, Freiburg/Br. 1991, S. 33. Die These von der Intersubjektivität des Sinns besagt, daß der Sinn verschiedenen Personen „zugänglich" ist und von ihnen „geteilt" werden kann (ebd.). Auch Heinrich Rickert postuliert einen vom Bewußtsein des Einzelnen losgelösten, intersubjektiv zugänglichen Sinn: Der Sinn „‚schwebt' sozusagen ‚frei' *zwischen* dem Individuum [...] und uns, die wir ihn [...] verstehen, und nur weil er in dieser Art ‚frei schwebt' kann er zwischen uns und der Individualität des fremden Menschen eine Brücke schlagen." (Die Grenzen der naturwissenschaftlichen Begriffsbildung. Eine logische Einleitung in die historischen Wissenschaften [1896], 5. Aufl., Tübingen 1929, S. 584) Der Verdacht, daß Rickert die Schwierigkeiten durch ein „Ausweichen ins Metaphysische" löst, wird von Friedrich Vollhardt ausgesprochen und abgetan (Heinrich Rickert, ‚Kulturwissenschaft und

allenfalls der Autor einen Zugang zu ihr. Es steht aber fest, daß die Bedeutung von mehr als einer Person erfaßt werden kann. Daher muß sie, so scheint es, etwas öffentlich Zugängliches sein – wie ein Objekt, das von mehr als einer Person wahrgenommen werden kann, mit dem Unterschied, daß sie nicht beobachtbar ist. Daß es abstrakte Bedeutungsentitäten gibt und daß sie intersubjektiv erkennbar sind, wird von den Anhängern dieser Theorie aber nur dogmatisch behauptet. Zu ihrer Verteidigung führen sie an, daß in den Wissenschaften oftmals unbeobachtbare Entitäten angenommen werden, um die Erfahrungsdaten zu erklären. Aber dieser Vergleich hilft nicht weiter, denn es ist bei den Theorien in der Nachfolge Freges, die aus der Bedeutung ein abstraktes Objekt machen, nicht klar, ob die postulierten Entitäten überhaupt klar definiert sind und in welcher Beziehung sie zu den Daten stehen. Wenn man Bedeutungen als eine Sache beschreibt, die nicht sinnlich erfahrbar ist, ergeben sich also neue Probleme: Wie hängen diese ätherischen Dinge mit der beobachtbaren Verwendung von Wörtern zusammen? Was ist der Zugangsmodus zu den Bedeutungen im Ideenreich? Bei der Frage, wie Bedeutungen ins Bewußtsein geholt werden können, fällt Frege in den Psychologismus zurück: Ein besonderer Prozeß des „Fassens" müsse stattfinden, der „vielleicht [...] der geheimnisvollste von allen"[96] sei. Selbst ein überaus wohlwollender Interpret wie Michael Dummett kommt zu dem Schluß, daß der von Frege behauptete Vorgang der Erfassung von Sinn ein philosophisch erzeugter „Mythos"[97] ist.

Naturwissenschaft' (1890), in: KulturPoetik 3/2 (2003), S. 279–285, S. 284). Vgl. dagegen die Diagnose Otto Neuraths: Thomas Uebel: „BLUBO-Metaphysik": Die Verwerfung der Werttheorie des Südwestdeutschen Neukantianismus durch Carnap und Neurath, in: Logischer Empirismus, Werte und Moral. Eine Neubewertung, hg. von Anna Siegetsleitner, Wien 2010, S. 103–129.
96 Gottlob Frege: Schriften zur Logik und Sprachphilosophie, hg. von Gottfried Gabriel, Hamburg 1971, S. 157. Heinrich Rickert kämpft mit ganz ähnlichen logischen Schwierigkeiten, wenn er einerseits die Abgelöstheit des Sinns von den psychischen Vorgängen behauptet und zugleich betont, daß der Sinn an den inneren Vorgängen „haftet" (Die Grenzen der naturwissenschaftlichen Begriffsbildung, S. 572).
97 Michael Dummett: Ursprünge der analytischen Philosophie, übers. von Joachim Schulte, Frankfurt/M. 1988, S. 33, 36. Deutlicher noch als Dummett äußern sich Baker und Hacker: „In respect of the objects of judgment and in respect of concepts, too, he replaced Cartesian myths and confusions with Platonist ones." (Frege. Logical Excavations, Oxford 1984, S. 59) Ferner: „The Cartesian myths were left untouched within what seemed to be their proper psychological domain [...]. This left him in the grip of a multitude of confusions. His criticism of the psychologician's conception of the objects of judgments and of what judgments are about turned on a confused conception of subjectivity." (S. 60) Sie kommen zu dem Schluß: „Both the Cartesian myths about the realm of the psychological and the Platonist myths about the realm of the logical generate deep philosophical confusions, and hence these central ingredients of

Literaturtheorien, die Bedeutungen ‚platonisieren', sind denselben Einwänden ausgesetzt wie Freges Sprachauffassung. Ingarden muß Bewußtseinsvorgänge postulieren, aus denen eine schattenhafte Schicht von Bedeutungseinheiten entstehen soll, die von diesen Vorgängen sozusagen ablösbar ist. Bei seiner Beschreibung des Verstehens mischt er die Vorstellung, daß Bedeutungen erfaßt werden, die Elemente des Werks sind, mit der Vorstellung, daß die vom Autor ursprünglich gemeinte Bedeutung, „aufs neue nachgebildet bzw. gemeint"[98] oder „erlebt"[99] werden muß. Ingarden bemüht sich in seinen weitschweifigen Reflexionen vergeblich um eine Klärung der Frage, wie Bedeutungen identifiziert werden. Einmal spielt er mit der Vorstellung, daß der Sinn vom jeweiligen Leser zum Gegenstand des Denkens gemacht wird: „Indem ich einen Text verstehe, *denke ich den Sinn des gelesenen Textes*".[100] Aber dann scheint er diese Beschreibung gleich wieder zu verwerfen:

> Der Sinn ist, wie Husserl sagt, nur ein ‚Durchgangsobjekt', das man passiert, um zum gemeinten Gegenstand zu gelangen. Genau genommen ist er gar kein ‚Objekt'. Denn wenn wir einen Satz aktiv denken, wenden wir uns nicht seinem Sinn, sondern dem zu, was durch ihn [den Sinn] oder in ihm bestimmt oder gedacht wird.[101]

Hier wird der Sinn nicht mehr als ein besonderer Gegenstand charakterisiert, da Ingarden richtig bemerkt, daß sich die Aufmerksamkeit nicht auf den Sinn, sondern auf die Wörter und auf das, was mit ihnen dargestellt wird, richtet.[102] Auch das Bild eines ‚Durchgangsobjekts' zur dargestellten Welt wird als unzulänglich empfunden und verworfen. Und doch weiß sich Ingarden nicht anders zu helfen, als den Sinn als etwas zu beschreiben, das die dargestellten Gegenstände „bestimmt". Er ringt um die Lösung eines Problems, das er fortwährend selbst produziert, indem er immer wieder voraussetzt, daß es zusätzlich zum Satz einen Sinn geben müsse, der eine Rolle im Aufbau des Werks spielt. Nun ist es richtig, daß man den Sinn der Sätze verstehen muß, wenn man wissen

---

Frege's thinking are themselves in dire need of philosophical investigation and clarification." (S. 62) Ähnlich: Anthony Kenny: Frege, London 1995, S. 187–194; Edward Kanterian: Frege. A Guide for the Perplexed, London 2012, S. 27–31.
98 Ingarden: Vom Erkennen des literarischen Kunstwerks, S. 25.
99 Ingarden: Vom Erkennen des literarischen Kunstwerks, S. 34.
100 Ingarden: Vom Erkennen des literarischen Kunstwerks, S. 30.
101 Ingarden: Vom Erkennen des literarischen Kunstwerks, S. 39.
102 Ähnlich hatte bereits Edmund Husserl behauptet: „Im Akte des Bedeutens wird die Bedeutung nicht gegenständlich bewußt" (Logische Untersuchungen, Bd. 2: Untersuchungen zur Phänomenologie und Theorie der Erkenntnis [1902], hg. von Ursula Panzer, Den Haag 1984, S. 103).

will, was sie darstellen; aber daraus folgt nicht, daß das, was mit den Sätzen gesagt wird, *durch den Sinn* oder *im Sinn* bestimmt wird – genauso wenig wie es etwas gibt, das ‚Wortbedeutung' heißt und festlegt, was das Wort bezeichnet.[103] Ingarden ist mit seiner Theorie selbst nicht zufrieden und nimmt einen weiteren Anlauf:

> Man kann, wenn auch nicht ganz exakt, sagen, daß wir beim aktiven Denken eines Satzes seinen Sinn bilden oder ausführen und, indem wir es tun, *eo ipso* zu den Gegenständen der betreffenden Sätze [...] gelangen [...].[104]

Die Verwicklung bleibt bestehen. Ist der Sinn ein Produkt des Autors, das Leser neu „bilden"? Ist er vergleichbar mit einer Anweisung, die sie „ausführen"? Die befreiende Antwort wäre, daß die Bedeutung überhaupt kein Etwas ist. Die Frage, welche Funktion dem Sinn im Aufbau des Werks zukommt, setzt voraus, daß sich ‚Sinn' auf etwas bezieht, das dem Satz entspricht. Daraus entsteht die Illusion, daß es neben den Sätzen eine besondere Schicht von Satzsinnen gibt, die bei der Untersuchung von literarischen Werken berücksichtigt werden muß. Die in einem Text dargestellte Welt aufzubauen, soll eine „Leistung der Satzsinne"[105] sein. Ingarden sieht nicht, daß man diese Leistung, statt sie auf geheimnisvolle Sinngebilde zu übertragen, direkt den Sätzen zuschreiben kann, mit denen Situationen gestaltet werden. Die satzbildenden Operationen des Autors bestimmen die Sachverhalte – und nicht ein gesonderter Sinn des Satzes. Man kann zwar sagen, es hänge von der Bedeutung der Wörter ab, welche Dinge in einem Text dargestellt werden, aber das heißt natürlich nicht, daß die dargestellten Dinge durch Bedeutungsentitäten bestimmt werden, sondern lediglich, daß es von der Verwendungsweise der Wörter abhängt, was im Text dargestellt wird.[106] Auch ist es richtig, daß der Gebrauch von Sprache mehrschichtig organisiert ist, aber Bedeutungen sind keine Einheiten und bilden daher auch keine Schicht.

Manche Autoren, die erkannt haben, daß die Bedeutung nichts Geistiges und nichts Abstraktes ist, suchen trotzdem nach etwas, das ‚Bedeutung des

---

103 Edmund Husserl hatte behauptet, daß ein Wort „mittels seiner Bedeutung" einen Gegenstand bezeichnet (Logische Untersuchungen, Bd. 1: Prolegomena zur reinen Logik [1900], hg. von Elmar Holenstein, Den Haag 1984, S. 49).
104 Ingarden: Das literarische Kunstwerk, S. 197.
105 Ingarden: Das literarische Kunstwerk, S. 196. Er spricht manchmal sogar von einer „Leistung der Satzsinngehalte" (S. 197).
106 Ingarden vermischt diese beiden Aussagen, wenn er behauptet, „daß der Sinngehalt der Sätze das entscheidend Bestimmende für die im Werk dargestellten [...] Gegenstände und deren Schicksale ist" (Das literarische Kunstwerk, S. 197).

Wortes' genannt werden kann.[107] Sie identifizieren sie etwa mit einer *Wirkung*, einem *Ereignis* oder einer *Situation*.[108] Diese Vorschläge haben mit den überlieferten Bedeutungsauffassungen eine hartnäckige Verwechslung gemeinsam, die Verwechslung der Annahme, daß Wörter eine Bedeutung haben, mit der Annahme, daß es etwas geben müsse, das die ‚Bedeutung' des Wortes genannt wird.[109]

1.2.5 Konturen einer konstruktiven Bedeutungsauffassung

Es hat sich gezeigt, daß die unscheinbare Prämisse, daß Ausdrücke *mehr* sind als Figuren auf dem Papier, eine Quelle metaphysischen Denkens ist. Aber worauf bezieht sich ‚Bedeutung', wenn nicht auf irgendein Phänomen, das dem Ausdruck

---

107 Die Ausdrucksformen, die im Alltag und in den Wissenschaften etabliert sind, befördern den Glauben, daß es ein Etwas geben müsse, das ‚Bedeutung des Wortes' genannt wird: „Diese Auffassung hätte [...] nie eine solche Macht über unser Denken erlangt, wenn sie nicht in der Sprache selbst eine heimliche Mitspielerin fände. Der Irrtum steigt tief aus den Ausdrucksformen unserer Sprache auf. Die Verwirrung schreibt sich schon her von Ausdrücken wie: ‚Diese zwei Worte bedeuten dasselbe'. Man meint nun: ‚Aha, also gibt es etwas, das beide bedeuten', so wie man etwa sagt: ‚Es gibt ein Haus, das beide besitzen'. Und nun sucht man krampfhaft nach einem Etwas, das die Bedeutung ist – das Substantiv verführt zum Suchen nach einer Substanz." (Baker: The Voices of Wittgenstein, S. 158–160)
108 Leonard Bloomfield z.B. identifiziert die Bedeutung mit der Äußerungssituation und mit der Reaktion: „We have defined the meaning of a linguistic form as the situation in which the speaker utters it and the response it calls forth in the hearer" (Language, London 1933, S. 139). Diese doppelte Identifizierung mit konkreten Vorkommnissen findet man auch bei Morse Peckham. An manchen Stellen will er die Bedeutung als eine Eigenschaft des Verhaltens sehen: „Meaning is [...] something that human beings do. Meaning is not a property of language; meaning is a property of behavior." (Literary Interpretation as Conventionalized Verbal Behavior, in: The Triumph of Romanticism. Collected Essays, Columbia, SC 1970, S. 341–370, S. 344f.) Anderswo will er sie mit der Reaktion gleichsetzen: „The meaning of a bit of language is the behavior which is consequent upon responding to it." (The Intentional? Fallacy?, in: The Triumph of Romanticism, S. 421–444, S. 430f.) Für John Firth ist die Bedeutung „a complex of contextual relations" (The Technique of Semantics, in: Papers in Linguistics 1934–1951, Oxford 1957, S. 7–35, S. 19). Stanley Fish hält sie für „an event rather than an entity" (Is there a Text in this Class? The Authority of Interpretive Communities, Cambridge, MA 1980, S. 3). Das Ereignis, das Fish meint, scheint der Vorgang der Rezeption zu sein: „the reader's response is not *to* the meaing; it *is* the meaning" (ebd.). Fish ignoriert an dieser Stelle, daß eine Aussage über das Verhalten des Rezipienten (‚Er kommt zu den Schluß, daß das Wort sich auf dieselbe Person beziehen muß, von der im letzten Satz die Rede war.') nicht dasselbe ist wie eine Aussage über die Bedeutung (‚Das Wort bezieht sich auf etwas, von dem zuvor schon die Rede war.'). Aufgrund solcher Verwechslungen bleibt unbestimmt, was die spezifische Rolle, Funktion oder Verwendungsweise der Wörter in ihrem Kontext ist.
109 Vgl. John Austins Kritik an Charles Morris (The Meaning of a Word, in: ders.: Philosophical Papers, hg. von James Urmson und Geoffrey Warnock, Oxford 1979, S. 55–77, S. 60).

zugeordnet ist? Worüber stellt man Hypothesen auf, wenn man darüber nachdenkt, was der Sinn einer Textstelle ist? Wittgenstein deutet einen Ausweg an: Er macht darauf aufmerksam, daß ‚Bedeutung', ‚Funktion' und ‚Zweck' „zusammenhängende Begriffe"[110] sind, die in den meisten Kontexten ohne Verlust gegeneinander ausgetauscht werden können. Statt nach der ‚Bedeutung' der Zeichen könne man, so Wittgenstein, ebenso gut nach ihrer ‚Funktion' oder ihrem ‚Zweck' im Text fragen.[111] Psychologismus und Platonismus ergeben sich aus der Annahme, daß man die Wörter untersucht, um Zugang zu ihren Bedeutungen zu bekommen. Sie liefern nur verschiedene Antworten auf die Frage, was die Einheiten sind, in deren Besitz man zu gelangen strebt. Wie irreführend diese Vorstellungsart ist, wird deutlich, wenn man ‚Bedeutung' in eine Reihe mit ‚Wert', ‚Rolle', ‚Leistung', ‚Aufgabe' oder ‚Zweck' stellt, mit Begriffen also, die offensichtlich keine Begleiterscheinungen oder Bestandteile des sprachlichen Ausdrucks bezeichnen.

Die von Wittgenstein in Zusammenhang gebrachten Begriffe sind mit der Idee des *Gebrauchs* verbunden. ‚Funktion des Zeichens' kann durch ‚was das Zeichen leistet', ‚wie es funktioniert', ‚wofür es gebraucht wird' oder ‚wozu es dient' umschrieben werden. Man erklärt die Funktion der Zeichen, indem man angibt, wie sie verwendet werden, ihr ‚Zweck' ist nichts anderes als ihre ‚Verwendungsweise'. Diese Paraphrasen bringen zum Vorschein, daß Aussagen über die Bedeutung von Zeichen, die von etwas zu handeln scheinen, das mit den Zeichen verbunden ist, eigentlich Aussagen über ihren Gebrauch sind. Es gibt demnach keine feste oder flüchtige, intra- oder extramentale Sache, auf die sich der Begriff ‚Bedeutung' bezieht. Häufig wird gesagt, ein Zeichen werde ‚in einer Bedeutung' gebraucht, beispielsweise ‚in seiner üblichen Bedeutung' oder ‚in seiner theologischen Bedeutung', um eine Art des Gebrauchs mit einer anderen zu kontrastieren. Ein Ausdruck hat eine ‚verächtliche' oder ‚lobende' Bedeutung, wenn er verwendet wird, um Geringschätzung oder Lob auszudrücken. Wird ein Ausdruck metaphorisch verwendet, kann man sagen, er habe eine ‚metaphorische Bedeutung', wird er mit besonderer Emphase verwendet, hat er eine ‚emphatische Bedeutung'. Das heißt nicht, daß ihm auf rätselhafte Weise etwas zukommt, das ‚metaphorische' oder ‚emphatische Bedeutung' heißt, sondern es wird mit diesen Redeweisen sein Gebrauch näher bestimmt. Einem Ausdruck wird nicht die richtige Bedeutung ‚zugeschrieben', wo sein spezifischer Gebrauch falsch

---

110 Ludwig Wittgenstein: Letzte Schriften über die Philosophie der Psychologie [= LS I], in: ders.: Werkausgabe, Bd. 7, hg. von Georg Henrik von Wright, Frankfurt/M. 1984, § 291.
111 „We are to look at the elements of language as instruments. We are to study their use. [...] Variants on ‚use' in Wittgenstein are ‚purpose', ‚function', ‚role', ‚part', ‚application'." (Peter Strawson: Wittgenstein's Philosophical Investigations [1954], in: ders.: Freedom and Resentment and Other Essays, London 1974, S. 133–168, S. 149f.)

aufgefaßt wird. Bei keiner dieser Redeweisen braucht man eine Bedeutung anzunehmen, die mit den bloßen Schriftzeichen verbunden ist.

Die Vorstellung von sichtbaren Zeichen und unsichtbaren Bedeutungen erweist sich als eine Illusion: Nichts muß hinzukommen, damit aus einer Reihe von Zeichen eine lebendige Darstellung von Ereignissen wird. Wenn man Texte liest, bemüht man sich, die Bedeutung der Zeichen zu erschließen, aber das ist nicht dasselbe wie: erschließen, welche Bedeutung der Autor mit den Zeichen verknüpft. Philologen wollen wissen, welche *Funktion* die Zeichen haben, wie sie vom Autor *verwendet* werden. Die Texte, die sie studieren, sind nicht ‚bloße' Zeichenfolgen, sie sind aber auch nicht mehr als bloße Zeichen, sondern bestehen aus reproduzierbaren sprachlichen Einheiten, die sukzessiv gebraucht werden, um Sätze zu bilden, Verse zu gestalten, etwas zu erklären, etwas durch Argumente abzusichern oder Ereignisse zu berichten. Wenn man Zeichen eine Bedeutung zuschreibt, unterstellt man, daß sie im Text eine bestimmte Rolle spielen, man nimmt also an, daß sie vom Autor auf diese oder jene Weise verwendet werden – wobei die Bildung solcher Annahmen voraussetzt, daß man imstande ist, die Zeichen selbst zu verwenden. Hier zeigen sich erste Ansätze für eine umfassende Erneuerung der Begriffe: Die Idee, daß das Verstehen von Texten nicht darin besteht, Bedeutungsstrukturen zu erfassen, sondern den Gebrauch sprachlicher Ausdrücke zu identifizieren und nachzuahmen, ist die Grundlage für den Gegenentwurf, den ich im weiteren Verlauf der Arbeit entfalten werde.

1.3 Der Mythos des Inhalts

Sprachliche Illusionen lassen sich nicht durch einzelne Erklärungen auf Anhieb korrigieren. Eine Vielzahl von Verwicklungen muß geduldig analysiert und geklärt werden, bevor sich die Vorstellungen allmählich ändern. Die Augustinische Sprachkonzeption behält ihre Anziehungskraft, solange man daran festhält, daß der Schrift *irgendein* inhaltliches Gegenstück entsprechen müsse, solange man also glaubt, es gehöre zum Verstehen des Textes, mit zusätzlichen Objekten bekannt zu werden, die mit den Zeichen verbunden sind. Wir können die Annahme, daß dem Ausdruck ein Inhalt entspreche, nach Wort-, Satz- und Textebene wie folgt aufgliedern:

(1) Dem Wort entspricht ein Wortinhalt. Er ist das, was mit dem Wort bezeichnet (dargestellt) wird.

(2) Dem Satz entspricht ein Satzinhalt. Er ist das, was mit dem Satz gesagt (dargestellt) wird.

(3) Dem Text entspricht ein komplexer Darstellungsinhalt. Er ist das, was im Text dargestellt wird.

Die Analyse dieser Aussagen wird dadurch erschwert, daß der Inhalt oftmals mit den dargestellten Gegenständen und mit der Bedeutung in eins gesetzt wird. Man stellt fest, daß es eine Beziehung gibt zwischen der Bedeutung von Wörtern und dem Umstand, daß sie etwas bezeichnen, sowie zwischen dem Sinn von Sätzen und dem, was mit den Sätzen gesagt wird. Häufig gilt: Wenn man weiß, was ein Wort bezeichnet, versteht man seine Bedeutung; findet man heraus, was mit einem Satz gesagt wird, hat man in dieser Hinsicht seinen Sinn erkannt. Daraus wird vorschnell abgeleitet, daß die Wortbedeutung das vom Wort Bezeichnete und die Satzbedeutung das vom Satz Gesagte sei. Solche Gleichsetzungen erfolgen auch dort, wo es um den Text als Ganzen geht: Wenn der Text mit einem Komplex von Inhaltselementen verbunden ist, der sich nach bestimmten Regeln aus den Inhalten der Wörter zusammensetzt, scheint es naheliegend, die Bedeutung des Textes und seinen Darstellungsinhalt mit diesem Komplex zu identifizieren. Aus der Verdinglichung des Inhalts und der Verwechslung der Bedeutung mit dem Inhalt geht die Bedeutungskonzeption hervor, die Eric Hirsch in *Validity in Interpretation* voraussetzt: „Meaning is that which is represented by a text; it is what the author meant by his use of a particular sign sequence; it is what the signs represent."[112] Auch andere identifizieren das im Text Dargestellte mit einer Struktur, die sich aus Bedeutungs- oder Inhaltselementen zusammensetzt. So beschreibt Klaus Weimar die Welt, die im Verlauf des Textes entworfen wird, als die „Bedeutungsgesamtheit"[113] des Textes. Michael Titzmann vertritt eine ähnliche Meinung, wenn er behauptet, daß „mit Hilfe der primärsprachlichen Bedeutungsebene der Grammatik und Semantik [...] komplexe semantische Konstrukte gebildet werden können: etwa [...] Figuren [...], Handlungen und Ereignisse".[114] Für Maria Reicher gehört „alles, was ein Autor durch ein Werk zu verstehen gibt",[115] zu dessen Bedeutung, also auch die dargestellten Personen und Ereignisverläufe. Im Folgenden werde ich den illusionären Charakter dieser Aussagen aufzeigen und zugleich den Gegenvorschlag, der im letzten Kapitel angedeutet wurde, weiter ausführen.

---

112 Hirsch: Validity in Interpretation, S. 8.
113 Klaus Weimar: Berichte über Gelesenes, in: Modern Language Notes 114/3 (1999), S. 551–566, S. 566.
114 Titzmann: ‚Empirie' in der Literaturwissenschaft, S. 163.
115 Maria Reicher: Kommunikative Absichten und die Ontologie des literarischen Werks, in: Literatur interpretieren. Interdisziplinäre Beiträge zur Theorie und Praxis, hg. von Jan Borkowski, Stefan Descher, Felicitas Ferder und Philipp David Heine, Münster 2015, S. 191–217, S. 198.

1.3.1 Wortinhalt und Bezeichnetes

Die Annahme, die Bedeutung eines Wortes sei dasjenige, was es bezeichne, beeinflußt die Geschichte der Sprachphilosophie und Hermeneutik seit ihren Anfängen. Besonders klar wird sie von Georg Friedrich Meier formuliert: „Dasjenige, was die Ausdrücke bezeichnen, ist ihre Bedeutung".[116] Die Beschränktheit dieser Sichtweise zeigt sich schon daran, daß Wörter eine Bedeutung haben können, ohne etwas zu bezeichnen. Wenn Konjunktionen (*und, obwohl*), intensivierende Ausdrücke (*schrecklich, sehr*), Interjektionen (*ach*), Modalpartikel (*denn, doch*) oder Gradpartikel (*nur, bloß*) eine Bedeutung haben sollen, dann kann diese Bedeutung nicht das Bezeichnete sein, denn das Bezeichnen ist nicht ihre Aufgabe. Aber auch bei Wörtern, die tatsächlich etwas bezeichnen, muß man zwischen Bedeutung und Bezeichnetem unterscheiden.[117] Wörter beziehen sich auf Gesprächsgegenstände und nicht auf Bedeutungen. Bloß weil es zur Bedeutung der Wörter gehört, etwas zu bezeichnen, ist ihr Bezugsgegenstand nicht ihre Bedeutung.[118] Doch viele gegenwärtige Forscher können an der traditionellen Annahme, die Bedeutung sei „das, was man sich bei dem Wort denkt",[119] nichts Problematisches finden. Auch in neueren Nachschlagewerken findet man Definitionen, die dieses Mißverständnis fortführen: Die Bedeutung sei das, „von Zeichen [...] Bezeichnete",[120] „worauf Zeichen sich beziehen [...] oder wofür ein Zeichen steht".[121] In eine ähnliche Richtung geht die „pragmatische Minimallösung", Bedeutung als „„Beziehung eines sprachlichen Zeichens auf sprachliche

---

116 Georg Friedrich Meier: Versuch einer allgemeinen Auslegungskunst [1757], hg. von Axel Bühler und Luigi Cataldi Madonna, Hamburg 1996, § 104.
117 Vgl. Scholz: Verstehen und Rationalität, S. 258f.
118 Vgl. Alan White: Meaning, Intentionality and Use, in: Atti del XII Congresso Internazionale di Filosofia (Venezia, 12–18 Settembre 1958), Bd. 4: Logica, linguaggio e comunicazione, Florenz 1961, S. 377–384, S. 380.
119 Wolfgang Kayser: Das sprachliche Kunstwerk. Eine Einführung in die Literaturwissenschaft, Bern 1961, S. 297.
120 Donatus Thürnau: Art. Bedeutung, in: Reallexikon der deutschen Literaturwissenschaft, Bd. 1, hg. von Klaus Weimar, Berlin 1997, S. 204–207, S. 204.
121 Margit Schreier: Art. Bedeutung, in: Lexikon Literaturwissenschaft. Hundert Grundbegriffe, hg. von Gerhard Lauer und Christine Ruhrberg, Stuttgart 2011, S. 39–41, S. 39. Dem entspricht Klaus Weimars regelmäßige Verwechslung dessen, „wovon der Text handelt" mit Bedeutungs- oder Vorstellungselementen (Lesen: zu sich selbst sprechen in fremdem Namen, in: Literaturwissenschaft. Einführung in ein Sprachspiel, hg. von Ursula Renner und Heinrich Bosse, Freiburg/Br. 1999, S. 49–62, S. 59).

oder außersprachliche Sachverhalte'"[122] zu erklären. Die Strategie, ‚Bedeutung' zeitweise durch ‚Zweck', ‚Leistung' oder ‚Gebrauch' zu ersetzen, kann dazu beitragen, die Verwechslungen und Einseitigkeiten zu überwinden, die sich in diesen Erklärungen andeuten.

Manche Autoren scheinen die Gleichwertigkeit der Begriffe ‚Zweck' und ‚Bedeutung' anzuerkennen und verharren trotzdem in einer voreingenommen Betrachtungsweise, da sie den Zweck, etwas zu bezeichnen, mit der bezeichneten Sache gleichsetzen.[123] Um den Zweck mancher Wörter zu verstehen, muß man ergründen, was mit ihnen bezeichnet wird, aber der Zweck, etwas zu bezeichnen, wird natürlich nicht vom Wort bezeichnet. Die Frage nach dem Zweck könnte unzählige Möglichkeiten der Sprachverwendung erschließen, doch für Meier sind Wörter nichts als „Mittel des Sinnes",[124] also Mittel zur „Bezeichnung des Sinnes".[125] Da er sich nicht vorstellen kann, daß Wörter sinnvoll verwendet werden, ohne daß ihnen etwas entspricht, das ‚Sinn' heißt, reduziert er die Mannigfaltigkeit der Verwendungsweisen von Zeichen auf das Bezeichnen.

Wittgenstein hat aus der Gleichwertigkeit von ‚Bedeutung' und ‚Zweck' die richtigen Schlüsse gezogen: Er will „radikal mit der Idee brechen, die Sprache funktioniere immer auf *eine* Weise, diene immer dem gleichen Zweck".[126] Wörter werden zweifelsohne *auch* dazu verwendet, etwas zu bezeichnen, aber das ist nur *eine* Funktionsweise, und selbst wenn sie etwas bezeichnen, ist das Bezeichnete nicht die Bedeutung.[127] Gilbert Ryle erinnert daran, daß für ‚Funktionswörter' wie Konjunktionen oder Artikel meist schon anerkannt wird, was nach seiner Ansicht auch für die sogenannten ‚Inhaltswörter' gilt, also für Nomina, Verben, Adjektive und Adverbien: ihre Bedeutung ist ihre Leistung in tatsächlichen

---

122 Simone Winko: Über Regeln emotionaler Bedeutung, in: Regeln der Bedeutung. Zur Theorie der Bedeutung literarischer Texte, hg. von Fotis Jannidis, Gerhard Lauer, Matías Martínez und ders., Berlin 2003, S. 329–348, S. 330.
123 Vgl. Meier: Versuch einer allgemeinen Auslegungskunst, §§ 18, 116.
124 Meier: Versuch einer allgemeinen Auslegungskunst, § 112.
125 Meier: Versuch einer allgemeinen Auslegungskunst, § 112.
126 PU, § 304.
127 Wittgenstein wird zu unrecht mit einem „Verzicht auf [...] den referentiellen Bezug" in Verbindung gebracht (Hadumod Bußmann: Art. Gebrauchstheorie der Bedeutung, in: dies.: Lexikon Sprachwissenschaft, Stuttgart 2008, S. 216f.). Rundle betont, daß der Gebrauch eines Wortes in der Sprache häufig ein Gebrauch ist, den man mit ‚bezeichnen' wiedergeben kann: Bede Rundle: Wittgenstein and Contemporary Philosophy of Language, Oxford 1990, Kap. 1; vgl. ders.: Meaning and Understanding, S. 94–118. Rundles Einsicht wird diskutiert von Hans-Johann Glock: Abusing Use, in: Dialectica 50/3 (1996), S. 205–223.

und möglichen Äußerungen.[128] Zur Funktion der Inhaltswörter gehört die Verwendungsweise, die man spezifiziert, wenn man erläutert, was mit ihnen bezeichnet wird. Die Nominalgruppen ‚der Morgenstern' und ‚der Abendstern' können in einem Text oder im Gespräch verwendet werden, um über dieselbe Sache zu reden, aber sie haben in einer wichtigen Hinsicht nicht dieselbe Funktion, denn sie charakterisieren den Gesprächsgegenstand auf verschiedene Weise. Erklärt man die Funktion der Ausdrücke, bestimmt man, *wie* sie benutzt werden. Es wird dann unter anderem angegeben, *als was* sie den Redegegenstand darstellen. So spezifiziert man ihre Rolle in möglichen Sätzen und Gesprächsverläufen.

Eine Textanalyse fragt nicht nur nach dem *möglichen*, sondern vor allem auch nach dem *spezifischen* Gebrauch, den der Autor von den Wörtern macht, wenn er seinen Text schreibt. Und es genügt nicht, die Regeln zu erlernen, die für den sprachlichen Ausdruck gelten, um seinen individuellen Gebrauch zu verstehen. Die *allgemeine* und die *individuelle* Funktion (die besondere Bedeutung) müssen dementsprechend unterschieden werden: Man will nicht bloß wissen, wie *man* einen Ausdruck gebraucht, sondern auch wozu er *an dieser Textstelle* verwendet wird.

1.3.2 Satzinhalt und Gesagtes

Wie die Bedeutung mit der bezeichneten Sache, so wird die Satzbedeutung mit dem Gesagten oder dem Satzinhalt, auch ‚Proposition' genannt, vermengt.[129] Klar ist, daß man die Bedeutung von Sätzen kennenlernt, wenn man erfährt, was mit ihnen gesagt oder dargestellt wird. Aber die Bedeutung ist nicht dasselbe wie das Gesagte. Was in einem Text gesagt wird, kann wahr oder falsch, wahrscheinlich oder abwegig, trivial oder amüsant sein. Die Satzbedeutung hingegen kann nicht ‚wahr', ‚gut begründet', ‚geistreich' oder ‚klischeehaft'

---

128 „This point, which Mill's successors and predecessors half-recognized to hold for such little words as ‚if', ‚or', ‚all', ‚the' and ‚not', holds good for all significant words alike. Their significances are their roles inside actual and possible sayings." (Gilbert Ryle: The Theory of Meaning, in: ders.: Collected Papers, Bd. 2, hg. von Julia Tanney, London 2009, S. 363–385, S. 372)
129 In seiner Analyse des Bedeutungsbegriffs erklärt Werner Strube: „Auch auf die Proposition bezogen wird das Wort ‚Bedeutung' gebraucht." (Verschiedene Arten der Bedeutung sprachlicher Äußerungen. Eine sprachphilosophische Untersuchung, in: Regeln der Bedeutung. Zur Theorie der Bedeutung literarischer Texte, hg. von Fotis Jannidis, Gerhard Lauer, Matías Martínez und Simone Winko, Berlin 2003, S. 37–67, S. 43) Diese Behauptung ist irreführend, denn sie unterscheidet nicht zwischen dem philosophischen und dem geläufigen Begriff der Bedeutung.

genannt werden.¹³⁰ Die Verschiedenheit der Begriffe zeigt sich auch darin, daß lediglich Aussagen, Gerüchte, Theorien – und nicht Satzbedeutungen – geglaubt, durch Belege gestützt, abgelehnt, angezweifelt, aufgeschrieben oder verbreitet werden können.

Wie lassen sich aber Sinn des Satzes und Satzinhalt bestimmen? Wittgenstein schlägt vor, „den Satz als Instrument [...], und seinen Sinn als seine Verwendung"¹³¹ zu betrachten. Anders ausgedrückt: „Der Gebrauch des Satzes, das ist sein Sinn."¹³² Oder etwas vereinfachend gesagt: „Der Sinn des Satzes ist sein Zweck."¹³³ Indem man ‚einen Sinn haben' auf diese Weise erläutert, wird auch die Beziehung zu ‚etwas sagen' klar: Wer versteht, was mit dem Satz gesagt wird, hat (in dieser Hinsicht) seinen Zweck erkannt und weiß nun, wozu er verwendet wird; aber der Zweck des Wortes, etwas zu bezeichnen, ist nicht das, was mit dem Wort bezeichnet wird; und der Zweck des Satzes, etwas zu sagen, nicht dasselbe wie das Gesagte. Wenn mit zwei Sätzen ‚dasselbe gesagt' wird, können sie als ‚dieselbe Aussage' beschrieben werden, ohne daß man deswegen unterstellen müßte, daß sie mit denselben Inhalten verbunden sind. Wenn sie ‚denselben Inhalt' oder auch ‚denselben Sinn' haben, so ist damit lediglich gesagt, daß sie „dasselbe leisten".¹³⁴

Indem er ‚Sinn' bzw. ‚Inhalt' durch Begriffe wie ‚Zweck', ‚Verwendung' und ‚Leistung' erläutert, erhellt Wittgenstein die enge Beziehung zwischen Bedeutung und Bezeichnetem, zwischen Sinn und Gesagtem, macht aber zugleich deutlich, daß es fast unmöglich ist, den Begriff des Sinns systematisch zu bestimmen. Das Verstehen des ‚Sinns' kann, wie Wolfgang Künne in einer Reihe von Aufsätzen dargelegt hat, ganz Verschiedenes heißen.¹³⁵ So ist es denkbar, daß man versteht, was in einem Text gesagt wird, aber nicht weiß, *wozu* es gesagt wird. Der Sinn ist dann in einer Hinsicht schon deutlich geworden, in einer anderen Hinsicht hat man ihn noch nicht verstanden. Wer den Satz als ‚Warnung', ‚Ermahnung', ‚Einwand' oder ‚Zugeständnis' näher charakterisieren kann, hat das ‚Wozu' besser verstanden. In Relation zu dem, was auf sie folgt, kann der Sinn

---

130 Vgl. Alan White: Truth, London 1970, S. 14; Baker und Hacker: Language, Sense and Nonsense, S. 184–186; Hans-Johann Glock: Quine and Davidson on Language, Thought and Reality, Cambridge 2003, S. 154.
131 PU, § 421.
132 Wittgenstein: The Big Typescript, S. 78.
133 Wittgenstein: Philosophische Bemerkungen, S. 59.
134 PU, § 61.
135 Wolfgang Künne: Verstehen und Sinn, in: Allgemeine Zeitschrift für Philosophie 6 (1981), S. 1–16; ders.: Im übertragenen Sinne. Zur Theorie der Metapher, in: Conceptus 8 (1981), S. 181–200; ders.: Sinn(losigkeit) in ‚Über Gewißheit', in: Teoria 2 (1985), S. 113–133. Vgl. Scholz: Verstehen und Rationalität, S. 294–312.

einer Textstelle darin bestehen, etwas *einzuleiten, anzukündigen* oder *vorzubereiten*. In Relation zu dem, was der Textstelle vorausgeht, kann sie einen früher eingeführten Redegegenstand *wieder aufnehmen* oder eine Diskussion *fortsetzen*. Ein Satz kann im Zusammenhang einer Abhandlung etwas *weiter ausführen, einschränken* oder *näher erläutern*, eine Frage, die aufgeworfen wurde, *beantworten*, etwas *genauer begründen* oder einen *Schluß ziehen*.

Erklärungen, die den Sinn des Satzes bestimmen, beziehen oftmals das Ausdrucksverhalten des Sprachbenutzers ein. Der Sinn ist nämlich davon abhängig, ob der Satz drohend, verzweifelt, ungläubig, anklagend oder teilnehmend vorgetragen werden muß. Sätze sind z.B. mit beschwörender Eindringlichkeit, mit tiefem Ernst, mit einem Anflug von Spott oder im Ton der Verkündigung zu lesen. Welchen Sinn ein Satz hat, hängt von diesen „Gesten des Tonfalls"[136] ab, von seiner expressiven Verwendung im jeweiligen Zusammenhang. Der Sinn der Textstelle ist hier der spezifische Gebrauch, zu dem auch ein angemessener Tonverlauf gehört, und nicht etwa ein „Zusammenspiel kognitiver und emotionaler Bedeutungselemente",[137] das den Gebrauch begleitet. Die Annahme, es finde zusätzlich zur Textgestaltung eine „Gestaltung emotionaler Bedeutung"[138] statt, bei der neben den sprachlichen Ausdrucksmöglichkeiten auch noch „emotionale Bedeutungskomponenten [...] eingesetzt"[139] werden, ist überflüssig. Wenn die Wörter in einer ganz bestimmten, emotional aufgeladenen Bedeutung verwendet werden, kommt es darauf an, richtig zu würdigen, „was nur diese Worte, in diesen Stellungen, ausdrücken".[140] Wer versteht, was diese Worte in diesen Stellungen ausdrücken, muß nicht nur imstande sein, das Gesagte mit anderen Worten zu erläutern, sondern auch den zugehörigen Ton, die Gebärden und sonstige Verhaltensweisen angemessen nachahmen können. Berücksichtigt man diese

---

136 Ludwig Wittgenstein: Zettel [= Zettel], in: ders.: Werkausgabe, Bd. 8, hg. von Georg Henrik von Wright und Elizabeth Anscombe, Frankfurt/M. 1984, S. 259–443, § 161.
137 Winko: Regeln emotionaler Bedeutung, S. 342.
138 Winko: Regeln emotionaler Bedeutung, S. 344.
139 Winko: Regeln emotionaler Bedeutung, S. 346. Die Theorie der „Bedeutungsorganisation" (Michael Titzmann: Strukturalismus. Was bleibt, in: Strukturalismus in Deutschland. Literatur und Sprachwissenschaft 1910–1975, hg. von Hans-Harald Müller, Marcel Lepper und Andreas Gardt, Göttingen 2010, S. 371–411, S. 391f.) ergänzt den analysierbaren Sprachgebrauch durch unklar definierte Zusatzelemente.
140 PU, § 531. Wittgenstein verweist auf die Vielgestaltigkeit dessen, was ‚Erklärung des Sinns von Sätzen' heißen kann: „Wie kann man aber in jenem zweiten Falle [wo ‚den Sinn verstehen' nicht bedeutet ‚die Aussage in anderen Worten wiedergeben können'] den Ausdruck erklären, das Verständnis übermitteln? Frage dich: Wie *führt* man jemand zum Verständnis eines Gedichts, oder eines [musikalischen] Themas? Die Antwort darauf sagt, wie man hier den Sinn erklärt." (PU, § 533) Vgl. Hacker: Wittgenstein. Mind and Will, S. 334f.

Beziehungen, in denen das Reden über ‚Sinn' seinen Platz hat, wird deutlich, wie irreführend es ist, den Sinn als etwas darzustellen, das dem Satz zugeordnet ist.

1.3.3 Propositionen

Von der Feststellung, daß man einen Satz in einer gewissen Hinsicht verstanden hat, sobald man weiß, was mit ihm dargestellt wird, gelangt man unvermerkt auf die Idee, daß der Inhalt eines Satzes dasjenige sein müsse, was dieser Satz darstellt. Die Darstellungsinhalte sind, so erklärt Roman Ingarden, „unabtrennbar von den sprachlichen Gebilden" und sie „treten unweigerlich wie ein Schatten überall dort auf, wo wir es mit Wörtern, sprachlichen Wendungen und Sätzen zu tun haben".[141] Daß auch Klaus Weimar die Darstellungsinhalte als „Schatten"[142] der Zeichen beschreibt, bestätigt Wittgensteins Diagnose: Theoretiker nehmen an, „daß ein Schattenwesen hinter dem Satz steht, ein Schattenbild der Wirklichkeit, die der Satz darstellt".[143] Um über die schattenhaften Darstellungsinhalte, die dem Satz entsprechen, reden zu können, hat man den Fachausdruck ‚Proposition' eingeführt.[144]

Die Motive, an seltsame Zwischenobjekte zu glauben, die man als ‚Propositionen' oder ‚Darstellungsinhalte' beschreiben kann, werden in George Edward Moores *Some Main Problems of Philosophy* deutlich. Diese Vorlesungen sind deswegen interessant, weil Moore noch nicht voraussetzten konnte, daß die Wesenheiten,

---

141 Roman Ingarden: Über die Poetik, in: ders.: Gegenstand und Aufgaben der Literaturwissenschaft. Aufsätze und Diskussionsbeiträge, Tübingen 1976, S. 29–89, S. 58f.
142 Klaus Weimar: Literarische Bedeutung, in: Regeln der Bedeutung. Zur Theorie der Bedeutung literarischer Texte, hg. von Fotis Jannidis, Gerhard Lauer, Matías Martínez und Simone Winko, Berlin 2003, S. 228–245, S. 230.
143 Baker: The Voices of Wittgenstein, S. 28.
144 „Propositionen sind das, was geglaubt oder behauptet werden kann, also die potentiellen Inhalte von Überzeugungen und Behauptungen. Propositionen sind aber auch mögliche Inhalte anderer Sprechakte und anderer mentaler Zustände." (Max Kölbel: Propositionen, in: Handbuch Sprachphilosophie, hg. von Nikola Kompa, Stuttgart 2015, S. 99–105.) Probleme mit dem „ontologischen Status" werden von Kölbel erwähnt, die „Grundidee von Propositionen" aber, daß es irgendein Etwas geben müsse, das geglaubt, gewünscht, ausgedrückt oder behauptet wird, bildet die Basis der Diskussion (S. 105). Zur Kritik dieser „Grundidee" vgl. Avrum Stroll: Propositions and Sentences. The Detachment Argument, in: The International Logic Review 1 (1970), S. 89–97; Alan White: Propositions and Sentences, in: Bertrand Russell Memorial Volume, hg. von George Roberts, London 1979, S. 22–33; ders.: Belief as a Propositional Attitude, in: ebd., S. 242–252; Howard Wettstein: The Magic Prism. An Essay in the Philosophy of Language, Oxford 2004; Hacker: The Intellectual Powers, S. 60–100.

die er als ‚Propositionen' bezeichnen wollte, klar definierte Forschungsobjekte sind. Während diese Größen heute meistens bedenkenlos akzeptiert werden, sah er sich noch gezwungen, sich ausführlich für ihre Einführung zu rechtfertigen. Um begreiflich zu machen, was er sich unter einer Proposition vorstellt, versucht Moore zunächst, den wissenschaftlichen vom etablierten Gebrauch des Begriffs abzugrenzen:

> First of all, then, I do *not* mean by a proposition any of those collections of *words*, which are one of the things that are commonly called propositions. What I mean by a proposition is rather the sort of thing which these collections of words *express*. No collection of words can possibly be a proposition, in the sense in which I intend to use the term. Whenever I speak of a proposition, I shall always be speaking, *not* of a mere sentence – a mere collection of words, but of what these words mean.[145]

Das Vorgehen, das sich hier zeigt, ist ähnlich wie jenes, das wir vom Bedeutungsbegriff kennen: Da man unbegründet voraussetzt, daß Aussage und Satz nicht verschieden sein können, ohne verschiedene Dinge zu sein, wird nach einem zusätzlichen Etwas gesucht, auf das die Bezeichnung ‚Proposition' angewendet werden kann. Durch die Verwechslung dieses philosophischen Begriffs von Propositionen mit Aussagen, die ebenfalls ‚Proposition' heißen können, entsteht der Eindruck, daß die Erfahrung die Existenz dieser Dinge beweist. Moore und alle die, die so denken wie er, lassen sich unbewußt von einer Analogie leiten: Da mit verschiedenen Sätzen dasselbe gesagt werden kann und andererseits mit demselben Satz je nach Kontext ganz verschiedenes ausgedrückt werden kann, scheint es angemessen, den Satz und das, was er ausdrückt, nach dem Modell von Behälter und Inhalt aufzufassen. Die einerseits so vertrauten und zugleich so befremdlichen Inhalte gehören, denkt man, einer anderen Ordnung an als der geschriebene Satz. Sie sind entweder psychische Dinge, die im Geist des Sprachbenutzers vorkommen, oder ätherische Dinge im Reich dessen, was nicht sinnlich wahrnehmbar ist.[146]

---

[145] George Edward Moore: Some Main Problems of Philosophy, Leicester 1953, S. 57.
[146] So skizziert Wittgenstein den Gedankengang: „Diese Idee eines Schattens hat mehrere Ursprünge. Einer davon ist dieser: wir sagen: ‚Gewiß können zwei Sätze aus verschiedenen Sprachen denselben Sinn haben'; und wir argumentieren: deshalb ist der Sinn nicht dasselbe wie der Satz', und fragen: ‚Was ist der Sinn?' Und wir machen aus ‚ihm' ein Schattenwesen, eines der vielen, die wir erschaffen, wenn wir den Substantiven, denen kein körperlicher Gegenstand entspricht, Bedeutung geben wollen." (Das Blaue Buch, S. 63) Moore hat Wittgensteins Kritik zwar zur Kenntnis genommen, aber wohl nicht ganz verstanden, vgl. Wittgenstein's Lectures in 1930–33, in: ders.: Philosophical Papers, London 1959, S. 252–324, S. 265.

Der Mythos der Proposition läßt sich, wenn überhaupt, dadurch entkräften, daß man das echte Wissen über Darstellungsinhalte von dem eingebildeten Wissen über Objekte trennt, von denen man nichts weiß, ja von denen man nicht einmal eine klare Beschreibung geben kann. Welchen Begriff aber soll man sich von Inhalten machen, wenn darunter nicht irgendwelche Bedeutungsstrukturen zu verstehen sind, die dem Satz zugeordnet werden können? Die Frage läßt sich auch so formulieren: Wie kann ein Satz einen Inhalt haben, wenn ihm kein Inhalt entspricht?

Die Verwicklung läßt sich jedenfalls *nicht* dadurch lösen, daß man lediglich Sätze anerkennt und das Dasein von Propositionen abstreitet, denn Sätze, bei denen noch unklar ist, was mit ihnen gesagt wird, können nicht ‚plausibel' oder ‚trivial' genannt werden; und wo man Adjektive wie ‚plausibel' und ‚trivial' nicht sinnvoll anwenden kann, dort ist auch der Begriff ‚Proposition' fehl am Platz.[147] Wie man bloße Sätze nicht als ‚Dankesäußerung', ‚Einladung' oder ‚Aufforderung' beschreiben kann, so läßt sich auch eine bloße Bewegung des Kopfes nicht als ‚Zustimmung' oder ‚Ablehnung' charakterisieren. Um die falsche Alternative zwischen Reduzieren (‚Es gibt nur Sätze') und Dualisieren (‚Es gibt Sätze und außerdem Propositionen') zu überwinden, muß man die Frage nach dem Inhalt differenziert beantworten. Jene schattenhaften Sinngebilde, die Moore postuliert, sind unzureichend definiert und überflüssig; aber der Ausdruck ‚Proposition' kann – in einer Reihe mit ‚Gerücht', ‚Erklärung', ‚Anmerkung' – gebraucht werden, um Sätze näher zu bestimmen. Die sprachlichen Gebilde, die man auf diese Weise identifiziert, können von mehreren Personen in verschiedenen Zusammenhängen reproduziert werden. Gerüchte können in mehr als einer Ausdrucksweise in Umlauf gebracht werden; Behauptungen können bei mehreren Gelegenheiten auf verschiedene Weise aufgeschrieben oder ausgesprochen werden; zwei Personen können dieselbe Erklärung geben, auch wenn sie nicht genau dieselben sprachlichen Ausdrücke dafür benutzen.

Wenn man verstehen will, um welche Proposition es sich handelt, analysiert man nicht den Satz, um in den Besitz einer zweiten Sache zu gelangen, die ‚Proposition' genannt wird, sondern untersucht, wie die Wörter von einem bestimmten Sprecher in einem bestimmten Kontext verwendet werden. Man

---

147 ‚Proposition' (in der geläufigen, nicht in der philosophischen Verwendung des Wortes) kann im Deutschen auch mit ‚Satz' wiedergegeben werden. ‚Satz' heißt dann aber so viel wie ‚Aussage'. In diesem Sinn von ‚Satz' kann man feststellen, daß ein bestimmter Lehrsatz von vielen geglaubt und verteidigt wird.

kann, wenn man versteht, was mit einem Satz gesagt wird, den Satz mit einer Redewiedergabe als ‚die Aussage, daß ...' beschreiben. Wer eine Proposition beschreiben will, dem bleibt nichts anderes übrig, als einen neuen Satz zu bilden – aber man muß deswegen nicht etwa befürchten, immer nur sprachliche Ausdrücke anbieten zu können, ohne jemals zum Inhalt oder zum Sinn des Satzes vorzudringen. Denn der Begriff ‚Proposition' bezieht sich weder auf die bloßen Wörter noch auf etwas, das neben den Wörtern vorhanden ist, sondern beschreibt – ähnlich wie ‚Gruß', ‚Erklärung', ‚Einwand', ‚Schwur', ‚Anrede' – die Funktion der Wörter im Zusammenhang der Rede. Eine Proposition befindet sich dort, wo die Wörter auftauchen, mit denen etwas gesagt wird. Wenn man eine Bewegung, die jemand macht, als ‚jemanden grüßen' klassifiziert, sagt man etwas über die Rolle dieser Bewegung im Lichte der Vorgeschichte und der Begleitumstände. Ganz ähnlich verhält es sich mit Propositionen: *Ob* ein Autor etwas sagt und *was* er sagt, hängt vom individuellen Gebrauch, der spezifischen Rolle der Wörter im Verlauf des betreffenden Textes ab. ‚Einen Satz äußern' und ‚eine Proposition ausdrücken' sind nicht zwei Operationen, die eine sprachlich und die andere geistig, sondern *eine*, die auf verschiedenen Komplexitätsstufen beschrieben wird. Sätze können als ‚dieselbe Proposition' klassifiziert werden, wenn mit ihnen im jeweiligen Zusammenhang dasselbe gesagt wird. Sie führen dann nicht dieselben Inhalte mit sich, sondern sind funktional gleichwertig.

1.3.4 Darstellungsinhalt

Wie Wörter mit einem Wortinhalt verbunden sind, so soll nach Ingardens Auffassung dem ganzen Text ein Komplex von unsichtbaren Inhaltselementen entsprechen. Die dargestellte Welt eines literarischen Werks identifiziert er mit dem „ganzen Bestand an zusammenhängenden Satzkorrelaten".[148] Diesen semantischen Komplex bezeichnet Weimar als ‚Textwelt':

> Ich nenne einen solchen semantischen Komplex [...] mit einem gut eingeführten Terminus eine Textwelt (*textual world, text world*). Anders also als das von einem Einzelwort Bedeutete hat das von einem Satz Bedeutete eine interne Struktur, die das semantische Äquivalent der syntaktischen Satzstruktur ist. Das Verhältnis von Satz und Satzsignifikat

---

[148] Ingarden: Vom Erkennen des literarischen Kunstwerks, S. 29, vgl. auch S. 40f.

(*alias* Textwelt) aber ist immer noch dasselbe wie dasjenige zwischen Wort und Wortsignifikat: es ist ein Bedeuten [...].[149]

Die Wortinhalte werden hier als „Bausteine"[150] aufgefaßt, aus denen die „semantischen Gegenstücke"[151] zum Text zusammengesetzt sind. Auch die in literaturtheoretischen Schriften gern verwendete Ausdrucksform ‚Bedeutung des literarischen Werks' hängt meistens mit der Verwechslung der Darstellungsinhalte mit Bedeutungen zusammen. Es wird regelmäßig behauptet, man müsse, um die philologische Arbeit theoretisch abzusichern, eine Bedeutungstheorie für Texte entwickeln, in der verschiedene Arten von Bedeutung unterschieden werden. So erklärt Axel Bühler: „Bedeutungszuweisung [...] betrifft ja Bedeutung verschiedener Art, die je mit sprachlichen Ausdrücken verbunden sein kann."[152] Seine irreführende Redeweise verleitet ihn dazu, den „Gegenstand [...], auf den ein Autor in einem Text [...] eine Anspielung macht",[153] als eine Bedeutung anzuerkennen, die zur Bedeutung des gesamten Textes beiträgt. Aber das historische Ereignis, auf das im Text angespielt wird, kann nicht die Bedeutung der betreffenden Textstelle sein, denn sonst müßte man sagen, daß die Bedeutung, die man verstehen will, in der Vergangenheit stattfand, daß sie verschiedene Phasen hatte oder daß bestimmte Personen daran beteiligt waren.

Literaturwissenschaftliche Konzeptionen der Gesamtbedeutung sind oft durch voreingenommene Fragen wie diese motiviert: „What do literary texts mean, and how do they embody such meaning as they have?"[154] Bevor man hier eine Antwort zu geben versucht, sollte man sorgfältig prüfen, was ‚Bedeutung' in diesem Kontext überhaupt heißen kann.[155] Es wurde schon annäherungsweise

---

149 Weimar: Literarische Bedeutung, S. 232. Daß Weimar die Theorie Ingardens aufnimmt und psychologisierend umdeutet, wird deutlich, wenn er in einem anderen Aufsatz die „Textwelt" als „Gesamtheit der intentionalen Satzkorrelate" definiert (Text, Interpretation, Methode. Hermeneutische Klärungen, in: Wie international ist die Literaturwissenschaft? Methoden- und Theoriediskussion in den Literaturwissenschaften, hg. von Lutz Danneberg und Friedrich Vollhardt, Stuttgart 1999, S. 110–122, S. 111).
150 Lutzeier: Linguistische Semantik, S. 137.
151 Lutzeier: Linguistische Semantik, S. 15.
152 Axel Bühler: Interpretieren – Vielfalt oder Einheit?, in: Regeln der Bedeutung. Zur Theorie der Bedeutung literarischer Texte, hg. von Fotis Jannidis, Gerhard Lauer, Matías Martínez und Simone Winko, Berlin 2003, S. 169–181, S. 175.
153 Bühler: Interpretieren – Vielfalt oder Einheit, S. 175.
154 Jerrold Levinson: Intention and Interpretation. A Last Look, in: Intention and Interpretation, hg. von Gary Iseminger, Philadelphia 1992, S. 221–256, S. 222.
155 Vgl. Stein Haugom Olsen: The End of Literary Theory, Cambridge 1987, S. 42–72. Oliver Scholz: On the Very Idea of a Textual Meaning, in: Naturalistische Hermeneutik. Ein neues Paradigma des Verstehens und Interpretierens, hg. von Luigi Cataldi Madonna, Würzburg 2013,

geklärt, was es heißt, nach dem Sinn zu fragen: Wer den Sinn einer Textstelle herausfinden will, interessiert sich für den Zweck der Wörter. Die Erklärung des Sinns ist, grob gesagt, die Erklärung der Verwendungsweise sprachlicher Ausdrücke.[156] Wenn man diese Perspektive einnimmt, wird deutlich, warum ‚Sinn' zwar auf Wörter, Satzglieder, Sätze, Aussagen, Redefiguren oder erzählerische Motive, nicht aber auf Texte anwendbar ist: Wörter, Sätze, Redefiguren, Motive haben mehr oder weniger klar definierte Zwecke, aber ein sprachliches Gebilde als Ganzes muß keinen Zweck haben.

Wenn man versteht, welchen Reiz ein Gedicht bereithält, stellt sich nach der wertschätzenden Lektüre nicht noch die Frage nach der Bedeutung: „Der müßte wenig von den hohen Dichterschönheiten des Homer gerührt seyn, der nach Durchlesung derselben noch fragen könnte: was bedeutet die Iliade? was bedeutet die Odyssee?"[157] Man versteht die Bedeutung der unterscheidbaren Elemente des Sprachgebildes, wenn man erklären kann, inwiefern die Konstruktion, die durch ihren Gebrauch entfaltet wird, angemessen oder wünschenswert ist.[158] Die Elemente, die aufeinander folgen, haben eine Funktion im größeren Zusammenhang, aber das Ganze muß keinen weitergehenden Zweck haben: Nicht alle zweckmäßigen Tätigkeiten müssen einen Zweck haben, nicht alles, was mit Absicht getan wird, muß mit einer weiterführenden Absicht ausgeführt werden. Daß ein Gedicht ‚in sich selbst sinnvoll' sein kann, ist nur ein Spezialfall dieser Grundtatsache menschlichen Verhaltens.[159]

S. 143–151. Wenn man sich mit Dramen befaßt, genügt es nicht, daß man den Sinn der Ausdrücke identifiziert. Um zu verstehen, was darin dargestellt wird, muß man zum Beispiel berücksichtigen, daß der Autor die Ausdrücke dazu verwendet, seine Figuren miteinander reden zu lassen, sie in Streitigkeiten zu verwickeln und ihre Unzulänglichkeiten offenzulegen. Fragen wie ‚Was bedeutet das?' oder ‚Was wird damit gesagt?' zielen meistens nicht auf diese Strukturen (der Handlungsführung, der Figurencharakterisierung, der thematischen Entwicklung). Dieses Problem wurde schon früh formuliert, vgl. Elder Olson: William Empson, Contemporary Criticism and Poetic Diction, in: Critics and Criticism. Ancient and Modern, hg. von Ronald Crane, Chicago 1952, S. 45–82.

156 Vgl. die Ausführungen in Kap. 1.2.5.

157 Karl Philipp Moritz: Götterlehre oder mythologische Dichtungen der Alten. Mit fünf und sechzig in Kupfer gestochenen Abbildungen nach antiken geschnittnen Steinen und andern Denkmälern des Alterthums, Berlin 1791, S. 5. Die neuere Philosophie der Literatur würde statt von ‚Dichterschönheiten' von ‚ästhetischen Eigenschaften' sprechen, vgl. Peter Lamarque: The Philosophy of Literature, Oxford 2009, S. 20–23.

158 Die neoaristotelische Literaturforschung drängt daher darauf, den spezifischen Reiz literarischer Werke zu rekonstruieren. Vgl. James Phelan: Experiencing Fiction. Judgments, Progressions, and the Rhetorical Theory of Narrative, Columbus, OH 2007.

159 Vgl. Klaus Weimar: Enzyklopädie der Literaturwissenschaft, 2. Aufl., Tübingen 1993, S. 120.

Selbst wenn man eine Bedeutung des Ganzen angeben kann, so ist sie nicht das, was sich viele Sprach- und Literaturwissenschaftler darunter vorstellen: eine im Text verkörperte Gesamtbedeutung, die sich aus den Bedeutungen der Textelemente ergibt.[160] Man scheint mit diesem Begriff alles das zusammenfassen zu wollen, was an einem Text verstanden werden kann, und geht davon aus, daß das, was man verstehen will, nicht die sprachliche Arbeit und die poetischen Verfahren sind, sondern etwas, das mit den Zeichen zusammenhängt. Wittgensteins Erklärung zeigt, warum diese Bedeutungsauffassung verkehrt ist: Die Verwendungsweise der Zeichen ist nicht im Text ‚verkörpert'; die Funktion oder der Wert eines Zeichens ist kein Bedeutungselement, das Teil einer Gesamtbedeutung sein könnte. Eine Theorie der Philologie, die Wittgensteins Analyse akzeptiert, würde zu allen diesen Modellvorstellungen auf Distanz gehen: Die verkürzende Sichtweise, die in der Redeweise von der ‚Bedeutung eines Textes' regelmäßig zum Ausdruck kommt, müßte nach Wittgenstein von Grund auf verändert werden.

1.3.5 Was inhaltsangebende Sätze leisten

Wenn es keine Darstellungsinhalte gibt, die den sprachlichen Ausdrücken zugeordnet sind, wie funktionieren dann inhaltsangebende Sätze? Lassen wir noch einmal Moore zu Wort kommen, der in seinen Vorlesungen ‚Twice two are four' und ‚Twice four are eight' als Beispiele nimmt. Vor die Aufgabe gestellt, die von diesen Sätzen ausgedrückten Propositionen zu identifizieren, weiß sich Moore nicht anders zu helfen, als sie neu zu formulieren:

> [W]e might say [...] that *the* proposition apprehended [...] is *that* twice two are four – *not* the *words*, twice two are four, but the *meaning* of these words; and that *the* proposition apprehended in the other is the different proposition that twice four are eight – again *not* the words, twice four are eight, but the meaning of these words.[161]

Moore betont, daß es ihm nicht auf die Wörter, sondern auf ihre Bedeutung ankomme. Er scheint innerlich auf den Satzinhalt *zeigen* zu wollen, der zugleich mit den bloßen Wörtern auftritt – als wäre die bloße Wiedergabe des Satzes mittels anderer Zeichen ungenügend, um den Inhalt zu spezifizieren. Er beruft sich dabei

---

160 Die weiteren Differenzierungen, die Jerrold Levinson vornimmt, zeigen, wie stark sein Denken von einer verdinglichenden Bedeutungsauffassung geprägt ist: Das vom Autor Gemeinte erklärt er als die Bedeutung, die der Autor im Sinn hatte und durch das sprachliche Vehikel mitteilen wollte, vgl. Intention and Interpretation, S. 222.
161 Moore: Some Main Problems of Philosophy, S. 58.

auf die Introspektion: Unterscheidet sich nicht die innere Erfahrung eines Satzes, den wir verstehen, von der inneren Erfahrung eines Satzes, den wir *nicht* verstehen? Erfassen wir nicht im ersten Fall einen Inhalt, der uns in dem anderen Fall fehlt? Wenn man die nötigen Fähigkeiten einbringt, nimmt man unstreitig nicht nur Wörter wahr, sondern erkennt auch, wozu die Wörter gebraucht werden: um eine Behauptung aufzustellen, ein Bekenntnis abzulegen, einen Einwand anzubringen oder einen Scherz zu machen – und man kann diesen Gebrauch von Sprache, den man zu verstehen glaubt, neu formulieren und erläutern. Nichts anderes tut Moore, wenn er auf seine Propositionen verweist: Er beschreibt nicht Phänomene in seinem Geist, sondern formuliert das Gesagte mit anderen Worten. Redeweisen im Stil von ‚Der Autor behauptet / gesteht / wendet ein / beklagt, daß ...' charakterisieren die Funktion des vom Autor formulierten Satzes im Zusammenhang der Rede. Es handelt sich also nicht um die Beschreibung eines zusätzlichen, mit dem Satz verbundenen Inhalts, sondern um eine Nachahmung: Man nimmt anstelle des Autors (anstelle eines tatsächlichen oder hypothetischen Sprechers) auf eine Sache Bezug, auf die er Bezug genommen hat, und sagt anstelle des Autors (des Sprechers) von ihr aus, was dieser von ihr ausgesagt hat.[162] Betrachten wir, um diese Idee zu konkretisieren, die Inhaltsangabe eines Gedichts. Adolf Kiessling und Richard Heinze erläutern in ihrem Horaz-Kommentar den Aufbau der zweiten Satire des ersten Buchs auf folgende Weise:

> Die Einleitung knüpft ganz à propos an ein Ereignis an, welches der hauptstädtischen Gesellschaft noch frisch im Gedächtnis ist, an den Tod des den höchsten Kreisen nahestehenden genial-exzentrischen Musikers Tigellius. Indem seiner freigebigen Laune die Knickerigkeit anderer gegenübergestellt wird und sich daran wie von ungefähr immer neue Beispiele von gegensätzlicher Extravaganz anschließen – denn es wimmelt auf Erden von Narren, die die vernünftige Mittelstraße nicht einzuhalten wissen (1–28) –, so sind wir unvermerkt beim *moechus* und seinem Gegenpart, der sich nur im Schmutz des Bordells wohlfühlt, angelangt (28–30). Die bürgerliche Moral billigt wohl das Treiben des letzteren als das geringere Übel: aber auf unsere Ehebrecher aus Überzeugung macht das keinen Eindruck (31–36). So geht denn der Dichter, als ob ihn der Widerspruch reize,

---

[162] Wer von einer Diskursrepräsentationstheorie *mehr* erwartet als eine klärende Neuformulierung und präzisierende Übersetzung, wird enttäuscht: „Beim näheren Ansehen der semantischen Diskursrepräsentationen ist [...] eine leichte Enttäuschung nicht zu vermeiden: [...] Sie [...] kommen über eine rein propositionale Repräsentationsform [d.h. eine Darstellung der Rede in Sätzen] nie hinaus; was letztlich nichts anderes heißt, als daß die vorgegebenen Diskursformen des Englischen in eine mit Symbolen angereicherte präzise Form des Englischen in analytischer Weise mehr oder weniger direkt übersetzt werden." (Lutzeier: Linguistische Semantik, S. 170) Diese Enttäuschung ist instruktiv, da sie auf eine falsche Erwartung hindeutet. Lutzeier ist „an den Bedeutungen als mentale[n] Konstrukte[n] interessiert und nicht an der [...] sprachlichen Wiedergabe in Form von propositionalen Repräsentationen" (ebd.).

nach dieser fast zu einer selbständigen Behandlung des Themas *nil medium est* ausgesponnenen Einleitung zu seinem eigentlichen Thema über und verheißt pathetisch mit neuem Eingang zu zeigen, wie schlimm es den Eheschändern gehe, und wie sehr bei ihrem Tun der Schmerz die Lust übersteige (37–40): sie setzen sich den ärgsten körperlichen Gefahren aus, während der Verkehr mit freigelassenen Mädchen viel sicherer ist – vorausgesetzt freilich, daß man auch da Maß hält und nicht Vermögen und Ruf aufs Spiel setzt (41–63). Villius hat es schwer büßen müssen, daß er sich auf die Tochter Sullas kaprizierte: als ob die vornehme Herkunft etwas zur Sache täte! Solches Verlangen ist törichte Einbildung, nicht natürlicher Trieb: folge dem und laß ab von der Jagd auf Matronen, die mehr Verdruß als Genuß einbringt (64–79).[163]

Der fortlaufende Kommentar des Gedichts ist eine Mischung aus Erläuterung und Wiedergabe. Die Interpreten beziehen sich einerseits auf die Ausdrucksweise und die Verfahren des Dichters: Horaz knüpft an etwas an, er stellt Dinge einander gegenüber, er gelangt zu einem Thema, er kündigt pathetisch etwas an und zeigt etwas. Mit diesen inhaltsangebenden Ausdrücken wird die Aufmerksamkeit auf die Vorgehensweise und die Selbstpräsentation des Dichters gelenkt. Eine zweite Form der Inhaltsangabe liegt vor, wo in anderen Worten auf die Dinge Bezug genommen wird, auf die der Dichter Bezug nimmt, z.B. ‚Tochter Sullas‘, ‚Matronen‘, ‚freigelassene Mädchen‘, ‚Eheschänder‘, ‚Gefahren‘, ‚Verdruß‘. Diese Wörter werden von den Autoren imitativ, also im Modus der Nachahmung gebraucht, um mit anderen Worten das darzustellen, was im Gedicht dargestellt wird.

Das vorgeschlagene Verständnis inhaltsangebender Sätze läßt sich mühelos auf andere Literaturgattungen übertragen. Formeln wie ‚der Autor erzählt‘ oder ‚der Roman erzählt‘ werden durch indirekte Wiedergaben ergänzt:

> Virgil erzählt, wie Aeneas mit seinem Vater Anchises, seinem Sohne Iulus und seinen Genossen das eroberte und brennende Troja verläßt, nach langen Irrfahrten in Latium landet, die Eingeborenen besiegt und, mit der Tochter des Königs Latinus vermählt, den Grund zu der troischen Ansiedlung legt, aus der dann in ferner Zukunft erst Alba Longa, dann dessen Tochterstadt Rom erwachsen sollte.[164]

Haben wir es hier mit – wahren oder falschen – Aussagen über den Sinn jener Sätze zu tun, mit denen die Geschichte des Aeneas erzählt wird? Es kommt darauf an, wie man die Frage versteht: Einerseits will Heinze behaupten, daß Vergil die Sprache dazu verwendet, die Geschichte so darzustellen, wie er sie hier wiedergibt. Welche Bedeutung er den Sätzen zumißt, zeigt sich daran, wie er

---

163 Adolf Kiessling und Richard Heinze: Q. Horatius Flaccus, 2. Teil: Satiren, Berlin 1921, S. 22f.
164 Richard Heinze: Augusteische Kultur, Leipzig 1930, S. 54.

die Geschichte nacherzählt. Wenn wir die Richtigkeit seiner Zusammenfassung kritisieren wollten, müßten wir zeigen, daß Heinze eine falsche Auffassung von der Bedeutung – der Verwendungsweise – der Sätze hat. Man kann also zugestehen, daß die zitierten Aussagen die Bedeutung der Sätze erklären. Wichtig ist jedoch, daß Heinze mit ‚das eroberte und brennende Troja' nicht ein Bedeutungs- oder Inhaltselement beschreibt, sondern anstelle des Verfassers auf jene Stadt Bezug nimmt, von der erzählt wird. Heinze bezieht sich auf dasselbe Troja, auf das Vergil sich bezieht, und beschreibt es so, wie er unterstellt, daß Vergil es darstellen will. Er spezifiziert also, wenn er den Inhalt des Werks angibt, die Folge von Ereignissen, von der er glaubt, daß sie im Gedicht dargestellt wird. Seine Nacherzählung *zeigt*, welchen Sinn er den Sätzen zumißt, *bezieht* sich aber nicht auf ihren Sinn. Diesen Unterschied verkennt Harald Fricke in seiner Untersuchung des literaturwissenschaftlichen Sprachgebrauchs: „Die Gegenstände und Personen, von denen in fiktionaler Literatur gesprochen wird, können [...] in der Sprache der Literaturwissenschaft ausschließlich als Bedeutungen der entsprechenden Ausdrücke in der Dichtersprache vorkommen".[165] Die Philologie beschreibt aber nicht Bedeutungen der Dichtersprache, sondern bezieht sich imitativ auf die Gegenstände, von denen in der fiktionalen Darstellung gesprochen wird. Sie gleicht sich in gewisser Hinsicht an die Dichtersprache an, um anzugeben, was dargestellt oder *nicht* dargestellt wird.[166]

Inhaltsangaben leisten also nicht die „Zuordnung von Bedeutung zu einer sprachlichen Größe",[167] sondern formulieren anstelle des Autors – z.B. mit ein-

---

[165] Fricke: Die Sprache der Literaturwissenschaft, S. 147.
[166] Das Problem, Aussagen nur mit Hilfe weiterer Aussagen beschreiben zu können, stellt sich auch für Bertrand Russell: „It is difficult to describe a statement without making it. In describing a political speech, you may remark ‚what Sir Somebody So-and-So did *not* say was ...' and then follows a statement; that is to say, in order to say that a statement was not made, we have to make it." (An Inquiry into Meaning and Truth [1950], London 1995, S. 71) Die Literaturforschung *muß* die Sprache eines Autors nachahmen, um festzustellen, was ein Autor gesagt oder nicht gesagt hat. Es läuft dem Anspruch auf Objektivität also keineswegs zuwider, wenn man die Wissenschaftssprache gezielt an die Objektsprache angleicht (vgl. Kap. 2.6.3).
[167] Simone Winko: Kodierte Gefühle. Zu einer Poetik der Emotionen in lyrischen und poetologischen Texten um 1900, Berlin 2003, S. 111. Die Behauptung, man müsse die „Mechanismen der Bedeutungskonstitution" des Textes erkennen (dies.: Textualitätsannahmen und die Analyse literarischer Texte, in: Zeitschrift für germanistische Linguistik 36/3 (2009), S. 427–443, S. 432), wäre demnach zu präzisieren durch ‚die Verwendungsweise der Zeichen erfassen' oder ‚die Gestaltung des Textes rekonstruieren'.

facheren Worten, ohne Umschweife, in einer deutlicheren Reihenfolge, mit größerer Ausführlichkeit, mit einer den Gefühlswert der Äußerung hervorhebenden Intonation – was der Autor formuliert hat. Die Annahme, daß es zusätzlich zur Struktur der Zeichen eine Struktur von Inhaltselementen gibt, wie auch immer sie beschaffen sein sollen und wie auch immer man Zugang zu ihnen bekommt, ist nicht notwendig, um die Objektivität empirischer Forschung sicherzustellen.[168] Wenn man Phantasmen wie ‚semantische Komplexe' oder ‚Gesamtbedeutungen' ablehnt, zeigt sich, daß die Charakterisierung der Beschaffenheit eines Textes einigen Spielraum zuläßt. Man kann, je nach Gesprächszweck, auf mehr als eine Weise zutreffend wiedergeben, wozu die sprachlichen Ausdrücke verwendet werden. Jede Wiedergabe ist eine Neuformulierung, die mehr oder weniger angemessen, mehr oder weniger erhellend sein kann. Wo die Ausgestaltung, Anreicherung, Ergänzung, Präzisierung der Wiedergabe aufhört und die eigenständige Weiterführung anfängt, läßt sich nicht immer eindeutig bestimmen. Die Richtigkeit der Zuschreibung bemißt sich jedenfalls nicht an der Übereinstimmung mit einer im Kopf des Verfassers oder irgendwo anders festgelegten Bedeutungsstruktur, sondern daran, ob sie zu der Geneigtheit des Verfassers paßt, ein bestimmtes Verhalten zu zeigen.[169]

---

168 Für viele Autoren garantieren Bedeutungsentitäten die Möglichkeit, eine richtige Paraphrase oder Übersetzung anzufertigen. Derrida scheint diese Position zu akzeptieren (vgl. Semiologie und Grammatologie, S. 57), kann jedenfalls so verstanden werden: „Das transzendentale Signifikat ist auch für Derrida unverzichtbar. Keine Übersetzung wäre möglich, wenn wir nicht von einem vom Ausdruck in der anderen Sprache ablösbaren Bedeutungsgehalt ausgingen." (Thomas Sparr: Poetik nach dem Strukturalismus. Derrida, de Man, Szondi, in: Zeitschrift für Semiotik 15/3–4 (1993), S. 153–268, S. 256) Die Möglichkeit von Übersetzungen ist eines der Hauptargumente für die Annahme abstrakter Inhalte: „Sprachinhalte werden gewöhnlich unter die abstrakten Entitäten gezählt. Mit Recht: Bedeutungsentitäten sind typische Beispiele für abstrakte Entitäten und kaum wegzudiskutierende: Denn wenn gar keine Entität ein Sprachinhalt wäre […], was ist es dann, was bei einer guten Übersetzung eines Textes in eine andere Sprache gewahrt bleibt?" (Uwe Meixner: Einführung in die Ontologie, Darmstadt 2004, S. 10) Dieser Gedankengang ist nicht sonderlich überzeugend: Man weiß ungefähr, was es heißt, die Verwendung eines Wortes oder den Tonfall einer Erzählung in einer Übersetzung angemessen nachzubilden. Was aber „Bedeutungsentitäten" und „Sprachinhalte" sind, und was es heißt, daß sie „gewahrt" bleiben, ist unklar.
169 In Kap. 1.5.4 wird diese Einsicht auf die Gedankenwiedergabe, in Kap. 1.6.5 auf die Erläuterung des vom Autor Gemeinten ausgedehnt. In Kap. 2.6.3 wird allgemein dargelegt, daß Wiedergaben (Simulationen) ein notwendiger Aspekt philologischer Forschung sind.

1.3.6 Klarstellungen zur Vorgehensweise

Bevor ich die Untersuchung der Begriffe ‚Bedeutung' und ‚Inhalt' vorläufig abschließe, möchte ich einen möglichen Einwand vorwegnehmen. Es könnte so aussehen, als zielten die Überlegungen, die ich im Anschluß an Wittgenstein, Austin und Ryle entwickelt habe, darauf ab, jegliche Bedeutungskonzeption als Verwirrung zu diskreditieren und lediglich ein unsystematisches, alltagssprachliches Gerede über Bedeutung zuzulassen.[170] Eine solche Tendenz zeigt sich zuweilen bei Wittgenstein: „Wir führen die Wörter von ihrer metaphysischen wieder auf ihre alltägliche Verwendung zurück."[171] Diese Aussage möchte ich mir nicht zu eigen machen. Sie trifft nach meiner Auffassung nämlich nicht das, was Wittgensteins Sprachkritik tatsächlich leistet. Ihr Hauptanliegen ist es, die metaphysische und die sinnvolle (alltägliche oder fachliche) Verwendungsweise von Ausdrücken wie ‚Bedeutung', ‚Sinn', ‚Inhalt', ‚bezeichnen', ‚sagen' oder ‚darstellen' zu *entwirren*.

Die zwei wichtigsten Quellen von Metaphysik in der Sprach- und Literaturtheorie sollen hier noch einmal kurz zusammengefaßt werden:

1. Man läßt sich von einer zweifelhaften Alternative beeindrucken: Entweder gibt es nur eine Ansammlung von Schriftzeichen *und sonst nichts*, was offenkundig falsch ist, oder es gibt zusätzlich zu den wahrnehmbaren Zeichen auch noch unsichtbare Bedeutungen. Die Alternative von Reduzieren und Dualisieren wiederholt sich auf der Ebene des Textes: Da ein Text nicht bloß eine Reihe von Zeichen ist, springt man zu der ungerechtfertigten Behauptung, daß die bloßen Zeichen mit inhaltlichen Strukturen verbunden werden müssen.
2. Die ‚haben'-Konstruktion kann den Eindruck verstärken, daß ein besonderes Phänomen vorhanden sein müsse, das dem Wort ‚Bedeutung' entspricht. Infolgedessen werden ‚Das Wort hat eine Bedeutung' und ‚Das Wort ist mit einer Bedeutung verbunden' irrtümlich als gleichwertige Aussagen behandelt. Ähnliche Verwechslungen entstehen bei ‚Der Satz hat einen Sinn' („... ist mit einem Sinn verbunden') und ‚Die Erzählung hat einen Inhalt' („... ist mit einem Inhalt verbunden'). Tatsächlich drückt die ‚haben'-Konstruktion nicht zwingend eine Beziehung zwischen Dingen aus (‚Das Wort hat eine Funktion im Text').

---

[170] Manche Aussagen von Peter Hacker und Gordon Baker stützen dieses Mißverständnis: „Theories of meaning are not merely confused, but also lack any purpose." (Language, Sense and Nonsense, S. 389) In neueren Arbeiten nimmt Hacker eine Korrektur vor und erklärt, daß die Begriffsanalyse zu einem „general account of linguistic meaning" (Wittgenstein. Understanding and Meaning, S. 136) beitrage.

[171] PU, § 116.

Bei den weiteren Schritten der Theoriebildung wird eine verdinglichende Auffassung vom Darstellungsinhalt vorausgesetzt. Sie wird mit der geläufigen Verwendung von ‚etwas bezeichnen', ‚etwas sagen', ‚etwas darstellen', ‚eine Bedeutung haben' vermischt, was dazu führt, daß die Vorstellung vom Inhalt als einem Zusatzobjekt in gerechtfertigte Aussagen über das Dargestellte hineingelesen wird. So kommt die Meinung zustande, daß es etwas gibt, das ‚Inhalt' oder ‚Bedeutung' heißt. Es erfordert eine bewußte Anstrengung, sich diese Tendenz zur Hypostasierung bewußt zu machen.

Das theoretische Mißverständnis der im täglichen Leben und im wissenschaftlichen Gespräch verwendeten Begriffe führt nicht zwingend zu Fehlurteilen bei der Analyse einzelner Texte, sorgt jedoch insgesamt dafür, daß sich unklare Vorstellungen vom Untersuchungsgegenstand und von der wissenschaftlichen Tätigkeit etablieren. Die Aufgabe der Sprachkritik besteht *nicht* darin, die alltägliche Redeweise als ‚richtig' hinzustellen und die metaphysische Verwendungsweise als ‚falsch' abzulehnen, sondern deutlich zu machen, wie ein verdinglichender metaphysischer Begriff von Inhalt mit dem Begriff, den man im Gespräch über Texte beständig verwendet, unkontrolliert *in eins* gesetzt wird. Verabschieden sollte man sich nicht von den Begriffen ‚Inhalt' und ‚Sinn', sondern von einem ungereimten, metaphysisch belasteten Verständnis dieser Begriffe.[172] Wenn man das irreführende Bild aufgibt, verschwindet also nicht der Anlaß, vom ‚Sinn' eines Satzes zu sprechen. Man kann sogar Metaphern wie ‚Sinn hineinlegen' oder ‚Sinn entnehmen' beibehalten. Lediglich die Theorie, daß Sätze mit einem Sinn verbunden sind, wird zurückgewiesen. Nimmt man die Mythen nicht allzu wörtlich, sieht man klarer, daß man bei dem Versuch, Texte zu verstehen, die Verwendungsweisen der Zeichen imitiert und erläutert.

1.4 Das Innen-Außen-Bild

Peter Szondi gehört zu einer Minderheit von Literaturwissenschaftlern, die den Autor in die Textanalyse einbeziehen, obwohl sie systematisch bezweifeln, daß es die Aufgabe der Literaturwissenschaft sei, die „Bedeutungen" herauszufinden, „welche [...] von dem Dichter gemeint waren".[173] Die Einwände, die Szondi gegen den hermeneutischen Intentionalismus vorbringt, haben mit

---

[172] Hier unterscheidet sich meine Position von derjenigen Karsten Hvidtfelt Nielsens: Cicero und Wittgenstein. Zur Verortung des rhetorischen Sprechens, in: Jahrbuch Rhetorik 21 (2002), S. 102–118, S. 106; vgl. ders.: Wirken oder Wissen. Zur Rhetorizität des Sprechens, in: Augias 56/59 (2001), S. 75–92.
[173] Szondi: Über philologische Erkenntnis, S. 283.

Ausdrucksformen der Sprache zu tun, die sich auf Geistiges beziehen, mit Begriffen wie ‚meinen', ‚vorstellen', ‚denken' oder ‚beabsichtigen'. Seine Befürchtung scheint zu sein, daß man dem Inneren des Autors den Vorrang gegenüber seinem Schreiben und der Schrift einräumt. Wie bereits angedeutet, lassen sich Szondis Überlegungen mit Ludwig Wittgenstein und John Austin weiterführen, deren Arbeiten sich ebenfalls gegen die Darstellung des Sprachgebrauchs als „outward and visible sign" eines „inward and spiritual act"[174] richten. Austin bezeichnet den Geist, der manchen Theorien zufolge den sprachlichen Zeichen eine Bedeutung verleiht, in einem scherzhaften Gleichnis als überflüssigen „backstage artiste",[175] der das Schauspiel, in das die Zeichen eingebunden sind, im Verborgenen bloß verdoppelt.

Das von Szondi abgelehnte Bild vom menschlichen Geist findet man in zahlreichen Selbstdarstellungen der Philologie. Ein Beispiel: „Der Philologe ist nun einmal Interpret, Dolmetsch, aber nicht nur der Worte; die wird er nicht voll verstehen, wenn er nicht die Seele versteht, aus der sie kommen. Er muß auch der Interpret dieser Seele sein."[176] Es mag sein, daß Wilamowitz lediglich daran erinnern möchte, daß man die Worte nicht ganz versteht, wenn man nicht auch den Autor einbezieht, der sie benutzt; doch er verknüpft diese Feststellung mit dem Bild, daß die Wörter aus einer Innenwelt kommen und von dort aus ihren Sinn erhalten. Hält er die Sprache also nur für ein äußeres Zeichen der Vorgänge, die sich in der Seele des Autors abspielen? Der Übergang von ‚nur die Wörter haben' zu ‚es muß auch etwas Psychisches vorhanden sein, das ihnen vorausgeht', ähnelt dem Sophismus, mit dem Austin seine philosophischen Gegner persifliert: Ein Versprechen geben (eine Handlung darstellen usw.) sei doch nicht nur eine Äußerung von Zeichen! Es müsse auch noch etwas Inneres, Seelisches hinzukommen![177] Die Verwandtschaft mit dem inzwischen bekannten rhetorischen Muster ist unübersehbar: Ein Wort ist nicht ein bloßer Laut! Es muß auch noch eine Bedeutung vorhanden sein!

Die Philologie hat es unstreitig mit den Vorstellungen, Gedanken, Gefühlen, Vorlieben, Interessen, Fähigkeiten und Charakterzügen von Autoren zu

---

[174] Austin: How to Do Things with Words, S. 9, vgl. auch S. 13.
[175] Austin: How to Do Things with Words, S. 10. Was es mit der Verdopplung der Phänomene auf sich hat, erläutere ich in Kap. 1.5.3. Gordon Bearns Behauptung, daß Austin „all the categories of theater" bei der Betrachtung der in ihrem Wesen theatralischen Sprachverwendung vermeide, läßt sich nicht aufrechterhalten (Derrida Dry. Iterating Iterability Analytically, in: Diacritics 25/3 (1995), S. 2–25, S. 23).
[176] Ulrich von Wilamowitz-Moellendorff: Platon, Aufl., Bd. 1: Leben und Werke, 2. Aufl., Berlin 1920, S. 4.
[177] „Promising is not merely a matter of uttering words! It is an inward and spiritual act!" (Austin: How to Do Things with Words, S. 10)

tun, mit Untersuchungsgegenständen also, die man als ‚seelische', ‚mentale' oder ‚psychische' Sachverhalte beschreiben kann. Strittig ist, ob man das Sprachgebilde erklärt, indem man die Vorstellungen und Absichten dahinter erschließt. Wer dies bejaht, sympathisiert mit einer Position, die man als ‚Intentionalismus' bezeichnet. Strittig ist außerdem, ob man den Text vom Geist des Autors trennen, ob man die Untersuchung des Textes von psychologischen Annahmen freihalten kann. Wer hier zustimmen möchte, steht dem ‚Strukturalismus' nahe.

Sichtet man literaturhistorische Darstellungen, findet man schnell eine Vielzahl von Sätzen, die Wörter wie ‚denken', ‚zweifeln', ‚wollen' enthalten, sich also auf etwas Geistiges beziehen:

> Saint-Evremond (who is opposing Boileau here) had no doubt that the ancient drama would have been much improved without any of the paraphernalia of its religion: its gods, oracles and soothsayers. [...] Like Boileau, however, he does not think that substituting a modern machinery of saints and angels would be an improvement.[178]

> Goethe war überzeugt, daß die Deutschen ihre geschichtliche Aufgabe am besten ohne Errichtung eines Nationalstaates erfüllen könnten. In seiner Vorstellung spielte er mit dem Gedanken, daß die Deutschen der Zukunft – ähnlich wie die Juden – als Volk überleben, ihre Eigenart bewahren und große Dingen vollbringen würden ohne gemeinsames Vaterland.[179]

Andere Sätze scheinen sich mehr auf empirisch nachprüfbare Verhaltensweisen zu beziehen und werden daher nicht mit derselben Zuverlässigkeit als psychologische Aussagen identifiziert:

> Hier beginnt der zweite Teil des Gedichts. Ruarus spricht davon, daß er gegen die ‚Affecten' wirken will, die die Menschen in ‚verwirrte Secten' trennen. Er preist die Vernunft. Hier ist er ganz Sozinianer, für den die Vernunft Gottes Gabe ist, mit deren Hilfe der Mensch alles durchdenken und prüfen soll.[180]

> Liscow insists that one must believe *either* the theologians *or* the voice of reason – it is impossible to combine the two authorities as Reinbeck has sought to do in his interpretation of the Fall.[181]

---

178 Joseph Levine: Between the Ancients and the Moderns. Baroque Culture in Restoration England, London 1999, S. 141.
179 Hans Kohn: Wege und Irrwege. Vom Geist des deutschen Bürgertums, Düsseldorf 1962, S. 40.
180 Erich Trunz: Heinrich Hudemann und Martin Ruarus, zwei holsteinische Dichter des Frühbarock, in: ders.: Deutsche Literatur zwischen Späthumanismus und Barock. Acht Studien, München 1995, S. 287–349, S. 323.
181 Thomas Saine: The Problem of Being Modern, or The German Pursuit of Enlightenment from Leibniz to the French Revolution, Detroit 1997, S. 200.

> Coercion and cruelty never had a fiercer <u>enemy</u> than Burke. Yet throughout his career, he was a <u>defender</u> of hierarchy, the tacit principle of subordination that cements an aristocratic society. <u>His resistance</u> to uniformity, innovation, and violence made him an acute <u>critic</u> of democracy and empire at the moment of their ascent in modern history.[182]

Auch wenn diese Sätze zunächst weniger psychologisch aussehen als die Sätze der ersten Gruppe, ist es kaum möglich, sie als nicht-psychologisch zu deuten. Die Handlungen, die sie bezeichnen, scheinen eine ‚Innenseite' zu haben, die man nachvollziehen muß, um sie zu verstehen.

Die Einstellung der Literaturwissenschaft zu den eindeutig psychologischen Sätzen ist schwankend: Im Kontext einer Untersuchung erlebt man sie nicht unbedingt als unsichere Hypothesen über seelische Sachverhalte. Oft finden sie sich in zwangloser Verbindung mit Sätzen, die sich auf beobachtbares Verhalten beziehen, und man hat nicht den Eindruck, daß in einem Moment über etwas Geistiges und im nächsten über etwas Äußeres gesprochen wird. Die *grundsätzlichen* Schwierigkeiten, die in der Philosophie der Geisteswissenschaften diskutiert werden, spielen in der Forschungspraxis eine geringe Rolle. Es fällt eher auf, wie häufig Behauptungen über Gedanken, Vorstellungen, Gefühle, Vorlieben, Absichten von Autoren aufgestellt und kritisch diskutiert werden, ohne daß die Frage aufkommt, was z.B. Vorstellungen eigentlich sind und mit welcher Berechtigung man überhaupt den Anspruch erheben kann, sie richtig zu identifizieren. Lockes *Gedanken* über Toleranz, Klopstocks *Bewunderung* für die Revolution oder Goethes *Abneigung* gegen die neudeutsch-religiös-patriotische Kunst, sind sinnvoll diskutierbare, wenn auch nicht völlig unumstrittene Forschungsgegenstände. In vielen Fällen gelingt es jedenfalls, zu verhältnismäßig sicheren Ergebnissen zu gelangen. Andererseits stellt sich, besonders dann, wenn man genauer über die Arbeitsweise der Philologie nachdenkt, bald ein umfassendes Unbehagen ein: Wie kann es überhaupt gelingen, etwas so Flüchtiges und Geheimnisvolles wie Vorstellungen, Gefühle und Absichten aufgrund von bloßen Zeichenkomplexen zu erschließen? Man gerät auf den Gedanken, daß Sätze, in denen Ausdrücke wie ‚denken', ‚sich vorstellen' und ‚wollen' vorkommen, Seelenzustände und geistige Strukturen beschreiben, die nur dem Autor direkt zugänglich sind und deren Vorhandensein durch eine Analyse von bloßen Zeichenkomplexen nicht nachgeprüft werden kann. Sind also eigentlich *alle* Aussagen über den menschlichen Geist unsicher? Ist es nicht besser, sich allein mit dem Text zu befassen, den man direkt analysieren kann?

---

[182] David Bromwich: The Intellectual Life of Edmund Burke. From the Sublime and Beautiful to American Independence, Cambridge, MA 2014, S. 6.

Die Ausdrucksformen der Wissenschaftssprache, die sich auf etwas Seelisches beziehen, legen bestimmte Intuitionen nahe, z.B. daß Absichten die Ursachen und Bedeutungsquellen des Schreibens sind oder daß das Denken ein eigentümlicher Prozeß ist, der im Kopf stattfindet. Die Sprachkritik kann zeigen, daß diese Urteile, die in der Diskussion über das Wesen der Philologie bereitwillige Zustimmung finden, auf Trugschlüssen beruhen. Konstruktiv gewendet kann die Sprachanalyse klarstellen, worüber man eigentlich redet, wenn man auf die Gedanken und Absichten des Autors oder auf die Vorstellungen und Empfindungen des Lesers Bezug nimmt.

Manche glauben, daß man sich bei der Ausarbeitung einer Theorie des Sprachverstehens den Umweg über die Analyse von Begriffen sparen könne. So empfiehlt Wolfgang Detel, sich auf die „moderne Theorie des Geistes"[183] zu stützen, die sich in Teilen der Philosophie und in der Kognitionswissenschaft durchgesetzt habe. Um die Funktionsweise des vorgefundenen psychologischen Vokabulars müsse man sich dabei keine Sorgen machen: „Wichtig ist nur, dass die gewählte Terminologie die Phänomene hinreichend differenziert abbildet."[184] Die Frage ist aber, wie man einschätzen will, ob die Phänomene differenziert dargestellt werden, wenn man nicht geklärt hat, was mit Sätzen, die sich auf Geistiges beziehen, ausgesagt wird. Immerhin besteht die Gefahr, daß man die Beurteilung der Terminologie auf ein verworrenes Verständnis der Phänomene aufbaut. So ist jene Theorie des Geistes, die von Detel als „modern", „zeitgemäß", „präzise", „subtil", „reich" und „attraktiv"[185] angepriesen wird, die Fortschreibung der alten, aber nicht unbedingt ehrwürdigen Tradition, zuversichtliche Auskünfte über ein Inneres zu geben, das man selbst rhetorisch erzeugt hat.

Die Behauptung, daß sich die kognitionswissenschaftlich orientierte Literaturforschung im Gegensatz zur Hermeneutik oder zum Poststrukturalismus nicht länger auf „Introspektion" und „favorisierte Theoretiker" verlasse, sondern „kognitive Prozesse der Sinnkonstitution"[186] empirisch untersuche, ist schwer damit in Einklang zu bringen, daß den favorisierten Kognitionswissenschaftlern, die nicht selten introspektiv verfahren, besondere Einsichten über kognitive Prozesse zugetraut werden. Psychologen und Linguisten, die gesteigerten Anspruch auf Wissenschaftlichkeit erheben, sind für metaphysisches Denken nicht zwangsläufig weniger anfällig als andere. Daher ist es nicht ratsam, ihre Theorien, die sich als besonders ‚zeitgemäß' präsentieren, vorschnell

---

183 Wolfgang Detel: Geist und Verstehen. Historische Grundlagen einer modernen Hermeneutik, Frankfurt/M. 2011, S. 12.
184 Detel: Geist und Verstehen, S. 48.
185 Detel: Geist und Verstehen, S. 12, 20.
186 Winko: Kodierte Gefühle, S. 46.

als „Bezugstheorien"[187] zu übernehmen. Statt bei anderen Disziplinen Schutz zu suchen, sollte die Philologie die Rhetorik der hermeneutischen und kognitionswissenschaftlichen Theoriebildung zum Gegenstand einer sprachkritischen Untersuchung machen.

1.4.1 Seelenvorstellungen als Produkte mythischen Denkens

Der philosophische und wissenschaftliche Diskurs über Inneres steht in einer – oft uneingestandenen – Verbindung zum mythischen Denken. Selbst eine um Aufklärung bemühte Wissenschaft kann sich vom Einfluß kulturell tradierter Darstellungen des Geistes nie ganz befreien. Eine Kritik dieser Darstellungsweisen muß vorsichtig abwägen: Der Gebrauch der Ausdrücke ‚Selbst', ‚Wille', ‚Verstand' legt den Forscher nicht auf eine falsche Theorie fest. Selbst das Prädikat ‚hat eine Seele' (‚ist beseelt') kann sinnvoll verwendet werden: Mit ihm kann von einem Lebewesen ausgesagt werden, daß es ein bestimmtes Verhalten, bestimmte Fähigkeiten zeigt.[188] Wer sagt, daß die Vernunft ein Urteil spricht, daß die Einbildungskraft Bilder hervorbringt, daß die Eitelkeit neue Nahrung braucht, daß das Verlangen gezügelt werden muß, glaubt deshalb nicht schon an Wesenheiten, die im Inneren des Organismus wirksam sind. Die Sprachkritik sollte, wenn möglich, wohlwollend unterstellen, daß Ausdrücke wie ‚eine lebhafte Phantasie haben', ‚vom Verlangen nach Ruhm angetrieben sein', ‚ein Gespür für absurde Situationen haben', ‚seinen Verstand benutzen', ‚Kenntnisse aufnehmen' oder ‚sich etwas durch den Kopf gehen lassen' als Umschreibungen von Verhaltensweisen und Fähigkeiten zu verstehen sind.

Das mythische Denken hat keine Schwierigkeiten, den Verstand zugleich als Instrument, als Subjekt und als Ort darzustellen: Der Verstand (Subjekt) bildet sich ein Urteil, man benutzt seinen Verstand (Instrument), etwas gelangt in den Verstand (Ort).[189] Man kann von Fall zu Fall erklären, was mit den Sätzen, in denen das Wort vorkommt, ungefähr gemeint ist, sollte jedoch nicht davon ausgehen,

---

[187] Tilmann Köppe und Simone Winko: Neuere Literaturtheorien. Eine Einführung. 2. akt. u. erw. Aufl. Stuttgart 2013, S. 11. Der Entschluß, sich auf keine bestimmten Bezugstheorien festzulegen, schließt nicht aus, daß man Begriffe oder überprüfbare Ergebnisse anderer Disziplinen übernimmt.
[188] Vgl. Rudolf Carnap: Von Gott und Seele. Scheinfragen in Metaphysik und Theologie [1929], in: ders.: Scheinprobleme in der Philosophie und andere metaphysikkritische Schriften, hg. von Thomas Mormann, Hamburg 2004, S. 49–62, S. 51.
[189] Solche Mehrdeutigkeiten werden für die griechische Literatursprache analysiert von: Thomas Jahn: Zum Wortfeld ‚Seele-Geist' in der Sprache Homers, München 1987; Shirley Darcus Sullivan: Psychological and Ethical Ideas. What Early Greeks Say, Leiden 1995. Zur

daß sie alle von einer klar definierten Sache, dem Verstand, handeln.[190] Ähnliches gilt für die Redeweisen, in denen Ausdrücke wie ‚Seele', ‚Gemüt' oder ‚Gedächtnis' vorkommen. Sie dienen nicht dazu, für einen festumrissenen Gegenstand eine wissenschaftliche Theorie zu entwickeln. Da ihre tatsächliche Verwendungsweise sehr unübersichtlich ist, führen sie das wissenschaftliche Denken regelmäßig in die Irre: Bei der Theoriebildung passiert es immer wieder, daß Gedanken nicht nur im übertragenen Sinn als Dinge im Kopf aufgefaßt werden, sondern in einem *allzu wörtlichen* Sinn. Das Denken erscheint dann als Vorgang im Gehirn oder Geist. Berichtigt werden müssen folglich nicht die metaphorischen Redeweisen, sondern die Trugschlüsse, die dafür sorgen, daß der Unterschied zwischen realem Wissen über den Geist und eingebildetem Wissen über Inneres verschwimmt. Manche der Autoren, die im Folgenden zu Wort kommen, wissen im Grunde, daß die Ausdrucksformen, die sie verwenden, bildhaft sind; doch es fällt ihnen sichtlich schwer, sie konsequent als Bilder aufzufassen. Einige Intuitionen, z.B. daß das Denken im Kopf erfolgt, wirken so zwingend, daß ihnen eine ernsthafte Prüfung überflüssig erscheint.

1.4.2 Hypostasierung des Mentalen

Wie wörtlich also darf man die Behauptung nehmen, daß der Philologe neben den sprachlichen Ausdrücken auch die Seele interpretiere, aus der sie kommen? Ist für Wilamowitz ein sprachliches Gebilde nur das äußere Zeichen des Inneren? Ich zitiere noch einmal aus der Einleitung zu seinem *Platon*:

> Für ihn [den Philologen] sind zunächst die Werke da. Ein jegliches ist für ihn, so wie es ist, etwas Lebendiges. Das will er verstehen, verständlich machen; von dem Wortlaute, an dem ihm alles wertvoll ist, bis auf den Buchstaben, bis auf den Klang, will er bis in die Seele dringen. Denn was lebendig ist, hat Seele. Hinter den Werken steht der Mensch, der sie geschaffen hat. Zu dem will er dann auch vordringen, auch bis in seine Seele, und dann will er diesen Menschen zeigen in dem, was er war und was er wollte.[191]

Die Wörter werden hier als lebendig oder beseelt dargestellt. Sie haben einen Klang und leisten einen spezifischen Beitrag zum Aufbau des Ganzen. Doch das

---

Entwicklung der Metaphern für Geistiges vgl. Derek Melser: The Act of Thinking, Cambridge, MA 2004, S. 157–220; Eugen Fischer: Two Analogy Strategies. The Cases of Mind Metaphors and Introspection, in: Connection Science 30 (2018), S. 211–243.
190 Rundle: Why there is Something rather than Nothing, S. 148–154.
191 Wilamowitz: Platon, S. 3f.

ist offenbar nicht alles. Wilamowitz suggeriert, der Philologe müsse hinter die bloßen Wörter dringen, Zugang zur Seele bekommen und über das, was darin stattfindet, Auskunft geben.

Ich möchte die Auseinandersetzung mit dem sogenannten Problem des Fremdseelischen noch einen Moment aufschieben und zunächst prüfen, wie es dazu kommt, daß man die Erkenntnis der Gedanken und Wünsche anderer Personen überhaupt mit der Erkenntnis des Inneren gleichsetzt. Denn die Gewißheit, daß es seelische Zustände gibt, die man ‚etwas denken' und ‚etwas wollen' nennt, ist nicht das Ergebnis sachlicher Prüfung. In den Fragen, die sich Philosophen und Psychologen zur Untersuchung vorlegen, steckt in den meisten Fällen schon die Voraussetzung, daß sich psychologische Begriffe auf etwas Inneres beziehen. Da Literaturwissenschaftler in diesem Punkt selten die Grundvoraussetzungen ihres Denkens offenlegen, muß man andere Quellen heranziehen, um die Annahmen zu identifizieren, die auch in der literaturwissenschaftlichen Debatte vorherrschend sind. Die Gedankensprünge, die dazu führen, daß Autoren als Subjekte dargestellt werden, die von Vorstellungen und Absichten erfüllt sind, zeigen sich klar in Ian Ravenscrofts Einführung in die Philosophie des Geistes:

> Philosophers of mind ask very general questions about the mind. Examples include: What are mental states? Are they states of the physical brain or of a nonphysical soul? What is consciousness? How can states of mind be about (or ‚represent') things outside the mind?
>
> [...]
>
> The mental states include *perceptions* like seeing, smelling, and hearing; *sensations* like hunger, thirst, and pain; *emotions* like anger, love, and grief; and what we might broadly call *thoughts* like beliefs, desires, and decisions.[192]

Der Substanzdualismus, das Problem des Bewußtseins und andere Themen der Philosophie des Geistes werden von Ravenscroft sachkundig behandelt. Bei der nicht ganz unwichtigen Frage aber, ob ‚Wahrnehmung', ‚Gefühl' und ‚Gedanke' eigentlich als Wörter für innere Zustände zu deuten sind, verzichtet er auf eine Prüfung. Dieses Verhalten ist typisch: Auch Detel hält es für angemessen, seine Ausführungen über den menschlichen Geist mit einer Aufzählung von Wörtern wie ‚Meinung', ‚Absicht', ‚Wunsch' zu beginnen, die er, ohne diese Annahme zu diskutieren, als Bezeichnungen mentaler Zustände deutet:

> Ausgangspunkt der Theorie des Geistes ist [...] meist eine offene Liste von mentalen [...] Zuständen [...]. Zu diesen mentalen Zuständen gehören unter anderem Empfindungen,

---

[192] Ian Ravenscroft: Philosophy of Mind. A Beginner's Guide, Oxford 2005, S. 1.

Stimmungen, Gefühle, Träume, Erinnerungen, Wünsche, Absichten, Interessen, Gedanken, Meinungen, Überzeugungen und Erwartungen. Der Geist eines Organismus wird als die Gesamtheit seiner mentalen Zustände betrachtet.[193]

Bei Ravenscroft und Detel findet ein beinahe unmerklicher Übergang statt von der Feststellung, daß wir etwas wahrnehmen, denken, fühlen und wollen, zu der Feststellung, daß wir Wahrnehmungen, Gedanken, Empfindungen und Wünsche ‚haben', zu der Annahme, daß es *Zustände* in uns gibt, die als ‚Wahrnehmung' ‚Gedanke', ‚Empfindung', ‚Wunsch' bezeichnet werden.[194] Das philosophische Problem, ob Gedanken Zustände des Gehirns oder einer immateriellen Substanz sind, und das Problem, wie diese Zustände sich auf die Außenwelt beziehen können, setzten die Verdinglichung des Mentalen schon voraus.[195] Nicht eine bewußte Neudefinition wird dabei vorgenommen, sondern eine undiskutierte Gleichsetzung des metaphysischen Begriffs von Überzeugungen, Wünschen und Absichten mit den vorgefundenen Begriffen.[196] Dieser Schritt ist, wie Wittgenstein andeutet, eine Weichenstellung, die das Nachdenken über den Gegenstand

---

193 Detel: Geist und Verstehen, S. 31.
194 Die Umformung von ‚Goethe glaubt, daß die Deutschen ihre geschichtliche Aufgabe am besten ohne Errichtung eines Nationalstaats erfüllen können' in ‚Goethe befindet sich in einem Glaubenszustand des Inhalts, daß die Deutschen ihre geschichtliche Aufgabe am besten ohne Errichtung eines Nationalstaats erfüllen können' ergibt „gequältes Deutsch" (Andreas Kemmerling: Überzeugungen für Naturalisten, in: Proceedings of the 2nd Conference ‚Perspectives in Analytical Philosophy', Bd. 3, Berlin 1997, S. 59–83, S. 60). Sie ist zwar weniger irreführend als die Einordnung in die Kategorie der ‚*seelischen* Zustände', die Kemmerling mit Recht als „Quelle philosophischer Fehlkonstruktionen" (S. 72) identifiziert, aber immer noch irreführend genug, so daß man sie besser vermeidet; vgl. dazu: Peter Hacker: Of the Ontology of Belief, in: Semantik und Ontologie. Beiträge zur philosophischen Forschung, hg. von Mark Siebel und Mark Textor, Frankfurt/M. 2004, S. 185–222.
195 Eine hilfreiche Darstellung und Kritik der verschiedenen philosophischen Strömungen, die eine Hypostasierung des Mentalen vornehmen, ist: Richard Floyd: The Non-Reificatory Approach to Belief, London 2017.
196 Thomas Metzinger glaubt zwar, daß Philosophie des Geistes eine Analyse von psychologischen Begriffen sei, unterstellt jedoch ungeprüft, daß die analysierten Begriffe sich auf innere Seelenzustände beziehen müssen: „Die Gegenstände der Philosophie des Geistes sind *nicht* geistige Zustände. Die Philosophie des Geistes untersucht die *Begriffe*, mit denen wir solche Zustände genauer zu erfassen suchen" (Grundkurs Philosophie des Geistes, Bd. 1, Paderborn 2006, S. 13). Solche Urteile über die ‚Alltagspsychologie' sind „hasty in the extreme" (Frederick Stoutland: Philosophy of Mind with and Against Wittgenstein, in: Psychology and Philosophy. Inquiries into the Soul from Late Scholasticism to Contemporary Thought, hg. von Sara Heinämaa und Martina Reuter, Dordrecht 2009, S. 285–305, S. 296). Vgl. Daniel Hutto: Psychology's Inescapable Need for Conceptual Clarification, in: A Wittgensteinian Perspective on the Use of Conceptual Analysis in Psychology, hg. von Kathleen Slaney und Timothy Racine, Basingstoke 2013, S. 28–50.

der Forschung in eine verkehrte Richtung lenkt und in der Folge nicht mehr korrigiert wird:

> Der erste Schritt ist der ganz unauffällige. Wir reden von Vorgängen und Zuständen, und lassen ihre Natur unentschieden! Wir werden vielleicht einmal mehr wissen – meinen wir. Aber eben dadurch haben wir uns auf eine bestimmte Betrachtungsweise festgelegt.[197]

Da man mehr oder weniger gesicherte Kenntnisse über Vorstellungen hat, über Klopstocks Gottesvorstellung etwa, und den metaphysischen mit dem geläufigen Begriff vermischt, entsteht der Eindruck, man habe gesicherte Kenntnisse über „geistige Zustände",[198] die ‚Vorstellungen' genannt werden. Typischerweise werden sie „im Kopf"[199] oder jedenfalls im Inneren verortet. Aus der Verdinglichung von Vorstellungen, Wahrnehmungen, Absichten, Wünschen usw. ergibt sich die metaphysische Unterscheidung in eine Außenwelt, die verschiedenen Subjekten gemeinsam ist, und ein Innenleben, das nur vom Subjekt ‚gehabt' und direkt erfaßt werden kann. Zur rhetorischen Konstruktion einer Innenwelt gehört, daß sie als Ausdruck des gesunden Menschenverstandes dargestellt wird.[200] Diese Methode, eine Theorie abzusichern, ist bei Gottlob Frege recht gut erkennbar:

> Auch der unphilosophische Mensch sieht sich bald genötigt, eine von der Außenwelt verschiedene Innenwelt anzuerkennen, eine Welt der Sinneseindrücke, der Schöpfungen seiner Einbildungskraft, der Empfindungen, der Gefühle und Stimmungen, eine Welt der

---

197 PU, § 308.
198 Tepe: Kognitive Hermeneutik, S. 68.
199 Tepe: Kognitive Hermeneutik, S. 232.
200 Edmund Husserl bildet insofern eine Ausnahme, als er die Innenwelt, die andere aus dem Common Sense herleiten, zum Ergebnis einer strengen Analyse umdeutet. Das ‚Sichtbarmachen' der Bewusstseinssphäre stellt er als eine Leistung hin, für die eine quasi-wissenschaftliche, nämlich „phänomenologische" Methode des Einklammerns der objektiven Welt vonnöten sei: Das „Außergeltungsetzen [...] aller Stellungnahmen zur vorgegebenen objektiven Welt [...] stellt uns also nicht einem Nichts gegenüber. Was uns vielmehr, und gerade dadurch, zuegien wird, [...], ist [...] reines Leben mit all seinen reinen Erlebnissen und all seinen reinen Gemeintheiten, das Universum der Phänomene im Sinn der Phänomenologie. [...] Alles Weltliche, alles raum-zeitliche Sein ist für mich – das heißt gilt für mich, und zwar dadurch, daß ich es erfahre, wahrnehme, mich seiner erinnere, daran irgendwie denke, es beurteile, es werte, begehre usw. Das alles bezeichnet Descartes [...] unter dem Titel *cogito*. Die Welt ist für mich überhaupt gar nichts anderes als die in solchem *cogito* bewußt seiende und mir geltende. Ihren ganzen, ihren universalen und spezialen Sinn und ihre Seinsgeltung hat sie ausschließlich aus solchen *cogitationes*." (Cartesianische Meditationen und Pariser Vorträge, hg. von Stefan Strasser, Den Haag 1963, S. 60)

Neigungen, Wünsche [...]. Um einen kurzen Ausdruck zu haben, will ich dies [...] unter dem Worte ‚Vorstellung' zusammenfassen.[201]

Daß es ein inneres Leben des Menschen gibt, ist unabweisbar. Man sollte jedoch Freges Selbstverständnis, demzufolge er lediglich die Tatsachen feststellt, nicht einfach übernehmen. Aus dem Umstand, daß man wahrnimmt, phantasiert, empfindet und fühlt, folgt nicht, daß es eine von der Außenwelt verschiedene Innenwelt gibt, die von Zuständen bevölkert ist, die ‚Sinneseindruck', ‚Phantasievorstellung' oder ‚Gefühl' heißen.[202] Freges Angleichung von Vorstellungen an räumliche und materielle Einzeldinge produziert in seinen Ausführungen irreführende Fragen wie diese: „Wodurch unterscheiden sich Vorstellungen von den Dingen der Außenwelt?"[203] Darin steckt die falsche Suggestion, daß ‚Vorstellung' eine Art von *Ding* bezeichnet, kein körperliches Ding, sondern ein Ding, das einer anderen Seinsordnung angehört. Alle weiteren Bemühungen Freges, den Vorstellungsbegriff genauer zu bestimmen, sind von dieser irreführenden Angleichung geprägt.[204]

Eigentlich weiß Frege recht gut, daß man – solange man den geläufigen Vorstellungsbegriff verwendet – zu dem Urteil gelangen kann, daß zwei Menschen ‚dieselbe Vorstellung haben', doch er nimmt diesen Sachverhalt nicht

---

201 Frege: Der Gedanke, S. 40.
202 Beide Seiten der Gegenüberstellung sind problematisch, also auch die Idee der Außenwelt: Bede Rundle: Art. External Word, in: The Oxford Companion to Philosophy, hg. von Ted Honderich, Oxford 2005, S. 285–286.
203 Frege: Der Gedanke, S. 40.
204 Freges Behauptungen über Vorstellungen sind durchgängig konfus: 1. „Vorstellungen können nicht gesehen [...] werden." (Der Gedanke, S. 40.) Zwar spricht Frege nicht wie Locke von einem inneren Sinn und definiert auch das Bewußtsein nicht als innere Wahrnehmung, aber er hält – wie seine Vorgänger – Vorstellungen für geistige Einzeldinge, die „im Gebiete meines Bewußtseins" (S. 41, 43) oder auch „auf der Bühne meines Bewußtseins" (S. 44) auftreten. 2. „Vorstellungen werden gehabt. Man hat Empfindungen, Gefühle, Stimmungen, Neigungen, Wünsche. Eine Vorstellung, die jemand hat, gehört zu dem Inhalte seines Bewußtseins." (S. 41) Frege springt nach dem bekannten Schema von ‚Er stellt sich etwas vor' zu ‚Er hat eine Vorstellung' zu ‚Es gibt etwas in ihm, das eine Vorstellung ist'. 3. „Vorstellungen bedürfen eines Trägers. Die Dinge der Außenwelt sind im Vergleiche damit selbständig." (S. 41) Frege setzt an dieser Stelle voraus, daß Vorstellungen quasi-materielle Dinge sind, die (im Unterschied zu materiellen Dingen) einer Innenwelt angehören. Sie sind auf einen Besitzer („Träger") angewiesen und existieren nur so lange, wie sie seinem Geist angehören. 4. „Jede Vorstellung hat nur einen Träger; nicht zwei Menschen haben dieselbe Vorstellung." (S. 42) Die Ursache des Mißverständnisses liegt in dem Vorurteil, daß Vorstellungen im Bewußtsein lokalisierbare Elemente sind: „Inhalt meines Bewußtseins zu sein, gehört so zum Wesen jeder meiner Vorstellungen, daß jede Vorstellung eines andern eben als solche von meiner verschieden ist." (S. 41)

sonderlich ernst: „Man spricht oft so, als ob eine und dieselbe Vorstellung mehreren Menschen zukäme, aber das ist falsch, wenn man einmal das Wort ‚Vorstellung' im psychologischen Sinne gebraucht: jeder hat seine eigene."[205] Frege unterstellt ein „Schwanken in dem Gebrauch des Wortes ‚Vorstellung', indem es bald etwas zu bedeuten scheint, was dem Seelenleben des Einzelnen angehört [...], bald etwas Allen gleicherweise Gegenüberstehendes, bei dem ein Vorstellender weder genannt noch auch nur vorausgesetzt wird".[206] Diese Behauptung ist doppelt falsch: Der geläufige Begriff ‚Vorstellung' bezeichnet weder etwas „Inneres",[207] das nur wir selbst identifizieren können, noch etwas, das irgendwo außerhalb liegt. Die Alternative zwischen dem, was der Einzelseele angehört, und dem, was mehreren Individuen zugänglich ist, entsteht aus einer unkontrollierten Hypostasierung. Frege beobachtet richtig, daß Philosophen, die Gedanken als Privatbesitz in der Seele des Einzelnen auffassen, „im psychologisch-metaphysischen Sumpfe stecken".[208] Deswegen drängt er auf eine Unterscheidung von subjektiven Vorstellungen und Gedanken: „Dasjenige, um dessen Falschheit gestritten wird, gehört [...] nicht der einzelnen Seele an."[209] Doch so leicht entkommt man dem metaphysischen Sumpf nicht. Freges fortgesetzte Befangenheit wird auch daran deutlich, daß er die intersubjektiven Gedanken zwanghaft an einem Ort unterbringen will. Da sie ersichtlich weder der Außenwelt noch der Innenwelt angehören, verlegt er sie in einen mysteriösen dritten Bereich. Er übernimmt den traditionellen Psychologismus in Bezug auf Vorstellungen und ergänzt ihn durch einen Platonismus in Bezug auf Gedanken:

> Ein drittes Reich muß anerkannt werden. Was zu diesem gehört, stimmt mit den Vorstellungen darin überein, daß es nicht mit den Sinnen wahrgenommen werden kann, mit den Dingen aber darin, daß es keines Trägers bedarf, zu dessen Bewußtseinsinhalte es gehört.[210]

Frege ahnt bereits, daß er, indem er Gedanken an etwas „Räumliches, Stoffliches" angleicht, „in eine Art von Mythologie"[211] verfällt, und er versucht, dieser Gefahr durch die Versicherung zu entgehen, daß Gedanken keinen Platz einnehmen und

---

205 Frege: Schriften zur Logik und Sprachphilosophie, S. 141.
206 Gottlob Frege: Grundgesetze der Arithmetik, Bd. 1 [1893], Hildesheim 1998, Einleitung, xviii.
207 Frege: Schriften zur Logik und Sprachphilosophie, S. 145.
208 Frege: Grundgesetze der Arithmetik, Bd. 1, Einleitung, xx.
209 Frege: Schriften zur Logik und Sprachphilosophie, S. 150.
210 Frege: Der Gedanke, S. 43.
211 Frege: Schriften zur Logik und Sprachphilosophie, S. 149.

keine materielle Struktur haben. Seine Darlegungen zeigen jedoch, daß er sie sich nicht anders als quasi-räumlich, quasi-stofflich vorstellen kann. Der Gedanke, der gemeinsames Eigentum von vielen ist, „steht allen, die ihn auffassen, in derselben Weise und als derselbe gegenüber".[212] Wird ein Gedanke ‚erfaßt', so bemächtigt man sich einer Sache, die irgendwie bereits vorhanden ist.[213]

Freges „drittes Reich" findet eine Fortsetzung bei Heinrich Rickert und Erich Becher.[214] Seine Konzeption hat auch heute noch ihre Anhänger, denn der mit metaphysischen Annahmen befrachtete Begriff ‚Vorstellung' (*repraesentatio, idea, idée*), den Frege aus der Tradition übernimmt, wird unter neuen Namen wie ‚intentionaler Zustand' oder ‚mentale Repräsentation' nahezu unverändert weitergeführt.[215] Den abstrakten Sinngehalt würde man heute wohl als ‚Proposition'

---

212 Frege: Schriften zur Logik und Sprachphilosophie, S. 145.

213 „Die Gleichnisse, die den sprachlichen Ausdrücken des Fassens eines Gedankens, des Auffassens, Erfassens, Begreifens, Einsehens, des Capere, Percipere, Comprehendere, Intelligere zugrunde liegen, geben die Sachlage in der Hauptsache richtig wieder. Das Gefaßte, Begriffene ist schon da, und man bemächtigt sich nur seiner." (Frege: Schriften zur Logik und Sprachphilosophie, S. 149) „Der Mensch kann die Gedanken unbeachtet lassen und kann sich ihrer bemächtigen." (S. 150) Das Erfassen eines Gedankens ist (wir haben diese These schon in Kap. 1.2.4 kennengelernt) ein „seelischer Vorgang", der „vielleicht [...] der geheimnisvollste von allen" (S. 157) ist, da etwas Psychisches mit etwas Abstraktem Verbindung aufnimmt.

214 Heinrich Rickert wirft Dilthey vor, die Vorgänge in der Einzelseele nicht von den Gehalten zu unterscheiden, die diesen Vorgängen innewohnen, vgl. Die Grenzen der naturwissenschaftlichen Begriffsbildung. Eine logische Einleitung in die historischen Wissenschaften, 5. Aufl., Tübingen 1929, S. 543. Er postuliert einen „irrealen, freischwebenden [...] Sinn" (S. 586), der einem „unwirklichen Reich" (S. 534) angehört. Durch diese dogmatische Setzung glaubt er, die Möglichkeit des historischen Verstehens sicherzustellen: „Der irreale Sinn kann zwischen dem eigenen realen und dem fremden realen Seelenleben die Brücke schlagen, weil er als irrealer Sinn weder eigen noch fremd ist." (S. 578) Erich Becher zweifelt nicht daran, daß Gedanken zur Innenwelt gehören, weswegen er sich gezwungen sieht, einen „wesentlichen Inhalt" oder eine „abstrakte Seite" der flüchtigen seelischen Vorgänge anzunehmen, also etwas, das man als Historiker erfassen und darstellen kann (Geisteswissenschaften und Naturwissenschaften. Untersuchungen zur Theorie und Einteilung der Realwissenschaften, München 1921, S. 109).

215 Freges Begriff ‚Vorstellung' entspricht dem, was Descartes als *cogitatio* und Locke als *idea* bezeichnet: ein psychisches Gebilde, das im Bewußtsein vorkommt und unfehlbar identifiziert wird, vgl. Wolfgang Künne: Die philosophische Logik Gottlob Freges. Ein Kommentar, Frankfurt/M. 2010, S. 490. Ähnlich wie seine Vorgänger arbeitet Frege mit einem Begriff von Vorstellungen, der diese an Bilder im Geiste angleicht: „Unter einer Vorstellung versteht man ein Phantasiebild, das nicht wie die Anschauung aus gegenwärtigen Empfindungen, sondern aus wiedererweckten Spuren vergangener Empfindungen oder Tätigkeiten besteht." (Schriften zur Logik und Sprachphilosophie, S. 142) Es ist „ein aus Erinnerungen von Sinneseindrücken, die ich gehabt habe, und von Tätigkeiten, inneren sowohl wie äußeren, die ich ausgeübt habe, entstandenes inneres Bild" (Sinn und Bedeutung [1892], in: ders.: Funktion, Begriff, Bedeutung. Fünf logische Studien, hg. und eingel. von Günther Patzig, Göttingen 1962, S. 43), das oft „mit Gefühlen getränkt" ist (ebd.).

bezeichnen. Der Satz ‚Augustinus glaubt, daß Gott allmächtig und gerecht ist' fungiert nach der geläufigen psychologistischen Deutung als eine Hypothese über einen intentionalen Zustand (eine sprachähnliche oder bildhafte Struktur, die einen Sachverhalt darstellt), dessen Inhalt die abstrakte Proposition ist, daß Gott allmächtig und gerecht ist.[216]

Während Freges Ansatz, den Psychologismus durch einen Platonismus auszugleichen, nur von einer kleinen Gruppe von Autoren weitergeführt wird, hat sich die metaphysische Trennung dessen, was ‚im Geist' ist, von dem, was ‚außerhalb' stattfindet, allgemein durchgesetzt. Sie führt zur Aufteilung des Untersuchungsbereichs der Geisteswissenschaften in bloßes Verhalten und innere Seelenzustände.[217] Schon bei Franz Brentano findet man die Auffassung, daß die Psychologie eine Wissenschaft sei, die nach den Gesetzmäßigkeiten der Phänomene forsche, zu deren Wesen es gehöre, Objekt innerer Erfahrung zu sein:

> Ähnlich wie die Naturwissenschaft, welche die Eigentümlichkeiten und Gesetze der Körper, auf die unsere äußere Erfahrung sich bezieht, zu erforschen hat, erscheint sie [die Psychologie] [...] als Wissenschaft, welche die Eigentümlichkeiten und Gesetze der Seele kennen lehrt, die wir in uns selbst unmittelbar durch innere Erfahrung finden und durch Analogie auch in anderen erschließen.[218]

Wittgenstein hat die fehlgeleitete Parallelisierung von Natur- und Geisteswissenschaften treffend kritisiert:

> Irreführende Parallele: Psychologie handelt von den Vorgängen in der psychischen Sphäre, wie Physik in der physischen. Sehen, Hören, Denken, Fühlen, Wollen sind nicht *im gleichen Sinne* die Gegenstände der Psychologie, wie die Bewegungen der Körper, die elektrischen Erscheinungen, etc., Gegenstände der Physik. Das siehst du daraus, daß der Physiker diese Erscheinungen sieht, hört, über sie nachdenkt, sie uns mitteilt, und der Psychologe die *Äußerungen* (das Benehmen) des Subjekts beobachtet.[219]

Was hier über den Psychologen gesagt wird, gilt auch für den Philologen: Wenn er Schriften und sonstige Lebenszeugnisse studiert, will er nicht psychische

---

216 Vgl. Tim Crane: Aspects of Psychologism, Cambridge, MA 2014, S. 14.
217 Wie sich die metaphysische Einteilung in äußeres Verhalten und innere Prozesse in der Psychologie durchgesetzt hat, wird dargestellt von Kurt Danziger: Naming the Mind. How Psychology found its Language, London 1997.
218 Franz Brentano: Psychologie vom empirischen Standpunkt [1874], mit Einl. und Anm. hg. von Oskar Kraus, Hamburg 1973, S. 8.
219 PU, § 571; vgl. Ludwig Wittgenstein: Bemerkungen über die Philosophie der Psychologie [= BPP], in: ders.: Werkausgabe, Bd. 7, Frankfurt/M. 1984, 1, §§ 287–292.

Phänomene in einem unzugänglichen Bereich erschließen, sondern die Strukturen und Ursachen des Verhaltens erfassen, das der Autor zeigt. Wenn ein Literaturwissenschaftler annimmt, er wolle beim Studium eines Textes verborgene Erscheinungen erschließen, so verkennt er aufgrund einer gewohnheitsmäßigen Fehldeutung der Ausdrucksformen seiner Wissenschaftssprache die eigenen Forschungsinteressen.

1.4.3 Direkter und indirekter Zugang

Nach der Konstruktion einer der Außenwelt entgegengesetzten Innenwelt möchte ich nun die Frage des *Zugangs* genauer betrachten, die in der Reflexion über die Aufgaben der Philologie immer wieder auftaucht. Auch in diesem Punkt wird oft ein Konsens behauptet: „Dass die Innenwelt des Autors nicht zugänglich ist, zumindest nicht in derselben Art und Weise wie die eigene, dürfte als vollkommen unstrittig gelten."[220] Die Annahme, daß wir einen besonderen Bezug zur eigenen Innenwelt haben, hat eine lange Tradition. Bereits Augustinus war davon überzeugt, daß man mit den „Augen des Geistes"[221] unfehlbar und direkt die Dinge erkenne, die sich im inneren „Blickfeld"[222] abspielen, während man bei anderen Personen nur aufgrund äußerer Anzeichen auf das Innere schließe.[223] Direkt beobachten lasse sich nur das Verhalten in der Außenwelt; die Seele, die dahinter liege, werde bloß indirekt erkannt.[224]

---

220 Jørgen Sneis: Phänomenologie und Textinterpretation. Studien zur Theoriegeschichte und Methodik der Literaturwissenschaft, Berlin 2018, S. 262.
221 Diese entsprechen nach Augustinus den „carneis oculis" (*De trin.* 8,4,6).
222 *De trin.* 14,6,8.
223 „Et animus quidem quid sit non incongrue nos dicimus ideo nosse quia et nos habemus animum; neque enim umquam oculis uidimus et ex similitudine uisorum plurium notionem generalem specialemue percepimus, sed potius, ut dixi, quia et nos habemus." (*De trin.* 8,6,9) [„Was die Seele betrifft, so sprechen wir uns ihre Kenntnis nicht unpassend deshalb zu, weil auch wir eine Seele haben. Nie nämlich haben wir sie mit Augen gesehen und aus der Ähnlichkeit mit dem vielerlei Gesehenen einen Artbegriff gebildet, aber wir kennen sie, wie gesagt, weil auch wir eine Seele haben." (Augustinus: De Trinitate, übers. von Johann Kreuzer, Hamburg 2001, S. 25)]
224 „Neque enim cum corpus uiuum moueatur aperitur ulla uia oculis nostris ad uidendum animum, rem quae oculis uideri non potest; sed illi moli aliquid inesse sentimus qualem nobis inest ad mouendam similiter molem nostram, quod est uita et anima." (*De trin.* 8,6,9) [„Wenn nämlich ein lebendiger Körper bewegt wird, dann tut sich für unsere Augen nicht irgendein Weg auf zur Schau der Seele, einer Sache, die mit Augen nicht gesehen werden kann. Wir merken vielmehr, daß jener körperlichen Masse etwas Ähnliches innewohnt wie uns, damit wir unseren Körper in Bewegung setzen können. Das ist das Leben und die Seele." (Übers. von Johann Kreuzer, S. 25)]

Descartes übernimmt die von Augustinus vorgeprägten Grundsätze.²²⁵ Er unterscheidet die Dinge, die in der Außenwelt sind („quae sunt extra me posita"), von Dingen, die im Geist selbst vorkommen („sunt in ipsa mente"²²⁶). Die Vorgänge, die im Geist stattfinden, sind der Gegenstand einer unmittelbaren Auffassungsweise, für die Descartes den philosophischen Begriff des Bewußtseins einführt. Inhalt des Bewußtseins sei das Denken im weitesten Sinn: „alles das, wovon wir uns bewußt sind, daß es in uns geschieht, insofern davon ein Bewußtsein in uns ist".²²⁷ Locke übernimmt diese Überzeugung, daß der Geist direkt versteht, was in ihm selbst geschieht.²²⁸ Da er unkontrolliert von ‚etwas wahrnehmen' (‚etwas denken') zu ‚eine Wahrnehmung haben' (‚einen Gedanken haben'), zu ‚etwas in sich haben, das eine Wahrnehmung ist' (‚etwas in sich haben, das ein Gedanke ist') übergeht, hält er es für gewiß, daß die Artikulationsfähigkeit (ausdrücken können, was man wahrnimmt, denkt, imaginiert) auf der Fähigkeit beruht, Wahrnehmungen, Gedanken und Phantasievorstellungen *in sich zu erkennen*. Man *kann äußern*, was man denkt und wünscht, weil man die Gedanken und Wünsche mit einem „inneren Sinn"²²⁹ *wahrnimmt*. Unter ‚Bewußtsein' versteht er die Wahrnehmung dessen, was im eigenen Geist vorgeht.²³⁰

Wenn man den Begriff ‚Bewußtsein' unvoreingenommen verwendet, kann sich das Wort auf ganz verschiedene Sachverhalte beziehen: Man kann sich bewußt sein, daß ein Gedicht vorliegt, daß darin eine Situation geschildert wird, daß der Verfasser abwechselnd Hexameter und Pentameter fabriziert.²³¹ Descartes und Locke hingegen beschränken das Bewußtsein auf den eigenen Geist. Inhalt des Bewußtseins könne nur ein inneres Vorkommnis sein, das uns unmittelbar gegenwärtig ist: „Since *the Mind*, in all its Thoughts and Reasonings, hath no other

---

225 Vgl. Gareth Matthews: Thought's Ego in Augustine and Descartes, London 1992. Das Fortwirken der cartesianischen Auffassungen bis zu Husserl skizziert Herman Philipse: Overcoming Epistemology, in: The Oxford Handbook of Continental Philosophy, hg. von Brian Leiter und Michael Rosen, Oxford 2007, S. 334–378.
226 Œuvres de Descartes, hg. von Charles Adam und Paul Tannery [= AT], 11 Bde., nouvelle édition, Paris 1996, VII, S. 33.
227 „Cogitationis nomine, intelligo illa omnia, quae nobis consciis in nobis fiunt, quatenus eorum in nobis conscientia est." (AT VIII-1, 7)
228 Zu den verschiedenen Motiven, dieses Bild zu akzeptieren, vgl. Fischer: Philosophical Delusion and its Therapy, S. 21–77.
229 John Locke: An Essay Concerning Human Understanding [1689], hg. von Peter Nidditch, Oxford 1974, II, i, 4.
230 „Consciousness is the perception of what passes in a Man's own Mind." (Locke: Essay, II, i, 19)
231 Eine überzeugende Klärung des Bewußtseinsbegriffs findet man bei Hacker: Intellectual Powers, S. 11–59.

immediate Object but its own *Ideas*, which it alone does or can contemplate, it is evident, that our Knowledge is only conversant about them."[232] Die von Descartes und Locke popularisierte Metaphysik wird in der nachfolgenden Diskussion über den Geist beibehalten und ständig weiterentwickelt. Für Brentano ist es ein wesentliches Merkmal psychischer Phänomene, daß sie „nur in innerem Bewußtsein wahrgenommen werden".[233] Es sind seiner Ansicht nach die einzigen Gegenstände, die man durch eine unmittelbare und unfehlbare Wahrnehmung identifizieren kann.[234] Aus der Annahme, daß Vorstellungen die Objekte innerer Erfahrung sind, ergebe sich, „daß kein psychisches Phänomen von mehr als einem einzigen wahrgenommen wird".[235] Diese Grundüberzeugung hat, wie wir bereits gesehen haben, auch Frege. Eine Vorstellung, behauptet er, ist nur ihrem Besitzer direkt zugänglich.

Wo die Philosophen ihre Begriffe explizieren müßten, berufen sie sich auf das, was angeblich selbstevident ist: „The word introspection need hardly be defined – it means, of course, the looking into our own minds and reporting what we there discover. Every one agrees that we there discover states of consciousness."[236] Diese Rhetorik kennzeichnet nicht nur den „Neu-Cartesianismus"[237] der Phänomenologen, sondern auch jene Schulen, die als ‚Materialismus' oder ‚Naturalismus' auftreten. Bei aller wissenschaftlichen Strenge, die Paul Churchlands Schriften ausstrahlen, bleibt die Idee der Innenschau ungeprüft: „Self-consciousness is thus no more (and no less) mysterious than perception generally. It is just directed internally rather than externally."[238] David Armstrong, der eine dezidiert materialistische Theorie des Geistes entwirft, verteidigt zuversichtlich die cartesianische

---

232 John Locke: Essay, II, i, 1.
233 Brentano: Psychologie vom empirischen Standpunkt, S. 128.
234 Brentano: Psychologie vom empirischen Standpunkt, S. 129.
235 Brentano: Psychologie vom empirischen Standpunkt, S. 129.
236 William James: The Principles of Psychology [1890], New York 1950, Bd. 1, S. 185. Auch in der gegenwärtigen Debatte werden solche rhetorischen Strategien oft verwendet. Uwe Meixner behauptet, daß Husserl von Ryles Kritik an der Annahme eines innengewandten Erschauens nicht getroffen werde und verweist im nächsten Moment auf einen unerläuterten „perceptual access to our own experience" (Defending Husserl. A Plea in the Case of Wittgenstein & Company versus Phenomenology, Berlin 2014, S. 368). Für Meixner ist der Zugang zum Erlebnisstrom eine unabweisbare Erfahrungstatsache, so daß es für ihn an Unaufrichtigkeit grenzt, wenn man Husserls „Wunderwelt der Innerlichkeit" als eine Illusion analysiert (S. 370).
237 Husserl: Cartesianische Meditationen, S. 43. Obwohl er sich einer dubiosen „Eigenheitssphäre" (S. 176) zuwendet, um dort im „reinen Strom meiner Cogitationes" (S. 61) Wesensgestalten und -gesetze zu erschauen, behauptet Husserl, daß seine Betrachtungsweise strenge Wissenschaft sei und „alle *metaphysischen Abenteuer*" (S. 166) ausschließe.
238 Paul Churchland: Matter and Consciousness. A Contemporary Introduction to the Philosophy of Mind, Cambridge, MA 1988, S. 74.

Auffassung. Sie sei – abgesehen vom Substanzdualismus – „not mythical at all".[239] Apodiktisch behauptet er, das Wesen der Introspektion bestehe in der Selbsterkenntnis des Gehirns: „[I]ntrospection is a self-scanning process in the brain."[240] Hinter der wissenschaftlich anmutenden Terminologie verbirgt sich eine Denkweise, die über die frühneuzeitliche Bewußtseinsphilosophie nicht hinauskommt. Schließlich sei noch auf Fred Dretske verwiesen, der sich um eine konsequente Naturalisierung des Geistes bemüht, für den jedoch das überlieferte Bild von der Selbsterkenntnis des Geistes unverrückbar feststeht:

> That we have introspective knowledge is obvious. Philosophers may disagree about the mode of access we have to our own thoughts and feelings and whether the authority we enjoy is that of infallibility or something less, but most are willing to concede that there is a dramatic difference between the way you know how I feel and the way I know it.[241]

Die Unmittelbarkeit und Unfehlbarkeit der Selbsterkenntnis wird ohne weiteres zur Diskussion gestellt, es gilt aber nach wie vor als eine keinem Zweifel unterliegende Erfahrungstatsache, daß man etwas in sich wahrnimmt oder auf andere Art identifiziert, das als ‚Gedanke' bezeichnet werden kann. Es scheint für manche Forscher völlig undenkbar zu sein, die Fähigkeit, Vorstellungen auszudrücken, *nicht* darauf zurückzuführen, daß man einen mehr oder weniger verläßlichen „Zugang"[242] zu den eigenen Vorstellungen hat.

Die Meinungen der Philosophen über das Gewahrwerden des Geistes verdienen genaue Beachtung, weil (abgesehen von den Strukturalisten, die auf ihre Weise an das Innen-Außen-Bild gebunden bleiben) fast alle einflußreichen

---

239 David Armstrong und Norman Malcolm: Consciousness and Causality. A Debate on the Nature of Mind, Oxford 1984, S. 121.
240 David Armstrong: A Materialist Theory of the Mind, London 1993, S. 324.
241 Fred Dretske: Naturalizing the Mind, Cambridge, MA 1995, S. 39f.
242 Tim Crane postuliert, ohne die Begriffe zu klären, einen „special kind of epistemic access that we have to our own states of mind, and events in our mind" (Aspects of Psychologism, S. 277), eine „distinctive capacity to access one's own mind" (S. 278). Metzinger bemerkt zur Forschungslage: „Die philosophische Intuition, dass wir es beim Bewusstsein mit einem höherstufigen Wissen um innere Zustände zu tun haben, ist in der gegenwärtigen Philosophie des Geistes wieder zu großer Aktualität gelangt." (Grundkurs Philosophie des Geistes, Bd. 1, S. 347) Er führt die „Konzeption des introspektiven Bewusstseins als einer wahrnehmungsartigen Form der inneren Metarepräsentation" (ebd.) auf Descartes, Locke, Kant und Brentano zurück. Sogar die Theorie, daß wir immer nur Repräsentationsinhalte wahrnehmen können, hat in der gegenwärtigen Forschung ihre Anhänger. Der Neurowissenschaftler Christopher Frith erklärt: „My perception is not of the world but of my brain's model of the world." (Making up the Mind. How the Brain Creates Our Mental World, Oxford 2013, S. 138) Die beste Kritik dieser Denktradition bietet Peter Hacker: Wittgenstein on Human Nature, London 1997, S. 24–31; ders.: Philosophical Foundations of Neuroscience, S. 90–97; ders.: Intellectual Powers, S. 11–100.

Autoren, die sich über das Wesen der Philologie äußern, unterstellen, daß es bei der Gewinnung philologischer Erkenntnis darauf ankomme, indirekten Zugang zur Innenwelt anderer Personen zu bekommen. So hält es Wilhelm Dilthey für „ganz unbedenklich, die Unterscheidung physischer und geistiger Tatsachen [...] zugrunde zu legen",[243] die er mit der Unterscheidung zwischen Innen und Außen regelmäßig vermischt. Er charakterisiert die Beziehung des Subjekts zum *eigenen* Erlebnisstrom mit dem Begriff des ‚Innewerdens'.[244] Wer andere Personen verstehen wolle, versuche „durch jede Miene, jedes Wort angestrengt in das Innere eines Redenden zu dringen".[245] Allerdings hält es Dilthey für unmöglich, aus der eigenen Innenwelt heraus- und in die Innenwelt der anderen hineinzukommen: „Jeder ist in sein [...] Bewußtsein eingeschlossen gleichsam".[246] Deswegen glaubt er, daß wir „auf Grund der inneren

---

243 Wilhelm Dilthey: Beiträge zum Studium der Individualität [1895/96], in: ders.: Gesammelte Schriften, Bd. 5, Stuttgart 1957, S. 241–316, S. 248.
244 „Und das ist nun für das ganze Studium dieses seelischen Strukturzusammenhangs das Entscheidende: die Übergänge eines Zustandes in einen anderen, das Erwirken, das vom einen zum anderen führt, fallen in die innere Erfahrung. Der Strukturzusammenhang wird erlebt. Weil wir diese Übergänge, dies Erwirken erleben, weil wir diesen Strukturzusammenhang, welcher alle Leidenschaften, Schmerzen und Schicksale des Menschenlebens in sich faßt, innewerden, darum verstehen wir Menschenleben, Historie, alle Tiefen und Abgründe des Menschlichen. Wer erführe nicht in sich, wie Bilder, welche der Phantasie sich aufdrängen, plötzlich ein heftiges Verlangen hervorrufen, oder wie dieses im Kampf mit dem Bewußtsein großer Schwierigkeiten doch zu einer Willenshandlung hindrängt? An solchen oder anderen konkreten Zusammenhängen werden wir einzelne Übergänge, einzelnes Erwirken inne, jetzt eine Verknüpfung, dann eine andere, diese inneren Erfahrungen wiederholen sich, bald diese bald jene innere Verbindung wird im Erleben wiederholt, bis dann der ganze Strukturzusammenhang in unserem inneren Bewußtsein zu einer gesicherten Erfahrung geworden ist." (Wilhelm Dilthey: Ideen über eine beschreibende und zergliedernde Psychologie [1894], in: ders.: Gesammelte Schriften, Bd. 5, Stuttgart 1957, S. 139–240, S. 206)
245 Wilhelm Dilthey: Die Entstehung der Hermeneutik [1900], in: ders.: Gesammelte Schriften, Bd. 5, Stuttgart 1957, S. 317–338, S. 319.
246 Dilthey: Die Entstehung der Hermeneutik, S. 333. Dilthey scheint Kants transzendentalen Idealismus zu akzeptieren, der (trotz einiger gegenläufiger Tendenzen) von einem Innen-Außen-Bild geprägt ist: So bekräftig Kant die These, „daß [...] alle Gegenstände, womit wir uns beschäftigen können, insgesammt in mir [...] sind" (KrV, A 129). An anderer Stelle heißt es: „Wir haben [...] hinreichend bewiesen: daß [...] alle Gegenstände einer uns möglichen Erfahrung nichts als [...] bloße Vorstellungen sind" (KrV, A 490f., B 518f.). Dilthey will in der *Einleitung in die Geisteswissenschaften* im Anschluß an Kant durch eine unbefangene Analyse der inneren Erfahrung zu einer von Metaphysik befreiten Auffassung der Geisteswissenschaften gelangen: „Denn in Kant vollzog sich [...] die Selbstzersetzung der Abstraktionen, welche die von uns geschilderte Geschichte der Metaphysik geschaffen hat; nun gilt es, die Wirklichkeit des inneren Lebens unbefangen gewahr zu werden und, von ihr ausgehend, festzustellen, was Natur und Geschichte diesem inneren Leben sind." (Einleitung in die Geisteswissenschaften [1883], in: ders.:

Wahrnehmung unserer eigenen Zustände" das geistige Leben anderer „in uns nachbilden".[247] Man rekonstruiere das Geistige im eigenen Inneren und füge es den äußeren Zeichen hinzu:

> Fremdes Dasein [...] ist uns zunächst nur in Sinnestatsachen, in Gebärden, Lauten und Handlungen von außen gegeben. Erst durch den Vorgang der Nachbildung dessen, was so in einzelnen Zeichen in die Sinne fällt, ergänzen wir dies Innere. Alles: Stoff, Struktur, individuellste Züge dieser Ergänzung müssen wir aus der eignen Lebendigkeit übertragen.[248]

In diesen Ausführungen stecken einige wichtige Einsichten. Doch um sie herauszuarbeiten, muß man sie von dem introspektiven Empirismus befreien, den Dilthey aus der Tradition übernimmt.

Der Grundsatz, daß das Personenverstehen mit der Introspektion beginnen müsse, hat sich, befördert von Dilthey, in der Methodologie der Literaturwissenschaft festgesetzt. Hermann Paul erklärt:

> Psychische Vorgänge kann jeder unmittelbar nur an seiner eigenen Seele beobachten. Möglichster Reichtum an innerer Erfahrung ist daher die Grundlage für die Fähigkeit zum Verständnis fremden Seelenlebens. Alles, was wir davon wissen können, beruht auf Analogieschlüssen nach dieser unserer inneren Erfahrung.[249]

In den 1980er Jahren hat sich die Meinung verbreitet, daß beim Personenverstehen eine *Theory of Mind* angewendet werde, die das beobachtbare Verhalten anderer Personen durch Hypothesen über unbeobachtbare Seelenzustände erkläre.[250]

Gesammelte Schriften, Bd. 1, Stuttgart 1957, S. 408.) Der transzendentale Idealismus wird aufschlußreich diskutiert von Herman Philipse: Trancendental Idealism, in: The Cambridge Companion to Husserl, hg. von Barry Smith und David Woodruff Smith, Cambridge 1995, S. 239–322.
247 Wilhelm Dilthey: Über das Studium der Geschichte der Wissenschaften vom Menschen, der Gesellschaft und dem Staat [1875], in: ders.: Gesammelte Schriften, Bd. 5, Stuttgart 1957, S. 31–73, S. 61. „So ist also das Wissen von Geistigem direkt oder indirekt überall auf innerer Erfahrung gegründet." (Beiträge zum Studium der Individualität, S. 254)
248 Dilthey: Die Entstehung der Hermeneutik, S. 318.
249 Hermann Paul: Methodenlehre, in: Grundriss der germanischen Philologie, hg. von dems., Bd. 1, 2. Aufl., Straßburg 1901, S. 152–237, S. 162. Walter Porzig expliziert, was viele Forscher unausgesprochen bejahen: „Seelisches ist zunächst in unmittelbarem Erleben gegeben. Darum ist es nur dem Erlebenden selbst zugänglich, alle anderen können erst mittelbar von ihm Kunde erhalten." (Das Wunder der Sprache. Probleme, Methoden und Ergebnisse der Sprachwissenschaft. 5. Aufl., hg. von Andrea Jecklin und Heinz Rupp, München 1971, S. 163)
250 Die *Theory of Mind*-These wird kritisch erörtert in: Jeff Coulter und Wes Sharrock: ToM. A Critical Commentary, in: Theory and Psychology 14/5 (2004), S. 579–600. Manche auf Wittgenstein eingeschworene Kritiker geraten in das andere Extrem und spielen die Rolle von Theoriebildung beim Analysieren anderer Personen herunter. Ich werde im 5. Kapitel des zweiten Teils darlegen, daß man ruhig akzeptieren kann, daß die Gedanken anderer Personen

Manche Literaturwissenschaftler übernehmen diese Idee zusammen mit der Sprachauffassung von Paul Grice und mit den an Grice anschließenden Theorien.[251] Dabei stellt sich die Frage, ob dieser „Theorie-Import"[252] nicht, statt die empirische Forschung abzusichern, auf eine wissenschaftliche Einkleidung traditioneller Metaphysik hinausläuft. Es besteht mindestens die Gefahr, „die Alltagspsychologie mit Annahmen und Prinzipien zu befrachten, auf die sie keineswegs festgelegt ist".[253]

Durch die strukturalistische Trennung des Textes vom menschlichen Geist wird das Problem des Zugangs zum Innenleben anderer Personen verdrängt, aber nicht bewältigt. Der Strukturalismus, der den Text losgelöst vom jeweiligen Verfasser untersuchen will, und der Intentionalismus, der den Text als Basis für Hypothesen über innere Zustände behandelt, stehen gleichermaßen im Bann des Innen-Außen-Bildes. Beide Seiten des Dualismus, den diese Richtungen fortwährend reproduzieren, sind problematisch: Die Annahme, daß das Verhalten aus äußeren Bewegungen und bloßen Schriftzeichen besteht, ist genauso fragwürdig wie die Annahme, daß die Gedanken im Kopf sind.[254] Neuerdings wird vorgeschlagen, das Innere ins Äußere zu verlegen: Die Sprachverwendung, so die Behauptung, sei mit Geist „angereichert".[255] Diese unkonventionelle Idee könnte in eine richtige Richtung führen. Sie müßte jedoch präzisiert werden, damit nicht die Leitvorstellung, Psychisches müsse zum Verhalten hinzukommen, weiter in Kraft bleibt.

---

häufig aus ihrem Verhalten erschlossen werden. Daraus ergibt sich noch nicht eine Interpretationstheorie, die davon ausgeht, daß *innere Zustände* aus *äußerem Verhalten* erschlossen werden müssen.

251 Vgl. Fotis Jannidis: Figur und Person. Beitrag zu einer historischen Narratologie, Berlin 2004; Peter Stockwell: Cognitive Poetics and Literary Theory, in: Journal of Literary Theory 1 (2007), S. 135–152; Marcus Willand: Intention in romantischer Hermeneutik und linguistischer Pragmatik, in: Turns und Trends der Literaturwissenschaft. Literatur, Kultur und Wissenschaft zwischen Nachmärz und Jahrhundertwende im Blickfeld aktueller Theoriebildung, hg. von Christian Meierhofer und Eric Scheufler, Zürich 2010, S. 28–49.
252 Winko: Über Regeln emotionaler Bedeutung, S. 330.
253 Oliver Scholz: Wie versteht man eine Person? Zum Streit über die Form der Alltagspsychologie, in: Analyse & Kritik 21/1 (1999), S. 75–96, S. 79.
254 Vgl. Ivan Leudar und Alan Costall: On the Persistence of the ‚Problem of Other Minds' in Psychology. Chomsky, Grice and Theory of Mind, in: Theory and Psychology 14/5 (2004), S. 601–621; dies.: Where is the ‚Theory' in Theory of Mind?, in: Theory & Psychology 14/5 (2004), S. 623–646; dies.: On the Historical Antecedents of the Theory of Mind Paradigm, in: Against Theory of Mind, hg. von dens., London 2009, S. 19–38.
255 Christian Benne: Die Erfindung des Manuskripts. Zur Theorie und Geschichte literarischer Gegenständlichkeit, Berlin 2015, S. 97.

1.4.4 Das Subjekt hinter dem Verhalten

Die Seele ist für Augustinus nicht nur der *Ort*, an dem sich die Gedanken verbergen, die der Sprachverwendung vorausgehen („quod in verbo intellegitur et animo continetur"[256]), sie ist auch das *Subjekt*, das wahrnimmt, was sich in seinem Inneren abspielt.[257] Das vom Autor Gemeinte („quid scriptor senserit"[258]) ist eine Struktur, die sich *in der Seele* befindet und *von der Seele* unmittelbar verstanden wird. Wenn der Autor etwas sagen will, gibt er ein Zeichen seines Willens nach außen („suae voluntatis signum foras dat"[259]). Die Gedanken werden nicht in den anderen Geist transportiert, sondern es werden wahrnehmbare Veränderungen in der Außenwelt produziert (man läßt seine Stimme erklingen oder schreibt etwas), damit andere die Absicht erschließen und eine Reproduktion in sich hervorbringen können.[260]

Augustinus stellt den Gedanken, den der Autor durch den Gebrauch von Sprache zu erkennen gibt, als „inneres Wort"[261] dar. Das innere Wort gehöre zu keiner erlernbaren Sprache und müsse auch nicht interpretiert werden, da es aus sich heraus verständlich sei. Dem inneren Wort entsprechen in neueren Theorien des Sprachverstehens sprachähnliche oder bildhafte Repräsentationen im Kopf der Sprachbenutzer.[262] Ein Hauptproblem dieser Position ist, daß sie ein inneres

---

[256] *De dial.* 5,8,9f.
[257] „Quidquid autem ex verbo non aures sed animus sentit et ipso animo tenetur inclusum, dicibile vocatur." (*De dial.* 5,8,4f.) Hans Ruef übersetzt diese Stelle wie folgt: „Was jedoch nicht das Gehör, sondern der Geist aus dem Wort wahrnimmt und im Geist selbst eingeschlossen gehalten wird, heisst *dicibile*." (Augustin über Semiotik und Sprache. Sprachtheoretische Analysen zu Augustins Schrift ‚De Dialectica', mit einer deutschen Übersetzung, Bern 1981, S. 23)
[258] *De trin.* 10,1,2.
[259] *De mag.* 1,2.
[260] „Cum autem ad alios loquimur, verbo intus manenti ministerium vocis adhibemus aut alicuius signi corporalis ut per quandam commemorationem sensibilem tale aliquid fiat etiam in animo audientis quale de loquentis animo non recedit." (*De trin.* 9,7,12) [„Wenn wir aber mit anderen sprechen, dann gewähren wir dem Wort, das innen bleibt, den Dienst der Stimme oder irgendeines körperlichen Zeichens, damit durch eine sinnlich wahrnehmbare Erinnerung auch im Geist des Hörenden etwas Ähnliches entsteht, wie es dem Geist des Sprechenden nicht entweicht." (Übers. von Johann Kreuzer, S. 73)]
[261] „Proinde verbum quod foris sonat signum est uerbi quod intus lucet cui magis uerbi competit nomen" (*De trin.* 15,11,2) [„Demnach ist das Wort, das draußen erklingt, Zeichen des Wortes, das drinnen leuchtet, dem mit größeren Recht die Bezeichnung Wort zukommt" (Übers. von Johann Kreuzer, S. 295)]
[262] Vgl. Stephan Meier-Oeser: Sprache und Bilder im Geist. Skizzen zu einem philosophischen Langzeitprojekt, in: Philosophisches Jahrbuch 111 (2004), S. 312–342.

Erfahrungssubjekt annehmen und ihm „so etwas wie ein ‚inneres Hören'"[263] der Wörter oder „das innere Sehen des Vorgestellten"[264] zuschreiben muß. In dieser heiklen Frage wird oft auf genauere Angaben verzichtet. Man läßt es vorzugsweise im Ungefähren, *von wem* die Sinngebilde im Inneren gelesen und verstanden werden.[265] Augustinus empfand in diesem Punkt keine Schwierigkeiten: Er hielt die *Seele* (nicht das mit tatsächlichen Wahrnehmungsorganen ausgestattete Lebewesen) für das interpretierende Subjekt, das die Aufforderung ‚Erkenne dich selbst' versteht und befolgt.[266] Die Seele, versichert er, sei mit den Vorgängen, die in ihr ablaufen, sehr viel besser vertraut als mit den Dingen der Außenwelt.[267] Damit sie ihre eigene Natur erfassen könne, müsse sie alle Bilder, die sie durch die äußeren Sinne aufgenommen habe, weglassen und sich auf das konzentrieren, was sie mit Sicherheit von sich selbst wisse.[268] Die Seele bemerke, wenn sie sich den eigenen Operationen zuwende, daß sie etwas denke, etwas beurteile oder sich an etwas erinnere.[269] Augustinus schreibt diese Leistungen – das Denken, das Hören der inneren Wörter, das Sehen der inneren Bilder – einer schattenhaften Version des Menschen zu, einem „Gespenst

---

263 Weimar: Lesen, S. 52.
264 Iris Bäcker: Lesen und Verstehen (Sinnbildung), in: Grundthemen der Literaturwissenschaft: Lesen, hg. von Alexander Honold und Rolf Parr, Berlin 2018, S. 140–155, S. 140.
265 Das Problem des inneren Erfahrungssubjekts wird diskutiert von Axel Krommer: Das Verstehen literarischen Verstehens als interdisziplinäres Projekt, in: Deutschdidaktik und Deutschunterricht nach PISA, hg. von Ulf Abraham, Freiburg/Br. 2003, S. 165–187; Frank Kelleter: A Tale of Two Natures. Worried Reflections on the Study of Literature and Culture in an Age of Neuroscience and Neo-Darwinism, in: Journal of Literary Theory 1/1 (2007), S. 153–189; Köppe und Winko: Neuere Literaturtheorien, S. 309.
266 *De trin.* 10,9,12.
267 „Quid enim tam in mente quam mens est?" (*De trin.* 10,8,10, vgl. 14,5,8) [„Was ist so sehr im Geist wie der Geist selbst?" (Übers. von Johann Kreuzer, S. 113)] „Quid enim tam intime scitur seque ipsum esse sentit quam id quo etiam cetera sentiuntur, id est ipse animus?" (*De trin.* 8,6,9) [„Was wird denn so innerlich gewußt, und was weiß so um sein eigenes Wesen, als das, wodurch alles andere wahrgenommen wird, nämlich die Seele selbst?" (Übers. von Johann Kreuzer, S. 25)]
268 „Sed quoniam de natura mentis agitur, remoueamus a consideratione nostra omnes notitias quae capiuntur extrinsecus per sensus corporis, et ea quae posuimus omnes mentes de se ipsis nosse certasque esse diligentius attendamus." (*De trin.* 10,10,14) [„Weil jedoch über die Natur des Geistes gehandelt wird, wollen wir aus unseren Überlegungen alle Kenntnisse ausscheiden, welche von außen durch die Leibessinne gewonnen werden, und noch sorgfältiger unsere Aufmerksamkeit dem zuwenden, was, wie wir festgestellt haben, jeder Geist von sich selbst weiß und worüber er Sicherheit besitzt." (Übers. von Johann Kreuzer, S. 117)]
269 „Vivere se tamen et meminisse et intellegere et velle et cogitare et scire et iudicare quis dubitet?" (*De trin.* 10,10,14) [„Wer möchte jedoch zweifeln, daß er lebe, sich erinnere, einsehe, wolle, denke, wisse und urteile?" (Übers. von Johann Kreuzer, S. 119)]

das in der zerbrechlichen Hülle unsres Körpers spukt".[270] Müssen neuere Theorien, die das Sprachverstehen durch mentale Repräsentationen erklären nicht ebenfalls mit Wahrnehmungs- und Lesefähigkeit begabte ‚Gespenster' annehmen?

In der Nachfolge von Augustinus fordert Descartes dazu auf, alle Bilder der äußeren Dinge fernzuhalten, um sich selbst zu erkennen.[271] Während die Seele vom Körper nur durch die Vermittlung der äußeren Sinne unterrichtet sei, nehme sie sich selbst unmittelbar wahr. Für Descartes ist die Idee, daß das Subjekt ein *Lebewesen* ist, das sich bewegt, wahrnimmt, sich ängstigt und Sätze hervorbringt, lediglich ein Bild, das durch die Sinne ins Bewußtsein gelangt ist – es kann sich als Trugbild erweisen. Dagegen könne das Subjekt unmöglich bezweifeln, daß es etwas denke. Die Seele müsse nur auf die Form der eigenen Tätigkeiten achten, um sich selbst kennenzulernen. Nichts sei leichter und sicherer als die Erkenntnis des eigenen Geistes.[272] Descartes' Annahme, er sei ein denkendes Wesen, ist für sich genommen völlig richtig.[273] Aber die Denkfähigkeit wird bei ihm eben nicht dem Lebewesen aufgrund seines intelligenten Verhaltens zugesprochen, sondern einem schwer definierbaren Etwas im Inneren des Körpers, das mit Vorstellungen, Eindrücken, Gedanken und dergleichen erfüllt ist.

Daß auch Locke den Geist zugleich als Selbst und als Ort imaginiert, wird in seiner Erläuterung des Vorstellungsbegriffs deutlich: „Whatsoever the Mind perceives in it self, or is the immediate object of Perception, Thought, or Understanding, that I call *Idea*".[274] Eigentlich weiß Locke recht genau, daß die Sprache das wissenschaftliche Denken in die Irre führt, wenn sie Fähigkeiten

---

[270] Lichtenberg: Schriften und Briefe, Bd. 1, S. 506. Frazer meint, daß primitive Seelenvorstellung als Erklärungen dienten: „As the savage commonly explains the processes of inanimate nature by supposing that they are produced by living beings working in or behind the phenomena, so he explains the phenomena of life itself. If an animal lives and moves, it can only be, he thinks, because there is a little animal inside which moves it: if a man lives or moves, it can only be because he has a little man or animal inside who moves him. The animal inside the animal, the man inside the man, is the soul." (James Frazer: The Golden Bough. A Study in Magic and Religion, hg. von Robert Fraser, Oxford 1994, S. 153)
[271] „Itaque cognosco nihil eorum quae possum imaginationis ope comprehendere, ad hanc quam de me habeo notitiam pertinere, mentemque ab illis diligentissime esse avocandam, ut suam ipsa naturam quam distinctissime percipiat." (AT VII, 28)
[272] „[...] aperte cognosco nihil facilius aut evidentius mea mente posse a me percipi" (AT VII, 34).
[273] AT VII, 28.
[274] Locke: Essay, II, viii, 8.

des Geistes als innere Akteure darstellt.²⁷⁵ Gegen die Tendenz, Fähigkeiten zu personifizieren, macht er geltend, daß Seelenvermögen nur handelnden Wesen zukommen.²⁷⁶ ‚Mind' ist oft nur eine Umschreibung von „the Agent it self".²⁷⁷ Wenn Locke also sagt, daß der Geist Begriffe lerne, Propositionen zustimme, Schlüsse ziehe, Erkenntnisse gewinne, Entscheidungen treffe oder Vergnügen empfinde, dann meint er offenbar, daß ein handelnder Mensch diese Fähigkeiten zeigt. Es lassen sich aber nicht alle Teile seiner Philosophie, die sich auf den von Descartes vorgezeichneten Bahnen bewegt, auf diese Weise retten. An zentralen Stellen seines Werks behauptet er nicht von der Person, daß sie etwas denkt und empfindet, sondern von einem Selbst, das im Organismus vorhanden ist. Ähnlich wie Descartes glaubt Locke an ein „thinking thing, that is in us, and which we look on as our *selves*".²⁷⁸ Er hält den Gedankengang, der ihn zur Annahme eines Selbst hinter dem äußeren Verhalten gelangen läßt, für zwingend: „We know certainly by Experience, that we sometimes think; and thence draw this infallible Consequence, that there is something in us, that has a Power to think."²⁷⁹

Locke zieht diesen Schluß etwas voreilig: Aus der unbestreitbaren Prämisse, daß wir zuweilen etwas denken, folgt zwar, daß wir fähig sind, etwas zu denken, aber man kann aus ihr nicht ableiten, daß es etwas „in uns" gibt, das denken kann.²⁸⁰ Dieser Fehler, einem Teil des Menschen zuzuschreiben, was nur dem Menschen als Ganzem zukommt, ist übrigens ganz unabhängig von der Frage, ob die Seele materiell oder immateriell aufgefaßt wird. Es ist nicht weniger absurd, wenn La Mettrie das Wort ‚Seele' verwendet, um denjenigen *materiellen* Teil der Person zu bezeichnen, der etwas denkt.²⁸¹ Denn das Gehirn denkt so

---

275 „[T]his way of Speaking of *Faculties*, has misled many into a confused Notion of so many distinct Agents in us, which had their several Provinces and Authorities, and did command, obey, and perform several Actions, as so many distinct Beings; which has been no small occasion of wrangling, obscurity, and uncertainty in Questions relating to them." (Locke: Essay, II, xxi, 6)
276 Vgl. Locke: Essay, II, xxi, 16.
277 Locke: Essay, II, xxi, 29.
278 Locke : Essay, II, xxvii, 27.
279 Locke: Essay, II, i, 10. Vgl.: „'Tis past controversy, that we have in us something that thinks, our very Doubts about what it is, confirm the certainty of its being, though we must content our selves in the Ingorance what kind of Being it is." (Essay, IV, iii, 6)
280 Vgl. John Yolton: A Locke Dictionary, Oxford 1993, S. 137.
281 „L'âme n'est donc qu'un vain terme dont on n'a point d'idée, & dont un bon esprit ne doit se servir que pour nommer la partie qui pense en nous." (Julien Offray de La Mettrie: L'homme machine [1748], hg. von Claudia Becker, Hamburg 1990, S. 96) Zum Fortwirken des cartesianischen Strukturprinzips in der Gegenwart vgl. Hacker: Wittgenstein on Human Nature, S. 16; ders.: History of Cognitive Neuroscience, S. 241.

wenig wie es Wörter erlernt, Sätze konstruiert oder glücklich ist. Wittgenstein verweist darauf, daß man „nur vom lebenden Menschen, und was ihm ähnlich ist (sich ähnlich benimmt)"[282] sinnvoll behaupten kann, es nehme etwas wahr, denke etwas oder es stelle sich etwas vor. Mit Blick auf die gegenwärtige Diskussion kann man feststellen, daß sich diese Einsicht noch längst nicht durchgesetzt hat. Es fällt Philosophen, Psychologen und anderen Forschern weiterhin schwer, sich das Lebewesen als Subjekt psychologischer Prädikate vorzustellen statt sie auf ein mysteriöses ‚Selbst' oder auf das Gehirn zu übertragen.[283]

Der „backstage artiste",[284] der eine unnötige Verdopplung des Schauspiels (des Verhaltens) in einer schattenhaften Parallelwelt mit sich bringt, ist auch in der Literaturforschung fest verankert. Ein älteres Zeugnis dafür ist Hermann Pauls *Methodenlehre*:

> Die Wirkung einer Seele auf die andere ist [...] nie eine direkte, sie ist immer physisch vermittelt. Alles rein psychische Geschehen verläuft innerhalb der Einzelseele. Es ist für den Kulturforscher von höchster Wichtigkeit, sich dies stets gegenwärtig zu halten. Der Vorgang ist also immer der, dass die Seele, von der die Wirkung ausgeht, zunächst ein physisches Geschehen veranlasst, welches dann seinerseits auf eine oder mehrere andere Seelen wirkt.[285]

Mark Turner, der den Eindruck vermitteln möchte, dem Studium der Literatur durch die Kognitionswissenschaft eine völlig neue Grundlage zu geben, führt diese alte Denkweise fort. In einem überschwänglich auftrumpfenden Stil verkündet er ein neues Zeitalter, das aus der kognitionswissenschaftlichen Wiederentdeckung des Geistes hervorgehen werde:

> The coming age will be known and remembered, I believe, as the age in which the human mind was discovered. [...] The purpose of this book is to propose a reframing of the study of English so that it comes to be seen as inseparable from the discovery of mind, participating and even leading the way in that discovery, gaining new analytic instruments for its traditional work and developing new concepts of its role.[286]

---

282 PU, § 281. „Wir sagen nur vom Menschen, und was ihm ähnlich ist, es denke." (PU, § 360)
283 „It is as if philosophers could not believe that the living corporeal human being is the subject of those predicates." (Malcolm und Armstrong: Consciousness and Causality, S. 100) Vgl. Norman Malcolm: Rez. John Searle: ‚Intentionality', in: Philosophical Investigations 7/4 (1984), S. 313–322, S. 321f.; Anthony Kenny: The Homunculus Fallacy, in: Investigating Psychology. Sciences of the Mind after Wittgenstein, hg. von John Hyman, London 1991, S. 155–165; ders.: Cognitive Scientism, in: ders.: From Empedokles to Wittgenstein. Historical Essays in Philosophy, Oxford 2008, S. 149–162; Hacker: The Philosophical Foundations of Neuroscience, I, 3.
284 Austin: How to Do Things with Words, S. 10.
285 Paul: Methodenlehre, S. 160.
286 Mark Turner: Reading Minds, The Study of English in the Age of Cognitive Science, Princeton 1991, vii. Patrick Colm Hogan zitiert diese Aussagen zustimmend als gültigen Ausdruck

1.4 Das Innen-Außen-Bild — 83

Zuversichtlich lokalisiert Turner den Gegenstand der Geisteswissenschaften im Inneren des Körpers:

> The human person is patterns of activity in the mind and its brain. Culture, society, subjectivity, language, art, dance, and all the subjects of the humanities are patterns of activity in the human brain. The study of the humanities is thus [...] the study of the human mind and brain.[287]

Der Geist sitze im Kopf, in der Außenwelt suche man ihn vergeblich: „This book [*Reading Minds*] [...] suggests that we try to imagine [...] the mind [...] by imagining not the outside, but the inside."[288] Dieser Vorschlag ist eine erstaunlich phantasielose Fortsetzung der Subjektauffassung, die man, wie aufgezeigt wurde, bis auf Augustinus zurückverfolgen kann. Viel aussichtsreicher (und viel schwieriger) ist es, sich von den eingeübten Modellen zu distanzieren und den Geist *nicht* im Inneren des Organismus zu imaginieren. Wittgenstein stellt die konventionellen Vorstellungen vom Innenleben radikal in Frage, wenn er versucht, den Körper des Lebewesens als beste Darstellung des Geistes zu verstehen: „Der menschliche Körper ist das beste Bild der menschlichen Seele."[289] Der Enaktivismus, eine Strömung der Gegenwartsphilosophie, die eine Art nicht-reduktiven Behaviorismus entwickelt, verhilft dieser Einsicht zu größerem Einfluß: „Enactivism is inspired by the insight that the embedded [...] activity of living beings provides the right model for understanding minds."[290] Was das für die Philosophie der Philologie bedeuten könnte, wird im weiteren Verlauf dieser Arbeit angedeutet.

---

des Selbstverständnisses der ‚Kognitiven Literaturwissenschaft' (Cognitive Science, Literature, and the Arts. A Guide for Humanists, London 2003, S. 2).

287 Turner: Reading Minds, S. 48. Wie Augustinus der Seele zutraut, die Aufforderung ‚Erkenne dich selbst' zu hören und zu verstehen, so behauptet Turner, daß der Gebrauch von Sprache eine Leistung des Gehirns sei: „Language is an act of the human mind, which is a human brain in a human body in a human environment." (S. 49)

288 Turner: Reading Minds, S. 42. „For example, if we are asked to imagine a *person*, what do we imagine? We imagine a view of someone's body as seen from the outside. [...] If we are asked to imagine someone *thinking*, what do we imagine? Probably a view of someone's motionless body as seen from the outside. Through this iconography [...] we are trained to think of the person, the body and thinking by looking from the outside. I suggest instead that we look at the inside, and in particular at the inside of the brain. We have been looking in the wrong places." (S. 31)

289 PU, S. 1002. Eine populär geschriebene Kritik der Bewußtseinsphilosophie ist: Alva Noë: Out of Our Heads. Why You Are Not Your Brain, and Other Lessons from the Biology of Consciousness, New York 2009. Noë stimmt in vielen Punkten mit der Position von Wittgenstein, Ryle, White und Hacker überein.

290 Daniel Hutto und Erik Myin: Radicalizing Enactivism. Basic Minds without Content, Cambridge, MA 2013, S. 4.

1.4.5 Mentale Repräsentation

Die Annahme, daß Sätze im Kopf vorhanden sind, spielt eine wichtige Rolle in kulturell tradierten Konzeptionen des Denkens. Daß uns ‚Bilder' abwesender Personen und vergangener Situationen ‚vor die Seele treten' ist Teil einer Mythologie des Innenlebens, die für die Sprache der Dichtung und für die Alltagssprache von unschätzbarem Wert ist. Der *philosophische* Begriff von Repräsentationen, der von Psychologen, Linguisten und Literaturwissenschaftlern herangezogen wird, um kognitive Leistungen zu erklären, erhält seine beträchtliche Plausibilität nicht zuletzt durch die implizite Anlehnung an diesen populären Mythos.[291] Der theoretisch anspruchsvolle Begriff kommt etwa dort zum Einsatz, wo man die Bedeutung von Sprachgebilden als „emotional besetzte kognitive Repräsentation"[292] definiert, oder dort, wo behauptet wird, daß aufgrund der bloßen Zeichen durch inferentielle Operationen „Repräsentationen im Kopf"[293] des jeweiligen Lesers produziert werden. Die Repräsentationstheorie des Geistes verleiht dem Mythos eine ungeahnte Glaubwürdigkeit und macht aus ihm – auch in der Wissenschaft – einen „unshakeable, superstitious belief".[294]

Die Tatsache, daß man über *etwas* nachdenkt, wird von Descartes dahingehend interpretiert, daß sich der Geist einer Repräsentation dessen zuwendet,

---

[291] Für die Kognitionswissenschaft ist die Theorie mentaler Repräsentationen grundlegend: „It is as fundamental to cognitive science as the cell doctrine is to biology and plate tectonics is to geology." (Steven Pinker: The Language Instinct. How the Mind Creates Language, London 1995, S. 78) Den kognitionswissenschaftlichen Begriff von geistigen Inhalten expliziert Patrick Colm Hogan: „*Contents* are most often understood as representations or symbols." (Cognitive Science, Literature, and the Arts, S. 30)

[292] Helmut Hauptmeier und Siegfried Schmidt: Einführung in die Empirische Literaturwissenschaft, Braunschweig 1985, S. 75.

[293] Fotis Jannidis und Simone Winko: Wissen und Inferenz. Zum Verstehen und Interpretieren literarischer Texte am Beispiel von Hans Magnus Enzensbergers Gedicht ‚Frühschriften', in: Literatur interpretieren. Interdisziplinäre Beiträge zur Theorie und Praxis, hg. von Jan Borkowski, Stefan Descher, Felicitas Ferder und Philipp David Heine, Münster 2015, S. 221–250, S. 230, vgl. S. 231.

[294] Daniel Hutto: Enactivism. From a Wittgensteinian Point of View, in: American Philosophical Quarterly 50/3 (2013), S. 281–302, S. 291. Der populäre Mythos, Gedanken seien bildhafte oder sprachähnliche Dinge, die der Seele vorschweben, wird von der Repräsentationstheorie des Geistes ernst genommen und bewußt fortgeschrieben, vgl. etwa die Darstellung bei Kim Sterelny: The Representational Theory of Mind. An Introduction, Oxford 1990, S. 19.

worüber er nachdenkt.[295] Eine mentale Repräsentation ist demnach „alles, was unmittelbar vom Geist wahrgenommen wird",[296] „alles, was gedacht wird",[297] „alles, was in unserem Denken sein kann",[298] „alles, was in unserem Geist ist, wenn wir eine Sache erfassen".[299] Spätere Philosophen setzten den von Descartes eingeführten philosophischen Vorstellungsbegriff als eine Selbstverständlichkeit voraus.[300] Alles das, was der Geist in sich selbst wahrnimmt, soll nach Locke ‚Vorstellung' heißen.[301] Wer daran zweifelt, daß diese schwer bestimmbaren Quasi-Bilder existieren, wird dazu aufgefordert, im eigenen Geist nachzusehen. Was man dort angeblich vorfindet, sind Darstellungen der Objekte, die man zu sehen glaubt, über die man nachdenkt, die man sich ausmalt oder die man zu tun beabsichtigt.[302] Diese einflußreiche These wird von Locke nicht aus der Erfahrung gewonnen. Was er für eine voraussetzungslose Beschreibung des eigenen Bewußtseinsstroms hält, ist eine kulturelle Setzung.

Man hat den Vorstellungsbegriff als „one of the most slippery and ambiguous of all philosophical concepts"[303] bezeichnet. Der *wissenschaftliche* Gebrauch des Wortes ‚Vorstellung' steht, wie Thomas Reid anmerkt, im Konflikt mit dem eingespielten Gebrauch in der „popular language".[304] Wenn Vorstellungen und „representative beings called ideas"[305] klar voneinander unterschieden werden,

---

295 Er spricht von „ideas [...] quae cogitationi mea se offerebant, & quas solas proprie & immediate sentiebam" (AT VII, 75).
296 AT VII, 181.
297 AT VII, 366.
298 AT III, 383.
299 AT II, 392f.
300 Andreas Kemmerling: Vom Unverständlichen zum als selbstverständlich Vorausgesetzten. Lockes unerläuterter Ideenbegriff, in: Aufklärung 18 (2006), S. 7–20. Auch John Yolton muß einräumen, daß allein aus dem *Essay Concerning Human Understanding* ein klares Verständnis des Begriffs nicht zu gewinnen ist, vgl. Locke and Malebranche. Two Concepts of Ideas, in: John Locke. Symposium Wolfenbüttel 1979, hg. Reinhard Brandt, Berlin 1981, S. 208–224, S. 214. Allzu wohlwollende Interpreten, die Lockes Theorie von Unstimmigkeiten freisprechen wollen, werden kritisch diskutiert von: Peter Dlugos: Yolton and Rorty on the Veil of Ideas, in: History of Philosophy Quarterly 13/3 (1996), S. 317–329; Philip de Bary: Thomas Reid and Scepticism, London 2002, S. 105–129.
301 Vgl. John Locke: Essay, II, viii, 8. Ähnlich wie Descartes vergleicht er Vorstellungen mit Bildern (Essay, II, iiix, 8).
302 „For, since the Things, the Mind contemplates, are none of them, besides itself, present to the Understanding, it is necessary that something else, as a Sign or Representation of the thing it considers, should be present to it: And these are *Ideas.*" (Locke: Essay, IV, xxi, 4)
303 John Cottingham: A Descartes Dictionary, Oxford 1993, S. 77.
304 Thomas Reid: Essays on The Intellectual Powers. A Critical Edition, hg. von Derek Brookes und Knud Haakonssen, Edinburgh 2002, S. 136.
305 Reid: Essays on The Intellectual Powers, S. 129.

zeige sich, daß letztere „a mere fiction of Philosophers"[306] sind. Reids sprachkritische Einwände richten sich insbesondere gegen die These, daß Vorstellungen gleichsam Bilder der Dinge („tamquam rerum imagines"[307]) *im Gehirn* sind. Im Gehirn könne es keine Bilder geben: „The brain seems to be the most improper substance that can be imagined for receiving and retaining images, being a soft moist medullary substance."[308] Sogar John Yolton, der Descartes und Locke übermäßig wohlwollend auslegt, räumt ein: „Descartes's talk of *the mind*, not the person or perceiver reacting to and interacting with the world via brain motion-signs, is potentially misleading: it could lead us to interpret him as [...] making the mind a quasi-person, an interpreter of brain events."[309]

Einige Philosophen des 20. Jahrhunderts haben die Repräsentationstheorie des Geistes einer gründlichen Kritik unterzogen, darunter Ludwig Wittgenstein, Gilbert Ryle, John Austin, Alan White, Norman Malcolm, Nelson Goodman und Willard Quine. Doch in den 1970er Jahren begann sich die traditionelle Denkweise erneut durchzusetzen. Noam Chomsky trug durch seine – in Teilen berechtigte – Kritik an Burrhus Frederic Skinners *Verbal Behavior* dazu bei, die Verhaltensforschung zu diskreditieren, und verhalf der Annahme kognitiver Prozesse und Strukturen zu neuem Ansehen.[310] Es kam zu einer „Renaissance repräsentationalistischer Theorien des Geistes".[311] Jerry Fodor, dessen Arbeiten

---

[306] Reid: Essays on The Intellectual Powers, S. 31.
[307] AT VII, 37. Vgl. zu der Lokalisierung der Vorstellungsvorkommnisse im Gehirn: Eckart Scheer: Art. Repräsentation (17. und 18. Jahrhundert), in: Historisches Wörterbuch der Philosophie, hg. von Joachim Ritter und Karlfried Gründer, Bd. 8, Basel 1992, Sp. 799–811, Sp. 802.
[308] Reid: Essays on the Intellectual Powers, S. 93.
[309] John Yolton: Perception and Reality. A History from Descartes to Kant, Ithaca, NY 1996, S. 209.
[310] Die Verhaltensforschung wurde mit dem Aufkommen der Kognitionswissenschaft eifrig dämonisiert. Inzwischen zeichnet sich ein vorsichtiges Umdenken ab: Louise Barrett: Why Behaviorsm Isn't Satanism, in: The Oxford Handbook of Comparative Evolutionary Psychology, hg. von Jennifer Vonk und Todd Shackelford, Oxford 2012, S. 17–38. Hinzu kommt, daß eine verhaltensorientierte Auffassung des Geistes (die den philosophischen Begriff des ‚bloßen Verhaltens' ablehnt) nicht dasselbe ist wie ein Behaviorismus im Stil B. F. Skinners. Anders als Quine grenzen sich Wittgenstein, Ryle, Malcolm, Kenny und Hacker ausdrücklich von dieser Spielart des Behaviorismus ab, vgl. Norman Malcolm: Behaviorism as a Philosophy of Psychology, in: Behaviorism and Phenomenology. Contrasting Bases for Modern Psychology, hg. von Trenton Wann, Chicago 1964, S. 141–155; ders.: Problems of Mind. Descartes to Wittgenstein, London 1972, S. 80–103; Peter Hacker: Wittgenstein. Meaning and Mind, S. 224–253.
[311] Oliver Scholz: Art. Repräsentation (19. und 20. Jahrhundert), in: Historisches Wörterbuch der Philosophie, hg. von Joachim Ritter und Karlfried Gründer, Bd. 8, Basel 1992, Sp. 826–834, Sp. 832. Zu den besten neueren Aufsätzen, die den Repräsentationalismus kritisieren, gehören: Oliver Scholz: Bilder im Geiste? Das Standardmodell, sein Scheitern und ein Gegenvorschlag, in: Bilder im Geiste. Zur kognitiven und erkenntnistheoretischen Funktion piktorialer

zu dieser mentalistischen Wende beigetragen haben, sieht die „Representational Theory of Mind" als eine Weiterentwicklung eben jener Auffassung, die bereits Descartes, Locke und Hume vertraten.[312] Die meisten Kognitionswissenschaftler befürworten nach seiner Einschätzung eine cartesianische Konzeption des Geistes: „For Hume, as for our contemporary cognitive science, the mind is preeminently the locus of mental representation and mental causation. In this respect, Hume's cognitive science is a footnote to Descartes's, and ours is a footnote to his."[313] Neuere Repräsentationstheorien teilen, wie bereits gezeigt, die Intuition der frühneuzeitlichen Philosophie, daß der Geist ein besonderer Bereich oder Ort ist, an dem sich Strukturen befinden, die jene Dinge *darstellen*, die man wahrzunehmen glaubt, über die man nachdenkt oder die man sich vorstellt.[314] Wolfgang Detel bezeichnet die Repräsentationstheorie als „moderne

---

Repräsentationen, hg. von Klaus Sachs-Hombach, Amsterdam 1995, S. 39–61; Hans-Johann Glock: Propositional Attitudes, Intentional Contents and Other Representationalist Myths, in: Mind, Language and Action, hg. von Danièle Moyal-Sharrock, Volker Munz und Annalisa Cova, Berlin 2015, S. 523–548; Louise Barrett: Back to the Rough Ground and into the Hurly Burly. Why Cognitive Ethology Needs ‚Wittgenstein's razor', in: ebd., S. 291–315.

312 „It is, in fact, a Good Old Theory – one to which both Locke and Descartes (among others) would certainly have subscribed." (Jerry Fodor: Representations. Philosophical Essays on the Foundations of Cognitive Science, Cambridge, MA 1981, S. 26) Vgl. ders.: Concepts. Where Cognitive Science Went Wrong, Oxford 1998, vii.

313 Jerry Fodor: Hume Variations, Oxford 2003, S. 8. Hume hatte den Geist mit einer Bühne verglichen, auf der Vorstellungen aufeinander folgen: „The mind is a kind of theatre, where several perceptions successively make their appearance" (David Hume: A Treatise of Human Nature [1738], hg. und bearb. von Peter Nidditch, 2. Aufl., Oxford 1978, 1.4.6, S. 253). Das Bühnenmodell des Bewußtseins, von Frege tradiert (vgl. Kap. 1.4.2), wird noch immer verwendet: „Mein mentaler Zustand ist [...] ein repräsentationaler Zustand, weil er – sozusagen auf der inneren Bühne meines Bewusstseins – [einen Inhalt] auf eine bestimmte Art und Weise darstellt" (Thomas Metzinger: Grundkurs Philosophie des Geistes, Bd. 3, Paderborn 2010, S. 69). Die „Funktion" der Vorstellungen ist es, „Darstellungen und innere Stellvertreter von Zuständen in der Welt" zu sein (ders.: Grundkurs, Bd. 1, S. 18). Zur kritischen Auseinandersetzung mit dem Psychologismus in den Einzelwissenschaften vgl. u.a. Rod Watson und Jeff Coulter: The Debate over Cognitivism, in: Theory, Culture and Society 25/2 (2008), S. 1–7; Jeff Coulter: Twenty-five Theses Against Cognitivsm, in: ebd., S. 19–32; Sören Stenlund: Language, Action and Mind, in: The Future of the Cognitive Revolution, hg. von Christina Erneling, Oxford 1997, S. 302–316.

314 Jerry Fodor führt aus: „Hume's view is essentially Cartesian: concepts are species of mental representations, and are distinguished by what they mentally represent." (Hume Variations, S. 15) Vorstellungen (Ideen, Begriffe) seien „mental objects" (S. 14), Einzeldinge, die im Geist oder Gehirn vorkommen. Diese Annahme ist Voraussetzung, nicht Ergebnis, der Untersuchung: „Repräsentationale Theorien [...] teilen eine [...] philosophische Intuition: Phänomenale Inhalte sind *intentionale* Inhalte, der subjektive Inhalt eines bewussten Erlebnisses ist der *repräsentationale* Inhalt eines Zustandes, der auf einen bestimmten Teil der Welt gerichtet ist

Standardtheorie des Geistes"[315] und will sie zur Grundlage seiner Theorie des Textverstehens machen. Er suggeriert, daß sie sich empirisch bewährt habe und keinen ernstzunehmenden Einwänden ausgesetzt sei. Seine Hauptthese, daß Wissenschaften, die sich um das Verstehen von Menschen und ihren Handlungen bemühen, „im buchstäblichen Sinne [!] Geisteswissenschaften"[316] sind, läuft darauf hinaus, daß Aussagen über den menschlichen Geist als Aussagen über innere Zustände aufgefaßt werden, die „etwas repräsentieren", „für etwas stehen" oder „semantischen Gehalt"[317] haben. Einer der bekanntesten Autoren, die Gedanken, Gefühle, Wünsche in Analogie zu sprachlichen oder bildhaften Darstellungen konzipieren, ist John Searle.[318] Wie Sätze oder Bilder *äußere* Strukturen sind, die mögliche Sachverhalte darstellen, so sind Gedanken nach Searle *innere* Strukturen, die etwas darstellen. Während ‚Er behauptet, daß es regnet' den *Äußerungsmodus* (behaupten) und

---

und diesen für das Subjekt des Bewusstseins intern noch einmal darstellt." (Metzinger: Grundkurs Philosophie des Geistes, Bd. 1, S. 315) Der Geist habe Zugang zu diesen inneren Repräsentationen: „Modern representational theories conceive of the mind as having access to systems of internal representations; mental states are characterized by asserting what the internal representations currently specify, and mental processes by how such internal representations are obtained and how they interact." (David Marr: Vision. A Computational Investigation into the Human Representation and Processing of Visual Information, San Francisco 1980, S. 5) Zur Kritik dieser Theorien: Peter Hacker: Philosophical Foundations of Neuroscience, II, 4; ders.: Languages, Minds and Brains, in: Mindwaves, hg. von Colin Blakemore, Oxford 1987, S. 485–505; ders.: Seeing, Representing and Describing. An Examination of David Marr's ‚Computational Theory of Vision', in: Investigating Psychology. Sciences of the Mind After Wittgenstein, hg. von John Hyman, London 1991, S. 119–154.

315 Detel: Geist und Verstehen, S. 46. Detel behauptet, daß er seine Theorie „auf der Grundlage der Arbeiten von Quine, Davidson und dem späten Wittgenstein" (S. 20) entwickelt habe, obwohl diese Autoren – besonders Wittgenstein und Quine – sie eindeutig zurückgewiesen haben. Das Fragwürdige der Konstruktion einer gültigen ‚Standardtheorie des Geistes', die das Verstehen durch innere Repräsentationen erklärt, wird von Oliver Scholz angedeutet (Die alte und neue Wissenschaft der Hermeneutik, in: Zeitschrift für philosophische Forschung 66 (2012), S. 594–599).

316 Detel: Geist und Verstehen, S. 46.

317 Detel: Geist und Verstehen, S. 33. Auch Meinungen sind für Detel mentale Darstellungen: „Die Meinung zum Beispiel, dass Clauberg ein scharfsinniger Hermeneutiker ist, repräsentiert, dass Clauberg ein scharfsinniger Hermeneutiker ist" (ebd.). Nach seiner Analyse „beschreibt" (ebd.) der daß-Satz den Darstellungsinhalt eines mentalen Zustands.

318 Searle spricht von „structural similarities" zwischen intentionalen Zuständen und Sprechakten (Art. Intentionality, in: A Companion to the Philosophy of Mind, hg. von Samuel Guttenplan, Oxford 1994, S. 379–386, S. 381).

den *Äußerungsinhalt* (daß es regnet) eines Satzes spezifiziert, bestimmt ‚Er glaubt, daß es regnet' den *Darstellungsmodus* (glauben) und den *Darstellungsinhalt* (daß es regnet) einer Überzeugung.[319] Was hier geschieht, ist bemerkenswert: Searle nimmt den Begriff der sprachlichen Darstellung, überträgt ihn auf die Zustände, die den Begriffen ‚Wunsch', ‚Überzeugung' usw. angeblich entsprechen, und erklärt dann, die Kraft der Sprache, etwas darzustellen, beruhe auf diesen Zuständen.[320]

Offenbar muß Searle, um den Repräsentationalismus zu erklären, die Begriffe ‚Bezug nehmen' und ‚etwas darstellen' zu Hilfe nehmen, die von Bildern und Sätzen bekannt sind. Aber kann irgendeine Struktur im Kopf oder ein Geschehen, das sich dort abspielt, als ‚Darstellung' beschrieben werden? Eine Darstellung müßte eigentlich ein Medium haben, dessen Wahrnehmung uns ermöglicht, etwas *als* Darstellung aufzufassen. Von einer ‚Darstellung' kann sinnvoll nur die Rede sein, wo Darstellungs*mittel* zur Anwendung kommen.[321] Darstellungen erfordern ein erlernbares Symbolsystem, sie setzen ein Gefüge von tradierten Verhaltensmustern voraus. Auf diesen Einwand antwortet Searle wie folgt: „The false premise in the argument [...] is the one that says that in order for there to be a representation there must be some agent who *uses* some entity as representation. This is true of pictures and sentences [...], but not of Intentional states."[322] Diese Replik läßt zu wünschen übrig. Searle könnte gar nicht verständlich machen, was es heißt, von der Intentionalität innerer Zustände zu sprechen, wenn er den Begriff ‚Darstellung' nicht anhand von Sätzen und Bildern erklärt hätte. Er leugnet jedoch die Folgerungen, die für den Darstellungsbegriff konstitutiv sind: Der Gedanke soll *von sich aus* darstellen, was gedacht wird, und der Wunsch *von sich aus* darstellen, was gewünscht wird. Die Strukturen im Kopf

---

319 Searle unterscheidet ‚psychological mode' und ‚representational content', andere benutzen das Begriffspaar ‚intentional mode' und ‚intentional content'. Im Deutschen spricht man von ‚Darstellungsmodus' und ‚Darstellungsinhalt' oder von ‚Modus der Repräsentation' und ‚Inhalt der Repräsentation'.
320 „In my effort to explain Intentionality in terms of language I am using our prior knowledge of language as a heuristic device for explanatory purposes. [...] The direction of pedagogy is to explain Intentionality in terms of language; the direction of logical analysis is to explain language in terms of Intentionality." (John Searle: Intentionality. An Essay in the Philosophy of Mind, Cambridge 1983, S. 5)
321 Gedanken sind nach der Repräsentationstheorie des Geistes „*all message and no medium*", eine Darstellung ohne Darstellungsmedium (Hacker: Beyond the Linguistic Turn and Back Again, S. 138).
322 Searle: Intentionality. An Essay in the Philosophy of Mind, S. 22.

sollen sich auf etwas beziehen und etwas darstellen, *ohne daß sie jemand dazu gebraucht.*[323] Dieses Ausweichen vor dem Vorwurf der Unstimmigkeit durch eine Ad-hoc-Neudefinition, die diese Unstimmigkeit nicht löst, sondern lediglich überspielt, ist charakteristisch für metaphysisches Denken: „Ein Gleichnis [...] bewirkt einen falschen Schein; der beunruhigt uns: Es ist doch nicht *so!* – sagen wir. Aber es muß doch *so sein!*"[324] Searle begreift Gedanken nach dem Modell von Sätzen oder Bildern, die etwas darstellen, doch im Kopf sind keine Sätze oder Bilder zu finden, also werden die Gedanken zu quasi-räumlichen, quasi-materiellen Strukturen umgedeutet, die aus eigener Kraft etwas quasi-repräsentieren. Man kann die stipulativen Umdeutungen, die man situationsbezogen vornimmt, um seine Intuitionen aufrecht zu erhalten, als ‚Sublimierungen' bezeichnen.[325] Searles Versicherung, mit seiner Theorie der Intentionalität innerer Zustände „nothing ontological"[326] behaupten zu wollen, ist ein weiteres typisches Beispiel für dieses Verhalten.

Searle behauptet, daß die Existenz innerer Repräsentationen aus der alltagssprachlichen oder wissenschaftlichen Gedankenwiedergabe ablesbar sei: „My belief that it is raining is intrinsically intentional. There is no way it could be that belief, no way that it could be the thing that it is, without being the belief that it is raining."[327] Hier wird stillschweigend vorausgesetzt, daß die Angabe ‚that it is raining' den Darstellungsinhalt eines geistigen Einzeldings („the thing that it is") bestimmt. Es gibt eine Deutung von Gedankenwiedergaben, die ohne diese unbegründete Unterstellung auskommt. Demnach bezieht sich die Aussage ‚Searle denkt, daß es regnet' nicht auf einen inneren Zustand, sondern drückt anstelle von Searle aus, was dieser glaubt.[328] Auf diese Weise läßt sich die ungereimte Grundannahme vermeiden, daß es irgendein Vorkommnis

---

323 „An agent uses a sentence to make a statement or ask a question, but he does not [...] *use* his beliefs and desires, he simply has them." (Searle: Intentionality. An Essay in the Philosophy of Mind, vii)
324 PU, § 112.
325 „A thinker sublimates a claim iff in the face of a conflict with claims he accepts he spontaneously places a new interpretation on the claim's key terms, which apparently allows him to maintain his expression" (Fischer: Philosophical Delusion and its Therapy, S. 39).
326 Searle: Intentionality. An Essay in the Philosophy of Mind, S. 12.
327 John Searle: Art. Intentionality, in: Sprachphilosophie. Ein internationales Handbuch zeitgenössischer Forschung, Bd. 2, hg. von Marcelo Dascal, Berlin 1996, S. 1336–1345, S. 1344.
328 Vgl. Wettstein: The Magic Prism, S. 213. Dazu später mehr (vgl. Kap. 2.5.3).

im Inneren gibt, von dem man das Prädikat ‚ist ein Zustand, der sich auf etwas bezieht' sinnvoll aussagen kann.[329] Da die inneren Strukturen, denen Searle „representational capacities"[330] zuschreibt, nicht *verwendet* werden, um etwas darzustellen, und da es auch kein inneres Subjekt gibt, das sie als eine Repräsentation auffaßt, liegt hier ein folgenschwerer „Kategorienfehler"[331] vor.

Nach diesen Ausführungen zur Repräsentationstheorie des Geistes sind wir in der Lage, Detels vermeintlich zeitgemäße Hermeneutik besser einschätzen zu können. Detel beschreibt die Interpretation als „Lesen des Geistes anhand seiner expressiven Zeichen",[332] als „mind-reading"[333] oder auch als „Gedankenlesen".[334] Die Aussage ‚Barbara denkt, dass David glaubt, dass es einen Gott gibt' wird von ihm wie folgt umformuliert: „Barbara [...] repräsentiert, dass David repräsentiert, dass es einen Gott gibt."[335] Für Detel ist dies nicht nur eine terminologisch formulierte Gedankenwiedergabe, sondern die Beschreibung eines Gedankengebildes im Inneren des Sprachbenutzers. Das Verstehen bestimmt Detel als eine „Repräsentation"[336] von Repräsentationen, da er jede Aussage, in der ein Wort wie ‚denken' vorkommt, mit Aussagen über innere Repräsentationen in eins setzt. Nun ist gar nicht zu bestreiten, daß man andere Personen versteht, wenn man erkennt, welche Vorstellungen sich in ihrem Verhalten bemerkbar machen. Wenn man aber Vorstellungen als innere Repräsentationen deutet, die das beobachtbare Verhalten irgendwie hervorbringen, glaubt man, zu der Annahme berechtigt zu sein, daß das Verstehen immer dann stattfindet, wenn jemand aufgrund des äußerlich beobachtbaren Verhaltens eine mentale Repräsentation davon entwickelt, welche mentale Repräsentationen im Kopf des Sprechers oder Verfassers vorhanden waren:

---

329 Vgl. Kemmerling: Überzeugungen für Naturalisten, S. 62.
330 Searle: Intentionality. An Essay in the Philosophy of Mind, viii.
331 Kemmerling: Überzeugungen für Naturalisten, S. 66. Eine ausführlichere Kritik bietet: Hacker: Beyond the Linguistic Turn and Back Again, S. 137–139; ders.: Crane on Intentionality, in: The Harvard Review of Philosophy 19 (2013), S. 46–58; ders.: Philosophical Foundations of Neuroscience, S. 192f.
332 Detel: Geist und Verstehen, S. 42.
333 Detel: Geist und Verstehen, S. 393.
334 Detel: Geist und Verstehen, S. 364.
335 Detel: Geist und Verstehen, S. 36.
336 Detel: Geist und Verstehen, S. 36.

> Ein Verstehen der Repräsentationalität des Geistes [...] wird nur dadurch möglich, daß repräsentationale [...] mentale Zustände gewöhnlich kausal bestimmte körperliche (physische) Zustände hervorrufen, die von außen beobachtet werden können – zum Beispiel Körperhaltungen, Gesichtszüge, Gesten, Laute, sprachliche Äußerungen oder Schriftzeichen.[337]

Detels Hermeneutik behandelt die Schrift dementsprechend als „das Tor zum Verstehen des Geistes anderer Menschen".[338] Wittgenstein hatte diese Auffassung in seinen *Philosophischen Untersuchungen* recht treffend parodiert: „Das sind ja nur Worte und ich muß hinter die Worte dringen."[339] Für einen Theoretiker, der auf diese Weise über Sprache nachdenkt, wird die Gewißheit, daß man aufgrund beobachtbarer Worte und Taten ein Verständnis davon ausbildet, was Autoren denken und wollen, schnell zur Gewißheit, daß man im Geiste eine „Metarepräsentation"[340] hervorbringt, die beschreibt, welche mentalen Strukturen im Inneren des Autors vorhanden waren. Diese von Detel dogmatisch postulierten „shadowy [...] beings",[341] die im Geist verborgen sein sollen, bleiben unzulänglich definierte Größen, deren Dasein man weder widerlegen noch bestätigen kann.

1.4.6 Fehlerquellen

Ich habe skizziert, wie ein irreführendes Bild vom menschlichen Geist das Selbstverständnis der Geisteswissenschaften bestimmt. Es ist kaum möglich, die Entwicklung von Sprachtheorie, Poetik und Hermeneutik angemessen zu analysieren, wenn man nicht zuerst dieses Bild herausarbeitet und erklärt, worin seine Attraktivität besteht. Vier Figuren metaphysischen Denkens haben sich bei der Betrachtung der verschiedenen Theorien des Geistes immer wieder bemerkbar gemacht:
1. *Der Geist als Ort*. Es gibt zahlreiche Redeweisen, die den Eindruck erwecken, das Innere sei ein Ort, an dem sich das Denken, Erinnern, Empfinden und

---

337 Detel: Geist und Verstehen, S. 41.
338 Detel: Geist und Verstehen, S. 42.
339 PU, § 503.
340 Detel: Geist und Verstehen, S. 26. „Der mentale Zustand des Verstehens ist selbst eine Repräsentation. Er repräsentiert andere Repräsentationen – eine Repräsentation einer weiteren Repräsentation." (ders.: Hermeneutik der Literatur und Theorie des Geistes. Exemplarische Interpretationen poetischer Texte, Frankfurt/M. 2016, S. 184)
341 Reid: Essays on the Intellectual Powers of Man, S. 136.

Fabulieren abspielt. Metaphern, die als Umschreibungen von Fähigkeiten und Verhaltensweisen dienen, werden leicht mißverstanden. Man kann sagen, daß jemand Wissen in sich aufnimmt oder Erinnerungen aufbewahrt, aber das kann nicht bedeuten, daß Kenntnisse und Erinnerungen im Kopf sind, sondern nur, daß die Person sich an etwas erinnern und Wissen anbringen kann.[342]

2. *Der Geist als inneres Wesen.* Man ist es gewohnt, den Verstand und das Herz als handelnde Wesen darzustellen, die dem Menschen etwas raten oder nach etwas verlangen. In ähnlicher Weise wird davon gesprochen, daß der Geist etwas einsieht oder einen Schluß zieht. ‚Seele' und ‚Geist' sind Wörter, die in bildhaften Redeweisen vorkommen. Eine fehlerhafte Deutung von ‚Seele' kann entweder die Form annehmen, daß man glaubt, es müsse etwas in uns geben, das denkt, sich etwas vorstellt oder fühlt. Oder man leugnet, daß der Mensch eine Seele hat, weil man verneint, daß es dieses schattenhafte Wesen in ihm gibt.

3. *Innere Wahrnehmung.* Die Annahme, daß die Seele ein innerer Bereich ist, wo Gedanken auftreten, verbindet sich mit der Annahme, daß die Gedanken Objekte innerer Erfahrung sind. Wenn man bestreitet, daß Gedanken in diesem Sinn innere Vorkommnisse sind, befreit man sich auch von dem Zwang, die Fähigkeit, Gedanken zu formulieren, darauf zurückzuführen, daß man Gedanken – auf welche Weise auch immer – in seinem Inneren identifizieren kann.

4. *Mentale Darstellung.* Prüft man, was Ausdrücke wie ‚sich auf etwas beziehen' oder ‚etwas darstellen', die eigentlich auf Bilder, Sätze und ähnliche Dinge angewendet werden, bedeuten können, wenn man sie auf *innere* Zustände überträgt, kommt man zu einem ernüchternden Ergebnis: Was auch immer im Kopf eines Autors geschieht, kann nicht sinnvoll als ‚Darstellung' bezeichnet werden. Die Theorie, daß Vorstellungen von einer Sache innere Darstellungen der Sache sind, auf die sie sich beziehen, hat keinen belastbaren Gehalt.

Wie alle Disziplinen, die mit Begriffen wie ‚Gedanke', ‚Wunsch', ‚Vorstellung', ‚Absicht' operieren, hat die Philologie das Problem, daß diese Ausdrücke den Anschein erwecken, daß es gesonderte Größen gibt, auf die sie sich beziehen. Da sich keine körperlichen Dinge finden lassen, die ihnen entsprechen, ist man ge-

---

[342] „Our heads contain the physiological equipment for us to reproduce the information that we acquire; they do not contain another, psychical, place where the information is stored." (White: The Philosophy of Mind, New York 1967, S. 45)

neigt, sie als unbeobachtbare, geistige Phänomene zu deuten, die man indirekt aus Schriftstücken und anderen Zeugnissen erschließen muß. Wenn das Innen-Außen-Bild, das sich in der wissenschaftlichen Forschung regelmäßig als nützlich erweist, derart mißverstanden wird, verunklart es den Objektbereich und die Untersuchungsmethoden der Philologie. Was aber folgt aus dieser Analyse? Eine Verbannung der Mythen wäre gerade *kein* Ausdruck eines erfolgversprechenden Rationalismus, denn auf den reichen Vorrat an Redewendungen, in denen Gedanken, Kenntnisse, Vorstellungen und Wünsche als Dinge dargestellt werden, kann man schwerlich verzichten. Es ist unnötig und witzlos, für alle diese Ausdrucksweisen Umschreibungen zu finden, die das Bild des Inneren vermeiden. Damit das Innen-Außen-Bild nicht in die Irre führt, muß allerdings geklärt werden, was psychologische Sätze im Gespräch über Gelesenes leisten, wenn es nicht ihre Aufgabe ist, ein Vorstellungsgebilde im Kopf des Autors zu identifizieren. Den angedeuteten Vorschlag, daß diese Sätze anstelle des Autors formulieren, was er zu formulieren geneigt ist, werde ich in den folgenden Kapiteln ausführen.

1.5 Sprache als äußeres Zeichen des Inneren

Dieses Kapitel behandelt die von Szondi kritisierte „unzureichende Auffassung vom Wesen der Sprache", die falsche Tendenz, die Vorstellungen des Autors als „das Primäre" zu behandeln und die Sprache zum bloßen „Vehikel"[343] herabzusetzen. Was immer man gegen die Darstellung des Sprachgebrauchs als „outward and visible sign" eines „inward and spiritual act"[344] vorbringen kann, eines ist sicher: Das Verfassen von Texten erschöpft sich nicht im Produzieren von Zeichen. Und noch etwas kann nicht sinnvoll bestritten werden: Wer nur eine Abfolge von Zeichen wahrnimmt, ohne zu erfassen, was mit ihnen gesagt oder zu verstehen gegeben wird, hat den Text nicht verstanden. Nun wird aber das Schreiben oft als äußerer Vorgang gedeutet, der durch den Geist belebt wird. So entsteht der Eindruck, daß das, wofür man sich interessieren sollte, nicht auf dem Papier stattfindet, sondern im Kopf. Die Schrift ist dann lediglich „der unmittelbarste Weg zur Seele des Dichters".[345] Diese Konzeption der sprachlichen Zeichen als Bedeutungsträger und als Kommunikationsmittel steht einer vorurteilsfreien Betrachtung des Lesens und Verstehens im Weg.

---

343 Szondi: Hegels Lehre von der Dichtung, S. 396.
344 Austin: How to Do Things with Words, S. 9, vgl. S. 13.
345 Jonas Fränkel: Von der Aufgabe und den Sünden der Philologie, in: ders.: Dichtung und Wissenschaft, Heidelberg 1958, S. 10–24, S. 20.

1.5.1 Sprache und Vorstellungen

In der Sprachverwendung eines Autors manifestieren sich dessen Vorstellungen. Ist der Satz also das äußere Anzeichen dafür, daß eine Vorstellung in seinem Geist vorhanden ist? Wenn man erklären will, was beim Schreiben und Lesen geschieht, neigt man dazu, Vorstellungen als etwas Geistiges zu deuten, das dem äußeren Gebrauch der Sprache vorausgeht. Es ist interessant zu beobachten, wie diese schemenhaften Phänomene, über die man doch offenbar nichts Genaues sagen kann, von Descartes als notwendige Voraussetzungen der Sprachverwendung eingeführt werden:

> Den Ausdruck ‚Vorstellung' verwende ich für die Form jedes beliebigen Gedankens, durch dessen unmittelbare Perzeption ich mir dieses Gedankens bewußt bin; und zwar derart, daß ich nichts mit Worten ausdrücken kann und dabei verstehe, was ich sage, ohne daß dadurch sicher ist, daß ich eine Vorstellung dessen in mir habe, was durch jene Worte bezeichnet wird.[346]

Was hier geschieht, ist typisch für die Konstruktion metaphysischer Gewißheiten: Die Tatsache, daß ein Autor die Sprache verwendet, um etwas zu bezeichnen, wird als Beweis dafür gewertet, daß eine Vorstellung in seinem Geist präsent ist. Es steckt etwas Richtiges in dem, was Descartes sagt, denn ‚eine Vorstellung von einer Sache haben' kann ungefähr so viel heißen wie ‚auf die Sache Bezug nehmen können' oder auch ‚die Sache charakterisieren können'.[347] Diese logische Beziehung zwischen ‚Vorstellung' und ‚Sprachverwendung', zwischen Aussagen darüber, welche Vorstellungen jemand hat, und Aussagen über die Geneigtheit, ein bestimmtes Sprachverhalten zu zeigen, wird von Descartes jedoch umgedeutet: Er behauptet, daß man, wenn man ein Wort versteht, das sich auf eine Sache bezieht, über eine Art Bild dieser Sache im Kopf verfügen müsse. Der Sprachgebrauch ist also nicht, wie Wittgenstein sagen würde, ein „*Kriterium*"[348] dafür, daß die Person einen Begriff besitzt oder einen Gedanken gefaßt hat, sondern ein *sicheres Anzeichen*, daß ein Vorgang, der ‚Denken' heißt, in ihrem Inneren stattfindet: „Die Sprache ist nämlich das einzige sichere Anzeichen eines im Körper ablaufenden Denkens."[349]

---

346 AT VII, 160. So auch im Brief an Mersenne, Juli 1641 (AT III, 393).
347 Insofern ist es richtig, die Aussage über den Zusammenhang von Sprache und Denken als „one of the clearest points made about ideas" hervorzuheben (Anthony Kenny: Descartes. A Study of His Philosophy, Bristol 1968, S. 97).
348 Vgl. Hacker: Wittgenstein. Meaning and Mind, S. 545–568.
349 „Haec enim loquela unicum est cogitationis in corpore latentis signum certum" (Brief vom 5. Febr. 1649 AT V, 278).

Die von Augustinus und Descartes entwickelte Sprachauffassung wird durch die *Logik* von Port-Royal verbreitet.[350] Deren Verfasser vermengen die These, daß Wörter verwendet werden, um Vorstellungen zu artikulieren, mit der These, daß sie Elemente der Innenwelt ausdrücken: Wir haben unmittelbaren Zugang zu unseren Vorstellungen; andere haben keine direkte Kenntnis von den Vorgängen in unserer Seele („ceux qui n'y peuvent pénétrer tout ce que nous concevons, et tous les divers mouvements de notre âme"[351]). Daher gebrauchen Menschen die Sprache, um alle die Dinge anzeigen zu können, die in ihrem Geist vorgehen („pour marquer tout ce qui se passe dans leur esprit"[352]). Wir lassen Zeichen in der Außenwelt hörbar oder sichtbar werden, damit andere erschließen können, was wir im Sinn haben. Die Wörter sind die äußeren Zeichen („signes extérieurs"[353]) dessen, was sich in unserem Inneren abspielt („ce qui se passe dans notre esprit"[354]). Mit einem Ausdruck etwas bezeichnen („signifier") heißt: eine mit dem Laut verbundene Vorstellung im Geist hervorrufen („exciter une idée liée à ce son dans notre esprit"[355]).

Der Vorstellungsbegriff bezieht sich nach der *Logik* auf das, was sich im Geist abspielt, wenn wir zutreffend sagen können, daß wir uns etwas vorstellen („qui est dans notre esprit, lorsque nous pouvons dire avec vérité que nous concevons une chose"[356]). Die Autoren geben zu verstehen, daß hier eine Gesetzmäßigkeit des Seelenlebens formuliert wird:

> D'où il s'ensuit que nous ne pouvons rien exprimer par nos paroles, lorsque nous entendons ce que nous disons, que de cela même il ne soit certain que nous en avons en nous l'idée de la chose, que nous signifions par nos paroles [...]; car il y aurait de la contradiction entre dire, que je sais ce que je dis en prononçant un mot, et que néanmoins je ne conçois rien, en le prononçant, que le son même du mot.[357]

Was die *Logik* über die Beziehung von Sprache und Denken ausführt, ist eine eindrucksvolle Bestätigung für Wittgensteins Diagnose: „Das Wesentliche der

---

350 Martine Pecharman: Port-Royal et l'analyse augustinienne du langage, in: Augustin au XVIIème siècle, hg. von Laurence Devillairs, Florenz 2007, S. 101–134.
351 Antoine Arnauld und Claude Lancelot: Grammaire générale et raisonnée ou La Grammaire de Port-Royal [= GGR], hg. von Herbert Brekle, Stuttgart-Bad Cannstatt 1966, II, 1.
352 GGR II, 1.
353 Antoine Arnauld und Pierre Nicole: L'Art de Penser. La Logique de Port-Royal [= AP], 3 Bde., hg. von Bruno Baron von Freytag Löringhoff und Herbert Brekle, Stuttgart-Bad Canstatt 1965–1967, I, IX.
354 AP I, 1. „On peut dire en général [...] que les mots sont des sons distincts et articulés dont les hommes ont fait des signes pour marquer ce qui se passe dans leur esprit." (GGR II, 1)
355 „Car, signifier dans un son prononcé ou écrit, n'est autre chose qu'exciter une idée liée à ce son dans notre esprit, en frappant nos oreilles ou nos yeux" (AP I, 14).
356 AP I, 1.
357 AP I, 1.

Metaphysik: daß ihr der Unterschied zwischen sachlichen und begrifflichen Untersuchungen nicht klar ist."[358] Das Wort ‚contradiction' ist Hinweis auf einen *begrifflichen* Zusammenhang: Der Satz, jemand verwende ein Wort, ‚ohne eine klare Vorstellung damit zu verbinden', *bedeutet* annäherungsweise: ‚Der Verfasser weiß nicht genau, was er sagt'. Man kann also nicht behaupten, daß jemand weiß, wovon er spricht, wenn er das Wort anwendet, und zugleich bestreiten, daß er eine Vorstellung von der Sache hat, auf die sich das Wort bezieht. Diesen Begriffszusammenhang stellt die *Logik* als einen Zusammenhang zwischen der äußeren Sprachverwendung und einem Vorstellungsgebilde dar. So kommt eine Metaphysik zustande, bei der man die Fähigkeit zur Artikulation einer Vorstellung von der inneren Erfassung einer Struktur abhängig macht, die ‚Vorstellung' genannt wird.[359] Diese Annahme kann durch Erfahrungstatsachen weder gestützt noch widerlegt werden.

Auch Locke hält in seiner Sprachtheorie den Gegensatz von wahrnehmbarer Materialität und unbeobachtbarer Mentalität aufrecht: Die Wörter dienen den Sprachbenutzern als äußere sichtbare Zeichen („external sensible Signs") ihrer unsichtbaren Vorstellungen („those invisible Ideas"), als Ausdruck ihrer im Inneren eingeschlossenen Gedanken und Imaginationen („those Thoughts and Imaginations, they have within their own Breasts"[360]). Der Sprachgebrauch des Verfassers erlaubt es den Lesern, die dem Geschriebenen vorausgehenden inneren Zustände zu erschließen und im Geiste nachzubilden. Auch Locke verwechselt die Aussage, daß Wörter benutzt werden können, um Gedanken auszusprechen oder Gefühle auszudrücken, systematisch mit der Aussage, daß die Wörter als äußere Zeichen der inneren Seelenzustände dienen. Es ist ohne Zweifel richtig, daß das sprachliche und nichtsprachliche Verhalten *anderer* Personen Ausdruck ihrer Vorstellungen ist.[361] Man kann auch nicht bestreiten, daß *man selbst* Gedanken hat, die man laut oder stumm formulieren kann. Fragwürdig ist jedoch, wie gesagt, die theoretische Neubeschreibung der Daten: Die These, daß man Vorstellungen *in sich* wahrnimmt und *hinter* dem Verhalten anderer Personen errät. Aus dieser fehlerhaften Deutung entsteht die Behauptung einer „close [...] connexion between Ideas and Words".[362]

---

358 BPP 1, § 949; vgl. Zettel, § 458.
359 Der Trugschluß, daß etwas in unserem Inneren vorhanden sein müsse, von dem wir introspektiv ablesen können, was wir denken, glauben, hoffen etc. wird rekonstruiert von Hacker: Intellectual Powers, S. 94f.
360 Locke: Essay, III, ii, 6.
361 Locke: Essay, I, i, 8.
362 Locke: Essay, II, xxxiii, 19.

Die von Descartes und Locke entwickelten Theorien wurden von der Philologie aufgenommen. Hermann Pauls Sprachtheorie ist ein Musterbeispiel für jene Auffassung, die Wittgenstein und Szondi als unzureichend ablehnen: „Das physische Element der Sprache hat lediglich die Funktion die Einwirkung der einzelnen psychischen Organismen auf einander zu vermitteln, ist aber für diesen Zweck unentbehrlich, weil es [...] keine direkte Einwirkung einer Seele auf die andere gibt."[363] Pauls Beschreibung der Sprache als Kommunikationsmittel ist unverkennbar eine Fortentwicklung der Augustinischen Sprachkonzeption:

> Um die einer in ihr selbst entsprungenen entsprechende Vorstellungsverbindung in einer anderen Seele hervorzurufen, kann die Seele nichts anderes tun, als vermittelst der motorischen Nerven ein physisches Produkt zu erzeugen, welches seinerseits wieder vermittelst der Erregung der sensitiven Nerven des anderen Individuums in der Seele desselben die entsprechenden Vorstellungen hervorruft, und zwar entsprechend assoziiert.[364]

Die Bedeutung der Wörter wird nach dem bekannten Muster mit den Vorstellungen gleichgesetzt, die an die jeweiligen Lautkomplexe „angeheftet"[365] sind. Der Satz ist für Paul „der sprachliche Ausdruck [...] dafür, daß die Verbindung mehrerer Vorstellungen oder Vorstellungsmassen in der Seele des Sprechenden sich vollzogen hat, und das Mittel dazu, die nämliche Verbindung in der Seele der Hörenden zu erzeugen".[366] Paul übernimmt die Zweiteilung des Sprachgebrauchs in sinnlich wahrnehmbare Zeichen und geistige Vorstellungen: Der Autor produziert Schriftzeichen in der „Aussenwelt",[367] damit andere aufgrund dieser wahrnehmbaren Muster erschließen, welche Vorstellungen in ihm sind. Freges Konzeption sprachlicher Verständigung unterscheidet sich von Pauls Psychologismus nur in der einen Hinsicht, daß er ‚Gedanken' (intersubjektive Bedeutungsstrukturen) postuliert, die Sprecher und Hörer gemeinsam sind: „Man teilt einen Gedanken mit. Wie geschieht das? Man bewirkt Veränderungen in der

---

363 Hermann Paul: Prinzipien der Sprachgeschichte [1880], 9. Aufl., Tübingen 1975, S. 28.
364 Paul: Prinzipien der Sprachgeschichte, S. 14.
365 Paul: Methodenlehre, S. 179. Die bekannte Unterscheidung zwischen usueller und okkasioneller Bedeutung zeigt, wie Paul Bedeutungen psychologisiert und mit Vorstellungen in eins setzt: „Wir verstehen [...] unter usueller Bedeutung den gesamten Vorstellungsinhalt, der sich für die Angehörigen einer Sprachgenossenschaft mit einem Wort verbindet, unter okkasioneller Bedeutung denjenigen Vorstellungsinhalt, welchen der Redende, indem er das Wort ausspricht, damit verbindet und von welchem er erwartet, dass ihn auch der Hörende damit verbinde." (Prinzipien der Sprachgeschichte, S. 75) Dabei ist ‚Vorstellung' ein Begriff für alles, was der Verfasser des Textes zu verstehen gibt oder zum Ausdruck bringt; auch „Gefühle und Strebungen" (S. 26) werden als Vorstellungen verstanden.
366 Paul: Prinzipien der Sprachgeschichte, S. 10.
367 Paul: Prinzipien der Sprachgeschichte, S. 15.

gemeinsamen Außenwelt, die, von dem anderen wahrgenommen, ihn veranlassen sollen, einen Gedanken zu fassen".[368]

Paul und Frege reden so, als wäre es das, was Autoren tun wollen: Schriftzeichen produzieren, um Leser zu veranlassen, bestimmte Vorstellungen in sich zu erzeugen, und nicht etwa: *Wörter* aufeinander abgestimmt verwenden, um Verse zu bauen, etwas zu sagen, etwas zu beschreiben oder nachzuahmen. Wittgenstein verweist darauf, daß es „nicht der Zweck der Wörter [ist], Vorstellungen zu erwecken".[369] Zwar kann man nicht lesen, ohne Vorstellungen zu bilden, aber es sind doch zunächst Vorstellungen vom Gebrauch der Wörter und der Gliederung des Textes. ‚Einen Satz bilden', ‚einen Gedanken äußern', ‚einen Vorgang darstellen', ‚eine religiöse Formel wiederholen', ‚eine Theorie verteidigen', ‚eine alte Geschichte wiedererzählen', ‚Hexameter bauen' oder ‚einen Stil parodieren' spezifizieren mögliche Beschaffenheiten des sprachlichen Gebildes. Solche Beschreibungen sind Ausdruck einer korrigierbaren Vorstellung vom Gebrauch der Wörter, doch das heißt nicht, daß solche Beschreibungen von mentalen Repräsentationen abgeleitet sind.

Um die Sprachtheorie vom Mythos des Inneren schrittweise zu befreien, muß man zunächst die Beziehung von ‚bezeichnete Sache' und ‚Vorstellung von der bezeichneten Sache' prüfen. Locke behauptet: „The use then of Words, is to be sensible Marks of *Ideas*; and the *Ideas* they stand for, are their proper and immediate Signification."[370] Die Bedeutung wird mit der Vorstellung von der Sache identifiziert, auf die Bezug genommen wird: „The meaning of Words, being only the *Ideas* they are made to stand for by him that uses them".[371] Nun kann man, wie gesagt, den Ausführungen eines Autors entnehmen, welche Vorstellungen er von den Dingen hat, über die er sich äußert; aber das, worauf er in seinem Text Bezug nimmt, ist für gewöhnlich der Gesprächsgegenstand – nicht die Vorstellung vom Gesprächsgegenstand und nicht die Wortbedeutung. Frege hat Recht, daß man den Sinn des Satzes ‚dieser Grashalm ist grün' verfälscht, wenn man ihn als Aussage über die eigenen Vorstellungen versteht und nicht als Aussage über den Grashalm: „Mit dem Satze ‚dieser Grashalm ist grün' sage ich nichts von meiner Vorstellung aus; ich bezeichne keine meiner Vorstellungen mit den Worten ‚dieser Grashalm', und wenn ich es thäte, so wäre dieser Satz falsch."[372] Wir sind, so Lutzeier, nicht „Gefangene unseres

---

368 Frege: Der Gedanke, S. 53.
369 PU, § 6.
370 Locke: Essay, III, ii, 1. Später unterstreicht Locke noch einmal: „[T]he proper and immediate Signification of Words are *Ideas* in the Mind of the Speaker" (III, ii, 11).
371 Locke: Essay, III, i, 6.
372 Gottlob Frege: Die Grundgesetze der Arithmetik, Bd. 1, Einleitung, xxi.

mentalen Bereichs",³⁷³ die sich mit der Sprache immer nur auf die eigenen Repräsentationen beziehen.

Der Psychologismus wird jedoch fortgesetzt, wenn man annimmt, daß der besprochenen Situation ein Gegenstück im mentalen Bereich entsprechen müsse. Lutzeier zum Beispiel definiert die Satzbedeutung als eine innergeistige Darstellung der Situation, die der Satz beschreibt.³⁷⁴ Auch für Löbner ist die Satzbedeutung die „mentale Beschreibung einer bestimmten Art von Situation".³⁷⁵ Aus der richtigen Beobachtung, daß Autoren nur Situationen beschreiben können, von denen sie eine Vorstellung haben, wird also weiterhin der Schluß gezogen, daß sie nur über Dinge reden können, wenn in ihrem Geist eine Struktur vorhanden ist, die diese Dinge beschreibt. Die alte Gewohnheit, die Begriffe ‚eine Auffassung von etwas haben' und ‚etwas in sich haben, das eine Auffassung ist' in eins zu setzen, führt dazu, daß die Fähigkeit, etwas darzustellen, immer noch

---

373 Lutzeier: Linguistische Semantik, S. 167. Lutzeier erklärt mit Bezug auf den Beispielsatz ‚Schnell, die Verletzten da drüben brauchen Hilfe!': „Der Ausrufende verweist auf die verletzten Personen, die sich an einem von ihm aus zu bestimmenden Ort befinden, und nicht auf seine mentalen Gegenstücke der Verletzten und des Ortes." (Linguistische Semantik, S. 167)

374 „Beim Satz [...] *Egon gräbt den Garten um* [...] stellt die Satzbedeutung eine stereotypische Szene im Garten dar, bei der eine Person namens Egon mit einem Spaten die Erde bewegt." (Lutzeier: Linguistische Semantik, S. 164) Diese Bedeutungsstruktur sei „im mentalen Bereich angesiedelt" (S. 165).

375 Löbner: Semantik, S. 24. Die Wortbedeutung definiert er als „Konzept", als eine „mentale Beschreibung" des Bezugsgegenstands (S. 23). Konzepte seien „mentale Entitäten, die repräsentationelle Funktionen ausüben" (Monika Schwarz-Friesel: Kognitive Semantiktheorie und neuropsychologische Realität. Repräsentationale und prozedurale Aspekte der semantischen Kompetenz, Tübingen 1992, S. 63). Eleanor Rosch, die Begründerin der Prototypentheorie, läßt offen, ob der Prototyp „an actual something" sei (Wittgenstein and Categorization Research in Cognitive Psychology, in: Meaning and the Growth of Understanding. Wittgenstein's Significance for Developmental Psychology, hg. von Michael Chapman und Roger Dixon, Berlin 1987, S. 151–166, 155). Diese Behauptung wird ihr jedoch meistens zugeschrieben: „Rosch proposed that categorization relies on prototypes, which may be thought of as idealized descriptions of the most typical or characteristic members of the category." (Stephen Stich: What is a Theory of Mental Representation?, in: Mind 101/402 (1992), S. 243–261, S. 249) Auch andere Sprachforscher wollen die Fähigkeit, das Wort ‚Karotte' zu verwenden, um Karotten zu beschreiben, mit einer Bedeutungsstruktur im Geist des Sprechers erklären, die – ohne vom Sprecher dazu verwendet zu werden – eine Karotte beschreibt: „Alongside all the phonetic, phonological, and syntactic information stored about the word *carrot*, speakers also have a concept *CARROT* which, like a mental definition, records basic information about carrots that allows speakers of English to apply the word to the correct kind of object" (Nick Riemer: Word Meaning, in: The Oxford Handbook of the Word, hg. von John Taylor, Oxford 2015, S. 305–319, S. 312).

von einem „Schattenwesen"[376] im Geist abhängig gemacht wird. Ray Jackendoff spricht diese Idee deutlich aus: „People have things to talk about only by virtue of having mentally represented them."[377]

Immerhin wird mit Blick auf die Verarbeitung von Texten neuerdings vorgeschlagen, verschiedene Repräsentations*ebenen* zu unterscheiden: „Repräsentation der Textoberfläche", „Repräsentation des semantischen Gehalts", „Repräsentation der Kommunikationssituation", „Repräsentation des Textgenres"[378] usw. Festzuhalten bleibt jedoch, daß die Vorstellung von einer Textstelle nicht dasselbe ist wie eine innere Repräsentation dieser Textstelle. Außerdem wiederholt sich in der Analyse dessen, wovon Leser Vorstellungen entwickeln, das festgefahrene Bild, daß die Textoberfläche mit semantischen Gehalten verbunden ist. Besser wäre es, auf die Annahme von Repräsentationen im Kopf ganz zu verzichten, um sich auf die möglichen *Beschreibungen* und *Rekonstruktionen* zu konzentrieren, die im wissenschaftlichen oder alltäglichen Gespräch über Gelesenes auftreten. Freilich ist der nüchterne Anspruch, die empirisch fassbaren, gesprächsbezogenen Darstellungen des Textes zu systematisieren, viel weniger aufsehenerregend im Vergleich zu dem metaphysischen Ziel, die verborgenen Strukturen und Vorgänge offenzulegen, die hinter den wahrnehmbaren Äußerungen liegen und sie steuern. Eine enaktivistische Konzeption würde jedenfalls den Sprachgebrauch nicht *unabhängig* von Vorstellungen erklären, sondern die entsprechenden Begriffe von Grund auf neu bestimmen.

1.5.2 Mentalistische Dichtungstheorien

Das Nachdenken über Dichtung ist vom Psychologismus nicht unbeeindruckt geblieben. Joseph Addison, der die Literaturtheorie des 18. Jahrhunderts maßgeblich beeinflußt hat, war in seiner Auffassung vom Wesen der Poesie erkennbar

---

376 Baker: The Voices of Wittgenstein, S. 28.
377 Ray Jackendoff: Conceptual Semantics, in: Meaning and Mental Representations, hg. von Umberto Eco, Marco Santambrogio und Patrizia Violi, Bloomington, IN 1988, S. 81–97, S. 83.
378 Wolfgang Schnotz: Was geschieht im Kopf des Lesers? Mentale Konstruktionsprozesse beim Textverstehen aus Sicht der Psychologie und der kognitiven Linguistik, in: Text – Verstehen. Grammatik und darüber hinaus, hg. von Hardarik Blühdorn, Eva Breindl und Ulrich Waßner, Berlin 2006, S. 222–238, S. 225. Vgl. Ulla Fix: Analysieren, Verstehen und Interpretieren in der Sprachwissenschaft, in: Literatur interpretieren. Interdisziplinäre Beiträge zur Theorie und Praxis, hg. von Jan Borkowski, Stefan Descher, Felicitas Ferder und Philipp David Heine, Münster 2015, S. 91–118, S. 106.

vom *New Way of Ideas* geprägt.[379] Indem er diese Vorstellungsart übernahm, verlieh er seinen Essays über die „Pleasures of the Imagination" einen wissenschaftlichen Anstrich: Die vermeintliche Entdeckung, daß Licht und Farben nicht in den Dingen lägen, sondern Vorstellungen im Geist des Betrachters seien, brachte ihn auf den Gedanken, daß die Einbildungskraft nicht nur bei der Rezeption eines Gedichts aktiv sei, sondern auch bei der Wahrnehmung der Außenwelt.[380] Die äußeren Dinge, die auf die Sinnesorgane einwirken, erzeugen im Geist ein Bild, beispielsweise das Bild einer farbigen, lichterfüllten Landschaft.[381] Da dieses Bild, das im Geist des wahrnehmenden Subjekts entsteht, vergleichbar ist mit den Bildern, die eine dichterische *Beschreibung* einer Landschaft hervorruft, kann Addison die „Pleasures of the Imagination" als Lustgefühle definieren, die durch mentale Repräsentationen von Gegenständen entstehen, „either when we have them actually in our view, or when we call up their Ideas into our Minds by Paintings, Statues, Descriptions, or any like Occasion".[382] Die Besonderheit der Poesie besteht demnach in den Repräsentationen, die ein Dichter entwirft und mit Hilfe von Zeichen vermittelt: Der Dichter benutzt die Sprache, um die Seele des Lesers mit einer Vielfalt von geistigen Bildern zu füllen („conveys into it

---

379 Über die von Hobbes und Addison ausgehende Traditionslinie der Dichtungstheorie informieren: Clarence Thorpe: The Aesthetic Theory of Thomas Hobbes. With Special Reference to His Contribution to the Psychological Approach in English Literary Criticism, New York 1964; ders.: Addison's Contribution to Criticism, in: The Seventeenth Century. Studies in the History of Thought and Literature from Bacon to Pope, Stanford 1951, S. 316–329; Martin Kallich: The Association of Ideas and Critical Theory in Eighteenth-Century England. A History of a Psychological Method in English Criticism, The Hague 1970.
380 „Light and colours, as apprehended by the imagination, are only ideas in the mind, and not qualities that have any existence in matter" (Joseph Addison: Critical Essays from The Spectator, hg. von Donald Bond, Oxford 1970, S. 183, No. 413). Die Alternative – liegen Farben in den Dingen oder sind sie Vorstellungen im Geist des Betrachters? – beruht auf dubiosen Voraussetzungen: Peter Hacker: Appearance and Reality. A Philosophical Investigation into Perception and Perceptual Qualities, Oxford 1987; Barry Stroud: The Quest for Reality. Subjectivism and the Metaphysics of Colour, Oxford 2000; Hyman: The Objective Eye, S. 11–56; Fischer: Philosophical Delusion and its Therapy, S. 78–111.
381 „It is but opening the eye, and the Scene enters. The colours paint themselves on the fancy" (Addison: The Spectator, S. 176, No. 411).
382 Addison: The Spectator, S. 176, No. 411. Deswegen will er „delightful scenes, whether in nature, painting, or poetry" vergleichend diskutieren und die Behauptung aufstellen, daß die Poesie die Natur darin übertreffen könne, lebhafte Bilder im Geist zu erzeugen: „Words, when well chosen, have so great a force in them, that a description often gives us more lively ideas than the sight of things themselves. The reader finds a scene drawn in stronger colours, and painted more to the life in his imagination by the help of words, than by any actual survey of the scene which they describe." (The Spectator, S. 192, No. 416)

a Variety of Imagery"[383]). Die Fähigkeit, auf die Einbildungskraft einzuwirken, sei „the very Life and highest Perfection of Poetry".[384] Für Addison ist also nicht der Text der Ort, an dem sich das Wesentliche abspielt, sondern der Geist des Dichters oder des Lesers.

Alexander Gottlieb Baumgarten benutzte in seinen *Meditationes philosophicae de nonnullis ad poema pertinentibus* (1735) ebenfalls die Repräsentationstheorie des Geistes als theoretische Grundlage und versuchte, Dichtung im Hinblick auf die Qualität der mit den Wörtern verknüpften Vorstellungen zu erklären. Kern seiner Theorie, die er mit einem gesteigerten Anspruch auf Wissenschaftlichkeit verbinden konnte, ist die Bestimmung des Gedichts als sinnlich vollkommene Rede: eine Folge von sprachlichen Zeichen, die darauf angelegt ist, einen Zusammenhang sinnlicher Vorstellungen zu erzeugen.[385] Das Entscheidende ist auch hier die innere Erfahrung, die mittels sprachlicher Ausdrücke hervorgerufen wird.

Die mentalistische Dichtungstheorie verdrängte zeitweise die frühere Denkweise, nach der das, was Dichter tun, als ‚Nachahmung' beschrieben werden konnte. Die anthropologisch-naturalistische Richtung wurde in der deutschen Literatur des 18. Jahrhunderts zunächst vor allem von Johann Christoph Gottsched verteidigt.[386] Gottscheds allgemeine Sprachtheorie unterschied sich kaum von den Ansichten Addisons und Baumgartens. Er verstand die Sprache als „eine Abbildung der Seelen, und dessen, was in ihrem Innersten vorgeht".[387] Auch behauptete er, daß „Wörter eigentlich nichts anders, als Zeichen unserer Gedanken sind".[388] In der Poetik aber, in seinem *Versuch einer Critischen Dichtkunst*, folgt er Aristoteles und nimmt eine anthropologische Perspektive ein. Dichtung erklärt er als eine Entwicklung und Professionalisierung expressiver Formen der Sprachverwendung.[389] Statt den Gebrauch der Zeichen auf die Mitteilung von Vorstellungen

---

383 Addison: The Spectator, S. 207, No. 421.
384 Addison: The Spectator, S. 206, No. 421.
385 Vgl. Werner Strube: Die Entstehung der Ästhetik als einer wissenschaftlichen Disziplin, in: Scientia Poetica 8 (2004), S. 1–30; Peter Kivy: The Performance of Reading, Oxford 2006, S. 30–35.
386 Theodor Johann Quistorp spricht von der „Aristotelisch-Gottschedische[n] Erklärung" (Frühe Schriften zur ästhetischen Erziehung der Deutschen. Teil 2: Der kleine Dichterkrieg zwischen Halle und Leipzig, mit Textkommentaren, Zeittafeln und einem Nachwort hg. von Hans-Joachim Kertscher und Günter Schenk, Halle 1999, S. 58).
387 Johann Christoph Gottsched: Ausführliche Redekunst, Leipzig 1759, S. 310.
388 Johann Christoph Gottsched: Erste Gründe der Weltweisheit, Bd. 1, Leipzig 1756, S. 119.
389 Zur naturgeschichtlichen Betrachtungsweise der Dichtung bei Aristoteles vgl. Malcolm Heath: Ancient Philosophical Poetics, Cambridge 2013, S. 56–103. Gottsched hat an einer „Uebersetzung der aristotelischen Dichtkunst" gearbeitet, die er mit einem „Gutachten" veröffentlichen wollte (Johann Christoph Gottsched: Vorrede zu Virgils ‚Aeneis', in: Ausgewählte

einzuschränken, vergegenwärtigt er verschiedene Spielarten der Rede, aus denen die Institution Dichtung hervorgeht:

> Ein Saufbruder machte den andern lustig; ein Betrübter lockte dem andern Thränen heraus; ein Liebhaber gewann das Herz seiner Geliebten; ein Lobsänger erweckte seinem Helden Beyfall und Bewunderung, und ein Spottvogel brachte durch seinen beißenden Scherz das Gelächter ganzer Gesellschaften zuwege. Die Sache ist leicht zu begreifen, weil sie in der Natur des Menschen ihren Grund hat, und noch täglich durch die Erfahrung bestätiget wird.[390]

Wer sich auf diese naturgeschichtliche, verhaltensorientierte Betrachtungsweise einläßt, kommt nicht so leicht auf den Gedanken, eine Dichtungstheorie auf dem Innen-Außen-Bild aufzubauen: Die Wörter dienen dazu, das Verspotten, Loben, Scherzen auszugestalten – und nicht dazu, Vorstellungsbilder auszulösen. Der ‚beißende Scherz' wird nicht als Zeichenfolge aufgefaßt, die etwas kommuniziert, sondern als Form des Sprachgebrauchs in geschichtlich-gesellschaftlichen Zusammenhängen. Die Sprache ist kein Bedeutungsträger und vermittelt nichts außer sich selbst. Sie soll erkannt werden als das, was sie ist.

Die von Addison begründete Literaturtheorie wurde unter anderem von Johann Jakob Bodmer und Johann Jakob Breitinger popularisiert. Breitinger behauptete, die Poesie könne „ihre Bilder unmittelbar in das Gehirn anderer Menschen schildern".[391] Georg Friedrich Meier, der Breitinger für „einen der grösten Kunstrichter unserer Zeiten" hielt, stellte eine Verbindung zu Baumgartens Denkweise her: Breitinger habe in seinen Schriften „Begriffe von der Dichtkunst" formuliert, „welche mit dem Baumgartischen der Hauptsache nach übereinstimmen".[392] Ein erstaunliches Zeugnis für den Erfolg der repräsentationalistischen Theorie der Dichtung ist die Abhandlung *Von dem Wesen und wahren Begriffe der Dichtkunst*, die Michael Conrad Curtius seiner Übersetzung der *Dichtkunst* des Aristoteles beifügte. In ihr verwirft der Autor die aristotelische Nachahmungstheorie und lobt in den höchsten Tönen das „neue System der Dichtkunst", das der „tiefsinnige Herr Baumgarten"[393] entwickelt habe. Wenig später behauptete Moses Mendelssohn kühn, daß Baumgarten „den philosophischen und systematischen Geist in eine

---

Werke, Bd. 10, hg. von Philip Marshall Mitchell, Berlin 1980, S. 199). Den Begriff ‚Nachahmung' erläutert er als eine Form des So-tuns-als-ob: Vorübungen der lateinischen und deutschen Dichtkunst zum Gebrauch der Schulen entworfen, Leipzig 1760, S. 5.

390 Johann Christoph Gottsched: Versuch einer Critischen Dichtkunst, Leipzig 1751, S. 88.
391 Johann Jakob Breitinger: Critische Dichtkunst, Zürich 1740, Bd. 1, S. 20.
392 Georg Friedrich Meier: Vertheidigung der Baumgartischen Erklärung eines Gedichts [1746], in: Frühe Schriften zur ästhetischen Erziehung der Deutschen. Teil 2, S. 33–55, S. 44.
393 Aristoteles: Dichtkunst, ins Deutsche übers., mit Anm. und bes. Abh. vers. von Michael Conrad Curtius, Hannover 1753, S. 354. Lessing bemerkt, daß sich Curtius entschieden hat, seinen Autor „gänzlich im Stiche zu lassen" – und versucht, ihn zu retten (Hamburgische

Wissenschaft eingeführt hat, in welcher man nur zu schwatzen gewohnt war".[394] So kam die Erklärung von Dichtung als Nachahmung im Laufe des 18. Jahrhunderts allmählich aus der Mode. Ließ die Rede von ‚Nachahmung' noch an einen Dichter denken, der mit Sprache arbeitet, erweckte die Konzentration auf die Begriffe ‚Zeichen' und ‚Vorstellung' den Eindruck, daß Texte aus einer Reihe von Wörtern bestehen, die im Geist eine Reihe von Vorstellungen erzeugen. Meier stellt in der Nachfolge Baumgartens unmißverständlich klar, daß „der Ausdruck nur ein Zeichen der poetischen Gedanken sey, und ein Mittel, dieselben bey dem Dichter und seinen Lesern hervorzubringen."[395] Es kommt also nicht darauf an, was Dichter mit den Zeichen *tun*, sondern darauf, was sie *denken* und ihren Lesern *mitteilen* wollen. Meier geht sogar so weit, die „ästhetischen Zeichen" als „Canäle" darzustellen, „durch welche die schönen Gedanken aus einem schönen Geiste in den andern fliessen".[396] Diese Metapher ist Ausdruck eines tiefgreifenden Sinneswandels. Während die aristotelische Tradition die Sprache als Mittel auffaßte, Personen nachzuahmen und Handlungen zu beschreiben, blieben die Zeichen in der neuen, mentalistischen Dichtungstheorie zwar nach wie vor an den Autor gebunden, doch ihre Funktion wurde darauf reduziert, Vorstellungen (mentale Repräsentationen) verfügbar zu machen.[397]

Gotthold Ephraim Lessing war sich mehr als andere Autoren seiner Zeit im Klaren darüber, daß Ausdrücke wie ‚malen', ‚malerisch', ‚Gemälde', ‚Bild', ‚vor Augen stellen', ‚täuschen' und ‚sehen', wenn sie auf dichterische Werke angewendet werden, nicht wörtlich zu nehmen sind. Im *Laokoon* warnt er davor, sich von der „Zweideutigkeit des Wortes"[398] ‚Bild' irreführen zu lassen. Die „neuern

---

Dramaturgie [1767–1769], in: ders.: Werke und Briefe, Bd. 6, hg. von Klaus Bohnen, Frankfurt/M. 1985, S. 181–713, S. 368).
394 Moses Mendelssohn: G. F. Meiers Auszug aus den Anfangsgründen aller schönen Künste und Wissenschaften [1758], in: Ästhetische Schriften, hg. von Anne Pollok, Hamburg 2011, S. 102–107, S. 103.
395 Georg Friedrich Meier: Vorstellung der Ursachen, warum es unmöglich zu seyn scheint, mit Herrn Profeßor Gottsched eine nützliche und vernünftige Streitigkeit zu führen [1754], in: ders.: Frühe Schriften zur ästhetischen Erziehung der Deutschen, Teil 2: Der kleine Dichterkrieg zwischen Halle und Leipzig, mit Textkommentaren, Zeittafeln und einem Nachwort hg. von Hans-Joachim Kertscher und Günter Schenk, Halle 1999, S. 122–156, S. 132.
396 Georg Friedrich Meier: Anfangsgründe aller schönen Wissenschaften, 3. Teil, 2. Aufl., Halle 1759, S. 337.
397 Hermann Paul behauptet über die wissenschaftliche Ästhetik: „Ihr unmittelbarer Gegenstand sind innere Zustände, die Aussendinge werden nur betrachtet als Mittel zur Erregung dieser Zustände." (Methodenlehre, S. 237)
398 Gotthold Ephraim Lessing: Laokoon; oder über die Grenzen der Malerei und Poesie [1766], in: ders.: Werke und Briefe in 12 Bänden. Bd. 5/2, hg. von Wilfried Barner, Frankfurt/M. 1990, 9–349, S. 113.

Lehrbücher der Dichtkunst"[399] – gemeint sind vor allem die Schriften Bodmers und Breitingers – hätten auf den Begriff ‚Bild' besser verzichtet, behauptet Lessing, denn Dichter stellen „abwesende Dinge als gegenwärtig"[400] dar, ohne daß Bilder der jeweiligen ‚Dinge' im Geiste hervorgebracht werden. Ein „poetisches Gemälde" sei eigentlich „jeder Zug, jede Verbindung mehrerer Züge, durch die uns der Dichter seinen Gegenstand so sinnlich macht, daß wir uns dieses Gegenstandes deutlicher bewußt werden, als seiner Worte".[401] Diese Umschreibung weist darauf hin, daß ‚ein Bild malen' letztlich nur eine sukzessiv entfaltete *sprachliche* Darstellung meinen kann. Lessing erinnert daran, daß Dichter auch Töne vergegenwärtigen können, und er hebt hervor, daß zu den abwesenden ‚Dingen', die ‚anschaulich' vorgeführt werden, auch die witzige oder rührende Figurenrede zählt. Die fiktionale Redegestaltung, ein wichtiger Teil der Dichtkunst, wird mit dem Begriff ‚Bild' eher verdeckt.[402]

Die von Lessing kritisierte Dichtungstheorie führte, wie Klaus Weimar darlegt, zu einer „Annihilation all dessen, was ‚zwischen' dem Denken des Poeten und der Erkenntnis des Lesers liegt".[403] Der Text wurde sozusagen entleert: Man fand darin nur noch Zeichen, die allesamt die Funktion zu haben schienen, die Vorstellungen des Autors zu vermitteln. Nun tauchte das Problem auf, „wie der Leser Zugang zur Erkenntnis des Poeten bekommt".[404] Das aristotelische Dichtungsverständnis kennt diese *grundsätzliche* Schwierigkeit nicht.[405] Anders als Weimar behauptet, ist die *Zugänglichkeit* der Gedanken jedoch nicht das Hauptproblem des Psychologismus.[406] Es besteht vielmehr darin, das Innenleben des Verfassers überhaupt ins Zentrum des Interesses zu rücken und die Geschicklichkeit im Aufbau des Textes zu vernachlässigen. Die Frage, wie ein Dichter dabei

---

399 Lessing: Laokoon, S. 113.
400 Lessing: Laokoon, S. 13.
401 Lessing: Laokoon, S. 113.
402 Dabei macht Lessing zuweilen selbst den Fehler, vor dem er warnt, und redet von der „Geistigkeit" jener „Bilder", die in der Dichtung „in größter Menge und Mannigfaltigkeit neben einander stehen können" (Laokoon, S. 60). Dabei meint er, wenn er sagt, daß „der Dichter uns durch eine ganze Gallerie von Gemälden führt" (S. 110) wohl nicht eine besondere Art von Bildern, die sich durch ihre ‚Geistigkeit' von den Werken der Malerei unterscheiden, sondern will zum Ausdruck bringen, daß der Dichter eine Reihe von fiktiven Situationen konstruiert, d.h. sie durch Erzählung und Redewiedergabe lebhaft darstellt.
403 Klaus Weimar: Geschichte der deutschen Literaturwissenschaft bis zum Ende des 19. Jahrhunderts, Paderborn 2003, S. 72.
404 Weimar: Geschichte der deutschen Literaturwissenschaft, S. 72.
405 Vgl. Stephen Halliwell: Aristotle's Poetics, 2. Aufl., Chicago 1998, S. 51, 60f.
406 Weimar bemängelt, daß die Dichtungstheorie nach Baumgarten den Text in eine „transparente Glasplatte über dem Hirn des Dichters" verwandelte (Geschichte der deutschen Literaturwissenschaft, S. 72).

vorgeht, klangvolle Hexameter zu konstruieren, rhetorische Figuren zu entwickeln oder eine Ereignisfolge darzustellen, hängt nicht von Annahmen darüber ab, was sich beim Schreiben in seinem Inneren abspielt.

Weimars These, daß sich mit der Ablösung der aristotelischen durch die mentalistische Dichtungstheorie ein neues Verständnis vom Werk etabliert habe, ist in einem gewissen Sinn richtig. Zuvor „lagen im Begriff Poesie die Produktion (Machen oder Schreiben) und das Produkt ungeschieden ineinander",[407] dann habe sich in der zweiten Hälfte des 18. Jahrhunderts der „neuzeitliche Literaturbegriff" etabliert, der ein „Produkt- bzw. Objektbegriff"[408] war. Im Zuge dessen sei das „aristotelische Projekt, das Produkt ‚Poesie' indirekt (auf dem Umweg über die Produktionsweise ‚Poesie') begrifflich zu fassen",[409] aufgegeben worden. Allerdings ist Weimars historische Darstellung selbst der Konzeption verhaftet, die im 18. Jahrhundert aufgekommen ist. Nähert man sich der Poesie – den dichterischen Erzeugnissen – „indirekt" und auf einem „Umweg", wenn man die Verfahren des Autors untersucht? Hat sich diese Sichtweise im 18. Jahrhundert allgemein durchgesetzt? Lessing jedenfalls scheint eine klare Trennung des Gedichts vom fortschreitend nachahmenden Dichter nicht anzuerkennen. Bei der Beschäftigung mit Hallers Gedichten glaubt er, „in jedem Worte den arbeitenden Dichter"[410] zu bemerken. Man kann bei einer unbefangenen Betrachtung der literarischen Praxis sogar zu dem Schluß kommen, daß Texte – zuweilen in direktem Widerspruch zur explizit formulierten Texttheorie – nie konsequent vom Gebrauch der Zeichen getrennt wurden.[411] Weimar sieht jedoch richtig, daß die Dichtungstheorie in der Nachfolge Addisons die Tendenz hatte, die Aufmerksamkeit von der literarischen Technik auf die Psyche zu verlagern.

Wilhem Scherer gehörte zu den Literaturforschern, die im Kontext des literaturwissenschaftlichen Positivismus zu einer naturgeschichtlichen Betrachtungsweise zurückkehren wollten. Da er sich mehr an Aristoteles und Herder orientierte als an Baumgarten und Kant, zählte Otto Brahm ihn interessanterweise zu den ‚Modernen':

---

[407] Klaus Weimar: Art. Literatur, in: Reallexikon der deutschen Literaturwissenschaft, Bd. 2, hg. von Harald Fricke, Berlin 2000, S. 443–448, S. 445.
[408] Weimar: Art. Literatur, S. 445.
[409] Klaus Weimar: Art. Poesie, in: Reallexikon der deutschen Literaturwissenschaft, Bd. 3, hg. von Jan-Dirk Müller, Berlin 2003, S. 96–100, S. 99.
[410] Lessing: Laokoon, S. 126.
[411] Diese These wird ausführlicher diskutiert in Kap. 2.3.

> Wenn man den Gegensatz der Antiqui und Moderni in der Poetik in aller Kürze bezeichnen sollte, so müßte man sagen: wo jene [Baumgarten, Kant, Schelling, Hegel und Vischer, V.P.] von der ehrwürdigen, aber greisen Mutter Philosophie herkamen, werden sich diese [Scherer und seine Nachfolger, V.P.] als Schüler der modernen Geschichtsauffassung und Naturerkenntnis darstellen: Herder und Darwin sind ihre Lehrer.[412]

Daß Scherer in die Nachfolge Herders gestellt wird, mag zunächst überraschen, denn im *Ersten Kritischen Wäldchen* vertrat er immerhin Baumgartens Dichtungsauffassung: „[D]ie Seele muß nicht das Vehikulum der Kraft, die Worte, sondern die Kraft selbst, den Sinn, empfinden".[413] Die Wirkung der Poesie, das „Gehen und Kommen ihrer Vorstellungen",[414] galt ihm als das Wesentliche. Brahms These hat dennoch ihre Berechtigung, denn in *Kalligone*, seiner Streitschrift gegen Kants *Kritik der Urteilskraft*, kehrte Herder zum Begriff „Darstellung (*Mimesis*)"[415] zurück und kritisierte den Psychologismus dafür, daß er die Funktionsweise der Poesie ins Unverbindliche und Banale ziehe. Wenn Scherer in den knappen Ausführungen, die er dem Gegensatz zwischen den beiden Autoren in seiner *Geschichte der deutschen Litteratur* widmet, Kant in der „grauen windstillen Abstraktion [...] der Metaphysik", Herder jedoch in der „blühende[n] Natur" und der „bewegte[n] Geschichte"[416] situiert, ist nicht schwer zu erraten, mit welcher Richtung er sympathisiert. Das harte Urteil, daß Baumgarten es „trotz der Neuheit des Wortes Ästhetik nirgends zu fruchtbringenden Gedanken" bringe, bestätigt diese Positionierung: Scherer hatte wenig Geduld mit einer Vorgehensweise, die er als „deductiv und metaphysisch"[417] wahrnahm. Sein Versuch einer „Fortführung der Herderschen Art, Poesie anzusehen",[418] verzichtet jedoch auf eine gründliche Kritik des metaphysischen Denkens und so gelingen ihm nur interessante Einzelbeobachtungen, nicht aber eine sachgemäße Auffassung der literarischen Produktion.[419]

Mit dem Ansehensverlust des Behaviorismus und dem Wiederaufleben der Repräsentationstheorie des Geistes kehrte man in den 1980er Jahren zu der Tradition

---

412 Otto Brahm: Kritische Schriften, Bd. 2: Literarische Persönlichkeiten aus dem Neunzehnten Jahrhundert, hg. von Paul Schlenther, Berlin 1915, S. 305.
413 Johann Gottfried Herder: Erstes Kritisches Wäldchen [1769], in: ders.: Werke, Bd. 2: Schriften zur Ästhetik und Literatur 1767–1781, hg. von Gunter Grimm, Frankfurt/M. 1993, S. 75–245, S. 195.
414 Herder: Erstes Kritisches Wäldchen, S. 195.
415 Johann Gottfried Herder: Kalligone [1800], in: ders.: Werke, Bd. 8: Schriften zur Literatur und Philosophie 1792–1800, hg. von Hans-Dietrich Irmscher, Frankfurt/M. 1998, S. 641–971, S. 781.
416 Wilhelm Scherer: Geschichte der Deutschen Litteratur [1883], 6. Aufl., Berlin 1891, S. 525.
417 Wilhelm Scherer: Poetik [1888], hg. von Gunter Reiss, Tübingen 1977, S. 43f.
418 Scherer: Poetik, S. 47.
419 Die Schwachstellen der Poetik werden von Dieter Burdorf aufgezeigt (Poetik der Form, S. 272–282).

zurück, die Dichtung auf mentale Prozesse und Strukturen zurückzuführen.[420] *Reading Minds*, der Titel von Mark Turners Buch, steht für eine Verlagerung der Aufmerksamkeit vom Sprachgebrauch auf den Geist.[421] Einige Literaturwissenschaftler reden seitdem wieder über das, was im Inneren der Sprachbenutzer geschieht, als hätte es nie eine sprach- und metaphysikkritische Bewegung gegeben. Erneut wird mit großer Zuversicht behauptet, daß die Bedeutung sprachlicher Gebilde im Kopf zu finden sei.[422] Die Tatsache, daß dichterische Werke etwas darstellen, erklärt man damit, daß Repräsentationen im Geist des Lesers erzeugt werden: „Die weitaus meisten Texte stellen etwas dar, genauer: Sie artikulieren oder evozieren Vorstellungen von etwas. [...] Mit den verwendeten sprachlichen Zeichen werden [...] mentale Repräsentationen von Sachverhalten vermittelt".[423] Mit dem Repräsentationalismus kehrt auch die verkürzende Sprachauffassung zurück: Der Gebrauch der Zeichen wird erneut auf die Funktion eingeschränkt, Vorstellungen anzuregen: „Literarische Texte können als Aufforderungen verstanden werden, sich etwas vorzustellen."[424] Eine Literaturforschung, die den Text nur als „Auslöser für mentale Konstruktionsprozesse" betrachtet, die „zum Aufbau einer mentalen Repräsentation des im Text beschriebenen Sachverhalts"[425] führen, setzt, ohne die Probleme des Psychologismus bewältigt zu haben, die Tradition von Addison und Baumgarten fort. Auf diese Weise verfestigt sich das „traditionell gestörte Verhältnis" der Literaturwissenschaft zur „pragmatischen Dimension von Literatur".[426]

---

420 Zu den erstaunlichen Kontinuitäten in der Theoriebildung vgl. Sophia Wege: Wahrnehmung, Wiederholung, Vertikalität. Zur Theorie und Praxis der Kognitiven Literaturwissenschaft, Bielefeld 2013, S. 200–250; Hans Adler und Sabine Gross: Adjusting the Frame. Comments on Cognitivism and Literature, in: Poetics Today 23/2 (2002), S. 195–220.
421 „The title of Turner's book *Reading Minds* only needs to be recalled here to see that cognitive poetics [...] is also explained by this general movement away from the text to the reader and the reading process" (Joanna Gavins und Gerard Steen: Contextualising Cognitive Poetics, in: Cognitive Poetics in Practice, hg. von dens., London 2003, S. 1–12, S. 8).
422 „The meaning of an artifact is a pattern in a human brain" (Turner: Reading Minds, S. 30). „The ‚meaning' of a literary work can be found in the minds of readers" (Peter Stockwell: Cognitive Poetics. An Introduction, London 2002, S. 91).
423 Thomas Anz: Textwelten, in: Handbuch Literaturwissenschaft, Bd. 1: Gegenstände und Grundbegriffe, hg. von dems., Stuttgart 2007, S. 111–130, S. 111. Die psychologisierende Auffassung von Textwelten wird diskutiert von Steve Farrow: Text World Theory and Cognitive Linguistics, in: Language & Communication 28 (2008), S. 276–281.
424 Anz: Textwelten, S. 111.
425 Schnotz: Was geschieht im Kopf des Lesers?, S. 224.
426 Dieter Breuer: Einführung in die pragmatische Texttheorie, München 1974, S. 11. Breuers Buch zeugt in gewissen Teilen selbst von diesem ungeklärten Verhältnis, etwa in den Ausführungen zum Übertragungsmodell der Kommunikation (S. 44–71). Insgesamt handelt es sich jedoch um einen bemerkenswerten Versuch, mit Bezug auf Scherers Naturalismus die

1.5.3 Verdopplung der Phänomene

Um den Psychologismus, dessen Einfluß auf die Sprachauffassung und Dichtungslehre ich angedeutet habe, zu entkräften, genügt es nicht, die Gleichsetzung von Bedeutungen mit Vorstellungen zu kritisieren. Denn es gibt Forscher, die diese Gleichsetzung ablehnen und weiterhin behaupten, daß die Bedeutung von einer mentalen Struktur *abgeleitet* oder *determiniert* sei.[427] Deswegen ist es wichtig, das ganze Projekt, die Repräsentationsfähigkeit der Sprache auf die Repräsentationsfähigkeit des Geistes zurückzuführen, einer genauen Prüfung zu unterziehen. Die Grundidee, daß die „Intentionalität des Wortes" eine vom Geist „geliehene Intentionalität"[428] sei, wurde von Roman Ingarden für die Literaturwissenschaft ausformuliert. Daß ein Sprachgebilde „Intentionalität in sich birgt"[429], wird bei Ingarden aus psychischen Akten erklärt, die ursprüngliche Intentionalität besitzen:

> Wenn es zu dieser ‚Verbindung' überhaupt kommt, oder besser, wenn der Wortlaut die Bedeutung überhaupt trägt, so ist dies nur dadurch möglich, daß ihm diese Funktion sozusagen von außen her aufgezwungen, verliehen wird. Und diese Verleihung kann nur durch einen subjektiven Bewußtseinsakt zustandekommen.[430]

Ingarden glaubt, daß die ‚äußeren' Schriftzeichen nur deswegen etwas darstellen können, weil es Bewußtseinsoperationen im Geist des Sprachverwenders gibt, die aus eigener Kraft etwas darstellen. Searle hat diese phänomenologische Konzeption, die dem Geist die Rolle zuweist, der Sprache einen Sinn zu geben, aufgenommen und popularisiert. Sein offizielles Programm ist es, eine Theorie zu entwickeln, die den Einsichten Wittgensteins angemessen Rechnung

---

Grundprinzipien einer am „Sprachverhalten" (S. 135) orientierten Theorie der Literaturwissenschaft zu erarbeiten.
427 Man nimmt es mit dieser Beziehung nicht sehr genau: Noam Chomsky setzt in *Cartesian Linguistics* (New York 1966) die Bedeutung noch mit der mentalen Struktur gleich. In *Language and Mind* (New York 1972) behauptet er, daß die Bedeutung von ihr *repräsentiert*, daß sie von ihr *ausgedrückt* und daß sie von ihr *determiniert* werde. Vgl. Bruce Goldberg: Mechanism and Meaning, in: Knowledge and Mind. Philosophical Essays, hg. von Carl Ginet und Sydney Shoemaker, New York 1983, S. 191–210, S. 201.
428 Ingarden: Das literarische Kunstwerk, S. 104. Die Idee der verliehenen Intentionalität ist bei Locke vorgeprägt: „[T]he signification and use of Words, [depends] on that connexion, which the Mind makes between its *Ideas*, and the Sounds it uses as Signs of them" (Essay, III, iii, 14). Ohne die „voluntary imposition" (III, ii, 1), die sie mit Ideen verbindet, sind die Zeichen nur „insignificant Noise" (III, ii, 7).
429 Ingarden: Das literarische Kunstwerk, S. 122.
430 Ingarden: Das literarische Kunstwerk, S. 104.

trägt.[431] Liest man seine Schriften jedoch genauer, zeigt sich schnell, daß er eigentlich eine Abkehr von Wittgenstein vollzieht: Ein Wort kann nach Searle nur deswegen auf etwas Bezug nehmen, weil dahinter ein Begriff steht, der sich auf etwas bezieht.[432] Sogar der alte Brauch, die Bedeutungen in den Kopf zu verschieben, wird von Searle wiedereingeführt.[433] Alle seine Reflexionen zur Intentionalität beziehen ihre Faszination aus der Vorstellung, daß zu den physikalischen Gebilden etwas *hinzukommen* müsse, damit eine lebendige Rede daraus wird:

> People [...] make statements, give orders, ask questions, etc. In doing so they make noises, or marks on paper; they draw pictures, or wave their arms about, etc. Now my problem is: what must be added to these noises, marks, etc., in order that they should be statements, orders, etc.? What, so to speak, must be added to the physics to get the semantics?[434]

Searles Rhetorik schreibt den bekannten Dualismus fort: Dem menschlichen Geist wird zugetraut, den äußeren Zeichen, die von sich aus keine Bedeutung haben, eine Bedeutung zu geben.[435] Die intrinsisch bedeutungserfüllten Geisteszustände sind für ihn der Schlüssel zum Verständnis von sprachlicher Bedeutung.[436] Durch sie wird den Geräuschen oder Schriftzeichen ein Sinn zugeordnet.[437] Die intentionalen, bedeutungserfüllten Strukturen im Kopf, die

---

431 „One of my many problems is: [...] how does one now, in a post-Wittgensteinian era, construct a theory of mind and language?" (John Searle: Literary Theory and its Discontents, in: New Literary History 25/3 (1994), S. 637–667, S. 664)

432 „Both the Fregean and the present account of meaning are internalist in the sense that it is in virtue of some mental state in the head of a speaker and hearer – the mental state of grasping an abstract entity or simply having a certain Intentional content – that speaker and hearer can understand linguistic references." (Searle: Intentionality. An Essay in the Philosophy of Mind, S. 198)

433 „I think in the relevant sense that meanings are precisely in the head – there is nowhere else for them to be." (Searle: Intentionality. An Essay in the Philosophy of Mind, S. 200)

434 John Searle: Meaning, Communication and Representation, in: Philosophical Grounds of Rationality, hg. von Richard Grandy und Richard Warner, Oxford 1986, S. 209–226, S. 209.

435 „[T]he question ‚How do you get from the sound to the type of illocutionary act?' is really the same question as ‚How does the mind bestow meaning on mere marks and sounds?'" (John Searle: Mind, Language and Society. Philosophy in the Real World, New York 1998, S. 138f.)

436 „The key to understanding meaning is this: meaning is a form of derived intentionality. The original or intrinsic intentionality of a speaker's thoughts is transferred to words, sentences, marks, symbols, and so on." (Searle: Mind, Language and Society, S. 141)

437 Searle gibt verschiedene Beschreibungen dieser Zuordnung: „It involves having an interpretation, or a meaning attached to those symbols." (John Searle: Minds, Brains, and Science,

aus sich heraus etwas darstellen, verleihen dem Satz, der doch im Grunde nur eine Ansammlung trivialer Schriftzeichen sei, die erstaunliche Kraft, etwas darzustellen:

> Since sentences – the sounds that come out of one's mouth or the marks that one makes on paper – are [...] just objects in the world like any other objects, their capacity to represent is not intrinsic but is derived from the Intentionality of the mind. The Intentionality of mental states, on the other hand, is not derived from some more prior forms of Intentionality but is intrinsic to the states themselves.[438]

Jacques Derrida sieht richtig, daß Searles philosophisches Denken von einem „fundamentalen Intentionalismus"[439] geprägt ist, der die Sprache in bedeutungserfüllten Geisteszuständen zu verankern sucht. Die Überlegungen, aus denen die Theorie der verliehenen Intentionalität hervorgeht, werden allerdings von Wittgenstein viel genauer als von Derrida rekonstruiert:

> Ohne Sinn oder ohne den Gedanken wäre ein Satz ein ganz und gar lebloses und triviales Ding. [...] Und der Schluß, den man daraus zieht, ist folgender: was zu den toten Zeichen hinzugefügt werden muß, um einen lebendigen Satz aus ihnen zu machen, ist etwas Unkörperliches, das sich in seinen Eigenschaften von allen bloßen Zeichen unterscheidet.[440]

Cambridge, MA 1984, S. 33) „The mind imposes intentionality on sounds and marks, thereby conferring meanings upon them" (ders.: Mind, Language and Society, S. 139). „The mind imposes Intentionality on entities that are not intrinsically Intentional by intentionally conferring the conditions of satisfaction of the expressed psychological state upon the external physical entity." (ders.: Intentionality. An Essay in the Philosophy of Mind, S. 27)

438 Searle: Intentionality. An Essay in the Philosophy of Mind, vii–viii. Die Verwechslung von Gedanken mit intrinsisch bedeutungsvollen Geisteszuständen tritt in Tim Cranes Ausführungen über verliehene und ursprüngliche Intentionalität noch etwas deutlicher hervor: „Sentences and pictures are concrete representations, but no-one thinks that they represent in and of themselves. They have their power to represent only derivatively, deriving from the states of mind who uses them. To understand why these things are representations we need to appeal to the thoughts, intentions, plans, and desires of thinkers: in short their intentional states." (Crane: Aspects of Psychologism, S. 120)

439 Jacques Derrida: Limited Inc. [1977], Wien 2001, S. 198. Da Derridas Kritik recht oberflächlich bleibt, sei hier auf einige Autoren verwiesen, die besser darin sind, die Schwachstellen des Searleschen Ansatzes offenzulegen: Peter Hacker: Malcolm and Searle on ‚Intentional Mental States', in: Philosophical Investigations 15 (1992), S. 245–275; Segerdahl: Language Use, S. 120–170; Jeff Coulter: Language without Mind, in: Conversation and Cognition, hg. von Hedwig te Molder und Jonathan Potter, Cambridge 2005, S. 79–92; Christopher Gauker: On the Alleged Priority of Thought over Language, in: John Searle's Philosophy of Language, hg. von Savas Tsohatzidis, Cambridge 2007, S. 125–142.

440 Wittgenstein: Das Blaue Buch, S. 20. Häufig wird dieses Bild in den Fragen, die man in der Philosophie des Geistes diskutiert, ungeprüft vorausgesetzt: „Es geht [in der Analyse der

Statt ‚etwas Unkörperliches' sollte man besser sagen ‚etwas Geistiges', denn für die metaphysische Theoriebildung ist es von nachgeordneter Bedeutung, ob mentale Vorgänge immateriell sind, solange sie einen Gehalt haben. Searle behauptet, daß die intentionalen Zustände einerseits wie ‚äußere' Zeichen sind (sie beziehen sich auf etwas) und andererseits von allen bloßen Zeichen verschieden sind (sie beziehen sich intrinsisch auf etwas). Es ist diese Vorstellung, die Wittgenstein zurückweist: „Die Intention scheint zu interpretieren, die endgültige Interpretation zu geben; aber nicht ein weiteres Zeichen oder Bild, sondern ein Anderes, das, was man nicht wieder interpretieren kann."[441] Richtig ist, daß Wörter nicht aus sich heraus etwas bezeichnen und Sätze nicht aus eigener Kraft etwas darstellen. Die Annahme jedoch, daß ein Zustand in uns ist, der etwas darstellt, erklärt nichts.[442] Wittgenstein legt dar, daß die Theorie der verliehenen Intentionalität das Phänomen, das sie zu erklären beansprucht, bloß verdoppelt und ins Innere verschiebt: „Wozu aber soll ich außer dem systematischen Spiel der Worte noch ein mit diesem Spiel parallel laufendes Spiel geistiger Elemente annehmen? Es vermehrt ja nur die Sprache um etwas Gleichartiges."[443] Es braucht nach Wittgenstein keine zusätzlichen Inhaltselemente und Bedeutungsstrukturen, um das Funktionieren der Sprache sicherzustellen: „Der Satz ist aus den Wörtern zusammengesetzt, und das ist genug."[444] Was tatsächlich als ‚Darstellung' gelten kann, ist der

---

Beziehung von Geist und Sprache] vor allem darum, wie die mentalen Zustände von Sprechern dazu beitragen, dass ihre sprachlichen Äußerungen selbst diese Eigenschaften [Bedeutung, Bezugnahme, Darstellungsinhalt] aufweisen. [...] Die Kernfrage lautet: Wie genau ermöglichen mentale Zustände erfolgreiche sprachliche Kommunikation [...]?" (Metzinger: Grundkurs Philosophie des Geistes, Bd. 1, S. 20)

441 Zettel, § 231.
442 Einige Forscher räumen mit erfreulicher Offenheit ein, daß sie keine klare Vorstellung davon haben, was die „psychological structures", die etwas repräsentieren, eigentlich sind: „The nature of conceptualization and cognition is shrouded in mystery" (Riemer: Word Meaning, S. 312). Lutzeier, der Bedeutungen mit mentalen Strukturen gleichsetzt, erklärt: „Was Satzbedeutungen und Äußerungsbedeutungen wirklich sind, bleibt uns verborgen." (Lutzeier: Linguistische Semantik, S. 174) Auch Löbner räumt ein, daß das Wesen der Konzepte bislang nicht präzise bestimmt wurde: „[...] wie auch immer solche Konzepte genau beschaffen sein mögen" (Einführung in die Semantik, S. 321). Solche Äußerungen deuten darauf hin, daß man ein Phänomen, das man gut erforschen kann, nämlich die Fähigkeit, Wörter zu gebrauchen, auf Ursachen zurückführt, die rätselhaft und ungeklärt sind. Insofern ist der Erklärungswert kognitionswissenschaftlicher Theorien eher fragwürdig, vgl. Köppe und Winko: Neuere Literaturtheorien, S. 307.
443 PG, § 104, S. 152; vgl. Diane Proudfoot: Wittgenstein on Cognitive Science, in: Philosophy 72 (1997), S. 189–217; dies.: Wittgenstein's Anticipation of the Chinese Room, in: Views into the Chinese Room. New Essays on Searle and Artificial Intelligence, hg. von John Preston und Mark Bishop, Oxford 2002, S. 167–180.
444 PU, S. 1006.

Sprachgebrauch. Und in *diesem* Sinn gibt es auch so etwas wie eine innere Repräsentation, schließlich kann man auf Dinge Bezug nehmen, ohne sich vernehmbar zu äußern, und sich eine Abfolge von Ereignissen schweigend ausmalen. Das stille Imaginieren ist in ähnlicher Weise ‚Darstellung' wie die mündliche Entwicklung einer Theorie oder das schriftliche Erzählen. Der Unterschied liegt im Grunde bloß darin, ob die Darstellung geäußert wird oder nicht. Die ungeäußerte Darstellung ist vor allem nicht mit mentalen Zuständen zu verwechseln, die aus sich heraus etwas repräsentieren.

Daß die metaphysische Trennlinie nicht zwischen mündlicher und schriftlicher Sprachverwendung verläuft, sondern zwischen dem, was der Innenwelt angehört, und dem, was in der Außenwelt geschieht, deutet sich in Derridas satirischen Bemerkungen über die „pneumatologische" Konzeption einer innergeistigen, aus sich heraus verständlichen Schrift an, die gegenüber der ‚äußeren' Schrift vorrangig sein soll.[445] Wittgenstein kritisiert diese Idee wiederum konsequenter als Derrida: „Der Sinn eines Satzes ist nicht pneumatisch (wie der Gedanke es nicht ist), sondern er ist das, was auf die Frage nach der Erklärung des Sinns zur Antwort kommt. [...] Der Sinn des Satzes ist keine Seele."[446] Was dazu berechtigt, von ‚Seele' zu sprechen, ist allein das zeitlich ausgedehnte Spiel der Zeichen, das mit dem sonstigen Verhalten verwoben ist, und nicht etwas Unbeobachtbares, das zu diesem Spiel hinzukommt.

1.5.4 Sinn durch Einbettung

Der Theorie der Sinnverleihung durch intrinsisch bedeutungserfüllte Zustände im Geist setzt Wittgenstein eine alternative Auffassung entgegen: „Wenn wir [...] irgendetwas, das das Leben des Zeichens ausmacht, benennen sollten, so würden wir sagen müssen, daß es sein *Gebrauch* ist."[447] Der Unterschied zwischen einer bloßen Abfolge von Wörtern und einem Wort, mit dem etwas dargestellt wird, ist nach Wittgenstein nicht in geistigen Begleitvorgängen des Schreibens zu suchen, sondern darin, daß jemand die Techniken der Verwendung dieses Wortes erlernt hat und sie im Verlauf der Situation für seine Zwecke anwendet. Wittgenstein würde zustimmen, daß es ohne den menschlichen Geist keine Bedeutung gibt. Allerdings versteht er den Begriff des Geistes völlig anders als üblich, nämlich als

---

445 Vgl. Derrida: Grammatologie, S. 33–35.
446 PG, S. 131.
447 Wittgenstein: Das Blaue Buch, S. 20.

Abkürzung für eine Reihe von Fähigkeiten und Verhaltensweisen. Sein Verweis auf den „Gebrauch" ist ein Verweis auf das komplizierte, fein ausdifferenzierte Verhaltensrepertoire, das man Autoren und Lesern zuspricht, wenn man ihnen Geist und Sprachkompetenz unterstellt. Auf dieses Repertoire, das sich im Verhalten – zum Beispiel im Schreiben oder Lesen – manifestiert, beziehen sich die psychologischen Begriffe, die Searle und andere als Bezeichnungen für innere Zustände und Vorgänge fehldeuten.

Eine verhaltensorientierte Auffassung geistiger Bilder, die mit Wittgensteins Denkweise vereinbar ist, wurde von Nelson Goodman vorgeschlagen. Goodman verwirft innere Bilder, die ohne unser Zutun etwas darstellen, als „mythical inventions", bleibt jedoch dabei nicht stehen, sondern macht einen interessanten Gegenvorschlag. ‚Ein Bild von etwas haben' soll als Umschreibung der Geneigtheit verstanden werden, sprachliche oder bildhafte Darstellungen zu entwickeln:

> I have suggested that having a mental image may be construed in terms of ability to perform certain activities; for instance, I may be said to have a horse-image in my mind to the extent that I can describe or draw a horse, sort descriptions and pictures into those that are of horses and those that are not, criticize or revise faulty descriptions and pictures of horses.[448]

Goodmans These ist also gerade *nicht*, daß man die Verwendung von Wörtern studieren muß, um herauszufinden, welche Begriffe sich im Geist des Sprachbenutzers verbergen. Wer nach Begriffen oder Vorstellungen fragt, interessiert sich nach Goodmans Rekonstruktion mithin nicht für Dinge, die hinter dem Verhalten liegen, sondern für die Bereitschaft, etwas zu identifizieren und zu charakterisieren. Eine Aussage über Begriffe, die sich gegenwärtig nicht äußern, ähnelt einer Aussage über den Wortschatz, der sich im gegenwärtigen Verhalten nicht zeigt: Sie bezieht sich auf eine Fähigkeit, Wörter zu verwenden, und nicht auf Wörter, die im Inneren zu finden sind. Der Begriff ‚Pferd' kann demnach als Abstraktion aus dem Gebrauch des Wortes ‚Pferd' und solcher

---

[448] Nelson Goodman und Catherine Elgin: Sights Unseen, in: dies.: Reconceptions in Philosophy and Other Arts and Sciences, London 1988, S. 83–92, S. 91. Vgl. Nelson Goodman: On Thoughts Without Words, in: ders.: Of Mind and Other Matters, Cambridge, MA 1984, S. 21–28. Eine ähnliche Lösung wird vorgeschlagen von Victoria McGeer und Eric Schwitzgebel: Disorder in the Representational Warehouse, in: Child Development 77/6 (2006), S. 1557–1562. Vgl. auch Zettel, § 245f.; BPP 1, §§ 360, 362, 363. Weitere Überlegungen, die an Wittgenstein, Ryle und Goodman anknüpfen, findet man in den Arbeiten von Oliver Scholz, vgl. Bilder im Geiste, S. 39–61; ders.: Vorstellungen von Vorstellungen, in: Ludwig Wittgenstein. Philosophische Untersuchungen, hg. von Eike von Savigny, Berlin 1998, S. 191–213.

Ausdrücke verstanden werden, die hinreichend ähnlich verwendet werden.[449] Wörter und Wendungen, mit denen dieselben Unterscheidungen vorgenommen werden, ‚haben dieselbe Bedeutung', sie ‚drücken denselben Begriff aus'. Wenn sich in jemandes Verhalten zeigt, daß er Pferde nicht von anderen Tieren unterscheidet, verwendet er das Wort, ‚ohne einen klaren Begriff damit zu verbinden'.

Eine verhaltens- und fähigkeitsbezogene Erklärung von ‚Bildern im Geiste', deutet sich auch bei Wittgenstein an. Die Empfindung, das richtige Wort für das, was man ausdrücken will, noch nicht äußern zu können, wird von der Repräsentationstheorie des Geistes damit erklärt, daß man noch nicht den Ausdruck gefunden hat, der zu der bildhaften Struktur paßt, die im Geist vorhanden ist. Wittgenstein erklärt die Suche nach dem ‚richtigen' Wort völlig anders: Man will von ‚Bildern im Geiste' sprechen, weil man beim Formulieren die Bereitschaft entwickelt, etwas bildlich darzustellen oder ein bereits vorhandenes Bild zur Illustration zu benutzen:

> ‚Ich glaube, das richtige Wort in diesem Fall ist …'. Zeigt das [d.h. der Umstand, daß man dieses Wort in diesem Zusammenhang als ‚richtig' empfindet, V.P.] nicht, daß die Bedeutung des Wortes ein Etwas ist, das uns vorschwebte und gleichsam das genaue Bild ist, das wir hier brauchen wollen? […] Nein; daß man vom *treffenden Wort* redet, *zeigt* nicht die Existenz eines Etwas [eines geistigen Bilds, V.P.], welches etc. Vielmehr ist man geneigt, von jenem bildhaften Etwas zu sprechen, weil man ein Wort als treffend empfinden kann; zwischen Worten oft, wie zwischen ähnlichen, aber doch nicht gleichen Bildern, wählt; weil man Bilder oft statt Wörtern, oder zur Illustration von Wörtern, gebraucht; etc.[450]

Diese Umkehrung der gewohnten Denkweise setzt die Fähigkeit, sich etwas im Geiste auszumalen, mit mündlichen und schriftlichen Darstellungen auf eine Stufe. Wittgenstein verdeutlicht seine Position am Beispiel des Verneinens. Wenn man sagt, die Verneinung sei eine ‚geistige' Tätigkeit, könnte damit gemeint sein, daß man innerlich den Kopf schüttelt oder ein Verneinungszeichen ‚im Geiste' anwendet. Bei diesen Gesten oder sprachlichen Tätigkeiten, deren Äußerung man zurückzuhalten gelernt hat, stellt sich die Frage: „Ist dieser

---

[449] Ein Begriff ist eine „abstraction out of observable social behaviour" (Colin Yallop: Words and Meaning, in: Lexicology and Corpus Linguistics. An Introduction, hg. von Michael Halliday, Wolfgang Teubert, dems. und Anna Cermakova, London 2004, S. 23–71, S. 29). Vgl. Hans-Johann Glock: Concepts. Where Subjectivism Goes Wrong, in: Philosophy 84 (2009), S. 5–29; Hacker: Philosophical Foundations of Neuroscience, S. 339–341, S. 345; ders.: The Intellectual Powers, S. 128f.; Oliver Scholz: Was heißt es, einen Begriff zu besitzen? Verstehen, Fähigkeiten und die Ontologie des Geistes, in: Concepts and Categorization, hg. von David Hommen, Christoph Kann und Tanja Osswald, Münster 2016, S. 79–94.
[450] PU, S. 823.

Vorgang nun unseres Interesses würdiger als der etwa, ein Verneinungszeichen in einen Satz zu schreiben?"⁴⁵¹ Wittgenstein hält es für einen Fehler, die Verneinung auf dem Papier (den wahrnehmbaren Sprachgebrauch) gegenüber der Verneinung ‚im Kopf' (dem gemurmelten oder ganz und gar ungeäußerten Sprachgebrauch) zu privilegieren:

> Es kann nie essentiell für unsere Betrachtungen sein, daß ein symbolisches Phänomen in der Seele sich abspielt und nicht auf dem Papier, für Andere sichtbar. Immer wieder ist man in Versuchung, einen symbolischen Vorgang durch einen besonderen psychologischen Vorgang erklären zu wollen; als ob die Psyche ‚in dieser Sache viel mehr tun könne' als die Zeichen.⁴⁵²

Wie das ‚Kopfrechnen' gegenüber schriftlichem Rechnen nicht vorrangig ist, so ist das stumme Ausmalen einer Situation ‚im Geiste' nicht unbedingt beachtenswerter als die Situationsbeschreibung im Gespräch oder eine schriftliche Darstellung im Zusammenhang eines literarischen Textes. ‚Innere' Darstellungen sind ‚äußeren' Darstellungen nicht vorgeordnet.

1.5.5 Was ‚hat' man, wenn man eine Vorstellung hat?

Szondi geht, wie wir nun feststellen können, in seiner hartnäckigen Kritik der Aufteilung des Sprachgebrauchs in „vorsprachliche Konzeption" und „sprachliche Realisierung" nicht weit genug, denn er erläutert Vorstellung und Ausdruck als zwei „Vorgänge", die „aneinander gebunden" sind, eine „Einheit" bilden und vielleicht sogar „zusammenfallen".⁴⁵³ Allein die Andeutung, daß die Vorstellung der Sprache „immanent"⁴⁵⁴ sei, könnte die erhoffte Klärung bringen – wenn man sie richtig weiterführt: Die Vorstellung ist nicht identisch mit dem Satz, den jemanden verwendet, um sie zu artikulieren, aber sie ist auch nichts Zusätzliches, das mit dem Satz verbunden ist oder ihm innewohnt. Vielleicht hilft es, ‚Vorstellung' mit ‚Antwort' zu vergleichen, denn auch die Antwort ist nicht dasselbe wie ein bloßer Satz, es ist aber auch nicht so, daß neben dem Satz eine unsichtbare Antwort vorhanden ist. Man kann von einem Autor sagen, daß er Vorstellungen ‚hat', ohne sie in seinem Inneren vermuten zu müssen. Man ‚hat' die Vorstellung nicht wie einen Privatbesitz, auf den man

---

451 PU, § 547.
452 PG, § 59, S. 99. „„Das Innere ist verborgen' wäre unter gewissen Umständen als sagte man: ‚Du siehst nur die äußere Zeichenbewegung einer Multiplikation; die Multiplikation selbst ist uns verborgen." (LS II, S. 43)
453 Szondi: Hegels Lehre von der Dichtung, S. 481.
454 Szondi: Hegels Lehre von der Dichtung, S. 486.

zugreifen kann, ebenso wenig wie die Antworten, die man parat hat, ein Privatbesitz im Inneren sind, den man bei passender Gelegenheit abruft. Das Verhältnis von ‚einen Gedanken haben' und ‚einen Gedanken äußern' entspricht ungefähr dem von ‚eine Antwort haben' und ‚eine Antwort geben': Die Artikulation der Vorstellung ist die Ausübung der Fähigkeit, die mit der ‚haben'-Konstruktion behauptet wird. ‚Haben' heißt hier ungefähr so viel wie ‚formulieren können', ‚darlegen können'. Der Schluß vom geäußerten Satz auf die Vorstellung ist, wenn diese enaktivistische Konzeption richtig ist, nicht ein Schluß von etwas Sprachlichem auf etwas Inneres, sondern ein Schluß vom Satz und weiteren Daten auf, vereinfacht gesagt, die Geneigtheit, eine Sache auf eine bestimmte Weise darzustellen.

Gewiß, manchmal will es nicht gelingen, einen Gedanken in Worte zu fassen, das heißt aber nicht, daß man an einer „schlechten Passung"[455] zwischen Denken und Ausdruck leidet, sondern daß man mit der Formulierung des Gedankens, der Klage, der Ermahnung, die man gegenwärtig produzieren kann, unzufrieden ist, weil man sie als vage, umständlich oder zu wenig kohärent empfindet. Die Annahme, daß man das Geschriebene „ständig mit dem, was einem gedanklich durch den Kopf geht"[456] abgleichen müsse, ist ein Mißverständnis. Wenn man eine Antwort gibt, muß man nicht prüfen, ob sie mit einer vorformulierten Struktur im Kopf übereinstimmt, um genau die Antwort zu geben, die man geben will. Analog verhält es sich mit Gedanken: Wenn man einen Gedanken äußert, gibt es nicht eine unausgesprochene Version des Gedankens im Kopf, die man zum Vergleich heranzieht, um zu prüfen, ob man sagt, was man sagen will. Die These, man müsse seine Vorstellungen „möglichst genau in sprachliche Formulierungen [...] übersetzen",[457] ist in derselben Weise ungereimt wie die Behauptung, ein Autor bemühe sich beim Schreiben darum, Behauptungen, Fragen, Geständnisse, Ausreden, Ermahnungen, Selbstvorwürfe oder Liebeserklärungen in Sprache zu übersetzen.

Die traditionelle Denkweise, daß die Kraft der dichterischen Sprache darin bestehe, ‚Bilder' zu evozieren, kann ersetzt werden durch die Rede über das, was mit Sprache dargestellt wird.[458] Will man konkretisieren, worin die lebhaften

---

[455] Wolfgang Steinig: Als die Wörter tanzen lernten. Ursprung und Gegenwart der Sprache, Heidelberg 2006, S. 282. Steven Pinker deutet die Unzufriedenheit mit der provisorischen Formulierung eines Gedankens ebenfalls als „a mismatch between our language and our thoughts" (The Blank Slate. The Modern Denial of Human Nature, London 2003, S. 210).
[456] Steinig: Als die Wörter tanzen lernten, S. 281.
[457] Steinig: Als die Wörter tanzen lernten, S. 281.
[458] „The force of language consists in raising complete images; which have the effect to transport the reader as by magic into the very place of the important action, and to convert him as it were into a spectator, beholding every thing that passes." (Henry Home: Elements of Criticism, hg. von Peter Jones, Bd. 2, Indianapolis 2005, S. 614)

Bilder, die uns angeblich vorschweben, eigentlich bestehen, muß man erneut darstellen, was der Dichter darstellt – nicht aber berichten, was einem bei der Lektüre durch den Kopf gegangen ist. Wenn also Cicero behauptet, das Bild des idealen Redners im Geiste zu erfassen, so läßt sich dies als ein Ausdruck der Zuversicht verstehen, die Beschreibung eines vollkommenen Redners geben zu können.[459] Das Bild des Redners, das ihm ‚vorschwebt', ist also die Darstellung eines Redners, die er zu geben geneigt ist. Damit soll nicht ausgeschlossen werden, daß es solche Phänomene gibt wie ‚sich im Geiste auf etwas beziehen' oder ‚im Kopf etwas entwerfen'. Was abgelehnt wird, ist die Überhöhung der Symbolverwendung, die man ‚im Kopf' ausführt, und die Reduktion des Geäußerten auf ‚bloße Zeichen'.[460] Es gibt, wie Ryle darlegt, ein Kontinuum in der Anwendung von Fähigkeiten, das von ‚einen Satz mündlich äußern bzw. aufschreiben' über ‚einen Satz leise vor sich hin murmeln' bis zu ‚einen Satz still formulieren' reicht. Die geläufige Redeweise, daß jemand etwas ‚im Geiste' getan hat, bezieht sich auf ein Verhalten (z.B. ‚Wörter gebrauchen', ‚einen idealen Redner entwerfen'), das zwar vollzogen, dessen beobachtbare Äußerung jedoch bewußt zurückgehalten oder einfach unterlassen wurde.[461]

---

459 Cicero selbst erklärt – mit welchem Grad an Ernsthaftigkeit sei einmal dahingestellt – das Bild des idealen Redners mit Bezug auf Platons Theorie der Formen, vgl. Anthony Long: Cicero's Plato and Aristotle, in: Cicero the Philosopher, hg. von Jonathan Powell, Oxford 1995, S. 37–61. Eine brauchbare Darstellung der platonisierenden und psychologisierenden Vorstellungsbegriffe in der Kunsttheorie ist: Erwin Panofsky: Idea. Ein Beitrag zur Begriffsgeschichte der älteren Kunsttheorie [1924], 7. Aufl., Berlin 1993.
460 Es wird oft übersehen, daß Ryle ‚inneres' Verhalten anerkennt, vgl. Galen Strawson: Mental Reality, 2. Aufl., Cambridge, MA 2010, S. 314.
461 Die Fähigkeit, ein Wort zu verwenden, wird aktiviert, ohne offen ausgeführt zu werden: „We might say that imagining oneself talking [...] is a series of abstentions from producing the noises which would be the due words [...] to produce, if one were talking [...] aloud. That is why such operations are impenetrably secret; not that the words [...] are being produced in a hermetic cell [gemeint ist: im Geist oder Kopf], but that the operations consist of abstentions from producing them. [...] Silent soliloquy is a flow of pregnant non-sayings. Refraining from saying things, of course, entails knowing both what one would have said and how one would have said it." (Gilbert Ryle: The Concept of Mind [1949], hg. von Julia Tanney, London 2009, S. 245) Im Gespräch mit Bryan Magee gibt Ryle weitere Erklärungen (Bryan Magee: Modern British Philosophy, London 1971, S. 100–115). Vgl. auch Daniel Dennett: Gilbert Ryle's Last Letter to Dennett, in: Electronic Journal of Analytic Philosophy 7 (2000), S. 1–5. Eine weitere Analyse ungeäußerten Denkens findet sich bei Derek Melser: The Act of Thinking, S. 17–155. Zur „sub-activation" von Dispositionen vgl. Henry Price: Thinking and Experience, London 1953, S. 274, 317f.

Aus der praxeologischen, enaktivistischen Perspektive Wittgensteins und Goodmans ist es keine Verwechslung der Sprache mit Vorgängen, die dem Innenleben des Autors angehören, wenn Erich Trunz in einer Textanalyse den Begriff „Phantasiebild" nahezu gleichbedeutend mit dem Begriff „Schilderung"[462] verwendet. Wird im Text ein Gedanke oder eine Phantasievorstellung ausgeführt, dann befindet sich der Gedanke oder die Vorstellung dort, wo die entsprechenden Wörter stehen. Der Gedanke kann Teil des Werks sein – wie ein Tadel oder eine Weissagung. Die Vorstellung ist nicht mit den Wörtern identisch, aber auch nicht ein unsichtbares Zusatzobjekt. Eine Satzfolge, mit der ein Sachverhalt als erwünscht beschrieben wird, kann ‚Wunschvorstellung' genannt werden; ein Textabschnitt, der eine aus der Luft gegriffene Ereignisfolge darstellt, ‚Phantasievorstellung'. Vorstellungen können wie Antworten, Einwände, Erklärungen, Beschwerden zitiert werden, indem man die jeweiligen Sätze zitiert.[463] Der Autor kann seine Gedanken (seine Argumente, Klagen, Ermahnungen) für sich behalten oder sie schriftlich in seine Texte einfließen lassen.[464] Wenn Szondis Andeutung einer „Interdependenz von Sprache und Denken im dichterischen Vorgang"[465] einen klaren Sinn haben soll, könnte man versuchen, sie in dieser Weise auszubuchstabieren.

---

[462] Erich Trunz: Johann Matthäus Meyfart. Theologe und Schriftsteller in der Zeit des Dreißigjährigen Krieges, München 1987, S. 306.

[463] Der Begriff ‚Vorstellung' verhält sich, wenn er in Aussagen von Philologen vorkommt, nicht völlig anders als ‚Argument' oder ‚Motiv': „Die Consolatio [...] ist [...] prädestiniert für das Einfließen stoischer Gedanken. [...] Dementsprechend begegnen in Flemings Gedichten vom Typus der Consolatio mancherlei stoisch gefärbte Argumente. Stoische Gedanke und Motive finden sich aber auch sonst vielfach bei Fleming." (Hans-Henrik Krummacher: Das barocke Epicedium. Rhetorische Tradition und deutsche Gelegenheitsdichtung im 17. Jahrhundert, in: ders.: Lyra. Studien zur Theorie und Geschichte der Lyik vom 16. bis zum 19. Jahrhundert, Berlin 2013, S. 215–271, S. 255)

[464] „The exercise of one's imagination may take the form of sayings, writings or doings." (Alan White: The Language of Imagination, Oxford 1990, S. 185) Wichtig und für die Philosophie der Philologie außerordentlich hilfreich ist auch Whites folgende Bemerkung: „Thinking of so-and-so, like any other form of thinking, can be displayed externally as well as internally. [...] Imagination, like intelligence, is displayed as much in what we do as in what we keep to ourselves." (S. 192)

[465] Szondi: Hegels Lehre von der Dichtung, S. 485.

1.6 Absichten als Ursachen und Bedeutungsquellen

Der menschliche Geist gilt nicht nur als Ort der mentalen *Repräsentation*, sondern auch als Ort der mentalen *Verursachung*. Man definiert die Absichten des Verfassers als „psychological states or events in his mind",[466] als „Bewußtseinsprozesse",[467] als „*interne* Zustände",[468] die „jenseits des Textes"[469] liegen. Den so verstandenen Absichten wird eine kausale und sinnstiftende Rolle bei der Produktion literarischer Texte zugeschrieben. Man glaubt, daß der Text dem Geist des Autors („the private, individual, dynamic, and intentionalistic realm of its maker's mind") entspringe und sich beim Eintritt in die Außenwelt („a public and [...] objective realm"[470]) in ein intersubjektives Gebilde verwandle. Die strittige Frage ist, wie weit sich die Beschaffenheit des Textes erforschen läßt, ohne auf die Autor-Psyche ‚zurückzugreifen'. Wir können mit Bezug auf diese Frage mindestens drei Richtungen der Literaturwissenschaft unterscheiden:
1. *Strukturalisten* glauben, daß uns Absichten „immer verschlossen bleiben".[471] Was der Autor gewollt habe, sei etwas, worüber man keine sicheren Erkenntnisse gewinnen könne. Den Text dagegen halten Strukturalisten für etwas, das man sinnvoll erforschen könne, denn er sei etwas Sprachliches, Festes, nicht etwas

---

466 Monroe Beardsley: Aesthetics. Problems in the Philosophy of Criticism, 2. Aufl., Indianapolis 1981, S. 17.
467 Harald Fricke: Norm und Abweichung. Eine Philosophie der Literatur, München 1981, S. 88.
468 Fotis Jannidis: Autor, Autorbild und Autorintention, in: editio 16 (2002), S. 26–35, S. 26. Wer nach den Absichten des Autors fragt, interessiert sich nach Jannidis für den „realen mentalen Zustand eines Autors während der Niederschrift eines Textes" (Analytische Hermeneutik. Eine vorläufige Skizze, in: Heuristiken der Literaturwissenschaft. Disziplinexterne Perspektiven auf Literatur, hg. von Uta Klein, Katja Mellmann und Stefanie Metzger, Paderborn 2006, S. 131–144, S. 142).
469 Jan-Dirk Müller: Auctor, Actor, Author, in: Der Autor im Dialog. Beiträge zu Autorität und Autorschaft, hg. von Felix Philipp Ingold und Werner Wunderlich, St. Gallen 1995, S. 17–31, S. 20.
470 William Wimsatt: Genesis. A Fallacy Revisited, in: On Literary Intention, hg. von David Newton de Molina, Edinburgh 1976, S. 116–138, S. 131.
471 Gunter Martens: Vom kritischen Geschäft des Editionsphilologen. Thesen zu einem weiter gefaßten Begriff der Textkritik, in: editio 19 (2005), S. 10–22, S. 17. Über Absichten „längst verstorbener Dichter" könne man, so Harald Fricke, „nur selten etwas Genaueres in Erfahrung bringen" (Norm und Abweichung, S. 88). Hans Zeller glaubt, daß Erkenntnisse über Absichten „nur auf spekulativem Wege zu erreichen" sind (Befund und Deutung. Interpretation und Dokumentation als Ziel und Methode der Edition, in: Texte und Varianten. Probleme ihrer Edition und Interpretation, hg. von Gunter Martens und Hans Zeller, München 1971, S. 45–89, S. 54). Moritz Baßler erklärt, daß Absichten „nicht zu den analysierbaren Texteigenschaften" gehören (Mythos Intention. Zur Naturalisierung von Textbefunden, in: Theorien und Praktiken der Autorschaft, hg. von Matthias Schaffrick und Marcus Willand, Berlin 2014, S. 151–167, S. 156). Seine Methode, die er „strukturalistisch-deskriptiv" nennt, will im Gegensatz zur „hermeneutisch-verstehend[en]" Methode auf psychologische Annahmen verzichten (S. 160).

Flüchtiges, Geistiges. Die vermeintlich „schlichte These"[472], auf die sich die strukturalistischen Literaturwissenschaftler einigen können, besagt, daß der Text getrennt von der Subjektivität des Verfassers existiere. Wenn man also die Untersuchungsgegenstände nicht durcheinander bringen wolle, müsse man die Betrachtung des Werks von psychologischen Spekulationen freihalten: „It is not the interpreter's proper task [...] to draw our attention off to the psychological states of the author [...]. His task is to keep our eye on the textual meaning."[473]

2. *Intentionalisten* halten dagegen, daß sich über die Struktur eines Textes wenig aussagen lasse, ohne dem Autor irgendwelche Absichten zu unterstellen. Anhänger dieser literaturwissenschaftlichen Richtung sind optimistisch, was die Erkennbarkeit von Absichten anbelangt. ‚Die Absichten des Autors erforschen' verstehen auch sie als ‚innere Zustände herausfinden wollen'. So gelangen sie zu der Auffassung, daß die Erschließung psychischer Zustände der einzige Weg sei, die Beschaffenheit des Textes richtig zu bestimmen. Während Strukturalisten darauf bestehen, den Philologen, der ein Gedicht interpretiert, als „poem-reader, not a mind-reader"[474] zu begreifen, bestimmen Intentionalisten die Analyse eines Textes beginnend mit der Entzifferung des Wortlauts als ein „Lesen des *Geistes* anhand seiner expressiven Zeichen"[475].

3. Manche Autoren schlagen eine Kombination aus Strukturalismus und Intentionalismus vor. Sie halten Absichten zwar für unbeobachtbare Seelenzustände, wollen sie aber aus der Textinterpretation nicht völlig ausschließen. Die Geltung des Strukturalismus wird daher auf eine *deskriptive* Arbeitsphase eingeschränkt, die man von Hypothesen über den Geist des Verfassers freihalten will. Erst in der anschließenden *interpretativen* Arbeitsphase müssen nach dieser

---

[472] „It is the simple thesis of this section that we must distinguish between the aesthetic object and the intention in the mind of its creator." (Beardsley: Aesthetics, S. 18f.) „Intention is design or plan in the author's mind." (The Intentional Fallacy, in: William Wimsatt: The Verbal Icon. Studies in the Meaning of Poetry, Lexington 1954, S. 3–18, S. 4) Peter Tepe glaubt, daß sein Begriff des „Textkonzepts" mit dem Absichtsbegriff von Wimsatt und Beardsley in etwa übereinstimmt (Kognitive Hermeneutik. Textinterpretation ist als Erfahrungswissenschaft möglich, Würzburg 2007, S. 321). Absichten, Pläne und Wünsche des Autors sind für ihn „textexterne Größen" (S. 161). Zur Kritik an diesem Bild von Absichten vgl. Colin Lyas: Aesthetics, London 1997, S. 135–158; ders.: Wittgensteinian Intentions, in: Intention and Interpretation, hg. von Gary Iseminger, Philadelphia 1992, S. 132–152.

[473] Monroe Beardsley: The Possibility of Criticism, Detroit 1970, S. 34.

[474] Beardsley: The Possibility of Criticism, S. 33.

[475] Detel: Geist und Verstehen, S. 42 [Herv. V.P.]. Detel behauptet, daß „Handlungen über korrelierte Absichten identifiziert werden und insofern verstehbar sind, als die Gehalte dieser Zustände erfaßt werden können" (S. 148).

Konzeption psychologische Annahmen aufgestellt werden, um das Zustandekommen der Strukturen des Textes zu erklären.[476] Auch für die Anhänger dieser vermittelnden Position, die ein harmonisches Ergänzungsverhältnis von Intentionalismus und Strukturalismus behauptet, gibt es keinen Zweifel daran, daß der ‚Text selbst' von den ‚textexternen' Absichten zu trennen ist.

Die drei skizzierten Positionen der Literaturwissenschaft beruhen auf Annahmen über die Funktionsweise des Intentionsbegriffs, die genauer geprüft werden müssen. In den folgenden Abschnitten werde ich die Gedankengänge rekonstruieren, die zu einer metaphysischen Auffassung der Begriffe ‚Absicht' und ‚Gemeintes' führen. Daran anschließend möchte ich eine alternative Erklärung der Sätze anbieten, mit denen man etwas Richtiges oder Falsches über die Absichten des Autors aussagen kann.

1.6.1 Werden Bedeutungen intendiert?

Der Autor wir von Literaturwissenschaftlern oft als eine „sinnstiftende Instanz"[477] dargestellt. Er muß, so scheint es, während der Niederschrift eine Bedeutung beabsichtigen, wenn er nicht bloße Schriftzeichen hervorbringen will. Schon Georg Friedrich Meier behauptet, es sei dem Autor „durch unmittelbare Erfahrung gewiß", welche Bedeutung er „vor Augen gehabt, als er die Mittel [die sprachlichen Ausdrücke, V.P.] gebrauchte".[478] Der Autor „bedient sich der Rede, um den Sinn zu bezeichnen",[479] er „begehrt und will [...] die Bezeichnung des Sinns"[480] und nur die Bedeutung, die er „gewollt"[481] hat, ist die

---

476 „Die Feststellung des *Textbestands* kann – anders als dessen Erklärung – erfolgen, ohne auf den Textproduzenten zurückgreifen zu müssen. [...] In der deskriptiven Arbeitsphase ist es [...] nicht erforderlich, die Ebene des am Text empirisch Feststellbaren zu überschreiten; strebt man jedoch an, die Texttatsachen zu erklären, so muss man auf mentale Akte oder Zustände zurückgreifen, z.B. auf Zielsetzungen, Absichten, Überzeugungen." (Tepe: Kognitive Hermeneutik, S. 62f.) „Es ist bei bei literarischen Texten möglich und sinnvoll, sich – in einer bestimmten Erkenntnisphase – ganz auf den Text zu konzentrieren, den Zusammenhang zwischen Text und Textproduzent also zu vernachlässigen. In der Basis-Analyse geht es z.B. allein um den Text, etwa um die Stilistik und die Motivwahl. Nach dem ‚Willen des Autors' wird hier nicht gefragt" (S. 223; vgl. S. 62, 69, 161, 218, 326, 335).
477 Karl Stackmann: Die Edition – Königsweg der Philologie?, in: ders.: Kleine Schriften, Bd. 2: Philologie und Lexikographie, hg. von Jens Haustein, Göttingen 1998, S. 1–19, S. 8.
478 Meier: Versuch einer allgemeinen Auslegungskunst, § 136.
479 Meier: Versuch einer allgemeinen Auslegungskunst, § 112.
480 Meier: Versuch einer allgemeinen Auslegungskunst, § 112.
481 Meier: Versuch einer allgemeinen Auslegungskunst, § 112.

Bedeutung, die man seinen Worten zuschreiben darf. Was bei Meier „bezeichnen" heißt, scheint in etwa das zu sein, was heute ‚eine Bedeutung intendieren' oder ‚etwas meinen' genannt wird.[482]

Edmund Husserl hat die Theorie der Sinnstiftung wohl am weitesten ausgearbeitet. In seinen *Logischen Untersuchungen* erklärt er, daß die „hingeschriebene[n] Schriftzeichen" erst dadurch zur lebendigen Rede werden, daß der Autor „sie in der Absicht erzeugt, ‚sich' dadurch ‚über etwas zu äußern', mit anderen Worten, daß er [ihnen] in gewissen psychischen Akten einen Sinn verleiht, den er dem Hörenden mitteilen will".[483] Der Verfasser ist jemand, der „mit den Lauten zugleich gewisse sinnverleihende Akte vollzieht".[484] Die Tatsache, daß ein Autor nicht nur Gestalten aufs Papier bringt, sondern etwas zum Ausdruck bringt, wird von Husserl so gedeutet, daß es zwei Akte gibt, die vollzogen werden: einen psychischen Akt (‚etwas zum Ausdruck bringen wollen') und einen physischen Akt (‚äußere Schriftzeichen produzieren'). Der Leser kann nur verstehen, was ausgedrückt wird, wenn er „auch die Intention des Redenden versteht",[485] also die psychischen Vorgänge erschließt, die die Produktion der Schrift begleitet haben. Die Wörter, sagt Husserl, „dienen dem Hörenden als Zeichen für die ‚Gedanken' des Redenden, d.h. für die sinngebenden psychischen Erlebnisse desselben, sowie für die sonstigen psychischen Erlebnisse, welche zur mitteilenden Intention gehören".[486] Husserl ist sich bewußt, daß man den Sprecher als jemanden *wahrnimmt*, der die Wörter verwendet, um etwas damit zu *tun*: „Wenn ich jemandem zuhöre, nehme ich ihn als Sprechenden wahr, ich höre ihn erzählen, beweisen, zweifeln, wünschen usw."[487] Allerdings liest er in diese Verhaltensweisen hinein, daß der Autor Zeichen äußert und ihnen

---

[482] Die Notwendigkeit der Bedeutungsintention wird von Bertrand Russell intuitiv einleuchtend dargelegt: „We must attach *some* meaning to the words we use, if we are to speak significantly and not utter mere noise; and the meaning we attach must be something with which we are acquainted." (The Problems of Philosophy, Oxford 1912, S. 46) Für Searle ist die Absicht das ausschlaggebende psychische Element, das der rein physischen Lautfolge einen Sinn einflößt: „It is the intention with which the act is performed, that bestows the Intentionality on the physical phenomena" (Intentionality. An Essay in the Philosophy of Mind, S. 27). Maria Reicher vertritt die Auffassung, daß „die Bedeutung eines Werks bzw. Textes wesentlich durch Autorabsichten determiniert wird" (Kommunikative Absichten und die Ontologie des literarischen Werks, S. 192). Und auch Tepe stellt den Autor als „Sinneinschreiber" dar (Kognitive Hermeneutik, S. 227).
[483] Husserl: Logische Untersuchungen, Bd. 1, S. 39.
[484] Husserl: Logische Untersuchungen, Bd. 1, S. 39.
[485] Husserl: Logische Untersuchungen, Bd. 1, S. 39.
[486] Husserl: Logische Untersuchungen, Bd. 1, S. 40.
[487] Husserl: Logische Untersuchungen, Bd. 1, S. 40.

1.6 Absichten als Ursachen und Bedeutungsquellen — 125

gleichzeitig durch Akte des Meinens einen Sinn einhaucht: „[R]edend vollziehen wir fortlaufend ein inneres, sich mit Worten verschmelzendes, sie gleichsam beseelendes Meinen. Der Erfolg dieser Beseelung ist, daß die Worte und die ganzen Reden in sich eine Meinung gleichsam verleiblichen und verleiblicht in sich als Sinn tragen."[488]

Eric Hirsch verteidigt in der Nachfolge Husserls die Theorie, daß ein Sprachgebilde die Bedeutung hat, die der Verfasser *bei der Produktion seines Textes meinte* („that a text means what its author meant"[489]). Der Text ist für ihn ein Zeichenkomplex, dem ein Bedeutungskomplex entspricht. Die Bedeutung sei eine schwer definierbare Wesenheit („entity"[490]), die mit den bloßen Schriftzeichen verbunden („connected"[491]) oder ihnen hinzugefügt („attached"[492]) werde. Die Bewußtseinsoperation, von der Hirsch annimmt, daß sie diese Zuordnung herstellt, beschreibt er als ‚meinen', ‚wollen' oder ‚beabsichtigen'.[493] Die Aufgabe des Lesers sei es, die richtige Bedeutung mit den Ausdrücken zu verbinden, also die Bedeutung, die der Autor mit ihnen verbunden hat („intended meaning"[494]).

Der Autor ist nach Hirsch nicht etwa jemand, der Wörter auswählt und Sätze konstruiert, Redefiguren bildet oder Situationen darstellt, sondern jemand, der in erster Linie *Bedeutungen auswählt*. Diese Beschreibung des Autors als „determiner of meaning"[495] entwirft ein irreführendes Bild der Textproduktion. Der Autor *bestimmt* eine ganze Menge: Er bestimmt, indem er genau dieses und nicht ein anderes Wort schreibt, wie seine Sätze gebaut sind. Indem er bestimmt, daß die Sätze gerade so und nicht anders konstruiert sind, legt er fest, was er in seinem Text sagt oder darstellt. Erläutert man, was der Autor bestimmt, bezieht man sich nicht auf eine „determining power of the authorial will",[496] sondern beschreibt, was der Autor tut, indem er seinen Text schreibt, man charakterisiert

---

488 Edmund Husserl: Formale und transzendentale Logik. Versuch einer Kritik der logischen Vernunft, Halle 1929, S. 20.
489 Eric Hirsch: Validity in Interpretation, S. 1. Die Absicht wird für die Beseelung der Rede verantwortlich gemacht: „When we fail to conjoin a man's intention to his words we lose the soul of speech, which is to convey meaning and to understand what is intended to be conveyed." (Hirsch: Validity in Interpretation, S. 90)
490 Hirsch: Validity in Interpretation, S. 32.
491 Hirsch: Validity in Interpretation, S. 4.
492 Hirsch: Validity in Interpretation, S. 5.
493 „Whenever meaning is connected to words, a person is making the connection" (Hirsch: Validity in Interpretation, S. 4).
494 Hirsch: Validity in Interpretation, S. 14.
495 Hirsch: Validity in Interpretation, S. 5.
496 Hirsch: Validity in Interpretation, S. 68.

also die mehr oder weniger geschickte Verwendung von Zeichen. Der Ausdruck ‚eine Bedeutung wollen' ist eine Fehlkonstruktion.[497] Autoren *wollen* etwas darstellen, sie *wollen* etwas ausdrücken, sie *wollen* ihre Vorbilder übertreffen, sie *wollen* ihre Talente zeigen, sie *wollen* sich die Bewunderung der Leser sichern – aber *wollen* sie auch *Bedeutungen*? Hirsch legt nahe, daß man den Wörtern Bedeutung gibt, *indem* man sie will, als werde durch das Wollen eine Zeichenfolge mit einem Komplex von Bedeutungen verbunden („one particular complex of meaning is *willed*"[498]) – aber kann man überhaupt etwas tun oder zustande bringen, indem man es *will* oder indem man es *beabsichtigt*?

Strukturalisten wie Monroe Beardsley und Moritz Baßler haben Recht, daß das „Modell einer Emanation von Sinn aus einer personalen Instanz hinter dem Text"[499] irreführend ist. Es gibt, das betonen auch Wittgenstein nahestehende Autoren wie Oliver Scholz, keine geistige Tätigkeit, die sozusagen „magisch"[500] die Beschaffenheit des Werks festlegt. Was dem Verfasser beim Schreiben durch den Kopf ging, ist irrelevant für die Beschaffenheit des Textes. Aus dieser Beobachtung ziehen Strukturalisten jedoch allzu schnell den Schluß, daß die Zeichen eigenständig interagieren und aus sich heraus verständliche Sprachgebilde ergeben: „My position is [...] that texts acquire determinate meaning through the interactions of their words without the intervention of an authorial will."[501] Beardsley und andere Strukturalisten interpretieren, darin den Intentionalisten nicht unähnlich, Behauptungen über Absichten als Behauptungen über psychische Zustände, die sich in das Spiel der Zeichen einmischen. Statt die metaphysische Überhöhung der Absichten zu korrigieren, versuchen sie, den Textbegriff von psychologischen Begriffen zu isolieren. Diese Verabsolutierung des Psychologismus durch den Strukturalismus hat Toril Moi klar identifiziert: „Instead of providing a better explanation of what we do when we talk about intentions, the New Critics enthroned the bad picture of intentions as the only term in which to discuss the matter."[502] Ein Schritt auf dem Weg zu einer besseren Erklärung ist die Überprüfung der Annahme, daß Absichten das Schreiben steuern und die Gestalt des Textes beeinflussen.

---

497 „There is, in fact, something odd about the notion of ‚willing' a meaning." (Beardsley: The Possibility of Criticism, S. 172)
498 Hirsch: Validity in Interpretation, S. 47.
499 Baßler: Mythos Intention, S. 155.
500 Oliver Scholz: Bild, Darstellung, Zeichen. Philosophische Theorien bildlicher Darstellung, 2. Aufl., Frankfurt/M. 2004, S. 147.
501 Beardsley: The Possibility of Criticism, S. 172.
502 Moi: Revolution of the Ordinary, S. 201.

1.6.2 Sind Absichten die inneren Ursachen des Schreibens?

Die kausale Auffassung des Geistes wird durch Ausdrucksweisen begünstigt, die man im Alltag und in den Wissenschaften ständig anwendet: Wenn man wissen will, warum Pierre Bayle in seinem *Dictionnaire historique et critique* ständig die Unvereinbarkeit von Vernunft und Christentum hervorhebt, kann er fragen: Was hat ihn ‚bewogen', dies zu tun? Oder: Welche Absicht ‚verbirgt' sich dahinter? Die Antworten, die man hypothetisch formuliert, scheinen eine innere Ursache zu benennen: Bayle ‚hat den Wunsch', die rationale Theologie zu diskreditieren. Er ist ‚geleitet' von der Absicht, den Fideismus als Vorwand zu nutzen. Er ist ‚angetrieben' von dem Verlangen, das Ansehen des Christentums zu untergraben. Die Komposition ‚entspringt' dem Drang, eine naturalistische Weltauffassung zu artikulieren. Der Wunsch, den Begriff eines zugleich allmächtigen und gerechten Gottes in Zweifel zu ziehen, ‚veranlaßt' ihn, seinen Text gerade so und nicht anders zu gestalten.

Diese und andere Ausdrucksformen sind im wissenschaftlichen Gespräch über Texte zuverlässig für die Bildung bestätigungsfähiger Aussagen verwendbar. Bei Diskussionen über die Verfahrensweisen der Philologie suggerieren sie jedoch die Vorstellung, daß das Schreiben von inneren Zuständen gesteuert werde. Der von Wittgenstein konstatierte Denkzwang, „hinter allen Handlungen der Menschen Zustände der Seele zu postulieren, aus denen die Handlungen ‚entspringen'",[503] ist auf die unreflektierte Neigung zurückzuführen, Sätze, in denen Substantive wie ‚Absicht' oder ‚Wunsch' vorkommen, als Aussagen über innere Phänomene zu interpretieren. Diese Tendenz führt dazu, daß zum Beispiel die Redeweise, eine bestimmte Handlung ‚entspringe' der Ruhmbegierde, übermäßig wörtlich genommen wird: Den Wunsch deutet man dann als seelischen Vorgang oder Zustand, aus dem das Verhalten auf irgendeine Weise hervorgeht.

Absichten werden von Philosophen und Psychologen in der Regel als handlungsleitende Repräsentationen aufgefaßt.[504] In diesem Punkt sieht Fodor eine Kontinuität von Descartes bis zum Programm der Kognitionswissenschaft: „Higher organisms act out of the content of their mental states".[505] Die Tendenz,

---

503 Wittgenstein: Das Blaue Buch, S. 216. Die Idee, daß der Geist eine kausale Rolle spielt, wird kurz analysiert von Alan White: Philosophy of Mind, S. 34. Eine ausführlichere Analyse bietet: Peter Hacker: Human Nature. The Categorial Framework, Oxford 2007, S. 122–160. Nützlich sind darüber hinaus: Bede Rundle: Mind in Action, Oxford 1997; John Hyman: Action, Knowledge, and Will, Oxford 2015.
504 Die Absicht ist eine Struktur, die darstellt, was jemand tun will: „Wenn Barbara beabsichtigt, morgen ins Konzert zu gehen, dann repräsentiert diese Absicht ihren morgigen Gang ins Konzert" (Detel: Geist und Verstehen, S. 34).
505 Fodor: Concepts, vii.

handlungsleitende Vorstellungen als Zustände zu deuten, die buchstäblich die Führung der Handlung übernehmen, prägt in verschiedenen Versionen fast die gesamte Literatur zum Thema.[506] Der Philosoph Alfred Mele geht in seinen Überlegungen von der Frage aus, was Absichten *tun* oder *bewirken* können.[507] Gleiches gilt für Paisley Livingston, der in seiner maßgeblichen Studie zur Rolle der Absichten in der Kunstproduktion erklärt, die Herstellung und Veröffentlichung eines Werks sei „usually prompted, guided, and informed by intentions".[508] Den Absichten falle die Aufgabe zu, das Schreiben zu „initiieren", „aufrechtzuerhalten", zu „koordinieren" und „anzuleiten".[509] Eine ähnliche Meinung vertritt Axel Bühler: Für ihn steht unverrückbar fest, daß Absichten „in allen Phasen der Erstellung eines Textes eine wichtige kausale Rolle"[510] spielen. In welche Kategorie die Absichten gehören, scheint für ihn nicht relevant zu sein: Er definiert sie wechselweise als „psychische Zustände",[511] „psychische Ereignisse",[512] „geistige Einstellungen",[513] „psychische Aktivitäten"[514] und als „möglicherweise letztlich neurophysiologische Gegebenheiten".[515] Was sie eigentlich sind, ist nicht so wichtig, solange die Wirksamkeit der Absichten garantiert ist: Sie „dienen der Kontrolle des Verhaltens", sie „legen fest, welche Handlungen [...] ausgeführt

---

[506] „Mit der Handlungsinitiierung übernimmt die mentale [...] Repräsentation der [...] Zielintention [hier ist wohl eigentlich die auszuführende Handlung oder das angestrebte Resultat dieser Handlung gemeint, V.P.] die Führung der Handlung." (Heinz Heckhausen: Motivation und Handlung, 2. Aufl., Berlin 1989, S. 214) Auch Thomas Metzinger nimmt eine Kausalbeziehung zwischen Repräsentationen und Handlungen an: „Inhalte steuern Verhalten, so viel scheint klar." (Grundkurs Philosophie des Geistes, Bd. 3, S. 20)
[507] „What do intentions do?" (Alfred Mele: Intention, in: A Companion to the Philosophy of Action, hg. von Timothy O'Connor und Constantine Sandis, Oxford 2010, S. 108–113, S. 110)
[508] Paisley Livingston: Art and Intention. A Philosophical Study, Oxford 2005, S. 42.
[509] Livingston: Art and Intention, S. 14f.
[510] Bühler: Plädoyer für den hermeneutischen Intentionalismus, S. 196.
[511] Axel Bühler: Autorabsicht und fiktionale Rede, in: Rückkehr des Autors. Zur Erneuerung eines umstrittenen Begriffs, hg. von Fotis Jannidis, Gerhard Lauer, Matías Martínez und Simone Winko, Tübingen 1999, S. 61–75, S. 63.
[512] Bühler: Autorabsicht und fiktionale Rede, S. 63.
[513] Axel Bühler: Ein Plädoyer für den hermeneutischen Intentionalismus, in: Fiktion, Wahrheit, Wirklichkeit. Philosophische Grundlagen der Literaturtheorie, hg. von Maria Reicher, Paderborn 2010, S. 178–198, S. 179.
[514] Bühler: Ein Plädoyer für den hermeneutischen Intentionalismus, S. 180.
[515] Bühler: Ein Plädoyer für den hermeneutischen Intentionalismus, S. 193. In seiner letzten Stellungnahme zum Intentionalismus gibt sich Bühler unzweideutig als Anhänger der Repräsentationstheorie des Geistes zu erkennen: Absichten sind für ihn „darstellende Zustände und haben einen Inhalt" (Interpretation als Erkenntnis, in: Literatur interpretieren. Interdisziplinäre Beiträge zur Theorie und Praxis, hg. von Jan Borkowski, Stefan Descher, Felicitas Ferder und Philipp David Heine, Münster 2015, S. 173–189, S. 178).

werden" und „koordinieren" die Herstellung des Textes.[516] Peter Tepe glaubt ebenfalls an die „Prägewirkung"[517] von Seelenzuständen. Die Aussage, daß Sprachgebilde von Absichten ‚geprägt' sind, könnte man als bildhafte Redeweise deuten, wenn Tepe nicht an anderen Stellen zu erkennen geben würde, daß er den Absichten tatsächlich einen Einfluß auf das Verhalten zutraut. Den „Plan" des Autors stellt er als eine „im Entstehungskontext wirksame Steuerungsinstanz"[518] dar. Der Text ist für ihn nicht ein planvoll strukturiertes Sprachgebilde, sondern äußerlich wahrnehmbare „Realisierung des steuernden Plans".[519]

Die unstreitig „wichtige Rolle" der Begriffe ‚Absicht' und ‚Wunsch' führt man immer wieder als Beweis dafür an, daß es sich um „wirkliche psychische Gegebenheiten" handelt, die „kausal wirksam werden können".[520] Die Tatsache, daß man wahr oder falsch über Absichten reden kann, wird mit der unbegründeten Annahme, daß man sich auf innere Zustände bezieht, die einen Einfluß auf das Verhalten ausüben, systematisch gleichgesetzt. Wie dieses sprunghafte Denken das Trugbild eines psychischen Phänomens erzeugt, hat Wittgenstein am Beispiel des Begriffs ‚Einstellung' verdeutlicht: „Die Einstellung ‚etwas in ihm' zu nennen, ist irreführend."[521] Denn nun scheinen sich nachprüfbare Aussagen über Einstellungsänderungen auf eine Veränderung in der Seele zu beziehen, deren sichtbare Wirkung das äußere Verhalten ist: „Es ist, als könnten wir nun dunkel ein Etwas sehen, oder fühlen, was sich

---

516 Bühler: Plädoyer für den hermeneutischen Intentionalismus, S. 179. Die Absichten verfolgen in Bühlers Darstellung sogar Ziele: Er unterscheidet „Absichten, die zum Ziel haben, mit dem Vollzug mündlicher Äußerungen bzw. der Hervorbringung von Texten irgend etwas zu bewirken" und „Absichten, die zum Ziel haben, sprachliche Äußerungen bzw. Texte in bestimmter Weise zu gestalten" (S. 181).
517 Tepe: Kognitive Hermeneutik, S. 89. Der Autor sei ein „von einem Überzeugungssystem gesteuertes Wesen" (S. 159).
518 Tepe: Kognitive Hermeneutik, S. 330.
519 Tepe: Kognitive Hermeneutik, S. 331. Tepe schwankt zwischen der These, daß der Geist das Verhalten „steuert" (S. 328), und der These, daß sich der Geist im Text ausdrücke (S. 229) oder manifestiere (S. 233).
520 Axel Bühler: Die Funktion der Autorintention bei der Interpretation, in: Geschichte der Hermeneutik und die Methode der textinterpretierenden Disziplinen, hg. von Jörg Schönert und Friedrich Vollhardt, Berlin 2005, S. 463–472, S. 472. Auch an anderer Stelle wird voreingenommen über den eingespielten Gebrauch psychologischer Begriffe geurteilt: „Sowohl die Alltagspsychologie wie auch zumeist die experimentelle Psychologie betrachten Absichten als tatsächlich existierende geistige Einstellungen, die kausal wirksam sind, indem sie Verhalten (mit-)verursachen." (Bühler: Ein Plädoyer für den hermeneutischen Intentionalismus, S. 181) Die Zuschreibung von inneren Zuständen, die ‚Absichten' genannt werden, sei in der „Praxis des Interpretierens" fest etabliert (ders.: Interpretation als Erkenntnis, S. 187).
521 BPP 1, § 1110.

geändert hat und ‚die Einstellung' genannt wird."[522] Diesem Mißverständnis wirkt Wittgenstein mit der Feststellung entgegen, daß die Einstellungsänderung eine Verhaltensänderung bezeichnet und nicht eine unbeobachtbare Ursache, die ihr zugrunde liegt. Er warnt entsprechend davor, den Willen als eine „Kraft" und das Wollen als „primäre Handlung"[523] darzustellen, durch die eine ‚äußere' Verhaltensweise wie das Schreiben von Texten in Gang gesetzt wird.

Die kausale Theorie des Geistes führt, wenn man Wittgensteins Diagnose akzeptiert, im Bereich der Literaturtheorie zu einem verzerrten Bild vom Schreiben. Absichten sollen dafür verantwortlich sein, daß bei den Anstrengungen, einen Geschäftsbrief zu schreiben, nicht ein Sonett herauskommt: „[P]eople who sit down and begin writing a business letter do not find that a lovely sonnet somehow emerges on the page or computer screen, and that is because the intention guiding the writing involved no such plan".[524] Paisley Livingston redet hier so, als führe die innere Einstellung dem Autor die Feder und bringe ihn dazu, die richtigen Worte zu wählen. Aber das Wollen schreibt keine Texte und sorgt auch nicht dafür, daß der Autor bestimmte Sätze konstruiert. Wenn ein Autor schreibt, was er schreiben *will*, heißt das nicht, daß sein Wollen das Schreiben auf geheimnisvolle Weise steuert. Wenn das Schreibinstrument von etwas gesteuert wird, dann vom Autor. Die Fähigkeit, etwas anzuleiten und zu koordinieren, die Livingston der Absicht überträgt, kann eigentlich nur einem Verfasser(kollektiv) zugesprochen werden. Wenn man bei dem Vorhaben, einen Geschäftsbrief zu schreiben, dazu übergeht, nach Wörtern zu suchen, die sie sich in ein Sonett einfügen, hat man seine Absichten geändert, aber das heißt nicht, daß es einen inneren Zustand gibt, der sich geändert hat. Eher hat sich die Struktur des Verhaltens gewandelt.

Ein Motiv, an der kausalen Auffassung des Geistes festzuhalten, ist die Befürchtung, daß eine Person, wenn sie nicht durch ihren Geist die Entstehung eines Textes herbeiführe, auch nicht als verantwortliche Urheberin gelten könne. Die Autorschaft scheint an die Wirksamkeit des Geistes gebunden zu sein.[525] An dieser Stelle ist es

---

522 BPP 1, § 1110.
523 BPP 1, § 900.
524 Livingston: Art and Intention, S. 44.
525 Tyler Burge empfindet eine „deep connection between intentional psychological explanation and the view it provides of ourselves as agents, on the one hand, and the attribution of some sort of causal efficacy to intentional mental states and events as such, on the other" (Mind-Body Causation and Explanation, in: Mental Causation, hg. von John Heil und Alfred Mele, Oxford 1993, S. 119.) Ähnlich äußert sich Jerry Fodor: „[I]f it isn't literally true that my wanting is causally responsible for my reaching, and my itching is causally responsible for my scratching, and my believing is causally responsible for my saying [...] if none of that is literally true, then practically everything I believe about anything is false and it's the end of the world." (A Theory of Content and Other Essays, Cambridge 1990, S. 156)

wichtig, genau zwischen der Ausübung von Fähigkeiten und der Wirksamkeit innerer Zustände zu unterscheiden. Es gibt keinen Grund, die Zurechnung von Verantwortung für Handlungen von einer Theorie abhängig zu machen, die Begriffe wie ‚Wunsch' oder ‚Absicht' als Bezeichnung der inneren Ursachen des beobachtbaren Verhaltens interpretiert.[526] Autoren können mit sprachlichen Zeichen tun, was sie zu tun beabsichtigen, ohne daß Absichten beeinflussen, was sie tun. Es kann wahr oder falsch ausgesagt werden, daß der jeweilige Verfasser durch Ruhmbegierde angetrieben wird, daß sein Wunsch nach radikaler Aufrichtigkeit ihn veranlaßt, etwas von sich preiszugeben, oder daß die Furcht vor Verfolgung ihn dazu bestimmt, seine wahren Gedanken zu verschleiern. Die Anwendung dieser Redewendungen muß in keinem Fall als Aussage über Kausalbeziehungen zwischen Seelenzuständen und Verhaltensweisen verstanden werden.[527]

Der Begriff ‚Absicht' kann mit Begriffen wie ‚Bereitschaft', ‚Gewilltsein' oder ‚Entschlossenheit' verglichen werden.[528] Daß man bei der Arbeit am Text bestimmte Wörter stehen läßt und andere durchstreicht, daß man mit einem Brief anfängt und ihn unbeirrt zu Ende führt, beweist (manifestiert, bekundet) das Gewilltsein, dieses und nicht ein anderes Sprachgebilde hervorzubringen; aber es wäre absurd zu behaupten, daß die Entschlossenheit, einen so beschaffenen Text zu verfassen, das Schreiben *steuert*. Wenn der Autor ausführt, wozu er sich vorher entschieden hat, so ist die Handlung die Manifestation einer bestehenden Entschlossenheit. Doch weder die Herausbildung einer Entschlossenheit noch die Entschlossenheit selbst beeinflussen, daß man umsetzt, was man sich vorgenommen hat. Zudem muß die Geneigtheit, bestimmte Sätze zu konstruieren, dem fertigen Satz nicht vorausgehen. Daß jemand diese Wörter kombiniert und sich vorerst

---

526 Vgl. Peter Hacker und Parashkev Nachev: The Neural Antecedents to Voluntary Action. A Conceptual Analysis, in: Cognitive Neuroscience 5/3–4 (2014), S. 193–208.
527 Vgl. Elizabeth Anscombe: The Causation of Action [1983], in: dies.: Human Life, Action, and Ethics, hg. von Luke Gormally und Mary Geach, Exeter 2005, S. 89–108; Julia Tanney: Rules, Reason, and Self Knowledge, Cambridge, MA 2013, S. 334–356; Hyman: Action, Knowledge, and Will, S. 103–132.
528 Vgl. Rundle: Mind in Action, S. 201f.; ders.: Why there is Something Rather than Nothing, S. 154–158; ders.: Mental Occurrences and Terminus Verbs, in: Ryle on Mind and Language, hg. von David Dolby, London 2016, S. 165–177. ‚Sich entscheiden, etwas zu tun' bezeichnet nach Rundle keinen besonderen Akt, sondern den Übergang zur Entschlossenheit, die sich unter anderem darin ausdrücken kann, daß man zu tun beginnt, was man tun will. Diese Explikation widerspricht Meles Konzeption von Entscheidungen als geistige Akte: „Deciding to act – actively settling on a course of action – may be understood as a mental act of executive assent to a [...] plan of action" (Motivation and Agency, Oxford 2003, S. 210). Vgl. Livingston: Art and Intention, S. 43.

damit zufriedengibt, kann das erste sein, was uns berechtigt, von einer ‚Entscheidung' oder ‚Absicht' zu reden.[529]

Ob der Autor tut, was er tun will, hat damit zu tun, ob er mit den Mustern zufrieden ist, die er probeweise erzeugt. Er prüft, ob das, was ihm ‚in den Sinn kommt' (d.h. was er momentan zu formulieren fähig ist) oder was er provisorisch niedergeschrieben hat, beispielsweise ‚wohlklingend', ‚flüssig', ‚kohärent', ‚relevant', ‚geistreich' oder ‚kraftvoll' ist.[530] Der Autor vergleicht also nicht den Ausdruck mit einer geistigen Formulierung dessen, was er sagen will, sondern prüft seine Selbstpräsentation nach bestimmten Kriterien.[531] Und er verändert den Text nicht *durch* seinen Willen, sondern er verändert ihn, wie es ihm jeweils richtig scheint.[532]

Dieser Punkt verdient es, hervorgehoben zu werden: Ein Autor schreibt einen Ausdruck, weil er ihm gut dünkt, aber nicht *dadurch* daß oder *indem* er ihn beabsichtigt. Wenn der Autor den Text später prüft, und den Ausdruck weiter für gut befindet, dann ‚will' er, daß er dort steht. Wenn er ihn bei der Durchsicht mißbilligt und zu entfernen sucht, ‚will' er ihn nicht mehr schreiben. Daß man ein Wort als gesetzt behandelt oder durchstreicht ist *Manifestation* oder *Ausdruck*, aber nicht *Folge* des Willens. Der Wille, ein Wort zu benutzen, zeigt sich beispielsweise darin, daß der Autor es, solange es die Gelegenheit dazu gab, nicht korrigiert oder zurückgenommen hat, und darin, daß er mit anderen Wörtern daran anknüpft. Einen Satz weiterzuführen ist eine Willensäußerung in Bezug auf den Satzanfang; an einen Satz anzuschließen, ist eine Willensäußerung in Bezug auf den zuvor geäußerten Satz. Es ist also nicht ein isolierbares Ereignis im Produktionsprozeß, das uns erlaubt, ein Wort als ‚gewollt' zu beschreiben, sondern die zusammenhängende Entwicklung des Verhaltens, in die es einbezogen ist.

---

529 Vgl. Rundle: Why there is Something Rather than Nothing, S. 156; Severin Schroeder: Are Reasons Causes? A Wittgensteinian Response to Davidson, in: Wittgenstein and Contemporary Philosophy of Mind, hg. von dems., London 2001, S. 150–170, S. 162; Hacker: The Categorial Framework, S. 148f.
530 Vgl. John Hunter: Essays after Wittgenstein, Toronto 1973, S. 13.
531 Mehr zur Anwendung von Kriterien im Aufbau des Verhaltens in Kap. 2.2.3.
532 Die Frage, *warum* er sich damit zufrieden gibt, ist eine Leitfrage der Textanalyse, vgl. Kap. 2.5 und 2.6. Typischerweise gibt man zu ihrer Beantwortung keine inneren Ursachen an, sondern rekonstruiert den Text so, daß deutlich wird, was wünschenswert daran ist. Eine Angabe von Ursachen wird verlangt, wenn man fragt, wie es kommt, daß dem Autor oder seinem Publikum etwas wünschenswert erscheint.

Nun wird auch deutlich, wie sehr man die Dinge vereinfacht, wenn man davon ausgeht, daß es einen „Moment der Textentstehung"[533] gibt, in dem die Bedeutungsfestlegung stattfindet. Wofür man den Autor verantwortlich macht, hängt nicht davon ab, was dem Verfasser zu einem Zeitpunkt durch den Kopf gegangen ist, weswegen auch die erste Niederschrift der Ausdrücke weniger wichtig ist als der Umstand, daß der Verfasser im weiteren Verlauf mit ihnen zufrieden ist und sie als Teil des Textes beibehält.[534] Die Gestaltung eines Textes kann auf Einfälle und Formulierungsvorschläge anderer Personen zurückgehen und trotzdem vom Autor ‚gewollt' oder ‚beabsichtigt' sein. Daß etwas *mit* dem Willen oder *gegen* den Willen des Autors erfolgt, ist eine Sache von Zustimmungs- und Ablehnungsdispositionen, von Gefallens- und Mißfallensbekundungen in kulturell geformten, gemeinschaftlich organisierten Herstellungs- und Veröffentlichungsprozessen, nicht eine Sache von inneren Vorgängen. Oft stabilisieren sich diese Dispositionen in einer langwierigen Auseinandersetzung mit provisorischen Erzeugnissen, die man allein oder gemeinsam mit anderen einschätzt.

1.6.3 Die Ungereimtheit des Intentionalismus

Der Behaviorismus (oder Enaktivismus) mag dem Intentionalismus manchmal zum Verwechseln ähnlich sehen. Er unterscheidet sich jedoch in dem Punkt, daß er den Absichten keine Vorzugsstellung gegenüber dem Sprachgebrauch einräumt. Zur Verdeutlichung möchte ich die verhaltensorientierte Betrachtungsweise von den Thesen abgrenzen, die Stanley Fish und Noël Caroll vorgeschlagen haben. Beide vermischen begriffliche Feststellungen mit metaphysischen Behauptungen über die psychischen Zustände, die dem Gebrauch der Sprache zugrunde liegen. Da sich fast alle Autoren, die sich als ‚Intentionalisten' beschreiben, auf solche Ungereimtheiten festlegen, argumentiere ich, daß man sich von der Position, die üblicherweise ‚hermeneutischer Intentionalismus' genannt wird, besser distanzieren sollte.

---

[533] Der Intentionalismus wird als die „Forderung" verstanden, eine Deutung „müsse mit Bedeutungsintentionen übereinstimmen, die für den Moment der Textentstehung als möglich und wahrscheinlich angenommen werden können" (Thomas Zabka: Art. Interpretation, in: Metzler Lexikon Literatur. Begriffe und Definitionen, Aufl., hg. von Dieter Burdorf, Christoph Fasbender und Burkhard Moennighoff, 3., völlig neu bearb. Aufl., Stuttgart 2007, S. 356–357, S. 356).
[534] Darauf hat besonders Denys Harding hingewiesen: Experience into Words. Essays on Poetry, London 1979, S. 166.

Carroll unterstellt auf typisch metaphysische Weise, daß Handlung und Absicht zwei miteinander verbundene Phänomene sind: „What the artist was doing – what action or actions she was performing – is, of course, *connected* to her intentions".[535] Die Absichten „konstituieren" die Tätigkeit des Autors und die Struktur des Werks.[536] Es sei also erforderlich, die Absicht zu erschließen, die der künstlerischen Tätigkeit vorausgehe, um sie richtig zu identifizieren: „Pinpointing the intention *behind* the agent's action is crucial to identifying what action it is".[537] Der Zusammenhang der Handlung werde durch die Absichten garantiert, die der Handlung vorausgehen („the coherent intention that lies behind it"[538]). Das Problem, wie man Zugang zu den inneren Zuständen des Künstlers bekommt, wird durch ein Autoritätsargument beiseite geschoben: Die Psychologie habe gezeigt, daß wir mit einer zuverlässigen Fähigkeit ausgestattet sind, den Geist anderer Menschen zu lesen.[539] Carroll findet in empirischen Studien, die eben auch die Tatsachen im Lichte metaphysischer Voraussetzungen auffassen, seine vorgefaßte Meinung bestätigt: Interpreten untersuchen das menschliche Verhalten, um daraus die Absicht zu erschließen, die es verursacht hat.

Im Unterschied zu Carroll nimmt Fish mehrfach für sich in Anspruch, einen begrifflichen Zusammenhang aufzuzeigen und nicht eine empirische Aussage zu formulieren.[540] Er behauptet, daß die Untersuchung der Absichten des Autors und

---

535 Noël Carroll: On Criticism, London 2009, S. 66 [Herv. V.P.].
536 Carroll: On Criticism, S. 77.
537 Carroll: On Criticism, S. 67 [Herv. V.P.].
538 Carroll: On Criticism, S. 139.
539 „Mind reading, as the evolutionary psychologists call it, is one of the most important advantages that natural selection has bequeathed to human beings. [...] We spend our days and nights reading the minds of our conspecifics continuously, and a simply stunning number of our surmises are correct. [...] We are wrong on numerous occasions, but most of us are right far more often than we are wrong." (Carroll: On Criticism, S. 71) Diese angeblich erwiesene Zugänglichkeit innerer Zustände wird noch mehrfach betont: „we seem to have easy access to them" (S. 71), „we are so very good at mind reading" (S. 72). Carrolls teils trivialempirische, teils metaphysische Generalisierung soll die folgende Annahme entkräften: „[A]rtistic intentions are always inaccessible" (S. 73). Das Problem mit dieser Aussage nicht, daß sie mit den Erfahrungsdaten im Widerspruch steht, sondern daß ihr kein vernünftiger Sinn zugeschrieben werden kann. Wollte man sie kritisieren, müßte man die Idee des Zugangs in Frage stellen (vgl. Kap. 1.4.3).
540 „It has nothing to do with empirical evidence; its force is conceptual and is not derived from experience." (Stanley Fish: There is No Textualist Position, in: San Diego Law Review 2/42 (2005), S. 629–650, S. 646.).

die Untersuchung seines Textes bloß zwei verschiedene Beschreibungen derselben Aufgabe seien. Er verstärkt jedoch durch seine Ausdrucksweise die Vorstellung, daß die Bedeutung der Wörter und die Absicht des Autors zwei verschiedene, miteinander untrennbar verbundene Dinge sind: „It is not simply that [...] they go together; they are inseparable from one another."[541] Von dieser Redeweise irregeführt, behauptet Fish eine geheimnisvolle Bestimmung der Wörter durch die Absicht: „Words alone, without an animating intention, do not have power, do not have semantic shape, are not yet language".[542] Die Absicht erscheint hier als ein eigentümliches psychisches Phänomen, das die Zeichen lebendig macht und formt. Der Eindruck wird noch gesteigert durch die These von der Dominanz der Absichten gegenüber dem Text: „The text, in short, is an entirely derivative entity – something else (an animating intention) must be in place before it can emerge, *as* text".[543] Nicht alle Bemerkungen Fishs stützen diese Deutung von Absichten. So erläutert er sie an einer Stelle als „forms of [...] conventional behavior"[544]. Es gelingt ihm jedoch nicht, diese verhaltensbezogene Auffassung konsequent vom Intentionalismus abzugrenzen.[545]

Die fehlerhafte Grundannahme des Intentionalismus wird von Elizabeth Anscombe klar benannt: „An action is not called ‚intentional' in virtue of any extra feature which exists when it is performed".[546] Intentionalisten unterstellen, daß ‚Absicht' ein geistiges Etwas bezeichnet, das vorliegt, wenn etwas

---

541 Fish: There is No Textualist Position, S. 633.
542 Fish: There is No Textualist Position, S. 632.
543 Fish: There is No Textualist Position, S. 635. Fish fährt fort, die Metaphern zu verwenden, aus denen sich der Mythos der verliehenen Intentionalität speist. Der Text ist für ihn „vehicle of an intention" (S. 633), der sinnvolle Satz „animated by an intention" (S. 632), die Absicht „source or location of meaning" (S. 635).
544 Stanley Fish: Doing What Comes Naturally. Change, Rhetoric, and the Practice of Theory in Literary and Legal Studies, Durham 1989, S. 99. Er spricht auch von „form[s] of conventional behavior made possible by the general structure of the enterprise" (S. 100).
545 Die beste Formulierung der behavioristischen Variante seiner Position gelingt ihm in einem Diskussionsbeitrag über das Wesen biographischer Interpretation: „The only way to read unbiographically would be [...] to refrain [...] from regarding the marks before you as manifestations of intentional behavior; but that would be not to read at all." (Stanley Fish: Biography and Intention, in: Contesting the Subject. Essays in Postmodern Theory and Practice of Biography and Biographical Criticism, hg. von William Epstein, West Lafayette, IN 1991, S. 9–16, S. 14).
546 Elizabeth Anscombe: Intention, Oxford 1972, § 48, S. 87. Vgl. dies.: The Causation of Action, S. 95. Anscombes Intentionsbegriff findet in der Literaturwissenschaft immer noch zu wenig Berücksichtigung. Ausnahmen sind: John Reichert: Making Sense of Literature, Chicago 1977, S. 59–95; Moi: Revolution of the Ordinary, S. 200–204.

‚absichtlich' getan wird, und das fehlt, wenn etwas ‚nicht beabsichtigt' ist. Der hartnäckige Eindruck, daß es ein solches aus dem Verhalten erschließbares Vorkommnis geben müsse, wird, wie wir gesehen haben, durch eine irreführende Rhetorik aufrechterhalten.[547] Man kann sie korrigieren, indem man sich die verschiedenen Gebrauchsweisen des Wortes ‚Absicht' im wissenschaftlichen Diskurs vergegenwärtigt.[548] Es wird im Reden und Nachdenken über Texte in mindestens drei verschiedenen Funktionen benutzt:

1. Manchmal bezieht man sich mit dem Wort ‚Absicht' auf die Tatsache, daß sich jemand etwas vorgenommen hat. ‚Absicht' bezeichnet hier eine Entschlossenheit, etwas zu tun oder zu erreichen. Sie kann sich in einer ernsthaften Ankündigung einer Handlung manifestieren, aber auch darin, daß jemand eine Handlung vorbereitet. ‚Absicht' bezeichnet dabei genauso wenig wie ‚Vorhaben' oder ‚Plan' etwas, das ein Verhalten *veranlaßt*. „Sie will ein Heldengedicht verfassen" spezifiziert, wozu die Person sich entschlossen hat, nicht die Ursache der Ausführung des Projekts.
2. Eine andere Verwendung des Wortes liegt vor, wenn man sich fragt, ob etwas ‚absichtlich' getan wird. Die Feststellung, daß das Sprachverhalten den Charakter der Absichtlichkeit hat, ist in viele Textbeschreibungen bereits eingebaut. So wäre es mißverständlich, ohne besonderen Anlaß zu erklären, daß der Autor ‚mit Absicht' einen Redegegenstand einführt und ‚mit Absicht' etwas von ihm aussagt. Dagegen ist es angemessen und informativ, darauf hinzuweisen, daß der Verfasser die Regeln der Grammatik ‚mit Absicht' verletzt oder einen Konkurrenten ‚mit Absicht' nicht erwähnt, denn hier muß man ausschließen, daß das Verhalten ein Beispiel von Nachlässigkeit oder Unkenntnis ist.
3. Die Frage nach den weitergehenden Absichten bezieht sich auf ein Verhalten, daß man bereits als ‚absichtlich' eingestuft hat. Wer verstanden hat, daß der Autor einen Satz mit Absicht geschrieben hat, kann noch unsicher sein, *warum* er ihn geschrieben hat. Gebrauchte er ihn, um vor etwas zu warnen, seine Bewunderung deutlich zu machen oder um etwas zu parodieren? Es ist hier die Frage, *wozu* der Autor den konstruierten Satz im Text verwendet, was er mit dem Satz an dieser Stelle *bezweckt*. Die Feststellung,

---

547 Willem Levelt behauptet, der Besitz von Absichten sei „supported by introspection" (Speaking. From Intention to Articulation, Cambridge, MA 1989, S. 58) – als könne man durch eine Hinwendung zu den inneren Erlebnissen gewahrwerden, daß das Schreiben von Absichten beeinflußt wird.
548 Vgl. Herbert Hart: Punishment and Responsibility. Essays in the Philosophy of Law, 2. Aufl., Oxford 2008, S. 113–135; White: Grounds of Liability, S. 66–73; Hacker: The Categorial Framework, S. 212–214.

daß jemand X tut, um Y zu tun, formuliert im Finalsatz (,um Y zu tun') die weitergehende Absicht. Man kann sagen, mit welcher Absicht etwas getan wird, indem man eine anspruchsvollere Tätigkeit (,um etwas zu begründen') oder ein Handlungsresultat (,um zu provozieren') angibt, aus dessen Charakterisierung hervorgeht, was die Bemühungen erfolgreich machen würde.[549]

Wenn man diese Gebrauchsweisen berücksichtigt, wird deutlich, daß Absichten nicht in die Kategorie der psychischen Vorkommnisse gehören. Die Voraussetzung, daß es diese Dinge geben müsse, weil Sätze über Absichten wahr oder falsch sein können, ist unbegründet. Wie die *Funktion* der Konjunktion ,weil', einen kausalen Nebensatz einzuleiten, oder der *Zweck* der Interjektion ,ach', eine Einstellung auszudrücken, hat die *Absicht*, mit einem Satz etwas zu verstehen zu geben, keinen Ort. Sie versteckt sich weder im Inneren, noch ist sie außerhalb davon im Werk zu finden.[550] Man kann wohl diskutieren, welche Absicht der Autor mit dem Satz ,verbindet' oder welche Absicht sich ,hinter' der Äußerung ,verbirgt', doch es handelt sich hier nicht um echte Ortsangaben. Hat man die Funktionsweise bildhafter Ausdrücke geklärt, kann man ein entspanntes Verhältnis zu der Aussage entwickeln, daß Absichten in der Sprachverwendung ,zum Vorschein kommen' und im Text ,gegenwärtig' sind.[551] Was mit Wörtern wie ,Absicht', ,Anspruch', ,Gewilltsein', ,Bereitschaft', ,Entschlossenheit'

---

[549] Die logische Beziehung zwischen Verhaltensbeschreibungen und Erfolgskriterien wird in Kap. 2.2.3 ausführlicher behandelt.
[550] William Wimsatt nähert sich einer solchen Position an: „What we meant in 1946, and what in effect I think we managed to say, was that the closest one could ever get to the artist's intending or meaning mind, outside his work, would still be short of his *effective* intention or *operative* mind as it appears in the work itself and can be read from the work" (Genesis, S. 136).
[551] „Von Sünde abzuschrecken, Schutz gegen alle Laster zu geben, zu Reue, wahrer Buße, poenitentia, zu täglicher Abkehr von der Welt, zur Verachtung alles Irdischen, zu ständiger Vorbereitung auf den Tod zu bewegen, zu rechtem Leben, zu wahrer pietas, vera sapientia, zur Überwindung alles irdischen Leids, zur Sehnsucht nach dem Himmel, nach dem ewigen Leben und zu einem seligen Sterben zu führen – das sind die geistlichen Absichten, die überall gegenwärtig sind." (Hans-Henrik Krummacher: ,De quatuor novissimis'. Über ein traditionelles theologisches Thema bei Andreas Gryphius, in: ders.: Lyra. Studien zur Theorie und Geschichte der Lyik vom 16. bis zum 19. Jahrhundert, Berlin 2013, S. 439–499, S. 481.) Das Wort ,Absicht' braucht hier ähnlich wie ,Zweck', ,Anspruch' oder ,Bestreben' nicht ein besonders psychisches Phänomen herauszugreifen, damit die Sätze richtig oder falsch darstellen können, was der Fall ist. Offenbar soll behauptet werden, daß sich in den Werken, deren Gestaltung zusammenfassend charakterisiert wird, überall der Ehrgeiz bemerkbar macht, eine bestimmte Art von Einfluß („bewegen", „abschrecken", „führen") auf das Publikum auszuüben.

identifiziert wird, ist „kein Etwas, aber auch nicht ein Nichts".[552] Folglich gibt es auch keine besondere psychologische Aufgabe, die Absichten des Verfassers zu erschließen, die eine Bedingung für die richtige Auslegung des Textes wäre.

Die Neigung, sich Absichten als innere Vorkommnisse vorzustellen, ist deutlich geringer, wenn man sie mit einem Finalsatz formuliert: Wenn man den Gebrauch, den der Verfasser von sprachlichen Zeichen macht, mit der Angabe ‚um jemanden zu verspotten' spezifizieren kann, hat man in dieser Hinsicht seine Absichten identifiziert. Wo ein Philologe angibt, *wozu* ein Autor etwas tut, beschreibt er, was die *Absichten* des Autors sind. Formen des Sprachgebrauchs zu unterscheiden, heißt also ‚Absichten' oder ‚Zwecke' zu bestimmen.[553] Es gibt nicht neben den Ausdrücken, die verwendet werden, um jemanden zu verspotten, auch noch eine unsichtbare Absicht, die dafür verantwortlich ist, daß das Sprachgebilde diese Gestalt annimmt. Überall, wo man Wörter wie ‚darstellen', ‚vorbereiten', ‚sich zurückbeziehen' usw. anwendet, werden Aussagen über Absichten gebildet, wobei die Absicht, etwas zu formulieren, sich darin bekundet, daß man es so formuliert und sich (vorerst) damit zufrieden gibt.[554]

Allerdings ist die Beschreibung der Absichten nicht dasselbe wie eine Beschreibung der Beschaffenheit des Textes. Der Satz ‚Der Autor hat die Absicht, ein relevantes Beispiel anzuführen' bedeutet nicht ‚Der Autor führt ein relevantes Beispiel an'. Denn daß der Verfasser von der Relevanz des angeführten Beispiels überzeugt ist, garantiert nicht, daß es tatsächlich relevant ist.[555] Die Beschreibung der Absicht ist in solchen Fällen die Beschreibung eines *Versuchs*. Man würde nicht sagen, daß der Autor *versucht*, einen Satz zu schreiben oder *versucht* seinen

---

552 PU, § 304. In diesem Sinn äußert sich auch Donald Davidson: „Beliefs, desires, and intentions belong to no ontology [...]. When we ascribe attitudes we are using the mental vocabulary to describe people. Beliefs and intentions are not (in my opinion) little entities lodged in the brain." (Reply to Bruce Vermazen, in: The Philosophy of Donald Davidson, hg. von Lewis Hahn, Chicago 1999, S. 654–655, S. 654)

553 Vgl. Köppe und Winko: Neuere Literaturtheorien, S. 134.

554 Es ist verblüffend, daß Beardsley behauptet, ein Gedicht sei die *Darstellung* eines fiktiven Sprechakts, und zugleich an seiner These festhält, daß die Absicht des Verfassers, irgendetwas darzustellen, für die Betrachtung des Gedichts gleichgültig sei, vgl. Intentions and Interpretations. A Fallacy Revisited, in: ders.: The Aesthetic Point of View. Selected Essays, hg. von Michael Wreen und Donald Callen, Ithaca, NY 1982, S. 188–207. Liegt es denn nicht im Begriff der Darstellung, daß man ein handelndes Subjekt annimmt, das etwas darstellt? Daß Beardsley als Gegenbeispiel auf Pareidolien verweist, zeigt nur, wie unstimmig die Position ist, in die er geraten ist.

555 Autoren können im Irrtum darüber sein, welche Eigenschaften ihre Werke aufweisen, vgl. Beardsley: Aesthetics, S. 20.

Text in Kapitel einzuteilen, wenn ihm diese Dinge unzweifelhaft gelungen sind. Doch oft gilt, daß ein Autor *versucht*, sich klar auszudrücken, oder *versucht*, sich Geltung zu verschaffen. Wenn man etwas als Versuch beschreibt, räumt man die Möglichkeit ein, daß etwas (teilweise) nicht gelungen ist. Aber die Tatsache, daß den Verfassern zuweilen nicht gelingt, was sie tun wollen, zeigt nicht, daß man ihre Texte isoliert von ihren Absichten beschreiben kann. Die Gestaltung des Textes läßt sich nicht ohne das Bestreben denken, etwas Bestimmtes richtig zu machen.

Solange man das Bild vom losgelösten Sprachgebilde beibehält, wird man sich, wie Toril Moi darlegt, von dem metaphysischen Intentionsbegriff nur schwer lösen können: „Anyone who thinks of a text as an object will have trouble escaping the New Critics' view of intentions as ‚outside' the text."[556] Die Entpsychologisierung des Intentionsbegriffs erschüttert nicht nur den Intentionalismus, sondern auch den strukturalistischen Textbegriff. Die Bedeutung der Wörter ist weder „magically independent of the speaker's intentions",[557] wie Strukturalisten behaupten, noch durch diese festgelegt, wie Intentionalisten annehmen. Das Verhältnis zwischen Absicht und Bedeutung ist das Verhältnis zwischen der Geneigtheit, die Wörter auf diese oder jene Weise zu verwenden, und der Tatsache, daß sie so verwendet werden.[558]

1.6.4 Was mit ‚meinen' gemeint ist

Selbst wenn man „das geistige Meinen, das den Satz belebt"[559] für eine bloße Fiktion hält, kann man der Theorie anhängen, daß die Philologie den Gebrauch von Zeichen analysiere, um an das Gemeinte heranzukommen. Denn es ist offenbar schwer vorstellbar, daß man sinnvoll untersuchen kann, was der Autor mit einem Ausdruck gemeint hat, ohne zu unterstellen, daß es ein Gemeintes gab, das dem Autor gegenwärtig war, während er seinen Text produzierte. Szondi spielt auf diese verbreitete Konzeption des Meinens an, wenn er erklärt, daß die Sprache nicht „bloß Zeichen, Vehikel, eines Gemeinten"[560] sei. Diese Sprachkonzeption, die Texte als Kommunikationsmittel darstellt, erhielt in den 1970er Jahren durch

---

556 Moi: Revolution of the Ordinary, S. 202.
557 Donald Davidson: The Structure and Content of Truth, in: The Journal of Philosophy 87 (1990), S. 279–328, S. 310.
558 Eine eingehendere Auseinandersetzung mit dem strukturalistischen Textbegriff findet in Kap. 2.3 und 2.4 statt.
559 PU, § 592.
560 Szondi: Einführung in die literarische Hermeneutik, S. 172.

die Beiträge von Paul Grice neuen Auftrieb.[561] Das Verstehen und das Erfassen des Gemeinten werden seitdem wieder häufig in eins gesetzt: „Etwas verstehen heißt [...] etwas durch die Sprache hindurch als das erkennen, was gemeint ist."[562] Die Sprache wird als vorrangige Grundlage für Hypothesen über etwas Psychisches aufgefaßt: „Die Hoffnung ist, daß die Formen einen Zugang zu dem Gemeinten verschaffen."[563] Da man nicht direkt erfassen könne, was im Geist vorgehe, sei man „auf diesen Weg angewiesen".[564] Richtige Interpretationen zeichnen sich aus der Perspektive des literaturwissenschaftlichen Psychologismus dadurch aus, daß sie „das [...] Gemeinte wenigstens annähernd treffen".[565] Um das Irreführende solcher Aussagen aufzuzeigen, möchte ich in den folgenden Abschnitten skizzieren, wie man den Ausdruck ‚meinen' sinnvoll verwenden kann. Es lassen sich drei Verwendungsweisen des Ausdrucks unterscheiden: ‚Etwas meinen' kann *erstens* so viel heißen wie ‚etwas sagen wollen', *zweitens* ‚sich auf etwas beziehen' und *drittens* ‚einen Ausdruck auf eine bestimmte Weise verwenden'. In keiner dieser Gebrauchsweisen bezieht sich ‚etwas meinen' auf ein psychisches Phänomen, das irgendwo ‚hinter' dem sprachlichen Gebilde zu finden ist.

a) ‚Etwas meinen' in der Bedeutung von ‚etwas sagen wollen'

Das Meinen gehört nicht in die Kategorie der Tätigkeiten: Eine Unterbrechung oder Fortsetzung des Meinens kann es nicht geben. ‚Meinen' ist nicht mit Finalsätzen verknüpfbar, es läßt sich nicht mit Adverbien wie ‚sorgfältig' oder ‚aufmerksam' kombinieren, es paßt nicht in imperativische Satzkonstruktionen. Wer das eine sagt und das andere meint, führt nicht zwei Tätigkeiten aus, sondern zeigt die Bereitschaft, sich auf etwas anderes als das wörtlich Gesagte festzulegen. Das Gewilltsein, sich auf etwas festzulegen, gehört zum Wesen des Meinens.[566] Die

---

561 „Part of Grice's originality was to approach meaning as a primarily psychological phenomenon and only derivatively a linguistic one." (Dan Sperber und Deirdre Wilson: Meaning and Relevance, Cambridge 2012, S. 26) Oliver Scholz beobachtet eine „starke Affinität" der Griceschen Sprachauffassung zu den „älteren mentalistischen Theorien à la Locke" (Verstehen und Rationalität, S. 266). Von einer „Weiterführung" (Jannidis, Lauer, Martínez und Winko: Der Bedeutungsbegriff in der Literaturwissenschaft, S. 9) der Sprachauffassung Wittgensteins durch Grice kann nicht die Rede sein.
562 Hans Hörmann: Meinen und Verstehen. Grundzüge einer psychologischen Semantik, Frankfurt/M. 1976, S. 18.
563 Lutzeier: Linguistische Semantik, S. 27.
564 Lutzeier: Linguistische Semantik, S. 27.
565 Peter von Polenz: Deutsche Satzsemantik. Grundbegriffe des Zwischen-den-Zeilen-Lesens, Berlin 1985, S. 300.
566 Wittgenstein betont daher mit Recht: „Das Meinen ist kein Vorgang [...]. Denn kein *Vorgang* könnte die Konsequenzen des Meinens haben." (PU, S. 560)

Erläuterung von ‚meinen' (in der Bedeutung von ‚sagen wollen') durch ‚zeigt die Bereitschaft, sich festzulegen' widerspricht der Analyse, die Paul Grice vorgeschlagen hat.[567] Grice behauptet nämlich, daß ‚der Autor meint etwas mit diesem Satz' ungefähr gleichbedeutend sei mit ‚der Autor hat die Absicht, mit der Äußerung des Satzes eine Wirkung herbeizuführen – und zwar mittels der Erkenntnis eben dieser Absicht'.[568] Diese Erklärung hat viele interessante Präzisierungsversuche erfahren, dürfte aber letztlich nicht tragfähig sein.[569] Die Frage, wozu jemand gebracht werden soll, ist der Frage nach dem Gemeinten nachgeordnet. Wenn man wissen will, was der Autor mit einem Satz gemeint hat, ist nicht die Angabe einer Wirkungsabsicht gefordert, sondern zunächst eine Erklärung, worauf er sich mit dem Satz festlegt. Was uns dazu berechtigt, den Ausdruck ‚etwas meinen' anzuwenden, ist der Umstand, daß der Autor die Bereitschaft an den Tag legt, mit den verwendeten Wörtern etwas zu sagen. Diese Bereitschaft läßt sich bestimmen, ohne daß man entscheidet, welche Überzeugungen beim jeweiligen Publikum hervorgerufen werden sollen.

Die Erläuterung des Gemeinten nimmt Formen an wie ‚Der Autor meint, daß ...' oder ‚Der Autor meint dies: ...'. Was auf diese Einleitungen folgt, ist nicht eine Beschreibung des Innenlebens zum Zeitpunkt der Äußerung – es sind Ausdrücke, mit denen man formuliert, was der Autor sagen will. Die Ähnlichkeiten zur indirekten Redewiedergabe liegen auf der Hand. Der Unterschied liegt darin, daß sich die Angabe des Gemeinten nicht an den Wortlaut hält, sondern berücksichtigt, was der Autor bisher getan hat, welche Interessen er gezeigt, auf welche Aussagen er sich bereits festgelegt hat. Aufgrund solcher Daten konstruiert man Sätze oder Satzfolgen, die ausführlicher darstellen, was der Autor

---

567 „‚A meant something by x' is (roughly) equivalent to ‚A intended the utterance of x to produce some effect in an audience by means of the recognition of this intention'; and we may add that to ask what A meant is to ask for a specification of the intended effect (though, of course, it may not always be possible to get a straight answer involving a ‚that' clause, for example, ‚a belief that ...')." (Paul Grice: Studies in the Way of Words, Cambridge, MA 1989, S. 68)
568 „Für einen Sprecher, der im Griceschen Sinn mit einer Äußerung meint, daß es regnet, muß wenigstens dreierlei gelten: Er muß mit seiner Äußerung die Absicht verfolgen, daß sein Adressat zu der Überzeugung gelangt, daß es regnet; er muß darüber hinaus beabsichtigen, daß sein Adressat bemerkt, daß er mit seiner Äußerung die Absicht verfolgt, daß der Adressat zu der Überzeugung gelangt, daß es regnet; und schließlich muß er unterstellen, daß der Adressat, der dies bemerkt, damit auch einen Grund hat zu glauben, daß es regnet." (Andreas Kemmerling: Die Meinensstrategie. Ein Grundmuster rationaler Überzeugungsbeeinflussung in der sprachlichen Verständigung, in: Überzeugungsstrategien, hg. von Angelos Chaniotis, Amina Kropp und Christine Steinhoff, Berlin 2009, S. 9–20, S. 13f.)
569 Vgl. Ian Rumfitt: Meaning and Understanding, in: The Oxford Handbook of Contemporary Philosophy, hg. von Frank Jackson und Michael Smith, Oxford 2005, S. 427–453; Hacker: The Intellectual Powers, S. 111–116.

andeutet, die unverblümter formulieren, was er zu verstehen gibt. Betrachten wir, um den Gebrauch von ‚etwas meinen' an einem Beispiel zu studieren, wie Wieland in den Anmerkungen zu seiner Horaz-Übersetzung die „Meinung" des Dichters (‚das Gemeinte') erklärt:

> Ich [...] lese [...] die drei folgenden Verse: *venimus ad summum etc.* als eine Fortsetzung des Räsonnements, wodurch Horaz die blinden Verehrer der alten römischen Literatur zur Ungereimtheit zu treiben sucht. Seine wahre Meinung ist also: „Wenn wir behaupten wollen, weil die Alten bei den *Griechen* die Besten sind, so müssen sie's auch bei *uns* sein: so ist nichts so ungereimt, was wir nicht mit gleichem Rechte behaupten könnten; so wollen wir uns auch einbilden, wir hättens in der Musik, in der Malerei, in der Athletik höher gebracht, als die Griechen, kurz, wir hätten in allem schon das *Non plus ultra* erreicht." – Dies ist ohne Zweifel, was Horaz meinen mußte, und man braucht nur auf den ganzen Zusammenhang recht Acht zu geben, um zu sehen, daß er entweder *dies* sagen wollte, oder die größte Albernheit gesagt hätte, die jemals einem *Bavius* oder *Mävius* entronnen wäre.[570]

Die Verse, die zu erläutern sind, werden zunächst in den Zusammenhang des Gedichts eingebettet und als Fortsetzung einer argumentativ strukturierten Sequenz bestimmt. Was dann als „wahre Meinung" des Horaz eingeführt wird, ist eine Satzfolge, mit der die vom Dichter bloß angedeutete Argumentation ausführlicher und klarer formuliert wird. Das vom Autor Gemeinte darstellen heißt hier: hypothetisch so räsonieren, wie er räsoniert hat.[571]

Zur weiteren Präzisierung des Begriffs ist es hilfreich, die Erklärung des Gemeinten mit sonstigen literaturwissenschaftlichen Sätzen zu vergleichen, die sich auf Einstellungen beziehen. Aussagen der Art ‚Horaz ist davon überzeugt, daß ...' erfordern nicht, daß dem Autor die Sätze, die man als Ausdruck seiner

---

570 Christoph Martin Wieland: Übersetzung des Horaz, hg. von Manfred Fuhrmann, Frankfurt/M. 1986, S. 401f. (2. Buch, 1. Brief). Wielands Form der Texterklärung ist durchaus repräsentativ: Kiessling und Heinze gehen ganz ähnlich vor, wenn sie den Anfang des 6. Briefs des ersten Buches erläutern: „,*Nil admirari*: das allein, Numicius, kann dauernd glücklich machen'. So, ohne jede Einleitung oder Vorbereitung, mit der nachdrücklichen Bestimmtheit festester Überzeugung, setzt der Dichter ein; antwortend, wie wir zu verstehen haben, auf Fragen oder Zweifel oder Klagen des Freundes, der doch irgend welchen Anlaß zu solcher Belehrung gegeben haben muß. *Nil admirari* besagt natürlich nicht, daß man jede Regung der Bewunderung unterdrücken solle; vielmehr damit H., wie er weiterhin ausführt, die auf der Einsicht in das wahre Wesen der Naturerscheinungen und in den wahren Wert der irdischen Güter beruhende Freiheit und Unabhängigkeit der Seele von aller leidenschaftlichen Erregung [...]." (Adolf Kiessling und Richard Heinze: Horaz. Briefe, 6. Aufl., Berlin 1959, S. 54f.)
571 Wenn Wieland vom „Sinn des Autors" (Übersetzung des Horaz, S. 569) spricht, so läßt sich dies zwanglos übersetzen als ‚was der Autor an dieser Stelle zum Ausdruck bringt'. ‚Meinung des Autors' und ‚Sinn des Autors' müssen nicht als Ausdrücke gedeutet werden, die etwas bezeichnen, das dem Text vorausgeht.

Überzeugung anführt, durch den Kopf gegangen sind. Er muß die Wörter, die der Forscher präsentiert, nicht geäußert oder sich im Geiste vorgesagt haben. Die Aussage ‚Horaz glaubt, daß seine innere Unabhängigkeit in Gefahr sei' ist richtig, wenn Horaz mit anderen Worten dasselbe behauptet oder wenn aus seinem Verhalten hervorgeht, daß er einen Satz, der dasselbe besagt wie ‚Meine innere Unabhängigkeit ist in Gefahr' als Ausdruck seiner Überzeugung zu akzeptieren geneigt war. Wenn man also angibt, wovon ein Autor überzeugt ist, beschreibt man nicht ein spezielles Vorkommnis in seinem Inneren, sondern formuliert anstelle des Autors, wie er sich zu einer bestimmten Frage äußern würde.[572] Die Zuschreibung ist richtig, wenn er tatsächlich die Disposition hatte, das Verhalten zu zeigen, das man probeweise rekonstruiert. Mit dem Satz ‚Horaz meint, daß ...' verhält es sich ganz ähnlich: Damit die Aussage als richtig beurteilt werden kann, genügt es, daß er die Bereitschaft zeigt, sich auf das festzulegen, was man an seiner Stelle ausdrückt. Es ist nicht nötig, daß ihm die Wörter, die man dabei verwendet, vorgeschwebt haben.

Was für ‚meinen' gilt, kann auf vergleichbare Ausdrücke wie ‚zu verstehen geben' und ‚andeuten' übertragen werden. Betrachten wir noch eine Erklärung zu den Gedichten von Horaz:

> In einer der Oden (3,24) gibt er zu verstehen, dass die „Raserei des Bürgerkriegs" (*rabies civica*) noch nicht überwunden sei und dass man deren Wurzel, die „Zügellosigkeit" (*licentia*), bestehend in Habgier, Unkeuschheit, Verweichlichung, zu bekämpfen habe, durch Strafen und sittliche Erneuerung – denn: „Was helfen Gesetze, wenn sie ohne Moral (*sine moribus*) umsonst bleiben?"[573]

Durch Übersetzung, Zitat und Paraphrase wird hier ausformuliert, was Horaz in seiner Ode andeutet.[574] Was der Interpret anbietet, ist nicht die Beschreibung einer Botschaft, die der Dichter durch das Schreiben des Gedichts ‚vermittelt', sondern eine explizierende Nachahmung seiner Sprachverwendung. Solche

---

[572] Vgl. Wettstein: The Magic Prism, S. 213.
[573] Wilfried Stroh: Vergil, Horaz, Livius und die Augusteische Blütezeit der römischen Poesie, in: Divus Augustus. Der erste römische Kaiser und seine Welt, hg. von dems., Ralf von den Hoff und Martin Zimmermann, München 2014, S. 143–170, S. 150.
[574] Es gibt keinen Grund, den Begriff ‚Paraphrase' auf Deklarativsätze einzuschränken, wie es Richard Gaskin vorschlägt (Language, Truth, and Literature, S. 68, 89). Gaskin kommt deswegen zu keinem richtigen Begriff von Paraphrase, weil er mit Frege annimmt, daß die Textstelle mit ihrer Paraphrase einen Darstellungsinhalt gemeinsam hat. Sie verweisen auf dieselben „propositionally structured [...] entities in the realm of reference" (S. 70).

Nachahmungen einzuleiten, ist die Funktion von Ausdrücken wie ‚er meint', ‚er gibt zu verstehen', ‚das bedeutet', ‚das soll heißen', ‚mit anderen Worten'.[575]

b) ‚Etwas meinen' in der Bedeutung von ‚sich auf etwas beziehen'

Wieland ergänzt seine Übersetzung von Ciceros Briefen durch Anmerkungen wie: „Er [der Verfasser der Briefe] meint sein liebes Haus in Rom"[576] oder „Es ist leicht zu erraten, daß er den Pompejus meint".[577] ‚Etwas meinen' heißt in diesen und ähnlichen Fällen so viel wie ‚sich auf etwas beziehen', ‚über etwas reden' oder ‚auf etwas anspielen'. Wenn man das Meinen mit einem bestimmten Vorgang identifizieren will, stellt man es sich oftmals als ein „geistiges Zeigen"[578] auf das Bezugsobjekt vor. Wittgenstein entkräftet die Annahme, daß dieser geistige Akt notwendig sei, um die Bezugnahme zu garantieren, indem er daran erinnert, daß das Zeigen auf den Gesprächsgegenstand bloß ein weiteres Zeichen ist:

> „Ihn meinen" heißt etwa: von ihm reden. Nicht: auf ihn zeigen. Und wenn ich *von ihm* rede, besteht freilich eine Verbindung meiner Rede und ihm, aber diese Verbindung liegt in der Anwendung der Rede, nicht in einem Akt des Zeigens. Das Zeigen ist selbst nur ein Zeichen, und es kann im Sprachspiel [d.h. im Zusammenhang der Rede, V.P.] die Anwendung der Sätze regeln, also, was gemeint ist, anzeigen.[579]

---

575 Eckard Lefèvre über die Satire 1,3: „Löst man die vorsichtigen Formulierungen auf, heißt die Passage im Klartext: wenn ich mich dir, Maecenas, in meiner Arglosigkeit nähere und dich in deinem Otium (nicht etwa bei wichtigen Geschäften) anrede, spricht man mir gleich den *sensus communis*, die taktvolle Rücksichtnahme, ab." (Horaz. Dichter im augusteischen Rom, München 1993, S. 55f.) Eine verdeutlichende Nachahmung bietet auch Martin Mulsow mit Blick auf Peter Friedrich Arpes Schrift *Apologia pro Vanino*: „Es ist dies eine Stelle im Buch [*Apologia pro Vanino*], an der ein [...] für Doppeldeutigkeiten sensibilisierter Leser einen Hinweis [Peter Friedrich] Arpes auf den Status seiner eigenen Schrift sehen würde: Schau, lieber Leser, diese meine Schrift gibt sich ganz christlich konform, aber gerade deshalb ist sie um so subversiver." (Prekäres Wissen. Eine andere Ideengeschichte der frühen Neuzeit, Berlin 2012, S. 125) Auch hier wird der Autor nicht mit einer intendierten Bedeutung in Beziehung gesetzt, sondern imitiert. Der Autor verhält sich so, als ob er sagen wollte: ‚Schau, lieber Leser usw.' Mulsow formuliert, was Arpe zu verstehen geben will, indem er dem Autor einen Satz in den Mund legt, der umschreibt, was dessen Verhalten *zeigt*. Wie man eine Geste, die ausdrückt, daß man ein Bedauern empfindet, durch eine schriftliche oder mündliche Aussage paraphrasieren kann, so kann man das, was sich im Verhalten ausdrückt, in Worte fassen. Zu solchen Paraphrasen vgl. Zettel, §§ 245, 517.
576 Cicero: Sämmtliche Briefe, übers. und erl. von C. M. Wieland, Bd. 2, Zürich 1808, S. 252.
577 Cicero: Sämmtliche Briefe, übers. und erl. von C. M. Wieland, Bd. 4, Zürich 1811, S. 131.
578 Zettel, § 12.
579 Zettel, § 24. Ein geistiges Zeigen sei im übrigen nicht privilegiert gegenüber dem äußerem Zeigen: „Auch was im Innern vorgeht, hat nur im Fluß des Lebens Bedeutung." (LS II, S. 46)

Kritisiert wird von Wittgenstein insbesondere die Annahme, daß man zum Zeitpunkt der Äußerung im Besitz eines Gemeinten sein müsse: „Der Irrtum ist zu sagen, Meinen bestehe in etwas."[580] Um den Unterschied zwischen ‚jemanden meinen' und ‚ein Bild der Person vor Augen haben' zu verdeutlichen, erklärt er: „Gott, wenn er in unsre Seelen geblickt hätte, hätte dort nicht sehen können, von wem wir sprachen."[581] Cicero kann also, während er die entsprechenden Wörter schreibt, ein Bild von einem Haus vorschweben, ohne daß sich dadurch die Rolle der Wörter im Zusammenhang der Rede verändert.[582] Wenn es zutrifft, daß Cicero dieses Haus und nicht ein anderes meint, tut er etwas, worin sich die Bereitschaft äußert, sich eben darauf zu beziehen.

c) ‚Etwas meinen' in der Bedeutung von ‚etwas auf eine Art und Weise verwenden'

Auch die dritte wichtige Verwendungsweise von ‚meinen' läßt sich in der skizzierten Weise erläutern. Die Frage ‚Was meint Goethe mit dem Verb *entsagen*?' verlangt nach einer Erklärung der Funktion dieses Ausdrucks im Werkzusammenhang und nicht nach einer hypothetischen Darstellung, was in seinem Inneren vorging, während er dieses Wort gebrauchte. ‚Was Goethe mit *entsagen* meint' heißt so viel wie ‚wie er das Wort benutzt' oder ‚was er damit bezeichnet'. Bei der Erläuterung dessen, was mit dem Wort gemeint ist, werden Umschreibungen wie diese angeboten: Mit ‚entsagen' meint Goethe manchmal ‚auf etwas verzichten', manchmal ‚sich von etwas befreien'. Auf eine Textstelle bezogen kann man sagen: ‚Entsagung' meint hier: sich von etwas befreien. Durch solche Erläuterungen wird bestimmt, was das Verb leistet, d.h. welchen Gebrauch Goethe – üblicherweise oder in einem besonderen Zusammenhang – von dem Wort macht. Man stellt nicht eine Verbindung zu einer Bedeutung

---

580 Zettel, § 15.
581 PU, S. 1064.
582 Manche Forscher lassen sich von der Möglichkeit, ‚meinen' durch ein Akkusativobjekt zu ergänzen, dazu verleiten, eine „gemeinte Bedeutung" (Husserl: Logische Untersuchungen, Bd. 1, S. 81; vgl. Ingarden: Das literarische Kunstwerk, S. 32) anzunehmen. Sie stellen sich vor, daß der Autor aus verschiedenen Bedeutungen, die ihm in den Sinn kommen, eine Bedeutung auswählt, die dann die ‚gemeinte' Bedeutung ist. Wir haben bereits gesehen, daß ‚meinen' in der Verwendung von ‚etwas sagen wollen' nicht durch ein Akkusativobjekt erläutert wird. Es gibt hier kein Objekt, von dem man sagen könnte, daß es gemeint wird. Auch die Wortgruppe „sein liebes Haus in Rom", mit der erläutert wird, was der Autor meint, bezieht sich nicht auf die gemeinte Bedeutung. Wieland nimmt mit dieser Wortgruppe Bezug auf das, worauf der Autor Bezug nimmt. Wenn man versteht, was Cicero – in diesem Sinn – ‚meint' (worauf er an dieser Stelle des Textes Bezug nimmt), versteht man die Bedeutung der entsprechenden Ausdrücke, d.h. man erkennt, welche Rolle sie im Zusammenhang des Werks spielen.

oder einem Gemeinten her, spekuliert auch nicht über geistige Vorgänge, die das Schreiben begleitet haben, sondern versetzt die Adressaten der Erklärung in die Lage, den Ausdruck so zu gebrauchen, wie Goethe ihn gebraucht hat.

Es zeigt sich, daß der Versuch, die Ausdrucksfähigkeit der Wörter (ihre ‚Semantik') auf ein vom Autor Gemeintes zurückzuführen, ein verworrenes theoretisches Verständnis des Gemeinten voraussetzt. Die sprachkritische Analyse bestätigt Quines Diagnose: „Semantics is vitiated by a pernicious mentalism as long as we regard a man's semantics as somehow determinate in his mind beyond what might be implicit in his dispositions to overt behavior."[583] Ein Schritt zur Überwindung dieses Mentalismus, dessen Folgen Quine für verheerend hält, besteht darin, die metadiskursiven Funktionen, die ‚etwas meinen' erfüllt, zu untersuchen. Einige der „Gelegenheitsarbeiten",[584] die das Wort im Gespräch über Texte erledigen kann, wurden hier dargestellt. Es dient dazu, eine Wiedergabe einzuleiten, die klären soll, a) was der Autor sagen will, b) worauf er sich bezieht oder c) wie er ein bestimmtes Wort gebraucht. ‚Meinen' leitet in diesen Fällen eine Bestimmung von „dispositions to overt behavior" ein. Die Geneigtheit, ein (sprachliches oder nichtsprachliches) Verhalten an den Tag zu legen, identifizieren wir üblicherweise durch eine verdeutlichende Nachahmung des Verhaltensmusters.[585] Trotz des imitativen Charakters der Verhaltensanalyse wird das Gemeinte oft erst durch eine vergleichende Abwägung von Hypothesen erschlossen, aber der Erkenntnisgegenstand, den man erschließt, wenn man das Gemeinte erschließt, ist eben kein gesondertes mentales Phänomen hinter dem Geschriebenen.

1.6.5 Konsequenzen für die Literaturforschung

Wer den Intentionalismus ablehnt, muß mit verzerrenden Unterstellungen rechnen. Albert Newen etwa schreibt Wittgenstein die These zu, daß „Sprecherabsichten, das Meinen und andere mentale Phänomene für die Festlegung der Bedeutung sprachlicher Zeichen irrelevant sind".[586] Peter Tepe weiß zwar, daß Wittgenstein und Ryle den Mentalismus kritisieren, nimmt ihre Argumente jedoch nicht ernst, da er den ihnen unterstellt, daß sie „die Frage nach mentalen Größen [...] für wissenschaftlich irrelevant"[587] halten. Für Axel Bühler ist die

---

[583] Willard Quine: Ontological Relativity, in: ders.: Ontological Relativity and Other Essays, New York 1969, S. 26–68, S. 27.
[584] „‚Meinen' ist eines der Wörter, von denen man sagen kann, daß sie Gelegenheitsarbeiten in unserer Sprache ausführen." (Wittgenstein: Das Blaue Buch, S. 74)
[585] Vgl. Kap. 2.6.3.
[586] Albert Newen: Analytische Philosophie, Hamburg 2005, S. 107.
[587] Tepe: Kognitive Hermeneutik, S. 246.

Zurückweisung des Intentionalismus gleichbedeutend mit der absurden Behauptung, daß keine Absichten und Pläne existieren.[588] Nun bestreiten Wittgenstein und Ryle natürlich nicht, daß Autoren grundlegendere Dinge tun (‚ein Wort schreiben'), um kompliziertere Dinge auszuführen (‚eine Figur in einem erhabenen Stil sprechen lassen'). Sie leugnen, daß sich Aussagen über Absichten auf etwas Inneres beziehen, das aus dem Text erschlossen wird.[589] Wer diese Theorie ablehnt, kann durchaus der Meinung sein, daß man bei der Textanalyse nach Absichten und Vorlieben des Autors fragen sollte.

Wenn man am Ende ähnliche Fragen zuläßt wie die Intentionalisten, wozu betreibt man dann diesen Aufwand? Die ausführliche Analyse ist deswegen so wichtig, weil sie die falsche sprachtheoretische Gewißheit erschüttert, daß Autoren „wahrnehmbare Dinge" hervorbringen, um den Leser zu einem Schluß auf etwas einzuladen, das nicht unmittelbar wahrnehmbar ist.[590] Daß die Absicht etwas ist, das man auf diese Weise herausfinden muß, gilt als eine Selbstverständlichkeit: „Intentionen sind qua definitionem *interne* Zustände [...], und damit sind Intentionen *immer* nur indirekt ermittelbar."[591] Dabei wird nie so recht klar, was man ausschließt, wenn man versichert, daß die Erkenntnis des Geistes „nicht auf direktem Weg möglich"[592] sei. Was würde es denn bedeuten, „hinter der Schädeldecke unmittelbar den Geist anderer Wesen [zu] inspizieren"[593]? Hier deutet sich der Grundirrtum des Intentionalismus an: Er macht den Text zum Zeichen für das, was sich im Geist abspielt. Die Schrift, bemerkt Szondi, „löst sich auf, um [...] den reinen Absichten des Autors zu weichen".[594] Es ist

---

588 Vgl. Bühler: Interpretation als Erkenntnis, S. 186.
589 PU, § 501–504; vgl. Hacker: Wittgenstein. Mind and Will, S. 284–291.
590 Rudi Keller: Zeichentheorie, Tübingen 1995, S. 113. Keller vertritt das Bild von Kommunikation, das wir von Augustinus und Locke kennen: „Zeichen sind [...] keine Behälter zum Zweck des Ideentransports von einem Kopf in einen anderen. Zeichen sind Hinweise mehr oder weniger deutlicher Natur, die den anderen zu Schlüssen einladen und ihm Schlüsse ermöglichen sollen." (S. 106) Theodor Ickler bemerkt dazu treffend: „Auch in Kellers Zeichentheorie wird das Kommunizieren so dargestellt, als gehe es darum, aus dem, was einer sichtbar und hörbar sagt, das zu erschließen, was er unsichtbar und unhörbar meint. Es entsteht der Eindruck, als habe der Sprecher innerlich schon gesagt, was er dann auch äußerlich zu sagen unternimmt." (Wirkliche Zeichen, in: Wortschatz und Orthographie in Geschichte und Gegenwart, hg. von Peter Müller und Bernd Naumann, Tübingen 2000, S. 199–223, S. 217)
591 Jannidis: Autor, Autorbild und Autorintention, S. 26. Auch Detel glaubt, daß mentale Zustände aus Äußerungen erschlossen werden müssen, die „von außen beobachtet werden können" (Hermeneutik der Literatur und Theorie des Geistes, S. 185).
592 Detel: Hermeneutik der Literatur und Theorie des Geistes, S. 184.
593 Detel: Hermeneutik der Literatur und Theorie des Geistes, S. 184.
594 Szondi: Einführung in die literarische Hermeneutik, S. 172. Der Intentionalismus wird tatsächlich von vielen Vertretern so formuliert: „Although we do not have so-called direct access

wichtig, das von Szondi kritisierte psychologistische Verständnis der Absichten, die dem Text angeblich vorausgehen, nicht mit jenem Begriff in eins zu setzen, der sich im Gespräch über Texte als nützlich erweist.

Die relevante „Diskrepanz zwischen Theorie und Praxis"[595] ist nicht die Diskrepanz zwischen der Praxis, dem Autor innere Zustände zu unterstellen, und einer dezidiert strukturalistischen Theorie, die behauptet, man könne die Textanalyse von solchen Annahmen weitgehend freihalten, sondern eine Diskrepanz zwischen der tatsächlichen Verwendung des Begriffs ‚Absicht' und dem metaphysischen Verständnis von Absichten, das von Strukturalisten *und* Intentionalisten vorausgesetzt wird. Man kann versuchen, das Wort ‚Absicht' durch weniger mißverständliche Ausdrücke wie ‚Zweck' oder ‚Gewilltsein' zu paraphrasieren, um diese Voraussetzung zu entkräften. Zwar ist nicht zu erwarten, daß sich Redeweisen finden lassen, die unmöglich fehlzudeuten sind und die Forschung unter keinen Umständen „auf die Jagd nach Chimären schicken".[596] Aber es ist trotzdem hilfreich, sich darüber im Klaren zu sein, daß die Sätze, mit denen man auf die Frage ‚Was tut der Autor, *indem* er diesen Satz schreibt?' antwortet, mögliche Beschaffenheiten eines sprachlichen Gebildes und zugleich mögliche Absichten des Verfassers charakterisieren. Hierin besteht die Änderung der Betrachtungsweise: Wer eine Hypothese über Absichten aufstellt, versucht nicht, psychische Zustände aus dem Text zu erschließen, sondern untersucht typischerweise, *als was* die Zeichen aufzufassen sind, z.B. als ‚überraschende Wiederaufnahme eines zuvor eingeführten Motivs' oder als ‚subversive Verwendung eines Geschlechterklischees'.

---

to the artist's intention, we have lots of indirect evidence for it." (Carroll: On Criticism, S. 75.) Die Schrift ist nach dieser Konzeption nur deshalb wichtig, weil sie einen Anhaltspunkt für die Absichten des Autors liefert: „The work itself is the most important evidence for the artist's intention" (S. 76). Literaturforscher benutzen literarische Werke demach als „sources of information regarding their intentions" (S. 139). Das Werk ist für sie „the primary source of our evidence about the artist's intention" (S. 142). Damit ist nicht gesagt, daß Carroll diese Position konsequent vertritt, denn für ihn sind die künstlerischen Tätigkeiten (nicht die mit ihnen ‚verbundenen' Zustände) das eigentliche Objekt der Untersuchung. Die von seinen Formulierungen evozierte Vorstellung, daß das Werk eine Quelle für dahinter liegende Absichten ist, entspricht aber wohl dem gängigen Verständnis des hermeneutischen Intentionalismus.

595 Simone Winko: Einführung: Autor und Intention, in: Rückkehr des Autors. Zur Erneuerung eines umstrittenen Begriffs, hg. von Fotis Jannidis, Gerhard Lauer, Matías Martínez und dies., Tübingen 1999, S. 39–46, S. 39.

596 PU, § 94.

1.7 Mythologien des Verstehens

Die Analyse der Begriffe ‚Bedeutung', ‚Sinn', ‚Inhalt', ‚Vorstellung' und ‚Absicht', mit denen man mögliche *Objekte* des Verstehens identifiziert, ist ein notwendiger Schritt auf dem Weg zu einer adäquaten Analyse des Verstehens. Denn die Frage, was es heißt, die Bedeutung eines Ausdrucks zu verstehen, kann nicht beantwortet werden, solange ungeklärt ist, was es heißt, daß Ausdrücke eine Bedeutung *haben*. Es hat sich gezeigt, wie schwierig es ist, zwischen Wort und Bedeutung, Satz und Satzinhalt, Beschreibung und Vorstellung, Handlung und Absicht zu unterscheiden, ohne sie als verschiedene Dinge zu behandeln, von denen eines beobachtbar ist, während sich das andere einer direkten Erkenntnis entzieht. Für gewöhnlich wird unterstellt, daß alle Aussagen, die über die Schriftzeichen hinausgehen, von Objekten handeln, die *zusätzlich* vorhanden sind. Der Verstehensbegriff scheint dementsprechend auf ein mentales Phänomen zu verweisen, das hinter den Textanalysen steht, die man im Gespräch über das Gelesene anzubieten imstande ist. Das Verstehen wird als ein Vorgang gedeutet, der *in uns* stattfindet, wenn wir lesen, und der in einer inneren Repräsentation oder einer inneren Reproduktion dessen resultiert, was wir zu verstehen glauben. Die Standardauffassung des Begriffs zeigt sich in Erklärungen wie dieser:

> Comprehension [...] denotes the mental processes by which listeners take in the sounds uttered by a speaker and use them to construct an interpretation of what they think the speaker intended to convey. More simply, it is the building of meanings from sounds.[597]

‚Verstehen' bezieht sich, so wird hier behauptet, auf den Vorgang, der stattgefunden haben muß, wenn man erläutern kann, was der Autor mitteilen wollte. Es ist ein Vorgang, bei dem auf Basis der gegebenen Schriftzeichen eine Bedeutungsstruktur im Geist aufgebaut wird. Mein Interesse richtet sich an dieser Stelle weiterhin auf die *begrifflichen* Grundlagen empirischer Forschung, also auf Sätze, die nicht durch Belege gestützt werden, sondern die Grundlage bilden, die man voraussetzt, wenn man empirisch arbeitet. Wenn man in Frage stellt, daß das Verstehen ein Vorgang ist, wird kein überprüfbares Resultat empirischer Forschung angefochten. Die Sprachkritik weist lediglich auf trügerische Sätze hin, die

---

[597] Herbert Clark und Eve Clark: Psychology and Language. An Introduction to Psycholinguistics, New York 1977, S. 43.

empirische Studien irreführen und zu einer verzerrten Einschätzung ihrer Ergebnisse führen.

1.7.1 Verstehen als Korrespondenz innerer Zustände

Die Intuition, daß das Verstehen die Quelle intelligenter Äußerungen über Texte sei, wird selten in Frage gestellt. Und so ist es nicht verwunderlich, daß die sprachlichen Zeichen in vielen Theorien als äußerliche, an sich triviale Mittel zur Herstellung einer Korrespondenz psychischer Strukturen dargestellt werden. Die Funktion der Zeichen soll darin bestehen, im Geist des Lesers eine Vorstellung zu erregen, die der Vorstellung des Autors ungefähr gleichkommt.[598] Die Übereinstimmung der ‚intendierten' und der ‚reproduzierten' Bedeutung wird als Kriterium dafür angeführt, daß der Leser den Verfasser verstanden hat. Diese „telementational conception of language"[599] übt auf die Sprachwissenschaft nach wie vor eine große Faszination aus. Obwohl die Psycholinguistik für sich in Anspruch nimmt, die „naiven Annahmen über das Textverstehen im Alltag" hinter sich zu lassen, stützt auch sie sich fortwährend auf die Korrespondenzidee: „Ein Autor meint mit seinem Text etwas, und der Leser versucht zu verstehen, was der Autor gemeint hat. Je besser das Verstehen des Lesers mit dem Meinen des Autors übereinstimmt, desto erfolgreicher war die Textkommunikation zwischen Autor und Leser."[600] Jerry Fodor bestimmt das Verstehen als „a certain kind of correspondence between the mental states of the speaker and the hearer".[601] Steven Pinker behauptet, die Sprache werde gebraucht, um Vorstellungen von einer Psyche in die nächste zu übertragen („to convey a concept from mind to mind",[602] „to get thoughts from one head to

---

598 „[I]t is necessary [...] that they excite, in the Hearer, exactly the same *Idea*, they stand for in the Mind of the Speaker. Without this, Men fill one another's Heads with noise and sounds; but convey not thereby their Thoughts, [...] which is the end of Discourse and Language." (Locke: Essay, III, ix, 6) Ähnlich wie Augustinus verwendet Locke manchmal das Übertragungsmodell der Kommunikation (vgl. etwa Essay, III, i, 2). Er behauptet aber nicht wortwörtlich, daß die Gedanken von einem Kopf in den anderen gelangen, sondern möchte zum Ausdruck bringen, daß die Zeichen dann verstanden werden, wenn sie im Geist des Hörers Vorstellungen hervorrufen, die denen des Autors gleichkommen (vgl. Essay, III, i, 8).
599 Roy Harris: The Language Myth, London 1981, S. 9–13, 86–111.
600 Schnotz: Was geschieht im Kopf des Lesers?, S. 237.
601 Jerry Fodor: The Language of Thought, Cambridge, MA 1975, S. 103.
602 Pinker: The Language Instinct, S. 84.

another"[603]). Gemeint ist nicht, daß die Gedanken den Kopf des Sprechers verlassen und in den des Hörers hineingelangen, sondern daß der Sprecher bzw. Autor bestimmte Veränderungen in der Außenwelt erzeugt, um die gewünschten Vorstellungen im Hörer hervorzubringen: „Simply by making noises with our mouths, we can reliably cause precise new combinations of ideas to arise in each other's minds."[604]

Die hermeneutische Reflexion, die natürlich eng mit der Entwicklung der allgemeinen Sprachphilosophie zusammenhängt, ist schon in ihren Anfängen vom Übertragungsmodell geprägt. Ich möchte den Hauptfehler, der sich durch den unreflektierten Gebrauch dieses Modells in die Theoriebildung einschleicht, kurz erläutern: Der Ausgangspunkt der Überlegungen ist schon bei Johann Conrad Dannhauer, daß mit einer Textstelle verschiedene Bedeutungen verbunden werden können, von denen aber nicht alle vom Autor beabsichtigt sind.[605] Eine harmlose Lesart wäre, daß ‚einen falschen Sinn damit verbinden' heißt ‚eine falsche Auffassung davon haben, was der Verfasser sagen will'. Man kann die Aussage aber auch anders deuten: Unter dem Einfluß der Intuition, daß der Sinn, den eine Textstelle hat, mit dieser Textstelle *verbunden* ist, wird bei Dannhauer aus der *Bedeutungszuschreibung* eine *Herstellung* und *Hinzufügung* von Bedeutungsstrukturen. Der Sinn, den der Leser einer Textstelle zuweist, und der Sinn, den der Autor an dieser Stelle zum Ausdruck bringen will, werden von ihm als zwei Strukturen dargestellt, die übereinstimmen können oder nicht.[606] ‚Die Textstelle richtig verstehen' hieße dann, daß man den

---

[603] Pinker: The Blank Slate, S. 208. Löbner bestimmt (ähnlich wie Pinker) Kommunikation als „Übertragung von Information" (Einführung in die Semantik, S. 21). Wolfgang Klein äußert sich gleichfalls in diesen Begriffen: „[J]emand hat einen bestimmten Gedanken im Kopf, übersetzt diesen in Schallwellen oder Schriftzeichen, und anschließend hat ein anderer denselben, oder doch zumindest einen ähnlichen Gedanken im Kopf." (Die Werke der Sprache. Für ein neues Verhältnis zwischen Literaturwissenschaft und Linguistik, in: ders.: Von den Werken der Sprache, Stuttgart 2015, S. 337–359, S. 358) Die Verwandtschaft der Ideen von Pinker und Locke wird dargelegt von Diane Proudfoot: Meaning and Mind. Wittgenstein's Relevance for the ‚Does Language Shape Thought?' Debate, in: New Ideas in Psychology 27/2 (2009), S. 163–183.
[604] Pinker: The Language Instinct, S. 15. Vgl. ders.: The Stuff of Thought. Language as a Window into Human Nature, London 2007, S. 3.
[605] „Ex eventu et hominum vitio unius orationis multos esse sensus posse, qui tamen omnes non sint sensus literalis ab auctore intentus" (Johann Conrad Dannhauer: Idea boni interpretis, 4. Aufl., Straßburg 1652, S. 50).
[606] Georg Friedrich Meier kann man zugutehalten, daß er Redeweisen wie ‚einen Sinn in die Rede hineintragen' an vielen Stellen ohne Bezug auf einen vom Ausleger hervorgebrachten Sinn erläutert: „Wer [...] einen hermeneutisch falschen Sinn annimmt, *der trägt den Sinn in die Rede hinein*" (Auslegungskunst, § 121). Es werden also nicht ein gemeintes und ein verstandenes

Zeichen eine Bedeutungsstruktur hinzufügt, die der Struktur gleicht, die der Autor mit ihnen verbunden hat.[607]

Es ist wichtig, die skizzierte Begriffskonfusion zu erkennen, da sie beinahe die gesamte Geschichte der Hermeneutik prägt. Für Friedrich August Wolf ist Hermeneutik die „Kunst, unter Zeichen das Bezeichnete zu verstehen, d.i. die Ideen dabei zu fassen, die ein Anderer mit den Zeichen verbunden hat".[608] Die hermeneutische Aufgabe sei es, „die Gedanken eines Andern aus ihren Zeichen zu verstehen".[609] Man solle sie möglichst „in eben der Ordnung und Verbindung" reproduzieren, „wie sie der Urheber selbst in der Seele gegenwärtig hatte".[610] Diese „Uebereinstimmung"[611] der Ideen sei das Kriterium des Verstehens. Die Organisation des

---

Sinngebilde miteinander verglichen. ‚Einen Sinn hineintragen' bedeutet vielmehr ‚ein falsches Urteil über den Sinn haben'. Eine solche Rettung ist möglich, wenn Meier erklärt, ein Ausleger müsse „denjenigen unmittelbaren Sinn für wahr halten, welcher den Kontext am meisten erläutert, und einen jedweden Sinn verwerfen, welcher den Kontext verdunkelt" (§ 178). Man kann dies als eine bloße Abkürzung nehmen, mit der zum Ausdruck gebracht wird, daß man diejenige *Hypothese* über den Sinn als wahr annehmen solle, die zu den verfügbaren Daten passe. Aber nicht die gesamte Hermeneutik Meiers läßt sich in diesem Stil umformulieren. So verlangt er, daß der Ausleger „aufs genauste eben das denkt, was der Autor gedacht hat", wobei er hinzufügt, daß dasjenige, was man „bei dem Texte [...] denkt", mit dem „Sinn" identisch sein müsse, den man „denkt" (§ 128). Abgesehen der Undurchsichtigkeit des Ausdrucks ‚einen Sinn denken', zeigt sich hier recht deutlich, daß Meier das Verstehen davon abhängig macht, wie gut die Interpretation mit einer unsichtbaren Struktur übereinstimmt. Ihm unterläuft damit eine Verwechslung von ‚richtig erkennen, was der Autor sagen will' und ‚dieselbe innere Struktur mit dem Satz verbinden, die der Autor damit verbunden hat'.

607 Axel Bühler entscheidet sich in seiner sehr nützlichen historischen Rekonstruktion der hermeneutischen Sinnbegriffe für die skizzierte mentalistische Lesart: „Als *sensus* scheint Dannhauer hier verschiedenerlei Vorstellung zuzulassen, einmal solche, die ein Interpret [...] mit einer *oratio* verbinden kann, zum anderen auch solche, die der Autor mit seiner *oratio* verknüpft. *Sensus* einer *oratio* ist also jede Vorstellung, die eine Person mit der Rede verbinden kann." (Begriffe des *sensus* bezogen auf Rede und Text im 18. Jahrhundert, in: Sensus–significatio. Akten des 8. Internationalen Kolloquiums des Lessico Intellettuale Europeo, Rom 1996, S. 409–453, S. 413) Werner Alexander schreibt Dannhauer die These zu, daß sich „die intendierte Bedeutung exakt [...] reproduzieren läßt" (Hermeneutica Generalis. Zur Konzeption und Entwicklung der allgemeinen Verstehenslehre im 17. und 18. Jahrhundert, Stuttgart 1993, S. 76).
608 Friedrich August Wolf: Vorlesungen über die Alterthumswissenschaft, hg. von Johann Daniel Gürtler und Samuel F. W. Hoffmann, Leipzig 1839, S. 271. Der Begriff „Idee" dient als Abkürzung für alles, was der Verfasser in seiner Seele mit den sprachlichen Zeichen verbunden hat, so daß z.B. „Empfindungen" und ähnliches ergänzt werden müssen (S. 274).
609 Wolf: Vorlesungen über die Alterthumswissenschaft, S. 272.
610 Wolf: Vorlesungen über die Alterthumswissenschaft, S. 272.
611 Wolf: Vorlesungen über die Alterthumswissenschaft, S. 273.

Textes, die literarischen Verfahren verliert Wolf aus dem Blick; nur das, was „in dem Kopfe des Schreibenden war",[612] scheint ihm wichtig zu sein.

Hermann Paul führt diesen hermeneutischen Intentionalismus fort: Ausgehend von bloßen Schriftzeichen gelange man durch „Schlußfolgerungen"[613] zu den Vorstellungen, die der Verfasser beim Schreiben mit ihnen verbunden habe. Da man die Vorstellungen des Autors nicht nur erschließe, sondern auch im Geiste reproduziere und dem materiell Gegebenen hinzufüge, sei die Interpretation eine „Ergänzung des Gegebenen durch Schlüsse".[614] Ob eine Hermeneutik, die das Lesen als „situationsgebundene[n] Inferenzprozess"[615] darstellt, bei dem in einem „Wechselspiel von semantischen [...] und pragmatischen Verarbeitungsschritten"[616] satzübergreifende Bedeutungsstrukturen aufgebaut werden, ein differenzierteres Problembewußtsein zeigt als die Methodenlehre Hermann Pauls, ist fraglich. Doch bevor ich auf neue Entwicklungen eingehe, möchte ich das Problem der Kommunikationsskepsis beleuchten, das sich aus dem Übereinstimmungsmodell des Verstehens ergibt.

1.7.2 Kommunikationsskepsis

Die Bedeutungs- und Kommunikationsskepsis fungiert oft als Schreckbild, gegen das man die eigene Theorie – meist eine Spielart des hermeneutischen Intentionalismus – besser zur Geltung bringen kann.[617] So beschwört etwa Eric Hirsch immer wieder die Konfusion, die sich in der Literaturwissenschaft unvermeidlich ausbreite, wenn man nicht die Absicht des Autors als Bedeutungsgaranten anerkenne. Allein das entschiedene Festhalten am Wunschbild der intendierten Bedeutung, mit der die Interpretationshypothesen übereinstimmen oder nicht übereinstimmen, könne die ehrwürdigen Ideale der Philologie gegen die neumodische Beliebigkeit schützen. Verteidigt werden soll „the modest, and in the old-fashioned sense, philological effort to find out what an author

---

612 Wolf: Vorlesungen über die Alterthumswissenschaft, S. 294.
613 „Unmittelbar gegeben sind nur Linien von bestimmter Gestalt. Schon dass wir dieselben als Zeichen für Sprachlaute erkennen, und vollends, dass wir diese Sprachlaute wieder als Symbole für einen bestimmten Vorstellungsinhalt erfassen, beruht auf Schlussfolgerung." (Paul: Methodenlehre, S. 163)
614 Paul: Methodenlehre, S. 163. Es müssen „in unserer Seele eben die Vorstellungsassociationen erzeugt werden, welche der Urheber derselben in der Seele desjenigen hat hervorrufen wollen, für die er bestimmt ist" (S. 178).
615 Jannidis: Figur und Person, S. 7.
616 Jannidis: Figur und Person, S. 48.
617 Zur Kommunikationsskepsis vgl. Talbot Taylor: Mutual Misunderstanding. Scepticism and the Theorizing of Language and Interpretation, London 1992.

meant".⁶¹⁸ Hirschs Rhetorik, die eine Objektivität vortäuscht, wo keine ist, braucht als Feindbild die These, daß man aufgrund der Unzugänglichkeit der Absichten oder aufgrund der Unmöglichkeit, die ursprüngliche Bedeutung zu reproduzieren, zwischen richtigen und falschen Interpretationen nicht unterscheiden könne.⁶¹⁹

Allerdings ist Kommunikationsskepsis nicht *nur* ein polemisches Konstrukt, denn es gibt tatsächlich einige Autoren, die bezweifeln, daß man Texte richtig verstehen kann. Gorgias etwa stellte die Zugänglichkeit der Bedeutungsquellen und die Möglichkeit der genauen Reproduktion des vom Autor Gemeinten in Frage.⁶²⁰ Interessanterweise gerät auch Frege in die Nähe dieser Position. Er hält es für „unmöglich, Vorstellungen anderer mit unserer eigenen zu vergleichen".⁶²¹ Um zu wissen, ob man eine ähnliche Vorstellung hat wie ein anderer, müßte man die eigenen Vorstellungen mit denen, die im Kopf des anderen sind, „in einem Bewußtsein [...] vereinigen".⁶²² Das aber ist ausgeschlossen: „Jeder von uns beschäftigt sich mit den Inhalten seines Bewußtseins".⁶²³ Man könne also nie sicher wissen, ob im fremden Bewußtsein etwas Ähnliches vorkommt. Ohnehin habe man niemals *dieselbe* Vorstellung wie ein anderer Sprachbenutzer: „Man darf nie vergessen, dass die Vorstellungen verschiedener Menschen, wie ähnlich sie auch sein mögen, was übrigens von uns nicht genau festzustellen ist, doch nicht in eine zusammenfallen, sondern zu unterscheiden sind."⁶²⁴ Was Frege über

---

618 Hirsch: Validty in Interpretation, S. 57. Hirschs theoretische Anstrengungen dienen nach seiner Darstellung dem „old-fashioned ideal of rightly understanding what the author meant" (S. 26). ‚Richtigkeit' wird ganz traditionell als „correspondence" (S. 10) von gemeinter und zugeschriebener Bedeutung erläutert.

619 Vergleichbare Denkmuster lassen sich bei Peter Tepe beobachten, der die eigene Position in der Theorie wiedererkennt, die Roland Barthes als Metaphysik zu enttarnen versucht hatte: „Barthes arbeitet [...] Grundzüge des sinn-objektivistischen [...] Konzepts eigentlich treffend heraus. Wird ein im Text enthaltener und letztlich auf den Textproduzenten zurückführbarer Sinn angenommen, so wird damit die Vielfalt der möglichen Sinnzuschreibungen eingedämmt. Der Text besitzt dann eine bestimmte Bedeutung, und diese gilt es zu erkennen." (Tepe: Kognitive Hermeneutik, S. 351) Der Interpret habe die Aufgabe, das sprachliche Gebilde „durch Rückgriff auf die sinngebenden Aktivitäten des Textproduzenten" zu erklären (ebd.). Tepe scheint zu glauben, daß man das von Barthes kritisierte Bild im Grunde aufrechterhalten müsse, damit sich nicht eine unkontrollierte, regellose Vielfalt der Sinnzuschreibungen ausbreite.

620 Vgl. George Kerferd: Meaning and Reference. Gorgias and the Relation between Language and Reality, in: The Sophistic Movement. First International Symposium on the Sophistic Movement, Athen 1984, S. 215–222.

621 Frege: Der Gedanke, S. 42.

622 Frege: Der Gedanke, S. 41.

623 Frege: Der Gedanke, S. 43.

624 Frege: Grundgesetze der Arithmetik, Bd. 1, Einleitung, xviii. Frege legt großen Wert auf diese These: „Jeder hat seine Vorstellungen, die nicht zugleich die des Anderen sind." (ebd.) „Jeder von uns hat seine eigene Vorstellung" (ders.: Der Gedanke, S. 42). Frege löst diese

Vorstellungen sagt, behaupten Literaturwissenschaftler mit Bezug auf Bedeutungsstrukturen: „Die durch den Lesevorgang hergestellte Bedeutung des Textes und die vom Autor intendierte Bedeutung des Textes sind [...] nicht identisch."[625] Autoren, die vom Psychologismus irregeleitet in die Kommunikationsskepsis geraten, haben einen ähnlichen Verstehensbegriff wie ihre Gegner: Sie unterstellen, daß für die Erkenntnis des Gemeinten eine Übereinstimmung mentaler Strukturen erforderlich sei. Sie verneinen aber, daß dieses Ziel erreichbar ist. In dieser Weise zog bereits Johann Karl Wezels *Tobias Knaut* die Zuverlässigkeit der Gedankenübertragung durch Druckwerke spielerisch in Zweifel:

> Keine von den Ideen, die wir durch den Arm in die Feder, durch die Feder auf Schreibepapier, von dem Schreibepapiere durch die Hand des Setzers und Druckers auf Druckpapier und von dem Druckpapiere in die Köpfe unserer Leser übergehen lassen; unter allen diesen, sage ich, kömmt keine einzige unverändert an ihrem bestimmten Orte an [...]. Oder ganz deutlich gesagt, wie kann der Leser bei den Worten des Schriftstellers völlig *das* in seinem Umfange denken, was dieser selbst dabei dachte, wenn sie nicht beide *einen* Kopf [...] haben?[626]

Die Überlegungen, die Wezel literarisch ausgestaltet, werden von Michael Hißmann in eine ernst gemeinte theoretische Stellungnahme verwandelt: Den hermeneutischen Anspruch, mit den Schriftzeichen die Vorstellungen zu verknüpfen, die der Autor im Sinn hatte, hält er für „[g]lanz unmöglich und bloße Pralerey".[627]

Klaus Weimar sieht in Hißmann einen Vorläufer der eigenen Auffassungen vom Textverstehen: „Seit gut zweihundert Jahren also ist bekannt oder könnte doch bekannt sein, daß die Verbindung von Wort und Begriff nicht einmal bei zweien gleich ist oder, in meinen Worten, daß die Verwandlung von Sprache in Textwelt je individuell vor sich geht."[628] Weimars Kommunikationsskepsis setzt

---

Schwierigkeit bekanntlich, indem er den Sinn als ein freischwebendes Gebilde in einem Ideenreich darstellt. Dieses „Reich" und der Zugangsmodus des „Fassens" bleiben, wie wir gesehen haben (vgl. Kap. 1.2.4 und 1.4.2), ungeklärt. Zu Freges Abwehr der Kommunikationsskepsis vgl. Talbot Taylor: Mutual Misunderstanding, S. 95–113.
625 Cordula Kahrmann, Gunter Reiß und Manfred Schluchter: Erzähltextanalyse. Eine Einführung in die Grundlagen und Verfahren, 4. Aufl., Weinheim 1996, S. 62.
626 Johann Karl Wezel: Lebensgeschichte Tobias Knauts, des Weisen, sonst der Stammler genannt, Bd. 1, Leipzig 1773, S. 88.
627 Michael Hißmann: Anleitung zur Kenntniss der auserlesenen Litteratur in allen Theilen der Philosophie, Göttingen 1778, S. 196f.
628 Weimar: Lesen, S. 60. Man habe, so Weimar, im 18. Jahrhundert einsehen müssen, daß die „Deckungsgleichheit von Gemeintem und Verstandenem und insofern auch [...] Verstehen ganz und gar unmöglich ist" (Geschichte der deutschen Literaturwissenschaft, S. 354). In Fichtes nachgelassenen Aufzeichnungen findet sich eine weitere Artikulation der Kommunikationsskepsis, auf die sich Weimar zustimmend bezieht: „Ich bringe vor sie ein Produkt, dem ich

den Vorstellungsbegriff voraus, der von Descartes bis Frege die Diskussion bestimmt hat. Er behauptet, der Text habe die Bedeutungsverleihung „im Übergang in die Materialität [...] hinter sich gelassen"[629]. Die Vorstellungen des Autors seien „der Schrift vorausgegangen [...] und doch nicht in sie eingegangen".[630] Es müsse also beim Lesen eine „individuelle Produktion von Sinn"[631] stattfinden, wobei man nur Vermutungen darüber anstellen könne, welche Vorstellungen der Autor ursprünglich vermitteln wollte, ausgehend von der Schrift, „der einzigen Spur, die sie hinterlassen haben".[632] Die Gedanken und Absichten des Autors sind für den Leser „unwiderruflich vergangen und definitiv unzugänglich".[633] Nur ein Leser, der „zuverlässig und in jeder Einzelheit die fremde Sprach- und Textwelterzeugung kopiert" hätte, dürfe von sich behaupten, den Autor wirklich zu verstehen. Aber das sei „sowohl [...] unwahrscheinlich als auch prinzipiell nicht überprüfbar",[634] da man sich nie ganz sicher sein könne, „genaue Kopien"[635] der Originale hervorgebracht zu haben: „Man müßte Einblick in die Vorstellungen der Sprechenden als auch der Hörenden haben, um die Übereinstimmung beider Seiten im Vergleich feststellen zu können. Und das ist [...] ausgeschlossen."[636] Deshalb lasse

---

einige Ideen eingehaucht zu haben glaube: aber ich gebe Ihnen nicht die Ideen selbst, diese kann ich Ihnen nicht geben: ich gebe Ihnen den bloßen Körper. Diese Worte an sich sind nichts weiter als ein leerer Schall, ein Stoß in die Luft, die uns beide umgiebt. Der Sinn, den Sie für sie haben [...] gebe nicht ich denselben. Sie geben ihn: Sie legen für sich einen Sinn darein." (Zit. nach: Robert Leventhal: The Disciplines of Interpretation. Lessing, Herder, Schlegel and Hermeneutics in Germany 1750–1800, Berlin 1994, S. 276; vgl. Weimar: Geschichte der deutschen Literaturwissenschaft, S. 357)

629 Weimar: Geschichte der deutschen Literaturwissenschaft, S. 357.
630 Weimar: Doppelte Autorschaft, S. 129.
631 Heinrich Bosse: Der Autor als abwesender Redner, in: Lesen und Schreiben im 17. und 18. Jahrhundert. Studien zu ihrer Bewertung in Deutschland, England, Frankreich, hg. von Paul Goetsch, Tübingen 1994, S. 277–290, S. 287.
632 Weimar: Doppelte Autorschaft, S. 129.
633 Weimar: Doppelte Autorschaft, S. 128.
634 Weimar: Doppelte Autorschaft, S. 127.
635 Klaus Weimar: Zur neuen Hermeneutik um 1800, in: Wissenschaft und Nation. Zur Entstehungsgeschichte der deutschen Literaturwissenschaft, hg. von Jürgen Fohrmann und Wilhelm Voßkamp, München 1991, S. 195–203, S. 196.
636 Weimar: Zur neuen Hermeneutik um 1800, S. 196. „Der intendierte Sinn und der verstandene Sinn [...] können nicht zur Deckung kommen." (Klaus Weimar und Wolfgang Binder: Literatur als Denkschule. Eine Vorlesung, Zürich 1972, S. 190) „Die beanspruchte [...] Identität von Fremdprodukt und Eigenprodukt [...] kann weder garantiert noch als erreicht erwiesen werden." (Weimar: Lesen, S. 59) „Seine Meinung und mein Verständnis können nicht deckungsgleich sein." (ders.: Enzyklopädie der Literaturwissenschaft, S. 172) Es sei unmöglich, „die unzugänglichen Gedanken [...] [zu] verdoppeln" (ders.: Geschichte der deutschen Literaturwissenschaft, S. 354).

sich der „Anspruch", etwas zu verstehen, „unmöglich einlösen"[637]: Es sei eine „Illusion"[638], wenn man den Eindruck habe, die Absichten des Verfassers zu erkennen.

Die Annahmen, aus denen die Kommunikationsskepsis hervorgeht, wurden bereits in den vorangehenden Kapiteln eingehend diskutiert. Ich rufe hier nur einige Ergebnisse in Erinnerung, die den Argumenten, die Weimar vorträgt, die Grundlage entziehen: 1. ‚Eine Vorstellung haben' heißt nicht ‚etwas in sich haben, das eine Vorstellung ist'. Vorstellungen sind keine Einzeldinge, die sich irgendwo im Inneren befinden. 2. Wie man denselben Verdacht haben oder dieselbe Erklärung geben kann, so kann man auch dieselbe Vorstellung haben. Wenn zwei Leser eine Textstelle hinreichend ähnlich wiedergeben und erläutern, kann man berechtigt sagen, daß sie dieselbe Vorstellung von dieser Textstelle haben. 3. Wer untersucht, welche Vorstellungen in einem Text artikuliert werden, formuliert nicht gewagte Vermutungen über das verborgene Innenleben des Verfassers. Um sie richtig zu erfassen, ist es nicht erforderlich, Zugang zu etwas zu bekommen, das sich im Kopf befindet.

1.7.3 Verfehlte Kritik am Übertragungsmodell

Die Alltagssprache stellt das Textverstehen zuweilen als Übertragung und Entnahme von Inhalten dar (‚durch Worte etwas herüberbringen', ‚den Worten etwas entnehmen').[639] Es gibt aber wohl nur wenige, die sich von diesen Redeweisen derart täuschen lassen, daß sie den Text buchstäblich für einen Behälter von Bedeutungen halten. Selbst Augustinus, der die sprachlichen Zeichen als „Gefäße"[640] beschreibt, deren einzige Funktion darin bestehe, „dasjenige, was im Geist des Sprachbenutzers ist, in den Geist eines anderen zu übertragen",[641] nimmt diese Beschreibungen nicht wörtlich. Er vertritt, wenn man ihn genau liest, eine Theorie, die auch in der Gegenwart viele Anhänger hat: Die Vorstellungen werden vom Leser aus äußeren Anzeichen *erschlossen* und im eigenen

---

637 Weimar: Lesen, S. 61.
638 Weimar: Text, Interpretation, Methode, S. 121.
639 Vgl. Michael Reddy: The Conduit Metaphor. A Case of Frame Conflict in Our Language about Language, in: Metaphor and Thought, hg. von Andrew Ortony, 2. Aufl., Cambridge 1993, S. 164–201.
640 Vgl. Confessiones, 1. Buch, XVII, 26.
641 „Nec ulla causa est nobis significandi, id est signi dandi, nisi ad depromendum et traiciendum in alterius animum id quod animo gerit qui signum dat." (*De doctr. chr.* II 3,3)

Geist *reproduziert*.⁶⁴² Die Behälter- oder „Päckchentheorie"⁶⁴³ hat also wohl nur wenige Vertreter.⁶⁴⁴ Umso interessanter ist es, daß viele Forscher ihre Auffassungen des Textverstehens als Alternative zur Päckchentheorie präsentieren. Der These, daß dem Text ein Sinn entnommen werde, setzen sie die These entgegen, daß man dem Text den Sinn zuweise, den man im eigenen Geist hervorgebracht habe. Diese im Grunde ganz traditionelle Denkweise wird von manchen Sprach- und Literaturforschern als wissenschaftliche Überwindung des Alltagsverstands inszeniert:

> Die vertraute Vorstellung, lesend und verstehend entnehme man einem Text etwas, das in ihm enthalten ist, und müsse sich nur hüten, das Auslegen nicht zum Hineinlegen werden zu lassen, – sie scheint sich im Alltagsgebrauch recht ordentlich zu bewähren; für eine Theorie aber ist sie genauso unbrauchbar wie die ja ebenfalls vertraute und schöne Vorstellung, die Sonne gehe auf und unter.⁶⁴⁵

Stellen sich Leser tatsächlich vor, daß sie dem Text eine quasi-materielle Bedeutung entnehmen? Wenn Weimar diese Auffassung kritisieren wollte, müßte er ihre *Stimmigkeit* befragen. Er tut jedoch so, als sei es zumindest denkbar, daß die Wörter eine Bedeutungsstruktur enthalten, als könne man diese Hypothese empirisch widerlegen. Auch scheint er darüber hinaus noch eine andere Annahme bestreiten zu wollen, die von der Theorie der Inhaltsentnahme nicht klar unterschieden wird. Er suggeriert nämlich, daß nur die Schriftzeichen vorhanden seien *und sonst nichts*, wobei offenbar ausgeschlossen werden soll, daß sie eine Bedeutung haben:

> Was immer jemand, wie man so sagt, schriftlich festgehalten haben möchte, in der Schrift niedergelegt oder ihr anvertraut zu haben meint – die Rezeption trifft es dort nicht an. [...] Auf die Schrift blickend, haben wir einzig und allein sie selbst, diese graphischen Figuren auf dem Papier oder Bildschirm [...]. Was wir lesend damit und daraus machen,

---

642 „Cum autem ad alios loquimur, verbo intus manenti ministerium vocis adhibemus aut alicuius signi corporalis ut per quandam commemorationem sensibilem tale aliquid fiat etiam in animo audientis quale de loquentis animo non recedit." (*De trin.* 9,7,12) [„Wenn wir aber mit anderen sprechen, dann gewähren wir dem Wort, das innen bleibt, den Dienst der Stimme oder irgendeines körperlichen Zeichens, damit durch eine sinnlich wahrnehmbare Erinnerung auch im Geist des Hörenden etwas Ähnliches entsteht, wie es dem Geist des Sprechenden nicht entweicht." (Übers. von Johann Kreuzer, S. 73)]
643 Jannidis: Analytische Hermeneutik, S. 135.
644 Als eine mögliche Ausnahme könnte man auf Peter Tepe verweisen, der als einer der wenigen Autoren den Sinn als „eine im Text enthaltene objektive Größe" (Kognitive Hermeneutik, S. 279, 312) verstanden wissen will. Sie gelange durch die psychischen Aktivitäten des Autors „in den Text hinein" und ist ihm dann „eingeschrieben" (S. 227). Was damit genau gemeint ist, bleibt unklar.
645 Weimar: Text, Interpretation, Methode, S. 113.

und das kann ja mancherlei sein, ist mit radikaler Ausschließlichkeit unsere Sache und nicht diejenige der Schrift oder gar des hypothetischen Schriftproduzenten.[646]

Man könnte zunächst denken, Weimar beschreibe unbefangen, was das Wesen des Textes ist, doch dieser Eindruck täuscht. Seine Aussagen, die offenlegen sollen, wie der Text *eigentlich* beschaffen ist, beziehen ihre Überzeugungskraft aus der Unterstellung, daß die Bedeutung zusätzlich zu den Ausdrücken vorhanden sein müßte. Nur dann könnten wir, so die Vorstellung, die uns nahegelegt wird, berechtigterweise sagen, daß sie eine Bedeutung haben. Diese unauffällige Verwechslung des metaphysischen mit dem geläufigen Bedeutungsbegriff suggeriert, daß der Text eigentlich nichts als graphische Muster enthält.

Man kann unterscheiden zwischen ‚inhaltsreichen' und ‚inhaltsarmen' Sätzen, man kann feststellen, daß jemand etwas ‚in Worte faßt' oder etwas in einen Text ‚hineinlegt'; von den Versen eines Dichters kann man behaupten, daß sie mit Bedeutung ‚erfüllt' sind oder einen verborgenen Sinn ‚enthalten'. Solche Redeweisen sind harmlos und genauso wenig Ausdruck falscher Theorien wie andere bildhafte Ausdrucksformen, z.B. ‚Die Verteidigung der Toleranz liegt ihm besonders am Herzen' oder ‚Er ist von einem Wunsch nach moralischer Erneuerung erfüllt'. Es wäre ein Mißverständnis, die Aussage, daß eine Textstelle einen ‚blasphemischen Inhalt' hat, für *grundsätzlich* falsch zu halten. Sie *kann* falsch sein, aber nicht deshalb, weil Texte eigentlich keine Behälter sind. Wenn man bestreitet, daß sprachliche Zeichen einen Sinn oder Inhalt übertragen, hält man, ohne es zu bemerken, an einer unbegründeten Annahme über den Bedeutungsbegriff fest. Daher ist die Negation der Päckchentheorie nicht weniger problematisch als die Päckchentheorie selbst.

Mit der mühelosen Distanzierung von der Päckchentheorie verbinden die Vertreter der kognitionswissenschaftlichen Literaturforschung den Anspruch, Texte als das darzustellen, was sie ihrem inneren Wesen nach sind: Auslöser einer mentalen Bedeutungskonstitution. Man positioniert sich dann als Experte für dieses schemenhafte Phänomen, das man durch den eigenen ungeklärten Sprachgebrauch fortwährend erzeugt:

> This is the common situation of all language: expressions do not mean; they are prompts for us to construct meanings [...]. In no sense is the meaning [...] of any utterance ‚right there in the words'. When we understand an utterance, we in no sense are understanding just ‚what the words say'; the words themselves say nothing independent of the richly detailed and powerful cognitive processes we bring to bear.[647]

---

[646] Klaus Weimar: Doppelte Autorschaft, in: Rückkehr des Autors. Zur Erneuerung eines umstrittenen Begriffs, hg. von Fotis Jannidis, Gerhard Lauer, Matías Martínez und Simone Winko, Tübingen 1999, S. 123–133, S. 126.
[647] Turner: Reading Minds, S. 206.

Diese Sätze, die eine gewichtige Einsicht zum Ausdruck bringen sollen, verkleiden die terminologische Festlegung, daß ‚steht im Text' gleichbedeutend sei mit ‚ist ohne die Investition intellektueller Fähigkeiten erkennbar', als eine empirisch nachprüfbare Aussage. Ganz ähnlich funktionieren die Sophismen, mit denen Stanley Fish in seinen frühen Beiträgen arbeitet. Er unterstellt, daß sich etwas, das ‚im Text enthalten' sei, dem jeweiligen Leser ohne die Aufbietung kognitiver Fähigkeiten unmittelbar erschließen müsse: „The category ‚in the text' is usually thought to refer to something that is irreducibly there independently of and prior to all interpretive activity."[648] Norman Holland treibt diese Überlegung ins offenkundig Absurde, wenn er sich zu der Behauptung versteigt, Literaturwissenschaftler redeten über Texte „as though they had access to it free from the activity of their brains and sense organs".[649]

Die mit wissenschaftlichem Anspruch vorgetragene These, daß ein Text nichts als graphische Muster enthalte, dient, wie die angeführten Beispiele andeuten, vor allem der Selbstprivilegierung und der rhetorischen Motivierung von Geltungsansprüchen: Man präsentiert sich als Forscher, der etwas über seelische Vorgänge zu sagen weiß, die von den graphischen Mustern zur Hervorbringung von Bedeutungsstrukturen führen. Die entsprechenden Sätze, die ein Wissen über das, was im Kopf des Lesers geschieht, zum Ausdruck bringen sollen, beschreiben genau genommen keine nachprüfbaren Sachverhalte, sondern legen eine neue Darstellungsnorm fest: Jedes Textverständnis soll ‚Bedeutungsproduktion' oder ‚Bedeutungszuordnung' heißen. Es lassen sich zahlreiche Beispiele für Arbeiten anführen, die in dieser Weise eine Normierung der Sprache als Erfahrungstatsache präsentieren.[650] Die Behauptung, daß beim Lesen eine derartige

---

[648] Fish: Is there a Text in this Class?, S. 273. Fishs wichtiger Hinweis, daß es von hermeneutischen Operationen und von der Dynamik sozialer Interaktionen abhängt, was man in einem Text wahrzunehmen glaubt, braucht diese unbegründete Unterstellung nicht. In einem selbstironischen späteren Aufsatz hat Fish eine Analyse der eigenen mißverständlichen Rhetorik vorgelegt und die Redeweise ‚eine Bedeutung haben' gegen die eigenen Verfälschungen in Schutz genommen; vgl. Stanley Fish: One More Time, in: Postmodern Sophistry. Stanley Fish and the Critical Enterprise, hg. von Gary Olson und Lynn Worsham, Albany, NY 2004, S. 265–297, S. 282–284.

[649] Norman Holland: Literature and the Brain, Gainesville, FA 2009, S. 34. Ähnlich absurd ist die Unterstellung von Mary Crawford und Roger Chaffin, daß die Common-sense-Theorie, die in den „metaphors we use to talk about communication" enthalten sei, ausschließe, daß verschiedene Leser berechtigterweise zu verschiedenen Interpretationen gelangen können (The Reader's Construction of Meaning. Cognitive Research on Gender and Comprehension, in: Gender and Reading. Essays on Readers, Texts, and Contexts, hg. von Elizabeth Flynn und Patrocino Schweickart, Baltimore 1986, S. 3–30, S. 3).

[650] „Bedeutungen literarischer Texte werden überhaupt erst im Lesevorgang generiert; sie sind das Produkt einer Interaktion von Text und Leser" (Wolfgang Iser: Die Appellstruktur der Texte. Unbestimmtheit als Wirkungsbedingung literarischer Prosa, Konstanz 1970, S. 7). „We [...] are the

Bedeutungserzeugung und -zuordnung stattfinde, hat dabei denselben metaphysischen Charakter wie die Behauptung, daß dem Text ein Sinn innewohne. Sie schreibt vor, wie die Daten, die man sammelt, wissenschaftlich zu beschreiben sind, kann also durch diese Daten nicht erschüttert werden.[651]

Ich möchte noch ein letztes Beispiel für die rhetorische Konstruktion einer ‚naiven Alltagstheorie' anführen, gegen die man die eigene überlegene Einsicht abzugrenzen versucht. Das Beispiel ist deswegen instruktiv, weil es den schriftlichen Ausdruck von Gedanken betrifft. Dan Sperber und Deirdre Wilson beginnen ihre einflußreiche Relevanztheorie mit der Kritik von Metaphern wie ‚etwas zu Papier bringen' oder ‚etwas in Worte fassen':

---

makers of the meanings we understand, a text being only an occasion for meaning, in itself an ambiguous form devoid of the consciousness where meaning abides." (Hirsch: The Aims of Interpretation, S. 76) „Der Grundvorgang des Verstehens und der an das Verstehen gekoppelten Interpretation besteht darin, daß ein Interpret die Zeichen der Texte mit Bedeutungen versieht, daß er sie mit Sinn erfüllt." (Horst Steinmetz: Verstehen, Mißverstehen, Nichtverstehen, in: Germanisch-Romanische Monatsschrift 37 (1987), S. 387–398, S. 391) „Bedeutung, Begriff, Vorstellung" sind Dinge, die „einem [...] gegebenen Wort oder Satz *zugeordnet*" werden (Weimar: Lesen, S. 60 [Herv. V.P.]). Verstehen wird gern als „Sinn- und Bedeutungskonstitution" (ebd.) beschrieben. Man glaubt zu „wissen, daß jeder Rezipient sich seinen Sinn selbst herstellt" (Ulla Fix: Grammatik des Wortes. Semantik des Textes. Freiräume und Grenzen für die Herstellung von Sinn, in: Regeln der Bedeutung. Zur Theorie der Bedeutung literarischer Texte, hg. von Gerhard Lauer, Matías Martínez und Simone Winko, Berlin 2003, S. 80–102, S. 82). „Ziel des Sprachverstehens ist es, Sinn zu erzeugen" (Monika Schwarz-Friesel: Kognitive Linguistik, in: Deutsch als Fremdsprache 41/2 (2004), S. 83–89, S. 85). Kognitive Psychologie und kognitionswissenschaftliche Linguistik „gehen davon aus, dass ein Leser einem Text keine Bedeutungen entnimmt. Er konstruiert vielmehr diese Bedeutungen anhand des Textes unter Rückgriff auf sein Vorwissen." (Schnotz: Was geschieht im Kopf des Lesers?, S. 222) „Eine Selbstverständlichkeit für die moderne Texttheorie [...] ist [...] die Annahme, dass Bedeutungen nicht ‚in Texten liegen', sondern vom Leser am Text gebildet werden." (Andreas Gardt: Textsemantik. Methoden der Bedeutungserschließung, in: Geschichte der Sprache und Sprache der Geschichte. Probleme und Perspektiven der historischen Sprachwissenschaft des Deutschen, hg. von Jochen Bär und Marcus Müller, Berlin 2012, S. 61–82, S. 62) „Lesen vollzieht sich als komplexer Prozess, in dessen Verlauf Elemente eines Schriftzeichensystems erkannt, sprachlich realisiert und mit Bedeutung versehen werden. [...] Ein Text erhält seine Bedeutung(en) im Akt des Lesens durch Zuschreibungen, die der Leser [...] vornimmt. Mit anderen Worten: Ohne einen Leser bleibt ein Text eine Ansammlung von Wort- und Satzzeichen auf bedruckten Seiten [...]." (Ralf Klausnitzer: Einführung in die Literaturwissenschaft, 2., akt. und erw. Aufl., Berlin 2012, S. 63f.)

651 Der Vorgang der Bedeutungsproduktion wird nicht durch empirische Studien nachgewiesen, sondern in den Fragen, die diese Studien beantworten wollen, als gegeben vorausgesetzt: „Psychologische Modelle des Textverstehens sind primär mit der Frage befaßt, wie Leser auf der Grundlage des sprachlichen Inputs eine satzübergreifende Bedeutungsstruktur aufbauen" (Ursula Christmann und Norbert Groeben: Psychologie des Lesens, in: Handbuch Lesen, hg. von Bodo Franzmann, München 1999, S. 145–223, S. 162).

> The power of these figures of speech is such that one tends to forget that the answer they suggest cannot be true. In writing this book, we have not literally put our thoughts down on paper. What we have put down on paper are little dark marks, a copy of which you are now looking at. As for our thoughts, they remain where they always were, inside our brains.[652]

Wie man unschwer erkennt, arbeiten die Autoren mit dem Mythos, der das Denken im Kopf verortet und die Außenwelt auf Körperbewegungen reduziert. Sie unterstellen, daß das Verfassen einer wissenschaftlichen Abhandlung bloß darin bestehe, Tintenstriche auf dem Papier zu hinterlassen. Dabei kann man den Text doch wohl mit Begriffen wie ‚Sätzen bauen', ‚Thesen formulieren', ‚Beispiele verwenden', ‚naheliegende Einwände ausräumen' charakterisieren. Und was wollen Sperber und Wilson ausschließen, wenn sie bestreiten, daß Gedanken zu Papier gebracht werden? Als ‚Gedanke' bezeichnet man etwas, das man aussprechen, zitieren, durch Argumente stützen oder durch Zusätze erläutern kann. Nichts von dem, was man im Gehirn eines Sprachbenutzers findet, kann zitiert, paraphrasiert, durch Belege gestützt oder widerlegt werden. ‚Gedanken zu Papier bringen' könnte man annäherungsweise erläutern als ‚die Bereitschaft, etwas sagen zu wollen, durch die schriftliche Formulierung einer Aussage bekunden'. Sperber und Wilson deuten ‚einen Gedanken äußern' völlig anders: Sie nehmen an, daß der Gedanke ein inneres Gebilde sei, das durch die Zeichen, die man in der Außenwelt erzeuge, indirekt zu erkennen gegeben werde. Aus Sicht einer behavioristischen Sprachauffassung ist der vorliegende Abschnitt, der sich mit der Sprachtheorie von Sperber und Wilson beschäftigt, nicht eine bloße Ansammlung von Schriftzeichen, die auf unsichtbare Gedanken zurückgehen, sondern eine Folge von Sätzen, die man als ‚Reflexionen zur Sprachtheorie von Sperber und Wilson' identifizieren kann.

Will man die Theorie des Textverstehens von unberechtigten Wissensansprüchen möglichst freihalten, sollte man die folgenden Punkte stärker berücksichtigen: 1. Man sollte unterscheiden zwischen der verworrenen Idee, daß den Wörtern im Kopf des Lesers Bedeutungen hinzugefügt werden, und der korrekten These, daß Leser eine Auffassung davon entwickeln, welche Bedeutung die Wörter haben. 2. Die Ausdrucksweise ‚eine Bedeutung haben' kann durch verwandte Konstruktionen wie ‚eine Funktion haben', ‚eine Verwendung haben' oder ‚einen Wert haben' erläutert werden, so daß deutlich wird: Wenn Leser annehmen, ein Wort habe eine bestimmte Bedeutung, verbinden sie keine Dinge mit diesem Wort und nehmen auch nicht an, daß ihm etwas Geistiges

---

[652] Dan Sperber und Deirdre Wilson: Relevance. Communication and Cognition, Oxford 1995, S. 1.

innewohnt, das man herausholen kann, sondern sind geneigt, vom Autor zu behaupten, daß er das Wort auf eine bestimmte Weise verwendet. 3. Die Theorie, daß jeder Leser einen eigenen Sinn hervorbringe, reduziert sich dann auf die Aussage, daß jeder Leser ein Textverständnis entwickelt, d.h. eine Auffassung ausbildet, wie die Wörter vom Verfasser gebraucht werden. Während produzierte Bedeutungen zu diffus sind, um nachprüfbar zu sein, kann man empirisch erforschen, wie Leser den Sprachgebrauch zu paraphrasieren und zu erklären geneigt sind.

1.7.4 Sinnliches Rohmaterial, mentales Produkt

Die irreführende Entgegensetzung von Bedeutungsentnahme und Bedeutungsproduktion ist Teil eines grundsätzlicheren Problems: Ein Großteil der wissenschaftlichen Literatur, die sich mit dem Textverstehen beschäftigt, operiert mit der unzureichend definierten Vorstellung eines sinnlichen Rohmaterials, das zu einem mentalen Produkt verarbeitet werde.[653] Die scheinbar voraussetzungsarme, ‚dünne' Beschreibung des Textes als Ansammlung von graphischen Mustern auf dem Papier, die von allen Aspekten der Sprachverwendung absieht, für deren Erkenntnis man weitere Fähigkeiten und Kenntnisse einbringen müßte, soll die Grundlage des Verstehens freilegen. In dem Versuch, das Fundament zu identifizieren, von dem dann die Analyse des Verstehens ihren Ausgang nehmen soll, gerät man auf den ‚Mythos des Gegebenen', also auf das philosophische Bild, daß lediglich unorganisierte Sinnesdaten von außen vorgegeben seien, die man durch intellektuelle Leistungen in ein verständliches Sprachgebilde verwandeln müsse.[654] Die Strukturen, von denen man zunächst abstrahiert hatte, die Wörter, Sätze, Redefiguren, Kommentare, Zitate, Anspielungen, Pointen, Gedanken und alle Muster des Sprachgebrauchs, die man in Texten finden oder übersehen kann, werden

---

653 Ralf Schneider spricht in diesem Zusammenhang von der „mentalen Bearbeitung von Textsignalen" (Interpretationsschemata und Rezeptionsprozess. Anmerkungen zum Interpretieren aus Sicht einer kognitiven Rezeptionstheorie, in: Literatur interpretieren. Interdisziplinäre Beiträge zur Theorie und Praxis, hg. von Jan Borkowski, Stefan Descher, Felicitas Ferder und Philipp David Heine, Münster 2015, S. 251–276, S. 254).
654 Zum Mythos des Gegebenen in der Sprachreflexion vgl. Hacker: Wittgenstein. Mind and Will, S. 57f.; ders.: Davidson on First-Person Authority, in: The Philosophical Quarterly 47 (1997), S. 285–304, S. 303f.; Jeff Coulter und Wes Sharrock: The Hinterland of the Chinese Room, in: Views into the Chinese Room. New Essays on Searle and Artificial Intelligence, hg. von John Preston und Mark Bishop, Oxford 2002, S. 181–200; Glock: Quine and Davidson, S. 189f.

unter neuem Namen wieder eingeführt, und zwar als mentale Konstruktionen, hergestellt aus dem Rohmaterial. Die Fähigkeit eines Lesers, die Struktur eines Textes zu erfassen und darzustellen, wird als Beweis dafür gewertet, daß ein ‚Produkt des Verstehens' in ihm vorhanden ist. Das metaphysische Denken entleert und isoliert den Text, indem es alle Dinge, die darin vorkommen, in den Geist verlegt. Alles, wovon man behaupten kann, daß man es versteht, wird auf diese Weise vergeistigt und in dem geräumigen Konstrukt „satzübergreifende Gesamtbedeutungsstruktur"[655] untergebracht. Der Glaube an diese Gebilde wird durch eine unbewußte Verwechslung der Begriffe gestützt. Unterscheidet man die Begriffe, wird deutlich, daß das „hermeneutische Problem der fundamentalen Fremdheit und Sinnfreiheit"[656] des Textes ein Scheinproblem ist.

Der empfundene Widerspruch zwischen dem Umstand, daß man als Philologe nicht umhinkann, dem Autor irgendwelche Gedanken und Absichten zuzuschreiben, und der Intuition, daß Gedanken und Absichten geistige Dinge seien, zu denen allenfalls der Autor einen Zugang habe, wird dadurch gelöst, daß die Gedanken und Absichten als *Konstrukte* neu interpretiert werden. Wie die Bildung einer Annahme über die Bedeutung der Wörter als Hervorbringung von Bedeutungen aufgefaßt wird, so kann auch die Zuschreibung einer Absicht in eine konstruktivistischen Terminologie gebracht werden: „Intention ist etwas, das der Leser aufgrund von Zeichen konstruiert und dabei einem weiteren Konstrukt, nämlich dem Autor, zuschreibt. Intention ist also das [...] Resultat einer Zuschreibungsoperation."[657] Sämtliche Hypothesen, die über die physikalischen Gebilde hinausgehen, handeln nach dieser Auffassung von mentalen Gebilden, die „aufgrund von Indizien konstruiert"[658] werden. Alles, was man in einer Textanalyse potentiell erschließen kann, läßt sich mit dieser Methode in ein „Resultat von Inferenzprozessen"[659] verwandeln.

Der Mythos des Gegebenen führt zu der seltsamen Konsequenz, daß sogar Urteile, die sich auf die Wörter beziehen, die jemand geschrieben oder gesprochen hat, etwas identifizieren, das nicht direkt wahrgenommen werden kann. So stellt sich Jackendoff die für ihn beunruhigende Frage, ob die Wahrnehmung

---

655 Christmann und Groeben: Psychologie des Lesens, S. 162.
656 Weimar: Geschichte der deutschen Literaturwissenschaft, S. 351.
657 Jannidis: Autor, Autorbild und Autorintention, S. 29.
658 Jannidis: Autor, Autorbild und Autorintention, S. 29.
659 Jannidis: Autor, Autorbild und Autorintention, S. 29. Jannidis versteht diesen Vorschlag als Beitrag zur sprachwissenschaftlichen Reformulierung des Begriffs der Absicht in Abgrenzung von „emphatisch-intuitiven Zugangsweisen" (ders.: Art. Intention, in: Reallexikon der deutschen Literaturwissenschaft, Bd. 2, hg. von Harald Fricke, Berlin 2000, S. 160–162, S. 161).

einer vertrauten Sprache eine Illusion sei: „When you experience real speech in terms of words made of speech sounds, are you right (even though it's ‚really' sound waves)? Or are you having an illusion?"[660] Nach seiner metaphysischen Einteilung in Innen- und Außenwelt gibt es ‚draußen' nur Geräusche: „All there is out in the world is sound waves."[661] Die Aussage, daß der Autor ein *Wort* verwendet, bezieht sich mithin bereits auf Dinge, die nicht direkt beobachtet werden können: „It's talking about what's in the speaker's mind, which we can't observe directly."[662] Auf diese Weise werden alle sprachlichen Erzeugnisse zu einer Konstruktion im Kopf.

Der Mythos des Gegebenen erklärt, warum manche Forscher den Begriff ‚Text' für „systematisch mehrdeutig" halten.[663] Sie glauben, daß sich ‚Text' erstens auf das materiell Gegebene beziehe, die Tintenstriche auf dem Papier, und zweitens auf ein *mentales* Gebilde, das der jeweilige Leser aus dem sinnlichen Rohmaterial herstelle. Für Weimar etwa sind Schriftzeichen ein für alle zugängliches „Fremdprodukt", was darüber hinausgeht, müsse man als „Eigenprodukt" des Interpreten beschreiben, ein „Unikat [...], zu dem niemand anders Zugang hat" als er selbst, ein „Privatbesitz im Kopf, Hirn, Herzen, Gedächtnis".[664] Weimars Position wird von Jannidis unterstützt: Der Textbegriff beziehe sich sowohl auf die „material vorgegebenen Zeichen", als auch auf das „mentale Gebilde, das das Ergebnis eines komplexen Verstehensprozesses ist".[665] Der „verstandene Text"[666] sei nicht etwa der geschriebene Text, sondern ein „geistiges Gebilde".[667] Ähnlich äußert sich Rüdiger Zymner: „So, wie das Vernommene als Eigenprodukt des Lesers zu bezeichnen ist, so ist auch das Verstandene, die Sinnkonstitution als sein Eigenprodukt zu bezeichnen".[668]

---

660 Jackendoff: A User's Guide to Thought and Meaning, S. 105.
661 Jackendoff: A User's Guide to Thought and Meaning, S. 105.
662 Jackendoff: A User's Guide to Thought and Meaning, S. 105.
663 Weimar: Text, Interpretation, Methode, S. 110.
664 Weimar: Berichte über Gelesenes, S. 558. Schon der aus Wörtern bestehende Text ist für Weimar ein „Produkt des Sehens" (Text, Interpretation, Methode, S. 111).
665 Weimar: Text, Interpretation, Methode, S. 111.
666 Fotis Jannidis, Gerhard Lauer und Simone Winko: Radikal historisiert: Für einen pragmatischen Literaturbegriff, in: Grenzen der Literatur. Zu Begriff und Phänomen des Literarischen, hg. von dens., Berlin 2009, S. 3–37, S. 30.
667 Jannidis, Lauer und Winko: Radikal historisiert, S. 30.
668 Rüdiger Zymner: ‚Stimme(n)' als Struktur und Stimmen als Ereignis, in: Stimmen im Text. Narratologische Positionsbestimmungen, hg. v. Andreas Blödorn, Berlin 2006, S. 321–348, S. 330.

Gegen die Theorie, die Weimar, Jannidis und Zymner vertreten oder zumindest nahelegen, spricht zweierlei. Der Begriff ‚Text' ist *erstens* nicht auf der Ebene der graphischen Muster anwendbar. Wenn ein Leser bloß graphische Figuren auf dem Papier wahrnimmt, hat er noch keinen Text identifiziert. Was zu einem Text gehört und was nicht, wird bereits in einer Beschreibung erfaßt, die unterstellt, daß die graphischen Muster Zeichen sind, die sich im Gebrauch befinden. Der Begriff ‚Text' setzt voraus, daß man es mit mehr oder weniger strukturiert verwendeten Ausdrücken einer Sprache zu hat, mit Wörtern und Sätzen also, die man lesen und verstehen kann. Wo Ausdrücke wie ‚schreibt ein Wort', ‚bezieht sich auf etwas zurück', ‚stellt etwas dar', die sich auf den koordinierten Gebrauch von Sprache beziehen, nicht anwendbar sind, ist auch der Begriff ‚Text' fehl am Platz. Wer einen Text identifiziert, bezieht sich *zweitens* auch nicht auf etwas Mentales, das zu den Schriftzeichen irgendwie hinzukommt.[669] Nichts spricht dagegen, Hypothesen über geistige Tätigkeiten und Resultate zu formulieren. Nur sollten sie verständlich formuliert sein, so daß klar ist, was zu ihrer Bestätigung angeführt werden könnte. Die Theorie, daß jeder Leser seinen eigenen mentalen Text bildet, ist nicht in der erforderlichen Weise bestätigungsfähig, denn was auch immer sich im Inneren des Organismus befindet, läßt sich nicht mit Prädikaten wie ‚gut geschrieben' oder ‚schwer verständlich' charakterisieren, die von Texten ausgesagt werden können. Es ist also nicht klar, was die Behauptung eines mentalen Textes stützen oder schwächen würde. Selbstverständlich kann man ein Gedicht ‚im Kopf' aufsagen, aber dieser Umstand stützt nicht die These, daß es irgendwo im Kopf ein Gebilde gibt, das man vorlesen oder abschreiben kann.[670]

---

[669] Ralf Schneider will ‚Text' ausschließlich als Bezeichnung für etwas Mentales verstanden wissen: „Nachfolgend soll unter ‚Text' immer bereits das Ergebnis einer Interaktion zwischen den physischen Signalen [...] und den mentalen Operationen des Lesers bei der Verarbeitung dieser Signale [...] verstanden werden." (Interpretationsschemata und Rezeptionsprozess, S. 253) Später verliert er diese Erklärung aus dem Blick und sagt, daß sich verschiedene „mentale Korrelate" auf „denselben Text" (S. 263) beziehen.
[670] Harald Fricke schreibt: „Der ‚Text an sich' ist nicht erkennbar" (Art. Textanalyse und Textinterpretation. Erkenntnis- und wissenschaftstheoretische Grundlagen, in: Handbuch Literaturwissenschaft, Bd. 2: Methoden und Theorien, hg. von Thomas Anz, Stuttgart 2007, S. 41–51, S. 41). Aber kann unabhängig von Begriffen wie ‚Wort', ‚Satz', ‚schreiben', ‚etwas darstellen' überhaupt von ‚Texten' die Rede sein? Für Fricke ist der Text „immer schon Produkt literaturwissenschaftlicher Theoriebildung" (ebd.). Dazu ist zweierlei anzumerken. Erstens: Das Produkt literaturwissenschaftlicher Theoriebildung sind literaturwissenschaftliche Theorien und nicht Texte, die Literaturwissenschaftler analysieren. Zweitens: Es ist fraglich, ob Prädikate wie ‚Absicht' oder ‚in Hexametern geschrieben' Ausdruck einer Theorie sind; zumindest hätte ein Theoriebegriff, der so weit gefaßt ist, mit Theorien im wissenschaftlichen Sinn nicht mehr viel zu tun; vgl. Ian Hakking: Einführung in die Philosophie der Naturwissenschaften, Stuttgart 1996, S. 290–293.

1.7 Mythologien des Verstehens — 167

Die Annahme mentaler Texte lenkt, wie sich nun zeigt, von einer Grundtatsache der Textrezeption ab: Wo Texte erforscht werden, wird ein korrigierbares Textverständnis konstruiert oder aufgebaut.[671] Die *Auffassung* des Textes, die man probeweise entwirft, ist nicht zu verwechseln mit dem Sprachgebilde, *wovon* es eine Auffassung ist. Gelangt man zu dem Ergebnis, daß im Text etwas angedeutet wird, dann ist dies in einem gewissen Sinn eine Konstruktionsleistung, bei der man seine Kenntnisse und Fähigkeiten einbringt. Das Ergebnis der Anstrengungen, einen Text richtig zu verstehen, ist jedoch nicht ein ‚verstandener Text', also ein Objekt, das nur dem Interpreten unmittelbar zugänglich ist, sondern ein Textverständnis: eine *provisorische Vorstellung* oder *Auffassung* davon, *wie* der Text beschaffen ist.

Die Idee des mentalen Textes entsteht also vermutlich aus einer Unklarheit darüber, *was* konstruiert wird. Die Auffassung, die man entwickelt, ist von den besonderen Fähigkeiten, Kenntnissen, Interessen sowie von den Umständen der Rezeption und diversen Zufälligkeiten abhängig. Aber die Analyse eines sprachlichen Gebildes und die Entwicklung einer revidierbaren Auffassung davon, wie es beschaffen ist, beruhen gerade auf der Voraussetzung einer potentiell erkennbaren Beschaffenheit, die von Teilen der kognitionswissenschaftlich inspirierten Forschung ausgeschlossen wird. Die provisorische Auffassung, die man entwickelt, ist vielleicht ein Irrtum oder ein Zerrbild; aber das ändert nichts daran, daß man versuchsweise unterstellt (annimmt, vermutet), daß ein Satz diesen oder jenen Sinn hat, d.h. daß mit dem Satz dieses oder jenes dargestellt, ausgedrückt oder zu verstehen gegeben wird.[672] Für Prädikate wie ‚ist ein Wort', ‚gibt etwas zwischen den Zeilen zu verstehen', ‚drückt ein Gefühl aus' gilt: Ihr Gebrauch ist *Ausdruck* einer Konstruktionsleistung, doch sie *beziehen* sich auf den analysierbaren Text. Man kann mit ihnen von einem Text (hypothetisch) aussagen, daß er eine bestimmte Beschaffenheit hat.[673]

---

671 Wer Sprachgebilde studiert, ‚konstruiert' in mehr als einem Sinn: Das Konstruieren einer Auffassung davon, wie der Satz beschaffen ist, ist nicht dasselbe wie das Konstruieren der hypothetischen Paraphrase, in der eine mögliche Auffassung davon zum Ausdruck kommt, wie der Satz gebaut ist.
672 Es ist bemerkenswert, daß Schnotz schwankt zwischen: 1. Der Leser konstruiert Bedeutungen (Was geschieht im Kopf des Lesers, S. 223) und 2. Der Leser konstruiert eine mentale Repräsentation der Bedeutung (ebd., S. 225). Die zweite These ist weniger konfus als die erste, bedarf allerdings weiterer Korrekturen, denn zum einen neigt Schnotz dazu, die Bedeutung als mit der Textoberfläche verknüpften Inhalt aufzufassen, und zum anderen ist (wie bereits dargelegt wurde) die Auffassung von der Bedeutung nicht eine innere Repräsentation, sondern eher die Fähigkeit, die Verwendung von Wörtern wahrzunehmen und richtig zu erläutern.
673 Schneider erklärt, daß „die Frage, ob das Textsubstrat an sich Bedeutung hat" für seine Theorie „ohne Belang" (Interpretationsschemata und Rezeptionsprozess, S. 253) sei, was den

Freilich darf man nicht das Textverständnis – die Vorstellung von der Beschaffenheit des Textes – wiederum als mentales Gebilde definieren. Man kann sagen, daß während des Lesens eine Auffassung von der Bedeutung der Wörter ‚in uns entsteht', aber das ist nur eine metaphorische Redewendung und nicht Grundlage für die empirische Erforschung der Sprachrezeption. Die Auffassung von einem Text ist kein Etwas, das im Geist Gestalt annimmt. ‚Eine Auffassung von der Bedeutung des Wortes haben' heißt, wie wir gesehen haben, ungefähr so viel wie ‚es als Wort, das soundso verwendet wird, *wahrnehmen*' und ‚es als Wort, das soundso verwendet wird, *erklären*'. Der Begriff ‚Textverständnis' ist eine zweckdienliche Abkürzung für die Wiedergabe-, Beschreibungs- und Erklärungsfähigkeiten, die man in einem (möglichen) Gespräch über den Text zu zeigen imstande ist.[674]

Die vorgeschlagene Neubestimmung bewahrt die Einsicht, daß die Rezeption von Texten ein anspruchsvoller, in einem gewissen Sinn ‚konstruktiver' Vorgang ist; zugleich wird die Vorstellung zurückgewiesen, daß der Leser einen Text hervorbringt, zu dem nur er selbst Zugang hat.[675] Die Wesensbehauptung, daß ein Text im Grunde nur eine Ansammlung von graphischen Figuren sei, die auf eine Ergänzung durch Sinn angewiesen sind, erweist sich aus dieser Perspektive als eine pseudo-empirische Setzung. Die Beschreibung der materiellen Aspekte des Textes abstrahiert davon, welche Wörter darin vorkommen und wozu sie verwendet werden. Es wird dann so getan, als sei die anspruchslose, voraussetzungsarme Beschreibung, die lediglich die graphischen Muster erwähnt, bereits erschöpfend. Aber das ist sie natürlich

---

falschen Eindruck erweckt, daß die Frage, ob Druckerschwärze auf dem Papier „an sich" eine Bedeutung habe, sinnvoll gestellt ist. Später erklärt er, daß Leser „aus dem Textsubstrat" (S. 254) *zitieren*, um ihre Aussagen über den Text zu untermauern, obwohl das „Textsubstrat" zuvor als ein physisches Signal definiert wurde.

674 Schnotz meint: „Die mentale Repräsentation der Textoberfläche [...] ermöglicht eine wortwörtliche Wiederholung von Textsätzen" (Was geschieht im Kopf des Lesers?, S. 225). Dem möchte ich entgegensetzen, daß die empirische Aussage ‚Dieser Leser hat jetzt ein Verständnis der Textoberfläche entwickelt' *bedeutet* ‚Er ist jetzt imstande, die Textoberfläche darzustellen'. Die Wiedergabe, tatsächlich eine Repräsentation, beruht nicht auf dem Vorhandensein einer mentalen Repräsentation des Textes im Kopf.

675 Aussagen über den ‚verstandenen Text' lassen sich in Aussagen über das Textverständnis übersetzen. Die These, daß der „Kontext nicht etwas ist, das man vom Text loslösen kann, da der verstandene Text überhaupt nur in diesem Kontext gebildet werden kann" (Jannidis, Lauer und Winko: Radikal historisiert, S. 30), kann beispielsweise durch die eher unspektakuläre Behauptung, daß ein Textverständnis notwendigerweise eine Auffassung des Kontextes einschließt, ersetzt werden.

nicht: Ausdrücke wie ‚ist ein Vers', ‚hat eine Bedeutung', ‚drückt einen Gedanken aus' identifizieren nicht nur Zeichen, beziehen sich aber auch, wie sich gezeigt hat, nicht auf ein zusätzliches Produkt des Verstehens, das angeblich im Geist des jeweiligen Lesers entsteht. Sie charakterisieren – in einer relativ anspruchsvollen Beschreibung –, wie der Text, mit dem man sich beschäftigt, organisiert ist.

1.7.5 Verstehen als innerer Vorgang

Oft wird angenommen, daß das Verstehen stattgefunden hat, wenn man sinnvolle Wörter wahrzunehmen glaubt, und (noch) nicht stattgefunden hat, wenn man den Text als unklar oder sinnlos erlebt. Das Verstehen wird von Dilthey aus dieser Überlegung heraus als Vorgang definiert, der dafür sorge, daß man den Text als Sinngebilde und Ausdruck des menschlichen Geistes wahrnehme: „Wir nennen den Vorgang, in welchem wir aus Zeichen, die von außen sinnlich gegeben sind, ein Inneres erkennen: *Verstehen*."[676] Er schlägt vor, eine Methodologie aus einer „Analyse des Verstehens"[677] zu gewinnen. Auch in der neueren Diskussion wird das Verstehen als eine „mentale Aktivität"[678] dargestellt, die das Lesen begleite, als ein „geistiger Vorgang, bei dem [...] Zeichen, Äußerungen oder Handlungen für ein wahrnehmendes Subjekt

---

[676] Dilthey: Die Entstehung der Hermeneutik, S. 318. „Sonach nennen wir Verstehen den Vorgang, in welchem wir aus sinnlich gegebenen Zeichen etwas Psychisches, dessen Äußerung sie sind, erkennen." (S. 318) Dilthey ordnet das Verstehen manchmal auch als „Verfahren" ein, das die Grundlage „für alle weiteren Operationen der Geisteswissenschaften" (S. 333) darstellt. Auch die etwas später formulierte Idee Diltheys von einem „Gang des Verstehens von außen nach innen", bei dem „jede Lebensäußerung für die Erfassung des Innern, aus der sie hervorgeht" verwertet wird, bleibt in dem Innen-Außen-Modell gefangen (Der Aufbau der geschichtlichen Welt in den Geisteswissenschaften [1910], in: ders.: Gesammelte Schriften, Bd. 7, Stuttgart 1965, S. 77–188, S. 82). Es gibt bei Dilthey andererseits auch nennenswerte Ansätze, sich von solchen Vorstellungen zu emanzipieren. Diese Tendenzen werden wohlwollend hervorgehoben von: Matthias Schloßberger: Die Erfahrung des Anderen. Gefühle im menschlichen Miteinander, Berlin 2005; Matthias Jung: Der bewusste Ausdruck. Anthropologie der Artikulation, Berlin 2009.
[677] Dilthey: Die Entstehung der Hermeneutik, S. 320.
[678] Detel: Geist und Verstehen, S. 12. An anderer Stelle bestimmt Detel das Verstehen als „kognitive Operation" und „mentalen Zustand" (Hermeneutik der Literatur und Theorie des Geistes, S. 184).

Bedeutung erhalten".[679] Dies führt dann unter anderem zu der seltsamen Konsequenz, daß das Verstehen immer nur aus äußeren Anzeichen erschlossen werden könne.[680]

Wenn man das Verstehen als Vorgang deutet, der immer abläuft, wenn etwas als sinnvoll erlebt wird, neutralisiert man gewissermaßen den Verstehensbegriff. Man vernachlässigt dann, daß es eine Aufgabe ist, die Frage zu beantworten, was es heißt, einen Text irgendwie *aufzufassen* (ein richtiges oder falsches *Verständnis* aufzubauen), und eine ganz andere Aufgabe, der Frage nachzugehen, was es heißt, einen Text zu *verstehen* (ihn *richtig* aufzufassen, ein *richtiges* Verständnis davon zu haben).[681] Die Einebnung dieses Unterschieds verbindet sich oft mit unbegründeten Wertsetzungen und Wesensbehauptungen. Harald Fricke etwa erklärt, daß das „Schwierige wie das Reizvolle an Literatur", darin bestehe, „dass jeder etwas anderes und ganz Persönliches aus ihr herauslesen"[682] könne. Ralf Schneider behauptet sogar, „dass das Wesen [!] der Literatur" darin bestehe „*keine* eindeutigen Bedeutungen zu generieren".[683] Er „zelebriert"[684] die Vielfalt der „Verstehensleistungen",[685] die er auch dort zuschreibt, wo man sonst wohl von ‚nicht verstehen' oder ‚mißverstehen' sprechen würde. Aus seiner Sicht ist die einzig denkbare Alternative zur Sinnvielfalt, daß sich der Sinn „unmittelbar" und sogar „ohne Lektüre"[686] offenbart. Die Möglichkeit, die Beschäftigung mit Texten als eine *Analyse* aufzufassen, d.h. als Bemühung, etwas in seiner Eigenart richtig aufzufassen, gerät in solchen Theorien, die jede Interpretation als Verstehen anerkennen, aus dem Blick.

---

679 Thomas Zabka: Art. Verstehen, in: Metzler Lexikon Literatur. Begriffe und Definitionen, hg. von Dieter Burdorf, Christoph Fasbender und Burkhard Moennighoff, 3., völlig neu bearb. Aufl., Stuttgart 2007, S. 807.
680 „Wenn nämlich Verstehen ein Denkprozeß ist [...], dann kann dieser intern stattfindende kognitive Vorgang nicht direkt beobachtet werden." (Reinhold Viehoff: Literarisches Verstehen. Neuere Ansätze und Ergebnisse empirischer Forschung, in: Internationales Archiv für Sozialgeschichte der deutschen Literatur 13 (1988), S. 1–39, S. 5)
681 Detel scheint selbst nicht zu wissen, ob er eine Theorie des Textverstehens oder eine Theorie der Textrezeption entwickelt, was man unter anderem daran sieht, daß er das Erfolgs- oder Leistungswort ‚etwas erfassen' benutzt, um zu erläutern, was Verstehen ist, obwohl er das Verstehen zuvor als seelischen Vorgang definiert, der zum Aufbau einer Metarepräsentation führt: „Das Verstehen [...] ist ein kognitives Erfassen der geistigen Zustände anderer geistiger Wesen." (Wolfgang Detel: Kognition, Parsen und rationale Erklärung. Elemente einer allgemeinen Hermeneutik, Frankfurt/M. 2014, S. 54).
682 Fricke: Textanalyse und Textinterpretation, S. 42.
683 Schneider: Interpretationsschemata und Rezeptionsprozess, S. 265.
684 Schneider: Interpretationsschemata und Rezeptionsprozess, S. 266.
685 Schneider: Interpretationsschemata und Rezeptionsprozess, S. 266.
686 Schneider: Interpretationsschemata und Rezeptionsprozess, S. 266, 270.

1.7 Mythologien des Verstehens — 171

‚Verstehen' gehört, wie angedeutet, in eine Reihe mit ‚etwas erfassen', ‚etwas erkennen', ‚etwas begreifen', ‚etwas durchschauen', also in eine Familie von Erfolgsverben, die verwendet werden, um kognitive *Fähigkeiten* oder *Leistungen* zuzuschreiben.[687] Sie bezeichnen kein „silent and private phenomenon",[688] das in uns stattfindet, während wir einen Text lesen. Der „Akt des Verstehens",[689] die „wundersame Tätigkeit"[690] des Erkennens und der „Erkenntnisaufwand", den man in die Beschäftigung mit einem Schriftwerk „investiert",[691] sind sprachliche Ungereimtheiten. Bei der Rede von ‚Vorgängen', die zu einer Erkenntnis führen, ist ebenfalls Vorsicht angebracht: Schon die Annahme, daß Leser zuerst nur Striche auf dem Papier wahrnehmen, die sie dann ‚gedanklich verarbeiten', ist unbegründet. Wenn man lesen gelernt hat, nimmt man graphische Muster oft mühelos als sinnvolle Wörter wahr. Das ‚Gegebene', woraus Leser Schlüsse ziehen, sind dann nicht Ansammlungen von bloßen Zeichen, sondern in einen Kontext integrierte Verwendungen von Wörtern einer Sprache. Für *sie* – und nicht für bloße Striche auf dem Papier – werden gegebenenfalls Erklärungen gesucht. Die Erforschung menschlichen Verhaltens fängt ja auch in anderen Bereichen nicht bei einer Beschreibung von Körperbewegungen oder Geräuschen an, um von dort zu sinnvollen Handlungsweisen fortzuschreiten. Sie beginnt normalerweise mit einer – Kenntnisse und Fähigkeiten voraussetzenden – Feststellung strukturierter Daten, die in einen Lebens- und Kulturzusammenhang einbezogen sind.[692]

Es kann durchaus erhellend sein, Modelle des Verstehens von Texten zu entwickeln.[693] Man sollte sie aber nicht als Modelle eines seelischen Vorgangs

---

[687] Warum das Verstehen nicht als Tätigkeit, Vorgang oder Erfahrung klassifiziert werden kann, wird im Einzelnen ausgeführt in: Baker und Hacker: Wittgenstein. Understanding and Meaning, S. 375–385.
[688] Hirsch: Validity in Interpretation, S. 8.
[689] Szondi: Einführung in die literarische Hermeneutik, S. 405.
[690] Moritz Schlick: Allgemeine Erkenntnislehre, Berlin 1918, S. 1.
[691] Marcel Lepper: Philologie zur Einführung, Hamburg 2012, S. 27.
[692] „What is given, in action and in observation, is not ‚bodily movement' as such, but action: we ourselves act and we see others acting." (Antony Duff: Criminal Attempts, Oxford 1996, S. 295) Hacker und Bennett: Philosophical Foundations of Neuroscience, S. 429; Hacker: Human Nature, S. 221; ders.: Intellectual Powers, S. 99f.; William Hasselberger: Human Agency, Reasons and Inter-Subjective Understanding, in: Philosophy 89 (2014), S. 135–160. Wenn man sich von Hypothesen auf weniger anspruchsvolle Feststellungen des Gegebenen zurückzieht, identifiziert man immer noch erlernbare Muster und nicht unorganisiertes Rohmaterial. Darauf werde ich in Kap. 2.6.1 zurückkommen.
[693] Der Eindruck, daß Theorien kognitiver Leistungen generell abgelehnt werden, könnte fälschlicherweise entstehen, wenn man einseitig an Wittgenstein orientierte Kritiker kognitionswissenschaftlicher Erklärungen liest, vgl. Norman Malcolm: The Myth of Cognitive Processes and

auffassen, der vom sinnlichen Rohmaterial zu einer mentalen Struktur führt, sondern als Modelle, die anspruchsvolle kognitive Leistungen in Teilleistungen aufgliedern und auf diese Weise übersichtlich darstellen.[694] Denn üblicherweise verlegen Theorien, die beanspruchen, Vorgänge im Kopf darzustellen, die Leistungen, die Autoren und Leser nachweislich erbringen können, bloß ins Innere.[695]

1.7.6 Mentale Wörterbücher und ‚frames‘

Die Unterscheidung zwischen überprüfbaren Hypothesen und Pseudo-Erklärungen ist besonders wichtig, wo angenommen wird, daß es mentale Strukturen geben müsse, die das Verstehen ermöglichen.[696] So soll etwa ein mentales Wörterbuch, in dem Wörter mit ihren Bedeutungen verzeichnet sind, die Fähigkeit erklären, Wörter zu erkennen und ihre Bedeutungen zu erläutern.[697] Die Benutzung dieses Speichers wird als ein (unbewußter) Arbeitsschritt dargestellt, den man durchlaufen muß, um von der Physik (dem vorgegebenen Tintenstrichen auf Papier) zur Semantik (dem sinnvollen Text) zu kommen. In ähnlicher Weise werden ‚frames‘ und ‚scripts‘ als Strukturen postuliert, die das Sprachverstehen

---

Structures, in: Cognitive Development and Epistemology, hg. von Theodore Mischel, London 1974, S. 385–392.

694 Für diese Vorgänge gilt dasselbe wie für Bedeutungen im Kopf: Sie sind „keiner [...] empirischen Beobachtung zugänglich" (Weimar: Lesen, S. 51). Die angemessene Reaktion auf diesen Befund wäre, die Definition der Ausdrücke in Frage zu stellen, und nicht, sich einen Verstehensvorgang auszumalen, der im Unbewußten stattfindet.

695 Maxwell Bennett und Peter Hacker bemerken zu William Levelts Modell der Sprachproduktion, das die Fähigkeiten, die beim Sprachgebrauch ausgeübt werden, als Arbeitsschritte neu beschreibt, die im Unbewußten von Teilsystemen des Geistes ausgeführt werden: „The theory of Levelt is more a mythological redescription of the observed phenomena than an explanation of them." (History of Cognitive Neuroscience, S. 145)

696 Vgl. Maxwell Bennett und Peter Hacker: On Explaining and Understanding Cognitive Behaviour, in: The Australian Journal of Psychology 67/4 (2015), S. 1–10; vgl. dies.: History of Cognitive Neuroscience, S. 130–132.

697 „In unserem Kopf ist ein riesiges Lexikon angelegt, in dem alle Wörter, die wir kennen, mit ihren Bedeutungen gespeichert sind" (Löbner: Einführung in die Semantik, S. 9). Das Sprachverstehen wird als Zugriff auf das „verinnerlichte Sprachsystem im Kopf" beschrieben (S. 17). „Der vorherrschenden Auffassung zufolge ist das mentale Lexikon ein mentaler Speicher, in dem die Bedeutung jedes Wortes einer Sprache abgespeichert und auch abrufbar ist. Im mentalen Wörterbuch werden [...] nicht nur semantische, sondern auch syntaktische und morphologische Aspekte gespeichert." (Detel: Kognition, Parsen und rationale Erklärung, S. 145)

„steuern".[698] Man springt hier von der Feststellung, daß Texte die Vertrautheit mit typischen Situationen und Ereignisverläufen voraussetzen, zu der Behauptung, daß „kognitive Strukturen" vorliegen müssen, die Leser „aus ihrem Gedächtnis abrufen",[699] um das Geschriebene zu interpretieren. Die sprachlichen Ausdrücke werden nach der inzwischen bekannten Denkweise als bloße „Auslöser"[700] oder „kognitive Stimuli"[701] dargestellt, die bewirken, daß im Kopf des Lesers ein Vorstellungszusammenhang aus fertigen, im Gedächtnis gespeicherten Strukturen aufgebaut wird.

Es ist nicht ratsam, solche Theorien vollständig zurückzuweisen, denn es könnte der Eindruck entstehen, man wolle die Notwendigkeit von Gedächtnisleistungen für das Verstehen in Abrede stellen. Häufig schwankt der Gebrauch von Ausdrücken wie ‚mentales Wörterbuch' zwischen einer metaphorischen Beschreibung kognitiver Fähigkeiten und einer metaphysischen Spekulation über die psychischen Strukturen, die diese Fähigkeiten ermöglichen. Die Rede von einem Wörterbuch im Kopf ist oft nichts weiter als eine Weiterentwicklung geläufiger Ausdrucksweisen wie ‚über einen Wortschatz verfügen', ‚ein Wort abspeichern' oder ‚einen Ausdruck verinnerlicht haben'. Auch die Rede von ‚frames' ist in vielen Fällen lediglich eine Erweiterung bewährter Metaphern wie ‚Wissensvorrat' oder ‚Begriffsrahmen'. Solche Ausdrucksformen stehen im Zusammenhang mit dem nützlichen Speicher-Modell des Gedächtnisses. Richtig verstanden sind es bequeme Bilder, mit denen man kognitive Leistungen darstellt – nicht mehr.

‚Über einen Wortschatz verfügen' ist lediglich eine Paraphrase von ‚wissen, wie man Wörter richtig ausspricht und gebraucht'. Sofern der Ausdruck ‚mentales Wörterbuch' nicht nur eine Metapher für eine Fähigkeit ist, sondern mentale

---

698 „Welche mentalen Schemata (*scripts* und *frames*) und Verarbeitungsprozesse (*mapping* und *re-mapping*) steuern unser Verstehen von sprachlichen Äußerungen, insbesondere [...] das von [...] literarischen Werken? Wie funktionieren Pointen, Metaphern, narrative Leerstellen in unserem Kopf?" (Fricke: Textanalyse und Textinterpretation, S. 52) Fricke verwechselt die wichtige Frage, welche Kenntnisse und Fähigkeiten bestimmte Formen der Sprachverwendung nachweislich voraussetzen, mit der obskuren metaphysischen Auffassung, daß die Rezeption eines Textes durch mentale Strukturen ‚gesteuert' wird. Die Frage, welche gedanklichen Leistungen das Verstehen von Metaphern, Pointen oder Erzähltechniken umfaßt, verbindet Fricke mit der unklaren und überflüssigen Annahme, daß die Objekte des Verstehens im Kopf „funktionieren" oder „verarbeitet" werden.
699 Alexander Ziem: Frames und sprachliches Wissen. Kognitive Aspekte der semantischen Kompetenz, Berlin 2008, S. 2. Klaus-Peter Konerding bemerkt nüchtern, man solle sich von dem Wort ‚frame' nicht „blenden" lassen (Frames und Lexikalisches Wissen, Tübingen 1993, S. 282).
700 Ziem: Frames und sprachliches Wissen, S. 8.
701 Ziem: Frames und sprachliches Wissen, S. 10.

Strukturen beschreiben soll, die ihr zugrunde liegen, hat man es mit einer Theorie zu tun, die bloß den Anschein erweckt, etwas zu erklären.[702] Was im Gehirn stattfindet, kann nicht sinnvoll als ‚Wort' oder ‚Bedeutungserklärung' beschrieben werden. Selbst wenn „Wörter im Kopf"[703] vorhanden wären, bräuchte man, um das passende Element aus dem ‚Speicher' herauszusuchen, eben die Fähigkeiten, die durch das Postulat eines mentalen Wörterbuchs erklärt werden sollen. Die Fähigkeit, Wörter zu erkennen, wird von der kognitionswissenschaftlichen Theoriebildung also lediglich in einer neuen Terminologie beschrieben und ins Innere verschoben.

Um zu klären, was empirische Studien zur Erforschung des Sprachverstehens leisten können, schlägt Anthony Kenny die folgenden Unterscheidungen vor: 1. Man kann das *Sprachvermögen*, das aus systematisch zusammenhängenden Teilfähigkeiten besteht, analysieren. 2. Man kann die *Ausübung* des Sprachvermögens im Verhalten studieren, wobei ‚Ausübung' hier das stumme Lesen einschließt. 3. Man kann die *Träger* sprachlicher Fähigkeiten, also die Personen, die etwas schreiben oder lesen, untersuchen. 4. Man kann das *Vehikel* der Fähigkeiten erforschen, d.h. die physiologischen Strukturen, die dafür verantwortlich sind, daß die Sprache verstanden und verwendet werden kann.[704] Auf dieser Ebene der physiologischen Strukturen kann von einem Wortschatz oder Wissensvorrat nicht die Rede sein. Mentale Strukturen, die als Objekte des Verstehens die Fähigkeiten voraussetzen, die sie erklären sollen, sind ein „irrelevant metaphysical element at the interface between physiology and psychology".[705]

Solche Unterscheidungen einzufordern, heißt nicht, empirische Arbeiten in Mißkredit zu bringen. Auch wird den Studien, in denen kognitionswissenschaftliche Fachausdrücke verwendet werden, nicht der Wert abgesprochen. Bei jeder These, die in derartigen Forschungsbeiträgen aufgestellt wird, kann geprüft werden, ob man sie nicht durch Beschreibungen ersetzen kann, die ohne die Annahme unzureichend definierter Entitäten auskommen. So lassen sich Hypothesen über die mentalen Repräsentationen, die sich im Verlauf der

---

702 Ein ziemlich klares Beispiel für eine solche Beschreibung: „The way language works, then, is that each person's brain contains a lexicon of words and the concepts they stand for (a mental dictionary) and a set of rules that combine the words to convey relationships among concepts (a mental grammar)." (Pinker: The Language Instinct, S. 85)
703 Jean Aitchison: Words in the Mind. An Introduction to the Mental Lexikon, Oxford 1994.
704 Vgl. Scholz: Verstehen und Rationalität, S. 287–289; Hacker: Human Nature, S. 90–121.
705 Anthony Kenny: Language and the Mind, in: ders.: The Legacy of Wittgenstein, Oxford 1984, S. 137–147, S. 137. Vgl. Ludwig Jäger: Chomskys Problem, in: Zeitschrift für Sprachwissenschaft 12/2 (1993), S. 235–260.

Rezeption entwickeln, problemlos umformulieren in Aussagen über das Textverständnis. Dieses müßte allerdings als komplexe Fähigkeit erläutert werden, damit nicht aus der Auffassung des Geschriebenen ein weiteres Objekt gemacht wird, das verstanden oder mißverstanden werden kann. Durch die Umformulierung geht freilich die Illusion verloren, der einige kognitionswissenschaftliche Theorien ihr Ansehen verdanken: daß man verborgene Strukturen aufdeckt, die den bekannten Tatsachen des Sprachgebrauchs zugrunde liegen.[706]

1.8 Abschließende Diskussion der kritischen Untersuchungen

Karl Eibl hat der sprach- und metaphysikkritischen Analyse wissenschaftlicher Theorien entgegengehalten, daß sie „die Sprache anderer Leute kritisiert, doch auf die eigene als verlässliche Wahrheitsquelle vertraut".[707] Man versuche, behauptet er, von Urteilen über die richtige Verwendung von Wörtern zu einem „apriorischen Wissen"[708] über die Objekte empirischer Forschung zu gelangen. Eibls Einschätzung beruht auf drei unbegründeten Unterstellungen: 1. Die Sprache wird von der Begriffsanalyse nicht als Erkenntnisquelle behandelt; die Untersuchung der sprachlichen Ausdrücke, mit denen im Kontext von Theorien gearbeitet wird, kann allerdings zu der Einsicht führen, daß Sätze, die als gesicherte Forschungsresultate und als Ausdruck wissenschaftlicher Erkenntnis behandelt werden, unklar formuliert oder schlecht begründet sind. 2. Wer erläutert, was mit ‚Bedeutung', ‚Absicht', ‚Verstehen' gemeint ist, erhebt keinen Anspruch auf ein erfahrungsunabhängiges Wissen über empirisch nachprüfbare Sachverhalte, sondern klärt das Vokabular, mit dem solche Sachverhalte festgestellt werden können. 3. Die Sprachkritik behauptet nicht, daß Abweichungen von der „richtigen Sprache"[709]

---

706 Zur rhetorischen Inszenierung solcher Erkenntnisversprechen: Pär Segerdahl: Scientific Studies of Aspects of Everyday Life. The Example of Conversation Analysis, in: Language & Communication 18 (1998), S. 275–323; ders.: Conversation Analysis as Rigorous Science, in: Discussing Conversation Analysis. The Work of Emanuel Schegloff, hg. von Paul Thibault und Carlo Prevignano, Amsterdam 2003, S. 91–108.
707 Karl Eibl: Ist Literaturwissenschaft als Erfahrungswissenschaft möglich? Mit einigen Anmerkungen zur Wissenschaftsphilosophie des Wiener Kreises, in: Empirie in der Literaturwissenschaft, hg. von Philip Ajouri, Katja Mellmann und Christoph Rauen, Münster 2013, S. 19–45, S. 23.
708 Eibl: Literaturwissenschaft als Erfahrungswissenschaft, S. 23.
709 Eibl: Literaturwissenschaft als Erfahrungswissenschaft, S. 23.

zu Irrtümern führen. Auf ‚unrichtigen' Sprachgebrauch hinzuweisen ist etwas anderes als Illusionen aufzudecken, die durch systematisch irreführende Formulierungen hervorgerufen werden. Hacker, gegen dessen Arbeiten sich Eibl wendet, kommt es letztlich auf den Gebrauch der Wörter im Denken des einzelnen Wissenschaftlers an: „The final authority in the matter is *his own reasoning*. We must look at the consequences he draws from his own words – and it is his inferences that will show whether he was using the predicate in a new sense or misusing it."[710] Auch Wittgenstein sagt sehr deutlich, daß er sich nicht für Konflikte mit dem „sanktionierten Sprachgebrauch" interessiere, sondern für Begriffskonfusionen innerhalb der „Praxis"[711] des jeweiligen Forschers.

Daß eine verstärkte Bemühung um die Klärung wissenschaftlicher Sätze notwendig ist, läßt sich an Eibls Darstellung der Philologie illustrieren. Er definiert Interpretation als eine „Methode, mit der der Mensch den Menschen auf Grund der sprachlichen Repräsentation seiner Zustände erkennt".[712] Die überlieferte Metaphysik kleidet er in ein kognitionswissenschaftliches Gewand: Das Textverstehen beruhe auf der „Fähigkeit einer Repräsentation (Metarepräsentation) fremder Geisteszustände".[713] Auf vorgezeichneten Bahnen bewegt sich Eibl vom Mythos des Gegebenen zum Mythos des Inneren: „Der Text in seiner Materialität ist von nur peripherem Interesse; zentral sind die Bedeutungen, d.h. die Semantik!"[714] Diese Behauptungen weisen eine trügerische Ähnlichkeit mit Erfahrungssätzen auf, doch sie können, da sie Begriffskonfusionen enthalten, nicht mit Bezug auf empirische Belege geprüft werden. Allein eine Sprachkritik kann die von Eibls Sätzen produzierten Illusionen abbauen und schrittweise zu einer unbefangeneren Betrachtung der Tatsachen führen.

Die Aufgabe dieses ersten Teils der Untersuchung war es, einige der Vorurteile sichtbar zu machen, die durch eine beharrliche Fehlinterpretation von Begriffen wie ‚Bedeutung', ‚Vorstellung' und ‚Absicht' zustande kommen. Der Schwerpunkt der Analyse lag darauf, zwischen den möglichen Objekten des Verstehens (Bedeutungen, Propositionen, Vorstellungen, Absichten) und der metaphysischen Auffassung eben dieser Gegenstände (z.B. innere Zustände, die ‚Absicht' heißen sollen, ‚Bedeutungen', die angeblich den Wörtern zugeordnet sind usw.) zu unterscheiden. Dadurch wurden die Voraussetzungen für die Problematisierung jener Konzeption philologischer Erkenntnis geschaffen, die Eibl kritiklos reproduziert.

---

710 Hacker: Philosophical Foundations of Neuroscience, S. 74. Vgl. ders.: History of Cognitive Neuroscience, S. 254–260.
711 BPP 1, § 548.
712 Eibl: Literaturwissenschaft als Erfahrungswissenschaft, S. 35.
713 Eibl: Literaturwissenschaft als Erfahrungswissenschaft, S. 35.
714 Eibl: Literaturwissenschaft als Erfahrungswissenschaft, S. 35.

Das Ausräumen von Mißverständnissen und Unklarheiten ist von einem beschränkten Rationalismus zu unterscheiden, der die Abschaffung von Mythen zum Ziel hat. Wer eine erfahrungsorientierte und antimetaphysische Grundhaltung einnimmt, kann sich eine entspannte, aufgeschlossene Einstellung zum Mythos leisten. Es spricht überhaupt nichts dagegen, sich zu fragen, ob ein Autor etwas ‚zwischen den Zeilen' zu verstehen gibt, in einem Brief ausdrückt, was ‚in seinem Innersten vorgeht', oder seine wahren Empfindungen vor anderen ‚verbirgt'. Wer diese Sprachformen grob wörtlich nimmt und mit dem Argument kritisiert, daß sie die physikalischen Gegebenheiten, die wir ‚Text' oder ‚Verhalten' nennen, fehlerhaft darstellen, gerät selbst auf Irrwege. Daher ist es so wichtig zu erkennen, daß die in der Sprache angelegte Mythologie auch für die Wissenschaft wertvoll und nützlich ist. Die Formulierung „im Bann von Mythen" soll ausdrücken, daß Mythen, *die nicht als solche erkannt werden*, regelmäßig zu verworrenen Sätzen führen, die sich als empirische Aussagen maskieren. Der Bann wird *nicht* gelöst, wenn man als falsche Beschreibung ablehnt, daß jemand Gedanken ‚zu Papier bringt'. Wie eine Analyse der Wissenschaftssprache aussehen könnte, die dem tatsächlichen Wert bildhafter Ausdrucksformen besser gerecht wird, wird im nächsten Teil der Arbeit erörtert.

2 Versuch einer Neubestimmung der Begriffe

Dieser Teil der Arbeit präsentiert Konturen einer Literaturforschung, die sowohl auf der Ebene der wissenschaftlichen Untersuchung, als auch auf der Ebene der untersuchten Texte das menschliche Verhalten als das Wesentliche begreift. Diese verhaltensbezogene Betrachtungsweise läuft den traditionellen Begriffen von Philologie nicht in allen Punkten zuwider, geht jedoch mit einer deutlichen Umgestaltung der üblichen Auffassungen einher. Im *Reallexikon der deutschen Literaturwissenschaft* wird ‚Philologie' von Karl Stackmann als „Wissenschaft" definiert, „die Texte der Vergangenheit verfügbar macht und ihr Verständnis erschließt".[1] Aus praxeologischer Sicht ist seine Erklärung hilfreich, da sie Texte nicht als Bedeutungsträger oder Verständigungsmittel darstellt, sondern als „Zeugnisse menschlichen Denkens, Fühlens und Handelns".[2] Die Textanalyse wird von Stackmann folgerichtig als „Zweig der historischen Anthropologie"[3] erläutert.

---

[1] Karl Stackmann: Art. Philologie, in: Reallexikon der deutschen Literaturwissenschaft, Bd. 3, hg. von Jan-Dirk Müller, Berlin 2003, S. 74–79, S. 74. Zur Vereinbarkeit dieser Begriffsbestimmung mit einer kulturwissenschaftlich erweiterten Vorstellung von Literaturwissenschaft: Ansgar Nünning: Philologie *und* Kulturwissenschaften. Grundzüge, Aufgaben und Perspektiven einer kultur- und lebenswissenschaftlich orientierten Literaturwissenschaft, in: Die Zukunft der Philologien, hg. von Dieter Burdorf, Heidelberg 2014, S. 229–275.

[2] Stackmann: Art. Philologie, S. 74. Die Erwähnung des menschlichen Handelns unterscheidet Stackmanns Definition vorteilhaft von alternativen Begriffsbestimmungen: „Philologie soll das Wort des Dichters erschließen. Das Wort in der Philologie ist aber ein umfassender Begriff: er reicht vom hörbaren Klang bis zu metaphysischen Hintergründen des Gedankens." (Fränkel: Von der Aufgabe und den Sünden der Philologie, S. 23) „Philologie ist Freude am Sinn, der sich aussagt." (Hans-Georg Gadamer: Gesammelte Werke, Bd. 2: Wahrheit und Methode. Ergänzungen. Register, Tübingen 1993, S. 20) „Philologie als Verfahren, den Sinn von Texten zu verstehen und dabei die Voraussetzungen des Verstehens zu reflektieren […]." (Christoph König: Die Kreativität philologischer Erkenntnis in komparatistischer Absicht, in: Geschichte der Germanistik 49/50 (2016), S. 119–126)

[3] Stackmann: Art. Philologie, S. 74. Bereits 1973 hatte Stackmann die Philologie als „Textwissenschaft" und als „potentielle historische Anthropologie" bestimmt (Philologie und Lehrerausbildung. Vorträge zur Eröffnung der Universitätswoche Göttingen, 22. Oktober 1973, Göttingen 1974, S. 32). Die Idee einer historischen Anthropologie wurde damals von verschiedenen Literaturwissenschaftlern und Historikern erprobt: Richard Alewyn, an dessen Gesprächsrunden Stackmann teilnahm, verstand unter ‚historischer Anthropologie' so etwas wie eine philosophisch ambitionierte Kulturgeschichte, vgl. Friedrich Vollhardt: Der Ursprung der Empfindsamkeitsdebatte in der ‚Tafelrunde' um Richard Alewyn, in: Das Projekt Empfindsamkeit und der Ursprung der Moderne. Richard Alewyns Sentimentalismusforschungen und ihr epochaler Kontext, hg. von Klaus Garber und Ute Széll, München 2005, S. 53–63, S. 55. Vgl. auch Thomas Nipperdey: Die anthropologische Dimension der Geschichtswissenschaft [1973], in: ders.: Gesellschaft, Kultur, Theorie. Gesammelte Aufsätze zur neueren deutschen Geschichte, Göttingen 1976, S. 33–58. Klaus Garber und Ute Széll, München 2005, S. 53–63, S. 55. Vgl. auch Thomas Nipperdey: Die anthropologische Dimension der

Damit liegt eine Definition vor, die sowohl in ihrer Konzeption des Gegenstandsbereichs, als auch in ihrem Verständnis der Forschungstätigkeit anschlußfähig für die Neubestimmung ist, die hier in ihren Grundzügen vorgestellt wird.

Ich beginne diesen zweiten Teil der Arbeit wiederum mit einem methodologischen Kapitel, in dem ich diskutiere, wie die Analyse von Begriffen dazu beitragen kann, das Gegenstandsgebiet und die Aufgaben der Philologie besser zu bestimmen – wobei der Schwerpunkt diesmal nicht auf der Beseitigung von Mißverständnissen, sondern auf der Systematisierung und Präzisierung der Begriffe liegt (2.1). Anschließend behandle ich die Frage, was es für die Philologie heißen würde, sich eine verhaltensorientierte Sprachkonzeption und Theorie des Geistes zu eigen zu machen (2.2). Dazu muß geklärt werden, wie der Begriff ‚Sprach*verwendung*' mit dem Begriff ‚Sprach*gebilde*' vereinbart werden kann (2.3). Um die verhaltensorientierte Auffassung der Literaturwissenschaft weiter zu konkretisieren, skizziere ich im nächsten Abschnitt eine Theorie fiktionaler Darstellung, die sich gegen die strukturalistische Trennung des Werks vom Gebrauch der Darstellungsmittel wendet (2.4). Während ich mich bis zum diesem Punkt hauptsächlich mit den *Objekten* der Philologie befasse, werde ich nun Begriffe analysieren, die sich auf die *Tätigkeiten, Resultate* und *Ziele* der Wissenschaft beziehen. Diese Aufgabe möchte ich in den folgenden Schritten bearbeiten: Der Begriff ‚Verstehen' wird zunächst in ein Begriffsfeld (‚Untersuchung', ‚Erklärung', ‚Auffassung', ‚Interpretation', ‚Würdigung') eingeordnet (2.5); dann werden drei wesentliche Aspekte der philologischen Erkenntnis bestimmt (2.6); die Betrachtung ihres Zusammenwirkens im wissenschaftlichen Gespräch über Texte bietet die Gelegenheit, Szondis Evidenzbegriff zu präzisieren (2.7); die Arbeit endet mit einigen Schlußbemerkungen zum konstruktiven Teil (2.8).

2.1 Zur Methode: Die konstruktive Aufgabe der Begriffsanalyse

Die Disziplin, die dafür zuständig ist, eine Theorie philologischer Erkenntnis zu entwickeln, ist nach Szondis Einschätzung die Hermeneutik: „In der Hermeneutik fragt die Wissenschaft nicht nach ihrem Gegenstand, sondern nach sich selber, danach, wie sie zur Erkenntnis ihres Gegenstands gelangt."[4] Hier kann man nur eingeschränkt zustimmen, denn eine Wissenschaft, die, wie Szondi sagt, den „Stand der Unreflektiertheit" überwinden und ein verbessertes „Selbstverständnis"[5]

Geschichtswissenschaft [1973], in: ders.: Gesellschaft, Kultur, Theorie. Gesammelte Aufsätze zur neueren deutschen Geschichte, Göttingen 1976, S. 33–58.
4 Szondi: Über philologische Erkenntnis, S. 263.
5 Szondi: Über philologische Erkenntnis, S. 264.

erreichen will, muß *auch* nach dem Gegenstand der Wissenschaft fragen und klären, worauf sich Aussagen beziehen, in denen Begriffe wie ‚Text', ‚Sprachverwendung', ‚Bedeutung', ‚Absicht' oder ‚Vorstellung' auftauchen. Richtig ist aber, daß man bei einem solchen Vorhaben nicht nach der Struktur einzelner Texte fragt, sondern danach, was es überhaupt heißt, nach der Erkenntnis von sprachlichen Gebilden zu streben. Christoph König bestimmt die Hermeneutik in der Nachfolge Szondis als eine „transzendentalphilosophische Reflexion", die sich mit den „Möglichkeitsbedingungen der philologischen Praxis"[6] beschäftigt. Diese Erklärung, die in Kantischer Terminologie auf die begrifflichen Grundlagen der Philologie verweist, trägt dazu bei, Szondis wissenschaftstheoretisches Interesse präziser zu fassen. Abweichend von Szondi und König werde ich jedoch den Begriff ‚Hermeneutik' im Folgenden für die „Kunstlehre der Interpretation"[7] reservieren, deren vorrangige Aufgabe es ist, die bestehende Interpretationspraxis kritisch zu prüfen und sie durch die Formulierung von Grundsätzen anzuleiten. Die Hermeneutik ist nach meinem Verständnis vorrangig eine Methodenlehre und weniger eine Auseinandersetzung mit den gedanklichen Voraussetzungen der Philologie.[8] Die begrifflichen Grundlagen der Wissenschaft zu untersuchen, möchte ich als eine Aufgabe der *Philosophie der Philologie* begreifen.[9] Man könnte diese Form der Betätigung auch als „Wissenschaftslogik" bezeichnen, worunter Carnap eine

---

6 Christoph König: Philologie der Poesie. Von Goethe bis Peter Szondi, Berlin 2014, S. 110.
7 Oliver Scholz: Art. Hermeneutik, in: Enzyklopädie der Neuzeit, S. 381–385, S. 382. Vgl. ders.: Erkenntnis der Geschichte, in: Erzählen, Erklären, Verstehen. Beiträge zur Wissenschaftstheorie und Methodologie der Historischen Kulturwissenschaften, hg. von Andreas Frings und Johannes Marx, Berlin 2008, S. 111–128, S. 116.
8 Da die literaturwissenschaftliche Hermeneutik eine Konzeption des Verstehens und der Methoden, das Verstehen zu verbessern, zugrunde legen muß, enthält sie in Ansätzen auch eine Philosophie der Literaturforschung, vgl. Oliver Scholz: Art. Hermeneutics, in: International Encyclopedia of the Social and Behavioral Sciences, hg. von James Wright, 2. Aufl., Amsterdam 2015, S. 778–784, S. 778. Klaus Weimar definiert die Hermeneutik sogar als eine umfassende „Theorie des Lesens, Verstehens und Interpretierens von Texten" (Art. Hermeneutik, in: Reallexikon der deutschen Literaturwissenschaft, Bd. 2, hg. von Harald Fricke, Berlin 2000, S. 25–29, S. 25).
9 Tilmann Köppe und Tobias Klauk erwähnen Monroes Beardsleys *The Possibility of Criticism* (Detroit 1970) und Noël Carrolls *On Criticism* (London 2009) als Beispiele für philosophische Untersuchungen, die sich um ein besseres Verständnis der Literaturforschung (und indirekt auch um eine Verbesserung der Forschungspraxis) bemühen (Philosophie der Literaturwissenschaft, in: Grundriss Wissenschaftsphilosophie. Die Philosophie der Einzelwissenschaften, hg. von Simon Lohse und Thomas Reydon, Hamburg 2017, S. 105–130, S. 109). Als Beispiele für philosophische Analysen der Literaturwissenschaft, die von Literaturwissenschaftlern vorgelegt wurden, könnte man – abgesehen von Szondis Traktat – Ronald Cranes *The Languages of Criticism and the Structure of Poetry* (Toronto 1953) und John Reicherts *Making Sense of Literature* (Chicago 1977) anführen.

„logische Analyse der Wissenschaft, ihrer Sätze, Begriffe, Theorien"[10] versteht. Sie klärt die „Grammatik"[11] der Wörter, mit denen eine Wissenschaft operiert, beschränkt sich aber nicht auf „die Behauptungen der Gelehrten", da davon auszugehen ist, daß zwischen der Sprache der Wissenschaft und der sonstigen Sprache „keine scharfe Grenze"[12] gezogen werden kann. Die literaturwissenschaftliche Fachsprache ist eine Verfeinerung der Sprache, die in der ‚Philologie des täglichen Lebens' zum Einsatz kommt.

Eignet sich Wittgensteins vornehmlich deskriptive, „verbindende"[13] Begriffsanalyse, die organisiert und klarstellt, was man in einem gewissen Sinn bereits weiß, überhaupt für die Zwecke der Wissenschaftsphilosophie?[14] Zumindest in den *Philosophischen Untersuchungen* gibt es programmatische Bemerkungen, die mit den Prinzipien der wissenschaftlichen Begriffsbildung sicherlich nicht verträglich sind: „Die Philosophie darf den tatsächlichen Gebrauch der Sprache in keiner Weise antasten, sie kann ihn am Ende nur beschreiben. [...] Sie läßt alles, wie es ist."[15] Diese Selbstbeschränkung, die auch Wittgenstein nicht konsequent einhält, ist unbegründet. Es können durchaus neue Wörter eingeführt und vertraute Wörter umgedeutet werden. Eigentlich kann Wittgenstein nur Begriffsbestimmungen ablehnen, die ihr Ziel verfehlen: Will man beispielsweise verstehen, was es heißt, eine Vorstellung zu haben, ist es nicht zweckmäßig, neu zu definieren, was ‚Vorstellung' heißt, denn in diesem Fall würde man nicht mehr den Begriff klären, der im

---

10 Rudolf Carnap: Logische Syntax der Sprache, Wien 1934, S. 205. An anderer Stelle heißt es, die Wissenschaftslogik sei die „logische Analyse der Begriffe, Sätze, Beweise, Theorien der Wissenschaft, sowohl derer, die wir in der vorhandenen Wissenschaft vorfinden, als auch allgemein der möglichen Methoden zur Bildung von Begriffen, Beweisen, Hypothesen, Theorien" (Über den Charakter der philosophischen Probleme [1934], in: ders.: Scheinprobleme in der Philosophie und andere metaphysikkritische Schriften, hg. von Thomas Mormann, Hamburg 2004, S. 111–127, S. 112).
11 Zu Wittgensteins Grammatikverständnis: Hans-Johann Glock: A Wittgenstein Dictionary, Oxford 1996, S. 150–155.
12 Rudolf Carnap: Aufgaben der Wissenschaftslogik, Wien 1934, S. 6. „I see here no sharp boundary line but a continuous transition" (ders.: Strawson on Linguistic Naturalism, in: The Philosophy of Rudolf Carnap, hg. von Paul Arthur Schilpp, London 1963, S. 933–940, S. 934). Viele Grundbegriffe der Literaturforschung sind, wie Klaus Weimar es ausdrückt, „nicht das exklusive Eigentum einer Wissenschaft" (Funktionen des Literaturbegriffs, in: Grenzen der Literatur. Zu Begriff und Phänomen des Literarischen, hg. von Simone Winko, Fotis Jannidis und Gerhard Lauer, Berlin 2009, S. 78–91, S. 79).
13 Den Ausdruck „verbindende Analyse" hat Peter Strawson geprägt (Analysis and Metaphysics. An Introduction to Philosophy, Oxford 1992, S. 1–28).
14 Diese Frage stellt unter Verwendung des irreführenden Ausdrucks ‚ordinary language philosophy' Harald Fricke (Die Sprache der Literaturwissenschaft, S. 259).
15 PU, § 124.

Alltag und in den Wissenschaften vorausgesetzt wird.[16] Wittgenstein will vor allem diejenigen Verwendungsweisen, bei denen ein Bedürfnis nach Orientierung besteht, analysieren und gegebenenfalls präzisieren. Und da er in diesem Zusammenhang betont, daß die Begriffsklärung zuweilen etwas Schöpferisches habe, scheint er eine behutsame Normierung des tatsächlichen Gebrauchs eben doch für möglich zu halten. Er will in den Begriffen, die in bestimmten Lebensbereichen zum Einsatz kommen, eine Ordnung schaffen, „eine Ordnung zu einem bestimmten Zweck; eine von vielen möglichen Ordnungen; nicht *die* Ordnung."[17] Dabei stehe einer systematischen „Verbesserung unserer Terminologie"[18] nichts im Weg. Wenn man sich nicht auf die extremen Äußerungen konzentriert, die den tatsächlichen Wortgebrauch für sakrosankt erklären, ist Wittgensteins Auffassung von Sprachanalyse also durchaus vereinbar mit den Vorstellungen des logischen Positivismus.

Die Transformation der sachbezogenen Frage, was philologische Erkenntnis ist, in eine Frage, die sich auf den Begriff der Erkenntnis bezieht, mag ungewohnt, sogar illegitim wirken. Man könnte auf den Gedanken kommen, daß die Begriffsanalyse die Phänomene, um die man sich doch eigentlich kümmern sollte, aus dem Blick verliert.[19] Ist, so könnte man fragen, die Analyse des Textverstehens nicht vor allem eine Aufgabe für Phänomenologen und Kognitionswissenschaftler? Austin hat solche Bedenken,

---

16 Das ist Peter Strawsons Vorbehalt gegen Carnaps Verständnis von Explikation (Analysis, Science and Metaphysics, in: The Linguistic Turn, hg. von Richard Rorty, Chicago 1962, S. 312–320). Vgl. ders.: Carnap's Views on Constructed Systems versus Natural Languages, in: The Philosophy of Rudolf Carnap, hg. von Paul Arthur Schilpp, Chicago 1963, S. 503–518.
17 PU, § 132. Vgl. Georg Henrik von Wright: Varieties of Goodness, London 1963, S. 4–6; ders.: Begriffsanalyse ist eine schaffende Tätigkeit, in: Deutsche Zeitschrift für Philosophie 45 (1997), S. 267–277; Amie Thomasson: What Can We Do, When We Do Metaphysics?, in: The Cambridge Companion to Philosophical Methodology, hg. von Giuseppa d'Oro und Søren Overgaard, Cambridge 2017, S. 101–121.
18 PU, § 132.
19 In den 1970er Jahren haben manche Philosophen auf diese Weise den ‚Linguistic Turn' zu diskreditieren versucht, so z.B. Karl Popper: „Never let yourself be goaded into taking seriously problems about words and their meanings. What must be taken seriously are questions of fact, and assertions about facts: theories and hypotheses; the problems they solve; and the problems they raise." (Unended Quest. An Intellectual Autobiography [1976], London 2002, S. 15) Poppers Thesen wurden mit guten Argumenten zurückgewiesen; vgl. Oswald Hanfling: Philosophy and Ordinary Language, S. 141–143; Alfred Ayer: What Can Logic Do for Philosophy?, in: Proceedings of the Aristotelian Society, Suppl. 22 (1948), S. 167–178. Weitere Vorbehalte gegen die Begriffsanalyse diskutiert Peter Hacker: Wittgenstein's Place in Twentieth-Century Analytic Philosophy, S. 228–273, ders.: Philosophical Foundations of Neuroscience, S. 378–409; ders.: History of Cognitive Neuroscience, S. 237–263, ders.: The Intellectual Powers, S. 452–463.

die von einer ungeklärten Auffassung des Verhältnisses von Wort und Wirklichkeit zeugen, treffend zurückgewiesen:

> When we examine [...] what words we should use in what situations, we are looking [...] not *merely* at words (or ‚meanings', whatever they may be) but also at the realities we use the words to talk about: we are using a sharpened awareness of words to sharpen our perception of [...] the phenomena.[20]

Das Wesen des Verstehens läßt sich demnach nicht unabhängig davon erfassen, wie das Wort ‚Verstehen' verwendet wird. Das geschärfte Bewußtsein für die Verwendungsweisen des Wortes schärft zugleich das Bewußtsein für das Phänomen des Verstehens. Wenn man sich über diesen Punkt im Klaren ist, braucht die Begriffsanalyse auch nicht ständig explizit über Begriffe zu reden: Fragen, die zur kritischen Auseinandersetzung mit der Wissenschaftssprache auffordern, können auf verschiedene Weise formuliert werden. Man kann eine *inhaltliche* Redeweise wählen (Was ist ein Text? Was ist die Bedeutung eines Wortes?) oder sich einer *formalen*, sprachbezogenen Redeweise bedienen (Worüber redet man, wenn man über ‚Texte' redet? Was heißt ‚Bedeutung des Wortes'?). Die formale Redeweise hat sicherlich den nicht zu unterschätzenden Vorteil, den falschen Anschein zu vermeiden, man könne die Natur des Verstehens erforschen, ohne zuvor zu klären, was ‚Verstehen' bedeutet.[21] Damit wird die Gefahr reduziert, festsetzende Begriffsbestimmungen mit tieferen Einsichten in das Wesen der Sache zu verwechseln. Überträgt man die von Wittgenstein und Austin skizzierte metaphilosophische Position auf die Philosophie der Philologie, kann man festhalten, daß die Sprachkritik nicht nur die

---

20 John Austin: A Plea for Excuses, in: ders.: Philosophical Papers, hg. von James Urmson und Geoffrey Warnock, Oxford 1979, S. 175–204, S. 182. Ob „linguistic phenomenology" (ebd.) ein besserer Name ist als ‚Begriffsanalyse', muß hier nicht entschieden werden, zumal er von Austin selbst nur versuchsweise benutzt wird. Allerdings ist es bemerkenswert, daß auch Ryle Begriffsanalyse und Phänomenologie miteinander verknüpft. Sein Hauptwerk, das vom Begriff des Geistes handelt, betrachtet er als „sustained essay in phenomenology" (Phenomenology versus ‚The Concept of Mind', in: ders.: Collected Papers, Bd. 1, hg. von Julia Tanney, London 2009, S. 186–204, S. 196). Ryle versucht, den Gebrauch von Wörtern und damit zugleich die möglichen Strukturen des Objektbereichs zu klären, auf den sie sich beziehen – und *nicht*, aus Beobachtungen über die Bedeutung von Wörtern darauf zu schließen, wie die Wirklichkeit strukturiert ist, über die mit diesen Wörtern nachgedacht wird. Letzteres behauptet etwa Nat Hansen in seinem Bericht zum Stand der Ordinary Language Philosophy: „The constructive project moves from observations about how certain words are used to facts about the meaning of those words and then draws conclusions about the ‚realities' those words are used to talk about." (Contemporary Ordinary Language Philosophy, S. 556)

21 Wer glaubt, daß die Frage ‚Was ist Verstehen?' durch empirische Untersuchungen des Verstehensablaufs beantwortet wird, hat sich schon auf ein Verständnis festgelegt, das klärungsbedürftig ist.

Verwendung von Wörtern, sondern auch die „metaphysischen und ontologischen Grundlagen"[22] der Wissenschaft präzisiert. ‚Ontologie' bezeichnet hier eine Untersuchung, die prüft, was mit verschiedenen Sätzen, die zu einem Wissenschaftsgebiet gehören, jeweils gemeint ist.[23] Man bestimmt die „Möglichkeiten der Erscheinungen", indem man die „Arten der Aussagen, die wir über die Erscheinungen machen"[24], klärt.

Die Philosophie der Philologie leistet zunächst eine Bestimmung der Untersuchungsobjekte, indem sie den logischen Charakter von Sätzen offenlegt, mit denen über Texte und ihre Verfasser nachgedacht wird.[25] Um zu klären, was *philologische Erkenntnis* ist, müssen aber auch die Begriffe analysiert werden, die sich auf die Tätigkeiten, Ziele und Resultate der Wissenschaft beziehen. Die Analyse leistet in dieser Funktion einen Beitrag zur „Gelehrtenbehavioristik"[26] oder zur

---

[22] Oliver Scholz: Wissenschaftstheorie, Erkenntnistheorie und Metaphysik. Klärungen zu einem ungeklärten Verhältnis, in: Philosophia Naturalis 50/1 (2013), S. 5–24; ders.: Philosophy of History. Metaphysics *and* Epistemology, in: Explanation in the Special Sciences. The Case of Biology and History, hg. von dems., Marie Kaiser, Daniel Plenge und Andreas Hüttemann, Dordrecht 2014, S. 245–253.

[23] Vgl. Peter Hacker: Strawson's Rehabilitation of Metaphysics, in: ders.: Wittgenstein: Connections and Controversies, Oxford 2001, S. 345–370, S. 363. Zur Verteidigung dieser Konzeption von Ontologie vgl. Amie Thomasson: Ontology Made Easy, Oxford 2015.

[24] PU, § 90. Ein Wort „ist nur insofern interessant, als es [...] einen ganz bestimmten Gebrauch hat, also sich bereits auf gewisse Erscheinungen bezieht" (BPP 1, § 549).

[25] Die Philosophie der Literaturwissenschaft hängt eng mit dem zusammen, was man üblicherweise ‚Literaturtheorie' nennt. Die Begriffsanalyse muß klären, worauf sich wissenschaftliche Aussagen beziehen. Sie versucht also, ähnlich wie die Literaturtheorie, „ein zusammenhängendes Bild der Literatur anzubieten" (Harald Fricke: Zur Rolle von Theorie und Erfahrung in der Literaturwissenschaft, in: Colloquium Helveticum 4 (1986), S. 5–21, S. 7). Das Verstehen und Erklären von Texten wird häufig im Rahmen der Literaturtheorie behandelt, ist aber auch ein zentrales Thema für die Philosophie der Literaturwissenschaft.

[26] Otto Neurath: Einzelwissenschaften, Einheitswissenschaften, Pseudorationalismus [1936], in: ders.: Gesammelte philosophische und methodologische Schriften, hg. von Rudolf Haller und Heiner Rutte, Wien 1981, S. 703–709, S. 706. Eine Fortsetzung findet die Gelehrtenbehavioristik in Arbeiten, die Wissenschaft als Praxis analysieren, vgl. Michael Lynch: Extending Wittgenstein. The Pivotal Move from Epistemology to the Sociology of Science, in: Science as Practice and Culture, hg. von Andrew Pickering, Chicago 1992, S. 215–265; David Bloor: Left and Right Wittgensteinians, in: ebd., S. 266–282; Michael Lynch: Scientific Practice and Ordinary Action. Ethnomethodology and Social Studies of Science, Cambridge 1993; Andrew Pickering: The Mangle of Practice. Time, Agency, and Science, Chicago 1995. Auf die Bedeutung dieser Denkrichtung für die Theorie der Literaturwissenschaft verweisen Andrea Albrecht, Lutz Danneberg, Olav Krämer und Carlos Spoerhase: Einleitung, in: Theorien, Methoden und Praktiken des Interpretierens, hg. von dens., Berlin 2015, S. 1–20.

„Praxeologie",²⁷ die explizit zu machen versucht, was praktisch beherrscht wird. Im Gegensatz zu Carnap, der die Wissenschaftslogik von der „empirische[n] Untersuchung der wissenschaftlichen Tätigkeiten"²⁸ abgrenzt, behauptet Otto Neurath, „daß man sich gleichzeitig der Logischen Syntax der Sprache [...] und der behavioristischen Erforschung der Tätigkeit des Wissenschaftlers widmen"²⁹ müsse. Für die Philosophie der Philologie ist es ratsam, in dieser Frage eher Neurath als Carnap zu folgen: Die Analyse wissenschaftlicher Sätze sollte auch die *Rolle* dieser Sätze im Verhalten der Gelehrten einbeziehen. Neuraths Programm ist auch deswegen von hoher Relevanz für die Philosophie der Literaturwissenschaft, weil die Forschungspraxis mit einem Netz von Begriffen erfaßt wird, in dem sich Unstimmigkeiten, falsche Idealisierungen und Klischees festsetzen, die manchmal über lange Zeiträume tradiert werden. Die wissenschaftstheoretische Diskussion, die unter dem etwas irreführenden Titel ‚Literaturtheorie' geführt wird, ist seit langem auf die Wörter ‚Interpretation' und ‚Bedeutung' fixiert. Sie reproduziert eine schematische Einteilung in Forschungsrichtungen, denen man eigenständige ‚Bezugstheorien' und ‚Bedeutungskonzeptionen' unterstellt.³⁰ Diese Denkungsart, die sich aus nachvollziehbaren Gründen entwickelt hat, verhindert in der gegenwärtigen Situation oftmals eine differenzierte Betrachtung der literaturwissenschaftlichen Arbeit. Eine Analyse der Begriffe ‚Untersuchung', ‚Erklärung', ‚Interpretation' und ‚Verstehen', die sozusagen eine sprachbezogene Phänomenologie der Forschungspraxis liefert, kann insofern zur Verbesserung des theoretischen Rahmenwerks der empirischen Wissenschaftsforschung beitragen.

Wenn man sich ein adäquates Bild von der philologischen Praxis machen will, reicht es nicht aus, die Forschungsbeiträge von gegenwärtigen

---

27 Vgl. Carlos Spoerhase: Das ‚Laboratorium' der Philologie? Das philologische Seminar als Raum der Vermittlung von Praxiswissen (circa 1850–1900), in: Theorien, Methoden und Praktiken des Interpretierens, hg. von Andrea Albrecht, Lutz Danneberg, Olav Krämer und dems., Berlin 2015, S. 53–80, S. 57.
28 Carnap: Logische Syntax der Sprache, S. 205.
29 Otto Neurath: Die Enzyklopädie als ‚Modell' [1936], in: ders.: Gesammelte philosophische und methodologische Schriften, hg. von Rudolf Haller und Heiner Rutte, Wien 1981, S. 725–738, S. 729. Zur Vereinbarkeit von Wissenschaftslogik und Wissenschaftspragmatik: Thomas Uebel: Empiricism at the Crossroads. The Vienna Circle's Protocol-Sentence Debate, Chicago 2007, S. 405–436; ders.: Pragmatics in Carnap and Morris and the Bipartite Metatheory Conception, in: Erkenntnis 78/3 (2013), S. 523–546.
30 Das gilt selbst noch für wissenschaftstheoretische Arbeiten, die sich um eine differenzierte Betrachtung bemühen, vgl. Werner Strube: Analytische Philosophie der Literaturwissenschaft. Untersuchungen zur literaturwissenschaftlichen Definition, Klassifikation, Interpretation und Textbewertung, Paderborn 1993; ders.: Die literaturwissenschaftliche Textinterpretation, in: Sinnvermittlung. Studien zur Geschichte von Exegese und Hermeneutik, hg. von Paul Michel und Hans Weder, Zürich 2000, S. 43–69.

Literaturwissenschaftlern auszuwerten – man muß den Blick darüber hinaus auf die früheren theoretischen Arbeiten richten, die jene Begriffe geprägt und befestigt haben, mit denen man heute gewohnheitsmäßig die Ziele und Vorgehensweisen der Wissenschaft diskutiert. Durch die Aufarbeitung früherer Begriffs- und Theoriebildung stellt man vor allen Dingen sicher, „daß ein bereits erreichter Stand – sei es an Wissensinhalten, sei es an differenziertem Problemverständnis, an begrifflicher Durchdringung sowie an Beherrschung des methodischen Rüstzeugs – nicht [...] in Vergessenheit gerät".[31] Einfache Fortschrittserzählungen sind möglichst zu vermeiden. Es ist zum Beispiel eine bequeme Form der Selbstprivilegierung, die Arbeiten Richard Alewyns oder Peter Szondis einer „vortheoretischen Phase der Literaturwissenschaft"[32] zuzurechnen und andererseits die neo-cartesianischen Bestrebungen der kognitionswissenschaftlich orientierten Literaturwissenschaft als ‚zeitgemäße' Theoriebildung anzuerkennen. Was für die Philosophie der Philologie brauchbar ist, muß sich in der Prüfung einzelner Begriffe und Gedanken erst erweisen.[33]

Auch wenn sie gelegentlich wissenschaftstheoretische Formulierungen einzelner Literaturwissenschaftler aufnimmt und ihnen einen systematischen Ort zuweist, reproduziert die Begriffsanalyse nicht bloß, was irgendjemand über das Studium von Literatur gesagt hat. Sie kann etwas ans Licht bringen, was im wissenschaftstheoretischen Selbstverständnis bestimmter Forschungsrichtungen ausdrücklich geleugnet wird: Wo etwa Strukturalisten den Eindruck erwecken, bei der Beschreibung von sprachlichen Strukturen ohne Annahmen über den Autor auszukommen, kann eine genauere Betrachtung der strukturalistischen

---

31 Oliver Scholz: Neuerscheinungen zur Hermeneutik und ihrer Geschichte, in: Allgemeine Zeitschrift für Philosophie 19/3 (1994), S. 53–70, S. 53.
32 Peter Finke: Kritische Überlegungen zu einer Interpretation Richard Alewyns, in: Interpretationsanalysen. Argumentationsstrukturen in literaturwissenschaftlichen Interpretationen, hg. von Walther Kindt und Siegfried Schmidt, München 1976, S. 16–39, S. 39. Ein weniger beschränktes Theorieverständnis deutet sich als Konsens zwischen Marc Fumaroli und Gérard Genette an: Comment parler de la littérature?, in: Le Débat 29 (1984), S. 139–157.
33 In fachgeschichtlichen Untersuchungen wird öfters auf die gegenwärtige Brauchbarkeit früherer wissenschaftstheoretischer Formulierungen hingewiesen. Vgl. Hans-Harald Müller: Zwischen Gelehrtenbehavioristik und Wissenschaftsethik. Wissenschaftliche Selbstreflexion bei Wilhelm Scherer, in: Ethos und Pathos der Geisteswissenschaften. Konfigurationen der wissenschaftlichen Persona seit 1750, hg. von Ralf Klausnitzer, Carlos Spoerhase und Dirk Werle, Berlin 2015, S. 79–92; Steffen Martus: ‚jeder Philolog ist eine Sekte für sich'. Wilhelm Scherer als Klassiker des Umgangs mit Klassikern, in: Mitteilungen des Deutschen Germanistenverbandes 53/1 (2006), S. 8–26. Es wäre Aufgabe einer Wissenschaftslogik, diese Formulierungen zu analysieren, gegebenenfalls zu präzisieren und ihren Ort im Begriffssystem der Wissenschaft zu bestimmen.

Beschreibungssprache zeigen, daß eben doch ein Autorbild konstruiert wird. Darüber hinaus kann die Philosophie der Philologie vorschnell aufgegebene Auffassungen neu zur Geltung bringen: Die Analyse der Begriffe ‚Würdigung' und ‚Einfühlung' kann Aspekte der Forschung offenlegen, die sich auch im Verhalten jener Wissenschaftler zeigen, die Vorstellungen von Wertbezogenheit und persönlicher Anteilnahme von sich weisen würden.

Die Gelehrtenbehavioristik hat im Unterschied zu anderen Formen der Wissenschaftsforschung einen normativen Aspekt. Sie bemüht sich um die klärende Systematisierung einer „funktionierenden Praxis"[34] und nicht um eine bloße Bestandsaufnahme des tatsächlich auftretenden Verhaltens. Das Vorhaben, unartikuliertes Wissen auszuformulieren und sinnvoll zu organisieren, lag auch Szondi nicht fern. Immerhin stellte er dem ersten Druck seines Traktats über philologische Erkenntnis einen Satz Samuel Johnsons, den er sehr wahrscheinlich aus Ivor Richards *The Philosophy of Rhetoric* kannte, als Motto voran: „It is not sufficiently considered, that men more frequently require to be reminded than informed."[35] Ich vermute, daß Szondi dieses Diktum zitiert, weil es ihm (ähnlich wie Richards) auf Unterschiede ankommt, die man praktisch anerkennt, deren Artikulation jedoch größere theoretische Anstrengungen erfordert. Szondi wäre, wenn man ihn so deutet, in seiner Wissenschaftsphilosophie nicht weit entfernt von Wittgenstein, der die Herstellung gedanklicher Klarheit als ein „Zusammentragen von Erinnerungen zu einem bestimmten Zweck"[36] beschreibt. Maurice Drury berichtet, daß Wittgenstein in Betracht gezogen habe, eine Zeile aus *King Lear* zum Motto seiner *Philosophischen Untersuchungen* zu machen: „I'll teach you differences".[37] Eine vergleichbare

---

34 Simone Winko: Autor-Funktionen. Zur argumentativen Verwendung von Autorkonzepten in der gegenwärtigen literaturwissenschaftlichen Interpretationspraxis, in: Autorschaft. Positionen und Revisionen, hg. von Heinrich Detering, Stuttgart 2002, S. 334–354, S. 336. Das Verhältnis der Wissenschaftsphilosophie zur tatsächlichen Praxis einer Einzelwissenschaft wird von Noël Carroll recht gut erläutert: „[A] philosophy of x has as its topic some practice, like criticism, and it attempts to articulate what makes that practice coherent – to illuminate the aims of the practice as well as the concepts and patterns of reasoning that make the rational realization of the aims of that practice possible." (On Criticism, S. 3)
35 Peter Szondi: Zur Erkenntnisproblematik in der Literaturwissenschaft, in: Die Neue Rundschau 73 (1962), S. 146–165, S. 146. Bei Ivor Richards, dessen Bewußtsein für hermeneutische Probleme Szondi lobend erwähnt, heißt es: „What I am now going to try to say is something which, if it is right, we all in a sense know extremely well already. ‚It is not sufficiently considered', said Dr. Johnson, ‚that men more frequently require to be reminded than informed'." (The Philosophy of Rhetoric, Oxford 1936, S. 27)
36 PU, § 127.
37 Vgl. Maurice Drury, Erich Heller, Norman Malcolm und Rush Rhees: Ludwig Wittgenstein. A Symposium. Assessments of the Man and the Philosopher, in: The Listener 63, Nr. 1609 (28.1.1960), S. 163–165, S. 164.

Geisteshaltung bringt Szondi zum Ausdruck, wenn er seinen *Hölderlin-Studien* mitsamt dem *Traktat* einen Satz aus dem Homburger Folioheft vorausschickt: „Unterschiedenes ist / gut".[38]

2.2 Eine verhaltensorientierte Auffassung von Sprache und Geist

In Abgrenzung zu Theorien, die auf einer Zweiteilung der Sprache in Zeichen und Inhalt sowie auf einer Zweiteilung menschlicher Handlungen in Körperbewegungen und seelische Vorgänge aufbauen, wird in diesem Kapitel ausgeführt, wie die von Wittgenstein, Ryle und Austin entwickelte Auffassung vom menschlichen Geist dazu beitragen kann, das Gegenstandsgebiet der Philologie klarer zu definieren. Die Position, die entfaltet werden soll, könnte man als Pragmatismus in Opposition zum Psychologismus darstellen oder als eine „Hinwendung zu den äußeren Gegebenheiten"[39] in Opposition zum introspektiven Empirismus. Doch solche Formeln begünstigen letztlich nur die Vorstellung, daß allein das Verhalten als legitimes Forschungsobjekt anerkannt werde, während man das Innenleben leugne oder als unwichtig darstelle. Die Überlegungen von Neurath, Wittgenstein, Ryle und Austin sind gerade deswegen so interessant für die Philosophie der Philologie, weil sie die metaphysische Unterscheidung von inneren und äußeren Gegebenheiten hinter sich lassen und einer Auffassung des Gegenstandsbereichs den Weg ebnen, die man – in Ermangelung besserer Ausdrücke – ‚sozialbehavioristisch' und ‚poststrukturalistisch' nennen könnte.[40]

---

38 Szondi: Hölderlin-Studien. Mit einem Traktat über philologische Erkenntnis, S. 262. Die Tragweite des Dichterworts wird deutlich in: Peter Szondi und Theodor W. Adorno: Von der Unruhe der Studenten. Ein Rundfunkgespräch [1967], in: Frankfurter Adorno-Blätter VI, hg. von Rolf Tiedemann, München 2000, S. 142–155, S. 150.
39 So die Charakterisierung von Quines philosophischer Ausrichtung bei: Oliver Scholz: Willard Van Orman Quine. Naturalisierter Empirismus, in: Philosophie im 20. Jahrhundert, Bd. 2: Wissenschaftstheorie und Analytische Philosophie, hg. von Anton Hügli und Poul Lübcke, Hamburg 1993, S. 390–431, S. 397. Zum Verhältnis von Quine und Wittgenstein: Hans-Johann Glock: Wittgenstein and Quine. Mind, Language and Behaviour, in: Wittgenstein and Contemporary Philosophy of Mind, hg. von Severin Schroeder, Basingstoke 2000, S. 3–23; Peter Hacker: Wittgenstein and Quine. Proximity at great distance, in: Wittgenstein and Quine, hg. von Robert Arrington und Hans-Johann Glock, London 2005, S. 1–38.
40 Der von Otto Neurath eingeführte Ausdruck ‚Sozialbehaviorismus', den Charles William Morris zur Kennzeichnung der Position George Herbert Meads ins Spiel gebracht hat, markiert einen Unterschied zum reduktionistischen Behaviorismus. In der gegenwärtigen Debatte wird diese Tradition zu wenig beachtet. Allzu oft verbindet man mit dem Wort ‚Behaviorismus' eine Skinner-Karikatur, vgl. Theodor Ickler: Skinner und ‚Skinner'. Ein Theorienvergleich, in: Sprache und

Ich folge hier Barbara Herrnstein Smiths Vorschlag, Wittgenstein und Austin einer „poststrukturalistischen"⁴¹ Denkrichtung zuzurechnen. Ähnlich wie Smith verstehe ich ‚Poststrukturalismus' als antimetaphysisches Programm, das sich um eine systematische „Entpsychologisierung der Psychologie"⁴² bemüht. Statt sprachliche Gebilde auf innere Zustände zurückzuführen oder sie als losgelöste Zeichenkomplexe zu betrachten, die getrennt vom Autor untersucht werden können, wendet sich der Poststrukturalismus der Praxis des Schreibens zu und erklärt den menschlichen Geist als ein Verhaltensrepertoire, das sich im Text äußert.⁴³ Dem so

---

Kognition 13 (1994), S. 221–229. Selbst wenn man zugesteht, daß Skinners Theorie des Sprachverhaltens gravierende Schwächen hat, ist fraglich, ob Noam Chomskys mentalistische Theorie eine tragfähige Alternative bietet, vgl. Peter Hacker: Chomsky's Problems, in: Language & Communication 10/2 (1990), S. 127–148. Eine gute Explikation des nichtreduktionistischen Behaviorismus findet man bei Sandra Laugier: Art. Behavior, Behaviorism, in: Dictionary of Untranslatables. A Philosophical Lexicon, hg. von Barbara Cassin, Princeton 2014, S. 94–97; vgl. dies.: Ce que le behaviorisme veut dire. Quine, le naturalisme et les dispositions, in: La Régularité, hg. von Christiane Chauviré und Albert Ogien, Paris 2002, S. 49–76.

41 Barbara Herrnstein Smith: Doing Without Meaning, in: dies.: Belief and Resistance. Dynamics of Contemporary Intellectual Controversy, Cambridge, MA 1997, S. 52–72, S. 70. Smith selbst hatte unter dem Einfluß von B. F. Skinner eine amerikanische Variante des Poststrukturalismus ausgebildet, die die Schriftzeichen in den „total act of speech" (Poetic Closure. A Study of How Poems End, Chicago 1968, S. 16f.) einbezieht. Sie präzisiert ihren verhaltensorientierten Naturalismus in Abgrenzung zur kognitionswissenschaftlichen Theoriebildung, vgl. Super Natural Science. The Claims of Evolutionary Psychology, in: dies.: Scandalous Knowledge. Science, Truth and the Human, Edinburgh 2005, S. 130–152; dies.: Natural Reflections. Human Cognition at the Nexus of Science and Religion, New Haven, CT 2009, S. 25–58. Hacker bezeichnet das, was Smith behelfsmäßig ‚ökologisch-dynamische Auffassung' oder ‚Naturalismus' nennt, als ‚anthropologische Betrachtungsweise', vgl. A Plague on Both Your ‚Isms', in: American Philosophical Quarterly 48/2 (2011), S. 97–111. Zu Wittgensteins Relevanz für die Philosophie der Geisteswissenschaften erklärt er: „Wittgenstein provides the guidelines for a philosophical anthropology and hence the foundations for the philosophical understanding of humanistic studies." (Wittgenstein and the Autonomy of Humanistic Understanding, in: ders.: Wittgenstein: Connections and Controversies, Oxford 2001, S. 34–73, S. 39) David Bloor sieht Wittgensteins Verdienst darin, jene Mythen entkräftet zu haben, die einer naturalistischen Verhaltensanalyse im Wege stehen, vgl. David Bloor: Wittgenstein. A Social Theory of Knowledge, London 1983, S. 137f.

42 „[T]he shortest way I might describe such a book as the *Philosophical Investigations* is to say that it attempts to undo the psychologizing of psychology [...]. And at the same time it seems to turn all of philosophy into psychology – matters of what we call things, how we treat them, what their role is in our lives." (Stanley Cavell: Aesthetic Problems of Modern Philosophy [1969], in: ders.: Must we mean what we say. A Book of Essays. Cambridge 1976, S. 73–96, S. 91) Vgl. zu diesem Projekt Sandra Laugier: Dépsychologiser la psychologie, in: dies.: Wittgenstein. Le mythe de l'inexpressivité, Paris 2010, S. 23–54.

43 Der Poststrukturalismus ist durch eine „zweifache Distanzierung" gekennzeichnet: „Nach Meinung der post- und antistrukturalistischen Autoren bleiben [...] sowohl die ‚Philologie'

verstandenen Poststrukturalismus stand Szondi nahe: In Derridas *Grammatologie* konnte er die Umrisse einer Theorie der Philologie erkennen, die „den Gegenstand des Verstehens nicht jenseits der Sprache" sucht, sondern die „Sprache selbst"[44] und die schriftstellerische Praxis zum Gegenstand der Analyse macht.

2.2.1 Die anthropologisch-ethnologische Sprachauffassung

Um zu klären, was es heißt, die Sprache selbst und nicht etwas Zusätzliches oder Dahinterliegendes zu untersuchen, möchte ich Wittgensteins Ideen zu diesem Thema erläutern und sie dort, wo es sich anbietet, sinngemäß weiterentwickeln. Wittgenstein legt nahe, eine „ethnologische Betrachtungsweise" einzunehmen, um „die Dinge *objektiver* sehen zu können".[45] Von diesem Standpunkt aus betrachtet zeigt sich, daß man den Zweck und das Funktionieren der Ausdrücke nicht

---

[gemeint ist der Psychologismus der traditionellen Philologie, V.P.] als auch der Strukturalismus der ‚Metaphysik' verhaftet." (Richard Brütting: ‚écriture' und ‚texte'. Die französische Literaturtheorie ‚nach dem Strukturalismus', Bonn 1976, S. 17) Vgl. ders.: Art. Tel quel, in: Frankreich-Lexikon, hg. von Bernd Schmidt, Berlin 2005, S. 926–928. Smith rezipiert den französischen Poststrukturalismus als eine Bestätigung ihrer behavioristischen Ansichten, vgl. A Conversation with Barbara Herrnstein Smith, in: Pre-Text 10/3-4 (1989), S. 143–163, S. 144. Sonst werden diese Strömungen trotz ihrer Verwandtschaft meist getrennt betrachtet, vgl. Mark Freeman und Charles Locurto: In Skinner's Wake. Behaviorism, Poststructuralism, and the Ironies of Intellectual Discourse, in: New Ideas in Psychology 12/1 (1994), S. 39–56.

44 Szondi: Einführung in die literarische Hermeneutik, S. 405. Szondi zeigt Interesse an einer „Literaturtheorie, deren zentraler Begriff der der ‚écriture' [...] ist: vertreten [...] vor allem durch Jacques Derrida, dessen Werk *De la Grammatologie* in Deutschland noch kaum Beachtung gefunden hat." (Schleiermachers Hermeneutik heute [1970], in: ders.: Schriften, Bd. 2, Frankfurt/M. 1978, S. 106–130, S. 113)

45 Ludwig Wittgenstein: Vermischte Bemerkungen, in: ders.: Werkausgabe, Bd. 8, Frankfurt/M., S. 445–575, S. 502. „Language is an anthropological phenomenon, a language an ethnological one – an integral part of the form of life (culture of a human community)." (Hacker: Intellectual Powers, S. 103) Vgl. ders.: Zwei Auffassungen von Sprache, in: Deutsche Zeitschrift für Philosophie 60/6 (2012), S. 843–860; ders.: Language, Language-Games and Forms of Life, in: Forms of Life and Language Games, hg. von Jesús Padilla Gálvez und Margit Gaffal, Frankfurt/M. 2011, S. 17–36; ders.: Wittgenstein's Anthropological and Ethnological Approach, in: ders.: Comparisons and Context, Oxford 2013, S. 111–127. Zu Wittgensteins Auseinandersetzung mit Frazer vgl. Marco Brusotti: Wittgenstein, Frazer und die ‚ethnologische Betrachtungsweise', Berlin 2014. Auch Michel Foucault nimmt die ethnologische Perspektive ein, um den Gegenstand der Analyse zu objektivieren, vgl. Ärzte, Richter und Hexer im 17. Jahrhundert [1969], in: ders.: Dits et Ecrits, hg. von Daniel Defert und Francois Ewald unter Mitarbeit von Jacques Lagrange, übers. von Michael Bischoff, Hans-Dieter Gondek und Hermann Kocyba, Bd. 1, Frankfurt/M. 2001, S. 958–973, S. 958f.

losgelöst von den Tätigkeiten untersuchen kann, in die diese Ausdrücke integriert sind.[46] Die von Wittgenstein empfohlene „Einübung in eine ethnologische Betrachtungsweise",[47] die eben so gut als ‚Einübung in den Sozialbehaviorismus' oder als ‚Einübung in den Enaktivismus' bezeichnet werden könnte, ist eine Bewegung, die sich gleichermaßen von Strukturalismus *und* Intentionalismus distanziert, indem sie eine Hinwendung zum Gebrauch der sprachlichen Zeichen, also zu ihrer Integration in das Verhalten, vollzieht.

(a) Die Integration sprachlicher Zeichen in Tätigkeiten

Im Gegensatz zu einer Theorie, die Wörter und Sätze als äußere Zeichen innerer Vorgänge betrachtet, betont Wittgenstein, daß der Gebrauch, der von Wörtern und Sätzen gemacht wird, keiner Ergänzung durch besondere Bewußtseinsvorgänge bedarf.[48] Er führt das Wort ‚Sprachspiel' ein, um die Aufmerksamkeit darauf zu lenken, daß die Verwendung sprachlicher Ausdrücke in komplexere Tätigkeiten eingebettet ist, die wiederum in einen Lebens- und Kulturzusammenhang eingebunden sind: „Das Wort ‚Sprachspiel' soll hier hervorheben, daß das Sprechen einer Sprache ein Teil ist einer Tätigkeit, oder einer Lebensform."[49] Das Wort ‚Sprachspiel' bezeichnet in Wittgensteins eigentümlicher Terminologie alle mehr oder weniger komplexen Verhaltensmuster, die sprachlich realisiert werden: Bitten, Danken, Fluchen, Grüßen, Beten, eine interessante Situation beschreiben, eine Hypothese aufstellen, eine Geschichte erfinden, Theater spielen, einen Witz erzählen, aus einer Sprache in die andere übersetzen und vieles mehr.[50] Es wird von Wittgenstein nicht

---

46 Eine Sprachkonzeption, die in besonderer Weise die Integration sprachlicher Zeichen in kulturell geprägte Zusammenhänge betont, haben Roy Harris und seine Schüler entwickelt, vgl. Talbot Taylor: Enculturating Language, in: ders.: Theorizing Language. Analysis, Normativity, Rhetoric, History, Oxford 1997, S. 1–26.
47 Rolf Wiggershaus: Wittgenstein und Adorno. Zwei Spielarten modernen Philosophierens, Göttingen 2001, S. 100.
48 Vgl. Oliver Scholz: Sinn durch Einbettung. Von Frege zu Wittgenstein, in: Holismus in der Philosophie. Ein zentrales Motiv der Gegenwartsphilosophie, hg. von Georg Bertram und Jasper Liptow, Weilerswist 2002, S. 168–188.
49 PU, § 23. Man kann den Sprachspielbegriff mit Thomas Luckmanns kommunikativen Gattungen in Verbindung bringen (Kommunikative Gattungen im kommunikativen ‚Haushalt' einer Gesellschaft, in: Der Ursprung von Literatur. Medien, Rollen, Kommunikationssituationen zwischen 1450 und 1670, hg. von Peter Spangenberg, München 1988, S. 279–288). Auch Bachtins ‚Redegattungen' haben gewisse Ähnlichkeiten mit Wittgensteins Idee (The Problem of Speech Genres, in: ders.: Speech Genres and Other Late Essays, hg. von Caryl Emerson und Michael Holquist, Austin, TX 1986, S. 60–102).
50 Ein Sprachspiel ist eine Form des Verhaltens, ein Muster im „Benehmen" (BPP 1, § 151). „Figur" ist ein weiterer Begriff, der deutlich macht, daß Wörter in ein Verhalten integriert

ausgesprochen, aber doch nahegelegt, daß man für diese Formen der Sprachverwendung einen Zweck oder einen Reiz angeben kann, der erklärt, warum sie kulturell reproduziert werden.[51] Mit dem „ethnologischen Begriff"[52] ‚Lebensform' wird auf die im ständigen Wandel begriffenen Denkmuster, Handlungsweisen und Interessen in einer Gemeinschaft verwiesen, deren Grundlage konstantere Bedürfnisse und andere Regelmäßigkeiten des menschlichen Verhaltens sind.

Wittgenstein würde das, was Richard Alewyn ‚Gattungen' nennt, wohl als ‚Sprachspiele' begreifen: „konkrete Erscheinungen wie Fastnachtsspiele, Heldenroman, Hochzeitsgedicht, Trinklied usw., vorgegebene literarische Muster, in denen sämtliche Elemente einer Dichtung von der Sprache über die Motive bis zu den Gesinnungen zu verbindlichen Einheiten organisiert sind".[53] Wie ‚verbindlich' die Zusammenordnung der Elemente zu einem Ganzen ist, hängt wohl von den spezifischen Anforderungen ab, die zu einer bestimmten Zeit von bestimmten Personen an das jeweilige Produkt gestellt werden. Allgemein kann man bei allen Schwankungen der Terminologie sagen, daß dichterische Erzeugnisse, wie andere Sprachverwendungen, aus reproduzierbaren Mustern bestehen. Aus ihnen werden komplexere Segmente aufgebaut, deren sukzessiv entfaltete Organisation ein Gebilde ergeben soll, das relativ auf die Bedürfnisse der Beteiligten als zufriedenstellend empfunden wird.

---

sind, das ein kulturelles Muster bildet (Wittgenstein: Über Gewißheit [= ÜG], in: ders.: Werkausgabe, Bd. 8, hg. von Georg Henrik von Wright und Elizabeth Anscombe, Frankfurt/M. 1984, S. 113–257, § 350).

51 Wittgenstein legt wenig Wert auf Ursachenforschung, verliert sich manchmal geradezu in einer antikausalen Haltung. Seine naturalistische Sprachauffassung kann jedoch, wie David Bloor gezeigt hat, durch eine soziologische Analyse ergänzt werden, die prüft, wie Sprachspiele durch Interessen geformt werden, vgl. Bloor: A Social Theory of Knowledge, S. 46–49, 137–159.

52 Oliver Scholz: Wittgensteins Holismen. Sätze, Sprachspiele, Lebensformen, in: Grundlagen der analytischen Philosophie, hg. von Uwe Meixner und Albert Newen, Paderborn 2001, S. 173–188, S. 186. Schon Otto Neurath hatte die Begriffe ‚Muster' und ‚Lebensform' benutzt. Eine „Lebensform" im geschichtlichen Ablauf zu untersuchen bedeutet für ihn, die „Änderung des Webmusters" nachzuverfolgen (Empirische Soziologie, S. 474). Statt ‚Lebensform des Christentums' sagt Neurath auch „Gewohnheitsgefüge des Christentums" (S. 475). Wolfgang Reinhard spielt mit dem Gedanken, seine Untersuchung von Lebensformen als „historische Verhaltensforschung" zu bezeichnen, bleibt aber klugerweise (warum sollte man den etablierteren Ausdruck vermeiden?) bei „Kulturgeschichte", vgl. Lebensformen Europas. Eine historische Kulturanthropologie, München 2004, S. 11. Sofern er die „gemeinsamen [...] Dispositionen" (S. 12) und „Verhaltensmuster" (S. 13) verstehen will, entspricht seine Auffassung von Kulturgeschichte ungefähr derjenigen Neuraths und Wittgensteins.

53 Richard Alewyn: Deutsche Philologie, Neuerer Teil, in: Aufgaben deutscher Forschung, Bd. 1: Geisteswissenschaften, hg. von Leo Brandt, 2. Aufl., Köln 1956, S. 181–191, S. 185.

In der Nachfolge Wittgensteins hat man versucht, den Begriff ‚Sprache' als eine Abstraktion aus den mannigfaltigen Aktivitäten und Interaktionen einer nicht klar abgegrenzten Sprachgemeinschaft zu erläutern.[54] Die Sprache umfaßt demnach einen kollektiven Bestand von Graphemen, Phonemen, Wörtern, Mustern des Satzbaus, Redefiguren, Phraseologismen, Intonationsweisen – von konventionellen Mustern, die man wiederverwendet und in neue Zusammenhänge integriert. Die Sprache ist, wie Ryle sagt, „a corpus of teachable things",[55] sie umfaßt all jene Muster, die sich regelmäßig als nützlich erweisen und reproduziert werden, eingespielte Formen, von denen man sagen kann, daß sie eine vorgesehene Gebrauchsweise, eine festgelegte Rolle in der Sprache haben. Die Grenze zwischen „social forms and procedures",[56] die zum verfügbaren Bestand der Sprache gehören, und sonstigen kulturellen Mustern wie Denkfiguren, Handlungsformen, Erzählweisen, Versmaßen, Strophenformen, die sprachlich realisiert werden und zur variierenden Reproduktion bereit liegen, ist nicht immer klar zu bestimmen.

Nun kann man sich fragen, worin der relevante Unterschied zu anderen Sprachkonzeptionen besteht, die doch ebenfalls den Gebrauch von Sprache erfassen wollen. Die Antwort ist, daß die meisten traditionellen Theorien sprachliche Ausdrücke als „physische Produkte" darstellen, die als „Mittel zur Übertragung von Vorstellungen auf ein anderes Individuum"[57] dienen. Diese Theorie vernachlässigt aus der Perspektive des Sozialbehaviorismus, worum sich

---

[54] Gordon Baker und Peter Hacker: Language, Sense and Nonsense, S. 273f.; David Wiggins: Languages as Social Objects, in: Philosophy 72 (1997), S. 499–524.
[55] Gilbert Ryle: Use, Usage and Meaning, in: ders.: Collected Papers, Bd. 2, hg. von Julia Tanney, London 2009, S. 420–427, S. 421.
[56] Austin: How to Do Things with Words, S. 72.
[57] Paul: Prinzipien der Sprachgeschichte, S. 14. Sprache ist nach Adelung „der ganze Inbegriff von Wörtern und Redensarten, vermittelst deren die Glieder eines Volkes einander ihre Gedanken mittheilen" (Johann Christoph Adelung: Versuch eines vollständigen grammatisch-kritischen Wörterbuches der Hochdeutschen Mundart, Bd. 4, Leipzig 1780, S. 605). Für August Boeckh ist sie „das allgemeinste Organon der Mittheilung" (Encyclopädie und Methodologie der philologischen Wissenschaften, hg. von Ernst Bratuscheck, 2. Aufl. besorgt von Rudolf Klussmann, Leipzig 1886, S. 81). Donald Davidson sieht den Zweck der Ausdrucksmittel bereits erfüllt, wenn der Hörer versteht, was der Sprecher mitzuteilen beabsichtigt: „[T]he point of language [...] is communication, getting across to someone else what you have in mind by means of words" (The Social Aspect of Language, in: ders.: Truth, Language, and History, Oxford 2005, S. 109–125, S. 120). Wenn von den Absichten der Sprachbenutzer die Rede ist, denkt man häufig zuerst an die Absicht, mittels sprachlicher Zeichen bestimmte psychische Wirkungen hervorzurufen: „Eine semantische Absicht ist [...] die Absicht, mit Hilfe einer Äußerung einen bestimmten mentalen Zustand oder Vorgang (z.B. eine Phantasievorstellung eines blühenden Kirschbaums) hervorzubringen." (Maria Reicher: Kommunikative Absichten und die Ontologie des literarischen Werks, S. 213)

Autoren im Gebrauch der Sprache tatsächlich bemühen: Sie möchten gewöhnlich nicht nur, daß andere erkennen, welche Vorstellungen und Mitteilungsabsichten sie haben, sondern präsentieren sich im Zuge ihres Sprachverhaltens als Personen, die in einer bestimmten Sprache, in einem bestimmten Soziolekt, in einem bestimmten Stil etwas Bestimmtes *vollbracht* haben.[58] Die sprachliche Arbeit ist nicht bloß Mittel zum Zweck der Verständigung, sondern eine Verhaltensform, deren Beschaffenheit man im Lichte der einschlägigen Konventionen und Kriterien in allen ihren Nuancen erfassen soll. Das gilt nicht nur für die Unterscheidung zwischen innovativen oder regelmäßigen, eigentlichen oder uneigentlichen Verwendungen der Zeichen, sondern für alle grammatischen und rhetorischen, intellektuellen und affektiven Aspekte des Sprachverhaltens, die man als das verstehen soll, was sie in ihrem jeweiligen Lebenszusammenhang sind.

Wittgensteins Sprachkonzeption beruht auf der allgemeinen Einsicht, daß Begriffe für Sprachverwendungen und sonstige Verhaltensmuster einen Hintergrund von eingespielten Handlungs- und Reaktionsweisen im Rahmen wiederkehrender Situationen voraussetzen: „Der Hintergrund ist das Getriebe des Lebens. Und unser Begriff bezeichnet etwas in *diesem* Getriebe."[59] Es ist wesentlich für Begriffe wie ‚Gebet', ‚Widerruf', ‚Satire' oder ‚Beweisführung', daß diese Muster in immer neuen Abwandlungen auftreten. Das „Gewimmel" (d.h. „die Handlungen verschiedener Menschen, wie sie durcheinanderwimmeln") ist der „Hintergrund, worauf wir eine Handlung sehen"[60] und beschreiben. Auch Austin weist darauf hin, daß die „previous history of a social procedure"[61] bei der Betrachtung der einzelnen „invocation of a convention"[62] mitzudenken ist.

---

58 „He who speaks or writes goes on record in a public language as saying this or that. But what language? Which language? Well [...] speakers [...] have terribly precise intentions with respect to their choice of language. They will aim to speak not just English (say) or 20th century English, but that sublanguage of their contemporary English that meets certain extra conditions – colloquial English, nautical English, diplomatic English or whatever. [...] It is not a question of how, *starting from scratch*, the speaker is to speak in order to perform a certain linguistic act. It is a question of how the speaker is to proceed *given* what has been done so far and what has been enshrined so far in the language. Sometimes it is a question of what *will* work, or what the speaker or writer can cause to work (Consider Aeschylus' experiments with Attic Greek, not all of which can have seemed at the time, or were said later, to have succeeded. Or, on a more heroic scale of invention, consider Dante's special position in the history of the Italian language.) But mostly it is a question of what does count by the (however essentially contestable) standard of the language itself." (David Wiggins: Languages as Social Objects, S. 521f.) Vgl. ders.: Language: The Great Conduit, in: The Times Literary Supplement (12. 4.1996), S. 15.
59 BPP 2, § 625.
60 BPP 2, § 629; vgl. Zettel, § 567.
61 Austin: How to Do Things with Words, S. 31.
62 Austin: How to Do Things with Words, S. 32.

Wittgensteins Überlegung, daß die Sprache mit Tätigkeiten verwoben ist, widerspricht der Vorstellung, die Philologie könne sich ausschließlich mit Sprachgebilden beschäftigen. Ihren Mittelpunkt findet sie in der Sprache, mit der Dichter, Historiker, Philosophen, Theologen usw. arbeiten, aber die Philologie muß, um ihren Aufgaben gerecht zu werden, die Untersuchung immer wieder auf das politische, religiöse, wissenschaftliche, künstlerische und alltägliche Leben ausweiten. Denn Sprachverwendungen lassen sich nur in diesen Zusammenhängen verstehen, weswegen ihre Untersuchung auch eng mit der Kulturgeschichte der Denkkollektive und Empfindungsgemeinschaften zusammenhängt, in denen sie entstehen und zuerst rezipiert werden. Eine witzige Wortverdrehung, das Anrufen einer Gottheit in der Notlage oder die Parodie einer Beweisführung setzen ein bestimmtes Gewimmel, in dem Wortverdrehungen, Beweisführungen und Gebete auftreten, als „Bezugssystem"[63] voraus. Man kann demgemäß nicht von der Einbettung der Zeichenfolgen in den Lebens- und Kulturzusammenhang absehen und immer noch die Verwendungsweise von Sprache identifizieren, die man verstehen will. Man muß sich mit dem etablierten Ausdrucksverhalten, den Alltagsgebräuchen, den religiösen, politischen, wissenschaftlichen etc. Einrichtungen sowie mit den verschiedenen Arten von Lebenssituationen vertraut machen, um die individuellen Verhaltensweisen zu bestimmen, in denen die sprachlichen Ausdrücke jeweils zur Anwendung kommen.[64] Dazu gehören vor allen Dingen auch intellektuell produktive Netzwerke von Akteuren sowie überpersönliche

---

[63] PU, § 206.
[64] Wittgensteins Holismus (d.h. seine These, daß menschliche Verhaltensweisen und ihre Resultate nur im Rahmen größerer Zusammenhänge verstanden werden können) ist nicht sehr weit entfernt von der Behauptung, eine kulturelle Erscheinung könne „in ihrem individuellen Leben vollkommen nur vom Ganzen her verstanden werden" (Ulrich von Wilamowitz-Moellendorff: Philologie und Schulreform [1892], in: ders.: Reden und Vorträge, 3., verm. Aufl., Berlin 1913, S. 97–119, S. 105). Allerdings lehnen sozialbehavioristische Ansätze die idealisierende Auffassung von Ganzheiten strikt ab: Wenn man Wittgenstein folgt, und den fortlaufenden *Gebrauch* der Sprache untersucht, werde der Verfasser, so Skinner, „dezentriert" und in ein Konfliktgeschehen eingebettet (Quentin Skinner: Wahrheit, Überzeugung und Interpretation, in: Ideengeschichte heute. Traditionen und Perspektiven, hg. von Timothy Goering, Bielefeld 2017, S. 55–68, S. 62). Die Aufgabe der historischen Darstellung bestehe darin, den Autor innerhalb dieser Auseinandersetzungen zu zeigen: „Wofür ich also plädiere, ist eine Art von literarischer und historischer Forschung, die nicht so sehr darauf abzielt, Interpretationen von einzelnen Texten zu liefern, sondern eher uns das Spektakel einer mit sich selbst streitenden Kultur zu bieten. Ich bin zu der Überzeugung gekommen, dass dies die wesentliche Aufgabe von interpretativen Disziplinen sein sollte." (ebd.) Skinners Gegenüberstellung ist wohl ein wenig irreführend, denn er demonstriert in seinen ideenhistorischen Arbeiten ja gerade, daß die Analyse einzelner Texte nur dann gelingen kann, wenn man ihre Integration in eine mit sich selbst streitende Kultur systematisch berücksichtigt.

„Formationen",[65] die den einzelnen Sprachbenutzern größere Komplexe von Verhaltenselementen zur Neukombination und Weiterführung bereitstellen.

Die Sprache bietet also ihren Benutzern nach Wittgensteins Ansicht einen Bestand von „Werkzeuge[n]",[66] die im Zusammenhang der sprachlichen Tätigkeiten ihre vorgesehene „Rolle"[67] spielen können, wobei stets zu beachten ist, daß eine Sprachform verschiedene „Funktionen"[68] ausüben kann. Der *individuelle* Gebrauch, den man bei einer Gelegenheit von dem Sprachmaterial macht, gewinnt seine Gestalt durch die Einbettung in Zusammenhänge. Dazu gehören der Lebenszusammenhang mit der individuellen Vorgeschichte, den Gebrauchsregeln, Überzeugungen und längerfristigen Interessen, den momentanen Einschätzungen und Anliegen. Im Kulturzusammenhang wird man unter komplexen, anfechtbaren Beschreibungen für sein Verhalten verantwortlich gemacht. Man lernt, durch den Gebrauch von Sprache und durch das sonstige Verhalten zu etablieren, zu bestätigen oder zu verändern, was für eine Person man ist; man lernt zu beeinflussen, wie man von anderen wahrgenommen wird.[69] So kann man sich auf etwas festlegen (das später zurückgenommen oder richtiggestellt werden kann), Erfolge für sich verbuchen, Mißerfolge rationalisieren, sein Ansehen aufs Spiel setzen oder seinen Status verbessern.[70]

(b) Über die Beziehung von ‚Bedeutung' und ‚Gebrauch'

Da unstrittig sein dürfte, daß die Beachtung des Sprachgebrauchs für das Verständnis von Texten notwendig ist, lautet die alles entscheidende Frage, wie man die Idee des Gebrauchs ausbuchstabiert. Bislang haben Literaturwissenschaftler vor allem den Gebrauch ‚in der Sprache' bzw. ‚im Idiolekt des Autors'

---

[65] Richard Alewyn: Hans Pyritz. Paul Flemings deutsche Liebeslyrik, in: Deutsche Barockforschung. Dokumentation einer Epoche, hg. von dems., Köln 1966, S. 437–443, S. 437.
[66] PU, § 11. Damit sind alle Muster gemeint, die eine Sprache zur Verfügung stellt. Austin spricht von „devices" und ihren „roles" (How to Do Things with Words, S. 73), z.B. all jene erlern- und reproduzierbaren Sprachformen „designed to exhibit attitudes and feelings" (ebd., S. 83). Diese Sprachkonzeption läßt sich zum Teil mit Ruth Millikans Vorstellungen von der Reproduktion (sprachlicher) Verhaltensmuster erläutern, vgl. dies.: Language. A Biological Model, Oxford 2005.
[67] PU, § 21.
[68] PU, § 27.
[69] Vgl. Norman Alexander und Mary Wiley: Situated Activity and Identity Formation, in: Social Psychology. Sociological Perspectives, hg. von Morris Rosenberg und Ralph Turner, New Brunswick 1990, S. 269–289; Barry Schlenker: Self-Presentation, in: Handbook of Self and Identity, hg. von Mark Leary und June Tangney, New York 2012, S. 542–570.
[70] Vgl. Jeffrey Robinson: Accountability in Social Interaction, in: Accountability and Social Interaction, hg. von dems., Oxford 2016, S. 1–46.

berücksichtigt und ihn als wichtiges Hilfsmittel zur Ermittlung der intendierten oder nicht-intendierten Bedeutung dargestellt. Was den Gebrauch von Zeichen im Rahmen *des Textes* anbelangt, so hat man aufgrund einer Voreingenommenheit zumeist nur eine Art des Gebrauchs anerkannt: den Gebrauch, der mit ‚etwas bezeichnen', ‚etwas sagen' und ‚etwas mitteilen' beschrieben wird. Und diesen Gebrauch hat man oft in einem mentalistischen Modell als äußeres Zeichen des Inneren aufgefaßt. So reduziert Georg Friedrich Meier die Sprache auf den „*Bezeichnungsgebrauch*",[71] den er als Akt der Zuordnung von Wort und Sinn deutet. Solche formelhaften Einschränkungen des unerschöpflich vielfältigen Sprachverhaltens gibt es auch in neuerer Zeit. Immer wieder versucht man, den Gebrauch gewaltsam in ein viel zu einfaches, zumeist psychologistisch fundiertes Schema von Sprachfunktionen zu bringen.

Wittgensteins sozialbehavioristische Auffassung vom Sprachgebrauch unterscheidet sich vorteilhaft von dieser Denkart. Wie viel Radikalität in seinen knappen Bemerkungen liegt, wird von Seiten der Literaturwissenschaft meistens unterschätzt. Diese Verkennung ist teilweise darauf zurückzuführen, daß man seine Sprachphilosophie als Antwort auf die Frage darstellt, was die Bedeutung der Wörter ‚bestimmt' oder wovon die Bedeutung der Wörter ‚abhängt'.[72] So schreibt Hans-Johann Glock, einer der besten Wittgenstein-Kenner, „dass der Gebrauch eines Ausdrucks seine Bedeutung im logischen Sinne bestimmt"[73] oder „festlegt".[74] Die inhaltliche Redeweise, derer sich Glock bedient, kann die Illusion hervorrufen, daß ein Phänomen, die *Bedeutung*, auf ein anderes, den *Gebrauch*, zurückgeführt wird. Dieses Verständnis zeigt sich besonders in dem folgenden Satz, mit dem Glock eine zentrale Einsicht Wittgensteins wiedergeben möchte: „Linguistic expressions acquire meaning not by being associated with either abstract entities or

---

[71] Meier: Auslegungskunst, § 97.
[72] Wittgenstein befördert dieses Mißverständnis durch Formulierungen wie diese: „Der Nutzen, d.h. Gebrauch, gibt [!] dem Satz seinen besonderen Sinn" (BPP 1, § 266).
[73] Hans-Johann Glock: Wie kam die Bedeutung zur Regel?, in: Deutsche Zeitschrift für Philosophie 48/3 (2000), S. 429–447, S. 434.
[74] Hans-Johann Glock: Ludwig Wittgenstein. Sprache, Bedeutung und Gebrauch, in: Klassiker der Philosophie heute, hg. von Ansgar Beckermann und Dominik Perler, Stuttgart 2004, S. 601–622, S. 611. Glock sucht auch anderswo nach einem Ausdruck, der beschreibt, was der Zusammenhang zwischen Bedeutung und Gebrauch ist: Die Bedeutung eines Ausdrucks werde „‚bestimmt', ‚festgelegt' oder ‚konstituiert' durch die Regeln seines Gebrauchs" (Wie kam die Bedeutung zur Regel?, S. 438). Ähnlich Hacker: „The meanings of words are [...] constituted by their use in the practice of their application." (The Autonomy of Humanistic Understanding, S. 59) Was diese Verben genau ausdrücken sollen, ist weder bei Hacker noch bei Glock sonderlich klar.

private mental processes, but by having a certain role or function."[75] Es entsteht hier der Eindruck, daß Wörter eine Bedeutung haben, *weil* sie eine Funktion haben oder *weil* sie verwendet werden. Dadurch wird eine banalisierende Wittgenstein-Deutung gestützt, die auch in der Literaturwissenschaft gängig ist: Peter Brenner etwa schreibt Wittgenstein die These zu, „daß der Sprachgebrauch durch Regeln reglementiert wird und daß dadurch die Bedeutungen entstehen".[76]

Wer sich der *inhaltlichen* Redeweise bedient und erklärt, daß die Bedeutung der Wörter durch ihren Gebrauch bestimmt werde, geht das Risiko ein, daß die Auffassung einen metaphysischen Beiklang erhält. Wittgenstein formuliert zuweilen „Pseudo-Objektsätze",[77] die eigentlich eine Beziehung zwischen Begriffen erläutern sollen, nicht aber eine sachliche Beziehung zwischen Phänomenen, die ‚Bedeutung' und ‚Gebrauch' heißen. Die *formale* Redeweise bringt deutlicher zum Vorschein, was Wittgensteins Einsicht zur Philosophie der Philologie beiträgt:
- Die Begriffe ‚Bedeutung', ‚Rolle' und ‚Funktion' können in vielen Sätzen ausgetauscht werden, ohne daß sich etwas daran ändert, was mit diesen Sätzen ausgesagt wird.
- Erklärungen der Bedeutung sprachlicher Zeichen sind Bestimmungen ihrer Funktion.[78] Sätze über die Funktion der Zeichen sagen etwas darüber aus, wie sie verwendet werden.
- Mit Aussagen wie ‚Mit dem Wort bezeichnet man ...', ‚Mit dem Wort wird ausgedrückt, daß ...', ‚... ist ein Wort für ...', ‚Man benutzt das Wort, um anzudeuten, daß ...' usw. beantwortet man die Frage, welche Bedeutung, Funktion oder Rolle das Wort in der Sprache hat.

---

75 Hans-Johann Glock: Reasons for Action. Wittgensteinian and Davidsonian Perspectives in Historical and Meta-Philosophical Context, in: Nordic Wittgenstein Review 3/1 (2014), S. 7–46, S. 8.
76 Brenner: Das Problem der Interpretation, S. 144.
77 Carnap: Logische Syntax der Sprache, S. 210–214. Es handelt sich um Sätze, die „so formuliert sind, als ob sie sich [...] auf Objekte [bzw. mögliche Sachverhalte, V.P.] beziehen, während sie sich in Wirklichkeit auf syntaktische Formen beziehen, und zwar auf die Formen der Bezeichnung der Objekte, auf die sie sich scheinbar beziehen" (S. 211).
78 Die Angabe funktional äquivalenter Ausdrücke ist bloß eine Möglichkeit der Bedeutungserklärung. Zu den Formen der lexikographischen Beschreibungen des Gebrauchs von Wörtern: Thomas Gloning: Wortbedeutung, Wortgebrauch, Wortschatzaufbau. Zu den Grundlagen und Aufgaben historischer Wörterbücher und historisch-lexikologischer Informationssysteme, in: Lexikographie und Grammatik des Mittelhochdeutschen, hg. von Ralf Plate und Andrea Rapp, Mainz 2005, S. 61–97.

Diese Paraphrasen machen deutlich: Wer den Gebrauch der Wörter versteht, braucht nach Wittgensteins behavioristischer Bedeutungskonzeption nicht zusätzlich etwas zu verstehen, das ihre ‚Bedeutung' genannt wird.[79] Anders ausgedrückt: Wer nach der Bedeutung von Wörtern fragt, interessiert sich für ihre Funktion oder ihren Gebrauch. Wenn man dagegen die traditionelle Ausdrucksweise wählt, daß der Interpret „aus dem Gebrauch eines Ausdrucks seine Bedeutung ablesen"[80] könne, dann klingt das so, als bekräftige Wittgenstein lediglich das Klischee, daß die Beschäftigung mit dem Gebrauch der „Weg zur Erfassung des Inhalts"[81] sei.

Wittgensteins Begriffsklärungen zeigen, daß sich mit ‚Bedeutung', ‚Funktion' oder ‚Rolle' ganz verschiedene Forschungsinteressen artikulieren lassen. Es ist ein Vorteil der formalen Erläuterungen, daß offen bleibt, was der Rahmen ist, in dem vom ‚Gebrauch' sprachlicher Ausdrücke die Rede ist: Gebrauch (Funktion, Rolle, Bedeutung) in der Sprachgemeinschaft, in einem Idiolekt, in einer Gruppe von Texten, in einem bestimmten Text oder an einer bestimmten Stelle des Textes. Wenn man die verschiedenen Rahmungen beachtet, in denen die Begriffe auftauchen können, wird deutlich, daß Wittgensteins Erläuterung von „Bedeutung eines Wortes" durch „sein Gebrauch *in der Sprache*",[82] die in der Forschung am häufigsten zitiert wird, sich keineswegs darauf bezieht, ob jemand das Wort in einem bestimmten Text mit Nachdruck oder im übertragenen Sinn gebraucht, sondern auf die Art, wie man es *üblicherweise* verwendet. Die Aussage, ein Wort habe eine Bedeutung ‚in der Sprache', drückt aus, daß es eine akzeptierte Erklärung gibt, wie man das Wort gebraucht, eine Erklärung, die spezifiziert, welche Rolle es in möglichen Gesprächen und Texten spielen kann. Die Bedeutung ‚in der Sprache' zu kennen, gleicht dem Beherrschen einer Technik.[83] Die Bedeutung eines

---

[79] Damit wird keinesfalls „die zentrale Frage nach der Bedeutung vermieden", denn die Ablehnung von Bedeutungsentitäten ist nicht, wie Lutzeier annimmt, die „Ablehnung des Redens über Bedeutung" (Lutzeier: Wort und Bedeutung, S. 52).
[80] Glock: Wie kam die Bedeutung zur Regel?, S. 434.
[81] Lutzeier: Wort und Bedeutung, S. 53.
[82] PU, § 43 [Herv. V.P.]. Mit anderen Worten: „Der Gebrauch des Wortes in der Sprache ist seine Bedeutung." (PG, S. 23.)
[83] PU, § 262; Zettel, § 418. Scholz: Verstehen und Rationalität, S. 273f. Gordon Baker und Peter Hacker: Wittgenstein. Rules, Grammar and Necessity, 2. Aufl., Oxford 2009, S. 135–156. Die Tatsache, daß das Wort durch seine Position in einem ganzen System von Wörtern bestimmt ist, kann mit Bezug auf Gebrauchsregeln und andere Aspekte der Verwendungsweise erklärt werden, vgl. Baker und Hacker: Wittgenstein. Understanding and Meaning, Bd. 1, S. 147. Auch Aussagen über ‚semantische Merkmale' und ‚Bedeutungsbeziehungen' lassen sich meist zwanglos durch Aussagen über den Gebrauch der Wörter übersetzen. Vgl. Thomas Gloning: Bedeutung, Gebrauch und sprachliche Handlung. Ansätze und Probleme einer

Ausdrucks ‚im Text' ist etwas völlig anderes als die Bedeutung ‚in der Sprache'. Ein Autor kann die Funktion der Ausdrücke durch explizite Festlegungen oder neue Kombinationsweisen ändern. Viele Wörter und Wendungen haben keine feste Bedeutung, ihre Funktion ist nicht klar umrissen, ihr Gebrauch nicht überall von Regeln begrenzt.[84] Diese Anpassungsfähigkeit erlaubt es einem Autor, dem Spektrum der eingespielten Verwendungen neue Varianten hinzuzufügen. Die Flüssigkeit der Konventionen und die Möglichkeit abweichender, innovativer Verwendungsweisen erzwingen es, die Funktionsweise der Ausdrücke im Einzelfall zu prüfen. Der besondere Gebrauch – sei er regelmäßig oder abweichend – ist zwar bezogen auf einen Hintergrund des üblichen Gebrauchs,[85] es sind aber nicht allein die Regeln, die für das Wort gelten, sondern die Fähigkeiten des Autors, von denen es abhängt, welche Gestalt das Sprachverhalten jeweils annimmt.[86] Autoren stellen ihre Phantasie und ihr Können unter Beweis, indem sie die vorgefundenen Muster auf unvorhergesehene Weise transformieren.

Man kann sich die spezifische Bedeutung eines Ausdrucks durch Fragen wie diese erschließen: Auf welche Unterscheidungen kommt es dem Autor an? Was will er mit dem Ausdruck andeuten oder nahelegen? Welche Bezüge will er herstellen? Will er Billigung oder Mißbilligung, Achtung oder Geringschätzung, Zuneigung oder Abneigung bekunden? Wird der Ausdruck buchstäblich oder im übertragenen Sinn gebraucht? Werden Sprachformen in Anspielung auf ihren früheren Gebrauch angewendet (z.B. in Anspielung auf Idiolekte oder Soziolekte oder bekannte Sätze anderer Autoren)? Diese und ähnliche Fragen können hilfreich sein, wenn man wissen will, was die „Funktion des Wortes in *diesem* Satz"[87] ist. Wittgenstein weist, um zu klären, was es heißt, sprachliche Ausdrücke in einer spezifischen Bedeutung zu verwenden, auf die Dichtung hin: „Das beste Beispiel für einen Ausdruck in ganz

---

handlungstheoretischen Semantik aus linguistischer Sicht, Tübingen 1996, S. 306, 355f.; Gerd Fritz: Art. Wortbedeutung in Theorien sprachlichen Handelns, in: Lexikologie. Ein internationales Handbuch zur Natur und Struktur von Wörtern und Wortschätzen, hg. von Alan Cruse, Berlin 2002, S. 189–199, S. 196.

84 PU, §§ 68–71, 75–77, 80–84. Zur Flexibilität von sprachlichen Regeln: Severin Schroeder: Wittgenstein on Rules in Language and Mathematics, in: The Textual Genesis of Wittgenstein's ‚Philosophical Investigations', hg. von Nuno Venturinha, London 2013, S. 155–167; ders.: Art. Wittgenstein, in: Handbuch Sprachphilosophie, hg. von Nikola Kompa, Stuttgart 2015, S. 207–215.

85 „*Communal* use *constitutes* meaning, while *individual* use is *responsible* to it." (Hans-Johann Glock: Meaning, Rules, and Conventions, in: Wittgenstein's Enduring Arguments, hg. von Edoardo Zamuner, London 2009, S. 156–178, S. 175)

86 Vgl. Millikan: Language, S. 18.

87 PU, § 559.

bestimmter Bedeutung ist eine Stelle in einem Drama."[88] Man könnte zum Beispiel an die vielsagenden und beziehungsreichen Abschiedsworte am Ende von Goethes *Iphigenie* denken. Hier ist es eine Sache, die Bedeutung der Abschiedsformel ‚in der Sprache' zu wissen, und eine ganz andere, die volle Bedeutung der verwendeten Formel, ihre besondere Verwendungsweise im Zusammenhang des Schauspiels angemessen zu würdigen.[89]

Szondi setzt also vermutlich einen zu engen Bedeutungsbegriff voraus, da er behauptet, das Ziel der Textanalyse sei „nicht [...] bloß [...] die Erkenntnis der Bedeutung, die eine bestimmte Stelle hat; verstanden werden soll [...] ihr Zusammenhang mit dem Übrigen und ihre Motivation".[90] Der Zusammenhang einer Textstelle mit dem Übrigen läßt sich wohl kaum mit der Bedeutung dieser Textstelle kontrastieren, denn man spezifiziert ihre Bedeutung, wenn man angibt, ob etwas zwischen den Zeilen angedeutet, ein Schluß gezogen, eine Frage gestellt, ein Einwand vorgebracht oder eine Erzählung weiterentwickelt wird. Um deutlich zu machen, wie die Frage nach der Bedeutung von der sukzessiven Entfaltung des Gedichts und den Figuren abhängt, die darin gebildet werden, möchte ich das folgende Beispiel anführen:

> In den Worten *recte vivere* vollzieht sich wieder eine der spielenden Wendungen des Horaz. Ihr Sinn schlägt plötzlich aus dem Philosophischen in das Unphilosophische um. Es hieß ‚nach der sittlichen Norm leben' als es ausgesprochen wurde, aber im gleichen Augenblick heißt der Satz auch schon: ‚Wenn du mit dem Leben nichts Rechtes anzufangen weißt ...' Von diesem Standpunkt heißt es dann: ‚Du hast nun in dem, was du so Leben nennst, nichts mehr zu suchen. Also fort mit dir!' Spaßend hält Horaz den höheren Standpunkt der Philosophie hier am Schluß nicht fest, sondern läßt sich dazu herbei, den durchschnittlichen anzunehmen. Um nicht am Ende als der Überlegene, als der Eiferer dazustehen, stellt er sich gutmütig in die

---

88 LS I, § 424.
89 Wittgenstein zitiert aus Schillers Wallenstein, um darauf hinzuweisen, daß die Bedeutung im Einzelfall etwas sehr Spezifisches ist, das eine feinkörnige Darstellung und Würdigung erfordert: „Die Worte ‚Gottlob! Noch etwas Weniges hat man geflüchtet – vor den Fingern der Kroaten', mit ihrem Ton und Blick, scheinen [...] schon jede Nuance ihrer Bedeutung in sich zu tragen. Nur darum aber, weil wir sie als Teil einer bestimmten Szene kennen. Man könnte aber eine ganz andere Szene um diese Worte (im gleichen Tone gesprochen) bauen; um zu zeigen, wie ihre besondere Seele in der Geschichte liegt, zu der sie gehören." (Zettel, § 176) Zu den verschiedenen Bedeutungsbegriffen vgl. Severin Schroeder: The Coded-Message Model of Literature, in: Wittgenstein, Theory, and the Arts, hg. von Richard Allen und Malcolm Turvey, London 2001, S. 146–156.
90 Szondi: Über philologische Erkenntnis, S. 161. Ähnlich irreführend ist Skinners Unterscheidung zwischen einer Bedeutungs- und einer Handlungsdimension der Sprache (Reason and Rhetoric in the Philosophy of Hobbes, Cambridge 1996, S. 7f.).

Menge. Das ist Ironie – aber es ist allerdings auch Umbildung des Altersthemas und mit einem Teil wehmütiger Bedeutsamkeit erfüllt. In dieser feinen Schwebe endet die Epistel.[91]

Klingners Ausführungen sind ein Beispiel dafür, wie der Begriff ‚Sinn' dazu dienen kann, eine Paraphrase und Charakterisierung des Sprachverhaltens einzuleiten. Der Sinn der Ausdrücke besteht in den „spielenden Wendungen" des Dichters, die der Interpret versuchsweise nachbildet. Wenn man fähig ist, die Mischung aus Ironie und wehmütigem Ernst wahrzunehmen, mit der Horaz sein Gedicht enden läßt, hat man die ‚Bedeutung' der jeweiligen Wörter im Kontext des Werks erfaßt. Das Verstehen der Bedeutung erfordert also das Verstehen des individuellen Gebrauchs in seinem Verlauf. Klingners Aussage, daß Horaz in seinem Gedicht spielerisch den Standpunkt wechsle, benennt nicht nur eine konventionelle Form des Verhaltens, sondern bringt den spezifischen Sprachgebrauch in ein Muster und bestimmt dadurch, wie *diese* Ausdrücke von *dieser* Person in *diesem* Zusammenhang verwendet werden. Die Bedeutung der Sätze, die Klingner erklären will, ist keine Ergänzung oder Begleiterscheinung, sondern ihre changierende Funktionsweise im Verlauf des Gedichts. Je differenzierter man die Verwendung der Sätze erläutern kann, desto differenzierter ist die Auffassung ihres Sinns.

2.2.2 Entpsychologisierung der Psychologie

Wie kann man Texte als „Zeugnisse menschlichen Denkens, Fühlens und Handelns"[92] auffassen, ohne sie zugleich als Zeugnisse dessen zu deuten, was in der Seele vorgeht? Rudolf Carnap und Carl Hempel haben einen wegweisenden Beitrag zu einer konstruktiven Neubestimmung psychologischer Begriffe geleistet. Ihr Ziel war es, eine „logische Theorie über die Sätze der wissenschaftlichen Psychologie"[93] anzubieten, die zeigen sollte, daß sich ‚psychologische' Sätze nicht auf etwas wesentlich Inneres beziehen, sei es auf Vorgänge im Zentralnervensystem oder in einer verborgenen Innenwelt. Ihre Analyse hebt die

---

91 Friedrich Klingner: Horaz-Erklärungen, in: ders.: Studien zur griechischen und römischen Literatur, Zürich 1964, S. 305–324, S. 324.
92 Stackmann: Philologie, S. 74.
93 Rudolf Carnap: Erwiderung auf die vorstehenden Aufsätze von E. Zilsel und K. Duncker, in: Erkenntnis 3 (1932/33), S. 177–188, S. 188. Die von Hempel geprägte Bezeichnung „logischer Behaviorismus" erscheint zuerst in diesem Diskussionsbeitrag Carnaps. Vgl. Carl Hempel: The Logical Analysis of Psychology, in: Readings in Philosophical Analysis, hg. von Herbert Feigl und Wilfried Sellars, New York 1949, S. 373–384.

logische Beziehung zwischen Aussagen über Psychisches und Aussagen über das Verhalten hervor. Carnap und Hempel verbanden ihre wichtigen Einsichten jedoch mit der haltlosen These, daß sich psychologische auf physikalistische Sätze zurückführen ließen, daß Psychologie also ein Teil der Physik sei. Im Gegensatz zu Carnap und Hempel sind Neurath, Wittgenstein und Ryle einer antireduktionistischen Denkweise verpflichtet. Ihr Leitsatz könnte lauten: „Every thing is what it is, and not another thing."[94] Der Sozialbehaviorismus, den sie vertreten, bestreitet die Grundannahme des Dualismus (also die Annahme, daß psychologische Prädikate von Phänomenen ausgesagt werden, die *zusätzlich* zum Verhalten vorhanden sind), aber er wendet sich auch gegen die reduktionistische Behauptung, daß Gedanken und Gefühle *nichts als* Verhalten sind.[95] In seinen *Philosophischen Untersuchungen* lehnt Wittgenstein die von John Watson begründete reduktionistische Variante des Behaviorismus aus sprachkritischen Erwägungen ab:

> Bist du nicht doch ein verkappter Behaviourist? Sagst du nicht doch, im Grunde, daß alles Fiktion ist, außer dem menschlichen Benehmen? – Wenn ich von einer Fiktion rede, dann von einer grammatischen Fiktion.[96]

Nicht Gedanken, Gefühle oder Wünsche sind nach Wittgensteins Auffassung Fiktionen, sondern die Vorstellung, daß sie sich im Inneren befinden. Präpositionalausdrücke wie ‚im Gedächtnis', ‚im Geist', ‚auf dem Herzen', ‚im Verstand', die ein solches Inneres suggerieren, erweisen sich, wenn man sie analysiert, als rein bildhafte Ortsangaben.[97] Begriffe wie ‚Gedanke', ‚Wunsch', ‚Meinung' bezeichnen für den Sozialbehavioristen Gegenstände der Untersuchung, d.h. sie beziehen sich auf etwas, das man identifizieren und erforschen kann, aber es gibt kein einzelnes inneres oder äußeres Vorkommnis, das ‚Gedanke', ‚Vorhaben', ‚Wunsch' oder ‚Meinung' heißt. Neurath, Wittgenstein und Ryle warnen vor der problematischen Tendenz,

---

94 Joseph Butler: Sermons, Oxford 1826, xxv. George Edward Moore hatte den Satz als Motto für seine *Principia Ethica* benutzt. Wittgenstein, der den Satz in seinen Vorlesungen und Notizbüchern zitiert, zog ihn als Motto für seine *Philosophischen Untersuchungen* in Betracht (Baker und Hacker: Wittgenstein. Understanding and Meaning, Bd. 2, S. 32).
95 Ryle stellt den „Category-howler of Behaviorism" auf eine Stufe mit dem „Category-howler of Dualism" (On Thinking, hg. von Konstantin Kolenda, Oxford 1979, S. 17). Es sind für ihn verschiedene Spielarten desselben Fehlers. Er will die Interpretation psychologischer Begriffe gleichermaßen von der „Scylla of Cartesian Duplicationism" und der „Charybdis of Watsonian or Humean Reductionsim" befreien (S. 31). Ryle wird kundig eingeordnet von Andreas Kemmerling: Wissenschaft oder Unsinn? Vor hundert Jahren wurde Gilbert Ryle geboren, in: Neue Zürcher Zeitung, 19.8.2000, S. 66.
96 PU, § 307.
97 Rundle: Mind in Action, S. 26–28.

den Geist und seine Fähigkeiten zu verdinglichen, stellen jedoch keineswegs in Frage, daß Sprachbenutzer einen Verstand haben, daß sie von Gefühlen erfüllt sind, daß Gedanken in ihnen aufsteigen oder daß sie von Wünschen angetrieben werden.

Für die sozialbehavioristische Philosophie der Geisteswissenschaften gibt es weder einen besonderen Bereich des Seelischen, noch eine besondere Zugangsweise zu diesem Bereich:

> Man kann über das Malen der Menschen, über ihr Häuserbauen, ihre Kulte, ihren Ackerbau, ihre Dichtungen in gleicher Weise sprechen. Und doch wird immer wieder behauptet, es sei etwas grundsätzlich anderes, ob man den anderen Menschen ‚verstehe' oder ‚nur' von außen her beobachte und Gesetzmäßigkeiten feststelle.[98]

Den menschlichen Geist zu erforschen heißt demnach, „die *Äußerungen* (das Benehmen) des Subjekts"[99] zu beobachten. Wenn das Verhalten manchmal nur ein Indiz für einen Gedanken und nicht dessen unmißverständliche Äußerung ist, ist das Verhalten trotzdem nicht ein Indiz von „Vorgängen in der psychischen Sphäre".[100] Dasjenige, was man in solchen Fällen erschließen möchte, ist eher so etwas wie die Geneigtheit des Individuums, etwas Bestimmtes zu sagen. Es gibt „Kriterien des Benehmens"[101] für Gedanken und Gefühle, die man nicht immer vollständig erfüllt findet, aber auch diese unvollständigen Manifestationen sind nicht bloß die äußere Seite des eigentlichen Vorgangs. Die Gedankenwiedergaben, die Literaturwissenschaftler hypothetisch formulieren, beziehen sich auf eine manchmal überdeutlich ausgeprägte und manchmal eben nur in Ansätzen realisierte Struktur des Benehmens in einer bestimmten „Umgebung"[102]. Intelligenzprädikate wie ‚geschickt', ‚folgerichtig', ‚sorgfältig', ‚umsichtig', ‚besonnen', Gefühlswörter wie ‚zornig', ‚traurig', ‚heiter', ‚erfreut'

---

98 Otto Neurath: Soziologie im Physikalismus [1932], in: ders.: Gesammelte philosophische und methodologische Schriften, hg. von Rudolf Haller und Heiner Rutte, Wien 1981, S. 533–562, S. 545.
99 PU, § 452. „Benehmen" schließt die „äußeren Umstände" (BPP 1, § 314) ein. ‚Benehmen' heißt immer ‚im geschichtlich-gesellschaftlichen Zusammenhang situiertes Benehmen'. Wittgenstein benutzt vorzugsweise das Bild der Einbettung: „Ich habe in diesem Fall den Ausdruck ‚eingebettet' gebraucht, gesagt, die Hoffnung, der Glaube, etc. sei im menschlichen Leben in allen den Situationen und Reaktionen die das menschliche Leben ausmachen, eingebettet." (BPP 2, § 16) Muster zählen in der geeigneten „Umgebung" (PU, § 583) als Affekt: „Wer sich unter den und den Umständen so und so benimmt, von dem sagen wir, er sei traurig." (Zettel, § 526.)
100 PU, § 452.
101 PU, § 269.
102 PU, § 250.

und Dispositionsbezeichnungen wie ‚empfänglich für Anerkennung' beziehen sich auf Muster, die das (offen ausgeführte oder ungeäußerte) Verhalten mehr oder weniger klar aufweist.[103]

Die geläufige Konzeption von einer Innenwelt, die nur dem Subjekt unmittelbar zugänglich ist, stellen Wittgenstein und Ryle grundsätzlich in Frage. Das beobachtbare (in diesem Sinn ‚äußere', ‚offene') Verhalten ist in wiederkehrenden Mustern organisiert, die mit psychologischen Begriffen identifiziert werden:

> Overt intelligent performances are not clues to the workings of minds; they are those workings. Boswell described Johnson's mind when he described how he wrote, talked, ate, fidgeted and fumed.[104]

Wenn James Boswell in seinem *Life of Samuel Johnson* die Gedanken, Gefühlsneigungen, Vorlieben und Absichten des Protagonisten darstellt, führt er nicht nur Hinweise auf das Innenleben an.[105] Gegenstand seiner Erzählung sind Muster, die sich im Gespräch und im sonstigen Benehmen zeigen. Als etwas im metaphorischen Sinn ‚Inneres' können allenfalls zurückgehaltene Gedanken und Gefühle, ungeäußerte Selbstgespräche und Tagträume bezeichnet werden:

> His [i.e. Boswells] description was, of course, incomplete, since there were notoriously some thoughts which Johnson kept carefully to himself and there must have been many dreams, daydreams and silent babblings which only Johnson could have recorded and only a James Joyce would wish him to have recorded.[106]

Wittgenstein und Ryle betonen immer wieder, daß man Meinungen für sich behalten, daß man Gefühle verschleiern, daß man Absichten verbergen kann. Sie wenden sich lediglich gegen das Mißverständnis, daß die Formen des menschlichen Geistes *grundsätzlich* verborgen und nur dem Subjekt zugänglich seien. Und sie legen in diesem Zusammenhang großen Wert darauf, die nützliche Ausdrucksweise, ein Gefühl werde ‚verheimlicht' oder ‚zurückgehalten', von der metaphysischen Auffassung des Innenlebens zu unterscheiden:

---

[103] Etwas glauben ist nach Wittgenstein „eine Art Disposition" (LS II, S. 24). Zur Verteidigung dieser Grundidee vgl. Eric Schwitzgebel: A Dispositional Approach to Attitudes. Thinking Outside the Belief Box, in: New Essays on Belief. Constitution, Content, and Structure, hg. von Nikolaj Nottelmann, Basingstoke 2013, S. 75–100.
[104] Ryle: The Concept of Mind, S. 46.
[105] Boswell hat vielleicht an eine unsterbliche Seele geglaubt, die dem Körper innewohnt, das ändert jedoch wenig an dem Sachgehalt der Beschreibungen, in denen er von ‚delicacy of mind' und ähnlichen Zügen des Benehmens spricht. Vgl. Ryles Kommentar zu der schwankenden Verwendungsweise von ‚Mind' bei Shaftesbury und Jane Austen (Jane Austen and the Moralists, in: ders.: Collected Papers, Bd. 1, hg. von Julia Tanney, London 2009, S. 286–301).
[106] Ryle: The Concept of Mind, S. 46.

> Man kann sagen „Er versteckt seine Gefühle". Das heißt aber, daß sie nicht a priori immer versteckt sind. Oder auch: Es gibt zwei Aussagen, die einander widersprechen: Die eine ist, daß die Gefühle wesentlich versteckt sind; die andre, daß jemand seine Gefühle vor mir versteckt.[107]

Daß es Meinungen gibt, die man unausgesprochen läßt, Empfindungen, die man verbirgt, Bedürfnisse, deren Anzeichen man unterdrückt, spricht, wenn man es genau bedenkt, gegen die Vorstellung, daß Gedanken und Gefühle *buchstäblich* etwas Inneres sind. Denn der Umstand, daß man sie vor der Aufmerksamkeit der anderen zu verbergen versucht, setzt ja voraus, daß Absichten, Gedanken und Gefühle nicht *immer* verborgen sind, ja daß es keinen Sinn ergibt, sich von Gedanken und Gefühlen vorzustellen, daß sie *notwendig* verborgen sein müssen. Die Feststellung, daß ein Sprachbenutzer seine Gefühle versteckt, ergibt nur Sinn, wenn es möglich ist, daß er sie (unabsichtlich) verrät. Absichten zu verheimlichen, ist nur eine Option, wenn sie auch offenbart werden können. Diese Beobachtungen führen zu einer Relativierung des Innenlebens: Wenn es jemandem gelingt, seine Gefühle für sich zu behalten, ist die Metapher vom Innern angebracht; sie ist auch angebracht, wenn man Gedanken nicht ausspricht, ohne sie zu verheimlichen; aber es wäre witzlos, die Gefühle, die jemand zeigt, die Gedanken, die jemand ausspricht, die Bereitschaft, die jemand an den Tag legt, oder die Überzeugungen, die jemand gegen seinen Willen verrät, als etwas Inneres darzustellen. Das nützliche Innen-Außen-Bild verhärtet sich zur metaphysischen Auffassung, wenn man auch dort, wo Gefühle ‚enthüllt' und Ausflüchte ‚durchschaut' werden, ein verborgenes Inneres annimmt, das noch hinter dem liegt, was metaphorisch als ‚Inneres' bezeichnet wird. Man gebraucht dann den Begriff des Innenlebens „auf typisch metaphysische Weise, nämlich ohne eine Antithese".[108] Sofern man das ‚Äußere' und das ‚Innere' nicht metaphysisch auflädt, können Schriftsteller ihre Gedanken sowohl ‚für sich behalten' als auch in einem Text ‚enthüllen'.

Den Träumen, geistigen Bildern und stummen Selbstgesprächen kommt bei der Erforschung des Geistes kein besonderes Gewicht zu, zumal ja auch die vor sich hin gemurmelten Äußerungen eines Autors nicht zwingend der bessere Ausdruck seiner Gedankengänge sind als die Formulierung im Text:

> The best description of what someone thought is an accurate *expression* of his thoughts, and the best description of his reasoning is a precise statement of his arguments. If we

---

[107] LS II, S. 51. In dieselbe Richtung zielt: „Kann ich nie wissen, was er fühlt, dann kann er sich auch nicht verstellen." (ebd.)
[108] Wittgenstein: Das Blaue Buch, S. 77.

want to know what Kant thought, we do not need a description of his ‚stream of thought', but access to his complete works and correspondence.[109]

Es ist überhaupt fehlgeleitet, Gedanken und Vorstellungen mit dem gleichzusetzen, was einer Person ‚durch den Kopf geht', denn der Übergang von ausgeführten zu als-ob-ausgeführten Ausdrucksbewegungen ist ein gradueller; und die Unterscheidung zwischen ‚bloße Wörter aneinanderreihen' und ‚einen Gedanken formulieren' hält sich nicht an die Grenze zwischen ‚etwas für andere wahrnehmbar tun' und ‚etwas mit geschlossenen Lippen tun'.[110] Diese wichtige Einsicht hat Ryle glänzend herausgearbeitet: „The sealing of the lips is no part of the definition of thinking."[111]

Verhaltensmuster können, wie gesagt, als Indizien für Geistiges dienen: Die Verwendung eines Wortes kann zum Beispiel als Hinweis auf einen unvollständig artikulierten Gedanken interpretiert werden. Es scheint dann, als liege ‚hinter' der Äußerung etwas Inneres, das nicht beobachtbar ist. Davon ist die Theorie zu unterscheiden, daß man *immer* nur das Äußere beobachtet. Denn selbst in Situationen, in denen wir nur erkennen, was jemand gesagt hat, ohne zu wissen, welche Absicht sich dahinter ‚verbirgt', registrieren wir die Absicht des Sprechers, Wörter nicht nur zu äußern, um zu hören, wie sie klingen, sondern um etwas zu sagen. Der Mythos des Inneren kommt dort zur Anwendung, wo sich Schwierigkeiten einstellen: „[E]rst wenn wir das Äußere nicht lesen können, scheint ein Inneres hinter ihm versteckt."[112] Der Eindruck, daß hinter den geäußerten Sätzen etwas liegt, das man nicht erkennt, kann verschiedene Ursachen haben: Vielleicht hat man sich noch nicht genug mit dem Gefühlshaushalt und der Vorstellungswelt des Autors vertraut gemacht, um die Rolle seiner Äußerung einschätzen zu können. Vielleicht kennt man die Situation nicht, in dem der Satz auftritt. Manchmal ist ein Muster nicht deutlich ausgeprägt, weil seine Ausführung abgebrochen wurde oder weil sich im Verhalten widersprüchliche Tendenzen manifestieren, manchmal drückt sich jemand absichtsvoll dunkel aus und verschleiert seine Position. In keinem dieser Fälle besteht die Schwierigkeit darin, psychische Vorgänge zu erkennen, die sich in einer Innenwelt abspielen. Die Aussage, daß uns

---

109 Hacker: Intellectual Powers, S. 373f.
110 Ein wichtiger Teil des Innenlebens ist aus sozialbehavioristischer Perspektive die stille Imitation der sozialen Vorgänge: „[T]he mind is the [...] imagined forum into which we learn to project the visible and audible processes that we first encounter in childhood: practices of asserting, contradicting, deciding, predicting, recalling, approving and disapproving, admiring, blaming, rejecting and accepting, and many more" (Stuart Hampshire: Justice is Conflict, London 1999, S. 24).
111 Ryle: The Concept of Mind, S. 23.
112 LS II, S. 88.

die Vorstellungen des Autors „verborgen" sind, ist keine Erklärung, sondern lediglich eine „bildhafte Darstellung"[113] der Schwierigkeit, eine andere Person zu verstehen. Die Vorstellungen des Autors sind also, falls sie überhaupt als etwas Verborgenes dargestellt werden können, nicht deswegen verborgen, weil sie im Inneren des Autors sind.

Ryle hat die Konsequenzen seiner Anschauungen für die Philosophie der Philologie selbst ausgesprochen: Ein Forscher, der sich mit „literary [...] activities" befasse, beschäftige sich immer auch mit dem ‚Geist' (d.h. dem Verstand, dem Witz, der Phantasie, dem Willen, dem technischen Können usw.) der Autoren: „The styles and procedures of people's activities *are* the way their minds work and are not merely imperfect reflections of the postulated secret processes which were supposed to be the workings of minds".[114] Die „mental conduct concepts"[115] ‚wahrnehmen', ‚glauben', ‚vermuten', ‚hoffen', ‚etwas wagen', ‚nach etwas streben', ‚etwas vermeiden' oder ‚etwas gestalten' identifizieren, was Autoren *tun*, wozu sie *fähig*, *bereit* oder *geneigt* sind oder wofür sie *empfänglich* oder *anfällig* sind. Die literaturwissenschaftlichen Aussagen, in denen solche Begriffe vorkommen, beziehen sich auf das (zumindest in Teilen) nachprüfbare Verhaltensrepertoire und nicht auf Vorgänge in einer schattenhaften Parallelwelt: „The claims of historians and scholars to be able in principle to understand what their subjects did and wrote would have been automatically vindicated. It is not they who have been studying shadows."[116]

2.2.3 Dichte Beschreibungen

Der wichtigste Schritt auf dem Weg zu einer sozialbehavioristischen Philosophie der Philologie ist die konsequente Zurückweisung von Dualismus und Reduktionismus. Die zweifache Abgrenzung kann gelingen, wenn man lernt, Gesprächsgegenstände zu unterscheiden, ohne gleich anzunehmen, daß es sich um verschiedene Phänomene handelt, die irgendwie miteinander verbunden sind. Entweder, so denkt man, gibt es *nur* den Sprachgebrauch und keine Bedeutungen – oder es gibt

---
113 LS II, S. 93. „Aber *nicht*: die objektive Sicherheit besteht nicht, *weil* wir nicht in des Anderen Seele sehen. Dieser [bildhafte] Ausdruck [nämlich: ‚nicht in des Anderen Seele sehen können', V.P.] bedeutet jenes [sich nicht sicher sein, wie man das Benehmen der anderen Person auffassen soll, V.P.]." (LS II, S. 39) „Es sind immer nur besondre Fälle, in denen das Innere mir verborgen ist, und es ist also dann nicht verborgen, weil es das Innere ist." (LS II, S. 49)
114 Ryle: The Concept of Mind, S. 45.
115 Ryle: The Concept of Mind, S. 5.
116 Ryle: The Concept of Mind, S. 45.

den Sprachgebrauch *plus* Bedeutungen; entweder gibt es *nur* die Verhaltensmuster und keine psychischen Sachverhalte – oder es muß irgendwo etwas Psychisches *zusätzlich* zum Verhalten vorhanden sein. Die Überwindung dieser falschen Alternativen und der entsprechenden Denkmodelle kann gelingen, wenn man die *Mehrschichtigkeit* der Sprache und des menschlichen Benehmens überhaupt genauer in den Blick nimmt.[117]

Wie ein Wort weder ein bloßer Laut noch eine Verbindung aus Laut und Bedeutung ist, so ist auch das Denken weder bloße Lautproduktion noch ein zusätzlicher Vorgang im Kopf. Ein Wort erschöpft sich nicht in seiner Materialität, ist aber deswegen nicht *mehr* als ein physikalisches Gebilde. Ein Laut kann unter den richtigen Umständen als Wort identifiziert werden, das von einem Sprecher benutzt wird, um etwas damit auszudrücken.[118] Was für den Gebrauch der Wörter gilt, gilt für menschliches Verhalten ganz generell: Vertraute Tätigkeiten wie ‚tanzen', ‚ein Haus bauen', ‚ein Instrument spielen', ‚seine Zuneigung ausdrücken' erschöpfen sich nicht in ihrer physikalischen Beschaffenheit; es wäre jedoch ein Irrtum, nach einem mentalen Vorgang zu suchen, der die Körperbewegungen erst zu den genannten Tätigkeiten macht. Die antidualistische Auffassung, daß sich aus dem geregelten Zusammenspiel der Zeichen und sonstiger Verhaltenselemente höherstufige Muster des Sprachgebrauchs ergeben, habe ich in früheren Kapiteln bereits angedeutet. Nun ist es an der Zeit, die Überlegungen Austins und Ryles zur Mehrschichtigkeit und Normativität des menschlichen Verhaltens etwas ausführlicher zu präsentieren. Aus ihren Arbeiten, die für die Philosophie der Philologie zahlreiche Anregungen bieten, möchte ich die folgenden sechs Punkte herausheben:

1. Um sich Klarheit darüber zu verschaffen, was es ganz grundsätzlich heißt, etwas (erfolgreich) zu tun bzw. etwas zu versuchen, muß man

---

117 Eine antidualistische, mehrschichtige Konzeption des Verhaltens wird von John Austin anhand konventionalisierter Verwendungen von Sprache entwickelt. Austins Sprachauffassung ist in dieser Hinsicht eigentlich wenig originell, da bereits Ryle die Komplexitätsstufen des Sprachgebrauchs erforscht und Wittgenstein die Einbettung von sprachlichen Tätigkeiten in kulturell geprägte Umgebungen aufgezeigt hatte, vgl. Alan White: Rez. G. J. Warnock: ‚J. L. Austin', in: Philosophical Books 31/2 (1990), S. 89–91. Zur Bedeutung der Mehrschichtigkeit für die Verhaltensanalyse vgl. Robin Vallacher und Daniel Wegner: Art. Action Identification Theory, in: Handbook of Theories of Social Psychology, hg. von Paul van Lange, Arie Kruglanski und Edward Tory Higgins, Thousand Oaks, CA 2007, S. 327–348.

118 „The word is not a noise and something else as well; and it is not just a noise. It is a complexly qualified noise, a noise endowed with a quite specific saying-power, endowed sometimes, by institutional regulations, generally by accumulating public custom, slightly rigorized by pedagogic disciplines; and so on. It is a semi-institutionalized enabling-instrument. It is something we have learned how to use and how not to misuse." (Ryle: On Thinking, S. 88)

berücksichtigen, daß ein menschliches Verhalten in mehr oder weniger *dichten* Beschreibungen identifiziert wird.[119] Eine *dünne* Beschreibung wäre zum Beispiel ‚die Hand bewegen'; *dichte* Beschreibungen wären ‚winken', ‚das Gesagte unterstreichen' oder ‚seine Stimme abgeben'. Eine dünne Beschreibung ist nicht erschöpfend, denn das Verhalten, dessen basale Eigenschaften man mit einer dünnen (voraussetzungsarmen) Beschreibung erfaßt, kann durch eine dichte (voraussetzungsreiche) Beschreibung *näher bestimmt* werden. Es braucht diese Zusatzangaben, damit man identifiziert, was die Person zu tun versucht.[120]

2. Dichte Beschreibungen sind „many layered"[121] – wie die Handlungsweisen, die sie identifizieren. Oft charakterisieren sie, was jemand tut, *indem* er etwas anderes tut. Jemand gibt seine Stimme ab, indem er seine Hand hebt. Jemand nickt, um Zustimmung zu signalisieren. Ein Sonderfall dieser *Mehrschichtigkeit* ist das Sprachverhalten: Beschreibungen wie ‚Wörter aussprechen', ‚etwas sagen', ‚jemanden persiflieren' unterscheiden verschiedene Ebenen ein und derselben Sprachverwendung.[122] Indem man z.B. Wörter in einem geeigneten Zusammenhang äußert, sagt man etwas Bestimmtes; *indem* man in einem Zusammenhang etwas Bestimmtes sagt, persifliert man jemanden. Oft geben dünnere Beschreibungen an, *wie* höherstufige Dinge getan werden, während dichtere Beschreibungen angeben, *warum* niedrigstufige Dinge getan werden.

3. Dichte Beschreibungen wie ‚einen Vortrag halten' oder ‚eine Gleichung lösen' beziehen sich auf Verhaltens*sequenzen*. Man vollzieht eine Reihe von Operationen, um ein übergeordnetes Vorhaben umzusetzen. Die einzelnen

---

119 Ryles Studien zum Begriff des Denkens haben sehr weitreichende Implikationen: Um Begriffe wie „pondering", „reflecting", „meditating", „thinking of thoughts" zu klären, die beschreiben, womit Rodins Figur *Le Penseur* möglicherweise beschäftigt ist, diskutiert er die Frage, was es *ganz allgemein* bedeutet, etwas mehr oder weniger Anspruchsvolles zu tun, vgl. Gilbert Ryle: The Thinking of Thoughts, in: ders.: Collected Papers, Bd. 2, hg. von Julia Tanney, London 2009, S. 494–510, S. 494, 498. Der Begriff der Intelligenz verweise auf ein allgemeines Merkmal anspruchsvoller (und also mehrschichtiger) Verhaltensweisen: „It just *is* the fact that he is trying intelligently, or, quite often, succeeding without having to try." (A Rational Animal, in: ders.: Collected Papers, Bd. 2, hg. von Julia Tanney, London 2009, S. 428–447, S. 441) Ryle glaubt nicht, daß es eine besondere Betätigung gibt, die ‚Denken' genannt wird, und diskutiert daher ganz verschiedene Aufgaben, mit denen *Le Penseur* beschäftigt sein könnte, darunter die Ausarbeitung einer Festrede, eines Musikwerks oder eines Gedichts.
120 Ryle: The Thinking of Thoughts, S. 503f.
121 Ryle: The Thinking of Thoughts, S. 497.
122 Vgl. Austin: How to Do Things with Words, S. 91–131; Herbert Clark: Using Language, Cambridge 1996; Nicholas Enfield: The Ontology of Action, in Interaction, in: The Cambridge Handbook of Linguistic Anthropology, hg. von dems., Paul Kockelman und Jack Sidnell, Cambridge 2014, S. 423–446.

Elemente stehen untereinander in Vorgänger- und Nachfolger-Beziehungen. Sie sind in Entwicklungen eingebettet, die sich in funktional differenzierte Abschnitte wie Einleitung, Durchführung, Abschluß einteilen lassen. Die Beschreibung dessen, was jemand jetzt tut, umfaßt einen Bezug auf die Vorbereitungen und auf die – vielleicht bloß antizipierte – weitere Entwicklung. Diese *Mehrschrittigkeit* des Verhaltens betrifft natürlich auch die Einheiten des Sprachgebrauchs: Sätze, Verse, Strophen, Wortspiele, Gleichnisse werden Zug um Zug aufgebaut.

4. Die dichte Beschreibung einzelner Arbeitsschritte bestimmt den Zweck (die Funktion, Bedeutung, Rolle) im Rahmen der Sequenz und im Rahmen der weitergehenden Situation. Sie bettet die einzelnen Verrichtungen in einen Zusammenhang von aufeinander abgestimmten Schritten ein und erklärt damit (in einem gewissen Sinn), warum sie auftreten. So kann, was auf einer Ebene lediglich als ‚etwas sagen' klassifiziert wurde, auf einer anderen als ‚Einwand' genauer bestimmt werden, wodurch man klärt, was die Bedeutung der betreffenden Aussage ist, d.h. was sie im Rahmen des Gesprächs leistet.

5. Dichte Beschreibungen wie ‚Der Verfasser hält sich an ein stabiles Metrum' unterstellen, daß etwas *gelungen* ist, sie attribuieren mehr oder weniger anspruchsvolle *Leistungen*. Wenn das Gelingen in Zweifel steht, muß man das Verhalten erst einmal als *Versuch* oder *Bemühung* einordnen: ‚Er versucht, ein Problem zu lösen', ‚Er versucht, eine kohärente, überzeugende Rede aufzubauen' oder ‚Er bemüht sich, seine Zuhörer zu beeindrucken'.[123] Dichte Beschreibungen identifizieren also ein Verhalten, das Erfolgskriterien unterliegt, es kann gelingen oder mißlingen. Die Angabe dessen, was eine Person getan hat oder zu tun versucht hat, spezifiziert die Erfolgskriterien ihres Verhaltens.[124] Die Komplexität der Erfolgskriterien entspricht der Komplexität dessen, was jemand versucht.[125] Das Wissen um das Risiko des Scheiterns, der Versuch, das Gelingen sicherzustellen, und die Bereitschaft, aus Erfolgen und Mißerfolgen zu lernen, gehören also zum Wesen der Tätigkeiten, die man mit

---

[123] „Acts of all our three kinds [lokutionäre, illokutionäre, perlokutionäre Verwendung von Sprache, V.P.] necessitate, since they are the performing of actions, allowance being made for the ills that all action is heir to. We must systematically be prepared to distinguish between ‚the act of doing x', i.e. achieving x, and ‚the act of attempting to do x'." (Austin: How to Do Things with Words, S. 105)

[124] Ryle: The Thinking of Thoughts, S. 497.

[125] „Our [...] thick description of what the utterer of the noises was up to in uttering them has to indicate success–versus–failure conditions additional to and quite different from the purely phonetic success–conditions to which the mere vocal uttering was subject." (Ryle: The Thinking of Thoughts, S. 498)

dichten Beschreibungen charakterisiert.[126] Ryle verschmäht die vielstrapazierte Ausdrucksweise „rule-governed", zeigt jedoch, daß die Anwendung von Erfolgskriterien für Tätigkeiten wie ‚Bauen', ‚Rechnen' oder ‚Gedichte verfassen' konstitutiv ist.[127] Denn diese Begriffe identifizieren ein Verhalten, das einen gewissen Grad an Sorgfalt voraussetzt.[128] Wer diesen Beschäftigungen nachgeht, kann nicht völlig unbekümmert darum sein, ob ein Arbeitsschritt unzweckmäßig oder kontraproduktiv ist. Insbesondere das Schreiben ist in dieser Weise „liable to criticism".[129] Autoren müssen eine minimale Bereitschaft haben, Probleme zu identifizieren und ihr Verhalten entsprechend anzupassen. Sie müssen, wie halbherzig auch immer, darum besorgt sein, etwas gut oder richtig zu machen.[130] Die Analyse des Geschriebenen ist entsprechend mit der Unterstellung verbunden, daß der Sprachbenutzer ein gewisses Maß an kritischer Aufmerksamkeit darauf verwendet, verschiedene Fehler zu vermeiden und für das Gelingen auf verschiedenen Stufen der Organisation des Textes zu sorgen.[131]

6. Dichte Beschreibungen attribuieren Fähigkeiten, die der Verhaltensforscher in einem gewissen Sinn selbst ausgebildet haben muß, um dasjenige, was Objekt der Beschreibung ist, angemessen würdigen zu können.[132] Was den Forscher dazu berechtigt, das Geschriebene als Ausübung sprachlicher und intellektueller Fähigkeiten zu beurteilen, ist nicht die Präsenz innerer Denkoperationen, sondern die Tatsache, daß der Sprachbenutzer sein Verhalten so einzurichten und an die Umgebung anzupassen weiß, daß man, wenn man das Verhalten an seiner Stelle durchdenkt, zu dem Schluß kommen muß, daß

---

126 Vgl. Ryle: A Rational Animal, S. 429.
127 „[A] person's trying to type or climb involves his trying to get things correct, unawkward or unchancey [...] knowing some faults for faults and some risks for risks" (Ryle: On Thinking, S. 23; vgl. ders.: Thinking and Reflecting, in: ders.: Collected Papers, Bd. 2, hg. von Julia Tanney, London 2009, S. 479–493, S. 482). Der Gebrauch der Sprache ist „code-governed" (ders.: Thinking of Thoughts, S. 495), aber die Anwendung von Erfolgskriterien besteht nicht nur in der Beachtung von Regeln.
128 Ryle: A Rational Animal S. 441, 445.
129 Austin: How to Do Things with Words, S. 72. Austins Lehre von den Unglücksfällen ist Teil einer umfassenden Theorie des Mißlingens, die in den Zuständigkeitsbereich der allgemeinen Handlungstheorie fällt (ebd., S. 106). Eine kompetente Einschätzung von Austins Theorie gibt: Alan White: Rez. J. L. Austin: ‚How to Do Things with Words', in: Analysis 23/1 (1963), S. 58–64; ders.: Rez. Warnock, S. 89–91.
130 Ryle: A Rational Animal, S. 443.
131 Ryle: The Concept of Mind, S. 17; ders.: Thinking and Reflecting, S. 482.
132 Vgl. Ryle: The Thinking of Thoughts, S. 497.

die Anwendungskriterien von „intelligence predicates"[133] wie ‚koordiniert', ‚zweckmäßig', ‚folgerichtig', ‚methodisch' oder ‚durchdacht' erfüllt sind.

2.2.4 Begriffliche Grundlagen der Poetik

Der Gegenstand der Philologie wird unter einer Vielzahl von dichten Beschreibungen wahrgenommen und diskutiert. Solche Beschreibungen identifizieren, wie im letzten Abschnitt dargelegt wurde, Verhaltensweisen, bei denen man ein Mindestmaß an Geschicklichkeit und Urteilsvermögen zeigen muß.[134] Schon auf einer vergleichsweise niedrigen Stufe der Sprachverwendung stellt sich die Frage nach den Fähigkeiten des Autors: Was versucht er zu tun? Wie leicht oder schwer fällt es ihm? Geht er zweckmäßig vor? Die Geschicklichkeit oder Ungeschicklichkeit ist aus den Objekten, mit denen sich die Literaturwissenschaft beschäftigt, nicht wegzudenken. Deshalb werden auch immer wieder ‚Kunst' und ähnliche Begriffe ins Spiel gebracht, um den Gegenstand der Untersuchung zu bestimmen.[135] Ronald Crane ist der Ansicht, daß sprachliche Gebilde bei aller Verschiedenheit der Forschungsinteressen, konstant aufgefaßt und dargestellt werden als „ordered compositions exhibiting characteristics which require to be discussed under such heads as ‚form', ‚synthesis', ‚unity', ‚disposition', ‚arrangement', ‚construction', or ‚design'".[136] Während Crane sich auf keine allzu voraussetzungsreichen Begriffe festlegt, erklärt Richard Alewyn in seinem Überblick über die Aufgaben der Philologie, daß die Elemente, mit denen der Dichter arbeitet, „nach geheimnisvollen Gesetzen zu einem literarischen Kunstwerk zusammentreten".[137] Der problematische Teil dieser Aussage ist nicht die Anspielung auf das Geheimnisvolle, sondern der Bezug auf das Kunstwerk. Denn statt ‚nach geheimnisvollen Gesetzen' könnte man auch sagen: ‚aus Gründen, die sich oft nur schwer bestimmen lassen'. Die Aufgabe der Philologie besteht laut Alewyn darin, „den Geheimnissen

---

133 Ryle: The Concept of Mind, S. 51.
134 „Using or misusing [...] our wits [...] is internal to or constitutive of all our specifically human actions and reactions" (Ryle: A Rational Animal, S. 435).
135 Selbst bei Werken, die sich keinem einzelnen Verfasser zurechnen lassen, fühlt man sich berechtigt, ein „dichterisches Talent" (Karl Stackmann: Neue Philologie?, in: ders.: Kleine Schriften, Bd. 2: Philologie und Lexikographie, hg. von Jens Haustein, Göttingen 1998, S. 20–41, S. 30) oder „Können" (Jan-Dirk Müller: Aufführung – Autor – Werk. Zu einigen blinden Stellen der gegenwärtigen Diskussion, in: ders.: Mediävistische Kulturwissenschaft. Ausgewählte Studien, Berlin 2010, S. 11–25, S. 17) zu unterstellen. Eine Philosophie der Literatur muß sich mit diesen Begriffen befassen und sie zu präzisieren versuchen, vgl. Lamarque: The Philosophy of Literature, S. 12.
136 Ronald Crane: Languages of Criticism and the Structure of Poetry, Toronto 1953, S. 3.
137 Alewyn: Deutsche Philologie, S. 184.

dichterischer Schöpfung auf die Spur"[138] zu kommen, also nach den Gründen zu forschen, warum die Elemente des sprachlichen Gebildes gerade so und nicht anders organisiert sind. Diese Beschreibung kann man akzeptieren, nicht aber die idealisierende Auffassung des Untersuchungsgegenstands als Sprachkunstwerk. Eine ähnliche Tendenz läßt sich bei Szondi beobachten, der die Literaturwissenschaft als eine „Kunstwissenschaft"[139] definiert, deren vorrangige Aufgabe es sei, „das Kunstwerk als Kunstwerk zu begreifen".[140] Auch hier lassen sich zwei Thesen auseinanderhalten: Die These, daß die Literaturwissenschaft es vor allem mit Kunstwerken zu tun habe, und die weniger problematische These, daß die Literaturwissenschaft sich mit Sprachgebilden unter dem Aspekt der Kunst beschäftige. Wenn man sich nicht nur auf den Kunstbegriff fokussiert und den Gebrauch anderer Geschicklichkeitswörter beachtet, stellt man fest, daß alle Geisteswissenschaften es mit Formen des Verhaltens zu tun haben, bei denen etwas gelingen oder schiefgehen kann. Diese für die Philologie unvermeidbare Normativität möchte ich im Folgenden eingehender analysieren und sie von der Kunstwerk-Ideologie absetzen.

a) Zu den Begriffen ‚Kunst' und ‚Kunstwerk'

‚Kunstwerk' ist eigentlich ein Titel, den man einem sprachlichen Gebilde verleiht, wenn seine Gestaltung strengen Anforderungen genügt.[141] Man kann diese Verwendungsweise etwa bei Wieland beobachten: Was ein Dichter geschrieben hat, bezeichnet er neutral als „dichterische Komposition",[142] während „Werk der Kunst"[143] für ihn ein Ehrentitel ist, den er nur anwendet, wenn ein Text der genauen Analyse standhält. Nicht jeder sei fähig, „ein echtes Kunstwerk (*legitimum*

---

138 Alewyn: Deutsche Philologie, S. 185. Alewyn sieht seine Analyse von Eichendorffs Raumgestaltung als Versuch, sich „Eichendorffs Geheimnis" zu erschließen und damit die Individualität des Autors richtig zu würdigen (Eine Landschaft Eichendorffs [1957], in: ders.: Probleme und Gestalten. Essays, Frankfurt/M. 1982, S. 203–231, S. 228).
139 Szondi: Über philologische Erkenntnis, S. 286.
140 Szondi: Über philologische Erkenntnis, S. 276.
141 Klaus Weimar meint, daß der Begriff ‚Kunst' eine „Tätigkeit" einstuft; ein Kunstwerk sei eigentlich nicht selbst Kunst, sondern „ein Werk, das mit Kunst *gemacht ist*" (Enzyklopädie der Literaturwissenschaft, S. 116).
142 Christoph Martin Wieland: An D.F.G.R.V.******, in: ders.: Von der Freiheit der Literatur. Kritische Schriften und Publizistik, hg. von Wolfgang Albrecht, Frankfurt/M. 1997, Bd. 1, S. 163–170, S. 167.
143 Wieland: An D.F.G.R.V.******, S. 167.

poema [...]) hervorzubringen".¹⁴⁴ Der Begriff wird auch in der neueren Philologie gebraucht, um darauf hinzuweisen, daß ein Autor besondere Fähigkeiten unter Beweis stellt. So kontrastiert Erich Trunz in seiner Arbeit über Johann Matthäus Meyfart Partien seines Werks, die Kunstprosa zu sein beanspruchen, mit Partien, deren sprachliche Gestaltung weniger ambitioniert ausfällt:

> Eine besondere Leistung Meyfarts ist die Ausgestaltung seiner deutschen Prosa. Es gibt Partien in seinen Werken, die großartige Kunstprosa sind, aber es sind nur Partien. Meyfart hat niemals das Ziel gehabt, ein Prosakunstwerk zu schreiben wie seinerzeit Johannes von Saaz im ‚Ackermann aus Böhmen'. Meyfart wünschte sich Predigt und Verkündigung, freilich mit Zügen von Kunst. Deswegen schreibt er meist einfache Prosa, ähnlich wie die Theologen seiner Zeit, und streut viele Bibelzitate ein. Kommt er aber zu Themen, die sein Gefühl besonders erregen und ihm bildhaft vor Augen stehen, so steigert er seine Sprache zu parallel gebauten Perioden und kunstvoll komponierten Satzreihen mit klangvoller Rhythmik.¹⁴⁵

Allein dieses eher simple Beispiel zeigt, daß eine Bestimmung des Gegenstands der Philologie nicht mit einem Prestigebegriff wie „das sprachliche Kunstwerk"¹⁴⁶ beginnen kann: Nicht jedes Sprachgebilde ist ein Kunstwerk (oder will auch nur eines sein), nicht alles, was dem Verfasser eines Textes gelingt, ist eine künstlerische Leistung (oder soll eine darstellen). Allenfalls könnte man sagen, daß die Literaturforschung den Text typischerweise daraufhin untersucht, ob sich darin „Elemente literarischer Kunst"¹⁴⁷ finden lassen. Da selbst der Textbegriff mit Ansprüchen auf Kohärenz verbunden ist, wäre es am besten, zunächst den Begriff ‚sprachliches Gebilde' zu benutzen und sich dann zu fragen, welche Art von Geschicklichkeit und welche Art von gedanklicher Leistung sich darin zeigt.

---

144 Christoph Martin Wieland: Die Musen-Almanache für das Jahr 1797. Ein Gespräch zwischen einem Freund und Mir, in: ders.: Von der Freiheit der Literatur, Kritische Schriften und Publizistik, hg. von Wolfgang Albrecht, Frankfurt/M. 1997, Bd. 1, S. 273–321, S. 272.
145 Trunz: Johann Matthäus Meyfart, S. 299. Trunz erkennt einen künstlerischen Charakter der Prosa auch dort an, wo sie nicht vordergründig als Kunstprosa präsentiert wird: „Die eschatologische Trilogie ist kein Kunstwerk und will es nicht sein. Sie will ein Erbauungsbuch sein, freilich unter Benutzung formaler Elemente, und diese haben künstlerischen Charakter. [...] Die Bildlichkeit seiner Sprache, das Gleichmaß seiner Satzperioden, die Rhythmen seiner Prosa geben seiner Trilogie ihre Kraft." (S. 159)
146 „Der Gegenstand der Literaturwissenschaft ist das sprachliche Kunstwerk." (Joseph Strelka: Methodologie der Literaturwissenschaft, Tübingen 1978, S. 3) Zu dieser Auffassung vgl. Wolfgang Kayser: Das sprachliche Kunstwerk. Eine Einführung in die Literaturwissenschaft, Bern 1961. Frühe Versuche, die Kunstwerk-Ideologie aufzulösen, sind: Herbert Singer: Literatur, Wissenschaft, Bildung, in: Ansichten einer künftigen Germanistik, hg. von Jürgen Kolbe, Frankfurt/M. 1969, S. 43–57; Heinrich Meyer: Die Grenzen der Literatur, in: Jahrbuch für Internationale Germanistik 2/1 (1970), S. 103–113.
147 Weimar: Enzyklopädie der Literaturwissenschaft, S. 181, vgl. S. 208–217.

Die Begriffe der Kunst, der Technik, der Geschicklichkeit sind nicht an ein besonderes ästhetisches Programm gebunden, ja sie beziehen sich nicht einmal auf irgendwelche Besonderheiten der Literatur. Ähnliche Unterscheidungen werden für die Beredsamkeit, das Singen, das Spielen eines Instruments, für Sport, Politik und Handwerk geltend gemacht. Auf jedem dieser Gebiete provoziert das Verhalten die Frage, welche Fähigkeiten sich darin in welchem Grad zeigen; immer gibt es einen Vorrat an wertschätzenden Prädikaten, die einer Person aufgrund ihres Verhaltens zu- oder abgesprochen werden können. Entsprechend weit gefaßt ist die Definition von ‚skill', die Raymond Geuss vorgeschlagen hat:

> A skill is an ability to act in a flexible way that is responsive to features of the given environment with the result that action or interaction is enhanced or facilitated, or the environment is transformed in ways that are positively valued. Sometimes the result will be a distinct object or product: a shoe, a painting, a building, a boat; sometimes there will be no distinct object produced, as when a skilful marriage counsellor changes the interaction between spouses in a positive way or a vocal coach helps a singer bring out some rather subtle aspects of an overplayed aria.[148]

Eine ähnlich weit gefaßte Analyse von Geschicklichkeits- und Fähigkeitswörtern hat Ryle vorgelegt. Seine Ideen können Grundlage einer antidualistischen Theorie der Textproduktion sein, die das Schreiben nicht als äußeren Vorgang darstellt, der von Innen belebt wird, sondern als schöpferisches, an Kriterien orientiertes

---

[148] Raymond Geuss: Philosophy and Real Politics, Princeton 2008, S. 15. Diese Explikation von ‚skill' als ‚Fähigkeit zur flexiblen Anwendung von Erfolgskriterien in der Organisation des Verhaltens' entspricht in etwa dem vormodernen Kunstbegriff, vgl. Noël Carroll: Art in Three Dimensions. An Introduction, in: ders.: Art in three Dimensions, Oxford 2010, S. 1–16, S. 3. Aristoteles versteht die Technik des Dichters als eine „rational productive activity" (Stephen Halliwell: Aristotle's Poetics, S. 84), als eine „procedure in which the maker rationally controls his material" (ebd., S. 91), als Vermögen, etwas „von richtigen Einsichten geleitet" (Manfred Fuhrmann: Die Dichtungstheorie der Antike: Aristoteles, Horaz, ‚Longin', Darmstadt 1992, S. 81) hervorzubringen. Für Horaz ist die Kunst eine „trained sensibility" (Charles Brink: Horace on Poetry. The Ars Poetica, Cambridge 1971, S. 472), die den Dichter dazu befähigt, die richtigen Entscheidungen zu treffen. Boileau versteht die Kunst des Autors als Fähigkeit, „to discern and immediately serve the urgent imperatives which each turn of the creative enterprise presents" (Jules Brody: Boileau and Longinus, Genf 1958, S. 48) und als „a seasoned response to a work's innermost exigencies" (ebd., S. 47). Die Begriffe haben sich nicht so stark gewandelt, wie Paul Oskar Kristeller meint, vgl. Das moderne System der Künste [1959], in: ders.: Humanismus und Renaissance, Bd. 2: Philosophie, Bildung und Kunst, München 1980, S. 164–206. Zur Kritik an Kristellers Darstellung vgl.: Stephen Halliwell: Art. Aesthetics in Antiquity, in: A Companion to Aesthetics, hg. von Stephen Davies, 2. Aufl., Oxford 2009, S. 10–21, S. 12; James Porter: Is Art Modern? Kristeller's ‚Modern System of the Arts' Reconsidered, in: The British Journal of Aesthetics 49 (2009), S. 1–24; ders.: Why Art Has Never Been Autonomous, in: Arethusa 43 (2010), S. 165–180.

Verhalten.[149] Was Ryle „schooled attention",[150] „apprehension" oder „intelligent appreciation"[151] nennt, ist demnach konstitutiv für das Schreiben und Lesen von Texten. Wenn man darstellt, was Autoren zu tun versuchen, bestimmt man notwendigerweise, was sie an der jeweiligen Stelle zu tun vermögen und an welchen Kriterien sie sich orientieren. Ein Autor muß, um ein höherstufiges Sprachgebilde (einen grammatisch korrekten Satz, einen relevanten Gesprächsbeitrag, einen witzigen Ausspruch) zu formulieren, mit einem minimalen Grad an Sorgfalt prüfen, was gelungen ist, was noch fehlt, was verbessert werden könnte, was vielversprechende Möglichkeiten der Entwicklung sind. Die Normativität des Schreibens und Lesens besteht zwar auch in der Beherrschung von Regeln; aber vorrangig ist die Fähigkeit, sein Verhalten im Einzelfall an dem, was erforderlich scheint, zu orientieren.[152] Die Fähigkeit des Autors oder des Lesers, etwas als ‚richtig' wahrzunehmen, geht dabei nicht unbedingt mit der Fähigkeit einher, in Worte zu fassen, warum es richtig ist.[153]

b) Gelingenskriterien und Wertschätzungsgemeinschaften

Die Geschicklichkeit eines Autors hängt davon ab, ob er sein Material so verwenden kann, daß sich ein zufriedenstellendes Gebilde daraus ergibt. Welche Eigenschaften in den verschiedenen Literaturgattungen für zufriedenstellend gehalten werden, ist eine Frage, die nur durch empirische Untersuchungen beantwortet werden kann. Eine Poetik, die möglichst wertfrei sein will, kann lediglich feststellen, daß mögliche Konstruktionsweisen zum Beispiel als ‚lustigtreffend', ‚rührend',

---

149 Vgl. Claudia Dürr und Tasos Zembylas: Wissen, Können und literarisches Schreiben. Eine Epistemologie der künstlerischen Praxis, Wien 2009, S. 13, 128–130.
150 Ryle: Thinking and Reflecting, S. 480.
151 Ryle: A Rational Animal, S. 435.
152 In der *Nikomachischen Ethik* gibt Aristoteles zu verstehen, daß man situationsbezogen *wahrnehmen* müsse, was das jeweils Erforderliche ist (1109b20–23). Gilbert Ryle hat diese Einsicht in seinen Arbeiten zum praktischen Wissen neu belebt. Er erklärt einmal, er habe mit The Concept of Mind eine „Nicomacheanised De Anima that was also syntactically circumspect" vorlegen wollen (Paper Read to the Oxford Philosophical Society, in: ders.: Aspects of Mind, hg. von René Meyer, Cambridge 1993, S. 101–107, S. 107). Dasjenige, worum es Ryle geht, ist auf dem Gebiet der Literaturwissenschaft allgegenwärtig: Denn natürlich ist auch für Autoren und ihre Leser die Fähigkeit wesentlich, das Geschriebene nach den Maßstäben der relevanten Wertschätzungsgemeinschaften zu bearbeiten: „For any writer, the ability to look at a sentence and see what's superfluous, what can be altered, revised, expanded, and, especially, cut, is essential. It's satisfying to see that sentence shrink, snap into place, and ultimately emerge in a more polished form: clear, economical, sharp." (Francine Prose: Reading like a Writer, New York 2006, S. 2)
153 Vgl. Noël Carroll: Art, Creativity and Tradition, in: ders.: Art in three Dimensions, Oxford 2010, S. 53–73, S. 65; Stuart Hampshire: Thought and Action, London 1959, S. 193.

‚übermütig', ‚erhaben', ‚sinnreich', ‚klar', ‚präzise' oder ‚erhellend' beurteilt werden. Solche Adjektive formulieren erst einmal aus der Perspektive des Autors, wie das provisorische Ergebnis des Schreibens die Aufmerksamkeit einer vorausgesetzten Wertschätzungsgemeinschaft belohnt.[154] Denn ein Autor konstruiert ein Sprachgebilde im Normalfall in dem Bewußtsein, daß es nicht nur in diesem Moment von ihm selbst geprüft, sondern auch später von anderen Lesern.[155] Die Beurteilungen anderer Akteure werden im Prozeß der Herstellung vom Autor antizipiert.[156] Wenn er dann irgendwann beschließt, ein sprachliches Gebilde zu veröffentlichen, gibt er allein durch diese Zurschaustellung des eigenen Sprachverhaltens zu verstehen, daß er es für werthält, einer Gemeinschaft mit bestimmten Vorlieben vorgeführt zu werden.[157] Angesichts der in der Literaturwissenschaft verbreiteten Fixierung auf Aussageabsichten ist es wichtig, sich darauf zu besinnen, daß gerade Texte, die man als ‚literarische Werke' bezeichnet, nicht in erster Linie etwas Bestimmtes mitteilen oder zum Ausdruck bringen sollen, sondern innerhalb etablierter Praktiken als mögliche Objekte der Wertschätzung angeboten werden.[158]

Ein allgemeines Kriterium des Gelingens in der Dichtung ist nach Aristoteles, ob die Entscheidungen des Dichters den „eigentümlichen Reiz"[159] der Darstellung motivieren oder herbeiführen helfen. Damit ist nicht gemeint, daß das Gelingen

---

[154] Zu Wertschätzungsgemeinschaften vgl. Severin Schroeder: ‚Too Low!' Frank Cioffi on Wittgenstein's Lectures on Aesthetics, in: Philosophical Investigations 16/4 (1993), S. 261–279.

[155] Die Möglichkeit der Befragung und Einschätzung ist ein Wesensmerkmal aller anspruchsvollen Tätigkeiten: „If a subject matter, a province of thought, or a field of inquiry or activity admits of a distinction between correct and incorrect lines of thinking or doing, then the possibility will exist there for a commentary, for adjudication, and for praise and blame directed at the particular thoughts (or acts) had (or done) by particular agents at particular times." (David Wiggins: Ethics. Twelve Lectures on the Philosophy of Morality, Cambridge, MA 2006, S. 358) Vgl. auch Denis Dutton: To Understand it on its Own Terms, in: Philosophy and Phenomenological Research 33/2 (1974), S. 246–256, S. 250.

[156] „Stepping back from her own work, she surveys her choices and, using herself as a detector, contemplates its intelligibility and fitness for other audience members like herself, and then adjusts, assesses, criticizes, and corrects her work with these judgements in mind." (Carroll: Art, Creativity and Tradition, S. 221)

[157] Vgl. Severin Schroeder: Über Wert und Zweck von Kunstwerken, in: Zeitschrift für philosophische Forschung 66/1 (2012), S. 27–48.

[158] Peter Lamarque empfiehlt eine Neuorientierung in der Literaturbetrachtung: „A radical shift is needed from the picture of an author producing a text, communicating a meaning, inviting understanding, to that of an author creating a work, engaging in a practice, and inviting appreciation." (Aesthetics and Literature. A Problematic Relation?, in: ders.: The Opacity of Narrative, London 2014, S. 169–183, S. 177)

[159] In der *Poetik* wird mehrfach auf den ‚spezifischen Reiz' verwiesen, z.B. 1453b10–11, 1459a17–21, 1462b13–14.

davon abhängt, ob das Werk bestimmte Erfahrungen hervorruft.¹⁶⁰ Die dichterische Technik ist nicht, wie Tolstoi meinte, „eine menschliche Tätigkeit, die darin besteht, daß ein Mensch durch bestimmte äußere Zeichen anderen die von ihm empfundenen Gefühle [...] mitteilt".¹⁶¹ Wittgensteins Kritik der Tolstoischen Kunsttheorie ähnelt seiner Kritik an der Augustinischen Sprachauffassung. Wie die Wörter keine Gedanken oder Gefühle ‚vermitteln', sondern zunächst einmal *als soundso verwendete Wörter* identifiziert werden müssen, so besteht für ihn die ästhetische Erfahrung in der wertschätzenden Wahrnehmung der spezifischen Gestalt des Werks:

> Aus Tolstois schlechtem Theorisieren, das Kunstwerk übertrage ‚ein Gefühl', könnte man *viel* lernen. – Und doch könnte man es, wenn nicht den Ausdruck eines Gefühls, einen Gefühlsausdruck nennen, oder einen gefühlten Ausdruck. Und man könnte auch sagen, daß die Menschen, die ihn verstehen, gleichermaßen zu ihm ‚schwingen', auf ihn antworten. Man könnte sagen: Das Kunstwerk will nicht *etwas anderes* übertragen, sondern sich selbst. Wie, wenn ich Einen besuche, ich nicht bloß die und die Gefühle in ihm zu erzeugen wünsche, sondern vor allem ihn besuchen, und freilich auch gut aufgenommen werden will.
>
> Und schon erst recht unsinnig ist es, zu sagen, der Künstler wünsche, daß, was er beim Schreiben, der Andre beim Lesen fühlen solle. Ich kann wohl glauben, ein Gedicht [...] so zu verstehen, wie sein Erzeuger es sich wünschen würde, – aber was *er* beim Schreiben gefühlt haben mag, das kümmert mich *gar* nicht.¹⁶²

---

160 Richard McKeon behauptet, daß Horaz das Gedicht ‚rhetorisch', also im Hinblick auf die Wirkung betrachte: „Horace's criticism is directed in the main to instruct the poet how to keep his audience in their seats until the end, how to induce cheers and applause" (Literary Criticism and the Concept of Imitation in Antiquity, in: Critics and Criticism. Ancient and Modern, hg. von Ronald Crane, Chicago 1952, S. 147–175, S. 173). Diese Horaz-Karikatur wurde anschließend popularisiert durch Meyer Abrams' Klassifikation von Dichtungstheorien, vgl. ders.: The Mirror and the Lamp. Romantic Theory and the Critical Tradition, Oxford 1953, S. 14–21. Zur Kritik an McKeons Interpretation vgl. Wilbur Howell: Aristotle and Horace on Rhetoric and Poetics, in: ders.: Poetics, Rhetoric, and Logic. Studies in the Basic Disciplines of Criticism, London 1975, S. 45–72. Wer im Stil von Aristoteles erklären will, wie man ein bewegendes Drama baut, muß nicht annehmen, daß es der Zweck der Dichtung ist, bestimmte Gefühle hervorzurufen: „We can be confident that Aristotle would wish to stress, with due explanation, that poetry is ‚for its own sake', not in any absolute way but in the sense that its aims are not directly instrumental to some externally specifiable goal." (Stephen Halliwell: Rewards of Mimesis. Pleasure, Understanding, and Emotion in Aristotle's Aesthetics, in: ders.: Aesthetics of Mimesis, Princeton 2002, S. 177–206, S. 205) Vgl. Giovanni Ferrari: Aristotle's Literary Aesthetics, in: Phronesis 44 (1999), S. 181–197, S. 183.
161 Lew Tolstoi: Was ist Kunst?, in: ders.: Gesammelte Werke, Bd. 14, hg. von Eberhard Dieckmann und Gerhard Dudek, Berlin 1984, S. 39–232, S. 80.
162 Wittgenstein: Vermischte Bemerkungen, S. 533. „Es ist manchmal gesagt worden, daß Musik uns Gefühle der Freude, der Traurigkeit, des Triumphs etc. vermittelt, und was uns an dieser Darstellung abstößt, ist, daß sie zu sagen scheint, Musik sei ein Instrument, zu dem Zweck, in uns Folgen von Gefühlen hervorzubringen. Und daraus könnte man schließen, daß jedes andere Mittel anstelle von Musik recht wäre, um solche Gefühle hervorzubringen. – Auf

Die Erfahrung des Gedichts ist vom Standpunkt einer sozialbehavioristischen Dichtungstheorie nicht ein Geschehen, das durch die Zeichen im Geist ausgelöst wird, sondern die konzentrierte Auseinandersetzung mit einem schriftlichen Sprachgebilde, das dem Leser bestimmte Ausdrucksbewegungen und intellektuelle Leistungen zur Nachahmung anbietet.[163] Wenn man beispielsweise den Reiz von Ovids literarischen Arbeiten charakterisieren will, so wird man über den Aufbau seiner Werke und seine Vorliebe für pointierte Formulierungen reden. Die Formulierungen werden von uns als Angebote aufgefaßt, sie mit Wohlgefallen zu zitieren (im eigenen Verhalten zu realisieren) und gemeinsam mit anderen wertzuschätzen; ihre Wahrnehmung geht mit dem Eindruck einher, etwas mit dem Autor zu teilen.[164]

c) Kunstwissenschaft ohne Kunstwerk-Ideologie

Will man Philologie als „Kunstwissenschaft"[165] begreifen, muß ‚Kunst' in einem sehr weiten Sinn gefaßt werden. Man darf nicht schon die Ideologie einer bestimmten Wertschätzungsgemeinschaft in den Begriff hineinlegen.[166] Außerdem sollte man sich bei der Beschreibung des Untersuchungsgegenstands nicht schon auf den Begriff ‚Kunstwerk' festlegen, sondern sich ganz grundsätzlich darauf besinnen, daß die Philologie es mit Bemühungen zu tun hat, die durch spezifische Ambitionen und Erfolgsmaßstäbe definiert sind. Denn sonst entsteht (wie bei Szondi) ein falscher Gegensatz zwischen dem Werk, das „ein Ganzes [...] sein will",[167] und seiner

---

eine solche Darstellung sind wir versucht zu antworten: ‚Musik vermittelt uns *sich selbst.*' [...] Wir wollen jede Ausdrucksform vermeiden, die sich auf den Effekt zu beziehen scheinen würde, der von einem Gegenstand auf eine Person ausgeübt wird." (Eine philosophische Betrachtung, S. 272f.)

163 Vgl. Schroeder: Über Wert und Zweck von Kunstwerken, S. 44–48; ders.: ‚Too ridiculous for words'. Wittgenstein on scientific aesthetics, in: Wittgenstein and Scientism, hg. von Jonathan Beale, London 2017, S. 116–132, S. 126. T. S. Champlin argumentiert, daß man ‚etwas um seiner selbst willen tun' nicht sinnvoll mit dem intrinsischen Reiz kontrastieren kann (For Its Own Sake, in: ders.: Reflexive Paradoxes, London 1988, S. 60–78). Peter Lamarque und Stein Haugom Olsen erklären, das Vergnügen an Literatur sei „not [...] an extra psychological bonus, but [...] something that is inherent in the very mode of apprehension that literature demands." (The Philosophy of Literature. Pleasure Restored, in: The Blackwell Guide to Aesthetics, hg. von Peter Kivy, Oxford 2004, S. 195–214, S. 201)
164 Vgl. Denys Harding: The Bond with the Author, in: The Use of English 22/4 (1971), S. 307–325; ders.: Experience into Words, S. 163–174; Gregory Currie: Narratives and Narrators. A Philosophy of Stories, Oxford 2010, S. 88–107.
165 Szondi: Über philologische Erkenntnis, S. 286.
166 Szondi behauptet, die Hermeneutik müsse „auf unser heutiges Kunstverständnis aufbauen" (Einführung in die literarische Hermeneutik, S. 25).
167 Szondi: Über philologische Erkenntnis, S. 276.

„Stellung im geschichtlichen Zusammenhang".[168] Die funktionale Integration der Elemente eines Werks kann nicht von den Erfolgskriterien des Verfassers isoliert werden, der für das, was er mit Sprache vollbringt, Anerkennung finden will. Viele Fragen, die sich auf den Text selbst beziehen, betreffen zugleich den historischen Zusammenhang: Ist das Wort geläufig oder selten? Reiht sich der Verfasser in anerkannte Traditionen ein? Experimentiert er mit neuen Formen? Persifliert er bekannte Muster?

Viktor Šklovskij, dem man sicher nicht vorwerfen kann, die Individualität des Werks zugunsten der historischen Situierung zu vernachlässigen, hat die innere Beziehung zwischen der Form des einzelnen Sprachgebildes und der Verarbeitung früherer Muster klar ausgesprochen: „Die Form eines Kunstwerks wird durch sein Verhältnis zu anderen, vor ihm existierenden Formen bestimmt. [...] Nicht nur die Parodie, sondern jedes Kunstwerk überhaupt wird als Parallele oder Antithese zu irgendeinem Muster geschaffen."[169] Das gilt nicht nur für ‚Kunstwerke', sondern für *alle* Texte: Jede Produktion absorbiert und transformiert frühere Muster, indem sie diese wiederverwendet, auf sie antwortet, sie überbietet, sie weiterentwickelt, ihnen etwas entgegensetzt usw.[170] Über die Struktur der individuellen Sprachverwendung läßt sich nichts sagen, ohne ihre Beziehung zum vorangehenden Verhalten und zur kulturellen Umgebung überhaupt zu bestimmen. Um zu erfassen, worin Martin Opitz sein Verdienst sucht (welches Risiko er eingeht, was für ihn auf dem Spiel steht), muß man beachten, wie er sich mit seinen *Poemata* als ein Autor präsentiert, der volkssprachliche Gedichte verfaßt, die im Rahmen der späthumanistischen Gelehrtenkultur als Exemplare einer neuen Kunstdichtung gelten sollen. Erst vor diesem Hintergrund kann man seine Freude an der Nachahmung prestigeträchtiger Modelle oder sein Bemühen um ein fließendes Versmaß verständlich machen.

---

168 Szondi: Über philologische Erkenntnis, S. 263.
169 Viktor Šklovskij: Theorie der Prosa, hg. und übers. von Gisela Drohla, Frankfurt/M. 1966, S. 35.
170 Statt sich auf einzelne Begriffe wie ‚Einfluß' zu fokussieren, kann man das reiche Vokabular nutzen, mit dem sich das Verhalten zu früheren Mustern erfassen läßt. Vgl. Michael Baxandall: Patterns of Intention. On the Historical Explanation of Pictures, New Haven, CT 1985, S. 59.

2.2.5 Dichtung als soziale Institution

Wittgensteins Vorschlag, „den Zweck und das Funktionieren der Wörter"[171] anhand der verschiedenen Arten der historisch situierten Verwendung zu studieren, ist für eine Philologie von Interesse, die Entwicklungen auf dem Gebiet der Literatur mit „Verschiedenheiten der Lebensform und des Lebenszusammenhangs"[172] in Beziehung setzt. Für die Literaturwissenschaft von besonderer Bedeutung ist sein Hinweis darauf, daß die Begriffe, mit denen man Sprachverwendungen klassifiziert, Gepflogenheiten und Institutionen erfassen:

> Es kann nicht ein einziges Mal nur ein Mensch einer Regel gefolgt sein. Es kann nicht ein einziges Mal nur eine Mitteilung gemacht, ein Befehl gegeben, oder verstanden worden sein, etc. – Einer Regel folgen, eine Mitteilung machen, einen Befehl geben, eine Schachpartie spielen sind Gepflogenheiten (Gebräuche, Institutionen).[173]

---

171 PU, § 5.
172 Alewyn: Deutsche Philologie, S. 190. Vgl. ders.: Johannes Beer. Studien zum Roman des 17. Jahrhunderts [1932], 2., verbesserte Aufl., aus dem Nachlass hg. von Klaus Garber und Michael Schroeter, Heidelberg 2012, S. 157. Bereits Hugo von Hofmannsthal bringt die „öffentlichen Formen, [...] die intimen Lebensformen und die literarischen Formen" in einen Zusammenhang (Studie über die Entwicklung des Dichters Victor Hugo [1901], in: ders.: Reden und Aufsätze I. 1891–1913, hg. von Bernd Schoeller in Beratung mit Rudolf Hirsch, Frankfurt/M. 1979, S. 247–320, S. 294). Als dann Alfred Wechslers Buch *Lebensformen. Anmerkungen über die Technik des gesellschaftlichen Lebens* (1911) erschien, zeigte Hofmannsthal Interesse, mißbilligte jedoch die Disziplinlosigkeit und Oberflächlichkeit der Arbeit („Lebensformen" von W. Fred [1911], in: ebd., S. 400–402). Richard Heinze übernahm den Begriff von Eduard Spranger (Lebensformen. Geisteswissenschaftliche Psychologie und Ethik der Persönlichkeit [1914], 2., völlig neu bearb. und erw. Aufl., Halle 1921), vgl. Von den Ursachen der Größe Roms. Rede, gehalten beim Antritt des Rektorats an der Universität Leipzig am 31. Oktober 1921, in: ders.: Vom Geist des Römertums, hg. von Erich Burck, Darmstadt 1972, S. 9–27. Richard Alewyn kannte den Begriff auch von Werner Mahrholz (Deutsche Selbstbekenntnisse. Ein Beitrag zur Geschichte der Selbstbiographie von der Mystik bis zum Pietismus, Berlin 1919, S. 10f.). Als Wittgenstein das Wort aufnahm, war seine „praxeologische" Bedeutung schon etabliert (Rudolf Haller: Lebensform oder Lebensformen?, in: ders.: Fragen zu Wittgenstein und Aufsätze zur österreichischen Philosophie. Amsterdam 1986, S. 208–216, S. 214). Die praxeologische (enaktivistische, sozialbehavioristische) Auffassung von Lebensformen in den *Philosophischen Untersuchungen* läßt sich mit Hacker so wiedergeben: „[T]he identification of distinctively human behaviour presupposes conventions, systems of beliefs and values, and social institutions that are intrinsically related to the behaviour, and requires concepts associated with these conventions, value systems, and institutions. The meaning or significance of such behaviour can therefore be grasped only historically and contextually." (Wittgenstein and the Autonomy of Humanistic Understanding, S. 69)
173 PU, § 199, vgl. § 337. Eine anregende Erläuterung von Wittgensteins Begriff der Institution bietet David Bloor: Wittgenstein, Rules and Institutions, London 1997, S. 27–35. Vgl. ders.:

Die Behauptung also, daß in einer besonderen Situation ein bestimmtes Spiel gespielt wird, stellt einen Bezug zur Institution des jeweiligen Spiels her. Ähnlich verhält es sich mit der Aussage, jemand präsentiere ein Werk einer bestimmten Dichtungsart: Man bezieht die gegenwärtige Verwendung der Zeichen auf eine etablierte Praxis mit einer eigenen Geschichte, in der sich Autoren nach den Kriterien einer Wertschätzungsgemeinschaft als geschickt oder ungeschickt erweisen können.[174] Wittgensteins Überlegungen führen zu der Einsicht, daß das, was ‚Literatur' genannt wird, als ein Gefüge von Institutionen verstanden werden kann, das durch soziale Rollen (z.B. ‚Schriftsteller', ‚Publikum', ‚Kritiker') und gattungsspezifische Erfolgsmaßstäbe bestimmt ist. Wo sich solche Institutionen entwickelt haben, können Autoren sich in Traditionen stellen, ihre Fähigkeiten vorführen, Bewunderung ernten oder auch Ablehnung riskieren.

Eine „philologische Poetik",[175] wie sie Wilhelm Scherer angedacht hat, hätte die Aufgabe, die relativ beständigen Strukturen der literarischen Praxis zu untersuchen. Scherer empfiehlt, dabei wie ein „Naturforscher"[176] vorzugehen und aus einer historisch-vergleichenden „Analyse des poetischen Processes"[177] allgemeine Erkenntnisse zu gewinnen. Lamarque und Olsen wählen für dieses Vorhaben die Bezeichnung ‚Literaturästhetik':

> What literary aesthetics has to deal with is an existing practice of literature within which are embodied the concept of literature and literary values. [...] The task for literary

---

Art. Performative Theory of Institutions, in: Encyclopedia of Philosophy and the Social Sciences, Bd. 2, hg. von Byron Kalids, Thousand Oaks, CA 2013, S. 706–708. Bloor scheint zu übersehen, daß für Wittgenstein Institutionen nicht notwendigerweise soziale Institutionen sind. Sie müssen bloß potentiell von mehr als einer Person reproduzierbar sein. Es sind für Wittgenstein also auch Institutionen denkbar, die zufälligerweise nur von einer Person aufrechterhalten werden, vgl. Hacker: Wittgenstein. Rules, Grammar and Necessity, S. 122, 143, 158. Der Begriff der Institution, wie ihn Bloor im Anschluß an Wittgenstein entwickelt, weist einige interessante Ähnlichkeiten zu Wilhelm Voßkamps Ausführungen auf (Gattungen als literarisch-soziale Institutionen, in: Textsortenlehre – Gattungsgeschichte, hg. von Walter Hinck, Heidelberg 1977, S. 27–44, S. 30–32). Voßkamp bezieht sich auf: Peter Berger und Thomas Luckmann: Die gesellschaftliche Konstruktion der Wirklichkeit. Eine Theorie der Wissenssoziologie, Frankfurt/M. 1974, S. 58f. Näheres zu diesem Gattungsverständnis: Rüdiger Zymner: Gattungstheorie. Probleme und Positionen der Literaturwissenschaft, Paderborn 2003, S. 201f.

174 Das Gelächter und der Ansehensverlust stehen für Horaz in einem inneren Zusammenhang mit dem schriftstellerischen Gelingen (Ars Poetica, v. 1–5, 379–382).
175 Scherer: Poetik, S. 50.
176 Scherer: Poetik, S. 35.
177 Scherer: Poetik, S. 33

aesthetics is to clarify what is involved in the practice and give an explanatory account of the main aspects of those conventions defining literary practice.[178]

Bei der Beschreibung des Gefüges der literarischen Institutionen müßte man ähnlich vorgehen wie Wittgenstein und eine unvoreingenommene Bestandsaufnahme der zahlreichen „Arten der Verwendung" von Sprache vornehmen, die sich ständig weiterentwickeln: „[D]iese Mannigfaltigkeit ist nichts Festes, ein für allemal Gegebenes; sondern neue Typen der Sprache, neue Sprachspiele [...], entstehen und andere veralten und werden vergessen."[179] Einige der Dinge, die mit Sprache vollbracht werden, bleiben in verschiedener Ausprägung konstant: „Befehlen, fragen, erzählen, plauschen gehören zu unserer Naturgeschichte so, wie gehen, essen, trinken, spielen."[180] Andere entstehen, so muß man an dieser Stelle ergänzen, aus besonderen Bedürfnissen und können im Laufe der Zeit wieder verschwinden.

Wenn man Wittgensteins Bemerkungen über die Reproduktion von Sprachspielen innerhalb sich entwickelnder Lebensformen weiterdenkt, kann man erwägen, gleichbleibende Formen wie ‚nachahmen', ‚verspotten', ‚loben', ‚ausschmückend erzählen', ‚die Rede rhythmisch gliedern' etc. in

---

178 Peter Lamarque und Stein Haugom Olsen: Literature and Fiction, in: Theory's Empire. An Anthology of Dissent, hg. von Daphne Patai, New York 2005, S. 636–651, S. 643; vgl. Olsen: The End of Literary Theory, S. 1–19. Lamarque bezieht sich in seiner Diskussion von Literatur als sozialer Institution ausdrücklich auf Wittgenstein (Philosophy of Literature, S. 61); vgl. ders.: Wittgenstein, Literature, and the Idea of a Practice, in: ders.: The Opacity of Literature, London 2014, S. 105–119. Die Institution der Literatur wird bei Lamarque und Olsen manchmal allzu monolithisch dargestellt; ihre Rede von ‚literarischen' Qualitäten wirkt zuweilen ahistorisch, vgl. John Reichert: Rez. Stein Haugom Olsen: ‚The Structure of Literary Understanding', in: Comparative Literature 32/2 (1980), S. 210–213. Literatur sollte eher als ein veränderliches Gefüge von Institutionen verstanden werden. Zur Variabilität der Institutionen vgl. Rüdiger Zymner: Gattungsvervielfältigung. Zu einem Aspekt der Gattungsdynamik, in: Gattungstheorie und Gattungsgeschichte, hg. von Marion Gymnich, Brigitte Neumann und Ansgar Nünning, Trier 2007, S. 101–116; Harald Fricke: Invarianz und Variabilität von Gattungen, in: Handbuch Gattungstheorie, hg. von Rüdiger Zymner, Stuttgart 2010, S. 19–21. Wenn man grundlegende Dispositionen benennen will, die Vorbedingungen für die Institutionalisierung der Dichtung sind, kann man an die folgenden Beispiele denken: „People appreciate the style of speeches, the metaphors of songs, they remember new wordings and know the authors of idioms, collocations, and new lines formed according to the technique of the parallelism membrorum. [...] They name the authors of songs, narrative, special wordings overheard in speeches, newly coined words and metaphors." (Volker Heeschen: The Narration ‚Instinct'. Every Talk and Aesthetic Forms of Communication in Communities of the New Guinea Mointains, in: Verbal Art across Cultures. The Aesthetics and Proto-Aesthetics of Communication, hg. von Hubert Knoblauch, Tübingen 2001, S. 137–165, S. 148, 151)
179 PU, § 23.
180 PU, § 25.

eine ‚Naturgeschichte der *Poesie*' aufzunehmen, die beschreiben müßte, wie sich ein dichterisches Repertoire entwickelt. Der gesellschaftliche Status des Dichters, sein Rollenverständnis und seine Fähigkeiten unterliegen dem geschichtlichen Wandel: Muster bewähren sich und werden beibehalten, andere werden verändert und neu belebt, wieder andere verlieren ihren Witz und werden aufgegeben. Lieder, Märchen, Gebete, Sprichwörter sind „wiederholte Spielhandlungen in der Zeit",[181] die in einer Gemeinschaft reproduziert werden, solange sie von deren Mitgliedern als irgendwie vorteilhaft oder befriedigend erfahren werden. Dabei spielen selbstwertbezogene Dispositionen eine tragende Rolle.[182] Sprachverwender sind empfänglich für die Anerkennung, die ihnen zuteil wird, und legen Wert darauf, ihre Talente zur Geltung zu bringen. Die Bewunderung für „skill displays",[183] in denen man seinen ‚Witz' oder seine ‚Kenntnis des menschlichen Herzens' zeigen kann, ist eine wünschenswerte, in hohem Maße selbstwertsteigernde Reaktion, die erklärt, warum ein Muster in immer neuen Variationen reproduziert wird.

Die Möglichkeit, daß selbstwertdienliche Gefühle nicht nur die *Produktion*, sondern auch die *Rezeption* von Dichtung bestimmen, wird in der pseudolonginischen Schrift *Vom Erhabenen* deutlich; dort wird erläutert, daß das Verstehen von Dichtung mit einem Gefühl einhergeht, das dem Erfinder-Stolz ähnelt: „Denn unsere Seele wird durch das wirklich Erhabene von Natur aus emporgetragen, schwingt sich hochgemut auf und wird mit stolzer Freude erfüllt, als hätte sie

---

181 ÜG, § 519.
182 „Das Motiv zu beeindrucken und die entsprechende gefühlsmäßige Reaktion, beeindruckt zu sein, scheinen tatsächlich eine Art ‚gemeinsame Währung' (*common currency*) der ästhetischen Wahrnehmung zu bilden, die quer durch alle Künste Gültigkeit besitzt." (Björn Merker: Warum wir musikalisch sind. Antworten aus der Evolutionsbiologie, in: Der musikalische Mensch, Evolution, Biologie und Pädagogik musikalischer Begabung, hg. von Wilfried Gruhn und Annemarie Seither-Preisler, Hildesheim 2014, S. 255–280, S. 267) Lessing sieht in dem Umstand, daß ‚Eindruck machen' das vorrangige Erfolgskriterium des Dichters ist, einen wichtigen Unterschied zu anderen Literaturgattungen: „Alles, was er sagt, soll gleich starken Eindruck machen; alle seine Wahrheiten sollen gleich überzeugend rühren." (Gotthold Ephraim Lessing: Pope ein Metaphysiker [1755], in: ders.: Werke, Bd. 3, hg. von Conrad Wiedemann, Frankfurt/M. 2003, S. 614–650, S. 620) Für Lessing ist es auch selbstverständlich, daß ein Dichter diejenigen Dinge tun will, worin er „seine meiste Stärke zeigen kann" und von denen er „seinen meisten Ruhm zu erwarten hat" (Rettungen des Horaz [1754], in: ders.: Werke und Briefe, Bd. 3, hg. von Conrad Wiedemann, Frankfurt/M. 2003, S. 158–197, S. 169) Ein Dichter wird also eine Technik vorziehen, von der er weiß, daß sie „mehr rührt" (Ebd., S. 170).
183 Denis Dutton: The Art Instinct. Beauty, Pleasure and Human Evolution, Oxford 2009, S. 188, vgl. S. 191f.

selbst geschaffen, was sie hörte."[184] Die Bewunderung für die Fähigkeiten eines Autors verbindet sich auch nach Quintilians Einschätzung mit einer empfundenen Aufwertung der eigenen Person: Wenn Zuhörer glauben, einen subtilen Scherz oder eine hintergründig-mehrdeutige Ausdrucksform verstanden zu haben, „kosten sie ihren eigenen Scharfsinn aus und freuen sich, als wären sie selbst an der Erfindung beteiligt".[185] Gottsched greift diese Erklärung auf: Die Sprache der Redner und Dichter, die Gleichnisse und andere Formen uneigentlicher Rede enthält, wird deswegen gerne gehört, weil die Zuhörer stolz sind, daß man ihnen anspruchsvolle Aufgaben zutraut, bei der sie ihren eigenen Scharfsinn unter Beweis stellen können:

> Man gefiel auch den Zuhörern damit [mit der uneigentlichen Rede] um so viel besser, je mehr man ihren Witz und ihre Scharfsinnigkeit damit beschäfftigte. Denn weil eine jede verblümte Redensart nicht nur eine, sondern zwo Sachen auf einmal, und überdem auch die Aehnlichkeit derselben in die Gedanken brachte: so gefiel es ihnen zum Theile, daß sie so vielerley auf einmal denken konnten; zum Theile aber auch, daß ihnen der Redner so viel Verstand zugetrauet hatte, seine verblümten Worte recht einzusehen. Sie gaben ihm das Lob einer *sinnreichen* Schreibart [...].[186]

Die Vermischung der Wertschätzung fremder Leistungen mit der Selbstaufwertung trägt dazu bei, die Etablierung der literarischen Institutionen zu erklären. Bei der historischen Arbeit müßte man daher den folgenden Aspekten besondere Beachtung schenken: die Bedeutung rhetorischer Fähigkeiten für das religiöse, politische, soziale und wissenschaftliche Leben; den gesellschaftlichen Status und das Selbstverständnis der Autoren; die verschiedenen Formen des schriftstellerischen Geltungsdrangs und des Strebens nach Ruhm; die Literaturgattungen und ihre Verbreitung; die Zusammensetzung des Publikums; die Formen der Veröffentlichung von Literatur; die Eigenschaften, die zu verschiedenen Zeiten und in den verschiedenen Literaturgattungen besonders honoriert werden; die

---

184 Longinus: Vom Erhabenen, übers. von Otto Schönberger, Stuttgart 1988, 7,2.
185 Quintilian: Institutio oratoria, VIII, 2, 21; zit. nach: Ausbildung des Redners. Zwölf Bücher, Bd. 2: Buch VII–XII, hg. und übers. von Helmut Rahn, Darmstadt 1995, S. 149. Die Redner, von denen hier die Rede ist, werden von Quintilian mißbilligt. Dabei ist jedoch zu bedenken, daß er dem Dichter andere Vorrechte einräumt als dem Redner: Er weist darauf hin, „daß Dichter freier verfahren können als Redner" (VIII, 6, 19). Den Dichtern seien kühne Metaphern „erlaubt", da sie „bei allem nur unterhalten wollen" (VIII, 6, 17).
186 Gottsched: Ausführliche Redekunst, S. 281. Eine Metapher oder eine Allegorie gefällt dem Hörer, weil „sein Verstand auf eine so angenehme Art mit so vielen Begriffen auf einmal beschäfftiget ist"; er „empfindet [...] nicht nur wegen der Vollkommenheit des Poeten [...] ein Vergnügen; sondern er belustiget sich auch über seine eigene Scharffsinnigkeit, die ihn fähig macht, alle Schönheiten des verblümten Ausdruckes ohne Mühe zu entdecken" (ders.: Critische Dichtkunst, S. 262).

ästhetischen Ansprüche und Bedürfnisse, die Autoren berücksichtigen wollen; die spezifischen Ausprägungen von Kennerschaft und Distinktionsverhalten; die Formen der Wertschätzung und Kritik.

Eine Poetik, die sich für die relativ konstanten Verhaltensdispositionen interessiert, könnte die Institutionalisierung von Dichtung verständlich machen, indem sie den Zusammenhang komplizierter Dichtungsformen mit alltäglichen Formen der Sprachverwendung aufzeigt. Wenn Scherer die in alltägliche Gespräche „sich blitzartig einmischende Poesie"[187] der Sprichwörter und Gleichnisse erwähnt, beansprucht dieser Hinweis nicht, neue Wahrheiten über den Gegenstand der Forschung zu formulieren, sondern dient der Benennung und Klärung dessen, was uns im Grunde vertraut ist. In ähnlicher Weise erklärt Aristoteles die Praxis der Dichter, Unwahrscheinliches geschehen zu lassen, indem er sie mit der Lizenz zur Ausschmückung in Alltagserzählungen in Verbindung bringt: „Das aber, was Staunen erregt, ist angenehm. Das kann man daran sehen, dass alle beim Geschichtenerzählen übertreiben, weil sie Gefallen finden wollen."[188] In ähnlicher Weise hat der Psychologe und Literaturforscher Denys Harding versucht, die Institutionalisierung der erzählenden und dramatischen Dichtung mit Sprachverwendungen in Beziehung zu setzen, die im Gewebe des täglichen Lebens vorkommen. Harding betrachtet fiktionale Darstellungen in Romanen, Dramen und Gedichten als eine Weiterentwicklung der Technik, andere dazu einzuladen, mögliche Situationen und Ereignisse zu betrachten ('Wäre es nicht interessant, wenn...'):

> These processes are ordinary and familiar. They are also of great importance. They make up much of the texture of everyday social life, in which we enter into what we suppose to be the feelings of others, watch their affairs with interest, judge them in various ways, and see them undergoing experiences which may once have been ours, or might have been, or might yet be. [...] [W]e listen to descriptions of incidents and behaviour and the supposed experience of people about whom we otherwise know nothing. [...] Fiction and

---

[187] Scherer: Poetik, S. 15.

[188] Aristoteles: Poetik, übers. und erl. von Arbogast Schmitt, 2. Aufl., Berlin 2011, S. 35 [1460a17–18]. Auch Hume weist auf Ähnlichkeiten der Tragödie mit der Funktionsweise von Alltagserzählungen hin: „We find that common liars always magnify, in their narrations, all kinds of danger, pain, distress, sickness, deaths, murders, and cruelties; as well as joy, beauty, mirth, and magnificence. It is an absurd secret, which they have for pleasing their company, fixing their attention, and attaching them to such marvellous relations, by the passions and emotions, which they excite." (David Hume: Of Tragedy [1757], in: ders.: Essays, Moral, Political, and Literary, hg. von Eugene Miller, Indianapolis 1987, S. 216–225, S. 217f.) Was im 18. Jahrhundert als „einnehmen", „in die Gemüter wirken" oder „rühren" bezeichnet wird, beschreibt Noël Carroll als Fähigkeit eines Künstlers „to stimulate, command, and absorb the attention of audiences" (Art, Creativity and Tradition, S. 57).

drama formalise and institutionalise what in everyday life we take for granted in gossip and neighbourly watchfulness of other people's goings on.[189]

Harding definiert die fiktionale Darstellung in künstlerisch anspruchsvollen Romanen als eine „institutionalised technique of discussion, by means of which an author invites us to join him in discussing a possibility of experience that he regards as interesting and to share with him attitudes towards it, evaluations of it, that he claims to be appropriate".[190] Im Rahmen von Alltagserzählungen, versuchen die Sprachbenutzer durch mehr oder weniger subtile Ausdrucks- und Beeinflussungsmittel sicherzustellen, daß das Publikum an der Darstellung in der gewünschten Weise Anteil nimmt. Dasselbe geschieht – vielleicht in raffinierterer Form – in epischen und dramatischen Dichtungen:

> A novelist or playwright may be directing our attention mainly to the action and experience of his characters [...]. But he is at the same time conveying his own evaluation of what is done and felt, presenting it (to mention simpler possibilities) as heroic, pathetic, contemptible, charming, funny ... and implicitly inviting us to share his attitude.[191]

Die von Sheldon Sacks untersuchten Strategien Henry Fieldings, seine Urteile über die dargestellten Personen und Handlungen in seinen Romanen Gestalt annehmen zu lassen, ließen sich also als eine Weiterentwicklung vergleichsweise primitiver Techniken erklären, die aus dem nicht-künstlerischen Sprachverhalten bestens vertraut sind.[192]

---

189 Denys Harding: Considered Experience. The Invitation of the Novel, in: English in Education 1/2 (1967), S. 7–15, S. 7. Vgl. ders.: Psychological Processes in the Reading of Fiction, in: The British Journal of Aesthetics 2 (1962), S. 133–147.
190 Harding: Considered Experience, S. 13.
191 Harding: The Bond with the Author, S. 201. Diese Konzeption entspricht der aristotelischen Position, daß „Handlungen und Leben" (1450a16–17) dergestalt präsentiert und moralisch beurteilt werden, daß die Dichtung in ihrem Verlauf einen spezifischen Reiz entfaltet, vgl. Donald Russell: Criticism in Antiquity, Berkeley 1981, S. 93; Norman Gulley: Aristotle on the Purposes of Literature, in: Articles on Aristotle, Bd. 4, hg. von Jonathan Barnes, Michael Schofield und Richard Sorabji, London 1979, S. 166–175. Gregory Currie erläutert mit Bezug auf neuere psychologische Forschungsliteratur, wie Autoren ein „preferred set of cognitive, evaluative, and emotional responses to the story" nahelegen (Narratives and Narrators, S. 88).
192 Vgl. Sheldon Sacks: Fiction and the Shape of Belief, Berkeley 1966. Auf weiterführende Literatur zu diesem Thema verweisen Katharina Prinz und Simone Winko: Art. Wie rekonstruiert man Wertungen und Werte in literarischen Texten?, in: Handbuch Kanon und Wertung, hg. von Gabriele Rippl und Simone Winko, Stuttgart 2013, S. 402–407.

2.3 Worüber redet man, wenn man über Texte redet?

Den Sprachgebrauch zum Untersuchungsobjekt zu machen, ist kein neuer Vorschlag, der erst noch in die Praxis umgesetzt werden müßte. Und doch ist die These, daß die Auseinandersetzung mit dem Text eine Auseinandersetzung mit dem Verhalten seines Verfassers (oder seiner Verfasser) ist, keine Selbstverständlichkeit. Die Herausforderung besteht darin, die Idee des Textes mit der Idee des Gebrauchs zusammenzubringen. Zum Verhältnis des Textbegriffs zum Werkbegriff möchte ich nur das Folgende sagen: Anders als Peter Lamarque nehme ich nicht an, daß ‚Text' im Unterschied zu ‚Werk' eine bloße Folge sprachlicher Zeichen in einem Dokument beschreibt.[193] Nicht jedes Zeichen, das in einem Dokument vorkommt, gehört auch zum Text. Texte sind (wie Werke) *organisierte* Sprachgebilde, *koordinierte* Verwendungen von sprachlichen Zeichen. Man kann sie (wie Werke) im Unterschied zu bloßen Zeichenfolgen mit Adjektiven wie ‚kohärent', ‚lebendig geschrieben', ‚unvollendet' charakterisieren. Zwei Texte können verschiedene Fassungen desselben Werks sein, aber das Werk ist darum nicht *zusätzlich* zu den Texten vorhanden, die man als Werkfassungen klassifiziert.[194] Zwar gibt es Textbeschaffenheiten, die nicht zur Beschaffenheit des Werks gehören, weil beispielsweise unautorisierte Änderungen vorgenommen wurden; aber es ist doch vermutlich häufig so, daß die Organisation des Textes (teilweise) die des Werks ist, so daß ein Forscher, wenn er einen Text analysiert, zugleich das Werk analysiert. Wo man durch Emendationen versucht, den Text verfügbar zu machen, den der Autor verfaßt hat, wird der Text, den man herstellt, stellenweise eine hypothetische Konstruktion des Werks sein.

Oft wird in der Diskussion ein idealisiertes Verständnis von Werken zugrunde gelegt. Ein Werk, so heißt es, müsse etwas Abgeschlossenes, Vollendetes, Veröffentlichtes sein.[195] Diese Definition ist jedoch viel zu eng: Wenn man die Begriffe

---

[193] Lamarque: The Philosophy of Literature, S. 71–78, 114f., 153f. Zur Diskussion um den Werkbegriff mit wichtigen Differenzierungsvorschlägen: Carlos Spoerhase: Was ist ein Werk? Über philologische Werkfunktionen, in: Scientia Poetica 11 (2007), S. 276–344. Vgl. außerdem die Diskussion in: Das Werk. Verschwinden und Fortwirken eines grundlegenden literaturwissenschaftlichen Begriffs, hg. von Lutz Danneberg, Annette Gilbert und Carlos Spoerhase, Berlin 2019.

[194] Diese Ansicht vertreten z.B. Andras Sandor: Text und Werk. Forschungslage und Versuch eines literaturwissenschaftlichen Modells, in: Deutsche Vierteljahrsschrift für Literaturwissenschaft und Geistesgeschichte 53 (1979), S. 478–511; Thomas Tanselle: A Rationale of Textual Criticism, Philadelphia 1989, S. 11–38.

[195] „Im Kontext von Literatur und Literaturwissenschaft [...] meint Werk [...] das fertige und abgeschlossene Ergebnis der literarischen Produktion, das [...] dem Zugriff des Produzenten [...] enthoben ist" (Horst Thomé: Art. Werk, in: Reallexikon der deutschen Literaturwissenschaft,

nicht mit unnötigen Anforderungen belastet, kann ein Sprachgebilde als Abhandlung, als Gedicht, als Roman *und* als unabgeschlossen, unfertig oder unveröffentlicht bezeichnet werden. Anders als ‚Sprachkunstwerk' ist ‚Werk' auch kein Ehrentitel, den man unambitionierten oder unvollkommenen Gedichten oder Prosastücken vorenthalten müßte. Wo man Begriffe wie ‚Gedicht', ‚Drama', ‚Abhandlung', ‚Essay', ‚Erzählung' anwendet, dort bezieht man sich auf Sprachgebilde, die in einem nüchternen Sinn ‚Werke' heißen können. Doch man darf den Werkbegriff andererseits auch nicht überstrapazieren. Notizen oder vorbereitende Aufzeichnungen kann man als Lebensäußerungen auswerten, man kann sie als Zeugnisse der literarischen Kunst des Autors würdigen, man kann sie einem „Werkzusammenhang"[196] zuordnen, man kann sie als Teil eines Gesamtwerks sehen, ohne daß man sie dazu als Werke identifizieren müßte. Generell scheint es eine sinnvolle Strategie zu sein, zuerst mit voraussetzungsärmeren Begriffen wie ‚Erzeugnis' oder ‚Produkt' zu arbeiten und dann zu prüfen, welche weiteren Begriffe sich zur Charakterisierung des Gebildes aufgrund seiner individuellen Beschaffenheit anbieten.

Mein Interesse gilt im Folgenden der Beziehung zwischen Produktbegriffen wie ‚Werk', ‚Text', ‚Gebilde' und Begriffen, die sich auf das Verhalten des Verfassers beziehen. Ein Grund für die eher zögerliche und unbeholfene Rezeption der Ideen Wittgensteins und Austins in der Literaturwissenschaft dürfte sein, daß man nicht weiß, ob sich Begriffe wie ‚Sprachspiel' oder ‚Sprechakt' überhaupt für die Arbeit mit Texten eignen. Hat man es nicht mit Schriftwerken zu tun, mit stummen, unbeweglichen Gebilden, die losgelöst vom Autor und seinem Schreiben existieren? Dieses Bild vom Untersuchungsgegenstand sorgt dafür, daß man Wittgensteins Sprachauffassung mit einer gewissen Zurückhaltung gegenübersteht und Austins Begriff ‚Sprechakt' vor allem auf die im Text vorgeführten *mündlichen* Sprachverwendungen anwendet.[197] Erst wenn man

---

Bd. 3, hg. von Jan-Dirk Müller, Berlin 2007, S. 832–834, S. 832). „Erst durch den Entschluß des Autors, einen von ihm verfaßten Text zu veröffentlichen, wird dieser Text zum Werk, d.h. zu einer Einheit und Ganzheit, die in dieser Form von einer Öffentlichkeit wahrgenommen werden soll." (Gunter Martens: Das Werk als Grenze. Ein Versuch zur terminologischen Bestimmung eines editorischen Begriffs, in: editio 18 (2004), S. 175–186, S. 179.)

196 Martens: Das Werk als Grenze, S. 181.
197 Zu Formen der mündlichen Rede im Gedicht vgl.: Katrin Kohl: „Sey mir gegrüßet!" Sprechakte in der Lyrik Klopstocks und seiner deutschen Zeitgenossen, in: Klopstock an der Grenze der Epochen, hg. von Kevin Hilliard und ders., Berlin 1995, S. 7–32; Heinz Schlaffer: Sprechakte der Lyrik, in: Poetica 40 (2008), S. 21–42. Bemerkenswerte Versuche, den Begriff des Werks zu überdenken, sind: Mary Louise Pratt: Toward a Speech Act Theory of Literary Discourse, Bloomington, IN 1977; John Reichert: Making Sense of Literature, Chicago 1977; Peter Juhl: Interpretation. An Essay in the Philosophy of Literary Criticism, Princeton 1980;

das Bild der Trennung der Schrift vom Autor einer genaueren Prüfung unterzieht, zeigt sich, worauf man Bezug nimmt, wenn man über Literaturwerke oder, allgemeiner gesprochen, über sprachliche Gebilde nachdenkt.

2.3.1 Die Trennung von Autor und Text

Viele Literaturwissenschaftler halten es für ein Zeichen von wissenschaftlicher Strenge, den Text selbst vom Autor und seinen Tätigkeiten zu unterscheiden. Im Sprachgebrauch der Literaturwissenschaft wird der Autor regelmäßig mit Adjektiven wie ‚textextern', ‚empirisch' oder ‚historisch' näher bestimmt, um seine Trennung vom Text anzuzeigen.[198] Man unterscheidet den Text als *gegenwärtigen* Zeichenkomplex, den man direkt untersuchen könne, von dem *abwesenden* Autor, dessen Tätigkeiten sich angeblich nur indirekt erschließen lassen. Diese Denkweise ist das Ergebnis einer Entwicklung, die im 18. Jahrhundert eingesetzt hat: Durch die Zweiteilung des Werks in bloße Zeichen auf der einen Seite und Bedeutungen (Komplexe von Vorstellungen) auf der anderen Seite wurde immer mehr vernachlässigt, daß sich Begriffe wie ‚Nachahmung' oder ‚Darstellung' nicht auf den Herstellungszusammenhang, sondern auf das Sprachgebilde selbst beziehen. Folgt man Klaus Weimar, so führte die von Addison eingeleitete Neuorientierung der Literaturbetrachtung irgendwann zur Behauptung einer grundlegenden „Differenz zwischen dem Text des Lesers und dem Text als Produkt des Schreibers".[199] Da der Schreibvorgang und seine psychischen Begleiterscheinungen nur dem Autor unmittelbar gegenwärtig und also zum Zeitpunkt der Rezeption nicht mehr verfügbar waren, „stand [gemäß der neuen Literaturtheorie, V.P.] der einzelne Text sozusagen neu und fremd in der Welt und ermangelte jeglicher sinngebenden Einbettung in einen Zusammenhang wie den des Schreibens".[200] Das Vorhaben, die Struktur des sprachlichen Gebildes über die schriftstellerischen Tätigkeiten des

---

Susan Snaider Lanser: The Narrative Act. Point of View in Prose Fiction, Princeton 1981; Barbara Herrnstein Smith: On the Margins of Discourse, Chicago 1978; Sandy Petrey: Speech Acts and Literary Theory, London 1990; Jonathan Culler: Philosophy and Literature. The Fortunes of the Performative, in: Poetics Today 21/3 (2000), S. 503–519; Quentin Skinner: Visions of Politics, Bd. 1: Regarding Method, Cambridge 2002.
198 Michael Titzmann behauptet, die textinterne Pragmatik sei im Gegensatz zur textexternen Pragmatik ein direktes Analyseobjekt (Art. Semiotische Aspekte der Literaturwissenschaft: Literatursemiotik, in: Semiotik. Ein Handbuch zu den zeichentheoretischen Grundlagen von Natur und Kultur, 3. Teilbd., hg. von Roland Posner, Berlin 2003, S. 3028–3102, S. 3064–3067). Vgl. Hans Krah: Einführung in die Literaturwissenschaft, Kiel 2006, S. 183–194.
199 Weimar: Geschichte der Literaturwissenschaft, S. 73.
200 Weimar: Geschichte der Literaturwissenschaft, S. 350.

Autors zu bestimmen, wird entsprechend als Verwechslung der Textproduktion mit dem abgeschlossenen Produkt verworfen.

Die strukturalistische Trennung des Werks vom Autor hat sich jedoch, anders als Weimar behauptet, nicht im 18. Jahrhundert, sondern erst zu Beginn des 20. Jahrhunderts fest etabliert.[201] Roman Ingarden, ein prototypischer Vertreter der neuen Denkweise, erläuterte in seiner Abhandlung über das Wesen des literarischen Werks, „welche Elemente zu ihm gerechnet werden sollen", die „nähere Beschaffenheit" dieser Elemente und die „Weise ihres Zusammenschlusses".[202] Auf die Frage, „was aus dem Aufbau des literarischen Werks als ein ihm wesensfremdes Element [...] auszuschließen" sei, antwortete er unmißverständlich: „Vor allem bleibt vollständig außerhalb des literarischen Werkes der Autor selbst samt allen seinen Schicksalen, Erlebnissen und psychischen Zuständen."[203] Ingarden beharrt auf der aus seiner Sicht unbestreitbaren Lostrennung des Werks von seiner Genese, „dem primitiven und doch oft verkannten Faktum, daß der Autor und sein Werk zwei heterogene Gegenständlichkeiten bilden, die schon ihrer radikalen Heterogenität wegen völlig getrennt sein müssen".[204] Ihre „mannigfachen Beziehungen und Abhängigkeiten"[205] könne man erst dann richtig würdigen, wenn man das Produkt vom Produzenten getrennt habe. Ingardens Vorstellungen wurden unter anderem durch René Welleks und Austin Warrens *Theory of Literature* popularisiert, die auch in der deutschsprachigen Diskussion

---

201 Redeweisen, die das Werk als eine selbständige Struktur erscheinen lassen, werden schon im 18. Jahrhundert hin und wieder verwendet: „Das wahre Meisterstück, dünkt mich, erfüllt uns so ganz mit sich selbst, daß wir des Urhebers darüber vergessen; daß wir es gar nicht als Produkt eines einzeln Wesens, sondern der allgemeinen Natur betrachten." (Lessing: Hamburgische Dramaturgie, S. 361) „Mit dem Hinstellen für die äußere Anschauung ist das Gedicht oder sonstige Erzeugnis des Geistes von der Person des Hervorbringers so abgelöst, wie die Frucht, welche genossen wird, vom Baume" (August Wilhelm Schlegel: Charakteristiken und Kritiken, Bd. 2, Berlin 1801, S. 8). Aus solchen Äußerungen kann man jedoch nicht ableiten, daß Lessing und Schlegel Werke als vom Autor losgelöste Zeichenkomplexe definieren. Erste Ansätze zu einer konsequenten logischen Autor-Werk-Trennung findet man erst um 1915 bei August Hermann Kober, vgl. Lutz Danneberg: Zur Theorie der werkimmanenten Interpretation, in: Zeitenwechsel. Germanistische Literaturwissenschaft vor und nach 1945, hg. von Wilfried Barner und Christoph König, Frankfurt/M. 1996, S. 313–342, S. 329. Vgl. Hans-Harald Müller: Zur Genealogie der werkimmanenten Interpretation, in: Konzert und Konkurrenz. Die Künste und ihre Wissenschaften im 19. Jahrhundert, hg. von Christian Scholl, Sandra Richter und Oliver Huck, Göttingen 2010, S. 269–282.
202 Ingarden: Das literarische Kunstwerk, S. 17.
203 Ingarden: Das literarische Kunstwerk, S. 19.
204 Ingarden: Das literarische Kunstwerk, S. 20.
205 Ingarden: Das literarische Kunstwerk, S. 20.

viel Beachtung erfuhr.²⁰⁶ Für Monroe Beardsley, Vertreter eines durch analytische Philosophie fundierten Strukturalismus, stand gleichfalls außer Frage, daß Autor und Werk verschiedene Forschungsobjekte sind, weswegen es ihn irritierte, daß manche seiner Zeitgenossen bald über den Autor, bald über seine Werke sprachen, „as though there were no change of subject".²⁰⁷ Eine wissenschaftliche Literaturbetrachtung müsse von der Tatsache ausgehen, daß der Text ein für sich bestehendes, vom Autor abgelöstes Sprachgebilde sei.²⁰⁸ Eine ähnliche Denkweise wurde von Günther Müller, Emil Staiger und Wolfgang Kayser verbreitet. Müller behauptete, von Ingarden stark beeindruckt, daß sich das Werk als Zeichenkomplex vom Entstehungszusammenhang und damit auch vom Autor „abgelöst"²⁰⁹ habe. Kayser erklärte in seiner Einführung in die Literaturwissenschaft, ebenfalls in der Nachfolge Ingardens, daß ein Dichter „einem literarischen Werk nicht immanent" und also „in dem eigentlichen Gegenstand der Literaturwissenschaft nicht enthalten" sei.²¹⁰ Obwohl Kayser sogleich hinzufügen muß, „daß die rechte Erfassung eines Werkes sehr oft von der Kenntnis seines Verfassers abhängt",²¹¹ stützt er sich er sich permanent auf die strukturalistische

---

206 René Wellek und Austin Warren: Theory of Literature, New York 1949, S. 151. Wellek faßt seine Position später so zusammen: „The work of art [...] can be conceived as a stratified structure of signs and meanings which is totally distinct from the mental processes of the author at the time of composition and hence of the influences which may have formed his mind." (The Crisis of Comparative Literature, in: ders.: Concepts of Criticism, London 1963, S. 282–295, S. 293)
207 Beardsley: Aesthetics, S. 19. „There are [...] critics who tend to shift back and forth between the work and its creator, never quite clear in their own minds when they are talking about the one or the other" (S. 26).
208 Monroe Beardsley hält literarische Werke für „self-sufficient entities" (The Possibility of Criticism, S. 16), ein Gedicht sei „first of all [...] a piece of language" (S. 17).
209 Günther Müller: Über die Seinsweise von Dichtung, in: Deutsche Vierteljahrsschrift für Literaturwissenschaft und Geistesgeschichte 17 (1939), S. 137–152, S. 141. Ingarden ist für Müller nur eine Stimme unter vielen, die das „Herauslösen des Dichtwerks aus allen biographischen und historischen Zusammenhängen" fordern (Aufbauformen des Romans [1953], in: ders.: Morphologische Poetik. Gesammelte Aufsätze, Darmstadt 1968, S. 556–569, S. 557.)
210 Kayser: Das sprachliche Kunstwerk, S. 17. Emil Staiger empfahl dem Literaturforscher, „die Dichtung selbst, nicht etwas, das dahinter liegt" zu betrachten (Die Zeit als Einbildungskraft des Dichters. Untersuchungen zu Gedichten von Brentano, Goethe und Keller [1939], 3. Aufl., Zürich 1963, S. 15. „[W]ir kommen immer wieder zum Werk, das uns allein als unmittelbarer Gegenstand gegeben ist." (ebd.) Staiger war der Meinung, „daß es barer Hochmut sei, sich beim Erklären von Sprachkunstwerken auf den Text beschränken zu wollen" (Die Kunst der Interpretation. Studien zur deutschen Literaturgeschichte, Zürich 1955, S. 17), was darauf hindeutet, daß die werkimmanente Richtung der Literaturwissenschaft nicht durch die ausschließliche Konzentration auf den Text, sondern durch die Bestimmung des Textes als vom Verfasser losgelöstes Gebilde gekennzeichnet war.
211 Kayser: Das sprachliche Kunstwerk, S. 36.

Vorstellung, daß das Schriftwerk ein Produkt sei, das bis zu einem gewissen Grad getrennt vom Autor untersucht und verstanden werden könne.

Gérard Genette, selbst ein Hauptvertreter des literaturwissenschaftlichen Strukturalismus, verwies auf die gedankliche Nähe der Forscher, die sich hinter der Bezeichnung ‚strukturalistische Analyse' versammelten, zu den Schulen, die sich auf Formeln wie ‚immanente Literaturbetrachtung' oder ‚close reading' beriefen: „D'une certaine manière, la notion d'analyse structurale peut être considérée comme un simple équivalent de ce que les Américains nomment *close reading* et qu'on appellerait en Europe [...] *étude immanente* des œuvres."[212] Demnach könnten Ingarden, Wellek, Müller, Kayser und Beardsley als Strukturalisten gelten, da sie behaupten, daß Texte selbständige Gebilde sind – nicht hingegen Victor Šklovskij, der in seinen Analysen stets nach der schriftstellerischen Praxis fragt und eine Loslösung des Werks von seinem Verfasser nicht anerkennt.[213]

Zwar wurde das Vorhaben, sich ausschließlich auf das Werk zu konzentrieren, in der Folge oft kritisiert, doch die grundsätzliche Neubestimmung dessen, was zum Werk selbst gehört und was nicht, hat sich weitgehend durchgesetzt. Der französische Poststrukturalismus allerdings hat bei dieser Entwicklung nicht die Rolle gespielt, die man ihm zuweilen zuschreibt.[214] Roland Barthes hatte in seinen strukturalistischen Arbeiten suggeriert, daß man beispielsweise die Tragödienwelt Racines mit den Begriffen der Anthropologie und Psychoanalyse beschreiben könne, ohne die Elemente des Werks aus den spezifischen Erfordernissen der Dramentechnik erklären zu müssen.[215] Er vertrat eine Analyse, die das Werk ‚von innen' beschreiben und später erst eine Verbindung mit dem Verfasser herstellen sollte, den er außerhalb des Werks verortete.[216] Raymond Picard, der Barthes in *Nouvelle critique ou nouvelle imposture* bloßzustellen versuchte, bekannte sich ausdrücklich

---

212 Gérard Genette: Structuralisme et critique littéraire [1965], in: ders.: Figures I, Paris 1966, S. 145–170, S. 156.
213 Monroe Beardsleys Deutung der Russischen Formalisten ist, zumindest was Šklovskij und Tynjanov betrifft, falsch: „They took seriously the basic principle that a literary work is a piece of language, which can be studied independently of its author." (Aesthetics from Classical Greece to the Present. A Short History, London 1966, S. 36)
214 Beispiele für solche Fehldeutungen sind: Peter Lamarque: The Death of the Author. An Analytical Autopsy, in: The British Journal of Aesthetics 30/4 (1990), S. 319–331; Quentin Skinner: Über Interpretation, in: ders.: Visionen des Politischen, übers. von Robin Celikates und Eva Engels, hg. und mit einem Nachwort von Marion Heinz und Martin Rühl, Frankfurt/M. 2009, S. 7–17, S. 15.
215 Roland Barthes: Sur Racine [1963], in: ders.: Œuvres complètes, nouvelle édition, Bd. 2, hg. von Eric Marty, Paris 2002, S. 51–196.
216 Roland Barthes: Les deux critiques [1963], in: Œuvres complètes, nouvelle édition, Bd. 2, hg. von Eric Marty, Paris 2002, S. 496–501.

zur Konzentration auf das Werk – aber nicht im Gegensatz zu den Verfahren des Autors.[217] Er kritisierte Barthes dafür, sich nicht genug für die tatsächliche Strukturierung der Werke zu interessieren.[218] Ähnliche Einwände äußerte, allerdings von einem ganz anderen Standpunkt, Pierre Macherey, dessen *Pour une théorie de la production littéraire* als ein Höhepunkt des französischen Poststrukturalismus gelten kann.[219] Macherey und die Autoren der *Tel-Quel*-Gruppe versuchten, Strukturalismus *und* Intentionalismus zu überwinden, indem sie Text und Textproduktion zusammendachten.[220] Auch Barthes vollzog spätestens mit seiner Berufung auf den Sprachbegriff der „philosophie oxfordienne"[221] eine Abkehr vom

---

217 Vgl. Raymond Picard: Nouvelle critique ou nouvelle imposture, Paris 1965; ders.: Werkimmanente Kritik, in: Kritiker unserer Zeit. Texte und Dokumente, Bd. 2: Methoden und Ergebnisse europäischer Literaturkritik, hg. von Hans Mayer, Pfullingen 1967, S. 27–34. Zur Rezeption dieses Literaturstreits: Peter Grotzer: Der Streit um die ‚Nouvelle Critique', in: Schweizer Monatshefte 47/6 (1967), S. 597–610; Peter Demetz: Die alte und die neue Kritik, in: Die Zeit, Nr. 41 (13.10.1967).

218 „Elle [la ‚nouvelle critique'] ne se préoccupe pas plus de dramaturgie s'il s'agit d'une tragédie, que de technique romanesque s'il agit d'un roman. [...] C'est de bonne foi que la ‚nouvelle critique' réclame le retour à l'œuvre, mais cette œuvre, c'est l'œuvre littéraire (qu'elle commence par pulvériser en signes), c'est l'expérience totale d'un écrivain. De même, elle se veut *structuraliste*; toutefois il ne s'agit pas des structures littéraires (qu'elle détruit ou qu'elle ignore), mais de structures psychiques, sociologiques, métaphysiques, etc." (Raymond Picard: Nouvelle critique ou nouvelle imposture, S. 119–121)

219 „Le critique ne s'occupera jamais du travail réel de l'écrivain (où R. Barthes parle-t-il des difficultés particulières que Racine a eu à résoudre, des moyens dont il disposait pour les résoudre, des conditions réelles dans lesquelles il se trouvait, sans le savoir nécessairement?), mais du travail littéraire en général: que fait-*on* quand *on* écrit?" (Pierre Macherey: Pour une théorie de la production littéraire, Paris 1966, S. 170)

220 Macherey und die Telqueliens wurden aufgrund dieser Grundhaltung zuerst von Michel Arrivé als Poststrukturalisten bezeichnet: „Leur attitude peut être [...] qualifiée de post- ou d'antistructuraliste" (Postulats pour la description linguistique des textes littéraires, in: Langue Française 3 (1969), S. 3–13, S. 11). Im deutschen Sprachraum war dann im Anschluß an Arrivé zum ersten Mal von „post- bzw. antistrukturalistischen Tendenzen" die Rede (Brütting: ‚écriture' und ‚texte', S. 15).

221 Roland Barthes: La mort de l'auteur [1968], in: ders.: Œuvres complètes, nouvelle édition, Bd. 3, hg. von Eric Marty, Paris 2002, S. 40–45, S. 43. Auch Foucault beschäftigte sich in dieser Zeit mit Wittgenstein, Ryle, Austin und Quine; die Diskursanalyse sah er als Teil der Tendenz, sich dem Gebrauch der Sprache zuzuwenden, vgl. Über verschiedene Arten, Geschichte zu schreiben [Gespräch mit R. Bellour, 1967], in: ders.: Dits et Ecrits, hg. von Daniel Defert und Francois Ewald unter Mitarbeit von Jacques Lagrange, übers. von Michael Bischoff, Hans-Dieter Gondek und Hermann Kocyba, Bd. 1, Frankfurt/M. 2001, S. 750–766, S. 763, vgl. auch die Zeittafel (S. 44f.). Interessante Angaben zu Foucaults Lektüre-Notizen findet man bei: Martin Rueff: ‚Introduction' à L'Archéologie du savoir, in: Les Études philosophiques 153 (2015), S. 327–352. In einem späteren Gespräch mit Nadine Dormoy Savage beschreibt Barthes die Oxford-Philosophie als den Beginn

Strukturalismus. Seine neue Position kombinierte, wie es für den Poststrukturalismus typisch war, eine Entpsychologisierung der Psychologie mit einem behavioristischen Textbegriff. Die Auffassung, daß der Gebrauch von Sprache eine „‚chose' intérieure"[222] in sprachliche Ausdrücke übersetze, wurde klar zurückgewiesen. Gleichzeitig wandte er sich der Praxis des Gebrauchs der Sprache zu. Wenn Barthes' Bestimmung des Textes als „tissu de citations, issues des mille foyers de la culture"[223] Sinn ergeben soll, muß man ‚Zitate' wohl durch ‚Reproduktionen kultureller Muster' ersetzen: Jedes Wort, jeder Vers, jeder Gedankengang, jede Erzählung, so läßt sich Barthes verstehen, ist eine Variation früherer Muster. Selbst dort, wo der Autor sein Innerestes zu offenbaren scheint, kann er nichts formulieren, ohne sich aus einem kulturellen Vorrat zu bedienen. Er vollzieht seine Gesten nach früheren Modellen.[224] Indem er Muster aufnimmt, bildet er Strukturen, die ihm wünschenswert erscheinen, wobei er immer nur begrenzt kontrolliert, was für ein Text zustande kommt.[225]

Leider verloren sich die Bemühungen der französischen Poststrukturalisten um eine behavioristische Revision des Textbegriffs oft in unklaren Formulierungen und irreführenden Bildern. Jacques Derrida etwa redete geheimnisvoll von ‚différance', wo er vielleicht besser so etwas wie ‚Hervorbringung von Mustern' gesagt hätte.[226] Die Schrift setzte er in Analogie mit einer Maschine: „Ecrire, c'est produire

---

der poststrukturalistischen Bewegung: „Le mouvement est parti certainnement de la philosophie oxfordienne" (Rencontre avec Roland Barthes, in: French Review 52/3 (1979), S. 432–439, S. 435).
222 Barthes: La mort de l'auteur, S. 44.
223 Barthes: La mort de l'auteur, S. 43.
224 „[L]'écrivain ne peut qu'imiter un geste toujours antérieur" (Barthes: La mort de l'auteur, S. 43).
225 In diesem Sinn könnte man Moritz Baßler paraphrasieren, der sich Barthes' eigenwillige Verwendung von ‚Zitat' zu eigen macht: „Der Text ist ein Gewebe von Zitaten, und sein Autor ist ein Arrangeur von interessanten Differenzen, deren [...] Implikationen er niemals vollständig kontrolliert." (Vergleichen, was uns ergreift. Von den Kränkungen der Literaturwissenschaft, in: (Be-)Richten und Erzählen, hg. von dems., Cesare Giacobazzi, Christoph Kleinschmidt und Stephanie Waldow, München 2011, S. 47–58, S. 54f.)
226 Daß die Hervorbringung und Gliederung des Verhaltens gemeint ist, wird in der Diskussion seines Vortrags ‚La différance' an der Sorbonne deutlich. Derrida gibt dort zu verstehen, daß man die ‚klassische', von Chomsky erneuerte Terminologie (‚generativ', ‚Kreativität') verwenden könne, um zu paraphrasieren, was mit dem Kunstwort exemplifiziert werden soll: „Ce que déplace le *a* de différance dans le sens de l'activité, du mouvement, de la productivité. La différance est le mouvement ‚producteur' des différences, l'histoire, si l'on peut encore dire, des différences constituées, du langage constitué, de la langue toute faite. [...] De ce point de vue, je ne méconnais nullement ce qu'on se remet à appeler aujourd'hui, dans le langage le plus classique, l'activité créatrice ou générative de l'homme dans son rapport à la langue. Traduite dans ce langage classique, réduite à lui et exposée à tous les risques qu'il comporte, la différance impliquerait aussi cette créativité générative. Disons qu'elle la marque." (Jacques Derrida: La ‚différance': Séance du

une marque qui constituera une sorte de machine à son tour productrice, que ma disparition future n'empêchera pas principiellement de fonctionner, et de donner, de se donner à lire et à réécrire."[227] Dieser Vergleich verfestigte (unbeabsichtigt?) die strukturalistische Idee, daß sich die Zeichen vom Autor lösen und dann von sich aus arbeiten, sich gleichsam aus eigener Kraft organisieren und etwas bewirken. Die Darstellung der Schrift als Maschine ist genauso irreführend wie die von Wimsatt und Beardsley bevorzugte Modell des Organismus, der nach der Geburt eigenständig weiterlebt: „The poem [...] is detached from the author at birth and goes about the world beyond his power to intend about it or control it".[228]

Mit dem Niedergang der französischen Variante des Poststrukturalismus setzte sich die Meinung durch, daß das Schreiben nicht zum Text selbst gehöre, sondern nur zu dessen Herstellungskontext. Die Struktur des Werks (mindestens die Wörter und Sätze, vielleicht auch den Versbau, die Erzählweise, den Verlauf der Geschichte, die Entwicklung des Themas) glaubte man direkt zu erfassen, wohingegen man die schriftstellerische Praxis allenfalls indirekt erschließen zu können meinte. Das Werk schien ein abgeschlossenes Produkt vergangener Arbeit zu sein, das man unabhängig vom Zeichengebrauch untersuchen konnte. Es ist diese in der gegenwärtigen Literaturwissenschaft immer noch verbreitete Auffassung vom Text, mit der man sich genauer beschäftigen muß.

2.3.2 Herstellungszusammenhang und Textzusammenhang

Die „einsame Betrachtung einer ganz isolirten Schrift" hat, wie Friedrich Schleiermacher bemerkt, zur Folge, daß der Schriftsteller „hintangestellt, ja größtenteils ganz vernachläßigt wird".[229] Es geht das Bewußtsein dafür verloren, daß

---

samedi 27 janvier 1968, in: Bulletin de la Société française de Philosophie 62 (1968), S. 75–120, S. 104) Das Wort ‚différance' soll also wohl auf die Kraft hindeuten, aus der Reproduktion und Transformation früherer Muster neues Verhalten hervorzubringen. Vgl. Derrida: Semiologie und Grammatologie, S. 68f. Eine sehr gute Diskussion dieser Ideen ist: Karen Green: Brain Writing and Derrida, in: The Australasian Journal of Philosophy 71/3 (1993), S. 238–255; dies.: A Plague on Both Your Houses, in: The Monist 82/2 (1999), S. 278–303.
227 Jacques Derrida: Signature événement contexte, in: ders.: Marges de la philosophie, Paris 1972, S. 365–393, S. 377.
228 Beardsley und Wimsatt: The Intentional Fallacy, S. 5.
229 Friedrich Schleiermacher: Über den Begriff der Hermeneutik. Erste Abhandlung, in: ders.: Kritische Gesamtausgabe, 1. Abt., Bd. 11: Akademievorträge, hg. von Martin Rössler, Berlin 2002, S. 599–621, S. 610. Das Hauptverdienst Schleiermachers liegt wohl darin, die Integration der Schriftzeichen in Tätigkeiten und deren Einbettung in Kulturzusammenhänge dargelegt zu haben, vgl. Oliver Scholz: Jenseits der Legende. Auf der Suche nach den genuinen Leistungen

die Artikulation eines Gedankens eine „zusammenhängende That"[230] ist. Für Schleiermacher ist die Erklärung von Schriften zugleich eine Erklärung der Schriftsteller. Es sei die Aufgabe der Textanalyse, den Autor „in seiner Thätigkeit ganz zu verstehen".[231] Allerdings psychologisiert Schleiermacher diese Tätigkeit, indem er ständig vom *„inneren* Hergang"[232] der Komposition, vom *„inneren* Verfahren der Dichter"[233] redet und damit vor allem Vorgänge meint, die „im Geist und Gemüth des Componirenden"[234] stattfinden. Der vorrangige Gegenstand seines Interesses ist also nicht das sprachliche Gebilde, sondern der *innere* „Hergang der Composition vom ersten Entwurf an bis zur letzten Ausführung".[235] Dieser Psychologismus wird von nachfolgenden Forschern aufgenommen: Die Textanalyse besteht auch für Wilhelm Scherer darin, „den Entstehungsprozeß des Werkes in der Seele des Autors [zu] erforschen".[236] Hermann Paul glaubt, daß man bei der Untersuchung der „Kompositionsweise"[237] fragen müsse, wie das Werk „in der Seele des Verfassers"[238] zusammengesetzt wurde. Es muß nicht mehr eigens gezeigt werden, daß diese hermeneutische Auffassung des Schreibens vom Mythos der Innenwelt abhängig ist.

Peter Szondi übernimmt zunächst die „genetische Betrachtungsweise"[239]: Er hält es für die Aufgabe der Philologie, eine „Analyse des dichterischen Vorgangs"[240] vorzunehmen und denkt dabei vor allem an eine „Rekonstruktion des Entstehungsvorgangs",[241] bei der das Werk als bloßes „Ergebnis"[242] konstruktiver Tätigkeiten betrachtet wird. Wohl unter dem Eindruck des französischen Poststrukturalismus verändert Szondi in späteren Arbeiten seine Auffassung vom Text. Er will die Schrift nun ausdrücklich „als Tat, also nicht bloß als Dokument, sondern als aktive,

---

Schleiermachers für die allgemeine Hermeneutik, in: Theorien der Interpretation vom Humanismus bis zur Romantik, hg. von Jan Schröder, Stuttgart 2001, S. 265–285.
230 Schleiermacher: Über den Begriff der Hermeneutik, S. 610.
231 Schleiermacher: Über den Begriff der Hermeneutik, S. 615.
232 Schleiermacher: Über den Begriff der Hermeneutik, S. 612 [Herv. V.P.].
233 Schleiermacher: Über den Begriff der Hermeneutik, S. 618 [Herv. V.P.].
234 Schleiermacher: Über den Begriff der Hermeneutik, S. 619.
235 Schleiermacher: Über den Begriff der Hermeneutik, S. 618.
236 Wilhelm Scherer: Goethe-Philologie, in: ders.: Aufsätze über Goethe, Berlin 1886, S. 1–27, S. 17. Die „Einsicht in die Technik der Dichtkunst" setzt Scherer auch sonst in psychologistischer Manier mit der „Einsicht in den Proceß der Entstehung dichterischer Kunstwerke" in eins (Poetik, S. 44).
237 Paul: Methodenlehre, S. 234.
238 Paul: Methodenlehre, S. 229.
239 Szondi: Einführung in die literarische Hermeneutik, S. 164.
240 Szondi: Über philologische Erkenntnis, S. 286.
241 Szondi: Über philologische Erkenntnis, S. 280.
242 Szondi: Über philologische Erkenntnis, S. 271, 275.

aktuelle Äußerung des Lebens"[243] betrachten. Die Aufgabe, „den Dichter in seiner Tätigkeit zu verstehen",[244] bedeutet jetzt nicht länger, Texte genetisch zu untersuchen. Denn die Tätigkeiten werden nicht mehr nur im Entstehungskontext angesiedelt, sondern im Text selbst verortet. Entsprechend konzentriert sich Szondi in seinen Celan-Studien auf die *verwendeten* Wörter und analysiert ihren „besonderen Gebrauch [emploi particulier]"[245] im Gedicht. Indem er Sprachverwendung und Sprachgebilde zusammenbringt, übernimmt er den Schriftbegriff der Poststrukturalisten.[246] Zwar haben die Telqueliens ihre Neufassung des Textbegriffs mit einer Parteinahme für spielerisch-antirealistische Formen des Schreibens verbunden; doch man kann ihre Reflexionen für richtig halten, ohne diese Wertsetzung übernehmen zu müssen.[247]

---

243 Szondi: Schleiermachers Hermeneutik heute, S. 112; ders.: Einführung in die literarische Hermeneutik, S. 163.
244 Szondi: Schleiermachers Hermeneutik heute, S. 128.
245 Peter Szondi: Durch die Enge geführt. Versuch über die Verständlichkeit des modernen Gedichts, übers. von Jean Bollack, in: ders.: Schriften, Bd. 2, Frankfurt/M. 1978, S. 345–389, S. 345f. [Lecture de Strette. Essai sur la poésie de Paul Celan, in: Critique 27/288 (1971), S. 387–420, S. 388].
246 Nach Jean-Louis Baudry besteht die schriftstellerische Arbeit darin, eine Produktion in das Produkt einzuschreiben und lesbar zu machen: „Dans la pratique scripturale, la production est inscrite et lisible dans son produit." (Linguistique et production textuelle, in: Tel Quel: Théorie d'ensemble, Paris 1968, S. 351–364, S. 362) Ähnlich Jean-Louis Houdebine: „L'étude présentée ici vise au contraire à mettre en avant la notion de texte, qui, s'il présente bien comme produit [...], manifeste en même temps dans sa texture même le processus de sa propre production (*écriture*)" (Première approche de la notion de texte, in: Tel Quel: Théorie d'ensemble, Paris 1968, S. 270–284, S. 282). Auch Jean Ricardou will Zeichen nicht als Kommunikations- oder Ausdrucksmittel darstellen, sondern als ein Material, mit dem gearbeitet wird, wobei der Text nicht nur *Ergebnis*, sondern auch *Ort* dieser Arbeit ist: „Loin de se fonder sur un quelque chose à dire, le texte est plutôt pensé, dorénavant, à partir d'un *quelque chose à faire*. Pris dans une procédure de production, il est à la fois le lieu et l'effet d'un certain travail." (Penser la littérature aujourd'hui, in: Marche romane 21/12 (1971), S. 7–17) Schließlich bestimmt auch Roland Barthes den Text durch die schriftstellerische Praxis: „Le texte est une pratique signifiante, privilégiée par la sémiologie parce que le travail par quoi se produit la rencontre du sujet et de la langue y est exemplaire; c'est la ‚fonction' du texte que de ‚théâtraliser' en quelque sorte ce travail." (Texte (théorie du) [1973], in: ders.: Œuvres complètes, nouvelle édition, Bd. 4, hg. von Eric Marty, Paris 2002, S. 443–459, S. 447f.)
247 Die Annahme, die Texttheorie der Telqueliens wende sich „gegen Auffassungen, die [...] Texte als kommunikativ, darstellend oder expressiv begreifen" (Klaus Hempfer: Poststrukturale Texttheorie und narrative Praxis. Tel Quel und die Konstitution eines nouveau nouveau roman, München 1976, S. 31), wird durch einige extreme Formulierungen der Gruppe gestützt. Man kann jedoch wohlwollend erwägen, ob sich die Kritik nicht vor allem gegen die Hypostasierung, Verselbständigung und Überbewertung des Inhalts richtet, bevor man sie als unzweideutige „Verneinung der Inhaltlichkeit von Texten" (S. 33) deutet. Hempfer hat einige Ungereimtheiten der französischen Poststrukturalisten richtig identifiziert. Der Versuch, den Textbegriff der Autoren

Unter dem Einfluß der Vorstellung, daß der Text ein für sich bestehendes Gebilde sein müsse, fällt es nicht leicht, den Gedanken zu akzeptieren, daß mit den Wörtern, aus denen ein Text besteht, etwas getan wird. So wirft Klaus Hempfer dem Poststrukturalismus eine naive „Verwechslung von Genese und Struktur"[248] vor. Ähnliche Einwände erhebt Seymour Chatman gegen Barbara Herrnstein Smiths Vorschlag, Erzählungen als Formen des „verbal behavior"[249] und nicht als losgelöste Strukturen zu begreifen. Chatman sieht richtig, daß Smith mit ihrer Kritik nicht nur die strukturalistische Erzähltheorie angreift, sondern auch die traditionelle Zeichen- und Sprachtheorie in Frage stellt.[250] Seine Verteidigung des literaturwissenschaftlichen Strukturalismus besteht dann aber im Wesentlichen darin, die Unabhängigkeit des sprachlichen Produkts von den Tätigkeiten des Autors zu bekräftigen.[251] Diese Antwort auf die poststrukturalistische Herausforderung hat deshalb eine große Überzeugungskraft, weil man bei den Begriffen ‚Verhalten' und ‚Tätigkeit' zuerst an Körperbewegungen denkt. Wenn jemand die Hand hebt, um zu grüßen, oder nickt, um Zustimmung zu signalisieren, ist der Ort, an dem etwas getan wird, der Ort, an dem die Person ihren Körper bewegt. Auch die Sprache ist an Ausdrucksbewegungen gebunden: Menschen fluchen, lästern oder beichten dort, wo sie die entsprechenden Laute hervorbringen. Das Verhalten erstreckt sich über einen bestimmten Zeitraum und wird abgeschlossen. Wer

---

insgesamt lächerlich zu machen und die strukturalistischen Gemeinplätze zu bekräftigen, vermag hingegen nicht zu überzeugen. Mit der einfachen Behauptung, daß der Strukturalismus die Probleme der traditionellen Literaturwissenschaft „bereits grundsätzlich überwunden" (S. 32) habe, macht er es sich zu einfach.
248 Hempfer: Poststrukturale Texttheorie und narrative Praxis, S. 35, vgl. S. 43, 48, 108, 150. Interessanterweise bemängelt Hempfer die „völlige Ausschaltung des Autors" (S. 51) und beklagt sich zugleich über die Einbeziehung des für die Sprachverwendung „verantwortlichen Autors" (S. 52). Mit größerem Wohlwollen wird die behavioristische Textauffassung der Telqueliens von Gerd Antos und Manfred Beetz diskutiert (vgl. Die nachgespielte Partie. Vorschläge zu einer Theorie der literarischen Produktion, in: Analytische Literaturwissenschaft, hg. von Peter Finke, Wiesbaden 1984, S. 90–141).
249 Barbara Herrnstein Smith: Narrative Versions, Narrative Theories, in: Critical Inquiry 7/1 (1980), S. 213–236, S. 232.
250 „Barbara Herrnstein Smith's [...] ‚Narrative Versions, Narrative Theories' [...] strikes at the heart of the theory [of narrative fiction, V.P.] and beyond at basic tenets of linguistics and semiotics as we know them." (Seymour Chatman: Reply to Barbara Herrnstein Smith, in: Critical Inquiry 7/4 (1981), S. 802–809, S. 802)
251 Smith sei „less concerned with the definition of a narrative text as such and more with the conditions of production of narratives" (Seymour Chatman: Reply to Barbara Herrnstein Smith, S. 806).

nur an diese Beispiele von Tätigkeiten denkt, wird sich mit dem Vorschlag schwertun, daß auch in einem unbeweglichen Schriftwerk etwas mit Sprache getan wird.

Doch es gibt noch andere Beispiele für Tätigkeiten: Die Aussage, daß der Bildhauer Jean-Antoine Houdon den Winter als eine Frierende darstellt, bezieht sich nicht nur auf das, was er tut, *während* er arbeitet, sondern auch auf die abgeschlossene Skulptur. Die Aussage, daß Claude Lorrain das klassische Altertum zitiert, charakterisiert den Gebrauch der künstlerischen Mittel, der das Gemälde konstituiert, und nicht die Verrichtungen bei der Herstellung des Gemäldes.[252] Ähnlich verhält es sich mit Sprachgebilden: Die Niederschrift der Wörter ist nicht dasselbe wie die Verwendung dieser Wörter im Rahmen des Textes. Wie man wahrnehmen kann, daß ein Maler auf eine bestimmte Weise mit Farben und Formen arbeitet, obwohl man nicht genau weiß, wie sein Gemälde zustande gekommen ist, so kann man nachlesen, wie die Wörter im Text verwendet werden, auch wenn man den Prozeß der Entstehung der Schrift nicht in seinen Einzelheiten kennt. Zeugnisse der Entstehung können hilfreich sein und das Verständnis befördern, aber es ist nicht zwingend notwendig, die einzelnen Arbeitsschritte zu rekonstruieren, um die künstlerische Tätigkeit zu erfassen.

Zwar muß man das Zustandekommen des Textes nicht im Einzelnen kennen und oft nicht einmal den Namen des Verfassers wissen, um zu verstehen, was jemand im Text zu tun versucht, aber daraus ergibt sich natürlich nicht, daß man den Text unabhängig von seiner Entstehung analysieren kann. Annahmen über das sprachliche Gebilde erzwingen Annahmen über den Kontext der Entstehung – allerdings nicht über den genauen Verlauf der Herstellung vom ersten Entwurf bis zum fertigen Produkt.[253] Man unterstellt etwa, daß dem Autor ein Vorrat von Mustern zur Verfügung stand, daß er das Gelingen oder Mißlingen auf verschiedenen Ebenen nach den Kriterien einer bestimmten Wertschätzungsgemeinschaft beurteilt hat, daß er eine Aussage hätte

---

[252] Zu künstlerischen Tätigkeiten im Hinblick auf die Malerei vgl. John Hyman: The Objective Eye, S. 59–72; weiterführend: Oliver Scholz: Bildspiele, in: Image and Imaging in Philosophy, Science and the Arts, hg. von Richard Heinrich, Elisabeth Nemeth, Wolfram Pichler und David Wagner, Frankfurt/M. 2011, S. 365–381.

[253] Vgl. Harris: Rethinking Writing, S. 84. Wenn man eine „genetische Betrachtungsweise" (Szondi: Über philologische Erkenntnis, S. 164) empfiehlt, entsteht der falsche Eindruck, man müsse zwingend alle Stufen der Entwicklung rekonstruieren, nicht bloß die Motive des Autors, den Text gerade so und nicht anders zu gestalten.

weglassen, weiter ausführen oder in anderen Worten formulieren können, daß ihn eine bestimmte Textbeschaffenheit zufriedengestellt hat.

Es lohnt sich, einen Moment bei dem Begriff des ‚Schreibens' zu verweilen, denn an seinen Verwendungen läßt sich die fehlerhafte Reduktion schriftstellerischer Tätigkeiten auf Tätigkeiten im Entstehungsprozeß gut verdeutlichen. Im engeren Sinn bezeichnet ‚Schreiben' das Auftragen von graphischen Mustern auf eine geeignete Oberfläche, eine Tätigkeit, die eine bestimmte Dauer hat und mit einer gewissen Geschwindigkeit ausgeführt wird. Anders wird der Begriff in der Aussage ‚der Autor schreibt: z' (wobei z ein Zitat ist) oder etwa ‚der Autor schreibt, daß p' (wobei p eine freiere Wiedergabe des Geschriebenen ist) angewendet. Hier bezeichnet der Begriff nicht die Niederschrift, sondern den aufeinander abgestimmten Gebrauch der Wörter. Diese Mehrdeutigkeit hat eine lange Tradition: ‚Scribere' kann sowohl die Niederschrift von Zeichen als auch die Komposition des Werks meinen. Entsprechend ist ein ‚scriptor' jemand, der sich eines Schreibwerkzeugs bedient, zuweilen aber auch der Verfasser, der für den Gebrauch der sprachlichen Ausdrücke verantwortlich ist.[254] Horaz, der in seinem Brief an die Pisonen auf die kognitiven Voraussetzungen (*sapere*) des richtigen Schreibens (*recte scribere*) hinweist, bezieht sich sicher nicht auf die Fähigkeit, ein Schreibwerkzeug zu handhaben, sondern ihm geht es um die Geschicklichkeit, die ein Dichter im Aufbau seines Werks zeigt, und um die moralischen Einsichten, die er darin einfließen läßt.[255] Die Kriterien, nach denen bestimmt wird, was ein Verfasser ‚geschrieben' hat und was nicht, sind manchmal nicht leicht anzugeben. Bei einem Diktat etwa ist der Schreiber, der die Wörter aufs Papier bringt, nicht der Autor, der die Wörter verwendet und in diesem Sinn ‚schreibt'. Bei kollektiver Autorschaft kann man gegebenenfalls von allen an der Konzeption beteiligten Personen sagen, daß sie die Wörter ‚schreiben'.

---

254 Roy Harris macht darauf aufmerksam, daß die Nomina Agentis ‚writer', ‚scriptor', ‚ecrivain' nicht nur den Hervorbringer von Schrift bezeichnen (Rethinking Writing, London 2000, S. 8–10). Er zieht in Erwägung, den Begriff einzuschränken: „Although written signs are often referred to as signs *used* by the writer, [...] it would be less misleading to say that in writing the writer *creates* written signs" (S. 162). Für die Literaturforschung ist dieser Vorschlag nicht zweckmäßig. Der verwendungsbezogene Begriff des Schreibens ist so stark etabliert (man denke an: ‚Schreibweise', ‚schlecht geschrieben' usw.), daß eine derartige Normierung nicht zwanglos möglich ist.

255 Horaz: Ars Poetica, v. 309; vgl. Charles Brink: Horace on Poetry, S. 338. Friedrich Kainz versteigt sich zu der folgenden Behauptung: „Heute ist die Verbindung [!] des Schreibens mit der Gedankenformulierung und Gestaltung im sprachlichen Material so eng geworden, daß man mit dem Wort ‚schreiben' zumeist *sie* im Auge hat." (Psychologie der Sprache, Bd. 4: Spezielle Sprachpsychologie, Stuttgart 1967, S. 31) ‚Schreiben' bezeichnet, wie man am Beispiel Horaz sehen kann, schon lange eine Form der sprachlichen Gestaltung und Gedankenformulierung mittels Schriftzeichen.

Der Unterschied von Aussagen über die Herstellungsaktivitäten im Entstehungskontext und Aussagen über die schriftstellerische Praxis läßt sich an dem folgenden Beispiel gut illustrieren:

> Horaz [...] schrieb [...] an einer Sammlung von Liedern (den dann im Jahr 23 veröffentlichten sogenannten ‚Oden'), in denen die Versmaße der größten griechischen Lyriker unter anderem dazu verwendet wurden, den *Caesar*, wie er sich noch immer oft nannte, als Retter und Heiland seines Volkes zu feiern, ja ihm nach seinem Tod eine Zukunft neben Halbgöttern wie Hercules und Romulus zu verheißen.[256]

Hier wird erst auf die zeitlich ausgedehnte Arbeit an einer Gedichtsammlung Bezug genommen. Die Charakterisierung der Oden bezieht sich dann aber auf die sukzessive Verwendung der prestigeträchtigen Versmaße im Zusammenhang des Werks, das man immer wieder rezitieren und in seinem Ablauf untersuchen kann. Horaz zeigt sich in seinen Oden – und nicht bei ihrer Entstehung – als ein Autor, der bestimmte Versmaße verwendet, um Augustus zu loben. Im Entstehungskontext kann der Autor diese Selbstpräsentation verändern, bis er mit ihr zufrieden ist. Er prüft also nicht bloß Wörter, sondern ihren Gebrauch und damit auch die Art und Weise, wie er sich in seinem Werk inszeniert. Seine Streichungen und Ersetzungen verändern, was er im Gedicht vollzieht. Spätere Leser registrieren dann (oder glauben zu registrieren), wie sich der Autor im Text zeigt. Sie nehmen zwar nicht die Niederschrift der Zeichen wahr, beobachten aber (mehr oder weniger erfolgreich) ihren Gebrauch.

Es sprechen also keine grundsätzlichen Argumente dagegen, die behavioristische Sprach- und Dichtungsauffassung auf Literatur auszudehnen. Die Entwicklung eines Schriftsystems ermöglicht ein Spektrum von neuen Verhaltensweisen.[257] Es wird möglich, Zustimmung oder Ablehnung auszudrücken, etwas darzustellen oder sich zu beklagen, ohne die Wörter, die man dafür braucht, mündlich zu äußern. Wenn man liest, wie David Hume die Argumente widerlegt, die für die Lehre von der Unsterblichkeit der Seele angeführt wurden, beschäftigt man sich sowohl mit der Sprachverwendung Humes als auch mit seiner Abhandlung *Of the Immortality of the Soul*. Indem man sich auf das eine konzentriert, konzentriert man sich notwendigerweise auf das andere. Ein Zeitgenosse Humes, der ihn seine Aussagen vor sich hin murmeln hörte oder dabei zuschaute, wie er sie aufs Papier brachte, war nicht ‚näher' an der Sprachverwendung als ein späterer Leser, der lediglich die Handschrift oder den Druck

---

[256] Wilfried Stroh: Ovids Enzyklopädie der Liebe, in: Ovid: Die erotischen Dichtungen, übers. von Viktor von Marnitz, Stuttgart 2001, ix–lviii, xi.
[257] Hacker: Forms of Life and Language Games, S. 20f.

vor sich hat. Denn der Ort, an dem Hume die Lehre von der Unsterblichkeit der Seele entkräftet, ist der Ort, an dem die Wörter stehen, die er dafür verwendet.

2.3.3 Prozeßcharakter sprachlicher Gebilde

Wörter, Sätze, Satzfolgen, Verse sowie Geständnisse, Beschreibungen, Lobreden, Anrufungen und Gleichnisse sind aus sprachlichen Elementen aufgebaute Produkte, die in einer geordneten Folge von Teilen präsentiert werden. Eine Erzählung, die schriftlich dargeboten wird, durchläuft Entwicklungsstadien und kommt an ein Ziel, nimmt jedoch im Unterschied zum Gesang oder zum Tanz keine Zeit in Anspruch: Das Lesen des Geschriebenen ist ein zeitlich ausgedehnter Vorgang, nicht aber die schriftliche Erzählung, in der die Wörter im räumlichen Nebeneinander präsentiert werden. Man verweist auf eine feststehende Sequenz von geschriebenen Sätzen, wenn man angibt, wo eine bestimmte Begebenheit erzählt wird.

Wenn von der ‚Struktur' eines sprachlichen Gebildes die Rede ist, muß man immer bedenken, daß die Elemente dieser Struktur in sukzessive Tätigkeiten eingebettet sind. Der Philosoph und Sprachforscher James Harris unterscheidet in seinen *Three Treatises* (1744) zwischen Künsten, die ein „Work, or Thing done" hervorbringen, und solchen, die eine „Energy or Operation"[258] produzieren, wobei er Rede und Dichtung in die letztere Kategorie einordnet. Die funktionale Integration der Elemente zu einem Ganzen erfolge nach einer vom Autor festgelegten Ordnung: „The whole of an Oration, or a Poem, as it must be either heard or perused, consists of Parts not taken at once, but in a due and orderly succession."[259] Lessing diskutiert das Sukzessive der Poesie als Wesensmerkmal dichterischer Darstellungen nicht nur im *Laokoon*, sondern auch in der Studie *Über das Epigramm*. Dort erläutert er die „Form"[260] dieser Dichtungsart, indem er den charakteristischen Ablauf, den „Gang des Sinngedichts",[261] bestimmt. In Abgrenzung von einer statischen und isolierenden Auffassung von der Komposition eines Werks hat Jurij Tynjanov die Idee

---

258 „Call every *Production*, the *Parts of which exist successively*, and *whose Nature hath its Being or Essence in a Transition*, call it, what it really is, [...] an *Energy* – Thus a Tune or a Dance are Energies; thus Riding and Sailing are Energies; and so is Elocution, and so is Life itself. On the contrary, call every *Production*, whose *Parts exist all at once*, and *whose Nature depends not on a Transition for its Essence*, call it a Work or, *Thing done*, not an *Energy* or Operation. Thus a House is a Work, a Statue is a Work and so is a Ship, and so is a Picture." (Three Treatises, in: ders.: The Works of James Harris, London 1801, S. 1–204, S. 23)
259 James Harris: Philological Inquiries, London 1781, S. 116f.
260 Gotthold Ephraim Lessing: Anmerkungen über das Epigramm [1771], in: ders.: Werke und Briefe, Bd. 7, hg. Klaus Bohnen, Frankfurt/M. 2000, S. 179–290, S. 184.
261 Lessing: Anmerkungen über das Epigramm, S. 198, 217.

einer „sich entfaltende[n] dynamische[n] Ganzheitlichkeit"²⁶² erneuert. Einen Strukturbegriff, der die dynamische Integration der Elemente verstärkt berücksichtigt, vertrat zumindest in Ansätzen auch Richard Alewyn: ‚Struktur' bedeutete für ihn „Bewegung in der Zeit" *und* „Verteilung im Raum".²⁶³ Daneben waren es vor allem neo-aristotelische Literaturwissenschaftler, die besonderen Wert darauf legten, literarische Werke als „developing wholes"²⁶⁴ zu begreifen, als sprachliche Erzeugnisse also, deren Verlauf mit Begriffen wie ‚Exposition', ‚Komplikation' und ‚Lösung' beschrieben werden kann. Sprachgebilde sind, wenn man diese aristotelische Perspektive einnimmt, Produkte, deren Struktur darin besteht, was mit den sprachlichen Zeichen nacheinander zustande gebracht wird. Man erklärt demzufolge die Struktur des Textes, indem man angibt, in welche Richtung der Verfasser den Text entwickelt, welche Wendungen er gestaltet und auf welche Punkte er zusteuert.²⁶⁵

Während die neo-aristotelische Strukturauffassung mit dem poststrukturalistischen Textbegriff teilweise in Einklang gebracht werden könnte, ist die von manchen Literaturtheoretikern aufgestellte These, daß Texte eigentlich Ereignisse seien, ungereimt.²⁶⁶ Der Verlauf eines Textes ist nicht der Verlauf eines Ereignisses. Zwar spezifizieren Begriffe wie ‚Material anordnen', ‚etwas zeigen', ‚etwas symbolisieren'

---

262 Jurij Tynjanov: Das Problem der Verssprache. Zur Semantik des poetischen Textes [1924], übers. und eingel. von Inge Paulmann, München 1977, S. 40. Zur Entwicklung von Tynjanovs Strukturbegriff vgl. Klaas-Hinrich Ehlers: Das dynamische System. Zur Entwicklung von Begriff und Metaphorik des Systems bei Jurij Tynjanov, Frankfurt/M. 1992.
263 Alewyn: Deutsche Philologie, S. 185.
264 James Phelan: Reading People, Reading Plots. Character, Progression, and the Interpretation of Narrative, Chicago 1989, S. 211. Zur Einordnung dieser neo-aristotelischen Denkweise: ders.: Art. Narrative Progression, in: Routledge Encyclopedia of Narrative Theory, hg. von David Herman, Manfred Jahn und Marie-Laure Ryan, London 2005, S. 359–360. Ronald Crane benutzt in seinem eindrucksvollen Aufsatz über Fieldings *Tom Jones* das Wort „plot" für „the particular temporal synthesis effected by the writer of the elements of action, character, and thought that constitute the matter of his invention" (The Concept of Plot and the Plot of Tom Jones, in: Critics and Criticism. Ancient and Modern, hg. von dems., Chicago 1952, S. 616–646, S. 620). Andrew Wright hat allerdings Recht, daß es besser ist, hier Begriffe wie ‚Aufbau' oder ‚Struktur' zu verwenden (Henry Fielding. Mask and Feast, Berkeley 1965, S. 72, 200).
265 Vgl. Hans Günther Bickert: Studien zum Problem der Exposition im Drama der tektonischen Bauform. Terminologie, Funktionen, Gestaltung, Marburg 1969; ders.: Expositionsprobleme des tektonischen Dramas, in: Beiträge zur Poetik des Dramas, hg. von Werner Keller, Darmstadt 1976, S. 39–70; Noël Carroll: Narrative Closure, in: ders.: Art in Three Dimensions, Oxford 2010, S. 355–375. Die Sequenzierung und thematische Organisation behandelt mit sprachwissenschaftlichen Schwerpunkten: Gerd Fritz: Dynamische Texttheorie, 2. Aufl., Gießener Elektronische Bibliothek 2017 [http://geb.uni-giessen.de/geb/volltexte/2017/12601].
266 Klaus Weimar bezeichnet das literarische Werk als ein „Ereignis" (Enzyklopädie der Literaturwissenschaft, S. 163). So auch Derek Attridge: „The statement that a work is not an object

und ‚ein Sujet entfalten', was im Text geschieht. Von solchen Vollzügen abgeleitete Begriffe wie ‚Aussage', ‚Darstellung' oder ‚Erzählung' identifizieren jedoch die *Produkte*, die zustande kommen. Man muß also 1. den *Satz*, 2. die *Verwendung* des Satzes, um etwas zu behaupten, 3. das Sprachgebilde, die aufgestellte *Behauptung*, auseinanderhalten. Nur das Resultat ‚Behauptung' kann als klar oder unklar, wahr oder falsch usw. beurteilt werden – nicht aber der Satz oder seine Verwendung. In der Beschäftigung mit Texten kann man verschiedene Aspekte zum Gegenstand der Diskussion machen:

Zeichen: Ein Text besteht aus den sprachlichen Ausdrücken, von denen unterstellt wird, daß der Autor sie verwendet.
Sprachliche Tätigkeiten: Ein Text ist nicht erschöpfend beschrieben, wenn man erwähnt hat, welche Zeichen er enthält. Ein Text ist auch durch das bestimmt, was mit diesen Zeichen *getan* wird: a) einen Satz formulieren, b) auf etwas Bezug nehmen und etwas davon aussagen, c) auf etwas Entlegenes anspielen, d) einen Dialog wiedergeben, e) etwas gestehen u.a.m.
Höherstufige Sprachgebilde: Abhängig davon, wie die Verwendung der Ausdrücke zu klassifizieren ist, enthalten Texte die entsprechenden Produkte, z.B. a) einen Satz, b) eine Aussage, c) eine entlegene Anspielung, d) die Wiedergabe eines Dialogs, e) ein Geständnis.[267]

Die höherstufigen Produkte können immer wieder in Formen des Sprachverhaltens aufgelöst werden: Mit der Aussage, daß ein Text ein Gleichnis enthalte, wird unterstellt, daß die Zeichen verwendet werden, um ein Gleichnis schrittweise zu präsentieren. Der Weg zum Verstehen höherstufiger Produkte verläuft über die Analyse des aufeinander aufbauenden *Gebrauchs*. Man muß analysieren, wie die Wörter vom Autor sukzessiv verwendet werden, damit man einen Satz versteht oder der Entfaltung eines Themas folgen kann. Mit den Wörtern, aus denen Lehrgedichte, Satiren, platonische Dialoge, Erzählungen und Trauerspiele bestehen, *wird etwas getan*, das richtig oder falsch ausgelegt werden kann.[268] Es gilt also zu erkennen,

---

but an event may be a truism, but it is a truism whose implications have generally been resisted." (The Singularity of Literature, London 2004, S. 59)
[267] Hierhin gehört der Begriff ‚Form'. Die Form, die der Sprachgebrauch annimmt, kann nicht auf das Sprachmaterial reduziert werden, mit dem ein Werk gestaltet wird: „Just as we should not define a chair as wood which has such and such characteristics – for a chair is not a kind of wood but a kind of furniture – so we ought not to define poetry as a kind of language. The chair is not wood but wooden; poetry is not words but verbal." (Elder Olson: William Empson, Contemporary Criticism and Poetic Diction, S. 21)
[268] Erzählungen werden als „Form der Sprachverwendung" bestimmt in: Tom Kindt und Tilmann Köppe: Einführung in die Erzähltheorie, Stuttgart 2014, S. 74.

wie die Ausdrücke sich zu Einheiten höherer Ordnung zusammenschließen, die dann einen Beitrag zum Fortschritt des Lehrgedichts, der Satire, der Tragödie etc. leisten.

2.3.4 Schriftliche Sprachverwendung

Bei fast jeder literaturtheoretischen Diskussion von John Austins Sprachauffassung werden routinemäßig der Fachausdruck ‚Sprechakt' und die berühmte Einteilung in ‚lokutionäre', ‚illokutionäre' und ‚perlokutionäre' Akte angeführt.[269] Mit der ehrfürchtigen Übernahme dieser Fachausdrücke werden die Erkenntnisse, die Austin für die Literaturwissenschaft bereithält, manchmal eher verdeckt, denn ein Großteil dieser Terminologie ist auf den besonderen Fall zugeschnitten, daß ein *Sprecher* etwas tut, indem er etwas *sagt*. Diese doppelte Einschränkung führt dazu, daß viele Sprachverwendungen ignoriert werden, die Literaturwissenschaftler berücksichtigen müssen.[270] Wenn man alle Erscheinungsformen von Sprache einbeziehen will, die von Grammatik, Verslehre, Rhetorik, Erzähl- und Dramentheorie behandelt werden, ist Austins Einteilung unzweckmäßig.[271] Da der Ausdruck ‚Sprechakt' an Tätigkeiten denken läßt, die realisiert werden, indem man Wörter *ausspricht*, entsteht bei seiner Anwendung auf Texte außerdem der Eindruck, daß die Schrift als Fixierung oder Ersatz gesprochener Sprache gedeutet

---

[269] „[T]exts are acts" (Skinner: Regarding Method, S. 120). „[A] literary work is a speech act" (Juhl: Interpretation, S. 219, vgl. S. 233, 238); „it is part of our concept of a literary work that it is (the record of) a speech act" (S. 288); „the meaning of a literary work is essentially like the meaning of a speech act" (S. 240). Zuweilen formuliert Juhl klarer: „[T]he text represents a person's (intentional) action" (S. 84), der Text sei „the record of someone's use of the words" (S. 109). Diese Formulierung legt Juhl nicht, wie Frank Kermode meint, auf die These fest, „that a poem derives its meaning solely from being an intentional act" (The Single Correct Interpretation, in: ders.: Essays on Fiction, London 1983, S. 201–220, S. 208). Juhls monomanisches Wiederholen der Ausdrücke ‚Bedeutung des Textes' und ‚Absicht des Autors' verleitet zwar zu dem Schluß, er wolle den Sinn des Gedichts von den Absichten ableiten. Seine eigentliche Behauptung betrifft jedoch einen begrifflichen Zusammenhang: „To understand a literary work *is*, in virtue of our concept of the meaning of a literary work, to understand what the author intended to convey or express" (Interpretation, S. 47). Die Schwachstelle seiner Theorie ist, daß sie das Werk auf die Werkbedeutung reduziert und diese wiederum auf die Mitteilung einschränkt: „[O]ur concept of the meaning of a literary work appears to involve the notion of an author's intentional activity, of his actual use of the words in question to express or convey something" (S. 48).
[270] Vgl. Karlheinz Stierle: Text als Handlung. Perspektiven einer systematischen Literaturwissenschaft, München 1975, S. 8f., 14–17.
[271] John Austin erwähnt einiges von dem, was er nicht einbezieht, z.B. expressive und spielerische Verwendungen von Sprache, vgl. How to Do Things with Words, S. 103–105.

wird.²⁷² Man übersieht dabei, daß man im Text etwas konstruiert, erklärt oder darstellt, indem man Wörter *schriftlich* einsetzt. Daher ist ‚Sprachgebrauch' als Ausdruck besser geeignet als ‚Sprechakt'. Zugegeben, es ist ein „hopelessly [...] wide word",²⁷³ aber das ist genau das, was eine Philosophie der Philologie benötigt.

Wie John Reichert zeigt, ist die Verwendung von Begriffen, die sich auf den *Sprachgebrauch* beziehen, den meisten Strömungen der Literaturwissenschaft gemeinsam: „Much criticism tacitly assumes [...] that the author does something with the reader by means of the text."²⁷⁴ Allerdings wird dieser Umstand von manchen Richtungen der Literaturwissenschaft systematisch verdrängt. Möglicherweise auch deshalb, weil es nicht leichtfällt, Begriffe zu finden, die den Text als Ort der Sprachverwendung darstellen und nicht als bloßes Produkt. Wayne Booth wollte unter der Überschrift ‚Rhetorik' alles das erforschen, was Autoren tun, indem sie ihre Texte schreiben, wobei die Bemühung des Verfassers, ein zufriedenstellendes Ganzes zu konstruieren, und seine Selbstpräsentation als verschiedene Aspekte derselben Sprachverwendung analysiert werden sollten.²⁷⁵ Die Autoren im Umfeld von *Tel Quel* entwickelten (teils sehr nützliche) Fachausdrücke wie ‚pratique textuelle', ‚pratique scripturale', ‚pratique signifiante' oder ‚production textuelle', mit denen sie die Dissoziation des Textes von der schriftstellerischen Arbeit überwinden wollten.²⁷⁶ Auch wenn sie die Idealisierung von Autoren noch entschiedener zurückwiesen als Booth, zeigten sie ein ähnlich lebhaftes Interesse an der ‚Rhetorik', die sich in einem Text zur Nachahmung, Kommentierung und Fortsetzung anbietet. Man kann ihre Beiträge daher als Versuche verstehen, die Fixierung auf das im Text

---

272 Statt die Eigenart des Schreibens und Lesens zu analysieren, konzipiert Konrad Ehlich Produktion und Rezeption von Schrift als *Sprech*situationen. Er beschwört in seinen Arbeiten das Bild einer „zerdehnten Sprechsituation" (Zum Textbegriff, in: ders.: Sprache und sprachliches Handeln, Bd. 1, Berlin 2007, S. 531–549, S. 542.).
273 Austin: How to Do Things with Words, S. 100.
274 Reichert: Making Sense of Literature, S. 60.
275 Wayne Booth weiß sehr genau, was für eine Art von Begriff er sucht: „We can be satisfied only with a term that is as broad as the work itself but still capable of calling attention to that work as the product of a choosing, evaluating person rather than a self-existing thing." (Wayne Booth: The Rhetoric of Fiction, 2. Aufl., Chicago 1983, S. 74) Einen solchen Terminus wollten auch die französischen Poststrukturalisten finden. Was Booths weitere Definitionsversuche anbelangt, so muß man leider feststellen, daß sie eher mißverständlich sind. Besonders irreführend sind die Erklärungsansätze, die Rhetorik als eine Kunst der Kommunikation mit dem Leser darstellen.
276 Zum Textbegriff der Telqueliens vgl. Celia Britton: The Nouveau Roman. Fiction, Theory and Politics, London 1992; dies.: Structuralist and Poststructuralist Psychoanalytic and Marxist Theories, in: The Cambridge History of Literary Criticism, hg. von Ramsey Selden, Cambridge 1993, S. 197–252, S. 241–244.

Dargestellte und Ausgedrückte zu überwinden und das Bewußtsein für die Schreibverfahren und die Formen der Textentfaltung zu schärfen.[277]

‚Verhalten', ‚Praxis', ‚Arbeit', ‚Gestaltung', ‚Rhetorik', ‚Verfahren' oder ‚Strategie' eignen sich aus Sicht des literaturwissenschaftlichen Poststrukturalismus als orientierende Begriffe, die dann im Gang der Untersuchung gegebenenfalls durch spezifischere Angaben zu ersetzen sind. Auch ‚Kunst' eignet sich, solange man den Begriff nicht mit einer Demutshaltung gegenüber dem Sprachkunstwerk verbindet, zur gedanklichen Orientierung. Verschiedene Ebenen der Sprachverwendung lassen sich in Anlehnung an Richard Heinzes sorgfältigen Überblick über die Aufgaben der Literaturforschung als verschiedene „Seiten literarischer Kunst"[278] verstehen: Die sprachliche Arbeit („sprachliche Kunst",[279] „sprachschöpferische Tätigkeit"[280]) umfaßt etwa die Bildung von Redefiguren, die Kunst der Periodisierung, die rhythmische und metrische Gestaltung der Rede. Mit dem Begriff „literarische Technik" kann man alle „künstlerische Arbeit" bezeichnen, die sich in der „Gestaltung des überlieferten, tatsächlich vorliegenden oder von der Einbildungskraft konzipierten Stoffes"[281] manifestiert. Wenn man an dem Aufbau eines Dramas, eines Epos, einer Satire interessiert ist, kann man sich dem Werk nähern, indem man die dramatische, epische oder satirische Technik analysiert.[282]

---

277 „The composition, the rhetoric, the construction, the rhythm of his [Samuel Beckett's] works, even the ones that seem the most ‚decomposed', that's what ‚remains' finally the most ‚interesting', that's the work, that's the signature [...]." (Jacques Derrida: Acts of Literature, hg. von Derek Attridge, London 1992, S. 61)
278 Richard Heinze: Die gegenwärtigen Aufgaben der römischen Literaturgeschichte, Antrittsvorlesung, gehalten in der Aula der Universität Leipzig am 24. Oktober 1906, in: Neue Jahrbücher für Antike und Deutsche Bildung 19 (1907), S. 161–175, S. 167. Heinze verwechselt, wenigstens an einigen Stellen, die Betrachtung der literarischen Technik mit der Rekonstruktion der Entstehungsgeschichte des Werks. So behauptet er, ‚literarische Technik' bezeichne die Arbeit in einem bestimmten „Stadium der Produktion, das [...] zwischen der Konzeption oder Aneignung des Stoffes und der sprachlichen Formulierung [...] liegt" (S. 168). In der Einleitung zu seiner Vergil-Analyse legt er sich auf keine bestimmte Auffassung fest: „Dies Buch [...] sucht das Werden der *Aeneis* zu begreifen, soweit dies Werden als das Resultat [...] künstlerischer Tätigkeit des Dichters zu begreifen ist." (Virgils epische Technik, 3. Aufl., Leipzig 1915, vii)
279 Heinze: Die gegenwärtigen Aufgaben der römischen Literaturgeschichte, S. 167.
280 Heinze: Die gegenwärtigen Aufgaben der römischen Literaturgeschichte, S. 168.
281 Heinze: Die gegenwärtigen Aufgaben der römischen Literaturgeschichte, S. 168.
282 Auf die „dramatische Technik" konzentriert man sich, wenn man fragt, wie der Dichter „exponiert und schließt, wie er motiviert und charakterisiert [...], wie er den Monolog verwendet" (Heinze: Die gegenwärtigen Aufgaben der römischen Literaturgeschichte, S. 171), wie er „fesselt, belustigt oder ergreift" (S. 169). Für die „Technik der Erzählung" interessiert man

Wenn der Text der Ort der schriftstellerischen Praxis ist, dann ist er auch ein Ort der *Selbstpräsentation*. In einem Text zeigt sich der Verfasser als jemand, der mit dem Sprachmaterial arbeitet, um damit schrittweise etwas aufzubauen und etwas zu vollbringen.[283] Ein Aspekt dieser Selbstpräsentation ist der *Stil*, der sich als „a way of *doing* certain things"[284] definieren läßt. Man bezieht sich auf den Stil, wenn man die Darstellung als ‚einfühlsam' charakterisiert oder wenn man die sprunghaften Übergänge einer Ode als Ausdruck der ‚Kühnheit' des Dichters wertet.[285] Der Stil ist aber, wie gesagt, nur *ein* Aspekt der Selbstpräsentation. Es ist eine Sache des Stils, eine Folge fiktiver Begebenheiten mit einer Mischung aus Anteilnahme und Distanz darzustellen. Es gehört jedoch nicht mehr zum Stil, daß ein Dichter in der Erzählung seine moralische Sensibilität und Kenntnis des menschlichen Herzens unter Beweis stellt.

Die Selbstpräsentation ist zugleich eine Selbstinszenierung, wenn sich der Verfasser beispielsweise als begeisterter Dichter oder als scharfsinniger Moralist zur Geltung bringen will. Aber nicht alle Muster, die im Sprachverhalten

---

sich, wenn man fragt, „mit welchen Mitteln es ihm [dem Autor] gelingt, den Leser [...] in den Bann seiner [...] Kunst zu zwingen" (S. 171).

283 „The work of art [...] is [...] a display of the artist's agency" (Carroll: On Criticism, S. 66). Hin und wieder schwankt Carroll in seiner Bestimmung des Objekts der Analyse zwischen der Verwendung der Mittel, mit denen das Werk gestaltet wird, und den Prozessen, die dem Ergebnis vorausgehen: „What the artist does or has done in producing the artwork is the object of criticism. The object of criticism is a certain process of doings that results in the artwork." (S. 49) Ähnlich: „The critic focuses on what the artist has done or is doing in producing a work of art." (S. 65) Oder auch: „The object of criticism is the achievement of the artist, by which I mean the effective agency exercised and made manifest in the process of creating the artwork." (S. 80) Carroll scheint sich bei allen Schwankungen der Terminologie letzten Endes auf die These festlegen zu wollen, daß die im Werk präsentierten Verhaltensweisen und Leistungen das Objekt der kritischen Analyse sind: „the effective agency on display – the exhibited achievement of the artists" (S. 81).

284 Jenefer Robinson: General and Individual Style in Literature, in: The Journal of Aesthetics and Art Criticism 43/2 (1984), S. 147–158, S. 148. Aussagen über den Stil kennzeichnen nach Robinsons Ansicht ein ganzes Bündel von Tätigkeiten: „Jane Austen's style is not simply her style of doing any one thing, such as *describing* social pretention, but rather her style of doing a number of things, such as *describing, portraying,* and *treating* her characters, theme and social setting, *commenting* on the action, *presenting* various points of view, and so on." (dies.: Style and Personality in the Literary Work, in: The Philosophical Review 94/2 (1985), S. 227–247, S. 234).

285 Die Idee, daß die Selbstpräsentation zum Werk gehört, wird von Colin Lyas näher erläutert (Aesthetics, S. 135–158). Guy Sircello erklärt die Ausdruckseigenschaften von Werken mit Bezug auf die künstlerischen Tätigkeiten ihrer Autoren (Mind and Art. An Essay on the Varieties of Expression, Princeton 1972).

erkennbar sind, werden vom Autor absichtlich vorgeführt. Der Autor kann sich als eine Person zeigen, die sich in Widersprüche verwickelt, Klischees reproduziert oder blinde Aggressionen an den Tag legt. Wie eine Person ihre Körperhaltung, ihre Gestik und Mimik nicht vollständig kontrolliert, so weist auch der Sprachgebrauch Strukturen auf, die von einem Leser besser identifiziert und erklärt werden können als vom Autor, der in manchen Fällen nur eine ungenaue Vorstellung davon hat, nach welchen Mustern sich sein Verhalten vollzieht.[286] Eine Selbstpräsentation kann von einer sozialbehavioristisch orientierten Philologie also zutreffend als Strategie zur Sicherung des gesellschaftlichen Ansehens analysiert werden, auch wenn der Autor diese Beschreibung im Rahmen seiner Selbstinszenierung ablehnen und das Geschriebene in ein vorteilhafteres Licht setzen würde.

Nicht jede Form, die das Sprachverhalten annimmt, läßt sich als Äußerung der „Persönlichkeit"[287] des Verfassers interpretieren. Denn natürlich kann ein Sprachbenutzer für die Dauer eines Textes *vorgeben*, eine bestimmte Liebesauffassung oder ein bestimmtes Geschichtsbild zu haben, ohne die jeweiligen Meinungen wirklich zu vertreten. Deswegen ist es, wie Heinze mit Blick auf den Biographismus anmerkt, gefährlich, „in jedem Wort und jedem Zug den reinen Ausdruck der Persönlichkeit finden zu wollen".[288] Die Vermeidung des Biographismus führt jedoch bei Heinze nicht zu einer Vernachlässigung der Lebenszusammenhänge, in die das Werk eingebunden ist. Seine Position ist in dieser Hinsicht kompatibel mit einer sozialbehavioristischen Denkweise. Denn auch für den Sozialbehavioristen ist der Text der Ort, an dem ein Verfasser seine Phantasie und sein technisches Können manifestiert. Dort und nicht in einer Innenwelt malt er bestimmte Szenen in allen faszinierenden Details aus oder beweist besonderen sprachlichen Erfindungsreichtum.[289] Wo immer es darum geht, den menschlichen Geist zu analysieren, hat man es mit Formen der Selbstpräsentation zu tun, die es in den feinsten Nuancen zu verstehen gilt.

---

286 Vgl. Rundle: Mind in Action, S. 250.
287 Wo Richard Heinze von einem „Ausdruck der Persönlichkeit" (Die gegenwärtigen Aufgaben der römischen Literaturgeschichte, S. 171) spricht, würde ich den neutraleren Begriff ‚Selbstpräsentation' vorziehen, da nicht alle geistigen Eigenschaften, die ein Autor zeigt, Eigenschaften seiner Persönlichkeit sind.
288 Heinze: Die gegenwärtigen Aufgaben der römischen Literaturgeschichte, S. 171.
289 Hacker: Intellectual Powers, S. 412.

2.4 Über einige Besonderheiten fiktionaler Darstellung

Die Aussage, daß Texte organisierte Verwendungen sprachlicher Zeichen sind, ruft wohl keinen allzu großen Widerstand hervor. Trotzdem ist die Ansicht, daß man den Autor zumindest bei dichterischen Werken zeitweise aus der Analyse heraushalten müsse, weit verbreitet. ‚Zeitweise heraushalten‘, weil oft behauptet wird, man könne den ‚Text an sich‘ in seiner Beschaffenheit (Wortwahl, Satzbau, Gedankenführung, Stil usw.) beschreiben und müsse erst zu seiner *Erklärung* auf den Verfasser Bezug nehmen.[290] Vor diesem Hintergrund hält man es für sinnvoll, grundsätzlich einen Sprecher anzunehmen, dem man die textinterne Sprachverwendung und Selbstpräsentation zuschreiben kann. Nach den Ausführungen der letzten Kapitel ist klar, daß der Strukturalismus auf der falschen Voraussetzung beruht, daß der Text als ein vom Autor abgelöstes Gebilde diskutierbar sei. Welche Konsequenzen sich aus der Kritik dieser Annahme für die *Dichtungstheorie* ergeben, soll nun ausgeführt werden. Ich werde zuerst beleuchten, wie die derzeit übliche Theorie fiktionaler Literatur von der Idee der Losgelöstheit des Textes beeinflußt wird, und anschließend darlegen, wie sich die Begriffe ‚fiktionale Darstellung‘, ‚fiktionales Erzählen‘ und ‚fiktionale Rede‘ mit Bezug auf die schriftstellerische Praxis klären lassen.

2.4.1 Gegen den Strukturalismus

Das Bild der „Lostrennung"[291] des Werks vom Autor ist das stärkste Motiv, einen textinternen Sprecher anzunehmen, der für die Sprachverwendung verantwortlich ist. Das „lyrische Subjekt", sagt Ingarden, kann „nicht mehr mit dem Autor [...] identifiziert werden, der das gegebene Werk ‚niedergeschrieben‘ hat".[292] Ebenso möchte Käte Friedemann den „außerhalb des Kunstwerks stehenden Schriftsteller" vom Erzähler abgrenzen, den sie als „organischen Bestandteil"[293] des Werks begreift. Auch Wolfgang Kayser kontrastiert den Erzähler ‚im‘ Werk mit dem Dichter ‚hinter‘ dem Werk: „Der Erzähler ist selbst ein

---

[290] „Auf der einen Untersuchungsebene (Basis-Analyse) erscheint der literarische Text als ‚autonomes Gebilde mit einer eigenen, ästhetischen Existenzweise‘; dieses Gebilde kann z.B. einer Stilanalyse unterzogen werden. Auf dieser Untersuchungsebene spielt der Autor-Bezug keine Rolle." (Tepe: Kognitive Hermeneutik, S. 326) Sogar die Textwelt könne man „unabhängig vom Autor erfassen" (S. 63).
[291] Ingarden: Über die Poetik, S. 68.
[292] Ingarden: Über die Poetik, S. 69.
[293] Käte Friedemann: Die Rolle des Erzählers in der Epik [1910], Darmstadt 1965, S. 26.

Teil des Werkes, ist nicht etwa der Dichter, sondern eine erdichtete Gestalt, die mit und in dem Werk ihr unvergängliches Leben hat."[294] Die „grundsätzliche Unterscheidung zwischen Autor und Erzähler"[295] wird trotz der Kritik an der werkimmanenten Richtung der Literaturwissenschaft weiterhin von vielen Forschern vertreten. Nach ihrer Auffassung spielt der Autor für die Analyse von Dramen und fiktionalen Erzählwerken „kaum eine Rolle".[296]

Das allgemeine Mißverständnis, das hier vorliegt, läßt sich nach den Ausführungen der letzten Kapitel leichter lokalisieren. Es bleibt nämlich bei Kayser und anderen im Ungefähren, was ausgeschlossen werden soll, wenn behauptet wird, daß der Autor im Werk nicht enthalten sei.[297] Setzt man den Autor „aus Fleisch und Blut"[298] dem werkimmanenten Sprecher entgegen, denkt man offenbar an eine *körperliche* Abwesenheit. Doch welche Relevanz hat sie für unsere Aussagen über das Geschriebene? Die Hervorbringung des Textes ist längst vergangen und der Verfasser nicht anwesend, wenn wir uns mit seiner Arbeit beschäftigen. Trotzdem kann die Person, die sich im Text äußert und etwas darstellt, der Autor sein. Zumindest bei historischen Darstellungen scheint der Fall klar zu sein: Der Historiker Edward Gibbon ist 1794 in London gestorben, aber das ändert nichts an der Tatsache, daß er in *Verfall und Untergang des Römischen Reiches* die Ursachen der Ausbreitung des Christentums schildert. Er

---

294 Wolfgang Kayser: Kleist als Erzähler, in: ders.: Die Vortragsreise. Studien zur Literatur, Bern 1958, S. 169–183, S. 172.

295 „Sie beruht darauf, daß der Erzähler eine fiktive Redeinstanz ist, die zum narrativen Text gehört, während der [...] Autor als diejenige Instanz gilt, die den Text real hervorbringt. Der Autor schreibt und erfindet die Erzählung, der Erzähler ‚erzählt' sie. Der Erzähler ist damit ein Textphänomen [...], der Autor ein Phänomen der sozialen Wirklichkeit." (Bernd Auerochs: Art. Erzähler, in: Metzler Lexikon Literatur. Begriffe und Definitionen, hg. von Dieter Burdorf, Christoph Fasbender und Burkhard Moennighoff, 3., völlig neu bearb. Aufl., Stuttgart 2007, S. 207–208, S. 207f.) Vgl. Uri Margolin: Art. Narrator, in: Handbook of Narratology, hg. von Peter Hühn, Wolf Schmid, Jörg Schönert und John Pier, Berlin 2009, S. 351–369, S. 351. Auch Cordula Kahrmann, Gunter Reiß und Manfred Schluchter glauben, der Autor sei „vom Text getrennt" und könne „nicht primäres Ziel der Erzähltextanalyse sein" (Erzähltextanalyse, S. 48); der Leser habe den Autor „nicht vor sich" (S. 49), das Werk existiere „losgelöst vom historischen Autor und seiner Intention" (S. 51). Die bislang gründlichste Kritik der Autor-Erzähler-Trennung ist: Sylvie Patron: Le Narrateur. Un problème de théorie narrative, 2. Aufl., Paris 2016.

296 Silke Lahn und Jan Christoph Meister: Einführung in die Erzähltextanalyse, 3., akt. und erw. Aufl., Stuttgart 2016, S. 52. Peter Tepe behauptet, man könne „feststellen, mit was für einer Art von Erzähler wir es zu tun haben" (Kognitive Hermeneutik, S. 64), ohne den Autor einzubeziehen. Dasselbe gelte für die Charakterisierung der Figuren und andere „textimmanente Zusammenhänge": Man könne sie „ohne Rückgriff auf Autorinstanzen erfassen" (S. 161).

297 Auf diesen Punkt macht auch Rüdiger Zymner aufmerksam (Lyrik. Umriss und Begriff, Paderborn 2009, S. 14).

298 Jannidis: Figur und Person, S. 81.

2.4 Über einige Besonderheiten fiktionaler Darstellung — 255

analysiert die verborgenen Motive der Akteure nicht, indem er Wörter *ausspricht*, sondern indem er sie im Rahmen des Textes *schreibt*. Nun fragt sich, warum es für Dichter nicht möglich sein soll, in derselben Weise etwas schriftlich darzustellen. Das in der literaturwissenschaftlichen Diskussion häufig angeführte Argument, der ‚empirische' Autor befinde sich außerhalb des literarischen Werks und müsse *deshalb* vom Erzähler getrennt werden, der über die dargestellten Personen spricht, ist nicht stichhaltig. Wichtig ist vor allem, daß mit der Aussage, der Autor sei im Text „nicht enthalten" oder stehe „außerhalb" des Textes, nichts Sinnvolles ausgeschlossen wird. Denn die Sätze ‚Der Autor ist im Text enthalten' und ‚Der Autor steht innerhalb des Textes' sind nicht empirisch falsch, sondern begrifflich konfus.

Letztlich scheitert der Strukturalismus daran, Beschreibungen wie ‚Sätze konstruieren', ‚Motive verwenden', ‚Oppositionen und Äquivalenzen aufbauen' einen vernünftigen Sinn zu geben. Die meisten Strukturalisten reden *uneingestanden* über das, was der Autor tut, indem er schreibt. Bevor man annimmt, daß sie einen kohärenten alternativen Textbegriff haben, sollte man ihre weiteren Äußerungen beobachten, denn häufig sind die Grundsätze, die in theoretischen Erörterungen geäußert werden, in der Praxis schnell wieder vergessen. Sie *müssen* sogar ignoriert werden, wenn man verstanden werden will. Ein Beispiel: In einem eleganten Aufsatz über die wissenschaftliche Interpretation nimmt Wolfgang Klein die folgende Klassifikation von Aussagetypen vor: 1. Aussagen über das Verhältnis zwischen Autor und Werk, 2. Aussagen über das Werk allein, 3. Aussagen über das Verhältnis zwischen Werk und Leser. Diese Aufteilung mag auf den ersten Blick überzeugend wirken, prüft man jedoch genauer, was für Beispiele für ‚Aussagen über das Werk allein' präsentiert werden, stößt man auf Sätze, die etwa besagen, daß das Werk „unrein reimt", daß es „Verben überdurchschnittlich oft substantiviert" oder daß es „das passé simple anders als üblich verwendet".[299] Es ist nicht ersichtlich, wie man diese Begriffe interpretieren soll, so daß sie sich *allein* auf das Werk und nicht auch auf einen davon verschiedenen Autor beziehen. Manche Strukturalisten räumen freimütig ein, den Text „zu anthropomorphisieren und ihm ein wie immer geartetes ‚Machen' zuschreiben zu müssen".[300] Aber was kann mit dem Prädikat ‚macht etwas' überhaupt noch ausgedrückt werden, wenn es wortwörtlich von Texten ausgesagt wird? Metonymien wie ‚Der Text stellt etwas dar' oder ‚Der Text verlangt etwas' können wir mühelos verstehen. Auch unpersönliche Redeweisen wie ‚In diesem Abschnitt der Erzählung wird vorgeführt, wie ...' oder ‚Am Ende der Abhandlung wird

---

[299] Wolfgang Klein: Die Wissenschaft der Interpretation, in: Methoden der Textanalyse, hg. von dems., Heidelberg 1977, S. 1–23, S. 8.
[300] Michael Titzmann: Strukturale Textanalyse. Theorie und Praxis der Interpretation, 3. Aufl., München 1993, S. 330.

gesagt, daß ...', die ohne einen expliziten Bezug auf den Autor auskommen, sind unproblematisch. Die für die Beurteilung des literaturwissenschaftlichen Strukturalismus entscheidende Frage ist jedoch, ob man über den Satzbau, die thematische Organisation, die Figurencharakterisierung, die Handlungsführung und andere Aspekte der Textgestaltung verständlich sprechen kann, ohne die logische Verbindung der verwendeten Begriffe mit Aussagen über den Sprachgebrauch des Verfassers insgeheim anzuerkennen.[301]

2.4.2 Gegen den impliziten Autor

Das Nachdenken über literarische Werke ist von einer Spannung bestimmt: Einerseits will man es vermeiden, die „textexterne historische Person des Verfassers" in die Interpretation einzubeziehen, da man den Eindruck hat, daß ein „Rückschluß" auf den Autor mit zu „hohe[n] Risiken"[302] verbunden ist. Andererseits ist es nicht möglich, die Gestaltung eines Textes „vom Titel bis zum letzten Satzzeichen"[303] dem textinternen ‚Sprecher' zuzurechnen. Als Reaktion entschließt sich eine beträchtliche Zahl von Literaturwissenschaftlern, ersatzweise einen „impliziten" oder hypothetischen Autor einzuführen, dem man diese Gestaltungsweise zusprechen zu können glaubt.[304]

Was hat man sich unter einem ‚impliziten' (abstrakten) Autor vorzustellen?[305] Manche Forscher verfolgen die Strategie, ihn als einen „Autor *im* Text" zu interpretieren, der vom empirischen „Autor *des* Textes"[306] zu unterscheiden sei. Mit

---

301 In Bezug auf metonymische Redeweisen wie ‚Das Gedicht gibt zu verstehen, daß ...' erklärt Noël Carroll: „It seems natural to speak this way just because what we care about with respect to the art object is what the artist has done – that is, what she has accomplished – where the artist's action is best captured under some intentional description which we figuratively extend to the artwork" (On Criticism, S. 142).
302 Klausnitzer: Einführung in die Literaturwissenschaft, S. 162.
303 Klausnitzer: Einführung in die Literaturwissenschaft, S. 162.
304 Vgl. Klausnitzer: Einführung in die Literaturwissenschaft, S. 162.
305 Zur Geschichte und Kritik dieser Vorstellung vgl. Tom Kindt und Hans-Harald Müller: Implied Author. Concept and Controversy, Berlin 2006.
306 Weimar: Enzyklopädie der Literaturwissenschaft, S. 136f. Ihm folgt in einem älteren Aufsatz Zymner: „Allerdings entsteht doch mit seinen ersten Schriftzeichen so etwas wie ein ‚Autor im Text' [...]. Das geschriebene ‚Ich' [...] ist nicht identisch mit dem, der [...] schreibt, dieser ist aus Fleisch und Blut, der Autor im Text jedoch besteht nur aus Wörtern" (Uneigentliche Bedeutung, in: Regeln der Bedeutung. Zur Theorie der Bedeutung literarischer Texte, hg. von Gerhard Lauer, Matías Martínez und Simone Winko, Berlin 2003, S. 128–168, S. 163). In seinen neueren Stellungnahmen zu diesem Streitpunkt lehnt Zymner Weimars und Burdorfs Position mit guten Gründen ab, vgl. Lyrik, S. 13–15.

diesem Vorschlag soll die Annahme, daß sich der Text vom Autor „abgelöst"[307] hat, mit dem Umstand in Einklang gebracht werden, daß wir relativ sichere Angaben darüber machen können, wie der Autor den Text *gestaltet*. Mit der Bezugnahme auf einen textinternen Autor ist nicht bloß gemeint, daß im Text erkennbar wird, wie der Autor mit Sprache arbeitet. Man möchte „diese strukturierende Instanz als ein Subjekt denken, gleichsam als Platzhalter des empirischen Autors im Text".[308]

Der Vorschlag, den ‚textinternen' vom ‚wirklichen' Autor zu trennen, führt zu der in sich widersprüchlichen Aussage, daß eine ‚Instanz', die ein Teil des Textes ist, Wortwahl, Satzbau, Handlungsführung und andere Ebenen der Textgestaltung organisiert. Die Gestaltung des Textes kann, wenn man eine sinnvolle, empirisch überprüfbare Aussage formulieren will, nur einem Sprachbenutzer zugeschrieben werden, der vom Text verschieden ist. Wer diese logische Beziehung zwischen Sprachgebrauch und empirischem Autor anerkennt, kann zugleich Dieter Burdorf zustimmen, „dass wir es [...] bei der Beschäftigung mit Gedichten in den meisten Fällen [...] nicht direkt mit solchen tätigen Autoren zu tun haben, sondern mit schriftlich [...] überlieferten Texten".[309] Richtig ist auch Burdorfs Hinweis, daß wir die meisten Autoren persönlich nicht kennen und daß viele von ihnen nicht mehr am Leben sind. Aber das hindert uns nicht daran, in ihren Texten nachzulesen, was sie mit Sprache tun. Aussagen über Goethes Technik in den *Römischen Elegien* beziehen sich, auch wenn der Verfasser längst nicht mehr lebt, in einem gewissen Sinn weiterhin auf die „Aktivitäten des lebendigen Autors".[310]

Eine alternative Erklärung des impliziten Autors besagt, daß es sich bei diesem Subjekt eigentlich um eine *Konstruktion des Lesers* handelt. Alexander Nehamas ist ein Vertreter dieser Position. Er behauptet, daß der „postulated author" eine „hypothesis" sei, also eine vorläufige Auffassung, die sich im Laufe der Rezeption herausbildet. Es läßt sich zeigen, daß auch dieser Vorschlag in Widersprüche führt. So will Nehamas den Begriff des postulierten Autors, der doch eigentlich etwas Sprachliches oder Gedankliches bezeichnet,

---

[307] Dieter Burdorf: Einführung in die Gedichtanalyse, 3., akt. und erw. Aufl., Stuttgart 2015, S. 195. „Der Gestaltungsimpuls des Autors/der Autorin hat [...] ein Pendant im Text selbst: Er/Sie ist als strukturierende Instanz in das Gedicht eingegangen." (S. 195) Diese Position findet man so ähnlich bereits Seymour Chatman: „Invention, originally an activity in the real author's mind, becomes, upon publication, a principle recorded in the text. That principle is the residue of the real author's labor. It is now a textual artifact. The text is itself the implied author." (Coming to Terms. The Rhetoric of Narrative in Fiction and Film, Ithaca, NY 1990, S. 81)
[308] Burdorf: Einführung in die Gedichtanalyse, S. 195.
[309] Burdorf: Einführung in die Gedichtanalyse, S. 196.
[310] Burdorf: Einführung in die Gedichtanalyse, S. 196.

gleichzeitig als einen „character" oder „agent" im Unterschied zum „historical writer"[311] begreifen. Er begnügt sich nicht mit der (richtigen) Feststellung, daß wir korrigierbare Annahmen über den Autor bilden, sondern will sagen, daß wir einen Autor konstruieren, der nicht der wirkliche Autor ist, sondern nur eine Hypothese. Ihm unterläuft also eine Verwechslung des Autors mit den Autorbildern, die man beim Lesen entwickelt und überprüft. Der Kategorienfehler läßt sich wie folgt auflösen: Ein literaturwissenschaftlicher Satz wie ‚Molière verspottet religiöse Heuchelei' ist Ausdruck von einem (richtigen oder falschen) Autorbild (Autorkonstrukt), aber er beschreibt (richtig oder falsch), was Molière tut, indem er sein Werk gestaltet. Das *vorläufige Autorbild*, das Ergebnis von anspruchsvollen Konstruktionsleistungen, sollte, wenn man Konfusionen vermeiden will, nicht als ‚Autor' bezeichnet werden.[312]

Ist der Anspruch, etwas über den ‚historischen' Molière und seine Absichten sagen zu wollen, aber nicht etwas unvorsichtig? Ist es nicht ein Zeichen von intellektueller Bescheidenheit, daß man nur plausible Autorbilder entwerfen will? Diese Alternative zwischen einem ‚direkten Zugang' zum historischen Autor und der Annahme eines ‚implied author' suggeriert auch Seymour Chatman: „Positing an implied author, inhibits the overhasty assumption that the reader has direct access through the fictional text to the real author's intentions and ideology."[313] Doch

---

311 Alexander Nehamas: The Postulated Author. Critical Monism as a Regulative Ideal, in: Critical Inquiry 8 (1981), S. 131–149, S. 145. Nehamas läßt sich von diesen Unstimmigkeiten nicht irritieren. In einem anderen Aufsatz schreibt er: „Being a construct, the author is not a historical person whose states of mind we can ever hope, or even want, to recapture. In interpreting a text, we form a hypothesis about the character manifest in it." (Writer, Text, Author, Work, in: Literature and the Question of Philosophy, hg. von Anthony Cascardi, Baltimore 1987, S. 267–291, S. 286)

312 Fotis Jannidis definiert den ‚impliziten Autor' als „Konstrukt eines Autors durch den Leser [...] aufgrund eines bestimmten Textes" (Zwischen Autor und Erzähler, in: Autorschaft. Positionen und Revisionen, hg. von Heinrich Detering, Stuttgart 2002, S. 540–556, S. 548). Hier würde sich ein Wort wie ‚Autorbild' anbieten, das nicht den Eindruck verstärkt, es sei von einer zusätzlichen Schreibinstanz die Rede. Auch Burdorf definiert das „Textsubjekt" zugleich als Konstruktion des Forschers und als Person, die den Text gestaltet: „Das Textsubjekt ist ein analytisches Konstrukt, das notwendig ist, um dem Gedicht als einem poetischen Text eine kohärente Bedeutung und einen literarischen Eigenwert zuschreiben zu können, der weder in den Aussagen des artikulierten Ichs noch in den außertextlichen Willensbekundungen des empirischen Autors aufgeht. Das Textsubjekt ist daher zwischen dem im Text zur Sprache kommenden Ich und dem realen Produzenten des Textes anzusiedeln. Es strukturiert die Perspektive des Gedichts und setzt das Ich, ohne mit ihm identisch zu sein." (Einführung in die Gedichtanalyse, S. 195)

313 Chatman: Coming to Terms, S. 76. „We want to emphasize that the object of our interpretive creation is just such a surrogate because the original agent is inaccessible to us" (Michael Morgan: Authorship and the History of Philosophy, in: The Review of Metaphysics 42/2 (1988), S. 327–355, S. 330).

unsere Aussagen müssen nicht gesicherte Erkenntnisse sein, um sich auf den ‚wirklichen' Autor zu beziehen. Aussagen über den Verfasser können sowohl Gewißheiten als auch vorläufige Unterstellungen sein – sie werden nicht dadurch bescheidener, daß man sie als Beschreibung eines hypothetischen Autors darstellt. Wer einen Autor postuliert, der die Erzählung in eine bestimmte Richtung lenkt, entwirft nicht einen postulierten Autor, sondern bildet eine korrigierbare, durch Belege mehr oder weniger gut gestützte Auffassung vom historischen Autor. Der Eindruck, daß es sich hier um alternative Formulierungen derselben These handelt, täuscht: Denn der Kompromißvorschlag, den Nehamas, Chatman, Burdorf und andere anbieten, bezieht seine Kraft aus der Suggestion, daß man den Gebrauch der Wörter und die Gestaltung der fiktionalen Erzählung einem Subjekt zuschreibt, ohne daß der empirische Verfasser in die Untersuchung einbezogen wird.

2.4.3 Fiktionale Erzählung

Während Richard Alewyn eine wichtige Aufgabe der Literaturwissenschaft darin sah, „Aufschlüsse über Mittel und Möglichkeiten der Erzählkunst zu bieten",[314] ist eine Konsequenz der neueren Theoriebildung, daß die Technik des Erzählens bei der Analyse von Erzählwerken eher vernachlässigt wird.[315] Das Geschäft des Dichters, auf das man sich mit dem Begriff ‚fiktionales Erzählen' sinnvoll beziehen könnte, wird von einigen Literaturwissenschaftlern nicht mehr konsequent berücksichtigt. Betrachten wir, um zu verstehen, warum der Dichter nicht mehr als Erzähler behandelt wird, die als Standardwerk anerkannte *Einführung in die Erzähltheorie* von Matías Martínez und Michael Scheffel. Die Autoren versuchen, die aus ihrer Sicht wichtigsten Resultate der Erzählforschung „für eine möglichst umfassende und relevante Theorie des literarischen Erzählens kritisch auszuwerten".[316] Ihr Anspruch ist es, die „besonderen Eigenschaften und Möglichkeiten des Erzählens *in der Dichtung*" in einem „theoretischen Modell"[317] zu erfassen. Dieses

---

314 Richard Alewyn: Brentanos ‚Geschichte vom braven Kasperl und dem schönen Annerl' [1957], in: ders.: Probleme und Gestalten. Essays, Frankfurt/M. 1982, S. 133–197, S. 134.
315 Vgl. Richard Heinze: Virgils epische Technik, 3. Aufl., Leipzig 1915. Viktor Šklovskij ist zuverlässig am erzählenden, die Handlung komponierenden Dichter orientiert. So analysiert er z.B. die „Erzähltechnik Sternes" (Theorie der Prosa, S. 139). Und natürlich gibt es weiterhin viele Philologen, die den Dichter als Erzähler verstehen, z.B. Jasper Griffin, der Homers Erzähltechnik untersucht (Homer on Life and Death, Oxford 1980) oder Katharina Volk, die Ovid als „narrator and poet" würdigt (Ovid, Oxford 2010, S. 72).
316 Matías Martínez und Michael Scheffel: Einführung in die Erzähltheorie, 9., erw. und akt. Aufl., München 2012, S. 7.
317 Martínez und Scheffel: Einführung in die Erzähltheorie, S. 13, Herv. V.P.

Modell, das „eine differenzierte Analyse"[318] fiktionaler Erzählwerke ermöglichen soll, definiert den Vorgang des Erzählens als eine fiktive (erdichtete) Sprechhandlung eines fiktiven (erdichteten) Sprechers. Der Dichter wird zwar beachtet, aber nicht als Erzähler anerkannt, denn das Erzählen wird standardmäßig einer werkimmanenten Instanz zugesprochen.

Wie kommen Martínez und Scheffel auf den Gedanken, für das Erzählen, das man früher dem Verfasser des jeweiligen Textes zugerechnet hätte, einen textinternen Erzähler verantwortlich zu machen? Um den Gegenstand ihrer Theorie genauer zu bestimmen, verweisen sie auf *Die Blechtrommel* von Günter Grass, einen Roman, „in dem eine [...] erfundene Figur namens Oskar die Geschichte ihres Lebens erzählt".[319] An diesem Beispiel werde ein Problem deutlich, das den geläufigen Begriff der Erzählung in Frage stelle und eine logische Trennung von Schreibinstanz und Erzählinstanz erzwinge. Das Problem, auf das Martínez und Scheffel hinweisen, ergibt sich aus den folgenden drei Annahmen: 1. Der Roman *Die Blechtrommel* ist ein Werk der erzählenden Dichtung, eine fiktionale (dichterische) Erzählung. 2. Die Erzählung, die man beim Lesen des Romans verfolgt, ist die fiktive (erdichtete) Sprechhandlung eines fiktiven (erdichteten) Erzählers. 3. Oskars Erzählung ist „nichtdichterisch" (nichtfiktional), denn sie handelt davon, was sich in seiner Vergangenheit zugetragen hat.

Martínez und Scheffel halten diese Aussagen für unvereinbar. Die Erzählung, die man als Leser verfolge, ist aus ihrer Sicht gleichzeitig fiktional (dichterisch) und nichtfiktional (nichtdichterisch). Dieser Konflikt sei ohne eine Neudefinition nicht zu lösen: Wir sind, so Martínez und Scheffel, „auf Hilfe aus fachsprachlicher Sicht angewiesen".[320] Bei genauerer Betrachtung ist jedoch unklar, ob hier überhaupt ein Problem vorliegt. Die Autoren übersehen, daß sich das Adjektiv „dichterisch" (fiktional) auf die Tätigkeit des Dichters und „nichtdichterisch" (nichtfiktional) auf den erdichteten (fiktiven) Erzählvorgang beziehen kann. Sie verweisen auf *Die Blechtrommel* als Beispiel für *dichterische* Rede, aber der Roman führt – zumindest vordergründig – eine *erdichtete* (fiktive) Rede vor. Wir verfolgen eine erdichtete (fiktive) Erzählung, also genau genommen die schriftliche *Darstellung* einer Erzählung. Wenn man behaupten will, daß es sich gleichzeitig um eine fiktionale *Erzählung* handelt, kann man *dieses* Erzählen wohl nicht Oskar, also der fiktiven, werkimmanenten Äußerungsinstanz zuschreiben. Das fiktionale Erzählen besteht allenfalls darin, Oskar reden und erzählen zu

---

[318] Martínez und Scheffel: Einführung in die Erzähltheorie, S. 8.
[319] Martínez und Scheffel: Einführung in die Erzähltheorie, S. 12.
[320] Martínez und Scheffel: Einführung in die Erzähltheorie, S. 13.

lassen; und dafür ist der Dichter zuständig, den man als den eigentlichen Erzähler anerkennen müßte. Eine andere Möglichkeit wäre, den Begriff ‚Erzählung' lediglich als Beschreibung des Erdichteten zu gebrauchen und die sprachliche Tätigkeit des Dichters als *Darstellung* zu bezeichnen. *Die Blechtrommel* wäre nach dieser Analyse keine fiktionale Erzählung.

Wie lösen Martínez und Scheffel den scheinbaren Widerspruch, auf den sie aufmerksam machen? Nach der Theorie, die sie favorisieren, sind fiktionale Erzählungen als erdichtete (fiktive) Rede zu interpretieren. Es soll für alle fiktionalen Erzählungen gelten, daß „sowohl der Erzähler als auch sein Erzählen eine Fiktion, d.h. nicht mehr als die fiktions*interne* pragmatische Dimension des Diskurses darstellen".[321] Dichtung sei grundsätzlich „als die authentische (wenn auch fiktive) Rede eines bestimmten (wenn auch fiktiven) Sprechers"[322] zu verstehen. Die Tätigkeit des Dichters ähnle „dem Zitieren der Rede eines anderen".[323] Er entwerfe „eine fiktive Kommunikationssituation, ein fiktives Erzählen und eine fiktive erzählte Geschichte".[324] Viele Einführungen und Nachschlagewerken vertreten eine ähnliche Position: „Der reale Autor produziert den Erzähltext; kommunikationslogisch wird die Geschichte jedoch vom fiktiven Erzähler dargeboten."[325] Dieser Satz wirkt zunächst wie eine überprüfbare Aussage über Texte, er spielt jedoch die Rolle einer Setzung, die vorschreibt, wie fiktionale Erzählungen zu charakterisieren sind. Mit dieser Normierung des Wortgebrauchs, die auch Martínez und Scheffel für nötig halten, wird die Schwierigkeit, wie eine fiktive (erdichtete) Erzählung zugleich eine fiktionale (dichterische) Erzählung sein kann, allerdings nicht gelöst. Man erfährt nur, daß „der [...] Autor Günter Grass in seinem Roman nicht spricht".[326] Was er stattdessen tut, lassen Martínez und Scheffel im Ungefähren. Die Beziehung zwischen Schreiben und Erzählen bleibt ungeklärt. Die Frage, wie man die Natur fiktionalen Erzählens

---

321 Martínez und Scheffel: Einführung in die Erzähltheorie, S. 71.
322 Martínez und Scheffel: Einführung in die Erzähltheorie, S. 16.
323 Martínez und Scheffel: Einführung in die Erzähltheorie, S. 19f.
324 Martínez und Scheffel: Einführung in die Erzähltheorie, S. 20.
325 Frank Zipfel: Art. Fiktion, in: Lexikon Literaturwissenschaft. Hundert Grundbegriffe, hg. von Gerhard Lauer und Christine Ruhrberg, Stuttgart 2011, S. 93–96, S. 94. Jochen Vogt scheint eine empirische Verallgemeinerung zu formulieren, wenn er schreibt, daß der Dichter sich weigere „als Person in die von ihm erzeugte Doppelwelt einzutreten" und stattdessen einen „innerfiktionalen Stellvertreter" installiere, nämlich den „mehr oder weniger klar erkennbaren ‚Erzähler'" (Wie analysiere ich eine Erzählung?, Paderborn 2011, S. 34). Ebenfalls wie eine empirische Aussage formuliert Peter Tepe seine stipulative Definition des Erzählerbegriffs: „Der Erzähler ist bei einem fiktionalen Text Teil der (vom Autor) konstruierten Textwelt und somit vom Autor zu unterscheiden." (Kognitive Hermeneutik, S. 77f.)
326 Martínez und Scheffel: Einführung in die Erzähltheorie, S. 16.

begrifflich fassen kann, wird nicht beantwortet. Das einzige Erzählen, das Martínez und Scheffel anerkennen, ist *erdichtetes* Erzählen. Der Verfasser wird von ihnen konsequent als ‚Autor' und nicht als ‚Erzähler' bezeichnet. Sie behaupten zwar, daß ihre Theorie die „Entscheidungen"[327] und „Möglichkeiten des [...] Autors"[328] beschreibe, doch wichtige Aspekte der Erzähltechnik werden durch ihre stipulativen Begriffsbestimmungen ausgeblendet.

Die Vernachlässigung der Erzähltechnik zeigt sich auch in der von Martínez und Scheffel skizzierten Deutung der *Blechtrommel*, denn die simple Behauptung, daß der Leser dieses Romans dazu aufgefordert werde, sich „die Existenz eines Trommlers namens Oskar und die Echtheit seiner Erzählung"[329] vorzustellen, geht darüber hinweg, daß der Dichter diese „Echtheit" permanent verdächtig macht. An vielen Stellen des Romans ist es zweifelhaft, ob Oskar – wie Martínez und Scheffel offenbar annehmen – die Sätze, die der Autor ihn sagen lässt, „mit Wahrheitsanspruch behauptet".[330] In dem Roman wird stattdessen (und das ist eine Erzähltechnik!) immer wieder bewußt gemacht, daß die Geschichte eigentlich nicht von Oskar erzählt (dargestellt) wird, sondern vom Dichter, der Oskar reden läßt. Freilich sind das Schwierigkeiten, die man in einer genauen Lektüre klären müßte. Das Problem mit der Erzähltheorie von Martínez und Scheffel ist, daß sie keine tragfähigen Begriffe zur Analyse der Erzähltechnik anbietet. Selbst dort, wo die Fiktionalität der Erzählung unauffällig bleibt, ist die erklärungssuchende Frage, warum einige Ereignisse ausführlich dargestellt und andere im Dunkeln gelassen werden, nicht durch eine Bestimmung der Interessen des fiktiven Erzählers zu beantworten. Warum ein Ereignis erzählt wird, läßt sich nur dann mit Bezug auf den fiktiven Erzähler verständlich machen, wenn der Autor *darstellt*, daß er irgendwelche Interessen verfolgt. Selbst dann, wenn in einem Roman ein fiktiver Erzähler gestaltet wird, ist dieser Erzähler *nicht* der Erzähler, der für die Darstellung der Ereignisse zuständig ist. In diesem Punkt hat Wolfgang Kayser Recht: „Der [eigentliche] Erzähler des Romans – das ist [...] nicht die gedichtete Gestalt, die uns oft so vertraut entgegentritt."[331] Die Sprachverwendung,

---

327 Martínez und Scheffel: Einführung in die Erzähltheorie, S. 71.
328 Martínez und Scheffel: Einführung in die Erzähltheorie, S. 72.
329 Martínez und Scheffel: Einführung in die Erzähltheorie, S. 17.
330 Martínez und Scheffel: Einführung in die Erzähltheorie, S. 19.
331 Kayser: Wer erzählt den Roman?, S. 98. Da Kayser den Autor außerhalb des literarischen Werks lokalisiert, muß er behaupten, daß die Geschichte „sich selber erzählt" bzw. vom „Geist der Erzählung" dargeboten wird (ebd.). Keiner der beiden Vorschläge ist tragfähig: Der Roman ist kein handelndes Subjekt und der Geist der Erzählung, den Thomas Mann einführt, ist ein Objekt der Darstellung. Die Gestaltung ist Sache des Verfassers. *Ihn* kann man metaphorisch als „Weltschöpfer" (ebd.) bezeichnen.

die einer „gedichteten Gestalt" wie Oskar Matzerath in den Mund gelegt wird, kann man nur eingeschränkt verstehen. Die einzige Erzählung, die sich erzähltechnisch analysieren läßt, ist die fiktionale Erzählung des Dichters.[332] Die fiktive Sprachverwendung Oskars ist eine bloße *Scheinerzählung*, die durch die reale Sprachverwendung des Dichters erzeugt wird. Martínez und Scheffel berücksichtigen diese Abhängigkeit vom Dichter kaum. Der Begriff ‚fiktionale Erzählung' läßt sich, so meine These, aber nur klären, wenn man bereit ist, reale Erzähler anzuerkennen. Frank Zipfel hat gegen diese Position den Einwand vorgebracht, daß sich aus ihr die absurde Konsequenz ergebe, daß man für einen Roman wie *Die Blechtrommel* zwei Erzähler annehmen müsse.[333] Darauf kann man erwidern, daß der Roman aus der Perspektive einer poststrukturalistischen Erzähltheorie keineswegs zwei Erzähler hat, einen fiktiven und einen realen, sondern nur einen Schreiber, der eine schriftliche Erzählung erzeugt und dabei, wo er es für angemessen hält, (zeitweise) den Eindruck erweckt, daß die Sätze von einer Figur geäußert werden. Romane, in denen die Autorschaft spielerisch einer Figur übertragen wird, würde man ja schließlich auch nicht zwei Verfassern zuschreiben, sondern die scherzhafte Verfasserangabe als einen Kunstgriff der Schreibinstanz erläutern.

2.4.4 Fiktionale Erzählerrede

Martínez und Scheffel behaupten in ihrer Einführung, daß es „offensichtlich zur adäquaten Rezeption [...] von Dichtung überhaupt gehört",[334] sie als fiktive (erdichtete) Rede eines fiktiven (erdichteten) Sprechers zu verstehen. Sie benutzen zwar noch den Begriff ‚fiktionale Rede', schließen aber aus, daß der Dichter in eigener Person über die Ereignisse spricht, die er zugleich herbeiführt. So geht die Möglichkeit verloren, zwischen fiktionaler und fiktiver Rede, zwischen

---

332 Nach der Erzähltheorie von Tom Kindt und Tilmann Köppe ist es „nicht [...] sinnvoll", Erzähltechniken dem fiktiven Erzähler zuzuschreiben (Einführung in die Erzähltheorie, S. 88). Eine fiktionale Erzählung werde „von ihrem Urheber wirklich erzählt" (S. 80). Vgl. Dietrich Weber: Erzählliteratur. Schriftwerk, Kunstwerk, Erzählwerk, Göttingen 1998; Currie: Narratives and Narrators, S. 65–85; Patron: Le Narrateur, S. 223–230.
333 Frank Zipfel: Narratorless Narration? Some Reflections on the Arguments for and against the Ubiquity of Narrators in Fictional Narration, in: Author and Narrator. Transdisciplinary Contributions to a Narratological Debate, hg. von Dorothee Birke und Tilmann Köppe, Berlin 2015, S. 45–80, S. 56.
334 Martínez und Scheffel: Einführung in die Erzähltheorie, S. 16.

erdichteten Erzählern und erzählenden Dichtern zu unterscheiden.[335] Untersucht man die Geschichte der Literaturtheorie und die tatsächliche Rezeption von Dichtung, stellt man fest, daß es keineswegs „offensichtlich" ist, was Martínez und Scheffel behaupten. Im Gegenteil: Die Autoren selbst erwähnen – ohne sich davon irritieren zu lassen – die im 3. Buch von Platons *Staat* formulierte Auffassung, daß der „episch-erzählende Dichter [...] teils selber spricht (Erzählerrede), teils die Rede anderer Sprecher zitiert (Figurenrede)".[336] Die antike Dichtungstheorie ließ erzählende Dichter ausdrücklich zu.[337] Auch die moderne Dichtungstheorie räumte dem Verfasser die Möglichkeit ein, in eigener Person zu erzählen. Die Leser des 18. Jahrhunderts kannten Romane wie *La Vie de Marianne*, bei denen man zwischen der Erzählerin Marianne und dem darstellenden Dichter Marivaux unterscheiden mußte. Sie waren aber auch mit Werken wie Voltaires *Candide* vertraut, in denen der Dichter selbst redet und sich als Erzähler betätigt.[338]

Die derzeit übliche Definition des Begriffs ‚Erzähler' nimmt also das Ergebnis der Analyse vorweg. Es wird ungeprüft vorausgesetzt, daß der Autor einen Erzähler einführt, der als „Mittelsmann der Geschichte",[339] als „Vermittlungsinstanz",[340] als „fiktive Redeinstanz",[341] als „‚instance' that

---

335 Fiktionale Rede muß nicht zwingend die Rede des Autors sein, denn es steht ihm frei, einen fiktiven Dichter einzuführen und fiktional reden zu lassen. Doch nach der Theorie, die Martínez und Scheffel vorschlagen, müßte ein fiktiver Dichter, der eine fiktive Geschichte darstellt, wiederum einen fiktiven Erzähler einführen, der die Sätze „mit Wahrheitsanspruch behauptet" (Einführung in die Erzähltheorie, S. 19). Denn es ist nach ihrer Ansicht ausgeschlossen, dass jemand, sei es ein realer oder ein fiktiver Dichter, eine Geschichte zugleich gestaltet und selbst erzählt.
336 Martínez und Scheffel: Einführung in die Erzähltheorie, S. 26.
337 Vgl. René Nünlist: The Ancient Critic at Work. Terms and Concepts of Literary Criticism in Greek Scholia, Cambridge 2009, S. 132f.; Irene J. F. de Jong: Aristotle on the Homeric Narrator, in: The Classical Quarterly 55 (2005), S. 616–621.
338 Für Wieland und seine Zeitgenossen war klar, daß Voltaire, wo er nicht seine Figuren zu Wort kommen läßt, „in eigner Person spricht" (Rez. ‚Kandide, oder die beste der Welt aufs neue verdeutscht', in: Teutscher Merkur (1778), 1. Vierteljahr, S. 297–299, S. 298). Carl August Böttiger schreibt über Henry Fieldings *Tom Jones*: „Fielding ist überall, wo er selbst erzählt, und nicht den Dorfjunker Western, oder eine Gastwirthin mit einem Kammermädchen sprechen läßt, in seiner Diction äußerst classisch" (C. A. Böttiger: J. J. C. Bode's literarisches Leben, in: Michael Montaigne: Gedanken und Meinungen über allerley Gegenstände, übers. von J. J. C. Bode, Bd. 6, Berlin 1795, S. I–CXLIV, S. CIX–CX). Vgl. Hugh Blair: Lectures on Rhetoric and Belles Lettres, Bd. 1, London 1798, S. 108.
339 Franz Stanzel: Typische Formen des Romans, Göttingen 1964, S. 16.
340 Martínez und Scheffel: Einführung in die Erzähltheorie, S. 53.
341 Auerochs: Art. Erzähler, S. 207f.

tells or transmits everything"³⁴² oder als „substitutionary speaker who performs the macro speech act of reporting"³⁴³ aufzufassen sei. Der Erzähler gilt als jemand, der die Sätze des Textes *spricht*, wobei zumeist an *mündliche* Äußerungen gedacht wird, wo doch in der Literatur das einzig wirkliche Erzählen ein *schriftliches* Erzählen ist. Die Erzählforschung, die mit der Vorstellung eines mündlichen Erzählers arbeitet, untersucht üblicherweise, welche Perspektive dieser Erzähler einnimmt, in welchem Maße er sich am Geschehen beteiligt oder wie verläßlich er ist – aber die Figurenzeichnung, die Redegestaltung und die Festlegung des Handlungsverlaufs werden oft dem ‚schweigenden' Autor zugeschrieben, der *nicht* als Erzähler betrachtet wird.³⁴⁴ Selbst der Begriff ‚auktorialer Erzähler' schließt aus, daß der Erzähler, der die Geschichte souverän mitteilt und die geheimsten Gedanken der Figuren kennt, derselbe ist, der die Geschichte nach seinem Belieben *konstruiert*. Die künstlerische Möglichkeit, die Ereignisse zugleich zu gestalten und selbst zu erzählen, wird von der strukturalistischen Erzähltheorie nicht anerkannt. Ihre angebliche „Errungenschaft",³⁴⁵ den Verfasser vom Erzähler zu trennen, führt daher in vielen Fällen zu einer systematischen Vernachlässigung der Erzähltechnik.

Die Frage, ob ein Dichter die Ereignisse selbst erzählen und zugleich hervorbringen kann, hängt mit der Frage nach dem Wesen fiktionaler Rede zusammen. Die dogmatische Behauptung, daß eine fiktionale Erzählung *immer* die Rede eines fiktiven Sprechers sei, hat sich auch deswegen verbreitet, weil sie auf eine Schwierigkeit zu antworten scheint: Einerseits kann die fiktionale Erzählung, die in einem Roman wie *Der Zauberberg* entfaltet wird, nicht als behauptende Rede des Autors interpretiert werden; andererseits hat man den unabweisbaren Eindruck, daß in Thomas Manns Roman etwas über fiktive Personen wie Hans Castorp ausgesagt wird. Auf dieses „Problem der Beschreibung der Behauptungsstruktur von fiktionalen Texten"³⁴⁶ reagieren einige Erzähltheoretiker, indem sie die behauptenden Sätze als Äußerungen eines fiktiven Erzählers auslegen. Sie gelangen also von der Feststellung, daß der Autor die Sätze einer fiktionalen Erzählung nicht behauptet, zu dem Ergebnis, daß es

---

342 James Phelan und Wayne Booth: Art. Narrator, in: The Routledge Encyclopedia of Narrative Theory, hg. von David Herman, Manfred Jahn und Marie-Laure Ryan, London 2005, S. 388–392, S. 388.
343 Margolin: Narrator, S. 365.
344 Der fiktive Erzähler *weiß*, was sich zugetragen hat, und *berichtet* davon. Die präsentierten Begebenheiten ereignen sich unabhängig von ihm: „Das Vorgefallene wird nicht von ihm erschaffen, es ist Wirklichkeit" (Kayser: Kleist als Erzähler, S. 171).
345 Franz Stanzel: Theorie des Erzählens, 8. Aufl., Göttingen 2008, S. 27.
346 Frank Zipfel: Fiktion, Fiktivität, Fiktionalität. Analysen zur Fiktion in der Literatur und zum Fiktionsbegriff in der Literaturwissenschaft, Berlin 2001, S. 121.

jemanden geben müsse, der sie innerhalb der Fiktion behauptet.³⁴⁷ Sie ziehen nicht in Betracht, daß ein Dichter bloß *vorgeben* kann, etwas zu behaupten.³⁴⁸ Er kann ohne Täuschungsabsicht *so tun, als ob* sich ein fiktives Ereignis zugetragen habe.

Was hier anhand der *Einführung in die Erzähltheorie* von Martínez und Scheffel verdeutlicht wurde, ist eine allgemeine Tendenz der gegenwärtigen Erzählforschung. Die Theorie fiktionalen Erzählens, die das Erzählen grundsätzlich einem fiktiven Erzähler zurechnet, wurde in den 1960er Jahren durch die Arbeiten von Wolfgang Kayser und Franz Stanzel verbreitet und hat zu einer grundlegenden Veränderung in der Interpretationspraxis geführt. Viele Philologen fühlten sich durch die neue Erzähltheorie berechtigt, den darstellenden Dichter vom erzählenden Sprecher abzugrenzen, ohne sich darum kümmern zu müssen, ob der Autor tatsächlich die Absicht hat, einen Erzähler reden zu lassen. Nun bedarf es keiner besonderen Beweisführung, daß Grass in *Die Blechtrommel* einen Erzähler gestaltet, aber bei Fieldings *Tom Jones*, Goethes *Wahlverwandtschaften* oder Kleists *Findling* liegen die Dinge anders.³⁴⁹ Hier gibt es keine Belege dafür, daß ein fiktiver

---

347 Martínez und Scheffel behaupten, daß „der Autor eines fiktionalen Textes nicht für den Wahrheitsgehalt der in seinem Text aufgestellten Behauptungen verantwortlich gemacht werden kann, weil er diese zwar produziert, aber nicht behauptet – vielmehr ist es der fiktive Erzähler, der diese Sätze mit Wahrheitsanspruch behauptet" (Einführung in die Erzähltheorie, S. 19). Diesen Gedankensprung findet man schon bei Kayser: Der Erzähler scheint zu behaupten, daß die Personen, von denen der Roman handelt, wirklich sind. Daraus folge, daß der Erzähler, der über sie redet, selbst „der poetischen Welt zugehörig" und eine „gedichtete Person" sei (Wer erzählt den Roman?, S. 91).

348 Vgl. John Searle: Der logische Status fiktionaler Rede, übers. von Andreas Kemmerling und Oliver Scholz, im Einvernehmen mit den Übersetzern revidiert von Maria Reicher, in: Fiktion, Wahrheit, Wirklichkeit. Philosophische Grundlagen der Literaturtheorie, hg. von ders., Paderborn 2007, S. 21–36. Der Begriff des ‚Vorgebens' wird genauer untersucht von Oliver Scholz: Zum Verstehen fiktionaler Repräsentationen, in: Von der verbalen Konstitution zur symbolischen Bedeutung, hg. von János Petöfi und Terry Olivi, Hamburg 1988, S. 1–27, S. 13–15. Zur Unterscheidung von spielerischen und fiktiven Behauptungen vgl. Weber: Erzählliteratur, S. 28, 76, 93–97; ders.: Aperçus zum Geschichtenerzählspieler, in: Ästhetische Transgressionen. Festschrift für Ulrich Ernst zum 60. Geburtstag, hg. von Michael Scheffel, Silke Grothues und Ruth Sassenhausen, Trier 2006, S. 235–252; ders.: Sub-Ego-Fiktionen. Zu-Sätze zur Theorie der Erzähl- und Storyliteratur, in: Figuren der Ordnung. Beiträge zu Theorie und Geschichte literarischer Dispositionsmuster, hg. von Susanne Gramatzki und Rüdiger Zymner, Köln 2009, S. 231–242.

349 Eine trotz der mißverständlichen Ausdrucksweise (‚voice') gute Diskussion über Fielding als Erzähler des *Tom Jones* ist: Henry Knight Miller: The Voices of Henry Fielding. Style in Tom Jones, in: The Augustan Milieu. Essays Presented to Louis Landa, hg. von Eric Rothstein und George Rousseau, Oxford 1970, S. 262–288. In seinen Beiträgen zum *Don Quijote* argumentiert Howard Mancing, daß Cervantes der einzig relevante Erzähler sei (Cervantes as Narrator of Don Quijote, in: Cervantes 23/1 (2003), S. 117–140; ders.: Narration and Theory, in: Cervantes

Erzähler in die fiktionale Erzählung eingeführt wird. Bis zur Entwicklung der neueren Erzähltheorie hat niemand in diesen Werken einen solchen Erzähler erkannt. Was man allerdings wahrnehmen und studieren konnte, waren die Verfahrensweisen des erzählenden Dichters.

2.4.5 Fiktionale Rede in anderen Literaturgattungen

Was für fiktionale Erzählungen gilt, soll nach Ansicht mancher Forscher auch für andere Dichtungsformen gelten. Da Ovid nicht tatsächlich verliebt ist und in seinen Elegien nicht wirklich behauptet, vor der Tür der Geliebten zu stehen, müsse man einen fiktiven Sprecher annehmen, der diese Gefühle aufrichtig äußert und diese Behauptungen wirklich aufstellt. Monroe Beardsley schlägt folgende Analyse vor: „The writing of a poem [...] is the creation of a fictional character performing a fictional illocutionary act."[350] Es ist wohl richtig, daß Ovids Elegien nicht ein ernsthaftes Werben um eine Corinna artikulieren, doch das allein ist kein hinreichender Grund, einen fiktiven Sprecher anzunehmen, der sich beklagt, daß er die Tür zur Wohnung seiner Geliebten verschlossen findet. Ovids Sprachgebrauch kann als „make-believe use"[351] beschrieben werden oder als „an appearance or a show of living language use",[352] doch Beardsley macht den Fehler, diese Form der Sprachverwendung mit der Einführung eines fiktiven Sprechers in eins zu setzen. Er zieht nicht einmal als Möglichkeit in Betracht, daß der Dichter sich in den *Amores* als Schreibender einführt, der fingiert, ein Heldengedicht in Hexametern zu beginnen, um dann scherzhaft zu behaupten, daß ihm Amor das Versmaß verändere und noch dazu den passenden Stoff liefere, indem er ihn mit einem Pfeil verwunde. Derjenige, der sich im Folgenden als verliebter Dichter ausgibt, ist niemand anders als derjenige, der tatsächlich die Verse gestaltet.[353]

24/2 (2004), S. 137–156; ders.: Don Quixote. A Reference Guide, Westport, CT 2006, S. 115f.). Anstelle des irreführenden Begriffs ‚voice' sollte man auch in diesem Fall besser ‚Sprachverwendung' setzen.
350 Beardsley: The Possibility of Criticism, S. 59.
351 Beardsley: The Possibility of Criticism, S. 59.
352 Beardsley: The Possibility of Criticism, S. 60.
353 Mir scheint, daß die Analyse Michael von Albrechts korrekt ist: Die Elegien etablieren „als Fiktion" eine „Personalunion von Dichter und elegischem Liebhaber", um in der Folge ein geistreiches Spiel mit der Beziehung von Kunst und Wirklichkeit zu entfalten (Ovid. Eine Einführung, Stuttgart 2003, S. 48). Man muß diese Interpretation zumindest in Betracht ziehen. Die Theorie dichterischer Rede, die Beardsley vertritt, führt aber dazu, daß diese Möglichkeit gar nicht sorgfältig geprüft wird.

Ist es nicht nach den Konventionen des literarischen Spiels „verboten [...], das Ich des Gedichts mit dem Ich des Dichters gleichzusetzen, also in Paraphrasen für den, der im Gedicht redet, ‚der Dichter' zu sagen"[354]? Im Dichtungsverständnis der Antike läßt sich, wie Roland Mayer mit aussagekräftigen Belegen gezeigt hat, eine solche Konvention nicht feststellen.[355] Ovid hat die Technik angewendet, fiktive Erzähler einzuführen, z.B. Orpheus im 10. Buch der *Metamorphosen*, und er hat mit den *Heroides* ein Werk vorgelegt, das aus den Briefen fiktiver Autorinnen besteht. Es gibt aber keine Hinweise darauf, daß die Person, die sich in den *Amores* äußert, stets eine andere ist, als der Autor, der für die Auswahl und Anordnung der Wörter verantwortlich ist.[356] Davon unabhängig braucht Ovid keine wahrheitsgemäße Darstellung des eigenen Lebens zu bieten, denn es steht ihm frei, die Maske des Verliebten zu tragen und sich nach Belieben in imaginäre Situationen zu versetzen, selbst wenn er keine eigenständige Figur erschafft. Sein Publikum dazu aufzufordern, sich von ihm, dem Dichter, vorzustellen, er befinde sich in diesen Situationen, ist eine völlig andere Technik als die Darstellung eines gesonderten Sprechers. Der Reiz der Gedichte beruht gerade darauf, daß die Person, die in diesen Situationen imaginiert wird, eben die ist, die die Verse gestaltet und die Sätze baut.[357]

---

354 Walter Kraus: Zur Idealität des Ich und der Situation in der römischen Elegie, in: Ideen und Formen. Festschrift für Hugo Friedrich, hg. von Fritz Schalk, Frankfurt/M. 1965, S. 153–163, S. 156.
355 Roland Mayer: Persona Problems. The Literary Persona in Antiquity Revisited, in: Materiali e Discussioni 50 (2003), S. 55–80.
356 Merkwürdigerweise liest Michael Titzmann die Äußerung in *Amores* 3,12, v. 41–42 („Exit in inmensum fecunda licentia vatum / Obligat historica nec sua verba fide") als eine direkte Äußerung des Verfassers, dessen Meinung er kurzerhand mit der eigenen Theorie der Sprechsituationen gleichsetzt: Ovid habe hier seine „Nicht-Identität mit dem Sprecher betont" und somit die strukturalistische Denkart antizipiert (Semiotische Aspekte der Literaturwissenschaft, S. 3065). Der Grundsatz, daß Sprecher und Dichter zu trennen seien, kann offenbar außer Kraft gesetzt werden, wenn der Text zugunsten der eigenen Überzeugungen zu sprechen scheint. Der Eindruck, daß Ovid Strukturalist war, dürfte sich allerdings einer flüchtigen Lektüre verdanken. Denn die Textstelle bezieht sich nicht auf das Verhältnis vom ‚textinternen Sprecher' zum ‚realen Autor', sondern scherzt mit dem Gemeinplatz, daß Dichter sich nicht verpflichtet fühlen, ihren fabulierenden Sprachgebrauch in den Grenzen der historischen Glaubwürdigkeit zu halten.
357 In seiner Exildichtung betont Ovid ausdrücklich die Verschiedenheit von Leben und Dichtung: Briefe aus der Verbannung, hg. und übers. von Georg Luck, Zürich 1963, v. 2.353–356. Auf diese Stelle kann man sich jedoch nicht berufen, wenn man auf eine strikte Unterscheidung von Autor und Sprecher hinauswill. Mindestens drei Punkte lassen sich gegen diese Deutung anführen: 1. Bei seiner Kritik an Schlüssen von den dargestellten Situationen auf das Leben des Autors unterscheidet Ovid nicht zwischen sich selbst und der Person, die sich in der *Ars amatoria* äußert. 2. In den *Amores* präsentiert Ovid sich selbst als Teil der dargestellten Welt und spielt mit der Frage nach der Realität der Geschichten. 3. In der Beurteilung der Liebesdichtung seiner Vorgänger zeigt Ovid keinerlei Bedenken, sie als Selbstdarstellungen des jeweiligen Autors zu

Hat sich die Konvention, grundsätzlich einen fiktiven Sprecher einzuführen, vielleicht erst später etabliert? Manche glauben, daß in Lessings *Rettungen des Horaz* zuerst die Annahme einer Trennung des Dichters vom Sprecher etabliert wurde.[358] Lessing kommentiert dort den Versuch, den Dichter für die im Gedicht geäußerten Ansichten und Empfindungen verantwortlich zu machen: „Der Odendichter besonders pflegt zwar fast immer in der ersten Person zu reden, aber nur selten ist das *ich* sein eigen *ich*."[359] Diese Bemerkung läßt sich wohl nicht als Beleg für eine „Unterscheidung zwischen dem lyrischen Ich und dem Autor"[360] heranziehen, denn abgesehen davon, daß die Aussage in dreifacher Hinsicht eingeschränkt wird („der Odendichter besonders", „fast immer", „nur selten"), steht für Lessing außer Zweifel, daß Horaz in seinen *Satiren* und *Briefen* überwiegend in eigener Person spricht und „unzählich viele Kleinigkeiten von sich einfließen läßt".[361]

Kann man Lessing wenigstens die These zurechnen, daß sich in der Gattung der Ode stets ein eigenständiger Sprecher äußert? Gegen diese Annahme spricht, daß er in einer früheren Arbeit, den *Beyträgen zur Historie und Aufnahme des Theaters*, bekräftigt, was im 18. Jahrhundert allgemein akzeptiert wurde: „Alle Gedichte, wie bekannt ist, teilen sich in zwei Arten; in Gedichte,

---

deuten. Ovid nahm offenbar an, daß der Dichter in eigenem Namen redet, solange es nicht Indizien gibt, die darauf hinweisen, daß er die Rede einer eigenständigen fiktiven oder realen Person in den Mund legt – und selbst noch in diesem Fall wird damit gerechnet, daß der Dichter die dargestellte Person eigene Gedanken und Gefühle aussprechen läßt (vgl. Mayer: Persona Problems, S. 68f.).

358 Helmut Krasser behauptet, Lessing treffe „als erster eine Unterscheidung zwischen lyrischem Ich und der realen Gestalt des Dichters" (Büßer, Spötter oder Künstler? Zur Rezeptionsgeschichte der Horazode 1,34, in: Zeitgenosse Horaz. Der Dichter und seine Leser seit zwei Jahrtausenden, hg. von dems. und Ernst Schmidt, Tübingen 1996, S. 311–343, S. 335). Lessing wird diese Einsicht erst zugeschrieben, seitdem sich der Gedanke einer Abgrenzung von Autor und werkimmanentem Sprecher in der Forschung etabliert hat. Eduard Norden erwähnt in seiner Würdigung von Lessings *Rettungen des Horaz* noch nichts davon (Lessing als klassischer Philologe [1929], in: ders.: Kleine Schriften zum klassischen Altertum, hg. von Bernhard Kytzler, Berlin 1966, S. 621–638, S. 627f.).
359 Lessing: Rettungen des Horaz, S. 186.
360 Hugh Barr Nisbet: Lessing. Eine Biographie, übers. von Karl Guthke, München 2008, S. 199.
361 Lessing: Rettungen des Horaz, S. 195. Poetische Briefe sind nach Lessing eine „Art von Gedichten, die der Wahrheit historischer Umstände weit fähiger sind, als eine Ode" (S. 184). Mit der Bemerkung, daß Horaz im ersten Brief des ersten Buchs sich selbst „ausdrücklich malen will" (S. 187), gibt Lessing indirekt zu verstehen, daß er in den *Oden* weniger Interesse habe, sich selbst zu porträtieren.

wo der Dichter redet, und in Gedichte, wo er andre reden läßt."³⁶² Die Ode gehört zur ersten Art: „In der Ode ist es, wo er [der Dichter] die Sprache der Götter reden, und das Erhabene in Gedanken, Ausdruck und Ordnung herrschen lassen soll."³⁶³ Könnte Lessing seine frühere Ansicht, daß der Dichter in der Ode selbst redet, wenn auch sozusagen mit verstellter Stimme, nach dem Schreiben der *Beyträge* nicht geändert haben? Betrachten wir den Zusammenhang etwas genauer, in dem in den *Rettungen des Horaz* die angeblich auf das lyrische Ich hinweisende Bemerkung über den Odendichter auftaucht:

> Der Odendichter besonders pflegt zwar fast immer in der ersten Person zu reden, aber nur selten ist das *ich* sein eigen *ich*. Er muß sich dann und wann in fremde Umstände setzen, oder setzt sich mit Willen hinein, um seinen Witz auch außerhalb der Sphäre seiner Empfindungen zu üben. Man soll den *Rousseau* einsmals gefragt haben, wie es möglich sei, daß er eben sowohl die unzüchtigsten Sinnschriften, als die göttlichsten Psalme machen könne? *Rousseau* soll geantwortet haben: er verfertige jene eben sowohl ohne Ruchlosigkeit, als diese ohne Andacht. Seine Antwort ist vielleicht zu aufrichtig gewesen, obwohl dem Genie eines Dichters vollkommen gemäß.³⁶⁴

Wichtig scheint für Lessing an dieser Stelle zu sein, daß der Dichter für das Gedicht eine Empfindung *vorgeben* kann, daß er imstande ist, „seinem geschmeidigen Geiste alle möglichen Formen auf kurze Zeit zu geben",³⁶⁵ was doch wohl heißen soll, daß die klagende, scherzende oder begeisterte Rede die Form ist, die *sein* Verhalten annimmt. Der Verfasser einer Ode kann von Liebe seufzen, ohne tatsächlich verliebt zu sein, er kann vorgeben, vergangene Freuden zu rekapitulieren, die er so nicht erlebt hat. Er muß nicht „alle Gläser geleert und alle Mädgens geküßt haben, die er geleert und geküßt zu haben vorgibt", und es wäre ein Mißverständnis seines Sprachverhaltens, „auf die Rechnung des Dichters zu schreiben, was er selbst, des künstlichen Blendwerks wegen, darauf geschrieben hat".³⁶⁶ Aber genauso falsch wäre es, eine Figur anzunehmen, die all das wirklich behauptet, solange es keine Anhaltspunkte dafür gibt, daß er eine solche darstellen will.³⁶⁷

---

362 Gotthold Ephraim Lessing: Beyträge zur Historie und Aufnahme des Theaters, in: ders.: Werke und Briefe, Bd. 1, hg. von Jürgen Stenzel, Frankfurt/M. 1989, S. 723–934, S. 865 („Beschluß der Kritik über die Gefangenen des Plautus").
363 Lessing: Beyträge zur Historie und Aufnahme des Theaters, S. 865.
364 Lessing: Rettungen des Horaz, S. 186.
365 Lessing: Rettungen des Horaz, S. 170.
366 Lessing: Rettungen des Horaz, S. 171.
367 Lessing schreibt: „Es ist falsch, daß der epigrammatische Dichter alles, was er in der ersten Person sagt, von der eigenen Person verstanden wissen will." (Anmerkungen über das Epigramm, S. 238) Man müsse zwei Möglichkeiten in Betracht ziehen, bevor man dem Dichter eine

Lessing hält es für problematisch, von den Aussagen des Dichters auf eine „Philosophie des Horaz"[368] zu schließen, da dieser sich in seinen Gedichten nicht dogmatisch äußere und keine systematischen Untersuchungen z.B. über das Wesen der Tugenden erarbeite, sondern Aussagen formuliere, die ihm bissig, kühn, erhaben, überraschend oder jedenfalls für die Bedürfnisse des Werks passend erscheinen.[369] Mit dieser Feststellung schließt Lessing weder aus, daß ein Dichter eine Philosophie artikulieren kann, noch leugnet er, daß Horaz gelegentlich Begebenheiten aus dem eigenen Leben darstellt. Für Lessing ist allerdings klar, daß das Verhalten des Dichters (unter anderem aufgrund der Konkurrenz mit anderen Dichtern) durch besondere Interessen geprägt ist, die dazu führen, daß er das eigene Leben auf eine für ihn vorteilhafte Weise transformiert. So könne man die Behauptung des Horaz, er habe sein Schild verloren, als „poetischen Zug", d.h. als eine Fiktionalisierung des eigenen Lebens verstehen:

> Kurz, die ganze siebende Ode des zweiten Buches ist nichts als ein Scherz. Und was ist im Scherze gewöhnlicher, als daß man sich selbst eine ganz andre Gestalt giebt; daß sich der

---

Meinung, ein Gefühl oder eine Haltung zuzuschreiben berechtigt sei. Die erste Möglichkeit hat nach Lessing nichts mit einem zusätzlichen Sprecher zu tun: „Kürze und Rundung, welche so notwendige Eigenschaften seiner Dichtungsart sind, nötigen ihn öfters, in der ersten Person etwas vorzutragen, woran weder sein Herz noch sein Verstand Teil nimmt." (ebd.) Die zweite Möglichkeit ist, daß der Dichter eine Figur einführt und ihr die Worte in den Mund legt: „Wer ist hier die erste Person? der Dichter? [...] Der Kaiser Domitianus selbst ist es, welchen Martial so redend einführt, ohne uns weder in dem Gedichte noch in der Aufschrift den geringsten Wink davon zugeben. Was er also hier unterließ, warum könnte er es auch nicht öfter unterlassen haben? Warum könnte nicht in mehrern Epigrammen, nicht Martial selbst, sondern ein Freund und Bekannter desselben, sprechen?" (ebd.) Gottsched hält die Arten der Darstellung nicht ganz so konsequent auseinander: „Man macht z.E. ein verliebtes, trauriges, lustiges Gedicht, im Namen eines andern; ob man gleich selbst weder verliebt noch traurig, noch lustig ist. Aber man ahmet überall die Art eines in solchen Leidenschaften stehenden Gemüthes [...] nach, und drückt sich [...] so aus, als wenn man wirklich den Affect [...] empfände." (Critische Dichtkunst, S. 145)

368 Lessing: Rettungen des Horaz, S. 186.

369 „Noch weit schwerer, oder vielmehr gar unmöglich ist es, aus seinen Gedichten seine Meinungen zu schließen, sie mögen nun die Religion oder die Weltweisheit betreffen; es müßte denn sein, daß er die einen oder die andern, in eigentlichen Lehrgedichten ausdrücklich hätte entdecken wollen. Die Gegenstände, mit welchen er sich beschäftigt, nötigen ihn die schönsten Gedanken zu ihrer Ausbildung von allen Seiten zu borgen, ohne viel zu untersuchen, welchem Lehrgebäude sie eigen sind. Er wird nicht viel Erhabenes von der Tugend sagen können, ohne ein Stoiker zu scheinen, und nicht viel Rührendes von der Wollust, ohne das Ansehen eines Epikureers zu bekommen" (ebd.); vgl. Lessing: Pope ein Metaphysiker!, S. 620. Lessing unterscheidet in einem Brief an seinen Bruder Karl vom 16. März 1778 für seine eigenen späten theologischen Schriften zwischen einer gymnastischen und einer dogmatischen Sprachverwendung (Briefe von und an Lessing 1776–1781, hg. von Helmuth Kiesel, Frankfurt/M. 1994, S. 131).

> Tapfre als einen Feigen, und der Freigebige als einen Knicker abbildet! In diesen Verstellungen liegt nur allzuoft ein feines Eigenlob, von welchem vielleicht auch Horaz hier nicht frei zu sprechen ist.[370]

Nur weil Horaz nicht ernstlich behauptet, er habe sein Schild verloren, muß also noch kein ‚lyrisches Ich' sprechen. Lessing charakterisiert das Verfahren als eine geschickte „Verstellung": Horaz versteht es, die historischen Umstände so auszugestalten, daß sie eine sympathische Selbstverspottung (eine „poetische Verkleinerung seiner selbst"[371]) ergeben, die zugleich eine selbstwertdienliche Anspielung auf ein griechisches Vorbild enthalte. Die Herstellung einer Ähnlichkeit zu Alkaios durch den Gebrauch des bei diesem Dichter vorgeprägten Motivs des Schildverlusts hebe die Bedeutsamkeit der Ode und erlaube es Horaz, sich mit einem angesehenen Vorgänger in Beziehung zu setzen.[372] Solche Feinheiten der dichterischen Gestaltung drohen verloren zu gehen, wenn man die fiktionale Selbstdarstellung nicht von der fiktiven Rede einer eigenständigen Figur unterscheiden kann.

Die Betrachtung der Literaturgeschichte zeigt, daß die Annahme, der Dichter rede in eigener Person, uns nicht darauf festlegt, alles für bare Münze zu nehmen, was er sagt. Ein Dichter, der sich selbst äußert, kann ironisch sein, scherzhaft übertreiben oder jemanden parodieren, also eine Haltung bloß für die Zwecke des Gedichts einnehmen. In diesen Fällen wäre es voreilig, die Sätze als ernsthafte Äußerungen des Autors auszulegen. Es wäre aber nicht weniger voreilig, sie einem Sprecher zuzurechnen, der sie wörtlich meint.[373] Eine Anpassung der Selbstpräsentation an die Bedürfnisse des Werks ist nicht

---

370 Lessing: Rettungen des Horaz, S. 183.
371 Lessing: Rettungen des Horaz, S. 184. Durch die Selbstironisierung kann der Dichter seine Vorzüge noch besser zur Geltung bringen: „Je größer überhaupt der Dichter ist, je weiter wird das, was er von sich selbst mit einfließen läßt, von der strengen Wahrheit entfernt sein. [...] Der wahre Dichter weiß, daß er alles nach seiner Art verschönern muß, und also auch sich selbst, welches er oft so fein zu tun weiß, daß blöde Augen ein Bekenntnis seiner Fehler sehen, wo der Kenner einen Zug seines schmeichelnden Pinsels wahrnimmt." (Lessing: Rettungen des Horaz, S. 185f.)
372 „Es war ihm angenehm, das Volk denken zu lassen, zwei Dichter, die einerlei Schicksal gehabt, könnten nicht anders, als auch einerlei Geist haben." (Lessing: Rettungen des Horaz, S. 185)
373 Man müsse darauf achten, erklärt Frank Zipfel, „voreilige Rückschlüsse von moralischen, politischen oder ideologischen Wertungen im Erzähl-Text auf Ansichten des Autors zu vermeiden" (Fiktion, Fiktivität, Fiktionalität, S. 148). Auch Peter Tepe betont, daß es unzulässig sei „den Erzähler ohne genauere Prüfung der Sachlage als Sprachrohr des Autors aufzufassen." (Kognitive Hermeneutik, S. 77) Aber genausowenig darf man ohne genaue Prüfung annehmen, daß der Autor einen Sprecher einführt.

dasselbe wie die Einführung eines Sprechers.³⁷⁴ Ein Autor kann so reden, als ob er an geheimnisvolle Mächte glaubte, ohne einen abergläubischen Sprecher einzuführen. Er kann Anteilnahme über das Schicksal der fiktiven Personen ausdrücken, ohne eine Figur zu erschaffen, die tatsächlich Anteilnahme empfindet. Er kann mehr oder weniger konsequent die Rolle eines Geschichtsschreibers spielen, ohne einen fiktiven Geschichtsschreiber darzustellen.³⁷⁵ Er kann vorgeben, das Geschehen, das er frei erfindet, aus der Tiefe der Erinnerung hervorzuholen. Dem Autor stehen verschiedene Möglichkeiten zur Verfügung und es muß im Einzelfall geprüft werden, wozu er die Sprache verwendet. Dabei werden immer wieder Schwierigkeiten auftauchen: Oft können wir nicht sicher sein, ob der Autor ernst oder spielerisch redet, ob er selbst redet oder reden läßt, doch solche Probleme werden gewiß nicht dadurch gelöst, daß man die Aussagen, ohne die Einzelheiten des Textes sorgfältig zu untersuchen, einfach einem werkimmanenten Sprecher zurechnet.

---

374 Vgl. Irvin Ehrenpreis: Personae, in: ders.: Literary Meaning and Augustan Values, Charlottesville 1974, S. 49–60; John Reichert: Do Poets Ever Mean What They Say?, in: New Literary History 13/1 (1981), S. 53–68; Zymner: Lyrik, S. 19. Wo Zymner von der ‚Textfiguration' des Autors spricht, würde ich den Begriff ‚Selbstpräsentation' bevorzugen. Wayne Booth will den „implied author" als ein „image" (The Rhetoric of Fiction, S. 75) verstehen und gleichzeitig sagen: „The ‚implied author' chooses, consciously or unconsciously, what we read" (S. 74). Solche Ungereimtheiten hätte Booth vermeiden können, wenn er bei der Einsicht geblieben wäre, von der er ausgeht: „[T]he writer sets himself out in a different air depending on the needs of particular works." (S. 71) Man kann angeben, was den Autor des *Werther* vom Autor der *Wahlverwandtschaften* unterscheidet (hier ist von demselben Autor in verschiedenen Zusammenhängen die Rede), ohne ‚implizite' Autoren einzuführen und sie vom ‚realen' Autor abzugrenzen.

375 Franz Stanzel verwischt diesen Unterschied in seiner Erläuterung der „auktorialen Erzählsituation": „Der Erzähler scheint auf den ersten Blick mit dem Autor identisch zu sein. Bei genauerer Betrachtung wird jedoch fast immer eine eigentümliche Verfremdung der Persönlichkeit des Autors in der Gestalt des Erzählers sichtbar. Er weiß weniger, manchmal auch mehr, als vom Autor zu erwarten wäre, er vertritt gelegentlich Meinungen, die nicht unbedingt auch die des Autors sein müssen. Dieser auktoriale Erzähler ist also eine eigenständige Gestalt, die ebenso vom Autor geschaffen worden ist, wie die Charaktere des Romans." (Typische Formen des Romans, S. 16) Die Verfremdung der eigenen Person (man tut – zeitweise oder dauerhaft – so, als sei man ein Historiker) ist etwas anderes als die Erfindung einer eigenständigen Gestalt (man delegiert das Erzählen an einen fiktiven Erzähler). Im ersten Fall soll man die Person, die sich das Wissen über die Figuren andichtet, mit der Person identifizieren, die für den Satzbau, die Handlungsführung usw. verantwortlich ist, während man im zweiten Fall eine eigenständige Gestalt imaginieren soll.

2.4.6 Mittel, Modus und Gegenstand der fiktionalen Darstellung

Martínez und Scheffel wollen dem „abendländische[n] Verständnis von Dichtung"[376] mit ihrer Theorie gerecht werden. Um das Geschäft des Dichters zu bestimmen, beziehen sie sich auf die *Poetik* des Aristoteles. Nun würde man erwarten, daß sie in diesem Zusammenhang auf den Begriff der Mimesis (der Darstellung oder Nachahmung) zu sprechen kommen, aber sie konzentrieren sich stattdessen auf die Abgrenzung, die Aristoteles zwischen Geschichtsschreibung und Dichtung vornimmt. Sie behaupten, daß sich seine Dichtungslehre mehr für den „Inhalt" als für den „besonderen Status der Rede des Dichters"[377] interessiere und ignorieren also die sorgfältige Unterscheidung zwischen Mittel, Modus und Gegenstand der Darstellung.[378] Fiktionales Erzählen ist für Aristoteles ein *Modus* der Darstellung, der das Epos gegenüber dem Drama auszeichnet. Während der Tragödiendichter nicht selbst redet, sondern die Figuren reden lässt, tut der Dichter im Epos beides, er redet selbst und läßt reden. Er gestaltet also die Handlungen der dargestellten Personen, indem er von ihnen erzählt *und* sie zu Wort kommen läßt. Diese Unterscheidungsmöglichkeiten sollten von einer Theorie fiktionaler Darstellungen wieder mehr berücksichtigt werden.

Eine poststrukturalistische Theorie fiktionaler Darstellung müßte zunächst klarstellen, daß es nicht sinnvoll ist, alle Darstellungen von fiktiven Geschichten in fortlaufender Prosa als Erzählungen zu verstehen. Wolfgang Kayser und Franz Stanzel haben Romantheorie mit Erzähltheorie beinahe gleichgesetzt; doch in vielen Romanen wird nicht zuerst etwas erzählt, sondern es werden Techniken angewendet, die man z.B. als ‚Darstellung von Briefen' genauer beschreiben kann.[379] Kaysers Frage ‚Wer erzählt den Roman?' ist in zweifacher Hinsicht falsch gestellt. Zum einen kann das Prädikat ‚erzählen' nicht sinnvoll mit ‚Roman' verbunden werden, denn Romane werden geschrieben oder konstruiert, aber (im Unterschied zu Geschichten) nicht erzählt. Zum anderen kann die Darstellung eines Briefwechsels oder die Entfaltung eines Selbstgesprächs nicht als ‚Erzählung' gelten. Diese

---

376 Martínez und Scheffel: Einführung in die Erzähltheorie, S. 13.
377 Martínez und Scheffel: Einführung in die Erzähltheorie, S. 15.
378 Aristoteles: Poetik, 1448a 19–24.
379 „Ja ich kann mir einen Roman kaum anders denken, als gemischt aus Erzählung, Gesang und anderen Formen" (Friedrich Schlegel: Brief über den Roman, in: ders.: Kritische Friedrich-Schlegel-Ausgabe, 1. Abt., Bd. 2: Charakteristiken und Kritiken I (1796–1801), hg. von Hans Eichner, München 1967, S. 329–339, S. 336). Goethe unterscheidet Richardsons „Romane in Briefen" und „erzählende Romane" (Goethe an Schiller, 23.12.1797, in: ders.: Sämtliche Werke nach Epochen seines Schaffens. Bd. 8.1: Briefwechsel zwischen Schiller und Goethe in den Jahren 1794 bis 1805, hg. von Manfred Beetz, München 1990, S. 470).

Überlegung scheint Dietrich Webers Grundsatz zu bestätigen, „daß man die Theorie der Erzählliteratur erst richtig fundieren kann, wenn man ständig im Auge behält, was der Autor eines literarischen Erzählwerks in und mit seinem Werk jeweils tut".[380] An anderer Stelle faßt Weber seinen Grundsatz noch allgemeiner und erklärt ohne die Beschränkung auf den Begriff der Erzählung: „Die Grundsatzfrage, die mir in diesen Sachen alles zu erschließen scheint, ist die elementare Frage: Was tut und wie verfährt der Autor, wenn er schreibt?"[381]

Die poststrukturalistische Dichtungstheorie erschließt die Gestaltungsmöglichkeiten ausgehend von der Sprachverwendung. Statt sich dem Text mit vorgefertigten Vorstellungen von ‚Sprechern' und ‚Stimmen' zu nähern, konzentriert sie sich darauf, der Produktivität, Vielgestaltigkeit und Unzuverlässigkeit des Schreibens Rechnung zu tragen. Die fiktionale Darstellung erklärt sie als eine Form der Sprachverwendung, als etwas, das durch den sukzessiven Gebrauch sprachlicher Zeichen realisiert wird. *Mittel* der Darstellung sind also die Ausdrücke, die der Dichter für seine Zwecke verwendet. Was den *Modus* der Darstellung anbetrifft, müssen zunächst ‚selbst reden' und ‚jemanden reden lassen' auseinandergehalten werden.[382] Dabei ist zu beachten, daß ‚selbst reden' vereinbar ist mit ‚sich verstellen' und ‚sich als ein anderer ausgeben'. Davon zu unterscheiden ist das Verfahren, einen eigenständigen Sprecher einzuführen und ihm Worte in den Mund zu legen. Es gibt also mindestens drei Darstellungsweisen: 1. Der Dichter redet in eigenem Namen. Er verstellt sich mehr oder weniger, führt sich aber nicht als eine andere Person ein. 2. Der Dichter redet mit einer Maske. Er stellt sich selbst als verliebten Sänger oder Geschichtsschreiber dar. 3. Der Dichter führt eine gesonderte, mehr oder weniger bestimmte Figur ein, die er reden läßt.[383]

Welche dieser Gestaltungsmöglichkeiten der Verfasser wählt, legt ihn, nebenbei bemerkt, in keiner Weise darauf fest, wie stark er seine eigenen Überzeugungen, Gefühle und Einstellungen ins Spiel bringt. Er kann einerseits Meinungen und Empfindungen in eigener Person äußern, die nicht seine eigenen Meinungen und Empfinden sind. Andererseits kann er sich entscheiden, eigene Meinungen und Empfindungen einer Figur in den Mund zu legen. Daher ergibt es keinen Sinn, dem

---

380 Weber: Erzählliteratur, S. 7.
381 Weber: Sub-Ego-Fiktionen, S. 242.
382 Klar herausgearbeitet von Rüdiger Zymner: Lyrik, S. 11f. Daß man einen Satz geschrieben hat, bedeutet nicht, daß man ihn auch ‚in eigener Person' äußert. Deswegen kann man z. B. feststellen, daß der Autor im Drama oder im philosophischen Gespräch nirgendwo selbst redet, sondern nur reden läßt.
383 Eine solche Dreiteilung findet man auch bei Wilhelm Scherer: Poetik, S. 161f.

Biographismus dadurch vorbeugen zu wollen, daß man ungeprüft einen eigenständigen Sprecher annimmt.

Zum *Gegenstand* fiktionaler Darstellung ist zu sagen, daß der Verfasser die Personen reden und handeln läßt, wie es ihm beliebt; er führt die Situationen herbei, wie es ihm für den Aufbau des Werks erforderlich scheint. Er kann bestimmen, wie die Ereignisse ablaufen, indem er etwas über sie aussagt, und er kann durch die Redegestaltung bestimmen, was in der Geschichte der Fall ist. Die Figurenrede läßt sich, wie oben bereits mit Bezug auf die Erzählerrede ausgeführt wurde, nur sehr eingeschränkt erklären. Die einzige Sprachverwendung, die sich wirklich verstehen läßt, ist die des Verfassers. Die Redegestaltung kann zum Beispiel dafür genutzt werden, moralische Sentenzen und Reflexionen in den Text einfließen zu lassen, die Handlung voranzutreiben oder interessante Analogien nahezulegen.[384] Aus poststrukturalistischer Sicht hängt es von der Schreibpraxis und von den jeweiligen Interessen des Verfassers ab, wie eigenständig der fiktive Sprecher ist und wie konsequent seine Rede gestaltet wird. Manche Autoren brauchen ihre fiktiven Sprecher für einen momentanen Scherz oder zur Motivierung der Fiktion und lassen sie danach wieder fallen. Zuweilen soll man die Sprecher, denen die Rede vorübergehend in den Mund gelegt wird, sogar aus dem Blick verlieren, bis der Verfasser, wo es ihm vorteilhaft erscheint, wieder an sie erinnert.[385]

Der Gegenstand der Untersuchung bleibt also auch dort, wo die Rede scheinbar einem Sprecher überlassen wird, das *Schreiben* des Autors, denn man kann sich überall bewußt machen, daß er es ist, der *sprechen läßt*.[386] Man kann immer fragen, warum er den Sprecher etwas sagen läßt, warum er es ihn gerade *so* und nicht anders, warum er es ihn gerade an *dieser* und nicht einer anderen Stelle des Textes sagen läßt. Neben Ausdrücken wie ‚die Figur reden lassen', ‚ihr Worte in den Mund legen', ‚ihr Gedanken eingeben', die nützlich sind, um zu beschreiben, was Autoren tun, wenn sie die Rede (die Gedanken, die Gefühle) der Figuren gestalten, gibt es Redeweisen wie ‚die Figur etwas tun lassen', ‚sie in eine Situation führen', ‚ein Ereignis geschehen lassen', mit denen man die Gestaltung der dargestellten Ereignisse identifizieren

---

384 Was Viktor Šklovskij bei Cervantes beobachtet, ist eine gängige Praxis: „Die Reden des Don Quijote [...] erlauben Cervantes, kritische Beurteilungen, philosophisches Material und dergleichen in sein Werk einzuflechten." (Theorie der Prosa, S. 168) Eine gute Zusammenstellung der Verfahren in der Redegestaltung bietet Miriam Joseph: Shakespeare's Use of the Arts of Language, New York 1947.
385 Vgl. Šklovskij: Theorie der Prosa, S. 99.
386 Vgl. Juhl: Interpretation, S. 76.

kann.³⁸⁷ Sie werden in der Literaturwissenschaft regelmäßig verwendet, um (präzise oder unpräzise, richtige oder falsche) Aussagen über die Beschaffenheit von Texten zu bilden.

Ein positives Beispiel für eine Textanalyse, die sich unbeirrt auf das Schreiben und die künstlerische Arbeit richtet, ist Michael Hawcrofts Studie über Molières dramatische Technik. Ich zitiere einige Sätze aus seiner Diskussion des *Menschenfeinds*, um zu illustrieren, in welchen Begriffen man jenseits einer auf den Sinn oder die Mitteilungsabsichten des Verfassers fixierten Hermeneutik über die schriftliche Entfaltung von Geschichten nachdenken kann:

> Philinte tries to temper Alceste's general expression of hatred, but for Molière this is an opportunity to make Alceste express his misanthropy in the most hyperbolic terms, and so make Alceste seem even more comic.
>
> In dramaturgical terms, Molière is doing here what he did in the earlier part of the scene when Alceste was insisting on always speaking the truth to people. Molière is making him ride for a fall.
>
> Molière engineers a situation in which the concerns raised by Alceste in the first scene can be put to the test.
>
> Molière shows Philinte attempting to walk on a tightrope. We might well be amused by the extremely awkward situations Molière creates for him, but we are likely to be impressed by the dexterity with which he deals with them.
>
> With supreme comic timing, Molière engineers the arrival of Célimène's servant followed by an official, who insists that Alceste leave immediately with him to appear before the Maréchaux.³⁸⁸

Diese Sätze beziehen sich nicht (oder nicht bloß) auf die Äußerungen der Figuren. Sie identifizieren, wie der Verfasser – auf einer höheren Komplexitätsstufe der dramatischen Technik – die dargestellte Handlung motiviert und gestaltet. Einige der

---

387 Ein einfaches Beispiel: „Opitz läßt gegen Ende seiner *Hercynie* die vier Freunde, nachdem sie das Grottenreich der Flußnymphen durchwandert haben, geradewegs in das Bergreich Rübezahls gelangen. Dabei zeigt er mit leiser Ironie an, daß er es für das Reich des Aberglaubens hält." (Heinz Entner: Paul Fleming. Ein deutscher Dichter im dreißigjährigen Krieg, Leipzig 1989, S. 425).
388 Michael Hawcroft: Molière. Reasoning with Fools, Oxford 2007, S. 134, 143, 146, 156, 158f. Eine ähnlich klare Auffassung vom Objekt der Dramenanalyse hat Tycho von Wilamowitz-Moellendorff: Die dramatische Technik des Sophokles [1917]. Aus dem Nachlass hg. von Ernst Kapp. Mit einem Beitrag von Ulrich von Wilamowitz-Moellendorff und einem Anhang zur Neuauflage von William Calder III und Anton Bierl, Hildesheim 1996. Zur fachgeschichtlichen Einordnung: Hugh Lloyd-Jones: Tycho von Wilamowitz-Moellendorff on the Dramatic Technique of Sophocles, in: The Classical Quarterly 22/2 (1972), S. 214–228.

Sätze erläutern, was Molière dadurch erreicht, daß er seine Figuren in einer sorgfältig vorbereiteten Situation bestimmte Worte sagen läßt; andere erklären, wie der Dichter eine längere Sequenz von fiktiven Situationen schafft, in denen die Figuren ihre guten oder lächerlichen Eigenschaften zeigen können; wieder andere Aussagen machen deutlich, wie Molière sicherstellt, daß eine dargestellte Situation als komisch oder sinnreich wahrgenommen wird.

Nicht die ganze Analyse, die Hawcroft entwickelt, besteht aus Sätzen, die sich explizit auf die Praxis des Autors beziehen. Manche beschreiben ohne Umschweife die Reden und Handlungen: „It is precisely the fact that she [Éliante] makes such a controlled, authoritative and elegant speech, stopping the action dead, that reveals her desire to save Alceste from the increasingly hostile conflict into which he has thrown himself."[389] Diese Sätze wirken zwar auf den ersten Blick wie eine selbständige Beschreibung der Personen des Stücks. Sie beanspruchen jedoch nicht, eigenständige Aussagen über irgendwelche Objekte zu sein, sondern funktionieren eher wie eine Paraphrase: Bei jedem Satz, der direkt die Figuren und ihre Handlungsweisen zu beschreiben scheint, ist ein Ausdruck wie ‚Molière stellt dar', ‚dieser Satz zeigt', ‚hiermit wird angedeutet' mitzudenken. Hawcroft folgt der üblichen Praxis, solche Einleitungen gelegentlich wegzulassen. Mal bezieht er sich ausdrücklich auf die Sprachverwendung des Verfassers, mal redet er über die Situationen, wie sie von Molière entwickelt und dargestellt werden, ohne dessen schriftstellerische Arbeit ausdrücklich zu erwähnen: „These lines show how grotesquely comic Alceste is. His retreat from society will not be a quiet one. He wants everyone to know about him and acknowledge his singularity and exemplarity. His egotism has no limits."[390] Nachdem die Sprachverwendung des Autors („These lines show") zunächst noch erwähnt wird, geben die folgenden Sätze in eigener Rede wieder, was Molière durch die Redegestaltung andeutet. Der Satz „His egotism has no limits" bestimmt auch ohne Einleitung in der Art von ‚Molière zeigt, daß …' die Geneigtheit des Autors, etwas zu entwerfen und vorzuführen. Mit dem Satz wird etwas Richtiges gesagt, wenn Molière seine Figur tatsächlich so reden läßt, als ob er damit sagen wollte ‚Schau, wie Alcestes Egoismus keine Grenzen kennt', wenn dies also das Urteil ist, das er nahelegt, indem er Alceste in einer sorgfältig vorbereiteten Situation ein bestimmtes Verhalten an den Tag legen läßt. Der Satz ist jedoch falsch, wenn der Autor keine Bereitschaft zeigt, Alceste auf diese Weise darzustellen.

---

[389] Hawcroft: Reasoning with Fools, S. 158.
[390] Hawcroft: Reasoning with Fools, S. 170.

Wenn man also den Gegenstand fiktionaler Darstellung identifizieren will, versucht man, die Angaben neu zu formulieren, von denen man annimmt, daß sie der Autor zu machen geneigt war – sei es, daß er die Angaben selbst formuliert oder sie unausgesprochen gelassen hat.[391] Eine Figur ist nach diesem Fiktionsverständnis nicht unabhängig von den Ausdrucksformen bestimmbar, die der Autor zu verwenden geneigt war, um sie zu charakterisieren. Wenn man probeweise wiedergibt, was in einem Schauspiel dargestellt wird, konstruiert man *anstelle des Verfassers* eine Darstellung der in diesem Schauspiel dargestellten Objekte.

Manche Literaturwissenschaftler verzichten in ihren Analysen weitestgehend auf Aussagen, die explizit machen, was Autoren tun, und entwickeln stattdessen eine unter anderem aus Zitaten, Umformulierungen und Ergänzungen zusammengesetzte Beschreibung der dichterisch gestalteten Welt. Hans Jürg Lüthi, der diesen Stil bevorzugt, schreibt in einer Studie über Eichendorff:

> Die in den schlummernden Dingen träumende Musik erwacht im Venusberg und steigt aus den magischen Ringen seines Sees als uraltes Lied empor, erklingt aus dem Munde der Muse und erweckt den Dichter zu sich selbst und erfüllt ihn dergestalt, daß er es bis in sein Alter nicht mehr vergessen kann und immer wieder von ihm künden muß.[392]

Harald Fricke schätzt die Funktion solcher Sätze nicht richtig ein, da er sie der „literaturwissenschaftlichen *Beschreibungs*sprache"[393] zurechnet. Er behauptet, eine „Annäherung der Sprachverwendungsweise an die Dichtersprache", wie sie Lüthi betreibt, schließe „eine genaue Prüfung und mögliche Widerlegung"[394] aus. Mit dieser pauschalisierenden Einschätzung macht es sich Fricke zu einfach. Lüthis Sätze sind, auch wenn sie von der Sprache des Dichters Gebrauch

---

[391] Auf diesen Sachverhalt scheint Peter Lamarque mit seiner These zur Opazität der Fiktion hinweisen zu wollen: „The very identity of the ‚world' rests on the mode of its presentation in the novel." (Lamarque: Aesthetics and Literature, S. 182) Er führt an anderer Stelle aus: „In works of fiction, the characters are constituted by the modes of their presentation; they acquire not just their identity but also their contextual significance from the literary forms that bring them into being." (Fiction and the Nonfiction Novel, in: ders.: The Opacity of Literature, London 2014, S. 83–104, S. 120) Die dichterische Darstellung ähnelt der künstlerischen Tätigkeit eines Malers, der ein Objekt in einem Gemälde erscheinen läßt, das nicht ein Objekt außerhalb des Bildes repräsentieren, sondern für sich wertgeschätzt werden soll. Zur Unterscheidung von innerbildlichen und außerbildlichen, innersprachlichen und außersprachlichen Objekten der Darstellung: John Hyman: Art. Language and Pictorial Art, in: A Companion to Aesthetics, hg. von David Cooper, Oxford 1992, S. 261–268, S. 262; Hacker: Wittgenstein. Mind and Will, S. 319–322.
[392] Hans Jürg Lüthi: Eichendorffs Heimat, in: Aurora 50 (1990), S. 145–165, S. 153.
[393] Fricke: Die Sprache der Literaturwissenschaft, S. 184 [Herv. V.P.]. Vgl. Kap. 1.3.5 und 2.6.3.
[394] Fricke: Die Sprache der Literaturwissenschaft, S. 184.

machen, sehr wohl überprüfbar und widerlegbar: Man kann untersuchen, ob Eichendorff die Dinge als schlummernd darstellt, ob er andeutet, daß ihnen eine Musik innewohnt, ob er das Lied mit dem See in Verbindung bringt, also prüfen, ob er geneigt ist, die Motive so zu verwenden, wie Lüthi behauptet. Die Sätze können, obwohl sie dem ersten Anschein nach keine Hypothesen über den Text sind, zur Diskussion gestellt und als ‚richtig' oder ‚falsch', ‚gut begründet' oder ‚abwegig' beurteilt werden, denn sie sollen zum Ausdruck bringen, wie die dichterische Welt gestaltet wird. Zwar ist Hawcrofts analytischer, ausdrücklich argumentierender Stil der Darstellungsweise Lüthis eindeutig vorzuziehen, aber man kann die Aussagen des letzteren nicht als unwissenschaftlich abtun.

Die vorangehenden Analysen haben dargelegt, was in der literaturwissenschaftlichen Forschungspraxis stillschweigend anerkannt, in der theoretischen Reflexion aber zuweilen verdrängt wird: daß sich unsere Bemühungen, ein sprachliches Gebilde zu verstehen, eigentlich auf den Gebrauch der sprachlichen Zeichen richten und daß mit inhaltsangebenden Sätzen, die sich direkt auf Fiktives zu beziehen scheinen und oft als Beschreibungen von Bedeutungsstrukturen mißverstanden werden, eigentlich anfechtbare Annahmen über die Geneigtheit des Verfassers zum Ausdruck gebracht werden, die Gegenstände der literarischen Darstellung in einer bestimmten Art und Weise auszugestalten.

2.5 Philologische Forschung: Skizze des Begriffsfelds

Bislang hat sich der konstruktive Teil meiner Begriffsanalyse auf die Sätze konzentriert, mit denen in der Literaturwissenschaft über Autoren und ihre Werke gesprochen wird. Nun sollen Begriffe wie ‚untersuchen', ‚auffassen', ‚verstehen', ‚würdigen', ‚erklären' und ‚interpretieren' im Vordergrund stehen, die sich nicht auf die möglichen *Objekte* des Verstehens beziehen, sondern auf die *Forschung selbst*, auf die wissenschaftlichen Tätigkeiten, Resultate und Ziele. Die genannten Begriffe gehören zu keiner spezifischen Richtung der Literaturwissenschaft, sondern kommen im Denken und Sprechen aller Forscher zur Anwendung. Um sie zu klären, muß man weiterhin auch Sätze betrachten, die etwas über Autoren und Texte aussagen; es geht von nun an aber nicht mehr allein um die Frage, was ihr empirischer Gehalt ist, sondern auch um ihre *Rolle* im Verhalten der Wissenschaftler. Die folgende Skizze des Begriffsfelds ‚Textanalyse' soll den systematischen Ort der philologischen Erkenntnis bestimmen, damit dann im nächsten Kapitel die verschiedenen Facetten dieser Erkenntnis erörtert werden können.

2.5.1 Untersuchung

Die wissenschaftliche Beschäftigung mit Literatur zielt auf die Verbesserung des Verstehens, auf die Gewinnung von Erkenntnis. Die Erkenntnis stellt sich manchmal auf Anhieb ein, manchmal muß sie gewollt und gesucht werden. Der Begriff ‚Untersuchung', der in der Literaturwissenschaft bislang erstaunlich wenig Beachtung erfahren hat, ist eine zusammenfassende Bezeichnung für die Tätigkeiten, die dem Streben nach Erkenntnis dienen. Zur Vernachlässigung der Untersuchung hat wohl nicht zuletzt eine beschränkte Dilthey-Rezeption beigetragen. Seine Theorie der Geisteswissenschaften wurde zuweilen als Vorwand dafür benutzt, sich vor dem Positivismus und seinen Idealen zu verschließen.[395] Unabhängig davon wurde auch in der Analytischen Philosophie über das Wesen der Untersuchung wenig nachgedacht. In der Gegenwartsphilosophie ist Susan

---

[395] „Die ‚Untersuchung' ist in Mißkredit gekommen wohl deswegen, weil sie zu nahe an das Verfahren der Naturwissenschaften heranzuführen scheint." (Franz Schultz: Schicksal der deutschen Literaturgeschichte. Ein Gespräch, Frankfurt/M. 1929, S. 142) Tatsächlich habe Dilthey ein erfahrungsorientiertes Programm der Literaturwissenschaft, wie es von Scherer und anderen skizziert wurde, im Grundsatz gebilligt, vgl. ebd., S. 27f., 91. Die geistesgeschichtliche Dilthey-Rezeption ist nach Schultz ein Teil der damals um sich greifenden „Metaphysizierung" (S. 138) der wissenschaftlichen Begriffe. Gemeint ist „die Hypostasierung von absoluten Entitäten [...] und die Betrachtung des historisch Gegebenen als Ausdruck dieser absoluten Wesenheiten" (Hans Epstein: Die Metaphysizierung in der literaturwissenschaftlichen Begriffsbildung und ihre Folgen, Berlin 1929, S. 14). Den „Vorgang der Metaphysizierung" erläutert Epstein am Beispiel der völkischen Literaturforschung wie folgt: „Der Inhalt der durch Verabsolutierung erhaltenen Begriffe (hier ist es ‚der einheitliche Stil des 17. Jahrhunderts') wird auf ein hinter der empirisch gegebenen Wirklichkeit stehendes Prinzip (hier den ‚Volksgeist') bezogen." (S. 21) Zur Korrektur der einseitigen Dilthey-Rezeption, die solche metaphysischen Tendenzen verstärkt und gefördert hat: Tom Kindt und Hans-Harald Müller: Konstruierte Ahnen. Forschungsprogramme und ihre Vorläufer. Dargestellt am Beispiel des Verhältnisses der geistesgeschichtlichen Literaturwissenschaft zu Wilhelm Dilthey, in: Literaturwissenschaft und Wissenschaftsforschung, hg. von Jörg Schönert, Stuttgart 2000, S. 150–173; dies.: Dilthey gegen Scherer. Geistesgeschichte contra Positivismus. Zur Revision eines wissenschaftshistorischen Stereotyps, in: Deutsche Vierteljahrsschrift für Literaturwissenschaft und Geistesgeschichte 74/4 (2000), S. 685–709; Andrea Albrecht: ‚Stockphilologen einerseits' und ‚blos beobachtende Naturforscher andrerseits'. Zu Wilhelm Diltheys Vorstellung von der *universitas litterarum* und seinem Ideal disziplinärer Konzilianz, in: 200 Jahre Berliner Germanistik 1810–2010, hg. von Brigitte Peters und Erhard Schütz, Bern 2011, S. 81–104. Diese Korrekturen ändern allerdings nichts daran, daß Diltheys Theorie der Geisteswissenschaften insgesamt als eine „Metaphysik mit naturalistischen Nebentönen" historisiert werden muß (Kurt Flasch: Abschied von Dilthey, in: ders.: Theorie der Philosophiehistorie, Frankfurt/M. 2005, S. 208–240, S. 237). Die Widersprüchlichkeit Scherers, der sich immer wieder auch als „Metaphysiker" äußert, hebt Josef Körner hervor (Wilhelm Scherer, in: ders.: Philologische Schriften und Briefe, hg. von Ralf Klausnitzer, Göttingen 2001, S. 42–66, S. 53, vgl. S. 51).

Haack die bekannteste Vertreterin einer Richtung, die unter Bezugnahme auf Charles Sanders Peirce die Idee der Untersuchung wieder ins Zentrum der Wissenschafts- und Erkenntnistheorie stellen will.³⁹⁶ Blickt man auf die Literaturwissenschaft, so lassen sich mit Ronald Crane und Barbara Herrnstein Smith zumindest zwei wichtige Forscherpersönlichkeiten benennen, die sich nachdrücklich für die Rehabilitierung des Begriffs eingesetzt haben.³⁹⁷ In theoretischen Erörterungen spielt die Untersuchung derzeit eine geringe Rolle, weil man die Methodendiskussion zumeist auf ‚Interpretation' verkürzt und diese wiederum auf die ‚Bedeutungszuweisung' einschränkt.³⁹⁸ Die Methoden der Forschung werden infolgedessen reduziert auf die Methoden der Darstellung und Argumentation in ‚Interpretationstexten'.³⁹⁹ Setzt man den Untersuchungsbegriff an die erste Stelle, kann man offen fragen, wie man *verschiedene* Tätigkeiten (Befunde sammeln, Entwicklungen übersichtlich darstellen, auf vernachlässigte Aspekte aufmerksam machen,

---

396 Susan Haack: Putting Philosophy to Work. Inquiry and Its Place in Culture, Amherst, NY 2008, S. 47–52.

397 Barbara Herrnstein Smith grenzt die Untersuchung vom „intellectual boast" und vom „territorial claim" ab (Towards the Practice of Theory, in: Romanticism and Culture, hg. von William Matalene, Columbia, SC 1984, S. 109–115, S. 111). Ronald Crane unterscheidet die Untersuchung von der geistreichen Plauderei und der Anwendung vorgefertigter Theorien: „It is natural for me to think of criticism [...] as a form of inquiry to be cultivated in the same questioning spirit, for the sake of a disinterested understanding and appreciation of its objects in their own natures, as is proper to the study of history, language, and ideas, and with an approach to the same rigour of analysis and statement. I should want to distinguish [...] between the criticism which thus aspires to be ‚a learning' and two other kinds: the criticism that takes the form of cultivated *causerie*, after the manner of Hazlitt, Sainte-Beuve, Matthew Arnold, and their many descendants; and the criticism that results from the interested application to literature of general systems of religious, philosophic, or political ideas, after the manner of the later Eliot, the Marxists, Liberals, Humanists, Kirkegaardians, and Existentialists [...]." (Languages of Criticism and the Structure of Poetry, viii) Vgl. ders.: Criticism as Inquiry; or, The Perils of ‚The High A Priori Road', in: ders.: The Idea of the Humanities and Other Essays Critical and Historical, Bd. 2, Chicago 1967, S. 25–44; ders.: On Hypotheses in ‚Historical Criticism', in: ebd., S. 236–260. Smith ist ähnlich wie Crane von den Ideen des Wiener Kreises beeinflußt, vgl. A Conversation with Barbara Herrnstein Smith, S. 144f.

398 Oliver Jahraus und Stefan Neuhaus beschränken die Methoden sogar darauf, „Aussageebenen des [...] Textes offen zu legen" (Die Methodologie der Literaturwissenschaft und die Kafka-Interpretation, in: Kafkas ‚Urteil' und die Literaturtheorie. Zehn Modellanalysen, hg. von dens., Stuttgart 2002, S. 23–34, S. 33).

399 Steffen Martus erinnert daran, daß die schematische Bezeichnung ‚Interpretation' eine Vielfalt an Tätigkeiten und Leistungen verdeckt, die nach ganz verschiedenen Gesichtspunkten als ‚richtig' beurteilt werden können (Zur normativen Modellierung und Moderation von epistemischen Situationen in der Literaturwissenschaft aus praxeologischer Perspektive, in: Scientia Poetica 20 (2016), S. 220–233, S. 228f.).

konkurrierende Erklärungen abwägen, Thesen in Frage stellen usw.) orchestrieren muß, damit sie zur Gewinnung, Sicherung und Vermittlung von Erkenntnissen beitragen.

Ganz allgemein läßt sich die Untersuchung als Versuch definieren, die *richtige* Antwort auf eine Frage zu finden.[400] Es ist im Grunde überflüssig, die Untersuchung eines Textes durch das Wort ‚unvoreingenommen' näher zu bestimmen, denn im Unterschied zur geschickten Plausibilisierung einer bevorzugten Hypothese ist die Untersuchung dadurch gekennzeichnet, daß man mehrere Arbeitshypothesen miteinander vergleicht und ergebnisoffen prüft.[401] Wer ein Sprachgebilde wirklich untersucht (und nicht bloß den Anschein erweckt, es zu tun), ist gewillt, alle Daten aufzunehmen, die eine provisorisch formulierte Antwort stützen oder schwächen könnten.[402]

Die Untersuchung ist etwas Vielgestaltiges, sie nimmt ganz verschiedene Formen an: eine Handschrift entziffern, ein Satzgefüge entwirren, ein rhetorisches Muster bestimmen, die Gedankenführung nachvollziehen. Sehr verschiedenartige Arbeitsschritte können zu einer Untersuchung beitragen: einen Vers versuchsweise vorlesen, eine Liste mit Schlüsselwörtern anlegen, eine Gliederung erstellen, Textstellen vergleichen, Sätze gezielt umformulieren, einen Gedanken zu Ende führen, die Voraussetzungen einer Behauptung explizieren, eine mögliche Verbindung zwischen zwei Aussagen herstellen, einen Satz formulieren, um die im Text manifestierte Geisteshaltung auszudrücken, die Ereignisse einer Geschichte verknüpfen, darüber nachdenken, was den Verfasser dazu bewogen haben könnte, seinem Text gerade diese besondere Wendung zu geben, weitere Dokumente beschaffen, eine Theorie von der Entstehung

---

400 Vgl. Susan Haack: Defending Science – Within Reason. Between Scientism and Cynicism, Amherst, NY 2007, S. 96–98. Begreift man also die philologische Arbeit als Untersuchung, werden, wie Franz Schultz zurecht bemerkt, „die Begriffe ‚richtig' und ‚falsch' in ihre Rechte eingesetzt" (Schicksal der deutschen Literaturgeschichte, S. 143). Den Begriff der Untersuchung zu erneuern heißt auch, die „Hochschätzung des *Wissens* und der Gelehrsamkeit" zurückzugewinnen (S. 138).
401 In *The Languages of Criticism* (Toronto 1953), wo diese Methode dargestellt und an Beispielen illustriert wird, bezieht sich Ronald Crane vor allem auf: Thomas Chamberlin: The Method of Multiple Working Hypotheses, in: Science 15 (1890), S. 92–96. Der richtige Gebrauch von Hypothesen im Rahmen der Untersuchung war eines der Hauptanliegen Cranes, vgl. Elder Olson: R. S. Crane, in: Remembering the University of Chicago: Teachers, Scientists, and Scholars, hg. von Edward Shils, Chicago 1991, S. 85–96, S. 86.
402 Zur Abgrenzung genuiner Untersuchungen von bloßen Pseudo-Untersuchungen: Susan Haack: Science, Scientism, and Anti-Science in the Age of Preposterism, in: Skeptical Inquirer 21/6 (1997), S. 37–42; dies.: Confessions of an Old-Fashioned Prig, in: dies.: Manifesto of a Passionate Moderate, Chicago 1998, S. 7–30.

dieser Dokumente entwickeln, eine Übersicht über die Werkphasen eines Autors bilden etc.

Was die Philologie untersucht, wird durch indirekte Fragesätze („was im Text steht', ‚welches Versmaß der Autor verwendet') spezifiziert.[403] Man untersucht (man fragt sich), wann der Text entstanden ist, wer ihn geschrieben hat, wie er organisiert ist, worauf der Autor die Aufmerksamkeit lenkt, wozu er eine Abfolge von Situationen darstellt, welche Urteile über die dargestellten Gegenstände er nahelegt, an welche Traditionen er anknüpft, warum er sich gerade so präsentiert, worauf er besonderen Wert legt, worin er sein Verdienst sucht. Möglicher Gegenstand der Untersuchung ist alles, was man sinnvoll erfragen kann, alles, wozu man konkurrierende Aussagen abwägen kann. Der Umstand, daß Untersuchungen durch Fragen determiniert sind, deutet darauf hin, daß auch die stille, einsame Auseinandersetzung mit dem Text in ein (imaginiertes) Gespräch mit (imaginierten) anderen Forschern eingebunden ist. Im Hinblick auf (antizipierte) Interaktionen beurteilt man den Kenntnisstand, prüft Antworten und stellt die einstweiligen Resultate zur Diskussion.[404] Nicht nur ist das, was man beim stillen Lesen (unter Vorbehalt) feststellt, etwas, das man potentiell ins Gespräch einbringen kann: Die solitäre Untersuchung schließt darüber hinaus die Imitation des Verhaltens anderer Wissenschaftler ein.[405] Ludwik Fleck beschreibt diesen Vorgang so: „Aus Erinnerung und Erziehung melden sich Helfer: im Momente der wissenschaftlichen Zeugung personifiziert der Forscher die Gesamtheit seiner [...] geistigen Ahnen, aller Freunde und Feinde. Sie fördern und hemmen."[406]

---

[403] Oliver Scholz akzentuiert zwar das Wort ‚Untersuchung' nicht, begreift jedoch Verstehensbemühungen (‚Interpretationen') als Versuche, Fragen zum Verstehensobjekt richtig zu beantworten (Verstehen = Zusammenhänge erkennen, S. 23). Über den Zusammenhang von Untersuchungen und Fragen: Christopher Hookway: Questions, Epistemology, and Inquiries, in: Grazer Philosophische Studien 77 (2008), S. 1–21.

[404] Vgl. Steffen Martus: Literaturwissenschaftliche Kooperativität aus praxeologischer Perspektive – am Beispiel der ‚Brüder Grimm', in: Symphilologie. Formen der Kooperation in den Geisteswissenschaften, hg. von Vincent Hoppe, Marcel Lepper und Stefanie Stockhorst, Göttingen 2016, S. 47–72, S. 55f. Die Bestimmung von Untersuchungen durch Fragen läßt sich mit einem Gesprächsmodell des Argumentierens verbinden, vgl. Douglas Walton: The New Dialectic. Conversational Contexts of Argument, Toronto 1998.

[405] Bei der stillen Untersuchung eines Textes bleibt das gesprächsbezogene Verhalten ungeäußert, vgl. Hampshire: Justice is Conflict, S. 23f.; Melser: The Act of Thinking, S. 35–54. Die logische Beziehung zwischen Gespräch, Kollektivarbeit und philologischer Erkenntnis wird weiter ausgeführt in Kap. 2.7.2.

[406] Ludwik Fleck: Entstehung und Entwicklung einer wissenschaftlichen Tatsache. Einführung in die Lehre vom Denkstil und Denkkollektiv [1935]. Mit einer Einleitung hg. von Lothar Schäfer u. Thomas Schnelle, Frankfurt/M. 1980, S. 124.

Alltägliche und wissenschaftliche Untersuchungen bilden ein Kontinuum: Die Literaturwissenschaft entwickelt sich aus Praktiken, die man ‚Philologie des täglichen Lebens' nennen könnte.[407] Gemeint sind die alltäglichen „hermeneutischen Operationen", auf die auch Schleiermacher hinweist, z.B. „erforschen", wie jemand von einem Gedanken auf einen anderen kommt, oder „nachspüre[n]", warum sich jemand gerade so und nicht anders über einen Gegenstand äußert.[408] Die Verwissenschaftlichung der philologischen Untersuchungen des Alltags wird durch verschiedene „Hilfsmittel"[409] befördert: durch die Entwicklung von Fachterminologien, durch die Systematisierung von Fragen, durch die Festschreibung von Darstellungsformen und Diskussionsregeln, durch die Schaffung von Bibliotheken, durch die Kultivierung eines zweckmäßigen Anreiz- und Belohnungssystems.

Das Arbeiten im Kollektiv erlaubt es den Literaturwissenschaftlern, ihr Untersuchungsgebiet auszuweiten und ihren Ehrgeiz darauf zu richten, die Literatur in ihrer Gesamtheit gemeinsam zu erforschen:

> Its fundamental mode of study is [...] systematic inquiry and its defining objective is to make literature in its entirety intelligible; that is to describe and account for all the phenomena, activities, and institutions of which literature may be seen to consist, all of their forms, aspects, functions, and effects, all of their relations to each other – *and* their relation to whatever else we know about human behavior, history, culture, and, ultimately about everything else in the universe.[410]

Wenn man den Überblick behalten und die Aufgaben der Philologie systematisch klären will, kann man die Fragen, die man sich in Bezug auf Texte typischerweise stellt, in eine Ordnung bringen. Bei diesem Vorhaben wäre zu beachten, daß

---

407 Susan Haack bezeichnet diese Position mit Peirce als „Critical Commonsensism" (Defending Science, Einleitung, iii–v).
408 Schleiermacher: Über den Begriff der Hermeneutik, S. 608. Auch August Boeckh läßt die Philologie im Alltagsleben beginnen: „Das gesprochene oder geschriebene Wort zu erforschen" ist für ihn „der ursprünglichste philologische Trieb" (Encyklopädie, S. 11). Er kann daher behaupten, daß „die Philologie [...] eine der ersten Bedingungen des Lebens ist" (ebd.). Die Ausübung der Lesefähigkeit sei im Grunde schon „eine hervorragende philologische Thätigkeit, der Lesetrieb die erste Aeusserung des philologischen Triebs" (S. 16). Barbara Herrnstein Smith begreift das Lesen als Sonderform des Erkundungsverhaltens: „Reading can be seen as a specialized form of one of our most fundamental cognitive activities – that is, scanning our environments visually; looking for indications of potential goods or harms; learning, registering, interpreting, and assessing signs." (Reading at Large, in: Novel 15/1 (2012), S. 27–29, S. 27)
409 Ich orientiere mich hier an Susan Haacks sehr weit gefaßten Begriff von „scientific helps to inquiry" (Defending Science, S. 99–109).
410 Smith: Towards the Practice of Theory, S. 111.

Fragen und Antworten einen Bestand von Begriffen voraussetzen, der durch veränderliche Interessen geprägt ist. Von einem Gegenstand der Untersuchung kann, wie Ronald Crane einleuchtend darlegt, immer nur relativ auf einen Rahmen die Rede sein, der sich historisch entwickelt hat:

> There is [...] a strict relativity, in criticism, not only of questions and statements to frameworks but of frameworks to ends, that is, to different kinds of knowledge about poetry we happen, at one time or another or for one or another reason, to want. And who is there with authority sufficient to entitle him to inform critics what these must be?[411]

Während ich Crane zustimme, daß Untersuchungen relativ auf eine Rahmenordnung sind, bestreite ich seine zusätzliche Annahme, daß es eine Vielfalt von „more or less incommensurable ‚frameworks'"[412] in der Literaturwissenschaft gibt. Zu dem von Crane behaupteten Theorienpluralismus sind vier Punkte anzumerken: 1. Wenn Forschungsrichtungen ihre Leitbegriffe (‚Diskurs', ‚Rhetorik', ‚Unbewußtes', ‚Intertextualität', ‚Sprachkunstwerk') festsetzen, so liegt deswegen noch kein selbständiger Begriffsrahmen vor. Das System der Rede- und Gedankenwiedergabe, aber auch Grundbegriffe wie ‚Sprachverwendung', ‚Strategie' und ‚Selbstpräsentation' kommen in fast allen Forschungstraditionen zum Einsatz, wenn sie sich auch zugegebenermaßen in sehr verschiedenen Formulierungen äußern und nicht immer einen programmatischen Status erhalten. 2. Cranes Pluralismuskonzeption immunisiert Vorurteile, fehlerhafte Generalisierungen und unstimmige Begriffsbildungen gegen Einwände. 3. Die Unterscheidung zwischen verschiedenen Forschungsinteressen und verschiedenen Definitionen des Untersuchungsobjekts droht verloren zu gehen. 4. Auch wenn es nicht in einem absoluten Sinn richtig ist, etwas als ‚Roman', ‚Wort', ‚Satz', ‚Anapher', ‚Hexameter', ‚Anspielung' usw. zu klassifizieren, sondern immer nur unter der Voraussetzung bestimmter Definitionen und Interessen, ist es natürlich möglich, zu richtigen oder falschen Urteile zu kommen.[413]

Nicht nur Crane, auch einige neuere Literaturwissenschaftler neigen dazu, verschiedene Überzeugungen, Ausdrucksweisen und Forschungsinteressen

---

411 Crane: The Languages of Criticism and the Structure of Poetry, S. 27.
412 Crane: The Languages of Criticism and the Structure of Poetry, S. 13. Crane ist nicht ganz konsequent, denn er meint, man könne anhand einer „common sense apprehension" die Adäquatheit verschiedener Begriffsrahmen überprüfen (The Languages of Criticism and the Structure of Poetry, S. 37; vgl. ders.: Introduction, in: Critics and Criticism. Ancient and Modern, hg. von dems., Chicago 1952, S. 1–24, S. 10).
413 Im Unterschied etwa zu Mirco Limpinsel möchte ich hervorheben, daß es von der „Kontingenz der Objektkonstitution" (Angemessenheit und Unangemessenheit. Studien zu einem hermeneutischen Topos, Berlin 2013, S. 358) zur Akzeptanz einer Vielfalt dogmatischer Setzungen des Untersuchungsobjekts ein weiter Weg ist.

vorschnell zu eigenständigen Literaturtheorien zu stilisieren. Statt eine Vielfalt von Theorien zu postulieren, die jeweils eigene Bestimmungen des Forschungsgegenstands und jeweils eigene Fragen festlegen, wäre es jedoch ratsam, den *gemeinsamen* Begriffsvorrat zu kultivieren und immer wieder an die Bedürfnisse anzupassen.[414] Zu diesem Vorrat, ohne den sich Literaturforschung gar nicht denken läßt, gehören Begriffe wie ‚Schrift', ‚Werk', ‚Äußerung', ‚Wort', ‚Satz', ‚Vers', aber auch sämtliche Möglichkeiten der Wiedergabe fremder Äußerungen (‚hier steht geschrieben ...', ‚sagt, daß ...', ‚stellt dar, wie ...', ‚verteidigt sich gegen ...', ‚legt nahe, daß ...', ‚baut seine Verse nach diesem Muster ...', ‚denkt, daß ...', ‚meint, daß ...', ‚will zeigen, daß ...'). Im Unterschied zum Theorienpluralismus, der dogmatische Geisteshaltungen begünstigt, indem er fragwürdige Grundannahmen entproblematisiert, würde ein Pluralismus der Forschungsinteressen eine Vielfalt gleichberechtigter Fragen (also auch eine Vielfalt von Begriffen und potentiell relevanten Aspekten des Gegenstandsbereichs) innerhalb eines gemeinsamen Bezugsrahmens anerkennen.[415]

Die literaturwissenschaftliche Methodenlehre hat sich in der Vergangenheit einseitig auf Fragen wie ‚Was bedeutet das?' oder ‚Was ist damit gemeint?' konzentriert und damit die Vielfalt der Forschungspraxis übermäßig vereinfacht. Wenn man nicht einen großen Teil dessen, was man potentiell verstehen kann, ignorieren will, muß man sich auf grundlegendere Fragen besinnen, etwa ‚Wie ist dieser Text beschaffen?' oder ‚Was geschieht in diesem Text?'. Aussagen über die Beschaffenheit eines sprachlichen Gebildes sind, wie sich gezeigt hat, häufig Aussagen darüber, *wozu* die Wörter, aus denen der Text besteht, verwendet werden. Die Beschäftigung mit Werken der Literatur kann nur davon profitieren, wenn man den Gebrauch der Wörter, mit dem man sich ohnehin – ob uneingestanden oder in vollem Bewußtsein – auseinandersetzen muß, explizit zum

---

414 „Wir klassifizieren das Muster des Gewebes auf Grund überkommener Begriffe, die wir der Ableitung von Zusammenhängen anpassend während der Arbeit abändern." (Neurath: Empirische Soziologie, S. 474) In der Vergangenheit hat man den Fehler gemacht, bei der Theoriebildung aus dem differenzierten Repertoire zur Darstellung von Textbeschaffenheiten einzelne Begriffe (wie ‚Zeichen' und ‚Bedeutung') zu verabsolutieren. Ronald Crane hat bereits Anfang der 1950er Jahre im Geiste des Pluralismus vor einer „tendency toward a monistic reduction of critical concepts" gewarnt (The Critical Monism of Cleanth Brooks, in: Critics and Criticism. Ancient and Modern, hg. von dems., Chicago 1952, S. 83–107, S. 84).
415 Ronald Crane versucht auf interessante Weise, die Fragen der Literaturwissenschaft mit Blick auf die universitäre Lehre zu systematisieren, vgl. Questions and Answers in the Teaching of Literary Texts, in: ders.: The Idea of the Humanities and Other Essays Critical and Historical, Bd. 2, Chicago 1967, S. 176–193.

Objekt der Analyse macht.⁴¹⁶ Die Leitfrage der Analyse könnte dann heißen: *Was tut der Autor, indem er seinen Text schreibt?*⁴¹⁷ Obwohl sich nicht alle Forschungsinteressen darunter zusammenfassen lassen, ist diese Frage doch offen für sehr vielfältige Interessen am Text. Wer die Frage stellt, *was* der Autor tut, indem er seinen Text schreibt, kann die Sprachverwendung in ihrem Ablauf verfolgen und schrittweise prüfen, *wie* die Wörter gebraucht werden, um komplexere Operationen durchzuführen und ein zufriedenstellendes Ganzes zu gestalten.⁴¹⁸ Dabei können weiterführende Fragen wie ‚Warum tut der Autor das?', ‚Wofür braucht er das?' und ‚Was gefällt ihm daran?' das Untersuchungsinteresse genauer bestimmen. Die Analyse der Sprachverwendung ist jedoch nicht auf diese Aufgabe beschränkt. Die Frage, was der Verfasser eines Textes *tatsächlich* tut (im Gegensatz zu dem, was er zu tun beabsichtigt), kann die Aufmerksamkeit auch auf die Eigenschaften des Textes lenken, die sein Selbstbild relativieren oder ihm direkt zuwiderlaufen. Eine Textstelle kann aus der Perspektive einer sozialbehavioristischen Literaturforschung gerade deswegen besonders beachtenswert und diskussionswürdig sein, weil darin Denkweisen unbeabsichtigt erkennbar werden oder weil sich darin sprachliche oder gedankliche Probleme zeigen, die verdrängt werden oder aus anderen Gründen ungelöst bleiben. Auch die Frage, wie es dazu gekommen ist, daß die Verhaltensdispositionen gerade so und nicht anders strukturiert sind, kann die Untersuchung in eine ergiebige Richtung lenken.⁴¹⁹

---

416 Für Noël Carroll ist die Analyse „a form of inquiry" (On Criticism, S. 91). Auch Simone Winko definiert die Analyse als „genaue Untersuchung" (Art. Textanalyse, in: Reallexikon der deutschen Literaturwissenschaft, Bd. 3, hg. von Jan-Dirk Müller, Berlin 2007, S. 597–601, S. 597).
417 Quentin Skinner, der die Frage, was der Autor tut, indem er schreibt, zur Leitfrage der Analyse macht, hat eigentlich keine besondere Methode definiert, sondern im Grunde nur geklärt, was man ohnehin schon immer, mehr oder weniger erfolgreich, getan hat: „The essence of my method consists in trying to place [...] texts within such contexts as enable us in turn to identify what their authors were *doing* in writing them." (Reason and Rhetoric in the Philosophy of Hobbes, S. 7; vgl. ders.: Regarding Method, S. 3)
418 „A critical analysis of an artwork is an account of how the work works – of how the parts of the work function together to realize the point or purposes of the work." (Carroll: On Criticism, S. 111) Diese Erläuterung muß in zwei Details verändert werden: Erstens sollte die Unterscheidung zwischen der Analyse und ihrem Ergebnis („account") nicht verschwimmen. Und zweitens erweckt der Ausdruck „point or purposes of the work" den Anschein, daß die Textelemente alle dem Zweck des gesamten Sprachgebildes dienen. Die Teile können, wie bereits angemerkt wurde, einen Eigenwert haben, der nicht notwendigerweise dem Zweck des Ganzen untergeordnet ist (falls der gesamte Text überhaupt einen anderen Zweck hat als den, wertschätzend gelesen zu werden).
419 Die schlecht begründete, in der hermeneutischen Tradition jedoch weit verbreitete Tendenz zur Marginalisierung der Ursachenforschung zugunsten einer Beschränkung auf

2.5.2 Auffassung

‚Auffassung' bietet sich neben ‚Verständnis' als neutraler Begriff an, um das vorläufige Ergebnis der Untersuchung zu identifizieren. Was ein Philologe über einen Text sagt, ist Ausdruck seiner Auffassung dieses Textes. ‚Eine Auffassung haben' kann, wie in früheren Kapiteln argumentiert wurde, nicht bedeuten, daß ein innerer Zustand vorliegt, der als ‚Auffassung' bezeichnet wird. Das Verständnis eines Textes ist keine mentale Darstellung, von der Paraphrasen, Kommentare und andere Erläuterungen des Textes abgeleitet sind, sondern die Geneigtheit, den Text auf eine bestimmte Weise wahrzunehmen, wiederzugeben und zu beschreiben.[420] Lesen heißt, eine Auffassung davon auszubilden, *was* jemand tut und *warum* er es tut.[421] Sätze, mit denen etwas über den Text gesagt wird, beziehen sich auf ein Sprachverhalten. Entsprechend ist die Auffassung vom Text eine Auffassung davon, wie die sprachlichen Ausdrücke, aus denen der Text besteht, verwendet werden. Eine Satzfolge als ‚Anklage' aufzufassen heißt, sie als Anklage zu behandeln: Man ist geneigt, mit Verweis auf diese Stelle zu sagen: ‚Hier wird eine Anklage vorgebracht'. Natürlich ist die Auffassung des Textes nicht etwas, das sich bloß in Aussagesätzen artikuliert. Sie bekundet sich auch im Ausdrucksverhalten, das man zeigt, wenn man aufgefordert wird, die Textstelle zu erklären. Wenn ich also in den folgenden Abschnitten die Auffassung, die man von einem Text entwickelt, als System von Aussagen darstelle, die sich bewähren müssen und gegebenenfalls zur Diskussion gestellt werden können, ist dies eine starke Vereinfachung. Eine solche Vereinfachung scheint mir vorübergehend hilfreich zu sein. Sie erlaubt es beispielsweise, die Aussagen nach ihrem momentanen Stellenwert zu unterteilen in solche, die man als ‚Beobachtungen' einstuft, in solche, die man als ‚unbestätigte Urteile' behandelt, und solche, die man als ‚Mißverständnis' klassifiziert. Später werde ich dieses einfache Modell zugunsten einer komplexeren Sichtweise aufgeben.

Ein Forscher kann sich mehr oder weniger sicher sein, ob die Auffassung, die er zu einem gegebenen Zeitpunkt hat, richtig ist. Oft gibt man sich *vorläufig* zufrieden, da man Gründe hat, seine Auffassung für berechtigt zu halten. Man behält sich jedoch vor, den Text und andere relevante Verhaltensdaten weiter zu analysieren.

Strukturzusammenhänge wird erhellend diskutiert von Michael Martin: Verstehen. The Uses of Understanding in Social Science, London 2000.
420 Zur Kritk an der Gleichsetzung von Auffassung und Repräsentation vgl. Kap. 1.4.5, 1.5.3 und 1.7.4. Wittgenstein verwendet ‚Auffassung' in seiner Diskussion der Aspektwahrnehmung ungefähr im Sinn von ‚etwas als etwas wahrnehmen', ‚sich etwas soundso erklären', ‚etwas für etwas halten'; vgl. BPP 1, §§ 426, 518, 520.
421 Vgl. Reichert: Making Sense of Literature, S. 62.

Obwohl alle Auffassungen, die Leser entwickeln, risikobehaftet und anfechtbar sind, wäre es mißverständlich, sie generell als ‚Hypothesen' darzustellen. Denn der Begriff ‚Hypothese' braucht, um sinnvoll zu sein, den Gegensatz zu ‚Daten', die man durch Formeln wie ‚Es steht fest', ‚Es ist bekannt', ‚Man hat entdeckt', ‚Es wurde beobachtet' einleiten kann. Daten werden als Grundlage für Schlüsse herangezogen und müssen ihrerseits nicht durch Belege untermauert werden. Allerdings kann die Berechtigung, die relevanten Sätze für eine Feststellung von Daten zu halten, stets angefochten werden.[422] Hypothesen dagegen sind unbestätigte Aussagen, die als provisorische Grundlage für weitere Nachforschungen benutzt werden. Es sind tentative Antworten, für die nach Belegen gesucht wird. Belege (Hinweise, Anhaltspunkte, Indizien, Anzeichen) sind solche Daten, die eine (hypothetische) Auffassung im Gegensatz zu anderen Auffassungen stützen oder schwächen.

Die Bildung, Aufrechterhaltung und Veränderung von Auffassungen unterliegt einer intellektuellen Selbstdisziplin, die man in der Wissenschaft – aber nicht allein dort – kultiviert.[423] Die literaturwissenschaftliche Methodenlehre müßte also neben den speziellen Verfahren der Philologie auch die allgemeinen Grundsätze des richtigen Verstandesgebrauchs abhandeln, etwa die Gewohnheit, bei jedem Satz zu prüfen, was mit ihm gesagt wird, und sich zu fragen, welche Gründe für oder gegen ihn sprechen, bevor man ihn im Verhältnis zu diesen Gründen beurteilt. Man müßte im Kontext einer Hermeneutik die Maxime anführen, keine unklaren Sätze zu akzeptieren und bei ungesicherten Aussagen den Grad der Zustimmung an der Qualität und Quantität der Belege zu bemessen, die man zu ihrer Stützung anführen kann. Man müßte Eigenschaften wie *Voreingenommenheit, Bequemlichkeit, Voreiligkeit* erwähnen, die für unproduktive Untersuchungen und Irrtümer sorgen, aber auch diejenigen Eigenschaften benennen, die die Erkenntnisgewinnung befördern, etwa *unvoreingenommenes, beharrliches* und *umsichtiges* Prüfen der Berechtigung von Aussagen.[424]

---

422 Vgl. Peter Hacker: Experimental Methods and Conceptual Confusion. An Investigation into R. L. Gregory's Theory of Perception, in: Iyyun 40 (1991), S. 289–314, S. 309.

423 Die literaturwissenschaftliche Methodenlehre kann mit einer forschungsorientierten Erkenntnistheorie verknüpft werden: „Inquiry epistemology, as I understand it, makes it its business to understand, guide, and improve human inquiry" (Quassim Cassam: Vice Epistemology, in: The Monist 99 (2016), S. 159–180, S. 159). Vgl. Ulrich Charpa: Wissen und Handeln. Grundzüge einer Forschungstheorie, Stuttgart 2001.

424 „Since it is not uncommon for our inquiries to be flawed because of our closed-mindedness, gullibility, wishful thinking, rigidity, and so on, any serious attempt to understand human inquiry should include the serious study of the prevalence and influence of such intellectual vices." (Cassam: Vice Epistemology, S. 174) Eine an intellektuellen Tugenden

2.5.3 Verstehen

Was auch immer die „eigentliche philologische *Thätigkeit*"[425] ist, es kann nicht, wie August Boeckh zu glauben scheint, das „Erkennen des vom menschlichen Geist Producirten"[426] sein, denn ‚erkennen' ist wie ‚verstehen', ‚einsehen' und ‚begreifen' kein Tätigkeitswort. Szondis Einschätzung, daß ‚Erkenntnis' ein „philosophischer Begriff" sei, der manche Literaturforscher „befremden"[427] könne, ist entgegenzuhalten, daß man sowohl im Alltag, als auch in den Wissenschaften *ständig* mit Wörtern wie ‚verstehen', ‚erkennen', ‚begreifen' oder ‚bemerken' arbeitet. Die Grammatik von ‚verstehen' und ‚erkennen' ist verbunden mit der von ‚fähig sein' und ‚imstande sein, etwas zu tun'.[428] Wenn ich später den besonderen Charakter der philologischen Erkenntnis diskutiere, werde ich grundlegende Fähigkeiten unterscheiden, die für das Verstehen von Texten wesentlich sind. An dieser Stelle möchte ich fürs erste Alan White folgen und ‚erkennen' (‚verstehen') als ‚imstande sein, die richtige Antwort zu geben' erläutern.[429]

‚Verstehen' soll also vorübergehend als ein Wort gelten, mit dem man jemandem die Fähigkeit zuschreibt, die richtige Antwort zu geben. Während ‚Auffassung' ein Dispositionswort ist, das die Geneigtheit bezeichnet, eine bestimmte Antwort (im Gegensatz zu anderen) zu formulieren, ist ‚verstehen' ein

---

orientierte Forschungsethik kann auf eine längere Tradition zurückblicken. Vgl. z.B. John Locke: Of the Conduct of the Understanding [1706], hg. von John Yolton, Bristol 1993.
425 Boeckh: Encyklopädie, S. 6 [Herv. V.P.]
426 Boeckh: Encyklopädie, S. 10.
427 Szondi: Über philologische Erkenntnis, S. 263.
428 „Die Grammatik des Wortes ‚wissen' ist offenbar eng verwandt der Grammatik der Worte ‚können', ‚imstande sein'. Aber auch eng verwandt der des Wortes ‚verstehen'." (PU, § 150) ‚Wissen', ‚verstehen', ‚erkennen', ‚begreifen', ‚durchschauen', ‚entdecken', ‚herausfinden', ‚bemerken' sind Wörter, die sich durch ihre „Erfolgsgrammatik" (Scholz: Verstehen verstehen, S. 5) von ‚untersuchen' und ‚etwas soundso auslegen' unterscheiden.
429 „Statt ‚Ich weiß, was das ist', könnte man sagen ‚Ich kann sagen, was das ist'." (ÜG, § 586) Alan White erläutert ‚wissen' als ‚imstande sein, die richtige Antwort auf eine mögliche Frage zu geben', vgl. The Nature of Knowledge, Totowa 1982, S. 119. ‚Verstehen von x' kann auch nach Oliver Scholz als ‚Fragen zu x (richtig) beantworten können' erläutert werden, vgl. Texte interpretieren. Daten, Hypothesen und Methoden, in: Literatur interpretieren. Interdisziplinäre Beiträge zur Theorie und Praxis, hg. von Jan Borkowski, Stefan Descher, Felicitas Ferder und Philipp David Heine, Münster 2015, S. 147–171, S. 151; ders.: Verstehen = Zusammenhänge erkennen, S. 23. Eine Weiterführung dieser fähigkeitsbezogenen Analyse der Begriffe ‚Erkenntnis' und ‚Wissen' findet man bei Hacker: Intellectual Powers, S. 147–195, noch ausführlicher bei Hyman: Action, Knowledge, and Will, S. 160–191.

Erfolgswort.⁴³⁰ Erkenntnis- und Verstehenszuschreibungen können durch die Frage spezifiziert werden, die jemand richtig beantworten kann: wie das Wort verwendet wird, wie ein Text aufgebaut ist, wie der Verfasser sich präsentiert, was eine Metapher zum Ausdruck bringt usw. Man beansprucht, etwas verstanden zu haben, wenn man glaubt, hinreichend sicher sein zu können, daß man eine ‚richtige' Auffassung vom Untersuchungsobjekt hat.

Der Begriff der Richtigkeit ist in diesem Zusammenhang dem der Wahrheit vorzuziehen, da er einen weiteren Anwendungsbereich hat.⁴³¹ Man kann etwas ‚richtig' zitieren, man kann einen Vers ‚richtig' vorlesen und einen Gedanken ‚richtig' wiedergeben. Richtigkeit ist, wie Goodman und Elgin andeuten, eine Sache des Passens und Funktionierens.⁴³² Als ‚wahr' hingegen stuft man *Aussagen* oder *Meinungen* ein. Ein weiterer Grund, die Richtigkeit der Wahrheit vorzuziehen, ist die Überlegung, daß man mit dem Wort ‚wahr' das irreführende Bild einer Übereinstimmung des Gesagten mit der äußeren Wirklichkeit des Textes oder mit der unbeobachtbaren Wirklichkeit einer fremden Psyche verbindet.⁴³³ Während es also Gründe gibt, den Wahrheitsbegriff eher sparsam zu verwenden, ist der Begriff der Richtigkeit für die Beschäftigung mit Texten unentbehrlich. Er wird nämlich permanent für die Selbst- und Fremdeinschätzung sprachlich-intellektueller Leistungen in spezifischen Untersuchungszusammenhängen benötigt.

Die Selbsteinschätzung, die mit dem Begriff ‚richtig' sowie mit den Begriffen ‚verstehen', ‚wissen', ‚erkennen', ‚bemerken', ‚erfassen', ‚durchschauen' vorgenommen wird, reguliert die Untersuchung: Wie gut hat man etwas bereits verstanden? Was kann man noch besser verstehen? Wie sicher ist man sich, ein Muster erkannt zu haben? Von solchen Beurteilungen hängt es ab, wie sich die

---

430 „‚Know' is a capacity verb, and a capacity verb of that special sort that is used for signifying that the person described can bring things off, or get things right. ‚Believe', on the other hand, is a tendency verb and one which does not connote that anything is brought off or got right." (Ryle: The Concept of Mind, S. 117) Entsprechend ist Lockes Ethik des Denkens und Forschens vielleicht mehr eine „theory of opinion" als eine „theory of knowledge" (ders.: John Locke, in: ders.: Collected Papers, Bd. 1, hg. von Julia Tanney, London 2009, S. 154–164, S. 160).

431 Vgl. Nelson Goodman und Catherine Elgin: A Reconception in Philosophy, in: dies.: Reconceptions in Philosophy and Other Arts and Sciences, Indianapolis 1988, S. 153–166. Manchmal wird vorgeschlagen, einen weniger anspruchsvollen Begriff wie ‚plausibel' zu benutzen. Vgl. Simone Winko: Zur Plausibilität als Beurteilungskriterium literaturwissenschaftlicher Interpretationen, in: Theorien, Methoden und Praktiken des Interpretierens, hg. von Andrea Albrecht, Lutz Danneberg, Olav Krämer und Carlos Spoerhase, Berlin 2015, S. 483–511. ‚Richtig' und ‚plausibel' haben jedoch ihre jeweils eigene Funktion im Kontext der Untersuchung, weswegen es nicht ratsam ist, sie gegeneinander auszuspielen.

432 Vgl. Goodman und Elgin: A Reconception in Philosophy, S. 158.

433 John Austin skizziert ein Wahrheitsverständnis, das auch für die Literaturwissenschaft interessant ist vgl. Austin: How to Do Things with Words, S. 144f.

weitere Auseinandersetzung mit dem Sprachgebilde oder, allgemeiner gesprochen, mit den Objekten der Untersuchung, gestaltet.[434] Wenn ein Literaturwissenschaftler sich mit dem bisherigen Grad des Verstehens nicht begnügt, führt dies zu weiteren Nachforschungen. Dabei ist die Einschätzung, die man mit dem Verstehensbegriff vornimmt, revidierbar: Vielleicht war man zunächst sicher, eine Textstelle angemessen zu betonen, findet aber im nächsten Moment Hinweise darauf, daß diese Betonung nicht passen kann. Das Urteil über das bisher erreichte Verstehensniveau wird daraufhin korrigiert und eine neue Phase der Untersuchung eingeleitet. Welche inneren Vorgänge sich abgespielt haben, als man die Textstelle zu verstehen glaubte, ist für die Beantwortung der Frage, ob man sie verstanden hat, uninteressant: Die frühere Auffassung wird nun als ‚Mißverständnis' oder ‚Irrtum' eingestuft.

Verstehen ist keine Aktivität, denn es kann nicht schnell oder langsam, sorglos oder gewissenhaft ausgeführt werden. Schleiermachers Ausdruck „kunstmäßiges Verstehen"[435] sollte daher durch ‚genaue Untersuchung' oder ‚hartnäckige Analyse' ersetzt werden, denn es ist die *Untersuchung*, die „Maximen"[436] unterliegt, die eine Einteilung in einer „laxere" und eine „strengere Praxis"[437] zuläßt. Die strengere Praxis könnte etwa darin bestehen, dem eigenen Urteil zu mißtrauen, solange man nicht sicher sein kann, den Text richtig aufzufassen, oder darin, sich mit dem Grad des Verstehens nicht zufrieden zu geben, solange es relevante Fragen gibt, die man nicht beantworten kann.[438] Eine besondere „Kunst des Verstehens"[439] erlernen zu wollen, ergibt keinen

---

434 Klaus Weimar sieht diesen Zusammenhang sehr genau: „Das Verstehen muß [...] gedacht sein als eines, das eine Art permanente Selbstevaluation praktiziert und sein eigenes Gelingen wie Mißlingen konstatiert. [...] Interpretation wäre dann [...] die Klärung dessen, was das Verstehen als ungeklärt festgestellt [...] hat." (Was ist Interpretation?, in: Mitteilungen des Deutschen Germanistenverbandes 49 (2002), S. 104–115, S. 106) Statt jedoch das Verstehen zu personifizieren, ist es besser, wenn man vom Leser oder Forscher spricht, der seine Auffassung des Textes fortwährend evaluiert, wobei das Gelingen oder Mißlingen unter anderem mit ‚richtig' und ‚falsch' festgestellt wird. ‚Interpretation' verstanden als ‚Klärung' meint hier wohl so viel wie ‚Analyse'. Zugleich scheint Weimar ‚interpretieren' (den Begriff werde ich im Abschnitt 2.5.6 im Detail analysieren) äquivalent mit ‚etwas auffassen als' bzw. mit ‚etwas verstehen als' zu verwenden: „Kursive oder Fettdruck werden selbstverständlich als Hervorhebung oder Betonung interpretiert." (S. 113)
435 Friedrich Schleiermacher: Hermeneutik. Nach den Handschriften neu hg. und eingeleitet von Heinz Kimmerle, Heidelberg 1959, S. 79. Vgl. Dilthey: Die Entstehung der Hermeneutik, S. 319.
436 Schleiermacher: Hermeneutik, S. 31.
437 Schleiermacher: Hermeneutik, S. 86.
438 „Insistieren auf den Schwierigkeiten" (König: Zur Kreativität philologischer Erkenntnis in komparatistischer Absicht, S. 125) wäre ein wichtiges Merkmal der strengeren Praxis philologischen Arbeitens.
439 Schleiermacher: Hermeneutik, S. 79.

Sinn. Man kann lediglich lernen, die Untersuchung so zu gestalten, daß man das Verstehen verbessert, wenigstens aber sicherstellt, daß man eine sorgfältig geprüfte Auffassung hat.

2.5.4 Würdigung

Da das Schreiben wesentlich gelingen oder mißlingen kann, ist es nicht überraschend, daß die philologische Untersuchung des Geschriebenen mit dem Begriff ‚Würdigung' in Verbindung gebracht wird. Gottfried Hermann formulierte, was aus seiner Sicht gängige Praxis war, wenn er „virtutibus et vitiis scripti [...] exponere"[440] zu den Aufgaben des Philologen zählte. Hermann Paul hielt es für ein Ziel der Textanalyse, die „Thätigkeit" des Autors „richtig zu würdigen",[441] wobei ‚würdigen' für ihn so viel bedeutet wie „den wahren Wert eines Gegenstandes erkennen oder auch darlegen".[442] Scherer kritisierte die Gewohnheit, „die philologische Betrachtung der ästhetischen entgegenzusetzen", und verlangte, daß man bei der Beschäftigung mit Literatur zur „ästhetischen Würdigung [...] durchdringt".[443] Peter Szondi setzte diese Tradition fort, indem er erklärte, daß die Beschäftigung mit Werken der Literatur eine „kritische Tätigkeit"[444] sei, die eine „Analyse des Gelingens oder Nicht-Gelingens"[445] einschließe. Neuerdings beschäftigen sich Philosophen und Literaturwissenschaftler wie Peter Lamarque, Noël Carroll, Derek Attridge und Tilmann Köppe mit der

---

440 Gottfried Hermann: De officio interpretis, in: Opuscula, Bd. 7, Leipzig 1839, S. 97–128.
441 Paul: Methodenlehre, S. 229. Der Philologe analysiert die Werke eines Autors, um „über sein Verfahren [zu] urteilen und sein Verdienst [zu] würdigen" (S. 231).
442 Hermann Paul: Deutsches Wörterbuch, bearbeitet von Werner Betz, 6. Aufl., Tübingen 1966, S. 813.
443 Wilhelm Scherer: Die Brüder Grimm und die Romantik. Aus Anlaß eines Briefwechsels zwischen Jacob und Wilhelm Grimm, in: ders.: Kleine Schriften zur altdeutschen Philologie, hg. von Konrad Burdach, Berlin 1893, S. 41–46, S. 46.
444 Szondi: Über philologische Erkenntnis, S. 266. Szondi verwirft die Idee, daß die „Würdigung [...] auf die Auslegung folgt" (Einführung in die literarische Hermeneutik, S. 13). Schon Hans Reichardt distanzierte sich von der Denkweise jener Literaturwissenschaftler, die von der Kritik so reden, „als ob, wenn das vorliegende Objekt verstanden ist, noch etwas daran zu kritisieren wäre" (Gliederung der Philologie, Tübingen 1846, S. 22). Er führt überzeugend aus: „Die Philologie [...], wie jede historische Wissenschaft, untersucht nur, wie beschaffen ihr Objekt [...] ist, nicht wie beschaffen es seyn soll: ihre Kritik ist, das Alterthum aus dem Alterthum zu beurtheilen, dies aber heisst nichts weiter als: das Alterthum verstehen." (ebd.) Zur Beziehung von Verstehen und Kritikfähigkeit vgl. Ryle: The Concept of Mind, S. 42.
445 Peter Szondi: Intention und Gehalt. Hofmannsthal ad se ipsum [1964], in: ders.: Schriften, Bd. 2, Frankfurt/M. 1978, S. 266–272, S. 267.

wissenschaftstheoretischen Frage, was es heißt, literarischen Werken gerecht zu werden und sie in ihrer Eigenart zu erfassen.[446]

Sätze, die etwas darüber aussagen, was dem Verfasser des Textes gelungen ist und was nicht, können als ‚Würdigung' beschrieben werden. Eine ‚angemessene' oder ‚richtige' Würdigung besteht darin, daß man die Fähigkeiten und Grenzen des Autors richtig einschätzt und die Eigenschaften, die Beachtung verdienen, hervorzuheben imstande ist. Wer die Gestaltung eines sprachlichen Produkts untersucht, bildet sich fortwährend ein Urteil darüber, wie zweckmäßig der Autor vorgeht, wie sorgfältig er konstruiert, wie leicht es ihm fällt, die jeweilige Aufgabe zu bearbeiten. Wer sich fragt, wozu die Wörter, aus denen der Text besteht, verwendet werden, will wissen, welche *Vorteile* sich aus ihrem Gebrauch ergeben, welchen *Beitrag* sie im Aufbau des Ganzen leisten oder welchen *Reiz* sie entfalten sollen. Auch für höherstufige Einheiten, z.B. Redefiguren, stellt sich die Frage nach ihrem Zweck oder Eigenwert. Man muß beurteilen können, wozu sie aus Sicht des Autors gut sind. Die Kriterien des Gelingens gewinnt man, wenn man herausfindet, worauf sich der Ehrgeiz des Autors richtet, worin er sein Verdienst sucht.[447]

Wertung und Würdigung können sinnvoll unterschieden werden.[448] Es ist nicht erforderlich, daß man als Wissenschaftler persönlich Stellung bezieht oder gegenüber seinem Publikum eine Empfehlung ausspricht. Man muß, um die Geschicklichkeit des Autors einschätzen zu können, nicht für gut halten,

---

446 Vgl. Lamarque: The Philosophy of Literature, S. 168–173, 255–296; Derek Attridge: The Work of Literature, Oxford 2015, S. 111–132; Carroll: On Criticism, S. 6. Carrolls Formulierungen sind etwas ungenau. Ein Beispiel: Nur wenn das Werk als Ganzes etwas leisten soll (was, wie in Kap. 1.3.4 angedeutet wurde, nicht vorausgesetzt werden kann), kann man sinnvoll fragen „what the artist has achieved by means of her work" (S. 9). Wichtig ist, daß das Gelingen oder Mißlingen *fortlaufend* beurteilt wird. Ebenfalls unpräzise ist dieser Satz: „Artworks have points or purposes [...] and critical analyses demonstrate the ways in which those points or purposes are attained (or not attained)." (S. 131) Tatsächlich *untersucht* man („demonstrates" hieße, daß man es anderen erklärt), was jeweils gelingt (erreicht wird) oder nicht gelingt (nicht erreicht wird).
447 Die Analyse erfordert eine Bestimmung der „nature of the artist's ambition" (Carroll: On Criticism, S. 102, vgl. S. 10, 50).
448 Richard Heinze bemängelt an den literaturgeschichtlichen Ausführungen in Mommsens *Römischer Geschichte*, daß „subjektive Eindrücke hier allzurasch zu Werturteilen führen, statt daß uns objektive, durch allseitige Betrachtung gewonnene Erkenntnis zum Verständnis der Dinge leitete" (Die gegenwärtigen Aufgaben der römischen Literaturgeschichte, S. 162). Mit „kritische Würdigung" (ebd.) meint er dagegen einen notwendigen Aspekt sowohl der „allseitigen Betrachtung" (der gründlichen Analyse) als auch der Erkenntnis (des Verstehens). Kayser diskutiert die Frage, was ein Kunstwerk sein will und wie es seine Absichten umsetzt, unter der Überschrift „künstlerische Wertung" (Vom Werten der Dichtung, in: ders.: Die Vortragsreise. Studien zur Literatur, Bern 1958, S. 58–70).

was ihm gelingt.[449] Allerdings braucht man die Fähigkeit, Vollzüge in einem Tätigkeitsbereich bewerten zu können.[450] Insofern wäre es irreführend, die Einschätzung mit der Untersuchung zu kontrastieren.[451] Denn das Urteil, daß einem Autor an einer Stelle wohlklingende Perioden gelingen, ist auch das Ergebnis empirischer Arbeit.

Die philologische Untersuchung kann, wie bereits angedeutet wurde, nicht dabei stehen bleiben, das Selbstverständnis des Autors zu reproduzieren und seine Texte so wiederzugeben, wie er sie verstanden wissen wollte. Eine Analyse, bei der man dem Verfasser „zwischen die Zeilen und auf die Finger"[452] schaut, kann zum Vorschein bringen, daß ihm Inkonsequenzen, Ungereimtheiten oder Verwechslungen unterlaufen. Autoren drücken sich zuweilen ungeschickt aus, sie verlieren ihr Ziel aus dem Blick, geben sich mit allzu simplen Lösungen zufrieden, erweisen sich

---

[449] Peter Tepe scheint zu übersehen, daß Maßstäbe schon in der Frage, welches Vorhaben der Autor umzusetzen versucht, zur Anwendung kommen: „Auf der einen Ebene ist zu erkennen, welches Textkonzept im vorliegenden Text umgesetzt worden ist, auf der anderen wird hingegen gefragt, ob diese Umsetzung – mit einem bestimmten Maßstab gemessen – als *gelungen* oder *misslungen* zu bewerten ist." (Kognitive Hermeneutik, S. 63) Die Wertung mag ein zweiter Schritt sein, aber die Beobachtung einer Umsetzung impliziert die Feststellung eines Gelingens und also eine Würdigung. Tepe setzt voraus, daß ‚Plan' und ‚Vorhaben' geistige Zustände sind, die dem Text vorausgehen, und glaubt daher, daß man auch dort, wo ein Vorhaben umgesetzt ist, die Absicht vom Text trennen müsse: „Aus dem literarischen Text, sei er auch noch so gelungen, geht niemals direkt hervor, welcher Plan ihm zugrunde liegt; das muß stets durch Hypothesenbildung erschlossen werden, und die Hypothesen sind an den Texttatsachen zu überprüfen." (S. 322) Die Annahme, man könne irgendwelche Texttatsachen herausfinden, die unabhängig vom „Textkonzept" des Autors bestimmbar sind, bedarf, wie oben dargelegt wurde, einer genaueren Prüfung.

[450] „[W]er kunstgeschichtliche, noch so rein empirische Leistungen vollbringen will, bedarf dazu der Fähigkeit, künstlerisches Produzieren zu ‚verstehen', und dieses ist ohne ästhetische Urteilsfähigkeit, also ohne die *Fähigkeit* der Bewertung, [...] nicht denkbar. Das entsprechende gilt [...] für den politischen Historiker, literarischen Historiker, Historiker der Religion oder der Philosophie." (Max Weber: Der Sinn der ‚Wertfreiheit' der soziologischen und ökonomischen Wissenschaften [1917], in: ders.: Gesammelte Aufsätze zur Wissenschaftslehre, hg. von Johannes Winckelmann, 6. Aufl., Tübingen 1985, S. 489–540, S. 524)

[451] Das Lesen enthält bereits „normative Momente" (Simone Winko: Art. Textbewertung, in: Handbuch Literaturwissenschaft, Bd. 2: Methoden und Theorien, hg. von Thomas Anz, Stuttgart 2007, S. 233–266, S. 240). Wolfgang Klein vernachlässigt diese (empirische) Einschätzungsarbeit und sieht die Aufgabe einer ‚exakten' Literaturwissenschaft vornehmlich darin, neutral zu analysieren, welche Beschaffenheiten von Texten bei welchen Bezugsgruppen zu welchen ästhetischen Urteilen führen, vgl. ders.: Wie ist eine exakte Wissenschaft von der Literatur möglich?, in: ders.: Von den Werken der Sprache, Stuttgart 2015, S. 360–378.

[452] Friedrich Nietzsche: Jenseits von Gut und Böse. Vorspiel einer Philosophie der Zukunft [1886], in: ders.: Sämtliche Werke. Kritische Studienausgabe in 15 Einzelbänden, Bd. 5, hg. Giorgio Colli und Mazzino Montinari, 3. Aufl., Berlin 1999, S. 9–243, S. 17.

in ihren Werken als voreingenommen, nachlässig oder opportunistisch.[453] Gerade die poststrukturalistische Forschung zeigt, daß Texte, die eine bestimmte Ordnung vorgeben, bei genauer Analyse oftmals ganz anders beschaffen sind.[454] Die Sachlichkeit gebietet es geradezu, etwas im Einzelfall als undifferenziert, klischeehaft, verworren, inkohärent oder weitschweifig zu beschreiben. Denn mit diesen Begriffen werden nicht subjektive Wertungen propagiert, sondern mögliche Beschaffenheiten des Textes beschrieben, und es ist ein Beweis philologischer Strenge, sie unabhängig davon festzustellen, ob sie einem angenehm oder unangenehm sind.[455] Urteile, die Begriffe wie ‚kohärent' oder ‚geschickt' enthalten, können sich als falsch erweisen: Man kann *vermuten*, daß ein Text einen kohärenten Gedankengang oder eine folgerichtige Erzählung entfaltet, und durch eine genauere

---

[453] Obwohl das Folgende nicht frei von subjektiver Färbung ist, kann es als instruktives Beispiel dafür dienen, in welchen Begriffen philologische Beobachtungen artikuliert werden: „Grimms Schrift ist nicht geprägt vom Geist aufklärerischer Luzidität, sondern vom dumpfen Geist der Intoleranz und der Illiberalität, von der Abneigung gegen das parlamentarische Parteienwesen und den politischen Meinungsstreit, von weitgehender Inkompetenz in verfassungsrechtlichen Dingen. Selbst die Darstellung des hannoverschen Konflikts ist voller sachlicher Fehler. In ihrem eigentlichen Anliegen, dem Protest gegen die Entbindung vom Verfassungseid [...], stößt die Schrift infolgedessen ganz und gar ins Leere. An die Stelle der argumentativen Auseinandersetzung mit abweichenden Meinungen setzt sie die selbstgerechte Berufung auf die höchstrichterliche Instanz des eigenen guten Gewissens." (Klaus von See: Die Göttinger Sieben. Kritik einer Legende, 3. Aufl., Heidelberg 2000, S. 37) Die Feststellung von Eigenschaften, die allgemein als wünschenswert gelten, wird in der Forschungsgemeinschaft weniger schnell als ein ‚Werturteil' beanstandet, obwohl die Sätze denselben logischen Charakter haben: „Kaum ein deutscher Schriftsteller der Revolutionszeit zeigt uns den hellen, klaren Geist des Rationalismus und der weltoffenen Humanität der Aufklärung eindringlicher als Georg Forster in seinen *Ansichten vom Niederrhein*" (ders.: Freiheit und Gemeinschaft. Völkisch-nationales Denken in Deutschland zwischen Französischer Revolution und Erstem Weltkrieg, Heidelberg 2001, S. 32).
[454] Vgl. Pierre Macherey: Pour une théorie de la production littéraire, S. 180. Auch Quentin Skinner scheint darin ein besonderes Verdienst der poststrukturalistischen Literaturbetrachtung zu sehen: „The insight I have in mind is that what passes for argument in philosophical texts often proves on more sceptical inspection to amount to little more than a tissue of metaphor and other rhetorical devices employed to lend authority to what is asserted." (Petri Koikkalainen und Samy Syrjamarki: Encountering the Past. An Interview with Quentin Skinner, in: Finnish Yearbook of Political Thought 6 (2002), S. 32–63, S. 50)
[455] Der deskriptive Gebrauch von Wörtern wie ‚geschickt' ist vorrangig gegenüber dem lobenden Gebrauch. Ihre primäre Funktion ist es, eine Eigenschaft des Verhaltens zu bezeichnen, die als wünschenswert erachtet wird, vgl. Bede Rundle: Facts and Values, in: ders.: Facts, London 1993, S. 55–85, S. 61. Die deskriptive und die evaluative Funktionsweise schließen sich nicht aus: Ein Begriff wie ‚geschickt' kann zugleich eine Tatsache feststellen *und* anerkennend bzw. empfehlend verwendet werden, vgl. White: Truth, S. 57f.; ders.: Fact in the Law, in: Facts in Law, hg. von William Twining, Wiesbaden 1983, S. 108–119, S. 110f.

Untersuchung *herausfinden*, daß subtile Unstimmigkeiten vorliegen. Genauso kann man *irrtümlich glauben*, daß ein Satz wohlgeformt ist. Oder es kann *unbemerkt* bleiben, wie irreführend ein Vergleich ist. Bei manchen literaturwissenschaftlichen Aussagen, die einen Wertbezug haben, ist nicht feststellbar, ob sie eine Tatsache darstellen, weil die vorausgesetzten Standards nicht klar sind.[456] Es kann eine Tatsache sein, daß ein Werk nach den Maßstäben einer Wertschätzungsgemeinschaft geschickt und ansprechend gestaltet ist und nach denen einer anderen ungeschickt und verworren. Für manche Aussagen über Texteigenschaften kann es also nötig sein, sie auf die Kriterien der Bezugsgruppe zu relativieren, deren Beurteilungen sich der Verfasser aussetzt. Dann erst kann man sagen, wie ein sprachliches Gebilde (aus verschiedenen Perspektiven) beschaffen ist.[457]

Die Ausgangsposition, mit der man sich einem Text nähert, ist die antizipierende Unterstellung, daß dem Autor etwas gelungen ist, auch wenn man noch nicht genau weiß, worin dieses Gelingen besteht. Oliver Scholz hat überzeugend dargelegt, „daß wir Zeichen und Zeichenhandlungen überhaupt nur verstehen können, wenn wir vorgreifend (antizipierend, proleptisch) gewisse für das Interpretandum einschlägige Vollkommenheiten unterstellen (und zwar solange als nicht stärkere Gründe dagegen sprechen)".[458] Wenn sich ein Text darbietet, der nach den Kriterien, von denen man annimmt, daß sie der Autor akzeptieren würde, als ‚witzlos', ‚unüberlegt' oder ‚ungeschickt' gelten müßte, wird man, bevor man sich diese Auffassung des Textes zu eigen macht, zunächst andere Konstruktionen prüfen, die besser zu den Fähigkeiten und Interessen passen, die man dem Autor unter Vorbehalt unterstellt. Dieses Prinzip ist (jedenfalls aus Sicht einer poststrukturalistischen Literaturwissenschaft, wie sie hier konturiert wird) vereinbar damit, daß man einen Text mißtrauisch analysiert und auch seine weniger glanzvollen Eigenschaften aufspürt. Zu den

---

[456] Rundle: Facts, S. 63.
[457] Zu dieser Konzeption wertbezogener Urteile vgl. Barbara Herrnstein Smith: The Truth/Value of Judgments, in: Rethinking Knowledge. Reflections Across the Disciplines, hg. von Robert Goodman und Walter Fisher, Albany, NY, S. 23–39, S. 24. Vgl. auch: Rundle: Facts, S. 60; ders.: Disputes and Values, in: The Business of Reason, hg. von John Macintosh und Samuel Coval, London 1969, S. 207–222.
[458] Oliver Scholz: Die allgemeine Hermeneutik bei Georg Friedrich Meier, in: Unzeitgemäße Hermeneutik. Verstehen und Interpretation im Denken der Aufklärung, hg. von Axel Bühler, Frankfurt/M. 1995, S. 158–191, S. 183. Szondis Forderung, bei der Gedichtanalyse „den ästhetischen Charakter der [...] Texte [...] zur Prämisse der Auslegung" (Einführung in die literarische Hermeneutik, S. 13) zu machen, könnte man annäherungsweise so präzisieren: Bei dichterischen Werken muß man die für die Praxis einschlägigen Erfolgskriterien bestimmen und vorübergehend unterstellen, daß es dem Autor gelungen ist, eine Struktur aufzubauen, die nach diesen Erfolgskriterien zweckmäßig oder wünschenswert ist.

interessanteren Ergebnissen einer kritischen Würdigung gehören: die nüchterne Feststellung der Schwierigkeiten, in die ein Autor gerät, die Aufdeckung von vordergründigen Rationalisierungen, persuasiven Definitionen, manipulativ verwendeten Analogien, Schutzbehauptungen und Scheinargumenten sowie ganz generell die distanzierte Darstellung der Strategien, die eigene Geltung zu sichern. Die Objektivität der philologischen Arbeit zeigt sich auch darin, daß man Texte als mängelbehaftete Produkte und ihre Autoren als begrenzte, fehleranfällige Wesen sehen kann.[459]

2.5.5 Erklärung

‚Etwas erklären' heißt so viel wie ‚jemandem etwas verständlich machen'.[460] Man erklärt einer Person etwas, indem man ihr zeigt, was die Antwort auf eine Frage ist, die zum Ausdruck bringt, was sie noch nicht verstanden hat.[461] Wer eine Auffassung von einem Text entwickelt hat, ist imstande, Erklärungen des Textes

---

[459] Die für die philologische Erkenntnisgewinnung hinderliche Tendenz, Autoren und ihre Werke zu idealisieren, kann als hermeneutischer Perfektionismus bezeichnet werden, vgl. Carlos Spoerhase: Even Homer Sometimes Nods. Against Hermeneutic Perfectionism, in: Philosophy and Literature 38 (2014), S. 549–562. Ein interessantes Plädoyer, die Auseinandersetzung mit Kunstwerken nicht als wertmaximierende Bedeutungszuschreibung zu betreiben, sondern auch Grenzen aufzuzeigen und bestehende Fehleinschätzungen zurechtzurücken, formuliert Wolfgang Ullrich: Des Geistes Gegenwart. Eine Wissenschaftspoetik, Berlin 2014. Ein Beispiel für diese Haltung bietet Christoph Königs Studie über Hofmannsthal: „Dieses Buch betrachtet Hofmannsthal mit Sympathie, aber von außen. [...] Stets ist er an Grenzen gestoßen, wenn er das kulturelle Material, mit dem er arbeitete, artistisch zu meistern suchte." (Hofmannsthal. Ein moderner Dichter unter den Philologen, Göttingen 2001, S. 9)
[460] „Very broadly speaking, to explain something to a person is to make it plain and intelligible to him, to make him understand it" (Carl Hempel: Aspects of Scientific Explanation and Other Essays in the Philosophy of Science, New York 1965, S. 425). Hempel selbst hat diese Erklärungskonzeption nicht verfolgt. Michael Scriven schlägt vor, Erklärungen als Aussagen zu verstehen, die einen Mangel im Verständnis beheben: „Explaining [...] sometimes consists simply in giving the right description. [...] [T]he right description is the one which fills in a particular gap in the understanding of the person or people to whom the explanation is directed" (Explanation, Predictions, and Laws, in: Theories of Explanation, hg. von Joseph Pitt, Oxford 1988, S. 51–74, S. 53).
[461] Peter Achinstein bringt das Erklären auf eine umständliche Formel, die aber immerhin den Bezug zu der Fähigkeit andeutet, Fragen zu beantworten: „S [eine Person] utters u [ein Satz oder eine Folge von Sätzen] with the intention that his utterance of u render q [eine indirekte Frage] understandable by producing the knowledge, of the proposition expressed by u, that it is a correct answer to Q [eine direkte Frage]." (An Illocutionary Theory of Explanation, in: ders.: Evidence, Explanation, and Realism. Essays in Philosophy of Science, Oxford 2010, S. 103–122, S. 105) Manchmal wird ‚erklären' von Tatsachen ausgesagt, die aber nichts von

anzubieten. ‚Er faßt die Bemerkung als Ironie auf' kann ersetzt werden durch ‚Er würde die Bemerkung als Ironie erklären'. Wie eng ‚Erklären' und ‚Verstehen' verknüpft sind, habe ich in Kap. 2.5.3 bereits angedeutet: Man versteht einen Text, wenn die Erklärungen, die man zu geben geneigt ist, richtige Erklärungen sind.[462]

Da das Verstehen die Fähigkeit einschließt, etwas zu erklären, ist es recht naheliegend, daß ‚den Sinn einer Aussage nicht verstehen' manchmal ersetzt wird durch ‚(sich) nicht erklären können, warum jemand etwas gesagt hat'. Der Satz ‚Er versucht, die Textstelle zu erklären' kann zum einen bedeuten, daß man sich darum bemüht, jemandem die Stelle zu erläutern und verständlich zu machen.[463] Er kann aber auch, ähnlich wie ‚Er versucht, die Frage zu beantworten', verwendet werden, um sich auf die *Untersuchung* zu beziehen, die darauf abzielt, die Beschaffenheit eines Textes zu verstehen.[464] Die Untersuchung einer Textstelle ist der Versuch, in die Position zu kommen, eine richtige Erklärung dieser Stelle geben zu können. Man entwickelt und prüft dazu verschiedene Antworten auf die Frage, wie die Textstelle beschaffen ist, und entscheidet sich für die beste von ihnen.

Erklärungen sind so vielfältig wie die erklärungssuchenden Fragen, die man stellen kann, und beschränken sich nicht auf die Angabe von Ursachen. Aus der Mehrschichtigkeit der Sprachverwendung und ihrem Einbezogensein in kulturelle und biographische Zusammenhänge ergibt sich, daß Erklärungen oft darin bestehen, die vorliegenden Daten zu höherstufigen Mustern zu organisieren und bereits identifizierte Muster in weitläufigere Strukturzusammenhänge einzuordnen.[465] Hierhin gehört die „Idee der Gestaltkunde und

---

sich aus erklären, sondern aus der Perspektive des betreffenden Sprachbenutzers herangezogen werden, um eine erklärungssuchende Frage zu beantworten.

462 Zur begrifflichen Verbindung von Verstehen und Erklärenkönnen: Scholz: Verstehen = Zusammenhänge erkennen, S. 27f. Aufgrund der Bezogenheit des Forschens auf (mögliche) Gespräche sind ‚erklären' und ‚verstehen' manchmal fast gleichbedeutend: „So fragt die Optik nach dem Wesen des Lichts, und wie jedermann weiß, ist es ihr gelungen, das Problem zu lösen; es ist ihr geglückt, die Natur der Lichterscheinungen zu erkennen, oder zu erklären, oder zu begreifen – denn alle diese Worte bedeuten ein und dasselbe." (Schlick: Allgemeine Erkenntnislehre, S. 8).

463 Daher kommt es manchmal zur Verwechslung von Erklärung und Analyse: „By analysis I am referring to the operation of explaining the ways in which the elements in the work function to realize the points or purposes of the work." (Carroll: On Criticism, S. 13)

464 ‚Etwas untersuchen' und ‚etwas erklären' sollte man dennoch auseinanderhalten. Jane Martin übersieht bei ihrer Begriffsanalyse, daß „seeking an explanation" im Unterschied zu „explaining something" keine Erklärung bezeichnet, sondern die Untersuchung, die im Idealfall dazu führt, daß man fähig wird, etwas (richtig) darzustellen und (richtig) zu erklären (Explaining, Understanding, and Teaching, New York 1970, S. 14f.).

465 Zur Klassifikation von Zusammenhängen vgl. Scholz: Texte interpretieren, S. 151; ders.: Verstehen = Zusammenhänge erkennen, S. 25.

Gestaltanalyse der Geschichte",[466] die Wittgenstein und Alewyn (angeregt von Oswald Spenglers Morphologie) als eine Erklärungsform begreifen, die zur Kausalerklärung hinzutreten müsse. Die Erklärung besteht hier, wenn man sich von pseudowissenschaftlichen Methoden distanzieren will, nicht im bloßen Nebeneinanderstellen von Gestalten, die man durch „physiognomischen Takt"[467] und Wesensschau erfaßt, sondern in der vergleichenden Rekonstruktion, übersichtlichen Darstellung und sorgfältigen Historisierung der jeweiligen Verhaltensmuster. So ist etwa die Inventarisierung von Versarten, die in einer bestimmten Gruppe von Literaten gebildet werden, eine philologische Arbeit, die nicht nur sprachliche Formen reproduziert und in eine Ordnung bringt, sondern auch kausale Verknüpfungen berücksichtigt.

Wie ‚untersuchen' kann ‚erklären' am besten durch (indirekte) Fragesätze spezifiziert werden. Oft wird erklärt, *warum* der Verfasser irgendetwas getan hat, aber man kann natürlich auch erklären, *wozu* ein Ausdruck im Text verwendet wird,

---

466 Rudolf Haller: War Wittgenstein von Spengler beeinflußt?, in: ders.: Fragen zu Wittgenstein und Aufsätze zur österreichischen Philosophie, Amsterdam 1986, S. 170–186. Wittgenstein rezipiert Spengler nicht ohne Vorbehalte, vgl. Marco Brusotti: Der Okzident und das Fremde. Wittgenstein über Frazer, Spengler, Renan, in: Okzidentbilder. Konstruktionen und Wahrnehmungen, hg. von Ute Dietrich und Martina Winkler, Leipzig 2000, S. 31–61; ders.: Wittgenstein, Frazer und die ‚ethnologische Betrachtungsweise', S. 264–273. Spenglers Schwächen legt Leonard Nelson offen: Spuk. Eine Pfingstgabe für alle Adepten des metaphysischen Schauens, Leipzig 1921. Vgl. auch Otto Neurath: Anti-Spengler, München 1921. Zu Alewyn und Spengler: Richard Alewyn: Warum? Wie? Und abermals Warum?, in: Wie, warum und zu welchem Ende wurde ich Literaturhistoriker? Eine Sammlung von Aufsätzen aus Anlaß des 70. Geburtstags von Robert Minder, hg. von Siegfried Unseld, Frankfurt/M. 1972, S. 18–20; Vollhardt zitiert weitere Äußerungen über Spengler aus unveröffentlichten Briefen (Der Ursprung der Empfindsamkeitsdebatte, S. 54f.). Alewyns Skizzen zu einer Formenlehre des Barock sollten auf eine Kulturgeschichte hinauslaufen, vgl. Formen des Barock, in: Corona 10 (1943), S. 662–690; ders.: Schauspieler und Stegreifbühne des Barock, in: Mimus und Logos. Eine Festgabe für Carl Niessen, Emsdetten 1952, S. 3–18; ders.: Der Geist des Barocktheaters, in: Weltliteratur. Festgabe für Fritz Strich zum 70. Geburtstag, hg. von Walter Muschg und Emil Staiger in Verb. mit Walter Henzen, Bern 1952, S. 16–38; ders.: Das weltliche Fest des Barock. Versuch einer Morphologie, in: Festschrift der Arbeitsgemeinschaft für Forschung des Landes Nordrhein-Westfalen zu Ehren Karl Arnolds, Köln 1955, S. 1–22; ders.: Der Roman des Barock, in: Formkräfte der deutschen Dichtung vom Barock bis zur Gegenwart, hg. von Hans Steffen, Göttingen 1963, S. 11–34. Die wirren Vorstellungen, die Günther Müller unter die Überschrift ‚morphologische Poetik' faßt, kann man der Formlehre und Gestaltanalyse als solcher nicht anlasten. Zu Müller vgl. Rainer Baasner: Günther Müllers morphologische Poetik und ihre Rezeption, in: Zeitenwechsel. Germanistische Literaturwissenschaft vor und nach 1945, hg. von Wilfried Barner und Christoph König, Frankfurt/M. 1996, S. 256–267.
467 Oswald Spengler: Der Untergang des Abendlandes. Umrisse einer Morphologie der Weltgeschichte, Bd. 1: Gestalt und Wirklichkeit, München 1920, S. 163.

wie ein komplizierter Satz aufgebaut ist, oder *welche* Einstellung sich in einer bestimmten Äußerung zeigt.[468] Eine Warum-Frage wird zuweilen durch eine Angabe der Faktoren beantwortet, die das Verhalten ermöglicht, befördert oder veranlaßt haben. Aber längst nicht alle Antworten auf Warum-Fragen sind Kausalerklärungen in diesem Sinn.[469] Man kann das Verhalten außerdem verständlich machen, indem man es als Ausdruck eines Wunsches oder Exemplifikation einer Gewohnheit neu beschreibt.[470] Gewisse Bemerkungen, die Friedrich Schlegel im Zusammenhang seiner Paris-Reise (1803) äußert, kann man erklären, indem man zeigt, daß er zunehmend Gefallen daran findet, einen Nationalismus mit antimoderner und antifranzösischer Tendenz zu artikulieren.[471] Schlegels Aussagen werden hier *nicht* durch die Angabe von Ursachen erklärt, die der Sprachverwendung vorausgehen, sondern durch die Benennung und Klärung des Verhaltensmusters, das sich darin zeigt. Mit Bezug auf Ursachen erklärt man Schlegels Verhalten, wenn man die Einflüsse benennt, die zu der bedauerlichen Veränderung seiner früheren, eher weltbürgerlichen Orientierung geführt haben.

Elizabeth Anscombe macht darauf aufmerksam, daß die erklärungssuchende Frage, warum jemand etwas getan hat, so lange gestellt werden kann, bis man die wünschenswerten Eigenschaften des Verhaltens (der angestrebten Resultate) aus der Perspektive des Handelnden angeben kann: „,What's the good of it?' is something that can be asked until a desirability characterisation has been reached and made intelligible."[472] Für die Literaturforschung gilt entsprechend: Man kann erklären, *warum* ein Autor eine Reihe von fiktiven Situationen in einer bestimmten Art und Weise ausgestaltet oder *warum* er sich in seinem Text auf eine bestimmte Art und Weise präsentiert, wenn man verständlich machen kann, was in seinen Augen

---

468 Erklärungen antworten nicht nur auf Warum-Fragen, vgl. Scriven: Explanation, Predictions, and Laws, S. 51f.
469 Reichert: Making Sense of Literature, S. 68–74. Verhaltenserklärungen werden hilfreich systematisiert in: White: Philosophy of Mind, S. 131–166; Peter Hacker: Agential Reasons and the Explanation of Human Behaviour, in: New Essays on the Explanation of Action, hg. von Constantine Sandis, London 2009, S. 75–93; Constantine Sandis: The Things We Do and Why We Do Them, London 2011.
470 Vgl. Rundle: Mind in Action, S. 1–24.
471 Vgl. Günter Oesterle: Friedrich Schlegel in Paris oder die romantische Gegenrevolution, in: Die deutsche Romantik und die französische Revolution, hg. von Gonthier-Louis Fink, Straßburg 1989, S. 163–179.
472 Anscombe: Intention, § 39. Anscombe spricht von einer „Erwünschtheitscharakterisierung", die sie wie folgt erläutert: „A desirability characterisation gives a final answer to the series of ‚What for?' questions that arise about an action" (Intention, § 38). Vgl. Georg Henrik von Wright: Determinismus in den Geschichts- und Sozialwissenschaften. Ein Entwurf, in: ders.: Handlung, Norm und Intention. Untersuchungen zur deontischen Logik, hg. von Hans Poser, Berlin 1977, S. 131–152, S. 144.

reizvoll oder befriedigend daran ist. Es bleibt dann immer noch zu untersuchen, wie es dazu gekommen ist, daß der Autor diese Wünsche oder Vorlieben ausgebildet hat, aber man kann nicht mehr sinnvoll fragen, warum er seinen Text gerade so und nicht anders gestaltet.

Im Gespräch über Literatur werden (relativ unabhängig von bestimmten Theorien) häufig Sätze formuliert wie: „Montaigne took wicked pleasure in showing that animal instinct was often superior to human reasoning".[473] Sie benennen den Reiz des Textes und erklären auf diese Weise, warum er so beschaffen ist.[474] Manche Forscher fragen systematisch, worin der spezifische Reiz der Texte liegt, und erklären ihre Komposition, indem sie den beobachteten Sprachgebrauch als selbstwertdienliches Verhalten rekonstruieren. Jasper Griffin gehört zu den Literaturwissenschaftlern, die ganz bewußt so verfahren:

> Special to the Odyssey is the poet's art of transitions. A certain pleasure in complexity is shown in the conception of beginning the poem with Odysseus and Telemachus in different places, then putting them through separate adventures before uniting them. [...] It seems natural to think that this deft handling of several strands was a speciality of the poet of the Odyssey, and that he enjoyed such displays of virtuosity, which suggests a certain self-consciousness on his part.
>
> We share her [Athena's] pleasure, and that of the poet, at seeing a meaning behind the surface of events.
>
> We feel the poet's own pleasure that despite his tribulations the hero does not come home impoverished.[475]

Daneben gibt es bei Griffin auch Sätze wie „feelings are developed for their own sake"[476] oder „the motif seems to be developed for its own sake",[477] die dem Autor zuschreiben, daß er Motive wegen ihrer intrinsischen Reize ausgestaltet. Eine Szene wäre nicht so konstruiert, wie Griffin es zuvor herausgearbeitet hat, „had not the poet positively enjoyed such effects".[478] Solche Erklärungen können erhellend und diskussionswürdig sein, auch wenn, wie im Fall der *Odyssee*, nur sehr wenig über den Verfasser und die Entstehungsgeschichte des Werks bekannt ist. Es genügt, was den Entstehungskontext betrifft, mit der (anfechtbaren)

---

473 Jacques Roger: Buffon. A Life in Natural History, Ithaca, NY 1997, S. 152.
474 Die wünschenswerten Eigenschaften (Reize) eines Textes sind „characteristics the specification of which precludes the further question of ‚Why do you want things satisfying that description?'" (Hacker: Human Nature, S. 136).
475 Jasper Griffin: The Odyssey, Cambridge 2004, S. 58, 59, 91.
476 Griffin: The Odyssey, S. 56.
477 Griffin: The Odyssey, S. 81.
478 Griffin: The Odyssey, S. 58.

Unterstellung zu arbeiten, daß der Autor mit dem Werk, dessen Beschaffenheit man hypothetisch beschreibt und rekonstruiert, in den relevanten Hinsichten zufrieden war.[479]

Einige Forscher haben die Ansicht geäußert, daß man vor allem nach denjenigen Qualitäten fragen müsse, die das sprachliche Gebilde für den *Leser* interessant machen. So behauptet John Reichert, daß die Frage, warum der Autor etwas tut, erst dann beantwortet sei, wenn man „the goodness of the work with respect to the reader"[480] festgestellt habe. Man müsse deutlich machen, inwiefern das, was im Werk geboten werde, für den Leser wünschenswert sei.[481] Stein Haugom Olsen und Peter Lamarque behaupten, die Aufgabe der Literaturwissenschaft bestehe darin, nach den „Qualitäten" zu fragen, die ein Werk für seine Leser bereithalte.[482] Gegen diese Vorschläge ist an sich nichts einzuwenden. Sie lassen allerdings unberücksichtigt, daß man bei der *Erklärung* des Geschriebenen (im Unterschied zur Einschätzung des Textes aus Sicht einer bestimmten Interessengemeinschaft) die Frage, wozu etwas gut ist, eigentlich nur mit Bezug auf den Nutzen oder das Geltungsbedürfnis des Verfassers beantworten kann.

Welche Sätze als Erklärungen zählen, läßt sich nur im Verhältnis zum Forschungsstand bestimmen. Ob ein Satz bloß *feststellt*, daß der Autor ein bestimmtes Verhalten zeigt, oder ob er *erklärt*, warum er gerade dieses Verhalten zeigt, hängt davon ab, was im wissenschaftlichen Gespräch bereits als gesichert gilt und welche Fragen noch unbeantwortet sind. Dabei können relativ komplexe Sachverhalte unstrittig sein (‚Der Autor parodiert den Stil des Heldengedichts') und relativ einfache Sachverhalte nach einer Erklärung verlangen (‚Ist dieses Wort vom Autor beabsichtigt?'). Der Satz ‚Der Autor stellt dar, wie ...' kann einmal gebraucht werden, um niedrigstufige Verhaltensdaten in ein höherstufiges Muster zu integrieren und dadurch verständlich zu machen, ein

---

[479] „All we need to know is that he was satisfied enough to let it go and acknowledge it." (Harding: The Bond with the Author, S. 204; ders.: Experience into Words, S. 166) Nur teilweise relevant für die Erklärung des Endprodukts sind die der vorläufig letzten Einschätzung vorausgehenden unzähligen „acts of approval and rejection, preference and assessment, trial and revision, that constitute the entire process of literary composition" (Barbara Herrnstein Smith: Contingencies of Value. Alternative Perspectives for Critical Theory, Cambridge, MA 1988, S. 44, vgl. dies.: The Truth/Value of Judgments, S. 34).
[480] Reichert: Making Sense of Literature, S. 186.
[481] Reichert: Making Sense of Literature, S. 188. Thomas Anz schlägt vor, gezielt nach den „Lustangeboten" eines Textes zu fragen (Literatur und Lust. Glück und Unglück beim Lesen, München 1998, S. 229).
[482] Vgl. Lamarque und Olson: The Philosophy of Literature, S. 204.

anderes Mal aber dazu dienen, den Befund zu identifizieren, der noch nicht hinreichend verstanden wurde, für den also eine Erklärung gesucht wird.

2.5.6 Interpretation

Bislang habe ich jenen schillernden Begriff vermieden, der in der Beschreibung philologischen Arbeitens zumeist an erster Stelle genannt wird: ‚Interpretation' (‚Auslegung', ‚Deutung'). Während Richard Heinze in seiner den Aufgaben der römischen Literaturgeschichte gewidmeten Antrittsvorlesung 1906 fast ohne den Begriff auskommt, hat die Interpretation im Laufe des 20. Jahrhunderts eine eigentümliche Sonderstellung innerhalb der literaturwissenschaftlichen Methodenlehre erhalten.[483] Karl Otto Conrady registriert diese Veränderung Mitte der 1960er Jahre mit einem gewissen Mißtrauen: „Interpretation hieß (und heißt weitgehend noch [...]) das Zauberwort, das die Literaturwissenschaft in den letzten Jahrzehnten faszinierte."[484] Peter Szondi spricht in seiner Hermeneutik-Vorlesung von der „Epoche der Interpretation [...], in der wir wohl immer noch leben".[485]

Die Faszination hält bis heute an, was für das Selbstverständnis der Philologie einige negative Folgen hat. Denn im Unterschied zu Begriffen wie ‚Erklärung' oder ‚Untersuchung' wird ‚Interpretation' beinahe unvermeidlich mit der ‚Bedeutung' von Textstellen (und sogar ganzen Texten) in Verbindung gebracht.[486] Oft läßt man dabei im Ungefähren, ob mit ‚Interpretation' Auffassungen von der

---

[483] Heinze benutzt den Ausdruck lediglich zwei Mal als Synonym von ‚Untersuchung': Für „die Interpretation der Autoren" müsse die Literaturforschung „die elementare Arbeit [...] leisten, die sachlichen und sprachlichen Schwierigkeiten zu beseitigen, die sich dem heutigen Verständnis entgegenstellen" (Die gegenwärtigen Aufgaben der römischen Literaturgeschichte, S. 161). Nur „sorgfältigste Interpretation des einzelnen" führe zur Erkenntnis der im Werk manifestierten Persönlichkeit des Verfassers (S. 172).
[484] Karl Otto Conrady: Einführung in die neuere deutsche Literaturwissenschaft, Hamburg 1966, S. 61f.
[485] Szondi: Einführung in die literarische Hermeneutik, S. 12.
[486] „What does the literary interpreter do? He tells us what a literary work means." (Beardsley: The Possibility of Criticism, S. 17) „The proper task of the literary interpreter is to interpret textual meaning." (S. 32) „Auf der Interpretation, die den Sinn literarischer Werke zu verstehen sucht, basiert alle philologische Praxis" (Christoph König: Osnabrücker Erklärung zum Potential europäischer Philologien, in: Das Potential europäischer Philologien. Geschichte, Leistung, Funktion, hg. von dems., Göttingen 2009, S. 217–223, S. 218). Andere Akzente setzt Richard Alewyn, für den „Werkinterpretation" bedeutet, die „eigentlich dichterischen Werte" zu erforschen und zu prüfen, wie die künstlerischen Mittel vom Dichter „gehandhabt" werden (Deutsche Philologie, S. 184).

Bedeutung gemeint sind oder der *Versuch,* solche Auffassungen zu bilden.[487] Und das ist längst nicht die einzige Schwierigkeit: ‚Interpretation' wird regelmäßig als eine „Bedeutungszuweisung"[488] definiert, was offen läßt, ob *Festlegungen* oder empirisch überprüfbare *Annahmen* über die Bedeutung gemeint sind. Die Frage, „ob Bedeutungszuweisungen *beliebig* sind",[489] wirkt wohl nicht zuletzt aufgrund der Verschwommenheit des Ausdrucks ‚Bedeutungszuweisung' so

---

[487] Monroe Beardsley versteht unter einer Interpretation „a statement or set of statements, used to report discovered meaning in a literary text" (The Possibility of Criticism, S. 38). Maria Reicher bestimmt sie „als Versuch, die Bedeutung des Werks bzw. Textes zu erfassen, bzw. als These (oder Komplex von Thesen) über die Bedeutung des Werkes oder Textes" (Kommunikative Absichten und die Ontologie des literarischen Werks, S. 192). Eine ganz ähnliche Unklarheit läßt sich bei Wolfgang Kaysers Erläuterung von ‚Interpretation' als „Erfassung und Vermittlung" eines Sinngebildes feststellen (Literarische Wertung und Interpretation, in: ders.: Die Vortragsreise. Studien zur Literatur, Bern 1958, S. 39–57, S. 45).

[488] Die Redeweise verbreitete sich in den 1970er Jahren mit dem Aufkommen der Rezeptionstheorie: „Wie auch immer die Möglichkeiten der Interpretation umschrieben werden, welches auch immer ihre Definition ist, stets geht man davon aus, daß Interpretation Teil eines Prozesses ausmacht, in dessen Verlauf den Zeichen des literarischen Textes Bedeutung zugewiesen wird." (Horst Steinmetz: Suspensive Interpretation. Am Beispiel Franz Kafkas, Göttingen 1977, S. 21) Anfang der 1990er Jahre konnte Lutz Danneberg konstatieren, daß „Interpretationen durchweg als eine Art von Bedeutungszuweisung aufgefaßt werden" (Interpretation und Argumentation: Fragestellungen der Interpretationstheorie, in: Vom Umgang mit Literatur und Literaturgeschichte. Positionen nach der Theoriedebatte, hg. von dems. und Friedrich Vollhardt, Stuttgart 1992, S. 13–23, S. 14). ‚Interpretation' wird auch gegenwärtig noch definiert als „Operation, die einem aus Zeichen bestehenden oder als zeichenhaft aufgefaßten Gegenstand Bedeutungen zuweist" (Zabka: Interpretation, S. 356), als „eine Äußerung oder einen Gedanken, in der oder dem einem literarischen Text oder bestimmten Elementen und Eigenschaften eines literarischen Textes Bedeutungen zugewiesen werden" (ders.: Interpretationsverhältnisse entfalten. Vorschläge zur Analyse und Kritik literaturwissenschaftlicher Bedeutungszuweisung, in: Journal of Literary Theory 2/1 (2008), S. 51–70, S. 51f.). Die Redeweise, daß Bedeutungen „auf methodische und argumentierende Weise [...] zugeschrieben werden", entscheidet gleichfalls nicht eindeutig, ob es sich um überprüfbare Aussagen oder um begründete Festlegungen handeln soll (Andrea Albrecht, Lutz Danneberg, Olav Krämer und Carlos Spoerhase: Einleitung, in: Theorien, Methoden und Praktiken des Interpretierens, hg. von dens., Berlin 2015, S. 1–20, S. 1).

[489] Danneberg: Interpretation und Argumentation, S. 13. Der Beliebigkeitsgedanke kann viele Formen annehmen. Ein Beispiel: „[D]a es sich bei Bedeutungen um keine Erkenntnisgegenstände im üblichen Sinne handelt (wir können uns nicht auf Bedeutungen wie etwa auf [...] sinnlich wahrnehmbare Gegenstände beziehen), werden Forderungen nach empirischer [...] Überprüfbarkeit hinfällig." (Ralf Klausnitzer: Koexistenz und Konkurrenz. Theoretische Umgangsformen mit Literatur im Widerstreit, in: Kontroversen in der Literaturtheorie, hg. von dems. und Carlos Spoerhase, Bern 2007, S. 15–48, S. 45)

verwirrend und problematisch. Wer die Frage stellt, ob die *Untersuchung* der Schreibverfahren und der Textorganisation ‚beliebig' ist, müßte wohl ausführlicher begründen, wo eigentlich das Problem liegt.

(a) Die Mehrdeutigkeit von ‚Interpretation'

Die Mehrdeutigkeit des Interpretationsbegriffs wird regelmäßig unterschätzt. Johann Christoph Adelung bietet in seinem Wörterbuch eine interessante Erklärung von ‚Auslegung', die drei Verwendungsweisen des Wortes voneinander abgrenzt:

> 1. Die Handlung des Auslegens [...], die Erforschung des Sinnes einer Schrift oder Rede. Daher *die Auslegungskunst, die Kunst, eines andern Reden oder Schriften zu erklären, die Hermeneutik.*
> 2. Der erforschte Sinn einer Rede oder Schrift selbst. *Eine richtige, falsche, gezwungene Auslegung. Alle diese Auslegungen erreichen den Sinn der Rede nicht.*
> 3. Diejenige Schrift, worinn die Rede oder Schrift eines andern ausgelegt wird.[490]

Adelungs Erläuterungen sind nicht frei von Unstimmigkeiten, helfen jedoch, eine bessere Übersicht zu gewinnen. Auffällig ist, daß er das Wort ‚Auslegung' unter 1. durch „Erforschung" übersetzt, dann aber unvermittelt zur Kunst, etwas zu *erklären*, übergeht – ein Beispiel für die Tendenz, ‚untersuchen' und ‚erklären' zu verwechseln. Wer den Sinn erforscht, hat die entsprechende Textstelle typischerweise noch nicht verstanden und ist noch auf der Suche nach einer Erklärung dafür, was der Autor geschrieben hat. Man kann etwas (versuchsweise) erklären, wenn die Untersuchung des Textes zu einem (vorläufigen) Ergebnis gekommen ist. Dem entspricht Adelungs dritte Bedeutung: Eine (schriftliche) Äußerung, die darauf angelegt ist, eine Schrift oder Rede verständlich zu machen, heißt ebenfalls ‚Auslegung'. Obwohl Adelung unter 2. die Auslegung einer Textstelle mit dem Sinn verwechselt, ist seine Definition erhellend, denn sie zeigt, daß ‚auslegen' häufig weder ‚erforschen' noch ‚erklären' bedeutet, ja gar keine Tätigkeit bezeichnet, sondern das Verständnis, das als ‚richtig' oder ‚falsch' beurteilt werden kann. Ich möchte im Folgenden kurz

---

[490] Johann Christoph Adelung: Versuch eines vollständigen grammatisch-kritischen Wörterbuches der Hochdeutschen Mundart, Bd. 1, Leipzig 1774, S. 549. Ähnlich differenziert ist die Bedeutungserklärung für ‚interpretari', die das *Oxford Latin Dictionary* (Oxford 1968) anbietet: „1. To give an account of, expound, explain, interpret. 2. To comprehend, understand, make out. 3. To take as an interpretation, understand to be meant. 4. To regard, construe, interpret (in a specified manner)." – Die dritte und vierte Angabe beziehen sich das Textverständnis. Mit dem englischen Ausdruck ‚to interpret' werden dort ‚accipere' (etwas auffassen) und ‚enarrare' (etwas erläutern) wiedergegeben.

zeigen, daß es vorteilhaft ist, die drei Bedeutungen des Wortes ‚interpretieren', die Adelung ansatzweise unterscheidet, möglichst klar auseinander zu halten. Zunächst werde ich die Interpretation verstanden als Untersuchung und die Interpretation verstanden als Erklärung voneinander abgrenzen. Von diesen Verwendungsweisen unterscheide ich anschließend die dritte Bedeutung des Wortes ‚interpretieren', die sich mit ‚ein Verstehensobjekt soundso auffassen' paraphrasieren läßt.

(b)   Interpretation als Untersuchung und als Erklärung

Gegenwärtig verdeckt der Ausdruck ‚Interpretation' allzu oft den Unterschied zwischen der Untersuchung, die jemand durchführt, und der Erklärung, die jemand anbietet. So behauptet Axel Bühler beispielsweise: „Interpretieren ist eine Tätigkeit, die [...] das Bewirken von Verstehen zum Ziel hat."[491] Auf dieser Grundlage klassifiziert Bühler verschiedene „Arten des Interpretierens",[492] die in seiner Ausdrucksweise mit „Zielsetzungen der Erkenntnisgewinnung"[493] verbunden sind. Er redet sogar von „Interpretationstätigkeiten der Erkenntnis".[494] Ist hier gemeint ‚den Text untersuchen, um ihn zu erkennen' oder ‚den Text erklären, um anderen zur Erkenntnis zu verhelfen'? Ähnlich verwirrend ist Thomas Zabkas Erläuterung der Interpretation als „aktive geistige Herstellung [...] eines Verstehens".[495] Interpretiert man Texte, um bei sich selbst und anderen Verstehen ‚herzustellen'? Man könnte stattdessen klar sagen, daß man Texte analysiert, um sie zu verstehen, oder sie erklärt, um anderen zu einem besseren Verständnis zu verhelfen. Auch Oliver Scholz nähert die Interpretation zuweilen der Erklärung an: „Manche der Tätigkeiten, die mit ‚Interpretation' bezeichnet werden, sind geradezu Erklärungen".[496] Anderswo erläutert er ‚Interpretation' jedoch als „eine Tätigkeit, deren [...] Ziel es ist, etwas, das nicht

---

[491] Axel Bühler: Vielfalt des Interpretierens, in: Hermeneutik. Basistexte zur Einführung in die wissenschaftstheoretischen Grundlagen von Verstehen und Interpretationen, hg. von dems., Heidelberg 2003, S. 99–119, S. 119. Bühler nennt in seiner Übersicht über die Arten des Interpretierens in erster Linie die Bemühung, etwas *herauszufinden*, z.B. die Absichten des Verfassers oder die Bedeutung der verwendeten Wörter. Er will aber auch ganz anders geartete Tätigkeiten als ‚Interpretationen'" bezeichnen, z.B. die *Erklärung*, warum der Autor bestimmte Absichten hat, oder die *Beschreibung* der Strukturen eines Textes.

[492] Bühler: Vielfalt des Interpretierens, S. 105.

[493] Bühler: Vielfalt des Interpretierens, S. 113.

[494] Bühler: Interpretation als Erkenntnis, S. 174.

[495] Thomas Zabka: Pragmatik der Literaturinterpretation. Theoretische Grundlagen – kritische Analysen, Tübingen 2005, S. 12.

[496] Scholz: Verstehen = Zusammenhänge erkennen, S. 28.

unmittelbar verstanden wurde, zu verstehen",[497] womit die Bemühung gemeint sein dürfte, ein richtiges Verständnis des Textes (und damit richtige Erklärungen) zu entwickeln.

Für eine Philosophie der Philologie ist es wichtig klarzustellen, daß *Verstehensbemühungen* etwas anderes sind als *Erklärungen*: Untersucht man, warum ein Gedicht gerade so und nicht anders beginnt, bemüht man sich darum, es in dieser Hinsicht zu verstehen. Man will erklären können, warum der Autor diese und nicht andere Worte benutzt. Solange man diese Frage nicht beantworten kann, *hat* man noch keine Erklärung, sondern *verlangt* nach Erklärungen (nach Antworten auf die Frage, warum das Gedicht mit diesen Worten beginnt). Auch wenn im Verlauf der Untersuchung Erklärungen (mögliche Antworten auf die Frage, warum das Gedicht gerade so beginnt) entwickelt und beurteilt werden, so ist doch die Durchführung der Untersuchung nicht dasselbe wie das Erklären (das Beantworten der Frage). Die Methoden der Erkenntnisgewinnung (z.B. Daten sammeln und auswerten, Hypothesen formulieren und miteinander vergleichen) müssen von den Methoden der Darstellung und Erklärung unterschieden werden.

(c) Interpretation als Auffassung

Die Begriffsklärung wird zusätzlich dadurch erschwert, daß das Wort ‚Interpretation' in vielen Kontexten keine Tätigkeit bezeichnet, sondern in der Bedeutung von ‚Auffassung' (‚Verständnis') bzw. ‚etwas auf eine bestimmte Weise auffassen' (‚etwas auf eine bestimmte Weise verstehen') verwendet wird. Hier kann man ‚interpretieren' weder durch ‚untersuchen' noch durch ‚erklären' ersetzen. Daß ein Philologe ein Gedicht als eine Satire interpretiert,

---

[497] Scholz: Texte interpretieren, S. 152. Vgl. ders.: On the Very Idea of Textual Meaning, S. 139. Auch „Methoden der Verstehensermöglichung" (Verstehen = Zusammenhänge erkennen, S. 27) scheint ‚analysieren, um zu verstehen' und ‚erklären, um verständlich zu machen' zusammenzufassen. Wenn Scholz von einer „Vielzahl heterogener Verfahren" (S. 28) spricht, denkt er wahrscheinlich nicht so sehr an Erklärungsformen, sondern an die Arbeitsschritte, die man im Rahmen der Untersuchung vollzieht. Bei der folgenden Umschreibung des Begriffs ‚Interpretation' ist eindeutig die Untersuchung gemeint: „Man entwickelt und prüft Hypothesen über Dinge, die man noch nicht verstanden hat, um sie kohärent in das einzupassen, was wir verstehen." (Oliver Scholz: Art. Verstehen, in: Enzyklopädie Philosophie und Wissenschaftstheorie, hg. von Hans Jörg Sandkühler, Hamburg 2010, S. 2905–2909, S. 2906) Auch Robert Stecker meint mit ‚Interpretation' die Untersuchung, nicht eine Erklärung, die anderen etwas verständlich machen soll: „When we interpret works of art and literature we are seeking to understand or to appreciate them, or to improve on our current level of understanding or appreciation." (Art. Interpretation, in: The Routledge Companion to Aesthetics, hg. von Berys Gaut und Dominic Lopes, London 2001, S. 239–251, S. 239)

ist keine Tätigkeit, die er eine gewisse Zeit ausführt, irgendwann unterbricht und später wiederaufnimmt. Wenn jemand untersucht, was der Autor mit einem gegebenen Satz gemeint hat, *interpretiert* er den Satz nicht, sondern versucht zu bestimmen, wie er ihn *interpretieren soll*. Erst wenn die Untersuchung zu einem Ergebnis kommt, kann man die Frage, wie der Forscher den Satz interpretiert, sinnvoll beantworten. ‚Etwas interpretieren' bezeichnet in dieser Verwendungsweise des Ausdrucks also das (vorläufige) *Resultat* der Forschung: die Geneigtheit, den Text auf eine bestimmte Weise wiederzugeben und zu erklären.[498]

Obwohl die Interpretation (in der Bedeutung von ‚Auffassung', ‚Verständnis') das Ergebnis einer gedanklichen Auseinandersetzung ist, ergibt es keinen Sinn, sie als „Resultat des Verstehens"[499] zu bestimmen. Das Verstehen hat (wie das Erkennen oder das Wissen) *Objekte*, auf die es sich bezieht, aber keine Resultate. ‚Verstehen' ist (wie in Kap. 2.5.3 ausführlicher dargelegt wurde) ein Erfolgswort, mit dem man die vorläufige Auffassung einschätzt und die Untersuchung reguliert. Wenn man entsprechend vorbereitet ist, kann man etwas sofort verstehen, ohne es zuerst untersuchen (‚interpretieren') zu müssen. Daß man ein graphisches Muster mühelos als ein Wort mit einer bestimmten Funktion begreift, schließt aber nicht aus, daß sich diese Einschätzung im Laufe der Untersuchung als ein Irrtum erweist. Die Mühelosigkeit der Ausübung von Fähigkeiten garantiert nicht Unfehlbarkeit.[500] Daher sollte man den Unterschied von Verstehen und Interpretation auch nicht davon abhängig machen, wie komplex die erbrachte kognitive Leistung ist.[501]

---

[498] Häufig wird in der Debatte zwischen ‚etwas auslegen' als Handlung und der ‚Auslegung' als Resultat solcher Handlungen unterschieden. Als mögliche Resultate werden *Sätze, Aussagen* oder *Texte* angeführt, vgl. Bühler: Vielfalt des Interpretierens, S. 103. Die Sache ist aber noch etwas komplizierter: Man muß unterscheiden: 1. a) die *Erklärung*, die man schriftlich oder mündlich entfaltet (eine Tätigkeit), b) das *Resultat*, die richtige oder falsche Erklärung, 2. a) die *Untersuchung*, die zur Entwicklung möglicher Erklärungen führt (ebenfalls eine Tätigkeit) und b) das *Resultat* der Untersuchung, die mehr oder weniger gut begründete Auffassung vom Text.
[499] Axel Spree: Art. Interpretation, in: Reallexikon der deutschen Literaturwissenschaft, Bd. 2, hg. von Harald Fricke, Berlin 2000, S. 168–172, S. 168. Vgl. Tepe: Kognitive Hermeneutik, S. 110.
[500] Vgl. Ryle: A Rational Animal, S. 438f.
[501] Diese Abgrenzung wird von Wolfgang Detel vorgenommen: Wenn einem Leser etwas spontan einleuchte, erfolge „das Verstehen [...] auf schnelle, nahezu automatische Weise" (Kognition, Parsen und rationale Erklärung, S. 55; vgl. ders.: Hermeneutik der Literatur und Theorie des Geistes, S. 185). Wenn man sich den Sinn dagegen mit einem höheren gedanklichen Aufwand erschließen müsse, finde ein „umfassenderes und komplexeres Verstehen"

Die Frage, was ‚Verstehen' und ‚Interpretation' unterscheidet, verlangt nach sorgfältigen Differenzierungen. Scholz warnt „vor einer allzu großen Assimilation der Begriffe" und kritisiert die Tendenz, „jede Verstehensleistung nach dem Modell von Interpretation aufzufassen".[502] Manches werde „mühelos, schnell und nahezu ‚automatisch'"[503] verstanden. Diese Bemerkung ist insbesondere dann einleuchtend, wenn man ‚interpretieren' durch Begriffe wie ‚analysieren', ‚Daten auswerten', ‚Schlüsse ziehen' oder ‚Theorien aufstellen' erläutert, also mit Bezug auf Tätigkeiten, die einen merklichen Aufwand bedeuten und Zeit in Anspruch nehmen.[504] Die Aussage, daß ein Leser spontan (richtig) versteht, was in einem Text gesagt wird, ist jedoch vereinbar mit der Feststellung, daß er eine Wortgruppe als Nominalphrase oder einen Satz als Aussage interpretiert (‚interpretiert' heißt dann ‚auffaßt').

Wittgensteins These, daß es eine „Auffassung" von Zeichen geben müsse, „die *nicht* eine Deutung ist",[505] ist schief formuliert, denn sie unterscheidet nicht zwischen ‚Deutung' als Erklärung und ‚Deutung' als Auffassung.[506] Er schreibt: „Jede Deutung hängt, mitsamt dem Gedeuteten, in der Luft; sie kann ihm nicht als Stütze dienen. Die Deutungen allein bestimmen die Bedeutung nicht."[507] Was hier als ‚Deutung' bezeichnet wird, ist keine „Auffassung" des Zeichens, sondern eine Erklärung seiner Verwendung, etwa durch die Angabe funktional äquivalenter Ausdrücke. Aber mit dem Begriff ‚Deutung' muß keine zusätzliche Erklärung gemeint sein, die dem Leser gleichsam als „Stütze" dient.

---

statt, das Detel als „Interpretation" bezeichnen will (Kognition, Parsen und rationale Erklärung, S. 55).
502 Scholz: Texte interpretieren, S. 151. Vgl. ders.: Verstehen verstehen, S. 9.
503 Scholz: Texte interpretieren, S. 9. Vgl. ders. und Thomas Bartelborth: Understanding Utterances and Other Actions, in: Speech Acts, Mind and Social Reality. Discussions with John R. Searle, hg. von Günther Grewendorf und Georg Meggle, Dordrecht 2000, S. 165–186, S. 182.
504 Dabei ist zu beachten, daß das Verstehen ohnehin nicht nach dem Modell von Tätigkeiten aufgefaßt werden kann. Tätigkeiten (etwas erklären, neue Fragen stellen, Antworten verwerfen usw.) sind allenfalls Ausdruck des Verstehens.
505 PU, § 201, vgl. Zettel, § 229. Andernfalls, so der Gedankengang, gerate man in einen Regreß, denn die Interpretation der Zeichen bedürfte wiederum einer Interpretation usw., vgl. Martin Stone: Wittgenstein on Deconstruction, in: The New Wittgenstein, hg. von Alice Crary und Rupert Read, London 2000, S. 83–117.
506 „Deuten ist eine Handlung" (BPP 1, § 1). Und: „Wenn wir deuten, stellen wir eine Vermutung an, sprechen eine Hypothese aus, die sich nachträglich als falsch erweisen kann." (BPP 1/§ 8) Wittgenstein vergißt, daß „Deutung" dasselbe heißen kann wie „Auffassung" (BPP 1/§ 27) oder „Weise des Sehens" (BPP 1, § 9).
507 PU, § 198.

‚Deutung' kann das *Verständnis* meinen, das sich darin ausdrückt, wie man das Zeichen verwendet.

Welche Schlüsse lassen sich aus der Mehrdeutigkeit des Interpretationsbegriffs ziehen? Die Ausdrücke ‚interpretieren' bzw. ‚Interpretation' sind vor allem in der Bedeutung ‚auffassen' bzw. ‚Auffassung' nützlich. Wo man sich auf wissenschaftliche *Tätigkeiten* bezieht, sollte man ‚interpretieren' öfter ersetzen durch ‚untersuchen', ‚analysieren', ‚erforschen' oder durch ‚erklären', ‚erläutern', ‚zeigen'. Die Mitglieder beider Wortgruppen sind dem unbestimmten Wort ‚interpretieren' vorzuziehen, das mit unklaren Vorstellungen von Bedeutung belastet ist. Der Interpretationsbegriff muß nicht angestrengt vermieden werden, es scheint nur nicht ratsam, ihm in der Theorie der Philologie weiterhin einen Sonderstatus einzuräumen. Zumindest sollte man durch Umformulierungen die erwähnten Differenzierungen lebendig halten, so daß die Aufgaben der Forschung möglichst klar hervortreten: Wenn man die „gelehrte Beschäftigung mit Werken der Literatur"[508] nicht unspezifisch als ‚Interpretation', sondern als Untersuchung darstellt, muß nicht mehr eigens gesagt werden, daß der Text ein „Gegenstand kognitiver Bemühungen"[509] ist, da Untersuchungen immer schon Erkenntnisbemühungen sind. Was man erklären will, läßt sich durch indirekte Fragesätze spezifizieren, wodurch man die Fixierung auf ‚Bedeutungen' und ‚Absichten' vermeidet und die Vielfalt der Zusammenhänge, die man erfassen kann, deutlicher zu Bewußtsein bringt.[510]

2.6 Aspekte philologischer Erkenntnis

Bislang habe ich die philologische Erkenntnis als ‚richtige' Auffassung einer Sprachverwendung und ‚Auffassung' als ‚System von Aussagen' dargestellt. Diese Vereinfachung war hilfreich, um den Zusammenhang zwischen den Sätzen, die Forscher im Gespräch über Texte formulieren, und Begriffen wie ‚Untersuchung', ‚Erklärung' und ‚Verstehen' deutlich zu machen. Das Verstehen eines Sprachgebildes wurde als Fähigkeit erläutert, mögliche Fragen zu seiner Beschaffenheit zu beantworten. ‚Ich verstehe, was dort steht' konnte expliziert werden als ‚Ich kann

---

508 Szondi: Über philologische Erkenntnis, S. 264.
509 Bühler: Vielfalt des Interpretierens, S. 116.
510 Selbst wenn man am Begriff ‚Interpretation' festhält, kann man die Rede von ‚Bedeutung' durch konkrete Fragen ersetzen, so daß klar wird, was man wissen will. Vgl. Malcolm Heath: Interpreting Classical Texts, London 2002, S. 45; Jeffrey Stout: What is the Meaning of a Text?, in: New Literary History 14/1 (1982), S. 1–12.

die Frage beantworten, was dort steht'. Eine behauptende Aussage in der Art von ‚Dort steht, daß ...' erhebt den Anspruch, daß man den Text in dieser Hinsicht richtig beschreiben, also die Frage korrekt beantworten kann, was der Autor schreibt. Damit wurde jedoch noch keine zufriedenstellende Erklärung des Begriffs ‚philologische Erkenntnis' formuliert. Denn zu dieser Erkenntnis gehört mehr als die Fähigkeit, Antworten in Form von Aussagesätzen zu geben.[511] Texte werden erst dadurch lebendig für uns, daß wir in eine Interaktion mit ihnen treten. Aber wie genau ist diese Interaktion zu beschreiben? Und wie kann man an dieser Stelle einen Rückfall in die Metaphysik der Bedeutungszuweisung vermeiden?

Wittgenstein hat die entscheidende Frage in den *Philosophischen Untersuchungen* auf erhellende Weise formuliert: „Jedes Zeichen scheint *allein* tot. *Was* gibt ihm Leben?"[512] Statt die Frage mit Bezug auf die intrinsische Bedeutung des Mentalen zu beantworten, lenkt er die Aufmerksamkeit auf die Einbettung der Zeichen in Tätigkeiten, die wiederum in Lebens- und Kulturzusammenhänge integriert sind. Das Wort erhält seine Kraft nicht durch etwas, das sich im Kopf abspielt, sondern durch seine Einbeziehung in einen Verwendungskontext: in einen Satz-, einen Redezusammenhang und dann auch in einen weitergehenden biographischen und kulturellen Zusammenhang. Diese Verhältnisse sind mitzudenken, wenn Wittgenstein auf die Frage, was dem Zeichen Leben gibt, knapp antwortet: „Im Gebrauch *lebt* es."[513] Der Eindruck, daß Wörter leblos sind, entsteht erst dadurch, daß man davon absieht, was mit ihnen getan wird: Zeichen werden im Zusammenspiel mit anderen Zeichen benutzt, um höherstufige Sprachgebilde zu realisieren, etwa Epigramme im Stil Martials. Das ‚Leben' der sprachlichen Ausdrücke ist, wie wir gesehen haben, ihre Funktionsweise, ihre abgestimmte Verwendung in einem Gedicht, einer Abhandlung, einer Erzählung. Aber damit ist aus Sicht des Sozialbehaviorismus immer noch nicht geklärt, inwiefern die philologische Erkenntnis vom Verhalten des Forschenden abhängig ist. Denn der Gebrauch, den der Autor von den Zeichen macht, ist nicht für alle Leser gleichermaßen beobachtbar. Es genügt nicht, den

---

511 Die Idee einer Gelehrtenbehavioristik, die über das Operieren mit Aussagen hinausgeht, geht zurück auf Andrea Albrechts unveröffentlichten Vortrag „Textbeobachtungen und Textbeschreibungen" (Freiburg/Br., Oktober 2014).
512 PU, § 432.
513 PU, § 432. Es lohnt sich, diese sozialbehavioristische Erklärung mit Wolfgang Kaysers strukturalistischer Konzeption des literarischen Werks zu vergleichen: „Eine Dichtung lebt [...] nicht als Abglanz von irgend etwas anderem, sondern als in sich geschlossenes sprachliches Gefüge." (Das sprachliche Kunstwerk, S. 5) An anderer Stelle in seinem Buch formuliert Kayser die Selbständigkeitsthese so: „Das sprachliche Kunstwerk lebt als solches und in sich." (S. 387) Wittgenstein würde zustimmen, daß die Dichtung nicht der Abglanz von etwas anderem ist, und zugleich bestreiten, daß die Lebendigkeit der Zeichen unabhängig von ihrem Gebrauch durch den jeweiligen Verfasser gedacht werden kann.

Blick auf die Schriftzeichen zu richten, um ihre Lebendigkeit wahrzunehmen. Auch wenn man Wittgenstein beipflichten möchte, daß die Zeichen nicht isoliert dastehen, sondern verwendet werden, muß man berücksichtigen, daß der Philologe die eigenen sprachlichen, intellektuellen und emotionalen Fähigkeiten einsetzen muß, um ihren Gebrauch wahrnehmen zu können. Denn in gewisser Weise lebt das Zeichen nicht bloß im Gebrauch des Autors, sondern auch im Gebrauch des Literaturwissenschaftlers. Kann man angesichts dieser Tatsache die philologische Arbeit überhaupt noch mit Begriffen wie ‚Daten sammeln' oder ‚Hypothesen bilden' charakterisieren? Kann die Literaturwissenschaft als eine Erfahrungswissenschaft gelten, obwohl sie auf individuellen Konstruktionsleistungen des jeweiligen Forschers beruht?

Szondis „Erkenntnisproblematik in der Literaturwissenschaft"[514] läßt sich in der Frage ausdrücken, wie die Subjektivität der Philologie mit ihrem Anspruch auf Objektivität vereinbar ist. Obwohl er eigentlich keine grundsätzliche „Kluft zwischen objektiver Tatsachenforschung und subjektiver Erläuterung"[515] entstehen lassen will, zögert er, den Begriff ‚Forschung' für die Bemühungen um philologische Erkenntnis zu verwenden: „Indem der Literaturwissenschaftler von seinen Forschungen spricht, gibt er zu, daß er seine Tätigkeit mehr als eine Suche nach etwas versteht, das es gibt und nur noch aufzufinden gilt, denn als Erkennen und Verstehen."[516] Szondi konstruiert hier einen etwas schiefen Gegensatz, denn ‚Erkennen' und ‚Verstehen' bezeichnen nicht die Tätigkeit des Philologen, sondern deren *Ziel*: Der Philologe strebt danach, Texte zu verstehen, er versucht, die Gestaltung eines Gedichts zu erkennen. Warum aber soll die geordnete Bemühung um Erkenntnis nicht ‚Forschung' heißen können? Szondis Ansichten zur

---

[514] Szondi: Über philologische Erkenntnis, S. 268. Der Ausdruck dürfte auf den Forschungsüberblick von Karl-Otto Apel zurückgehen, in dem Wilhelm Dilthey das Verdienst zugeschrieben wird, die besondere „Erkenntnisproblematik der Geisteswissenschaft" herausgestellt zu haben (Das Verstehen. Eine Problemgeschichte als Begriffsgeschichte, in: Archiv für Begriffsgeschichte 1 (1955), S. 142–199, S. 188).
[515] Szondi: Über philologische Erkenntnis, S. 268. Szondi konstatiert, „daß die Lebensphilosophie und die Psychologie der Jahrhundertwende auf die Überbetonung des objektiv-faktischen Moments im Positivismus mit der Überbetonung des subjektiven Moments der Einfühlung geantwortet hat" (ders.: Schleiermachers Hermeneutik heute, S. 116f.) Seine eigenen Überlegungen lassen sich als Versuch verstehen, beiden Momenten gerecht zu werden, vgl. ders.: Einführung in die literarische Hermeneutik, S. 168, 405f. Peter Grotzer unterstreicht, daß Szondi sich bemühe, einen „Mittelweg zwischen subjektivem Verständnis und objektiver Bestandesaufnahme von Strukturen" zu finden (‚Poétique'. Eine neue Literaturzeitschrift in Frankreich, in: Schweizer Monatshefte 50/11 (1970/71), S. 995–999, S. 996).
[516] Szondi: Über philologische Erkenntnis, S. 267.

Bedeutungsentwicklung des Begriffs sind erstaunlich ungenau: „Den Wörterbüchern [...] zufolge bedeutete ‚Forschen' einst Fragen und Suchen. Aber das Moment des Fragens, mithin auch der Erkenntnis, ist dem Wortinhalt immer mehr abhanden gekommen, das Forschen ist zum bloßen Suchen geworden."[517] Auf welche Belege er sich hier stützt, ist nicht ersichtlich.[518] Ein Philologe, der seine Arbeit als ‚Forschung' bezeichnet, gibt nach wie vor zu verstehen, daß es zur Beschäftigung mit Texten gehört, interessante Fragen zu stellen und für richtige Antworten Sorge zu tragen. Szondis Abwehr des Forschungsbegriffs ist vermutlich von dem Wunsch geprägt, die Literaturwissenschaft von anderen Wissenschaften abzugrenzen: Er verbindet das Forschen mit einem Zerrbild der naturwissenschaftlichen Vorgehensweise, das sich aus dem damals geläufigen anti-positivistischen Ressentiment erklären läßt.[519] Dieses Ressentiment hat sich inzwischen größtenteils verflüchtigt. Selbst wenn man heute die Eigenständigkeit der Geisteswissenschaften herausarbeiten will, kann man nützliche Begriffe wie ‚Forschung', ‚Hypothese', ‚Beleg' oder ‚Geltungsprüfung' ruhig beibehalten.[520] Die Philologie kann heute als eine Disziplin verstanden werden, die Hypothesen aufstellt, Folgerungen aus diesen Hypothesen ableitet und prüft, wie gut diese Folgerungen mit den Daten und weiteren Annahmen zusammenpassen, die durch unabhängige Indizien gestützt werden. Die Philologie ist mithin eine Disziplin, deren Vorgehensweise man unter Überschriften wie ‚hypothetisch-deduktive Methode' oder ‚Schluß auf die beste Erklärung' diskutieren kann.[521]

---

517 Szondi: Über philologische Erkenntnis, S. 267.
518 Johann Christoph Adelung schlägt „genau nach etwas fragen" als Umschreibung für ‚forschen' vor (Versuch eines vollständigen grammatisch-kritischen Wörterbuches, Leipzig 1775, S. 245). Johann Heinrich Campe definiert ‚forschen' als „durch genaues und wiederholtes Fragen zu erfassen suchen" (Wörterbuch der Deutschen Sprache, Bd. 2: F–K, Braunschweig 1808, S. 131). In neueren Wörterbüchern finden sich Äquivalente wie ‚erkunden' und ‚untersuchen', die doch eine deutlich andere Bedeutung haben als ‚suchen'.
519 Vgl. Szondi: Über philologische Erkenntnis, S. 264, 273. Zur Geschichte der klischeehaften Entgegensetzung von Natur- und Geisteswissenschaften: Oliver Scholz: Die individuelle Wirklichkeit und die Pluralität wissenschaftlicher Methoden. Anmerkungen zur frühen Debatte über Heinrich Rickerts Logik der historischen Begriffsbildung, in: Der Begriff der Geschichte im Marburger und Südwestdeutschen Neukantianismus, hg. von Christian Krijnen und Marc de Launay, Würzburg 2013, S. 69–85.
520 Peter Hacker etwa, der ebenfalls die Eigenständigkeit der Geisteswissenschaften verteidigt, faßt diese trotzdem als Formen der „rational enquiry" (Wittgenstein and the Autonomy of Humanistic Understanding, S. 40).
521 Vgl. Susan Haack: Evidence Matters. Science, Proof, and Truth in the Law, Cambridge 2014, S. 111. Strittig ist, ob diese oder jene Darstellung der Untersuchungsmethode eine gute Systematisierung ist.

Die sprachlichen und gedanklichen Unklarheiten seiner Ausführungen sollten allerdings nicht davon ablenken, daß Szondi ein wichtiges Problem identifiziert. Seine Befürchtung scheint zu sein, daß man einen Text, wenn man ihn als Objekt der ‚Forschung' bezeichnet, als etwas darstellt, daß man bereits fertig vorfindet und bloß noch in sein Bewußtsein aufnimmt. Es stellt sich für ihn die Frage, wie der Umstand, daß der Text vom individuellen Leser ‚lebendig gemacht' wird, mit dem „berechtigten Drang" der Philologie „zur Objektivität"[522] vereinbar ist. Was kann mit ‚Forschung', was kann mit ‚Streben nach Erkenntnis' gemeint sein, wenn die „Gegenwart"[523] des fremden Sprachgebrauchs unter Aufbietung subjektiver Ressourcen erst *erzeugt* wird? Wie kann man die vorhandenen Strukturen eines sprachlichen Gebildes *herausfinden*, wenn man anerkennen muß, daß die Verbindungen, die man in einem Text wahrzunehmen glaubt, vom jeweiligen Leser *hergestellt* werden müssen, also „nicht Gegenstand, sondern Ergebnis der Lektüre sind"[524]?

Wenn man eine konstruktivistische Wissenschaftsphilosophie im Grundsatz akzeptiert, wird man hier nicht unbedingt ein Unterscheidungsmerkmal der Literaturforschung gegenüber anderen Wissenschaften annehmen. Dennoch ist es sinnvoll, sich zu fragen, welche besonderen Konstruktionsleistungen erbracht werden, wenn man sich mit sprachlichen Gebilden befaßt.[525] Der gegenstandsbezogenen Distanzierung von Strukturalismus und Intentionalismus folgt daher in diesem Kapitel eine auf die wissenschaftliche Tätigkeit bezogene Abgrenzung: Es soll gezeigt werden, daß Literaturforschung weder eine innere Nachbildung noch eine unpersönliche Bestandsaufnahme vorgefundener Strukturen ist. Um den Begriff der philologischen Erkenntnis neu zu bestimmen, möchte ich drei Ideen erörtern, die in der Vergangenheit nicht selten gegeneinander ausgespielt wurden.[526] Die erste Idee ist, daß Forscher, sofern sie die nötigen Fähigkeiten ausgebildet haben, den Geist anderer Personen in sprachlichen und nichtsprachlichen

---

522 Szondi: Über philologische Erkenntnis, S. 271.
523 Szondi verweist auf die „unverminderte Gegenwart auch noch der ältesten Texte" (Über philologische Erkenntnis, S. 265). Klaus Weimar bezeichnet Texte als „dingliche Gegenwart einer Vergangenheit" (Enzyklopädie der Literaturwissenschaft, S. 41).
524 Szondi: Durch die Enge geführt, S. 353.
525 Vgl. Steffen Martus: Epistemische Dinge in der Literaturwissenschaft, in: Theorien, Methoden und Praktiken des Interpretierens, hg. von Andrea Albrecht, Lutz Danneberg, Olav Krämer und Carlos Spoerhase, Berlin 2015, S. 23–51, S. 27f.
526 Die folgenden Arbeiten unterscheiden diese drei Konzeptionen des Verstehens: Simon Blackburn: Theory, Observation and Drama, in: Folk Psychology. The Theory of Mind Debate, hg. von Martin Davis und Tony Stone, Oxford 1995, S. 274–290; Oliver Scholz: Wie versteht man eine Person? Zum Streit über die Form der Alltagspsychologie, in: Analyse & Kritik 21/1 (1999), S. 75–96.

Äußerungen *wahrnehmen* können. Die zweite Idee ist, daß man, um erklären zu können, wie sich andere Personen verhalten, eine *Theorie* darüber entwickeln muß, was sie denken, fühlen und wollen. Die dritte Idee besagt, daß man die Personen, deren Verhalten man verstehen will, *simulieren* muß. Um diese Ideen miteinander in Einklang zu bringen, möchte ich versuchen, den Gegensatz zwischen der Wahrnehmung des Fremden und der Konstruktion des Eigenen zu überwinden. Alle drei Ansätze können, wenn man sie klar formuliert und angemessen miteinander in Beziehung setzt, von einer sozialbehavioristischen Philosophie der Philologie sinnvoll integriert werden: Das Verstehen werde ich als eine komplexe Leistung (Fähigkeit) bestimmen, deren Teilleistungen (Teilfähigkeiten) sich unter den orientierenden Begriffen ‚Wahrnehmung‘, ‚Theoriebildung‘ und ‚Simulation‘ zusammenfassen lassen.

2.6.1 Wahrnehmung

Szondi sagt, daß „die Erkenntnis von Werken der Kunst ein anderes Wissen bedingt und ermöglicht, als es die übrigen Wissenschaften kennen".[527] Er unterscheidet das *Wissen* über Texte, das sich in „Beschreibung[en]"[528] und „Behauptungen"[529] artikuliere, von der *Erkenntnis*, die sich auf die fortlaufende Auseinandersetzung mit dem Text beziehe.[530] Richtig an diesem Differenzierungsversuch ist, daß das Verstehen eines Sprachgebildes sich nicht darin erschöpft, wahre Behauptungen äußern zu können. Das Verstehen von Texten hat wesentlich damit zu tun, *wie* man die aufeinander folgenden Wörter richtig *liest*, wobei ‚lesen‘ das Gewahrwerden höherstufiger Muster der Sprachverwendung einschließt. Erklärungen sollen typischerweise zeigen, *als was* man

---

527 Szondi: Über philologische Erkenntnis, S. 264.
528 Szondi: Über philologische Erkenntnis, S. 265.
529 Szondi: Über philologische Erkenntnis, S. 266.
530 Szondi bezeichnet das Wissen irreführend als „Zustand" (Über philologische Erkenntnis, S. 264). Gemeint ist wohl, daß man auch nach der Lektüre imstande ist, etwas Richtiges über den Text auszusagen. Die Fähigkeit ‚bleibt‘, auch wenn die Auseinandersetzung mit dem Text vorerst abgeschlossen ist. Szondi behauptet, daß das so bestimmte Wissen auf Erkenntnis, also auf die erfolgreiche Interaktion mit dem untersuchten Text zurückführbar sein müsse: „Dem philologischen Wissen ist ein dynamisches Moment eigen, [...] weil es nur in der fortwährenden Konfrontation mit dem Text bestehen kann, nur in der ununterbrochenen Zurückführung des Wissens auf Erkenntnis, auf das Verstehen des dichterischen Wortes." (S. 265) Eine vergleichende Analyse der Begriffe ‚Wissen‘ und ‚Verstehen‘ findet man bei Hacker: Intellectual Powers, S. 156f.

diese Muster *wahrnehmen* soll, z.B. als eine leicht ironische Stellungnahme oder als Vers mit einer bestimmten metrisch-rhythmischen Gestalt.[531]

Wer die Position einnimmt, daß nicht nur die Schriftzeichen, sondern auch komplexere Erscheinungsweisen von Sprache wahrnehmbar sind, muß sich mit grundlegenden Vorbehalten auseinandersetzen. Sollte man nicht, so lautet der Haupteinwand, zwischen ‚sinnlicher Wahrnehmung' und ‚Verstehen' unterscheiden? Wahrnehmen könne man doch allein die Ausdrücke; ihren Sinn oder Inhalt müsse man mit dem Geist *erfassen*. Die Antwort, die Samuel IJsseling auf diesen Einwand gibt, ist sehr interessant, wenn auch nicht völlig überzeugend:

> Vielleicht ist man geneigt einzuwenden, daß Lesen etwas ganz anderes ist als Wahrnehmen. Der Leser ist nämlich beim Lesen nicht an erster Stelle auf die Materialität der Buchstaben und Wörter oder des Textes als solchen gerichtet, sondern auf dasjenige, über das der Text handelt, worauf er verweist oder was er bedeutet. Hier muß doch folgende Bemerkung gemacht werden. Abgesehen von der Tatsache, daß man nun einmal mit den Augen liest, und abgesehen davon, daß das Lesen keine eindeutige Tätigkeit ist und verschiedene Formen des Lesens möglich sind [...], muß man sagen, daß man auch bei der gewöhnlichen Wahrnehmung nicht an erster Stelle auf den Gegenstand selbst gerichtet ist, sondern auf seinen Sinn, auf das Geflecht von Verweisungen, in das er aufgenommen ist, und auf seine Bedeutung. Wir hören ein Kind weinen, einen Wasserhahn tropfen und einen Hund bellen, und wir hören unmittelbar, daß es unser Kind, der Wasserhahn in der Küche und der Hund des Nachbarn ist. Wir sehen, wie spät es ist, daß ein Kind spielt und daß der Roman, mit dessen Lektüre wir begonnen haben, halbgelesen auf dem Tisch liegt. Alles, was wir hören und sehen und ebenso, was wir riechen und befühlen, ist immer in eine Geschichte, ein Verweisungsganzes und eine bedeutungsvolle Welt aufgenommen. Es bedarf einer ganz spezifischen [...] Einstellung, um einen Gegenstand an sich wahrzunehmen. Dasselbe gilt auch für Texte.[532]

---

531 So John Reichert, der an Wittgensteins Bemerkungen über das Verhältnis von Deutung und Wahrnehmung anknüpft, vgl. Making Sense of Literature, S. 1–27. Wittgenstein hat die Bedeutung der Aspektwahrnehmung für die Kunstkritik herausgestellt, bei der es häufig auf „ein Phrasieren durchs Auge oder Ohr" (Zettel, § 208) ankomme. Was er mit „Phrasieren" meint, macht er an beispielhaft angeführten Sätzen deutlich: „‚Du mußt diese Takte als Einleitung hören', ‚Du mußt nach dieser Tonart hin hören', ‚Wenn man diese Figur einmal als ... gesehen hat, ist es schwer, sie anders zu sehen'" (ebd.). Wittgensteins Theorie der Aspektwahrnehmung wird erläutert von Severin Schroeder: A Tale of Two Problems. Wittgenstein's Discussion of Aspect Perception, in: Mind, Method, and Morality. Essays in Honour of Anthony Kenny, hg. von John Cottingham und Peter Hacker, Oxford 2010, S. 352–371; vgl. Peter Lamarque: Work and Object. Explorations in the Metaphysics of Art, Oxford 2010, S. 76f.

532 Samuel IJsseling: Lesen und Schreiben. Husserl über Texte, in: Distanz und Nähe. Reflexionen und Analysen zur Kunst der Gegenwart, hg. von Petra Jaeger und Rudolf Lüthe, Würzburg 1983, S. 173–190, S. 177. IJsseling stützt sich hier wohl auf Heideggers Zurückweisung der Annahme eines sinnlichen Rohmaterials: „‚Zunächst' hören wir nie und nimmer Geräusche und Lautkomplexe, sondern den knarrenden Wagen, das Motorrad. Man hört die Kolonne auf dem

Anfechtbar ist diese Darstellung in der Hinsicht, daß sie eine dualistische Konzeption von Materie und Geist suggeriert, eine metaphysische Unterscheidung zwischen dem ‚Gegenstand an sich' und dem ‚Sinn' dieses Gegenstandes. Zwar sind nicht das ‚bloße Papier' oder die ‚reinen Töne' das Objekt der Aufmerksamkeit, aber es wäre wohl auch nicht richtig zu sagen, daß man auf den *Sinn* der lautlichen oder graphischen Muster achtet. Analysiert man die kombinatorischen Möglichkeiten und Restriktionen von Perzeptionsverben, zeigt sich, daß die Objekte, die man im geläufigen Sinn ‚wahrnimmt', sehr vielfältig sind.[533] Als mögliche Wahrnehmungsinhalte sind im Prinzip alle Antworten zugelassen, die man auf die Frage ‚Was nimmst Du wahr?' (‚Was glaubst du wahrzunehmen?') formulieren kann.[534]

(a) **Mögliche Objekte der Sprachwahrnehmung**
Wie verhält es sich nun mit der Sprachwahrnehmung? Es ist hilfreich, zunächst die ‚Grammatik' der Verben für auditive Wahrnehmung zu prüfen (z.B. hören, vernehmen, heraushören, zuhören), denn hier wird recht schnell deutlich, daß man bei der Rezeption von Sprache die Wahrnehmungsobjekte nicht konsequent von den Objekten des Verstehens trennen kann.[535] Wir hören nicht nur

---

Marsch, den Nordwind, den klopfenden Specht, das knisternde Feuer. Es bedarf schon einer sehr künstlichen und komplizierten Einstellung, um ‚reines Geräusch' zu ‚hören'." (Sein und Zeit [1927], 11. Aufl., Tübingen 1967, S. 163) Eine subtilere Version dieser Auffassung formuliert Peter Strawson: Perception and its Objects [1979], in: ders.: Philosophical Writings, hg. von Galen Strawson und Michelle Montague, Oxford 2011, S. 125–145.
533 Die Frage, welche Gegenstände man überhaupt wahrnehmen kann, bezieht sich auf Begriffsverhältnisse und kann allein durch eine „linguistic phenomenology of perception" geklärt werden (James Urmson: The Objects of the Five Senses, in: Proceedings of the British Academy 54 (1969), S. 117–131, S. 119). Eine sprachbezogene Phänomenologie, die sich an der Valenz von Wahrnehmungsverben orientiert, wurde zuletzt von Peter Hacker vorgelegt: „Although each of the senses has a proper sensible or proper sensibles corresponding to it, what we perceive ranges over a wide variety of categories other than objects and their perceptual qualities. Any investigation of perception must keep this in mind and avoid too narrow a diet of *perceptual qualities* and *material objects*. Not only do we perceive *that things are so*, or *things' being so*, we also perceive events, acts, actions and activities, processes and states of affairs, dispositions (e.g. fragility, elasticity) and abilities (e.g. of one thing to fit into another). We perceive differences and similarities, distances and proximities, likenesses and aspects." (Intellectual Powers, S. 294)
534 Vgl. Hacker: Intellectual Powers, S. 312.
535 Die Einsicht, daß potentielle Dialoge eine Möglichkeitsbedingung vieler Wahrnehmungen sind, deutet darauf hin, daß z.B. das Hören von Musik oder von Gedichten auch eine kulturelle Leistung ist, die selbst bei einsamer Rezeption auf den Begriffsrahmen einer Gemeinschaft der Hörenden bezogen bleibt. Auf die kulturelle Prägung der Wahrnehmungsinhalte hat unter anderem Peter Strawson hingewiesen: Knowing from Words [1994], in: ders.: Philosophical

Geräusche, die wir anschließend im Geiste als Wörter interpretieren, sondern hören Laute *als* Wörter. Auch komplexe Erscheinungsformen von Sprache können vernommen werden. Man hört etwa, wie eine Person ihre Gedanken darlegt oder wie sie eine Geschichte zu erzählen beginnt.[536] Sicher ist die Gestaltwahrnehmung nicht nur eine Sache des aufmerksamen Zuhörens, aber die Wahrnehmung eines Gemäldes oder einer Sinfonie fordert ja auch besondere Fähigkeiten und Kenntnisse.[537]

Das Lesen von Texten ermöglicht ähnlich wie das Hören die Wahrnehmung von Sprachverwendungen.[538] Es scheint allerdings so, als müsse man die Objekte, die man wahrnimmt, durch das Lesen erst erzeugen. Hans-Georg Gadamer charakterisiert den produktiven Aspekt des Lesens als ein „Sprechenlassen"[539] und als „Aufführung".[540] Diese Formulierungen sind eigentlich durchaus angemessen. Gadamer verwechselt jedoch die richtige Aussage, daß Texte gewissermaßen aufgeführt werden, mit der These, daß die Sprachwahrnehmung ein „inneres Hören auf den Klang der Sprache"[541] erfordere. Zwar untersucht ein Leser, wie ein Vers gemacht ist, indem er ihn probeweise zu Gehör bringt oder vor sich hin murmelt – wie der analysierte Vers klingt, findet er aber nicht dadurch heraus, daß er sich

---

Writings, hg. von Galen Strawson und Michelle Montague, Oxford 2011, S. 186–190, S. 189. Auch Ludwik Flecks stimulierende Ausführungen zur sozialen Bedingtheit der Wahrnehmung vermeiden den Mythos des Gegebenen: Schauen, Sehen, Wissen [1947], in: ders.: Denkstile und Tatsachen. Gesammelte Schriften und Zeugnisse, hg. von Sylwia Werner und Claus Zittel, 2. Auflage, Berlin 2014, S. 390–418.

536 Vgl. Malcolm: Problems of Mind, S. 97–103; John McDowell: Anti-Realism and the Epistemology of Understanding [1981], in: ders.: Meaning, Knowledge, and Reality, Cambridge, MA 1998, S. 314–343; Dagfinn Føllesdal: Understanding and Rationality, in: Meaning and Understanding, hg. von Jacques Bouveresse und Herman Parret, Berlin 1981, S. 154–168, S. 157; Scholz: Art. Verstehen, S. 2907.

537 Vgl. Kendall Walton: Categories of Art, in: The Philosophical Review 79/3 (1970), S. 334–367; Lamarque: Work and Object, S. 122–138.

538 Friedrich Klingner sagt über Rudolf Alexander Schröders Horaz-Deutung: „Er hat den Vorgang wahrgenommen, der sich in dem Gedicht abspielt, und mit musikalischen Vorgängen verglichen." (Ohnmacht und Macht des musischen Menschen. Horazens Ode ‚Ille et nefasto …', in: ders.: Studien zur griechischen und römischen Literatur, Zürich 1964, S. 325–333, S. 326)

539 Hans-Georg Gadamer: Sehen – Hören – Lesen, in: ders.: Gesammelte Werke, Bd. 8: Ästhetik und Poetik I: Kunst als Aussage, Tübingen 1993, S. 271–278, S. 271.

540 Gadamer: Sehen – Hören – Lesen, S. 274.

541 Gadamer: Sehen – Hören – Lesen, S. 274. Auch Klaus Weimar begreift das Lesen als innere Versprachlichung, die durch ein inneres Hören rezipiert werde, vgl. Lesen, S. 52. In Kap. 1.4.4 habe ich schon darauf hingewiesen, daß die Frage, was ‚lesen' bedeutet, bloß ins Innere verschoben wird, wenn man eine geistige Wahrnehmung postuliert, die ein zusätzliches Erfahrungssubjekt, das hören und lesen kann, voraussetzt.

selbst (innerlich) zuhört, sondern indem er sich darauf konzentriert, den Vers so zu artikulieren, wie er es zum gegebenen Zeitpunkt für richtig hält. Wenn ein Leser dann beschreibt, was er wahrzunehmen glaubt, verweist er auf die schriftliche Sprachverwendung und nicht auf die laute oder gemurmelte Wiedergabe.

Auf die Frage, was wir beim Lesen wahrzunehmen glauben, können wir ganz verschiedene Antworten geben. Wir können zum Beispiel die Schriftarten, Abschnitte, Überschriften, Fußnoten oder Zeilenumbrüche beachten, aber auch den Klang eines Wortes, das Versmaß, die rhythmische Gliederung der Rede. Wir können Wortgruppen als adverbiale Bestimmungen der Zeit, Sätze als Behauptungen, Satzfolgen als emotionalisierende Darstellungen wahrnehmen. Wir können im Text nachverfolgen, wie ein Autor ein bestimmtes Problem von verschiedenen Seiten beleuchtet; wie er eine Aufgabe Punkt für Punkt abarbeitet; wie er der Lösung eines gedanklichen Problems näherkommt; wie er seinen Helden durch eine Reihe fiktiver Situationen führt. Mit der nötigen Übung lassen sich Feinheiten der Darstellung und des Ausdrucks unterscheiden, deren Erfassung für das Vergnügen an Literatur konstitutiv ist.[542] Auch der menschliche ‚Geist' ist ein mögliches Wahrnehmungsobjekt. Denn wenn man Texte liest, beobachtet man Aspekte des Verhaltensrepertoires von Autoren.[543] Man kann beispielsweise wahrnehmen, was ein Autor vermutet oder leugnet, was er wünscht und was er befürchtet, was ihm gefällt und was ihm mißfällt.[544] Beobachtet werden können darüber hinaus Stilphänomene wie Übermut, Scharfsinn, Witz, kultivierte Nachlässigkeit, Hingabe, Gründlichkeit oder Anmut sowie Ausdrucksqualitäten wie Heiterkeit, Wehmut oder Bestürzung.[545] Wahrnehmungsurteile sind darüber hinaus alle hinweisenden Aussagen wie ‚Jetzt kommt eine bekannte

---

[542] Vgl. Lamarque: The Philosophy of Literature, S. 172; ders.: The Opacity of Literature, S. 182.
[543] „Wenn man das Benehmen des Lebewesens sieht, sieht man seine Seele." (PU, § 357). „Man sieht nicht die Gesichtsverziehungen und *schließt* nun (wie der Arzt, der eine Diagnose stellt) auf Freude, Trauer, Langeweile. Man beschreibt sein Gesicht unmittelbar als traurig, glücksstrahlend, gelangweilt [...]. Die Trauer ist im Gesicht personifiziert, möchte man sagen." (Zettel, § 225; vgl. auch BPP 1, § 927, BPP 2, § 570) „To find that [...] people have minds [...] is simply to find that they are able and prone to do certain sorts of things, and this we do by witnessing the sorts of things they do." (Ryle: The Concept of Mind, S. 48) Wittgensteins und Ryles Überlegungen werden z.B. aufgenommen von: Scholz: Wie versteht man eine Person?, S. 92; ders.: Verstehen und Rationalität, S. 247f.; Shaun Gallagher und Daniel Hutto: Understanding Others through Primary Interaction and Narrative Practice, in: The Shared Mind, hg. von Timothy Racine, Amsterdam 2008, S. 17–38.
[544] Vgl. PU, § 647. „We perceive [...] what the agents do in terms of their wants and beliefs." (Schroeder: Are Reasons Causes?, S. 162)
[545] Zur Wahrnehmung von Ausdrucksqualitäten vgl. Tilmann Köppe und Tobias Klauk: Ausdrucksqualitäten moderner Lyrik, in: KulturPoetik 18/2 (2018), S. 180–203.

Metapher', ‚Hier wechselt der Tonfall ins Gefühlvolle', ‚Nun kehrt die Erzählung an den Ausgangspunkt zurück', ‚Dies ist eine feine Anspielung auf sein literarisches Vorbild' oder ‚An dieser Stelle bekundet sich seine tiefe Abneigung gegen den literarischen Gegner'.[546]

(b) Zur Diskussion um Beobachtungssätze

Manche Literaturwissenschaftler wollen den Begriff ‚Beobachtungssatz' nur dort anwenden, wo es um Daten geht, die für alle Leser *sicher* erkennbar sind. Gilbert Ryle rekonstruiert das (aus seiner Sicht fehlgeleitete) Anliegen wie folgt: „‚Observation' ought to be reserved for a mistake-proof process."[547] Die Vorstellung einer kontextunabhängigen Beobachtungsbasis, die von allen Diskussionsteilnehmern zweifelsfrei festgestellt werden kann, ist bei Willard Quine besonders deutlich ausgeprägt:

> [A]n observation sentence is one on which all speakers of the language give the same verdict when given the same concurrent stimulation. To put the point negatively, an observation sentence is one that is not sensitive to differences in past experience within the community.[548]

Dieses Verständnis von Beobachtungssätzen, das Heide Göttner und andere wissenschaftstheoretisch interessierte Literaturforscher teilen, ist sicherlich zu eng.[549] Die Wahrnehmungsurteile von Musikwissenschaftlern zum Beispiel können nur diejenigen verstehen und beurteilen, die das technische Vokabular anhand der relevanten Paradigmen erlernt und sich einen bestimmten Erfahrungshintergrund angeeignet haben. Ein spezialisierter Leser, der sich im Laufe der Zeit einen reicheren Begriffsvorrat und Erfahrungshintergrund für Texte einer bestimmten Art angeeignet hat, kann die Verfahren in einem Text dieses Typs in aller Regel besser beobachten als ein Leser, der hinsichtlich solcher Texte über weniger Erfahrungen und begriffliche Ressourcen verfügt. Quine

---

546 Die Beziehung zwischen demonstrativen Urteilen und Wahrnehmungen wird von Paul Snowdon diskutiert: How to Interpret ‚Direct Perception', in: The Contents of Experience, hg. von Tim Crane, Cambridge 1992, S. 48–78, S. 55–57.
547 Ryle: The Concept of Mind, S. 215.
548 Willard Quine: Epistemology Naturalized, in: ders.: Ontological Relativity and Other Essays, New York 1969, S. 69–90, S. 86f.
549 Vgl. Heide Göttner: Logik der Interpretation. Analyse einer literaturwissenschaftlichen Methode unter kritischer Betrachtung der Hermeneutik, München 1973, S. 104f. Außerordentlich instruktive, weiterführende Beiträge, die eine feste Einteilung in Beobachtung und Hypothese zurückweisen, hat Jan Johann Albinn Mooij vorgelegt: The Nature and Function of Literary Theories, in: Poetics Today 1/1–2 (1979), S. 111–135; ders.: Theory and Observation in the Study of Literature, in: Poetics 9 (1980), S. 509–524.

räumt diese Möglichkeit zumindest teilweise ein: „What counts as observation sentences for a community of specialists would not always so count for a larger community."⁵⁵⁰ Nun muß man aber genauer als Quine unterscheiden: a) Tatsachen, die in einer Gemeinschaft, deren Mitglieder in derselben Situation sind und dieselben Begriffe haben, als beobachtbar anerkannt werden, und b) Tatsachen, die man überhaupt beobachten kann. Was von einem Wissenschaftler beobachtet werden kann, hängt, wie Ryle und Norwood Hanson überzeugend dargelegt haben, von dessen individuellen Fähigkeiten und Kenntnissen ab.⁵⁵¹

---

550 Quine: Epistemology Naturalized, S. 87. Anderswo wird jedoch deutlich, daß er den Begriff eigentlich stärker einschränken möchte. Er scheint die Beobachtbarkeit an einem Vokabular festmachen zu wollen, das besonders grundlegende Eigenschaften bezeichnet: „Thus I may see the dean of the law school mail a birthday check to his daughter in Belgium. Saying so in these terms [!] does not qualify as an observation sentence. If on the other hand I describe that same event by saying that I saw a stout man with a broad face, a gray moustache, rimless spectacles, a Homburg hat, and a walking stick, putting a small white flat flimsy object into the slot of a mailbox, this in an observation sentence. What makes it an observation sentence is that any second witness would be bound to agree with me on all points then and there, granted merely understanding of my language." (Willard Quine und Joseph Ullian: The Web of Belief, 2. Aufl., New York 1978, S. 23) Es ist nicht einzusehen, warum der zweite detailreiche Satz prinzipiell weniger anspruchsvoll sein soll als der erste. Quine verlangt, daß Beobachtungssätze nahezu unfehlbar sind (S. 29), aber Beobachtungssätze sind immer fehlbar, ob die Begriffe nun vergleichsweise abstrakte Sachverhalte beschreiben oder sehr spezifische Einzelheiten erwähnen.

551 Vgl. Gilbert Ryle: Dilemmas, Cambridge 1954, S. 90; Norwood Hanson: Patterns of Discovery. An Inquiry Into the Conceptual Foundations of Science, Cambridge 1958. Beide Autoren verdanken Wittgenstein wichtige Anregungen, vgl. Vasso Kindi: Wittgenstein and Philosophy of Science, in: A Companion to Wittgenstein, hg. von Hans-Johann Glock und John Hyman, Oxford 2017, S. 587–602, S. 594f. Gegen die unzulässige Verallgemeinerung, daß alle Beobachtung theoriebeladen sei, erinnert Peter Achinstein daran, daß nicht alle Begriffe theoretische Begriffe sind (The Problem of Theoretical Terms, in: ders.: Evidence, Explanation, and Realism. Essays in the Philosophy of Science, S. 266–285, S. 278). Ryle hat *theorie*beladene Beobachtungen von *spiel*beladenen Beobachtungen z.B. eines Schachspielers unterschieden, womit Begriffe, Techniken und ein gewisser Erfahrungshintergrund gemeint sind. Auch die Beobachtung des in einem Text angewendeten Versmaßes scheint nicht bloß die Kenntnis der Dichtungslehre zu erfordern, sondern auch einen gewissen Grad an praktischer Beherrschung der literarischen Verfahren. Der Zusammenhang von Fähigkeit und Beobachtung wurde in der literaturwissenschaftlichen Diskussion oft bemerkt, wenn auch zum Teil in etwas irreführenden Begriffen: „[W]hat is perceived to be ‚in the text' is a *function* of interpretive activities, although these activities are performed at so primary a level that the shapes they yield seem to be there before we have done anything" (Fish: Is there a Text in this Class?, S. 273f.). „Welche Textmerkmale Leser wahrnehmen und welche nicht, hängt [...] von den Schemata ab, die sie einbringen, und welche Schemata sie in einer konkreten Rezeptionssituation aktualisieren, wird wiederum von einer Reihe individueller Faktoren vorgegeben." (Winko: Textbewertung, S. 242)

Die Relativität der wissenschaftlichen Wahrnehmung auf Fähigkeiten und Kenntnisse lehnt Quine ab, da sie, wie er meint, den Beobachtungsbegriff entwerte.[552] Er befürchtet, daß der von Hanson vorgeschlagene Kontextualismus, die gesicherte Beobachtungsbasis der Erkenntnis preisgebe.[553] Dieser Vorbehalt, den auch manche Literaturwissenschaftler zu haben scheinen, beruht auf falschen Voraussetzungen. Dem Risiko, daß Beobachtungsaussagen falsch sind, setzt man sich immer aus. Es gibt keine Beobachtung, die völlig neutral und voraussetzungslos ist. Andererseits kann man sich, wenn strittig ist, was im Text beobachtet werden kann, auf voraussetzungsärmere Beobachtungssätze zurückziehen, bei denen außer Zweifel steht, daß sie richtig sind.[554] Was beobachtbar ist, hängt mit anderen Worten vom Forschungsstand und vom Gang der betreffenden Untersuchung ab.[555]

(c) Unmittelbare Beobachtungen?

Leser reden über das, was sie im Text zu erkennen glauben, im Präsens.[556] Darin zeige sich, so John Reichert, daß Texte in der Haltung des teilnehmenden Beobachters gelesen werden:

> It is noteworthy that all [...] critics speak of what the authors do in the present tense. This is not simply a critical convention. It is testimony to the widely shared feeling that the text establishes a direct connection between the reader and the author, alive through the text as a responsible, intending agent.[557]

---

552 „Hanson ventured even to discredit the idea of observation, arguing that so-called observations vary from observer to observer with the amount of knowledge that the observers bring with them." (Quine: Epistemology Naturalized, S. 87f.)

553 „The notion of observation as the impartial and objective source of evidence for science is bankrupt." (Quine: Epistemology Naturalized, S. 88)

554 Mooij: The Nature and Function of Literary Theories, S. 120–123.

555 Eike von Savigny hält an der starren Konzeption einer Beobachtungsbasis fest, wenn er die Beobachtbarkeit der metrisch-rhythmischen Gestaltung in Zweifel zieht, kommt dann aber gegen Ende seiner Abhandlung zu der richtigen Ansicht, daß man nicht unabhängig vom Untersuchungskontext sagen könne, was beobachtbare Daten und was bloße Hypothesen sind (Argumentation in der Literaturwissenschaft. Wissenschaftstheoretische Untersuchungen zu Lyrikinterpretationen, München 1976, S. 19–22, 100f.). Daß sich der epistemische Status von Gedanken und Aussagen mit der diskursiven Umgebung ändert, zeigt Michael Williams: Problems of Knowledge. Critical Introduction to Epistemology, Oxford 2001, S. 161.

556 Geoffrey Leech: Meaning and the English Verb, 3. Aufl., London 2004, § 16. Zur Wahrnehmbarkeit der Vergangenheit: Scholz: Philosophy of History, S. 251f.

557 Reichert: Making Sense of Literature, S. 62. Klaus Weimar meint, „daß man die Lektüre als Beteiligung an einem immer gegenwärtigen Gespräch auffassen kann" (Enzyklopädie der Literaturwissenschaft, S. 90).

Auch wenn man diesen Ausführungen im Ansatz zustimmen kann, droht Reichert mit der Behauptung, daß der Text eine „direct connection between the reader and the author" entstehen lasse, in einen Mythos der Unmittelbarkeit zu geraten.[558] Wer die Annahme ablehnt, daß bei der Textanalyse aufgrund äußerer Zeichen unbeobachtbare Bedeutungen erschlossen werden, sollte nicht ins andere Extrem fallen und die Beobachtbarkeit so stark betonen, daß der Eindruck entsteht, das Sammeln und Auswerten von Daten, die Bildung und Prüfung von Hypothesen spiele bei der Untersuchung sprachlicher Gebilde überhaupt keine Rolle. Andererseits ist festzustellen: Die These, daß man die sprachliche Gestaltung ‚direkt' oder ‚unmittelbar' wahrnehmen kann, läßt sich vernünftigerweise weder bejahen noch verneinen, solange nicht geklärt ist, was Wörter wie ‚unmittelbar' oder ‚direkt' eigentlich bedeuten.[559]

1. Heißt ‚unmittelbar' so viel wie ‚auf Anhieb'? In diesem Fall muß man differenzieren: Sicherlich wird manches vor einem gewissen Erfahrungshintergrund mühelos wahrgenommen.[560] Die Fähigkeit, einen rhetorischen Kunstgriff oder ein Verfahren der Beweisführung zu identifizieren, kann aber in anderen Fällen auch Ergebnis einer gründlichen Analyse und Diskussion sein.
2. Bedeutet ‚unmittelbar' vielleicht ‚unabhängig von Kenntnissen und Fähigkeiten'? Wäre dies so, könnte man ausschließen, daß überhaupt etwas unmittelbar erkannt wird. Denn in Wahrnehmungsurteilen über Texte kommen Begriffe vor, die eine Aneignung von Kenntnissen und eine Einübung in Techniken voraussetzen.
3. Soll ‚unmittelbar' so viel wie ‚unfehlbar' heißen? Auch in diesem Sinn ist der Ausdruck irreführend, denn jeder Wahrnehmungssatz muß potentiell zurückgenommen werden. Was ein Leser beobachten kann, hängt vom

---

558 Dieter Burdorf warnt: „Die [...] Unmittelbarkeit kann immer nur eine rekonstruierte sein." (Einführung in die Gedichtanalyse, S. 197) Die Notwendigkeit der Rekonstruktion fremder Sprachverwendungen schließt jedoch die Möglichkeit ihrer Wahrnehmung nicht aus. Das Verhältnis zwischen Rekonstruktion und Wahrnehmung wird in Kap. 2.6.3 noch etwas genauer beleuchtet.
559 John Austin zeigt in seiner Polemik gegen die Theorie der Sinnesdaten, daß der Ausdruck ‚direkt wahrnehmen' („a great favourite among philosophers") alles andere als klar ist: Er sei „one of the less conspicuous snakes in the linguistic grass" (Sense and Sensibilia, S. 15).
560 Ludwik Fleck redet in diesem speziellen Sinn von ‚unmittelbarer' Wahrnehmung, der Übung ausdrücklich voraussetzt: „Das unmittelbare Gestaltsehen verlangt ein Erfahrensein in dem bestimmten Denkgebiete: erst nach vielen Erlebnissen [hier wäre zu ergänzen: Experimenten auf dem Tätigkeitsgebiet, das man erforschen will, V.P.], eventuell nach einer Vorbildung erwirbt man die Fähigkeit, [...] Gestalt [...] unmittelbar wahrzunehmen." (Entstehung und Entwicklung einer wissenschaftlichen Tatsache, S. 121)

aktuellen Stand der Untersuchung ab und von den Erfahrungen, die er bisher mit Literatur gemacht hat. Es gibt keine Urteile über das, was im Text geschieht, die in jeder Situation vom Zweifel ausgenommen sind.

Nicht alles Verstehen von Texten läßt sich als Wahrnehmungsleistung erläutern, aber ‚den Text verstehen' kann heißen ‚die Struktur des Textes wahrnehmen können' oder ‚imstande sein, die Zeichen im Gebrauch zu beobachten'.[561] Wie gut man ein sprachliches Gebilde versteht, hängt unter anderem davon ab, wie gut es einem gelingt, seiner schriftlichen Präsentation zu folgen und seine Beschaffenheit bis in die Details zu unterscheiden. Die Wahrnehmung des Sprachgebrauchs ist oft das Ergebnis einer langwierigen, in Kollektivarbeit durchgeführten Analyse. Literaturforschung ist aber auch eine Sache der Einübung: Um beispielsweise die Feinheiten des Versbaus zu entdecken, muß man sein sprachlich-musikalisches Differenzierungsvermögen schulen und seine Ausdrucksfähigkeiten an das Repertoire des jeweiligen Verfassers anpassen. Philologische Erkenntnis wird also nicht nur durch propositionales Wissen gefördert, sondern auch durch ein gezieltes Sicheinstellen auf die spezifischen Verhaltensmuster (Versgestaltungen, Satzformen, Redefiguren, Erzähltechniken, Darstellungsstrategien, Denkweisen) des Verfassers und auf die Gelingenskriterien seiner literarischen Kultur.[562]

---

[561] Was Jay Rosenberg über das Verstehen von musikalischen Kompositionen sagt, kann auf literarische Werke übertragen werden: „The difference between a person who understands [...] a composition by Varèse or an Indian *raga*, and one who does not, may manifest itself [...] in their differential capacities to [...] appreciate or ‚follow' the work" (On Understanding the Difficulty of Understanding Understanding, in: Meaning and Understanding, hg. von Herman Parret und Jacques Bouveresse, Berlin 1981, S. 29–43, S. 35). Ähnlich äußert sich Peter Hacker über das Musikverstehen „When one understands it, one can *follow* it – apprehend the relations between its components, see that it is to be played with just these variations in loudness and tempo." (Wittgenstein. Mind and Will, S. 329) So verhalte es sich auch mit dem Verstehen des Satzes: „One can follow a sentence one understands [...]. One could say that understanding a sentence is getting hold of its content, which is, as it were, *in* the sentence, not something extraneous to it." (ebd.) Hacker paraphrasiert hier Wittgenstein: „der Inhalt des Satzes ist *im* Satz" (Eine philosophische Betrachtung, S. 257). Es stimmt, daß das Folgenkönnen nicht darin besteht, daß man einen Inhalt erfaßt, der zusätzlich zum Satz vorhanden ist, aber statt zu sagen, der Inhalt sei *im* Satz, ist es meines Erachtens besser, das Verstehen des Inhalts als Würdigung des sukzessiven Gebrauchs zu erläutern.
[562] Vgl. Meyer Abrams: Unconscious Expectations in the Reading of Poetry, in: The Journal of English Literary History 9/4 (1942), S. 235–244.

2.6.2 Theoriebildung

Ein Philologe, der einen Text analysiert, bildet ein System von Annahmen über den Verfasser und seine Verhaltensweisen, das er, wenn er sorgfältig arbeitet, immer wieder auf die Probe stellt und ständig anpaßt. Bei der Untersuchung der literarischen Technik und Selbstpräsentation wird, wie Heinze treffend sagt, ein gesichertes Resultat „als charakterisierender Zug im Bild des betreffenden Schriftwerks oder Schriftstellers eingetragen".[563] Ein adäquates Autorbild kann man jedoch nur entwickeln, wenn man zugleich ein Bild der literaturgeschichtlichen Entwicklung und der sonstigen kulturellen Zusammenhänge entwirft.[564] Wenn man will, kann man das geordnete Bemühen um ein (möglichst kohärentes) Gesamtbild vom Text, vom Autor und von seiner kulturellen Umgebung als ‚Theoriebildung' bezeichnen.

(a) Einseitige Vorstellungen von Theoriebildung
Das Wort ‚Theoriebildung' wird oft sehr einseitig aufgefaßt. Und zwar in der Weise, daß man beobachtbare Phänomene verständlich macht, indem man eine Theorie über die zugrundeliegenden Ursachen aufstellt.[565] Auch einige Literaturforscher sind davon überzeugt, daß das Verstehen von Texten deswegen mit der Entwicklung von Theorien verbunden sei, weil man bei ihrer Erklärung auf unbeobachtbare psychische Faktoren Bezug nehmen müsse. Während sich Sätze, mit denen man etwas über die Wortwahl eines Gedichts oder über die Handlungsführung eines Romans aussage, auf den „Text selbst"[566] bezögen, der „öffentlich zugänglich"[567] sei, seien die seelischen Zustände, die man zur Erklärung des Textes annehme, nur „durch Hypothesenbildung [...] erschließbar".[568] Eine Theoriebildung finde statt, wo sich ein „Rückgriff auf mentale Größen"[569] nicht mehr vermeiden lasse.

---

563 Heinze: Die gegenwärtigen Aufgaben der römischen Literaturgeschichte, S. 164.
564 Schon allein deswegen, weil individuelle Verwendungsweisen von Sprache nicht ohne die Wiederverwendung von vorgegebenen Mustern gedacht werden können. Schleiermacher bemerkt, „daß man bei der Vorgegebenheit der Form, in der jemand arbeitet, diese kennen muß, um den Dichter in seiner Tätigkeit zu verstehen" (Hermeneutik, S. 128). So auch Hermann Paul: „Um seine Tätigkeit richtig zu würdigen, muss man die Materialien kennen, die er bearbeitet hat." (Methodenlehre, S. 229)
565 Vgl. Kap. 1.4.
566 Tepe: Kognitive Hermeneutik, S. 243.
567 Tepe: Kognitive Hermeneutik, S. 62.
568 Tepe: Kognitive Hermeneutik, S. 232.
569 Tepe: Kognitive Hermeneutik, S. 326.

Diese Aufteilung in ‚Textdaten' und ‚mentale Größen' ist illusorisch. Man kann sich *erstens* keine Auffassung davon bilden, was in einem Text geschieht, ohne zugleich eine Auffassung von einem Verhaltensrepertoire (eine ‚Theorie des Geistes') zu entwickeln. Nur mit einer solchen Auffassung vom Verhalten des bekannten oder unbekannten Verfassers kann man „Textbestände"[570] feststellen. *Zweitens* ist unklar, warum es zu der Frage, wie der Text beschaffen ist, nicht rivalisierende Theorien geben sollte.

Ein eher simples Beispiel: Klaus von See erklärt in seiner Diskussion von Klopstocks Ode auf die französischen Generalstände, Klopstock rede „die Franzosen als ‚Franken' an, um sie mit diesem germanischen Namen ausdrücklich als Brüder der Deutschen zu kennzeichnen".[571] Sowohl der Hauptsatz, der feststellt, welches Wort Klopstock verwendet, als auch der Finalsatz, der eine Erklärung für diese Wortwahl anbietet, beziehen sich auf Verhalten, das als ‚geistig' einzuordnen ist. Die angebotene Erklärung (Klopstock möchte die Franzosen als Brüder darstellen) verhält sich zu dem Befund (er bezeichnet die Franzosen als ‚Franken') nicht wie die ungesicherte Annahme einer unbeobachtbaren psychischen Ursache zur Feststellung einer beobachtbaren Wirkung. Vielmehr wird eine niedrigstufige Sprachverwendung erläutert, indem sie in ein höherstufiges Muster eingebettet wird.[572] Dabei geht man von einer weniger anspruchsvollen zu einer anspruchsvolleren Beschreibung der Organisation des Gedichts über. Man nimmt die Anrede in der Folge als Ausdruck enger Verbundenheit wahr und trägt sie so vor. Sicher, manche Leser werden sofort identifizieren, daß es sich um eine Geste der Verbrüderung handelt, also das Muster sofort benennen können, ohne zuvor Hypothesen über den Sprachgebrauch vergleichen zu müssen. Der relevante Punkt ist hier, daß man nicht unabhängig vom gemeinsam erarbeiteten Forschungsstand feststellen kann, was die „vorliegenden Texttatsachen"[573] sind.

Die Unterscheidung von bloß beschreibenden und hypothetisch erklärenden Sätzen hat wenig damit zu tun, ob sie sich auf den ‚Text selbst' beziehen oder auf etwas, das außerhalb davon liegt. Es gibt keine Texteigenschaften, die man stets zweifelsfrei erkennt und nur ‚feststellt'. Auch die Vorstellung, daß alle Aussagen

---

570 Tepe: Kognitive Hermeneutik, S. 242.
571 von See: Freiheit und Gemeinschaft, S. 18.
572 Die Beschreibung des Explanandums enthält meist schon Annahmen über Absichten, vgl. Juhl: Intention, S. 73–76.
573 Tepe: Kognitive Hermeneutik, S. 326. Die gesamte Textgestaltung kann nach Tepes Auffassung ‚festgestellt' werden: „Wir können z.B. ein Inventar künstlerischer Gestaltungsmöglichkeiten von Texten [...] erarbeiten und dann feststellen, welche dieser Möglichkeiten im [...] Text genutzt [...] worden sind." (Mythos und Literatur. Aufbau einer literaturwissenschaftlichen Mythosforschung, Würzburg 2002, S. 117).

hypothetisch sind, die über den Wortlaut hinausgehen, ist nicht haltbar, denn es ist gut möglich, daß in Bezug auf ein Erzählwerk Annahmen über den Wortlaut an einer bestimmten Stelle ‚interpretativ' sind, während nicht sinnvoll bezweifelt werden kann, welchen Verlauf die Erzählung insgesamt nimmt und wie man die Figuren beurteilen soll. Fricke nennt den Wortlaut des Textes das „granitene Fundament" der philologischen Erkenntnis, muß aber zugleich einschränken, daß er den „editorisch gesicherten"[574] Wortlaut meint. Daß man sich nicht einfach darauf verlassen kann, einen Text vor sich zu haben, den der Autor schreiben wollte, deutet darauf hin, daß es ein unanfechtbares Fundament nicht gibt. Ob ein Satz eine Feststellung der Textbefunde oder eine Hypothese zur Erklärung der Daten darstellt, hängt stets von der Position des Satzes im Zusammenhang der Untersuchung ab und nicht davon, ob er sich auf höherstufige oder niedrigstufige Muster des Sprachgebrauchs bezieht.

Um überhaupt Fragen verständlich formulieren und beantworten zu können, muß man allerdings irgendwelche Daten anerkennen, also gewisse Annahmen zumindest vorläufig vom Zweifel ausnehmen. Denn ohne die praktische Anerkennung von Tatsachen kann auch nichts in Zweifel gezogen werden. Es gehört, wie Wittgenstein in *Über Gewißheit* dargelegt hat, zur „Logik unsrer wissenschaftlichen Untersuchungen",[575] daß innerhalb des Systems, in dessen Rahmen einzelne Meinungen oder Behauptungen geprüft werden können, einige Sachverhalte feststehen müssen. Die Richtung, die man bei der Untersuchung eines Textes einschlägt, ist demnach also immer auch ein Ergebnis dessen, was man vorläufig für gegeben nimmt.[576] Andererseits ist die Bestandsaufnahme der Daten nicht zu verwechseln mit der Berufung auf eine unanfechtbare Erkenntnisgrundlage. Sie erfolgt im Zuge der gemeinschaftlichen Erzeugung und vorübergehenden Stabilisierung einer revidierbaren Auffassung. Diese konstruktivistische Perspektive auf die Erkenntnisproduktion gehört zum Erbe des Wiener Kreises und wurde besonders eindrucksvoll von Otto Neurath formuliert:

> Die Wissenschaft als ein System von Aussagen steht jeweils zur Diskussion. *Aussagen werden mit Aussagen* verglichen, nicht mit ‚Erlebnissen', nicht mit einer ‚Welt', noch mit sonst etwas. Alle diese sinnleeren *Verdoppelungen* gehören einer mehr oder minder verfeinerten Metaphysik an und sind deshalb abzulehnen. Jede neue Aussage wird mit der Gesamtheit der vorhandenen, bereits miteinander in Einklang gebrachten Aussagen konfrontiert. *Richtig heißt eine Aussage dann, wenn man sie eingliedern kann.* Was man nicht eingliedern kann, wird als unrichtig abgelehnt. Statt die neue Aussage abzulehnen, kann

---

574 Fricke: Erkenntnis- und wissenschaftstheoretische Grundlagen, S. 51.
575 ÜG, § 342.
576 Vgl. Williams: Problems of Knowledge, S. 160; ders.: Why (Wittgensteinian) Contextualism is not Fundamentalism, in: Episteme 4/1 (2007), S. 93–114, S. 102.

man auch, wozu man sich im allgemeinen schwer entschließt, das ganze bisherige Aussagesystem abändern, bis sich die neue Aussage eingliedern läßt.[577]

Diese Bemerkungen gehören in das Gebiet der Gelehrtenbehavioristik: Neurath verteidigt hier keine Kohärenztheorie der Wahrheit, sondern bemüht sich um eine illusionslose Darstellung der Funktionsweise der Sätze im Verhalten von Wissenschaftlern. Er stellt nüchtern fest, daß es „allerlei Klassifikationen der Aussagen" gibt, die Forscher probeweise hervorbringen und diskutieren: „So wird z.B. entschieden, ob es sich um ‚Wirklichkeitsaussagen', um ‚Halluzinationsaussagen', um ‚Unwahrheiten' handelt".[578] Zwar lassen sich innerhalb des Systems ‚Hypothesen' mit ‚Tatsachen' konfrontieren, doch es gibt keine vorstrukturierte Wirklichkeit, mit der man die Aussagen abgleichen kann. Die Einordnung als ‚Tatsache' ist, wie Neurath nachdrücklich hervorhebt, revidierbar. Es gehöre mit zur Definition des Begriffs ‚Aussage', daß man sie potentiell ändern oder zurücknehmen muß.[579] Wenn die Aussage der Prüfung standhält, wird sie als ‚richtig' oder zumindest ‚gut begründet' eingestuft und vorläufig ins Verhaltensrepertoire des Forschers übernommen.

(b) Theoriebildung und Beobachtung

Die Theoriebildung steht in keinem Gegensatz zur Beobachtung: Selbst wenn man die graphischen Muster bei der Lektüre mühelos als höherstufige Sprachverwendungen wahrnimmt, ist diese Wahrnehmung doch auf so etwas wie eine Theorie, nämlich ein zusammenhängendes Autorbild, angewiesen. Mit

---

577 Neurath: Soziologie im Physikalismus, S. 541. Die Nähe von Goodman und Neurath betont Carl Hempel: Comments on Goodman's ‚Ways of Worldmaking', in: Starmaking. Realism, Anti-Realism, and Irrealism, hg. von Peter McCormick, Cambridge, MA 1996, S. 125–132. Vgl. Nelson Goodman: On Hempel's Paper, in: ebd., S. 206–208. Andrea Albrecht stellt eine sehr interessante Verbindung zwischen Neuraths Gelehrtenbehavioristik und Flecks Programm der wissensoziologische[n] Aufklärungsarbeit" her (Kontrafaktische Imaginationen zum Logischen Empirismus. Max Horkheimer und Ludwik Fleck, in: Scientia Poetica 20 (2016), S. 364–394). Zur konstruktivistischen Wissenschaftstheorie: Barbara Herrnstein Smith: Making (Up) the Truth. Constructivist Contributions, in: dies.: Belief and Resistance. Dynamics of Contemporary Intellectual Controversy, Cambridge, MA 1997, S. 23–36; dies.: Scandals of Knowledge, in: dies.: Scandalous Knowledge: Science, Truth and the Human, Edinburgh 2005, S. 1–17; Ian Hacking: The Social Construction of What?, Cambridge, MA 1999, S. 63–99; Bettina Heintz: Die Innenwelt der Mathematik. Zur Kultur und Praxis einer beweisenden Disziplin, Wien 2000, S. 93–136.
578 Neurath: Soziologie im Physikalismus, S. 541.
579 Otto Neurath: Protokollsätze [1932/33], in: ders.: Gesammelte philosophische und methodologische Schriften, hg. von Rudolf Haller und Heiner Rutte, Wien 1981, S. 577–585.

Begriffen wie ‚Persiflage' oder ‚Choriambus' werden vor dem Hintergrund dessen, was man bereits über das Analyseobjekt gelernt hat, *anfechtbare* Urteile gebildet, die man im weiteren Verlauf der Auseinandersetzung mit dem Text vielleicht korrigieren oder fallen lassen muß.[580]

Urteile wie ‚Dies ist ein Choriambus' sind als korrigierbare Resultate der Theoriebildung nicht zwingend das Ergebnis von Schlüssen. Das Erfassen von Indizien, die einen Schluß auf höherstufige Muster nahelegen, ist nicht dasselbe wie das Wahrnehmen des Phänomens selbst, das aufgrund der Anwendungskriterien des jeweiligen Begriffs identifiziert wird.[581] Dies gilt auch für die Ausübung poetischer Unterscheidungsfähigkeiten: Das Wahrnehmungsurteil, daß der Autor Choriamben gestaltet, ist eine Ausübung der Fähigkeit, Versfüße kontextbezogen zu unterscheiden.[582] Sollte sich das Urteil später als falsch erweisen, müßte man den Erkenntnisanspruch zurückziehen. Man könnte nicht länger behaupten, das entsprechende Muster wahrgenommen zu haben, und müßte auf Redeweisen zurückgreifen wie ‚Mir schien ...', ‚Ich dachte ...' oder ‚Ich hatte den Eindruck, daß ...'.[583]

Wenn man etwas aufgrund von Anhaltspunkten erschließt, nimmt man eine Position ein, von der man glaubt, daß sie die relevanten Daten erklärt.[584] Die Entscheidung, daß eine der provisorisch gebildeten Antworten die beste verfügbare

---

580 Simon Blackburn meint, daß der bloße Umstand, daß in Wahrnehmungsurteilen Begriffe zur Anwendung kommen, und der Umstand, daß sie anfechtbar sind, aus ihnen noch keine „theoretical beliefs" mache; es spreche aber nichts dagegen, sie als „interpretations" zu begreifen (Theory, Observation and Drama, S. 274). Deutungen (Auffassungen) lassen sich als ‚Theorien' in einem weiten Sinn bezeichnen. Gute Argumente gegen die Annahme, daß psychologische Begriffe bereits theoretische Begriffe seien, führt Peter Hacker ins Feld: Philosophical Foundations of Neuroscience, S. 370–372; vgl. ders.: Eliminative Materialism, in: Wittgenstein and Contemporary Philosophy of Mind, hg. von Severin Schroeder, London 2001, S. 60–84. Hacker weist mit Recht darauf hin, daß ein System von Begriffen erst einmal keine wissenschaftliche Theorie ist, sondern die Voraussetzung, verschiedene solcher Theorien bilden zu können. Er scheint jedoch generalisierenden Annahmen über menschliches Verhalten zu wenig Beachtung zu schenken.
581 Vgl. Austin: Sense and Sensibilia, S. 115; Hacker: Philosophical Foundations of Neuroscience, S. 136f.
582 Dabei werden die Einzelheiten in eine bekannte Gestalt bzw. ein vertrautes Muster integriert: „Wir stellen Verschiedenes zu einer ‚Gestalt' (Muster) zusammen" (BPP 2, § 651).
583 Hacker: Philosophical Foundations of Neuroscience, S. 126.
584 Peter Szondi sagt: „[D]er Beweischarakter des Faktischen wird erst von der Interpretation enthüllt" – und fügt hinzu, „daß ein Faktum erst als gedeutetes die Richtigkeit einer Deutung zu beweisen vermag" (Über philologische Erkenntnis, S. 279). Richtig ist, daß die Daten nicht von sich aus für oder gegen eine These sprechen, sondern nur unter einer bestimmten Beschreibung und relativ auf einen Untersuchungszusammenhang, in dem sie zur Stützung oder Schwächung von Hypothesen herangezogen werden.

ist, kann als Schluß auf die beste Erklärung bezeichnet werden.[585] Es handelt sich um einen Schluß, wenn man die gedankliche Arbeit des Forschers mit einem ‚daher' oder ‚deswegen' paraphrasieren kann, wenn der betreffende Forscher also von einer akzeptierten oder wohlüberlegten Aussage zu einer anderen Aussage fortschreitet, von der er annimmt, daß sie die relevanten Daten erhellt. Das Ergebnis der Überlegung folgt bei diesem Schlußverfahren nicht aus Prämissen, sondern ergibt sich aus einer vergleichenden Abwägung möglicher Erklärungen für die Daten. Die Erklärung, für die man sich entscheidet, kann ganz verschiedener Art sein: Die Textbefunde können etwa als Wirkungen einer Ursache, als Teil einer umfassenderen Sequenz oder als Manifestation einer Vorliebe des Verfassers verständlich gemacht werden.[586]

Bei der Analyse des Textes entwirft man in Interaktion mit dem, was andere Forscher sagen und tun, eine Gesamtauffassung (eine Theorie im weitesten Sinn), die fortlaufend kontrolliert, auf die Probe gestellt und angepaßt wird: Man versucht, wenn man sich mit Texten beschäftigt, ein möglichst kohärentes und umfassendes Bild davon zu entwickeln, wozu der Autor die Wörter verwendet, welche poetischen Verfahren er entfaltet, was er voraussetzt, was er weiß und was er nicht weiß, welche Urteile er nahelegt, worauf er Wert legt, worin er sein Verdienst sucht, welche Fähigkeiten er in welchem Grad zeigt usw. Das Verstehen des Textes ergibt sich aus der erfolgreichen Integration der Einzelheiten in ein richtiges Gesamtbild, also aus der richtigen Organisation der sprachlichen Zeichen in höherstufige Muster, aus der Einpassung dieser Muster in ein stimmiges Autorbild und aus der Einbettung des Autorbilds in ein umfassenderes Bild von den geschichtlich-gesellschaftlichen Zusammenhängen.[587]

---

585 Schlüsse auf die beste Erklärung sind ein wichtiger Teil der Untersuchung eines Textes, vgl. Alan Goldman: Interpreting Art and Literature, in: The Journal of Aesthetics and Art Criticism 48/3 (1990), S. 205–214.
586 Vgl. die Erläuterung von Alan White: Inference, in: The Philosophical Quarterly 21 (1971), S. 289–302, S. 292. Das Verhalten wird, wie Hacker ausführt, oft bereits in Begriffen von Gedanken, Gefühlen und Absichten wahrgenommen: „We see human behaviour [...] as informed by, not as caused by, thought, feeling, purpose and intention, in the context of complex social conventions" (The Relevance of Wittgenstein's Philosophy of Psychology to the Psychological Sciences, in: Wittgenstein. Zu Philosophie und Wissenschaft, hg. von Pirmin Stekeler-Weithofer, Hamburg 2012, S. 205–223, S. 215). Aus der Feststellung, daß Gedanken und Gefühle sich im Verhalten äußern (es ‚prägen'), ergibt sich aber nicht, wie Hacker meint, daß ihre Erkenntnis ganz generell „not a matter of inference" (ebd.) ist. Wovon das Verhalten eine Manifestation oder Äußerung ist, muß in vielen Fällen erst erschlossen werden.
587 Zum Verstehen als Einbettung in ein möglichst kohärentes Gesamtbild vgl. Thomas Bartelborth: Erklären, Berlin 2007, S. 14; ders. und Oliver Scholz: Kohärenzkonzeptionen in der analytischen Philosophie, in: Information Philosophie 5 (2001), S. 24–31.

Begriffe wie ‚feststellen', ‚klassifizieren', ‚Schlüsse ziehen', ‚Hypothesen bilden', ‚nach Belegen suchen' erfassen eine wichtige Komponente dieser Arbeit. Man macht sich jedoch eine zu einfache Vorstellung von Philologie, wenn man sie auf die Herstellung und Anpassung von Aussagesystemen einschränkt. Nicht allein Aussagesätze, die man in der Interaktion mit den Untersuchungsgegenständen und in der Diskussion mit anderen Forschern erprobt, sind Anwärter für eine Übernahme in das Verhaltensrepertoire. Allein die Frage, wie man einen Satz richtig intoniert oder einen Vers richtig liest, zeigt schon, daß in dem Begriff der philologischen Erkenntnis Raum dafür sein muß, daß unter den Kandidaten, mit denen man experimentiert, um sie zu prüfen und vielleicht (zeitweise) zu übernehmen, nicht nur Sätze sind, die etwas über den Text aussagen, sondern auch Sätze, die exemplifizieren, nach welchen Mustern er gebaut ist.

2.6.3 Simulation

Aus Daten und Annahmen ein Gesamtbild zusammenzusetzen, ist bereits eine konstruktive Leistung. Die Untersuchung von sprachlichen Gebilden beansprucht die Kreativität eines Literaturwissenschaftlers aber noch auf eine andere Weise. Der Erfolg einer Textanalyse hängt auch mit der Bereitschaft zusammen, sich dergestalt in das fremde Leben einzudenken, daß man allmählich die Fähigkeit ausbildet, es richtig nachzuahmen und dadurch zu vergegenwärtigen. Wilamowitz hat diesen Aspekt philologischer Arbeit besonders deutlich benannt:

> Die Aufgabe der Philologie ist, jenes vergangene Leben durch die Kraft der Wissenschaft wieder lebendig zu machen, das Lied des Dichters, den Gedanken des Philosophen und Gesetzgebers, die Heiligkeit des Gotteshauses und die Gefühle des Gläubigen und Ungläubigen, das bunte Getriebe auf dem Markte und im Hafen, Land und Meer und die Menschen in ihrer Arbeit und in ihrem Spiele.[588]

Es ist wohl nicht von der Hand zu weisen, daß Philologen eine gewisse „Assimilationsfähigkeit"[589] unter Beweis stellen, wenn sie ein Verhalten nachahmen und dadurch zum Leben erwecken. Diese expressive Seite der philologischen Tätigkeit, die man mit dem Begriff ‚Simulation' in Verbindung bringen kann, hat etwas

---

588 Ulrich von Wilamowitz-Moellendorf: Geschichte der Philologie [1921], mit einem Nachwort und Register von Albert Henrichs, Leipzig 1998, S. 1, vgl. auch S. 37.
589 Scherer: Goethe-Philologie, S. 4.

„Künstlerisches"[590] oder weist doch zumindest eine „Nähe zum künstlerischen Vorgang"[591] auf. Um diese Idee zu präzisieren, ist es notwendig, das übliche Verständnis von historischer Einfühlung, dem man berechtigterweise mit einigem Mißtrauen begegnet, zu korrigieren.

(a) Traditionelle Vorstellungen von Einfühlung und Nachkonstruktion

Typischerweise wird unter ‚Einfühlung' verstanden, daß ein Forscher „sich ausmalt, was in der Psyche einer anderen Person vor sich geht".[592] Einfühlung wäre demnach also die Fähigkeit, das Innenleben anderer Personen in sich zu reproduzieren (‚sich auszumalen'). Auch die metaphorische Redeweise ‚sich in jemanden hineinversetzen' wird meistens in dieser mentalistischen Weise ausformuliert. So behauptet David Hume in den *Dialogues Concerning Natural Religion*, daß man sich bei der Lektüre eines Buches sozusagen in den bekannten oder unbekannten Verfasser verwandle und die Vorstellungen, die ihm beim Schreiben vorschwebten, im eigenen Geist nachzubilden suche:

> When I read a volume, I enter into the mind and intention of the author: I become him, in a manner, for the instant; and have an immediate feeling and conception of those ideas, which revolved in his imagination, while employed in that composition.[593]

Die geläufige Annahme, daß die Lehre vom Sichhineinversetzen mit der „Opposition gegen den Rationalismus der Aufklärung" verbunden und ein Merkmal der „romantischen Hermeneutik"[594] sei, kann mit Blick auf Hume nicht aufrecht erhalten werden. Andererseits ist es richtig, daß in der deutschsprachigen Diskussion Friedrich Schleiermachers irrationalistisch gefärbte Ausführungen über die „divinatorische" Verfahrensweise prägend waren. Diese Verfahrensweise besteht darin, daß man „sich selbst gleichsam in den andern verwandelt" und „das

---

590 „Die Philologie macht Anspruch darauf, Wissenschaft zu sein; zugleich aber ist sie eine Kunst, inwiefern nämlich die historische Construction des Alterthums etwas Künstlerisches ist." (Boeckh: Encyklopädie, S. 25)
591 Szondi: Über philologische Erkenntnis, S. 276.
592 Gumbrecht: Diesseits der Hermeneutik, S. 12.
593 David Hume: Dialogues Concerning Natural Religion [1776], hg. von John Gaskin, Oxford 1993, S. 58. Hume kritisiert an dieser Stelle, daß das Verstehen der Natur an das Verstehen von Autoren angeglichen werde. So auch an anderer Stelle: „The great source of our mistake in this subject [...] is, that we tacitly consider ourselves, as in the place of the Supreme Being, and conclude, that he will on every occasion, observe the same conduct, which we ourselves, in his situation would have embraced as reasonable and eligible" (Enquiries Concerning Human Understanding and Concerning the Principles of Morals, S. 145f.).
594 Herbert Schnädelbach: Philosophie in Deutschland 1831–1933, Frankfurt/M. 1983, S. 141.

Individuelle unmittelbar aufzufassen sucht".[595] Im Anschluß an Schleiermacher stellte Wilhelm Dilthey die Einfühlung als innere Nachbildung dessen dar, was im Inneren anderer Personen vorgeht: „Indem nun aber der Ausleger seine eigne Lebendigkeit gleichsam probierend in ein historisches Milieu versetzt, vermag er von hier aus [...] eine Nachbildung fremden Lebens *in sich* herbeizuführen".[596] Eine ähnliche Vorstellung findet man bei Karl Lachmann: Die Aufgabe des Philologen bestehe darin, „die gedanken absichten und empfindungen des dichters, wie sie in ihm waren [...], rein und voll zu wiederholen".[597] Wie man sieht, ist die Idee der Einfühlung meistens mit der Annahme verbunden, daß man nicht sagen könnte, was jemand sich vorstellt, wenn man keinen Zugang zu mentalen Strukturen hätte, die ‚Vorstellungen' genannt werden. Man hält es für nötig, ein Äquivalent der Vorstellungen im Inneren des Autors im eigenen Inneren hervorzubringen, um sie wiedergeben zu können.[598] Noch Klaus Weimars Theorie der doppelten Autorschaft, die sich vom Einfühlungsbegriff distanziert, ist von diesem Bild beeinflußt.[599]

‚Einfühlung' ist aufgrund dieser Tradition ein nicht ganz unbelastetes Wort, das berechtigte Vorbehalte und Befürchtungen hervorruft. Schon Otto Neurath hatte erklärt: „Einfühlen [...] mag den Forscher fördern, es geht aber in die Aussagegesamtheit der Wissenschaft ebensowenig ein wie ein guter Kaffee, der den Gelehrten bei seiner Arbeit förderte."[600] Diese Kritik beruht auf der Annahme, daß sich ‚Einfühlung' auf Methoden oder Hilfsmittel der Forschung bezieht, die der Untersuchung zuträglich sein können, aber dem empirischen Gehalt der wissenschaftlichen Sätze äußerlich sind. Doch selbst Neurath ist sich, wenn man ihn genau liest, nicht so sicher, ob sich die Sätze, um deren Richtigkeit in

---

595 Schleiermacher: Hermeneutik, S. 105.
596 Dilthey: Die Entstehung der Hermeneutik, S. 330, meine Hervorhebung.
597 Karl Lachmann: Vorrede, in: Iwein. Eine Erzählung von Hartmann von Aue, mit Anm. von Georg Friedrich Benecke und dems., 2. Aufl., Berlin 1843, iii.
598 Bei Robin George Collingwood heißt dieser Vorgang „re-enactment of past thought in the historian's own mind" (The Idea of History [1946], hg. von Jan van der Dussen, Oxford 1994, S. 215). Zur Diskussion seiner irreführenden Verwendung des Innen-Außen-Bildes: Patrick Gardiner: The ‚Objects' of Historical Knowledge, in: Philosophy 27 (1952), S. 211–220; William Dray: R. G. Collingwood and the Understanding of Actions in History, in: ders.: Perspectives on History, London 1980, S. 9–26; ders.: History as Re-Enactment. R. G. Collingwoods Idea of History, Oxford 1995, S. 32–66.
599 Vgl. Weimar: Doppelte Autorschaft, S. 127. Da Weimar ‚Einfühlung' als „intuitives Erfassen eines literarischen Textes oder seines Verfassers" definiert, ist der Begriff aus seiner Sicht „nicht zum literaturwissenschaftlichen Gebrauch" geeignet (Art. Einfühlung, in: Reallexikon der deutschen Literaturwissenschaft, Bd. 1, hg. von dems., Berlin 1997, S. 427–429, S. 427).
600 Neurath: Empirische Soziologie, S. 463.

den Geisteswissenschaften gestritten wird, von dem trennen lassen, was man vernünftigerweise als ‚Einfühlung' bezeichnen kann. Eine „behavioristische Umformung"[601] und Rettung des Einfühlungsbegriffs schließt er bei näherer Betrachtung auch gar nicht aus. Er stellt lediglich eine recht moderate Forderung an die Begriffsbildung: „Der ‚Einfühlung' darf [...] nicht irgendeine sonderbare Zauberkraft über die gewöhnliche Induktion hinaus zugemutet werden."[602]

(b) Eine sozialbehavioristische Neubestimmung der Einfühlung

Eine behavioristische Neubestimmung des Einfühlungsbegriffs kann auf den Vorschlag aufbauen, den Richard Alewyn im Vorwort zu *Probleme und Gestalten* skizziert. Alewyn erkennt nämlich, daß „Einfühlung" am besten als „kontrollierter Gebrauch suggestiver Sprachmittel"[603] erläutert werden kann. Wenn man sich diese sprachbezogene Erklärung zu eigen macht und ‚Einfühlung' als ‚gezielte Mobilisierung eigener intellektueller und emotionaler Ressourcen zur Wiedergabe fremden Verhaltens' bestimmt, kann man den Begriff für den wissenschaftlichen Gebrauch zurückgewinnen, ja das Einfühlungsvermögen sogar als Möglichkeitsbedingung philologischer Erkenntnis identifizieren. Die Einfühlung ist, wie Alewyn richtig bemerkt, ein „unerläßlicher Bestandteil des Verstehens".[604] Ebenso unerläßlich ist die „Distanzierung",[605] also die Bereitschaft, kritisch-einordnende, versachlichende und zurechtrückende Beschreibungen des fremden Verhaltens zu formulieren. Alewyn legt überzeugend dar, daß der Philologe das, was er in einem Moment reproduziert, im nächsten Moment „zum Gegenstand der Analyse

---

601 Neurath: Soziologie im Physikalismus, S. 548.
602 Neurath: Soziologie im Physikalismus, S. 548.
603 Richard Alewyn: Vorwort [1974], in: ders.: Probleme und Gestalten. Essays, Frankfurt/M. 1982, S. 7–9, S. 8. Christoph Königs These, Alewyn habe den sprachlichen Charakter seiner Hofmannsthal-Analysen „nicht reflektiert" (Hofmannsthal, S. 413) und einen „untheoretische[n] Gesichtspunkt" (ebd.) eingenommen, läßt diese (zugegeben sparsamen) theoretischen Reflexionen unberücksichtigt. Was ein allgemeines Merkmal von Textanalysen ist (und natürlich auch Königs Ausführungen über Hofmannsthal und Alewyn kennzeichnet), soll eine Besonderheit von Alewyns untheoretischem „Stil" sein: „Der Essay gibt halb die Sache wieder, halb erläutert er sie." (ebd.) Unabhängig davon kann man seinem stichhaltigen Einwand, daß Alewyns idealisierende Hoffmannsthal-Deutung über dessen „Schwierigkeiten beim Gestalten" (S. 414) systematisch hinweggehe, zustimmen.
604 Alewyn: Vorwort, S. 8.
605 Alewyn: Vorwort, S. 8. Alewyn scheint Einfühlung mit „geplante[r] Identifikation" (ebd.) in eins zu setzen und von der „Objektivierung" (ebd.) zu unterscheiden. Doch diese Objektivierung kann darin bestehen, daß man Ungeschicklichkeiten und Beschränktheiten distanziert nachahmt (ein Akt der Einfühlung).

macht",⁶⁰⁶ wobei hinzuzufügen wäre, daß Einfühlung normalerweise auch für das Ergebnis der Analyse konstitutiv ist, denn ihr Ertrag besteht ja oft darin, daß man differenzierter *wiedergeben* kann, was in einem Text geschieht.

Alewyns Andeutungen über die „Evokation [...] seelischer Verfassungen"⁶⁰⁷ lassen sich weiterführend erläutern, wenn man sie mit Willard Quines Konzeption von „empathy"⁶⁰⁸ in Verbindung bringt. Quine ist nämlich der Ansicht, daß psychologische Aussagen der Form ‚Goethe glaubt/vermutet/befürchtet, daß ...' Nachahmungen von Verhaltensmustern enthalten. Die Sätze, mit denen erläutert wird, was ein Autor denkt, glaubt, fühlt oder will, bilden ein „essentially dramatic idiom"⁶⁰⁹: Man wechselt, wenn man solche Zuschreibungen formuliert, in einen dramatischen Modus, um mit eigenen Worten auszudrücken und auf diese Weise zu charakterisieren, was eine andere Person beobachtet, denkt, glaubt, will oder fühlt. Quines Grundidee wurde in neuerer Zeit von Howard Wettstein weiterentwickelt, der sie nutzt, um der gängigen Vorstellung von propositionalen Einstellungen eine praxeologische Alternative entgegenzusetzen: „To say what someone believes is not [...] to take a stand on a mental state that underlies the surface phenomena in question. [...] It is rather just to speak for the agent on the question at hand."⁶¹⁰ Mit Hans-Johann Glock hat sich auch ein Philosoph aus dem Kreis der Wittgensteinianer dieser Ansicht angeschlossen.⁶¹¹ Wittgenstein selbst diskutiert an verschiedenen Stellen die Möglichkeit, die stumm

---

606 Alewyn: Vorwort, S. 8. Königs Kritik, daß Alewyn die Distanzierung bei Hofmannsthal unterläßt, indem er dessen Texte überhöht und mit Begeisterung „ummantelt" (Hofmannsthal, S. 413), ist überzeugend.
607 Alewyn: Vorwort, S. 8.
608 Willard Quine: Pursuit of Truth, Cambridge, MA 1992, S. 42–46, 63–68. Eine gute kontrastive Erklärung der Begriffe ‚sympathy' und ‚empathy' findet man in: Peter Hacker: The Passions. A Study of Human Nature, Oxford 2017, S. 357–392.
609 Willard Quine: Word and Object [1960], hg. von Dagfinn Føllesdal, Cambridge, MA 2013, S. 201. Die Wiedergabe mittels einer nachahmenden Ausdrucksweise bezeichnet er als einen „dramatic act" (S. 200).
610 Wettstein: The Magic Prism, S. 213; ders.: Speaking for Another, in: Indirect Reports and Pragmatics. Interdisciplinary Studies, hg. von Alessandro Capone, Ferenc Kiefer und Franco Lo Piparo, Dordrecht 2015, S. 405–434. In eine ganz ähnliche Richtung geht die Auffassung, die Christopher Gauker vorgeschlagen hat: „In general, I suggest, an attribution of a belief is an assertion on someone else's behalf." (Words without Meaning, S. 223; vgl. ders.: Attitudes without Psychology, in: Facta Philosophica 5 (2003), S. 239–256.)
611 „To say what someone believes is not to relate her to an entity but to speak for the subject on the question at hand, whether or not the subject itself is in a position to do likewise." (Glock: Propositional Attitudes, Intentional Contents and Other Representationalist Myths, S. 535) Auch bei Bede Rundle findet man Ansätze zu einer solchen Theorie, vgl. ders.:

ausgeführte Arbeit einer anderen Person durch erfundene Selbstgespräche zu erklären, die man an ihrer Stelle formuliert:

> Denken wir uns, daß Einer eine Arbeit verrichtet, in der es ein Vergleichen, Versuchen, Wählen gibt. [...] [I]ch erfinde nun ein Selbstgespräch des Arbeitenden [...]. Ich lasse ihn also manchmal sagen ‚Nein, das Stück ist zu lang, vielleicht paßt ein anderes besser.' – Oder ‚Was soll ich jetzt tun? – Ich hab's!' – Oder: ‚Das ist ganz gut' etc. [...] [W]äre es eine Verfälschung des wirklichen Vorgangs, wenn [...] er während der Arbeit nicht gesprochen und sich auch diese Worte nicht vorgestellt hatte?[612]

Diese Frage würde Wittgenstein wohl (wie Quine und Wettstein) verneinen: Das konstruierte Selbstgespräch ist nicht der Versuch, einen seelischen Vorgang zu reproduzieren, der die Arbeit begleitet hat, sondern eine Wiedergabe, die gerechtfertigt ist, wenn die Person tatsächlich geneigt war, sich so zu verhalten, wie man es versuchsweise nachahmt. Dasselbe gilt für Sätze, mit denen man Gedanken und Gefühle paraphrasiert. Der Satz, mit dem man ausdrückt, was jemand denkt oder empfindet, versucht keinen (innerlich) geäußerten Satz zu beschreiben, sondern die jeweiligen Verhaltensdispositionen zu bestimmen.[613] Wittgenstein bezeichnet

---

Grammar in Philosophy, Oxford 1979, S. 280–306; ders.: Mind in Action, S. 53–64; ders.: Objects and Attitudes, in: Language & Communication 21 (2001), S. 143–156.
612 BPP 2, § 183.
613 Was mit Konstruktionen wie ‚Kate denkt, daß ...' behauptet wird, ist nach Bede Rundle eine Artikulations- oder Zustimmungsbereitschaft: „It does not require Kate to have articulated the thought to herself [...], but Kate's preparedness to voice her thought in these terms, or to accept such a formulation, is all that is needed." (Rundle: Mind in Action, S. 55) „The phrase ‚that p' does not signify any [...] object (e.g. a thought, a proposition, a sentence) denominated ‚that p', which someone V-s. Nor does the sentence ‚p' in the same context. It gives us the terms in which a person's knowledge, belief, expectation or suspicion might be expressed." (Hacker: Intellectual Powers, S. 67) Psychologische Verben, die einen Inhaltssatz einleiten, funktionieren auch nach Quines Ansicht ähnlich wie indirekte Rede. Sie schreiben dem Autor die Disposition zu, einen Satz in einem bestimmten Modus zu äußern: „All follow the broad pattern of indirect quotation, ‚x says that p', as if to attribute to x the disposition to utter the sentence ‚p' in some mood. Thus x believes that p if, approximately, he will affirm p; he wishes or regrets that p, if approximately, he will exclaim ‚Oh, that p!' or ‚Alas, p!'" (Willard Quine: Mind and Verbal Dispositions [1975], in: ders.: Confessions of a Confirmed Extensionalist and Other Essays, hg. von Dagfinn Føllesdal, Cambridge, MA 2008, S. 244–256, S. 253). Vorstellungen und dergleichen müssen aber natürlich nicht in der Formel ‚Er stellt sich vor, daß ...' wiedergegeben werden. So fragt z.B. Nietzsche zu Beginn einer Wiedergabe der Vorstellungen von David Friedrich Strauß: „Wie denkt sich der Neugläubige seinen Himmel?", um anschließend zitierend auszugestalten, was Strauß zu sagen geneigt ist (‚Unzeitgemässe Betrachtungen. Erstes Stück: David Strauss der Bekenner und Schriftsteller [1873], in: ders.: Sämtliche Werke. Kritische Studienausgabe in 15 Einzelbänden, Bd. 1, hg. Giorgio Colli und Mazzino Montinari, 3. Aufl., Berlin 1999, S. 157–242, S. 177).

die Äußerungen, die man probeweise konstruiert, als ‚Hypothesen' und unterstreicht damit, daß sie Teil der wissenschaftlichen Forschung sein können:

> Ich könnte mir zu diesem Menschen ein Bild machen, indem ich mir vorstellte, er spreche zu allen seinen Handlungen Monologe, die seine Gesinnung zum Ausdruck brächten. Die Monologe wären eine Konstruktion, eine Arbeitshypothese, mittels derer ich mir seine Handlungen verständlich zu machen suchte.[614]

Was Wittgenstein über das Verstehen von Handlungen im allgemeinen sagt, läßt sich ungezwungen auf die philologische Praxis übertragen: Forscher machen sich zu den Autoren, deren literarische Arbeiten sie studieren, ein Bild, indem sie ihnen Äußerungen in den Mund legen, die ihre Gedanken, Gefühle und Handlungsweisen zum Ausdruck bringen sollen. Diese hypothetischen Wiedergaben haben nicht die Funktion, die Sätze zu identifizieren, die der jeweilige Autor im Geiste geäußert oder bei der Niederschrift des Textes vor sich hingeredet hat, sondern seine Geneigtheit, ein bestimmtes Verhalten zu zeigen.

(c) Imitativer Sprachgebrauch in der Wissenschaft

Harald Fricke sieht die Nachahmung vor allem als Mittel der „suggestiven Rhetorisierung"[615] von Forschungsbeiträgen, die man vom diskutierbaren Gehalt der Sätze unterscheiden müsse. Für Fricke ist im Grunde nur *eine* Funktion des imitativen Sprachgebrauchs denkbar: „Argumentation wird durch Suggestion ersetzt, Sachadäquatheit durch Stiladäquatheit vorgegaukelt."[616] Nun ist kaum zu bestreiten, daß manche Forscher suggerieren, was sie nicht im Detail zeigen und durch Textbelege untermauern können. Fricke vernachlässigt jedoch, daß die Nachahmung für die Hypothesen, die man über einen Text aufstellen will, *konstitutiv* sein kann. Wo er die „Kompensationsfunktion"[617] der expressiven Sprache großzügig verallgemeinert, zeigt sich bei ihm selbst eine unangemessene Tendenz zur Rhetorisierung. Die Aussage, die Fricke „in stärkstmöglicher Generalisierung"[618] formuliert, ist, wenn man die Übertreibung korrigiert, eine These von begrenzter Reichweite.

---

614 BPP 2, § 604.
615 Harald Fricke: Wieviele ‚Methoden' braucht die Literaturwissenschaft? Zur Konkurrenz wissenschaftlicher Standards in einem unwissenschaftlichen Fach, in: ders.: Literatur und Literaturwissenschaft. Beiträge zu Grundfragen einer verunsicherten Disziplin, Paderborn 1991, S. 169–188, S. 180.
616 Harald Fricke: Wieviel Suggestion verträgt die Interpretation? Ein Versuch am lebenden Objekt der Karl-May-Forschung. Mit einem Exkurs zur Psychoanalyse, in: ebd., S. 45–62, S. 48.
617 Fricke: Die Sprache der Literaturwissenschaft, S. 181.
618 Fricke: Die Sprache der Literaturwissenschaft, S. 184.

In einem selbstkritischen Moment hat Fricke eingeräumt, daß seine vereinfachende Kritik am rhetorisierten Sprachgebrauch die Qualitätsunterschiede von Forschungsbeiträgen nicht angemessen berücksichtigt. Der Versuch, die ältere Forschung insgesamt als „altmodische Germanistik"[619] zu verdammen, ergibt auch für Fricke wenig Sinn. So erklärt er freimütig, daß für ihn „zwei Seiten von Kayser und Alewyn" mehr diskussionswürdiges Material enthalten als „200 oder mehr Seiten aus der Feder eines Kittler, Turk, Japp, Bolz oder Hörisch".[620] Man kann dieser Einschätzung, die man sicherlich mit einem Körnchen Salz nehmen muß, zustimmen oder nicht. Jedenfalls muß man von Fall zu Fall prüfen, ob ein Forscher den imitativen Sprachgebrauch in den Dienst einer präzisen Analyse stellt oder durch bloße Rhetorik glänzen möchte. Eine systematische Bestandsaufnahme literaturwissenschaftlicher Darstellungsformen und ihrer Beurteilungskriterien könnte von dem Einfühlungsverständnis, das sich bei Quine und Wettstein andeutet, profitieren.[621] Ihr Erklärungsansatz beantwortet nicht die Frage, was Literaturforscher neben dem rationalen Diskutieren sonst noch tun, sondern klärt, was es heißt, überprüfbare Hypothesen über sprachliche Gebilde und ihre Verfasser aufzustellen.

Richard Alewyn bringt den imitativen Sprachgebrauch nicht nur mit „seelischen Verfassungen", sondern ganz allgemein mit reproduzierbaren Mustern des Denkens, Fühlens und Handelns in Verbindung. Das geht aus seiner Antrittsrede vor dem Kollegium der Deutschen Akademie für Sprache und Dichtung hervor:

> Wenn ich das farbige oder das suggestive Wort nicht immer gescheut habe, dann geschah das nicht, um den Leser zu blenden, sondern um einen Sachverhalt möglichst adäquat

---

619 Harald Fricke: Methoden? Prämissen? Argumentationsweisen! Überlegungen zur Konkurrenz wissenschaftlicher Standards in der Literaturwissenschaft, in: Vom Umgang mit Literatur und Literaturgeschichte. Positionen und Perspektiven nach der ‚Theoriedebatte', hg. von Lutz Danneberg und Friedrich Vollhardt, Stuttgart 1992, S. 211–227, S. 213.

620 Fricke: Überlegungen zur Konkurrenz wissenschaftlicher Standards in der Literaturwissenschaft, S. 213. Wie wenig frühere Beiträge der Analytischen Literaturwissenschaft den logischen Charakter philologischer Hypothesen verstanden haben, wird etwa bei Peter Finke deutlich: „Hypothesen, deren Formulierung eine Vermischung von Objekt- und Metasprache zugrundeliegt, sind [...] für die Argumentation wertlos." (Kritische Überlegungen zu einer Interpretation Richard Alewyns, S. 18)

621 Zu dem Vorhaben, eine solche Bestandsaufnahme zu entwickeln, vgl. Simone Winko: Standards literaturwissenschaftlichen Argumentierens. Grundlagen und Forschungsfragen, in: Germanisch-Romanische Monatsschrift 65/1 (2015), S. 13–29; Martus: Zur normativen Modellierung und Moderation von epistemischen Situationen, S. 228–233.

zu reproduzieren – nicht ohne einen Schuß dessen, was ich ‚mimetische Ironie' nenne – und ihn schon dadurch für die Analyse zu präparieren.⁶²²

Die Anpassung des literaturwissenschaftlichen Sprachgebrauchs an das Verhaltensrepertoire der Autoren ist also nicht, wie Fricke meint, ein Indiz für mangelnde Sachlichkeit, sondern ein unverzichtbarer Aspekt der Textanalyse: Man leiht dem Verfasser seine Stimme, um anzugeben, was im Text gesagt, dargestellt, beklagt, erzählt oder zu verstehen gegeben wird. Diese Nachahmung erfolgt häufig unausgesprochen, ist aber nichts wesenhaft Inneres und findet in den üblichen Formen wissenschaftlichen Sprachgebrauchs ihren Ausdruck: im Zitat, der Inhaltsangabe, der indirekten Rede, der Erläuterung des Gemeinten oder der Gedankenwiedergabe. Von Nachahmung kann überall dort die Rede sein, wo man die eigenen Fähigkeiten zum Einsatz bringt, um die Bereitschaft des Autors zu identifizieren, bestimmte Wörter zu verwenden, sich auf bestimmte Aussagen festzulegen, ein bestimmtes Ausdrucksverhalten zu zeigen, in bestimmten Mustern zu schreiben, zu fühlen oder nachzudenken. Das Spektrum der Nachahmungen reicht vom einfachen Zitat bis hin zu relativ selbständigen Leistungen, die den Sprachgebrauch des Verfassers ergänzen, weiterführen oder ausgestalten.

(d) Simulation als notwendiger Aspekt der Sprachwahrnehmung und Theoriebildung

Wilhelm Scherer, der die Philologie als „die schmiegsamste aller Wissenschaften"⁶²³ bezeichnet, sieht in der Nachahmung ein Wesensmerkmal des Verstehens: „Alles Verstehen ist Nachschaffen, wir verwandeln uns in das, was wir begreifen"⁶²⁴. Da der Begriff ‚Nachschaffen' (ähnlich wie ‚Reproduktion' und ‚Nachkonstruktion') ein Original suggeriert, das bei der Wiedergabe von Vorstellungen oder

---

622 Richard Alewyn: Antrittsrede [1969], in: Wie sie sich selber sehen. Antrittsreden der Mitglieder vor dem Kollegium, hg. von Michael Assmann, Göttingen 1999, S. 84–85, S. 84f.
623 Scherer: Goethe-Philologie, S. 3. „Der Kritiker ist ein Künstler. Er muß das Werk, das ihm vorliegt, nachschaffen. Er muß das Gedicht, das er in echter Gestalt herstellen soll, nachdichten." (ders.: Moritz Haupt, in: ders.: Kleine Schriften zur altdeutschen Philologie, hg. von Konrad Burdach, Berlin 1893, S. 111–132, S. 118) Die Verwandlungsfähigkeit des Interpreten, die sich nicht nur auf das ‚Nachschaffen' dichterischer Produktionen beschränkt, wurde bereits von Johann Conrad Dannhauer zum Thema gemacht, vgl. Manfred Beetz: Nachgeholte Hermeneutik. Zum Verhältnis von Interpretations- und Logiklehren in Barock und Aufklärung, in: Deutsche Vierteljahrsschrift für Literaturwissenschaft und Geistesgeschichte 55 (1981), S. 591–628, S. 614.
624 Scherer: Goethe-Philologie, S. 3.

Geisteshaltungen nicht vorhanden sein muß, scheint es mir allerdings besser, den (gewöhnungsbedürftigen) Begriff ‚Simulation' zu benutzen.[625] Die Wiedergabe dessen, was im Text geschieht, ist dann *eine* Form der Simulation.

John Austin verweist darauf, daß die niedrigstufige Sprachverwendung, der phatische Akt, „essentially mimicable, reproducible"[626] sei. Diese Idee ließe sich zu einer Theorie des Lesens ausbauen, denn auf Nachahmbarkeit, nicht nur des phatischen Akts, beruht (unter anderem) die Möglichkeit, etwas Geschriebenes zu verstehen. Sprache ist eine regelgeleitete, auf Wiederholbarkeit angelegte Struktur. Jede Sprachverwendung, die man verstehen kann, bietet sich dafür an, von anderen Sprachbenutzern wiedergegeben und fortgesetzt zu werden. Die Verhaltensformen werden, wenn man einen Text intensiv analysiert, regelrecht einstudiert. Wie schon in früheren Kapiteln angedeutet wurde, bezieht sich die Frage nach dem Sinn nicht auf den Sinn *hinter* oder *in* den Zeichen, sondern darauf, wie man den Sprachgebrauch wiedergibt, welchen Reiz man ihm abgewinnt und in welche Richtung man ihn fortsetzt. Nun kann man hinzufügen, daß sich das Lesen allgemein als eine Sonderform der Simulation verstehen läßt, als eine „spezifische Wiedergebrauchsform",[627] die sich immer wieder mit Fortsetzungen und Ergänzungen verbindet.[628] Die Simulation der Sprachverwendung wird beim stillen Lesen eines Textes oder beim

---

[625] Das hier vorgeschlagene Simulationsverständnis unterscheidet sich grundlegend von Alvin Goldmans Simulationstheorie, die den Mythos des Inneren voraussetzt, vgl. Simulating Minds. The Philosophy, Psychology, and Neuroscience of Mindreading, Oxford 2006. Ralf Klausnitzer ist meines Wissens bislang der einzige Literaturwissenschaftler, der das Einnehmen fremder Perspektiven mit dem Wort „simulieren" verbindet, vgl. ders.: Literaturwissenschaft, S. 82. Wenn man den Begriff ‚Simulation' vermeiden will, kann man den Ausdruck ‚Nachahmung' benutzen, vgl. Currie: Narratives and Narrators, S. 100–106, 129–134.

[626] Austin: How to Do Things with Words, S. 96. Man kann hier auch an Derridas Begriff der ‚Iterierbarkeit' denken. Aber zum einen wird unter einer Iteration nicht ‚Zitat', ‚Gedankenwiedergabe' oder ‚gezielte Umformulierung' verstanden, also eine Konstruktion, die als ‚richtig' beurteilt werden kann, sondern eine willkürliche Dissoziation der Zeichen von ihrem historisch situierten Gebrauch; zum anderen setzen viele Forscher bei der Erläuterung von Derridas Textbegriff das alte Modell einer Zuordnung von Ausdruck und Bedeutung voraus. Roy Harris gelingt es aufgrund dieser Mißverständnisse nicht, die Idee der Iterierbarkeit zu präzisieren, vgl. Roy Harris: Signs, Language and Communication, London 1996, S. 186f.; ders.: Rationality and the Literate Mind, London 2009, S. 174.

[627] Karsten Hvidtfelt Nielsen: Anlässlich der Lyrik Paul Celans, eine sprachtheoretische Überlegung, in: Zur Lyrik Paul Celans, hg. von Peter Buhrmann, München 2000, S. 31–61, S. 41.

[628] Auf den Zusammenhang von Verstehen und der Fähigkeit, etwas in die richtige Richtung fortsetzen zu können, weist Oliver Scholz hin: Verstehen verstehen, S. 4. Vgl. BPP 1, § 209f.

stummen Zuhören (anders als in der geräuschvollen Diskussion) natürlich weitgehend ungeäußert vollzogen.[629]

Dem Zusammenhang von Wahrnehmungs- und Simulationsfähigkeit müssen neuronale Vorgänge zugrunde liegen. Deren Erforschung spielt jedoch für unsere Zwecke nur eine geringe Rolle.[630] Denn hier soll ein begrifflich notwendiger Aspekt des Sprachverstehens erläutert werden: Um das Geschriebene und die darin sich manifestierenden Verhaltensmuster wahrnehmen zu können, muß man die eigenen Fähigkeiten einbringen, und zwar Fähigkeiten, wie sie von der Person ausgeübt werden, deren Verhalten man studiert. Weimar stellt einen falschen Gegensatz auf, wenn er angesichts eines Satzes wie ‚Goethe führt vor, wie Werther in einem Brief seine leidenschaftliche Befangenheit verrät' die Behauptung aufstellt, „daß man nicht dem Autor zusieht, sondern selbst arbeitet".[631] Man kann Sprache nicht wahrnehmen, ohne sie selbst zu benutzen.[632] Wie der Autor ein Wort verwendet,

---

[629] Im Gespräch kommt die Nachahmung offen zum Vorschein, wenn man die zuletzt ausgesprochenen Wörter wiederholt oder die Äußerung anstelle des Sprechers zu Ende führt, vgl. Harvey Sacks: Lectures on Conversation, Bd. 1, hg. von Gail Jefferson, Oxford 1992, S. 647–655.

[630] Es ist nicht so, daß die Annahme von Spiegelneuronen der Simulationsauffassung eine wissenschaftliche Grundlage verschafft. Es ist vielmehr umgekehrt: Die Verhaltensanalyse zeigt, daß die Beobachtung von Handlungen mit der Aktivierung eigener Fähigkeiten zusammenhängt. Und das ist die Grundlage für konkurrierende Hypothesen über neuronale Zusamenhänge: „To my mind, it is virtually a given that humans have mirror neurons. How can I be so confident? Because humans can easily imitate observed actions [...] and to do this, there must be a neural link between an observed action and an executed action of our own; that is, some system must transform observed actions into executed actions." (Gregory Hickok: The Myth of Mirror Neurons. The Real Neuroscience of Communication and Cognition, New York 2014, S. 27)

[631] Weimar: Enzyklopädie der Literaturwissenschaft, S. 186.

[632] Johann Gottfried Herder bezeichnet die Integration von Konstruktions- und Wahrnehmungsfähigkeit, die nötig ist, um zu erkennen, wie ein Autor „denket und spricht und handelt" als „schöpferische[s] Ohr" und „dichterische[s] Auge" (Frühe Schriften 1764–1772, hg. von Ulrich Gaier, Frankfurt/M. 1985, S. 404). Worauf er mit diesen Ausdrücken eigentlich hinauswill, deutet sich in der Forderung an, „wie die Alten zu *denken*" und „wie die Alten zu *sprechen*" (ebd.). Der richtige Gedanke, dass jede Textbeobachtung eine vergegenwärtigende Nachahmung der Sprachverwendung einschließt, wird von Jean-Louis Baudry in die konfuse Aussage gefaßt, daß Lesen und Schreiben gleichzeitige Momente derselben Produktion seien, vgl. Écriture, Fiction, Idéologie, in: Tel Quel: Théorie d'ensemble, Paris 1968, S. 127–147, S. 131. Auch Roland Barthes versucht an verschiedenen Stellen zum Ausdruck zu bringen, daß das schöpferische Verhalten des Autors im schöpferischen Verhalten des Lesers vergegenwärtigt werde: „Le texte est une productivité. Cela ne veut pas dire qu'il est le *produit* d'un travail [...], mais le théâtre même d'une production où se rejoignent le producteur du texte et son lecteur" (Texte (théorie du), S. 448). Klaus Hempfer meint, daß die Ideen der Poststrukturalisten „erstaunliche Ähnlichkeiten zu hermeneutischen Auffassungen aufweisen" (Poststrukturale Texttheorie und narrative Praxis,

erkennt man nur dann, wenn man es selbst so zu verwenden vermag, wie es der Autor verwendet. Die Frage, wie man ein graphisches Muster wahrnimmt, hängt logisch mit der Frage zusammen, wie man dieses Muster reproduzieren würde.[633] Forscher müssen also etwas von dem können, was die Autoren können, deren Verhalten sie analysieren.[634] Ein ausreichender Grad an sprachlicher, philosophischer oder theologischer Kompetenz ist die Bedingung dafür, daß man *beobachten* und *wiedergeben* kann, wie der Autor ein sprachliches (philosophisches, theologisches etc.) Problem löst.

Die Frage, „ob in der Literaturwissenschaft das objektive Material von der subjektiven Interpretation überhaupt streng getrennt werden kann",[635] muß verneint werden, da jede Textstelle, die als Beispiel oder Beleg herangezogen wird, eine Wiedergabeleistung verlangt, die zeigt, *als was* man die Stelle auffaßt. Schon die einfache Aufgabe, die verwendeten Wörter festzustellen, setzt voraus, daß man die Verwendungsweise dieser Wörter im eigenen Verhaltensrepertoire simulieren kann. Die Integration von Wahrnehmungs- und Nachahmungsfähigkeit kennzeichnet auch die anspruchsvolleren Verstehensleistungen: Man *weiß*, was der Sinn eines Satzes ist, wenn man den Satz als eine bestimmte Sprachverwendung *wahrnehmen* und *darbieten* kann. Wer einen Satz z.B. als ironisches Lob versteht, ist geneigt, das Lob mit einem Anflug von Spott zu lesen. Forscher setzen die eigenen Ausdrucksmöglichkeiten ein, wenn sie das Geschriebene wiedergeben und kommentieren.

Die Textanalyse wird hier nach wie vor als Versuch verstanden, die *richtige* Antwort auf eine textbezogene Frage zu finden. Die Forschung besteht unter anderem darin, rivalisierende Antworten zu entwickeln und vergleichend zu

---

S. 58), verkennt damit aber die Innovation, die darin liegt, die Produktivität des Lesers behavioristisch aufzufassen und den Mythos der Bedeutung in Frage zu stellen.

633 In diese Richtung scheint Wittgenstein zu zielen, wenn er die Natur der Musikwahrnehmung diskutiert: „Ich höre es anders, ich kann es jetzt anders spielen. Also anders wiedergeben." (LS I, § 587; vgl. LS I, § 632) Und: „Hätte es Sinn, einen Komponisten zu fragen, ob man eine Figur *so* oder *so* hören soll, wenn das nicht auch heißt, ob man sie auf diese, oder jene Weise *spielen* soll?" (BPP 1, § 1130, vgl. BPP 1, § 995) Hier ähneln sich Musikwahrnehmung und Emotionswahrnehmung: „Sieht Einer ein Lächeln, das er nicht als Lächeln erkennt, nicht so versteht, anders, als der es versteht? Er macht es z.B. anders nach. (Verstehen der Kirchentonarten.)" (LS I, § 575) Die Nachahmungsbereitschaft ist Kriterium für die Auffassung des Gesichtsausdrucks (LS I, § 746). Vgl. dazu mit Verweis auf empirische Studien: Diane Proudfoot: Can a Robot Smile? Wittgenstein on Facial Expression, in: A Wittgensteinian Perspective on the Use of Conceptual Analysis in Psychology, hg. von Kathleen Slaney und Timothy Racine, Basingstoke 2013, S. 172–194, S. 186. Allgemein über den Zusammenhang von Wahrnehmung und Handlungsfähigkeit: Alva Noë: Varieties of Presence, Cambridge, MA 2012, S. 32, 78f., 117.

634 Vgl. Ryle: The Concept of Mind, S. 41f.

635 Szondi: Über philologische Erkenntnis, S. 278.

bewerten. In *dieser* Hinsicht unterscheidet sich die Arbeitsweise der Philologie nicht von der Arbeitsweise anderer Wissenschaften. Die Grundformen der Methoden sind ähnlich, der Charakter der Sätze ist jedoch in der Tat verschieden.[636] Die Besonderheit der Philologie zeigt sich darin, daß die Kandidaten für die beste Antwort auf eine erklärungssuchende Frage so etwas wie Zitate, Paraphrasen, Ergänzungen und Dramatisierungen des Verhaltens anderer Personen enthalten. Um Antworten auf die Frage, wie ein Autor ein Wort gebraucht, in Erwägung ziehen und prüfen zu können, muß man den Gebrauch dieses Wortes so weit erlernt haben, daß man imstande ist, seine Verwendungsmöglichkeiten, ausdrücklich oder im Geiste, zu simulieren.[637] Die Simulation, bei der man anstelle eines anderen Akteurs oder anstelle einer Gruppe von Akteuren etwas formuliert, widerspricht den Regeln wissenschaftlichen Arbeitens keineswegs, denn sie ist Teil einer korrigierbaren Auffassung: Ein Zitat beansprucht, daß der Autor *das* geschrieben hat, eine Gedankendarstellung beansprucht, daß er *dies* zu sagen geneigt war. Die Wiedergabe fremden Verhaltens wird aufgrund einer gründlichen Analyse der Textbefunde versuchsweise formuliert, auf die Probe gestellt und korrigiert.

Man kann Otto Neurath also prinzipiell beipflichten, daß ‚Einfühlung' „keine wissenschaftliche Methode"[638] bezeichnet, und zugleich den Verdacht, daß mit diesem Begriff ein nichtwissenschaftliches, dem diskutierbaren Gehalt der Hypothesen äußerliches Verfahren eingeführt wird, zurückweisen. Das Einfühlungsvermögen äußert sich in hypothetischen Wiedergaben von Verhaltensmustern. Es bedarf dazu keiner „Simulationsstrategie",[639] keiner besonderen Maxime (,Versuche, dich in den Autor hineinzuversetzen!'), da die Entwicklung eines Autorbilds unausweichlich eine Konstruktions- und Projektionsleistung ist. Man muß das tatsächliche und mögliche Verhalten des Autors ohnehin fortwährend mit Hilfe des

---

[636] „Es sind [...] dieselben [...] Operationen, die in den Geistes- und Naturwissenschaften auftreten. Induktion, Analysis, Konstruktion, Vergleichung. Aber darum handelt es sich nun, welche besondere Form sie innerhalb des Erfahrungsgebiets der Geisteswissenschaften annehmen." (Dilthey: Die Entstehung der Hermeneutik, S. 334) Hier könnte Otto Neurath zustimmen: Es geht in den Geisteswissenschaften wie in anderen empirischen Wissenschaften darum, „Aussage[n] über Ordnung" (Soziologie im Physikalismus, S. 547) zu formulieren, aber in den Geisteswissenschaften nehmen diese Aussagen die spezielle Form von Rede- und Gedankenwiedergaben an.
[637] „,Untersuchen' stelle ich mir als eine Aufgabe vor, bei der man versuchsweise Lösungen entwirft, Alternativen ausdenkt und ausprobiert, sich also experimentierend [...] verhält" (Klaus Weimar: Über die Ethik des Verstehens, in: Der Deutschunterricht 4 (2010), S. 14–25, S. 18).
[638] Neurath: Empirische Soziologie, S. 468.
[639] So gibt Oliver Scholz die konventionelle Auffassung der Simulationstheorie wieder: Wie versteht man eine Person?, S. 90.

eigenen sprachlichen Repertoires simulieren.⁶⁴⁰ Man leiht anderen Personen die eigenen Ausdrucksfähigkeiten, wenn man probeweise entwirft und wiedergibt, was für Verse sie gestalten oder in welchem Stil sie etwas erzählen. Man schiebt ihnen, wenn man ihr Verhalten studiert, die eigene Subjektivität unter.⁶⁴¹ Damit man aber die Ressourcen aufbringen kann, die notwendig sind, um aussichtsreiche Hypothesen zu bilden, ist eine Kultivierung und Anpassung dieser Subjektivität vonnöten, eine sprachliche, intellektuelle und affektive Selbsttransformation, die man in der Vergangenheit als „Einleben"⁶⁴² bezeichnet hat.

---

640 Die grundlegende Bedeutung hypothetischer Vergegenwärtigungen des Autors für die Literaturwissenschaft wurde zuletzt von Carlos Spoerhase angedeutet: „Wie es scheint, ist die ‚Rückkehr des Autors' eine fundamentale kontrafaktische Imagination: die Interpreten führen immer wieder das Schauspiel eines zurückkehrenden Autors auf, um im Modus des Gedankenexperiments zu prüfen, wie sich der Autor wohl zu ihren hermeneutischen Wissensansprüchen (ihren Bedeutungszuschreibungen) verhalten hätte." (Autorschaft und Interpretation. Methodische Grundlagen einer philologischen Hermeneutik, Berlin 2007, S. 448) Um die Rolle der wissenschaftlichen Imagination genauer zu fassen, möchte ich unterscheiden: Aussagen, die spezifizieren, was der Autor zu tun oder zu sagen geneigt ist, und Aussagen darüber, wie der Autor sich zu einer bestimmten Erklärung seines Werks verhalten würde. Die Rekonstruktion von Denkmustern oder von Prinzipien der Textorganisation kann auch dann richtig sein, wenn der Autor sich auf Nachfrage von dieser Rekonstruktion distanzieren würde. Stark vereinfachend könnte man sagen: Bei der Untersuchung und Erklärung des Textes führt man versuchsweise das Schauspiel des soundso komponierenden, sich soundso präsentierenden Verfassers auf und nicht zwingend das Schauspiel des Verfassers, der sich zu diesen Wiedergaben verhält.

641 Projektionsleistungen liegen nicht nur vor, wenn man die eigene Auffassung als ‚bloße Projektion' in Frage stellt, sondern auch dann, wenn man sie als ‚Verstehen' validieren kann. Denn ohne die Bereitschaft, sein Verhaltensrepertoire in den Dienst der Analyse einer fremden Sprachverwendung zu stellen und ein hypothetisches Autorbild zu entwickeln, nimmt die Sprache keine Gestalt an. Der Versuch, alle Projektionen als ‚bloße Projektion' zu disqualifizieren und sie mit einer illusionslosen Textwahrnehmung zu kontrastieren, wird von Fotis Jannidis pointiert zurückgewiesen (Figur und Person, S. 22f.). In diesem Sinn kann man auch einige von Collingwoods Thesen retten, z.B. diese: „To the historian, the activities whose history he is studying are [...] objective or known to him, only because they are also subjective, or activities of his own." (The Idea of History, S. 218)

642 Das „Einleben in eine fremde Individualität" (Geschichte der Philologie, S. 61) läuft für Wilamowitz darauf hinaus, daß der Forscher durch Gewöhnung und gezieltes Üben die Fähigkeit erwirbt, sich selbst und anderen vorzuführen, „was der Schriftsteller, den er behandelt, hätte denken, und wie er es hätte aussprechen können" (S. 49). Bereits Friedrich August Wolf empfahl, die eigenen produktiven Fähigkeiten gezielt zu schulen: „Denn nur die Fertigkeit nach der Weise der Alten zu schreiben, nur eigenes productives Talent befähigt uns, fremde Productionen gleicher Art ganz zu verstehen und darin mehr als gewisse untergeordnete Tugenden aufzufassen" (Darstellung der Alterthums-Wissenschaft nach Begriff, Umfang, Zweck und Wert, in: ders.: Museum der Alterthums-Wissenschaft, Bd. 1, Berlin 1807, S. 1–145, S. 42).

2.7 Die Herstellung von Evidenz im wissenschaftlichen Gespräch über Texte

Szondis Idee, die „subjektive Evidenz"[643] als „Kriterium" anzuführen, dem man sich bei der Textanalyse zu „unterwerfen"[644] habe, scheint dem Positivismus direkt zu widersprechen. Die Berufung auf Evidenzerlebnisse ist mit einer fallibilistischen Grundhaltung unvereinbar und hat keinen Platz in einer rationalen Diskussion.[645] Ich werde in diesem Kapitel argumentieren, daß der Begriff trotz dieser berechtigten Vorbehalte nicht vorschnell zu den „wissenschaftstheoretisch [...] uninteressanten Kategorien"[646] gezählt werden sollte, denn die Gewinnung philologischer Erkenntnis ist, wie sich im letzten Kapitel bereits angedeutet hat, nicht nur eine Sache des richtigen Abwägens von Interpretationsmöglichkeiten und des sorgfältigen Argumentierens. Die „Herstellung von Evidenz"[647] kann, wenn man den Begriff präzisiert, durchaus als ein zentrales Ziel der wissenschaftlichen Untersuchung von Texten gelten. Ich werde daher zunächst prüfen, was es heißen kann, daß etwas ‚evident' wird oder ‚Evidenz gewinnt'; anschließend lege ich dar, wie bei der Herstellung von Evidenz im wissenschaftlichen Gespräch über Literatur die Teilaspekte des Verstehens, die im letzten Kapitel analysiert wurden, gemeinsam zur Geltung kommen.

Wilhelm Scherers Thesen lassen sich ebenfalls in dieser Weise verstehen, müßten allerdings präzisiert werden: „Der Philolog [...] kann nur analysieren, indem er sich assimiliert." (Goethe-Philologie, S. 5) „Er [der Philologe] muß sich in die Seele des Autors versetzen, er muß aus dem Centrum der productiven Persönlichkeit heraus entscheiden, ob ein Dichter so oder so geschrieben haben könne." (ders.: Moritz Haupt, S. 118) Klärungsbedürftig ist auch Diltheys These, daß der Philologe „seine eigne Lebendigkeit gleichsam probierend in ein historisches Milieu versetzt" (Die Entstehung der Hermeneutik, S. 330). Vor allem wäre zu bestimmen, was ‚Lebendigkeit' heißt, denn man versetzt nicht sich selbst mit den eigenen Gedanken in eine vergangene Situation, sondern versucht, unter Aufbietung eigener Ausdrucksmöglichkeiten die Struktur des fremden ‚Lebens' zu erfassen. Man könnte auch eine Beziehung zu Stanley Cavells Begriff des „attunement" (Philosophy the Day After Tomorrow, Cambridge, MA 2005, S. 139) herstellen, wobei von ihm die Frage nach der allmählichen Produktion einer Übereinstimmung nicht genügend berücksichtigt wird. Die Beziehung zwischen Selbsttransformation und Welterschließung wird von Alva Noë zum Teil recht treffend analysiert (Varieties of Presence, S. 12).

643 Szondi: Über philologische Erkenntnis, S. 271.
644 Szondi: Über philologische Erkenntnis, S. 280.
645 Vgl. Gerald Graff: How I Learned to Stop Worrying and Love Stanley, in: Postmodern Sophistry. Stanley Fish and the Critical Enterprise, hg. von Gary Olson und Lynn Worsham, Albany, NY 2004, S. 27–41.
646 Thomas Petraschka: Interpretation und Rationalität. Billigkeitsprinzipien in der philologischen Hermeneutik, Berlin 2014, S. 228.
647 Szondi: Einführung in die literarische Hermeneutik, S. 125.

2.7.1 Evidenz als Ziel der Analyse

Der Einwand, daß mit dem Evidenzbegriff ein dubioses „alternatives Wahrheitskriterium"[648] eingeführt werde, trifft eher Emil Staiger als Peter Szondi. Staiger führt tatsächlich Kohärenzerlebnisse als Kriterien der Richtigkeit an: Wenn er die Gefühle von Stimmigkeit und Selbstzufriedenheit ausmalt, die sich bei der Auseinandersetzung mit einem Text einstellen, überspielt er durch die eingestreuten Erfolgswörter (,auf dem rechten Weg sein', ,sich nicht getäuscht haben', ,etwas erkennen'), daß die positiven Erlebnisse, die er für Merkmale des Verstehens zu halten scheint, auch bei Mißverständnissen auftreten können:

> Bin ich auf dem rechten Weg, hat mein Gefühl mich nicht getäuscht, dann wird mir bei jedem Schritt, den ich tue, das Glück der Zustimmung zuteil. Dann fügt sich alles von selber zusammen. Von allen Seiten ruft es: Ja! Jeder Wahrnehmung winkt eine andere zu. Jeder Zug, der sichtbar wird, bestätigt, was bereits erkannt ist. Die Interpretation ist evident. Auf solcher Evidenz beruht die Wahrheit unserer Wissenschaft.[649]

In der Tradition Staigers wird ‚Evidenz' auch in der gegenwärtigen Diskussion zuweilen als „Erkenntnis" *und* als die „Gewißheit des Textsinns während der Lektüre"[650] definiert. Dabei werden, wie schon bei Staiger, zwei Sachverhalte verknüpft, die nicht zusammenfallen müssen: Das selbstgewisse Gefühl, einen Text zu verstehen, ist nicht dasselbe wie das Verstehen eines Textes.[651] Die Gestalt, in der sich ein Text gegenwärtig darbietet, muß nicht die Gestalt sein, die der Text wirklich hat. Nicht nur kann das, was man als Gewißheit erlebt, ein Irrtum sein, eine Gestaltwahrnehmung kann sich auch dort einstellen, wo man keine Gewißheit erlangt hat.

---

[648] Limpinsel: Angemessenheit, S. 11.
[649] Staiger: Die Kunst der Interpretation, S. 19. „Die Evidenz kommt dadurch zustande, daß alles mit allem zusammenstimmt. Eine richtige Interpretation erweckt im Leser das Gefühl: So ist es! Es kann nicht anders sein!" (ders.: Das Problem der wissenschaftlichen Interpretation von Dichtwerken, in: Worte und Werte. Bruno Markwardt zum 60. Geburtstag, hg. von Gustav Erdmann und Alfons Eichstaedt, Berlin 1961, S. 355–358, S. 358) Diese Idee wird auch in der wohlwollenden Rekonstruktion, die Tilmann Köppe und Tobias Klauk vorschlagen, verworfen (Zur Struktur und Rolle ästhetischer Erfahrung in Emil Staigers ‚Die Kunst der Interpretation' (1951), in: Scientia Poetica 21 (2017), S. 135–170, S. 166f.).
[650] Stefan Scherer: Die Evidenz der Literaturwissenschaft, in: Internationales Archiv für Sozialgeschichte der deutschen Literatur 30/2 (2006), S. 136–155, S. 136.
[651] Vgl. Petri Ylikoski: The Illusion of Depth of Understanding in Science, in: Scientific Understanding. Philosophical Perspectives, hg. von Henk de Regt, Sabina Leonelli und Kai Eigner, Pittsburgh 2009, S. 110–119.

Es gibt Anzeichen dafür, daß Szondi den Evidenzbegriff abweichend von Staiger weiterentwickelt. Während Gerhard Pasternack in seiner Kritik an Szondis Position „Evidenz" als „schlicht gegebenes Faktum"[652] mit der Konstruktion von Theorien kontrastiert, vermute ich, daß Szondi das Wort ‚Evidenz' eher im Sinn von ‚Deutlichkeit' gebraucht. Da er von Evidenz redet, wo er die „Rekonstruktion des Entstehungsvorgangs"[653] diskutiert, und da er von Texten, die man geduldig analysiert, aussagt, daß sie allmählich „Evidenz gewinnen",[654] läßt sich die Behauptung, daß er Evidenz für „schlicht gegeben" halte, nicht ohne weiteres aufrecht erhalten. Die wissenschaftstheoretische These, daß ein Muster, das uns spontan oder allmählich evident geworden ist, in gewisser Hinsicht erst ‚konstruiert' werden mußte, würde wohl Szondis Zustimmung finden. Am Beispiel Hölderlins führt er aus, daß sich die „Evidenz der Metaphorik in der Friedensfeierstrophe" aus der Auffassung ergebe, die man sich von der „stilistischen Eigenart des Gedichts" bilde, sowie aus der generalisierenden Annahme, „daß die metaphorische Beziehung zwischen Landschaft und Saal, zwischen Berg und Tisch ein wichtiges Element von Hölderlins dichterischer Sprache ist".[655] Für den Forscher, der sich in dieser Weise auf den Text einstellt und sich eine Auffassung von der Schreibpraxis des Dichters zurechtlegt, wird deutlich, daß „eine Metapher vorliegt".[656] Richtig verstanden ist Evidenz also das Ergebnis des Experimentierens und Konstruierens im Dienst der Analyse. Der Forscher ‚unterwirft' sich nicht einem Evidenzgefühl, sondern arbeitet gezielt darauf hin, daß ihm die Gestalt des sprachlichen Produkts klar wird, wobei es in manchen Fällen so sein kann, daß ihm die Gestalt niemals *völlig* klar wird.

Pasternacks Polemik gegen „das naive Evidenzkriterium",[657] das er Staiger und Szondi unterstellt, geht also teilweise ins Leere. Ist damit aber schon die Befürchtung ausgeräumt, daß Szondi die Ansprüche senkt und sich bei der Analyse mit unverbindlichen Plausibilisierungsstrategien begnügt? Immerhin kontrastiert er in einem Brief an Ivan Nagel die Herstellung von Evidenz mit dem Beweisen: „Es sind ja nicht Sachen, die zu beweisen sind, es geht nur

---

652 Gerhard Pasternack: Theoriebildung in der Literaturwissenschaft. Einführung in Grundfragen des Interpretationspluralismus, München 1975, S. 165.
653 Szondi: Über philologische Erkenntnis, S. 280.
654 Szondi: Über philologische Erkenntnis, S. 279.
655 Szondi: Über philologische Erkenntnis, S. 271.
656 Szondi: Über philologische Erkenntnis, S. 270.
657 Pasternack: Theoriebildung in der Literaturwissenschaft, S. 166. Thomas Petraschka unterstellt, Szondi wolle Evidenzerlebnisse zur „wissenschaftlichen Grundlegung von Erkenntnissen" machen (Interpretation und Rationalität, S. 228). Diese Deutung ist nicht aus der Luft gegriffen, ignoriert aber, daß bei Szondi ‚etwas wird evident' eine Umschreibung für ‚etwas wird deutlich' sein kann.

darum, ob es gelingt, die Evidenz von etwas, das uns aufgegangen ist, weiterzugeben."[658] Doch auch hier sollte man nicht vorschnell urteilen, denn die Frage, in welchem Sinn man z.B. die Ausdrucksqualitäten eines Satzes oder den Reiz einer Erzählung ‚beweisen' kann, ist diskussionswürdig. Schon Neurath hatte darauf aufmerksam gemacht, daß die „Notwendigkeit eines speziellen Trainings besteht, dem man sich unterziehen muß, um sich über Künstlerisches äußern zu können".[659] Für die rationale Diskussion eines Gedichts ist es zum Beispiel erforderlich, die Versmaße und Redefiguren, die dem Verfasser zur Verfügung standen, eingeübt zu haben. Daß die Analyse von Texten nicht nur eine Sache des richtigen Verstandesgebrauchs ist, hat insbesondere Frank Sibley mit seinen Arbeiten zur Logik ‚ästhetischer' Begriffe gezeigt: Wohlklang oder Anmut könne man, so Sibley, nur in dem Sinn ‚beweisen' oder ‚zeigen', daß man andere dazu bringt, die Texteigenschaften, die man zu erkennen glaubt, selbst wahrzunehmen.[660] Aus der Perspektive einer sozialbehavioristischen Theorie der Literaturwissenschaft bedeutet dies, daß ein Philologe sein Verhaltensrepertoire so lange zu erweitern, zu verfeinern und umzustrukturieren versucht, bis er wahrnehmen und erklären kann, worin für den Verfasser der Wert einer Sprachverwendung (einer Konstruktions- oder Handlungsweise) liegt – und das heißt in vielen Fällen: bis

---

658 Peter Szondi: Brief an Ivan Nagel, 4.9.1953, in: ders.: Briefe, hg. von Christoph König und Thomas Sparr, Frankfurt/M. 1993, S. 22.
659 Otto Neurath: Der logische Empirismus und der Wiener Kreis [1936], in: ders.: Gesammelte philosophische und methodologische Schriften, hg. von Rudolf Haller und Heiner Rutte, Wien 1981, S. 739–747, S. 746. Vgl. Quine: The Web of Belief, S. 135f. Genau genommen gilt das nicht nur für Künstlerisches, sondern für alle Tätigkeitsbereiche, die eine Gewöhnung und Übung voraussetzen. Man könnte dem Simulationsaspekt der philologischen Erkenntnis in der universitären Lehre etwa dadurch stärker Rechnung tragen, daß man die Idee, die Rüdiger Zymner und Harald Fricke in ihrer *Einübung in die Literaturwissenschaft* (5., überarb. und erw. Aufl., Paderborn 2007) verfolgt haben, aufnimmt und weiterentwickelt.
660 Frank Sibley: Aesthetic Concepts [1959], in: ders.: Approach to Aesthetics. Collected Papers on Philosophical Aesthetics, Oxford 2001, S. 1–23. Hilfreich zu Sibleys Thesen und der anschließenden Debatte sind: Ted Cohen: The Aesthetic/Non-aesthetic and the Concept of Taste, in: Theoria 29 (1973), S. 113–152; Christel Fricke: Frank Sibley, in: Ästhetik und Kunstphilosophie. Von der Antike bis zur Gegenwart in Einzeldarstellungen, hg. von Julian Nida-Rümelin und Monika Betzler, Stuttgart 1998, S. 736–742; Emily Brady: Introduction. Sibley's Vision, in: Aesthetic Concepts. Essays After Sibley, hg. von ders. und Jerrold Levinson, Oxford 2001, S. 1–22; Werner Strube: Klassische Analysen der ästhetischen Sprache. Zur Ästhetik Wittgensteins, Macdonalds und Sibleys, in: Nutzen und Klarheit. Angloamerikanische Ästhetik im 20. Jahrhundert, hg. von Thomas Hecken und Axel Spree. Paderborn 2002, S. 33–61; Colin Lyas: Sibley, in: The Routledge Companion to Aesthetics, hg. von Berys Gaut und Dominic Lopes, 3. Aufl., London 2013, S. 190–199.

man einsieht, warum das Verhalten, das der Verfasser zeigt, zufriedenstellend und selbstwertdienlich ist.

Wer anerkennt, daß wissenschaftliche Sätze ein Erlernen der Kriterien des Gelingens voraussetzen, kann die Textanalyse trotzdem als empirische Aufgabe begreifen. Hermann Paul hatte bereits gefordert, in der Analyse einen „durchgängig empirischen Standpunkt" beizubehalten und das „Verhältnis der ästhetischen Produktion zu den ästhetischen Bedürfnissen der Zeit"[661] zu bestimmen. Der Forscher müsse sich mit den „ästhetischen Anschauungen und Triebe[n] des Verfassers" im Rahmen einer umfassenderen „Geschichte des Geschmacks"[662] vertraut machen. Die Würdigung sei dann unabhängig vom „subjektiven Wohlgefallen oder Missfallen, das der Kritiker dabei empfindet", und füge sich in eine „historische Betrachtungsweise"[663] ein. Damit formuliert Paul eine präzisere Auffassung von den Aufgaben der Philologie als Stein Haugom Olsen und Peter Lamarque, die die Fähigkeit, ästhetische Besonderheiten zu würdigen, nicht klar genug von der Wertschätzung der Texteigenschaften unterscheiden.[664] Ein Forscher kann Texte würdigen, die er nicht wertschätzt.[665] Um klarer zu fassen, was

---

[661] Paul: Methodenlehre, S. 238.

[662] Paul: Methodenlehre, S. 238. Wie eine naturalistische Geschichte des Geschmacks aussehen könnte, wird skizziert von Barbara Herrnstein Smith (Contingencies of Value, S. 28f.). Szondis Behauptung, daß man die Werke „im Lichte des heutigen Dichtungsverständnisses" (Einführung in die literarische Hermeneutik, S. 13) lesen und die Analyse ihrer Machart „auf unser heutiges Kunstverständnis aufbauen" (S. 25) müsse, ist problematisch, aber in der Hinsicht zutreffend, daß sich neue Möglichkeiten ergeben haben, die Techniken früherer Autoren zu diskutieren.

[663] Paul: Methodenlehre, S. 237. Paul benutzt statt ‚Würdigung' den Ausdruck „Wertabschätzung" (ebd.), der etwas anderes bedeutet als ‚Wertschätzung'. ‚Wertschätzen' impliziert eine positve Wertung.

[664] „What are appreciated are the values that the work manifests. Note how different this is from understanding, for it is possible to understand something without valuing it." (Lamarque und Olsen: The Philosophy of Literature, S. 209) „Appreciation differs from understanding in that it is a form of apprehension that involves the recognition of a type of value, aesthetic value. Understanding involves merely a recognition of features of the literary work and its relationships, not a recognition of these features as constituting a value." (Stein Haugom Olsen: Biography in Criticism, in: A Companion to the Philosophy of Literature, hg. von Garry Hagberg und Walter Jost, Oxford 2010, S. 436–452, S. 442)

[665] Wir können, wie Alewyn gegen Staiger festhält, auch solche ‚Reize' begreifen, die uns nicht ergreifen, vgl. Klaus Garber: Zum Bilde Richard Alewyns, München 2005, S. 76f. Den wert*beziehenden* (und eben nicht wert*schätzenden*) Charakter der Erklärung scheint Lamarque zuweilen anzuerkennen: „[The explanation] will reveal the *interest* or *value* of the work from a literary point of view" (Peter Lamarque: Appreciation and Literary Interpretation, in: Is there a Single Right Interpretation?, hg. von Michael Krausz, University Park, PA 2010, S. 285–306, S. 300). „Literary point of view" müßte man allerdings durch die spezifischen Kriterien

zur Herstellung von Evidenz nötig ist, kann man zwischen ‚auf Werte beziehen' und ‚bewerten' unterscheiden.⁶⁶⁶ Ein Literaturforscher braucht sprachliche Gebilde nicht zu bewerten, doch wenn er sie verstehen will, muß er sie angemessen würdigen, sie also auf die Maßstäbe und Empfindungsweisen beziehen, denen der Autor entsprechen *will* oder denen er gemäß der Praxis, in die sein Verhalten eingebettet ist, entsprechen *sollte*.⁶⁶⁷ Zu den Aufgaben des Literaturwissenschaftlers gehört es daher, das Umfeld zu untersuchen, in dem der Verfasser eines Textes seine rhetorischen Fähigkeiten und seine ästhetische Sensibilität ausgebildet hat. Darüber hinaus ist es notwendig, sein Zustimmungs- und Ablehnungsverhalten, seine Gefallens- und Mißfallensbekundungen zu erforschen, um sich mit den Kriterien des Gelingens vertraut zu machen, die für sein Verhalten maßgeblich waren.⁶⁶⁸

2.7.2 Evidenz und Gespräch

Die Evidenz, die hergestellt wird, ist nach der praxeologischen Auffassung, die ich verteidigen will, kein Zustand, der hinter dem Gesprächsverhalten des Forschers liegt, sondern ein Ergebnis, das auf das (antizipierte) Gespräch mit anderen

---

konkretisieren, die für das Werk relevant sind. Lamarque vermeidet hier im übrigen den schiefen Gegensatz von Verstehen und Würdigung, den er in anderen Aufsätzen aufbaut: „What we are brought to understand is not the work's meaning but its interest." (S. 302)

666 Heinrich Rickert schreibt vereinfachend: „Werten muss immer Lob oder Tadel sein. Auf Werte beziehen ist keins von beiden." (Kulturwissenschaft und Naturwissenschaft [1890], mit einem Nachwort hg. von Friedrich Vollhardt, Stuttgart 1986, S. 114) Auch Wittgenstein unterscheidet in seinen Ästhetik-Vorlesungen die Wahrnehmung und (imitative) Darlegung von Ausdrucksqualitäten eines Kunstwerks von der Wertschätzung dieser Qualitäten (Lectures and Conversations on Aesthetics, Psychology, and Religious Belief. Compiled from Notes taken by Yorick Smythies, Rush Rhees and James Taylor, hg. von Cyrill Barrett, Berkeley 1967, S. 4). Vgl. dazu auch Clotilde Calabi, Wolfgang Huemer und Marco Santambrogio: It's a Great Work but I Don't like It, in: The Pleasure of Pictures. Pictorial Experience and Aesthetic Appreciation, hg. von Jérôme Pelletier und Alberto Voltolini, London 2018, S. 52–71.

667 Entsprechen *sollte*, weil es bei jedem Vorhaben vorgegebene Maßstäbe gibt, in Bezug auf die der Charakter dessen, was man getan hat, bestimmt wird, vgl. Antony Duff: Criminal Attempts, S. 295–301.

668 Auf die herausragende Bedeutung des Zustimmungs- und Ablehnungsverhaltens für das Verstehen hat Quine hingewiesen (Mind and Verbal Dispositions, S. 249); vgl. Scholz: Willard Quine, S. 420. Diese Einsicht bleibt wertvoll, auch wenn Quines Theorie in anderen Punkten problematisch ist, vgl. Glock: Quine and Davidson, S. 178–182; Alexander George: Quine's Indeterminacy. A Paradox Resolved and a Problem Revealed, in: The Harvard Review of Philosophy 9 (2014), S. 41–55.

Forschern bezogen ist.⁶⁶⁹ Szondis These bleibt richtig, daß man „wirkliche Erkenntnis nur von der Versenkung in die Werke [...] erhoffen"⁶⁷⁰ kann. Man sollte bloß bedenken, daß schöpferische Konzentration auf den Text zu keiner Evidenz führt, wenn man nicht alle verfügbaren Daten sorgfältig auswertet und ein Gesamtbild aufbaut, das der Prüfung standhält. Behauptet ein Forscher, daß ihm etwas ‚aufgegangen' sei, muß er Belege dafür anführen können, wie der Text nach seiner Meinung beschaffen ist, auch wenn diese vielleicht nicht zwingend zu sein brauchen. Darüber hinaus muß er anderen Lesern darbieten können, wie der Text gemacht ist.⁶⁷¹ Ansätze zu einer solchen *gesprächsbezogenen* Auffassung vom Textverstehen findet man bei Friedrich Schlegel. In seiner vielzitierten Bemerkung zum Wesen der Kritik beschreibt er recht differenziert, was die Teilfähigkeiten sind, die man für sich beansprucht, wenn man behauptet, einen Text und seinen Verfasser verstanden zu haben:

> Es ist nichts schwerer, als das Denken eines Andern bis in die feinere Eigenthümlichkeit seines Ganzen nachconstruiren, wahrnehmen und charakterisiren zu können. [...] Und doch kann man nur dann sagen, daß man ein Werk, einen Geist verstehe, wenn man den Gang und Gliederbau nachconstruiren kann. Dieses gründliche Verstehen nun, welches, wenn es in bestimmten Worten ausgedrückt wird, Charakterisiren heißt, ist das eigentliche Geschäft und innere Wesen der Kritik.⁶⁷²

---

669 Vgl. Lorenza Mondana: Understanding as an Embodied, Situated and Sequential Achievement in Interaction, in: The Journal of Pragmatics 43 (2011), S. 542–552; Sacks: Lectures on Conversation, Bd. 2, S. 137–149.
670 Szondi: Über philologische Erkenntnis, S. 286.
671 Vgl. Sibley: Aesthetic Concepts, S. 18f.
672 Friedrich Schlegel: Lessings Gedanken und Meinungen [1804], in: ders.: Kritische Friedrich-Schlegel-Ausgabe, 1. Abt., Bd. 3: Charakteristiken und Kritiken II (1802–1829), hg. von Ernst Behler unter Mitwirkung von Jean-Jacques Anstett und Hans Eichner, Paderborn 1975, S. 46–102, S. 60. Drei Anmerkungen zu dieser Stelle: 1. Der Satz „Es ist nichts schwerer [...] als zu können" ist unglücklich konstruiert, da eine *Fähigkeit* als schwierig dargestellt wird und nicht die *Bemühung*, sie zu entwickeln. Vermutlich will Schlegel sagen, daß es eine schwierige Aufgabe ist, die sprachliche Artikulation des Denkens so weit zu durchdringen, daß man sie bis in die Feinheiten richtig wahrnehmen, nachahmen und charakterisieren kann. 2. Irritierend ist zudem das Schwanken zwischen ‚Denken', ‚Geist' und ‚Werk', aber diese Variation ist unproblematisch, wenn man ‚einen Geist' als eine Umschreibung für ‚Verfasser' nimmt und ‚Denken' als ‚Denken, wie es sich in Texten äußert'. 3. Das Wort ‚charakterisieren' bezeichnet im Unterschied zu ‚beschreiben' ein Hervorheben des Wichtigen und Besonderen, wodurch eine Beziehung zur kritischen Würdigung hergestellt wird. In der Charakterisierung zeigt sich die Fähigkeit, ein Muster so darzustellen, daß deutlich wird, was bemerkenswert daran ist. Zur Begriffsgeschichte vgl. Günter Oesterle: ‚Kunstwerk der Kritik' oder ‚Vorübungen zur Geschichtsschreibung'? Form und Funktionswandel der Charakteristik in Romantik und Vormärz, in: Literaturkritik – Anspruch und Wirklichkeit, hg. von Wilfried Barner, Stuttgart 1990, S. 64–86.

Besonders interessant an Schlegels Erklärung ist, daß sie deutlich macht, daß das Verstehen nichts Psychisches ist, sondern etwas, das man im Dialog *demonstrieren* können muß.[673] Man kann „nur dann sagen" (also *den Anspruch erheben*), etwas verstanden zu haben, wenn man in der Lage ist, es anderen vorzuführen. Dabei ist die Selbstprüfung im stillen Nachdenken die ungeäußerte Imitation des sozialen Vorgangs, anderen etwas zu zeigen und sich von ihnen prüfen zu lassen: „Ich führe mir selbst nur *so* etwas vor, wie ich es auch den Anderen vorführe."[674] Es mag sein, daß dem Forscher zu einem bestimmten Zeitpunkt etwas ‚blitzartig' deutlich wird; aber man gilt erst dann als jemand, dem z.B. das Versmaß des Gedichts klar geworden ist, wenn man relevante Fragen dazu beantworten kann, wobei die ‚Antwort' oftmals die Form einer verdeutlichenden Nachahmung annimmt.[675] Mit Sätzen wie ‚Mir ist aufgegangen, daß eine Metapher vorliegt', ‚Mir hat sich erschlossen, worin der Reiz dieser Erzählung liegt', ‚Ich sehe jetzt, daß diese Worte halb im Scherz gesprochen sind' oder ‚Jetzt begreife ich, welches Gefühl in diesem Gedicht ausgedrückt wird' signalisiert man im (antizipierten) Gespräch, daß man anderen etwas in diesem Sinn *zeigen* kann.

Wittgenstein beschreibt in seinen Vorlesungen über Ästhetik eine Situation, die verständlich machen soll, was es bedeutet, sich auf ein Gedicht einzustellen und es ‚richtig' lesen zu lernen. Dabei analysiert er treffend, wie die Konstruktion eines Textes evident (deutlich, einsichtig, wahrnehmbar) wird. Seine Bemerkungen sind auch deswegen interessant für eine Theorie der Philologie, weil sie die Herausbildung einer lebendigen Einsicht in die Funktionsweise von Klopstocks Oden durch die Angabe von Fähigkeiten und Verhaltenstendenzen erläutern:

---

[673] Der Literaturforscher, sagt Scherer, habe die Aufgabe, den Stil nicht nur zu „bezeichnen", sondern ihn zu „demonstriren" und „die ganze künstlerische Technik, Composition und Darstellungsweise nach genauer Observation zu analysiren und zu charakterisiren" (Karl Lachmann, in: ders.: Kleine Schriften zur altdeutschen Philologie, hg. von Konrad Burdach, Berlin 1893, S. 99–111, S. 109).
[674] Zettel, § 665.
[675] „It should be noticed [...] that there is no single nuclear performance, overt or in your head, which would determine that you had understood the argument. Even if you claimed that you had experienced a flash or click of comprehension and had actually done so, you would still withdraw your other claim to have understood the argument, if you found that you could not paraphrase it, illustrate it, expand or recast it; and you would allow someone else to have understood it who could meet all the examination-questions about it, but reported no click of comprehension." (Ryle: The Concept of Mind, S. 147)

2.7 Die Herstellung von Evidenz im wissenschaftlichen Gespräch über Texte — 355

Take the question: „How should poetry be read? What is the correct way of reading it?" If you are talking about blank verse the right way of reading it might be stressing it correctly – you discuss how far you should stress the rhythm and how far you should hide it. A man says it ought to be read *this* way and reads it out to you. You say „Oh yes. Now it makes sense." [...] I had an experience with the 18th century poet Klopstock. I found that the way to read him was to stress his metre abnormally. Klopstock put ∪ – ∪ (etc.) in front of his poems. When I read his poems in this new way, I said „Ah-ha, now I know why he did this." What had happened? I had read this kind of stuff and had been moderately bored, but when I read it in this new way, intensely, I smiled and said: „This is *grand*," etc. But I might not have said anything. The important fact was that I read it again and again. When I read these poems I made gestures and facial expressions which were what would be called gestures of approval. But the important thing was that I read the poems entirely differently, more intensely, and said to others: „Look! This is how they should be read!"[676]

Wittgensteins sozialbehavioristische Evidenzkonzeption illustriert, wie die Wahrnehmbarkeit der rhythmischen Gestaltung mit der Fähigkeit zusammenhängt, sie mit Bezug auf eine Wertschätzungsgemeinschaft angemessen darzubieten. Indem man das vorangestellte Strophenschema skandiert und es sich auf diese Weise zu eigen macht, gewinnt man die Fähigkeit, sich frei in den Silbenmaßen und Melodien zu bewegen. Man ist nun beispielsweise imstande, mit den Choriamben „zu fliegen", „mitten im Fluge zu schweben" und „auf einmal den Flug wieder fortzusetzen".[677] Das Auf- und Niederschweben des Gedichts wird durch die Übung und allmähliche Gewöhnung zum Objekt der Erkenntnis. Wittgenstein hebt hervor, daß sein Erlebnis mit Klopstock in eine dynamische Interaktion mit anderen Akteuren eingebunden ist, mit Akteuren, die offen für seine Vorschläge sind, ihm aber auch ihrerseits Hinweise geben können. Nicht ausgeschlossen, daß man im nächsten Moment auf vernachlässigte Texteigenschaften aufmerksam gemacht wird, wodurch sich die Einschätzung, was evident ist, nochmals ändert. Sätze wie ‚Nun verstehe ich es' oder ‚Aha, jetzt weiß ich, warum er das getan hat', die häufig in Momenten besonderer Intensität und Geistesgegenwart formuliert werden, erheben den Anspruch, daß man den Gang der Verse auf die Weise wiedergeben kann, die dem Autor wünschenswert schien. Aber das ist ein Anspruch, der stets anfechtbar bleibt.

Obwohl die Analyse von Texten nicht voraussetzt, daß man das Gedicht selbst schätzt, ist sie nicht unverbunden mit den eigenen Interessen, Bedürfnissen,

---

[676] Wittgenstein: Lectures and Conversations on Aesthetics, Psychology, and Religious Belief, S. 4f.
[677] Friedrich Gottlieb Klopstock: Von der Nachahmung des griechischen Sylbenmasses im Deutschen [1754/55], in: ders.: Der Messias. Studienausgabe, hg. von Elisabeth Höpker-Herberg, Stuttgart 1986, S. 127–138, S. 135.

Neigungen und Empfänglichkeiten. Die Erklärung eines Gedichts (oder allgemein: der Verhaltensweisen eines Autors) muß „letzten Endes an eine Neigung in uns selbst"[678] appellieren. Es muß irgendwie deutlich werden, „daß auch in uns etwas [...] für jene Handlungsweisen [...] spricht".[679] Denn nur so kann man verstehen, was es heißen würde, den Text zustimmend zu lesen und für seine Reize empfänglich zu sein.[680] Arnold Isenberg hat zwar Recht, daß ästhetische Erklärungen häufig eine „community of feeling"[681] erzeugen, aber ein Philologe braucht nicht tatsächlich ein Teil der Stil- und Empfindungsgemeinschaft zu werden, auf die hin das Werk entworfen wird. Immerhin ist es vorstellbar, eine Sprachverwendung, deren Wünschbarkeit man sich vergegenwärtigen kann, zu mißbilligen oder ihr neutral gegenüberzustehen.[682] Man muß bloß imstande sein, zeitweise die Vorlieben und Bedürfnisse anzunehmen, im Hinblick auf die der Text konstruiert sein könnte, um überhaupt in die Lage zu kommen, kontrafaktisch darüber nachzudenken, ob das Gedicht etwas von seinem Reiz verlöre, wenn man die Verse in andere Rhythmen aufteilte, oder ob der Dialog weniger rührend wäre, wenn man die Figurenzeichnung im Vorfeld veränderte. Indem man auf solche Weise experimentierend den Text verlebendigt, wird man fähig, Imitationen und Kommentare

---

678 Ludwig Wittgenstein: Bemerkungen über Frazers Golden Bough, in: ders.: Vortrag über Ethik und andere kleine Schriften, hg. von Joachim Schulte, Frankfurt/M. 1991, S. 34. Vgl. zu dieser Idee Peter Hacker: Wittgenstein on Frazer's Golden Bough, in: ders.: Wittgenstein: Connections and Controversies, Oxford 2001, S. 74–97; Brusotti: Wittgenstein, Frazer und die ‚ethnologische Betrachtungsweise', S. 229–233.
679 Wittgenstein: Bemerkungen über Frazers Golden Bough, S. 36.
680 Ein Beispiel für eine wissenschaftliche Darstellung, die eine solche Funktion haben dürfte: „Wichtig vor allem ist die erstaunliche Schilderung [...] der Reisenden im nächtlichen Wald unter einschmetternden Blitzen, Donnern und prasselndem Regen. Wichtiger aber noch sind die stilleren und weniger aufdringlichen Züge, für die es aufmerksamer Sinne bedarf, und die hier, wie ich glaube, zum erstenmal in deutscher Prosa beobachtet sind: das leise Knacken im Gehölz, der über den Wolken gleitende Mond und vor allem der rinnende Regen. Die Poesie des Regens ist eine der Entdeckungen, in denen sich Beer eine neue Welt erschloß." (Alewyn: Johannes Beer, S. 211) Auch andere Reize des Einsiedlermotivs werden von Alewyn im Modus der Nachahmung aufgezeigt: „Er braucht sich weder zu waschen noch zu rasieren. Er freut sich am Echo seines Gewehrs, liest, geht auf die Vogeljagd und zieht drei Bärenjunge auf. Die Schrecken der Bergwelt: Donner, Räuber und wildes Getier gewinnen den Reiz des Abenteuerlichen, und die herrliche Lage auf hohem Felsen, mit dem Blick auf drei Seen und das weite Land, der mit dem ‚tubo optico' genossen wird, machen die Versicherung der Zufriedenheit durchaus überzeugend." (S. 214f.) Ob diese Reproduktionen, die auf die Verdeutlichung der dichterischen Gestaltung und ihrer Reize abzielen, der Prüfung standhalten, muß hier nicht entschieden werden.
681 Arnold Isenberg: Critical Communication, in: ders.: Aesthetics and the Theory of Criticism: Selected Essays, hg. von William Callaghan u.a., Chicago 1973, S. 156–171, S. 163.
682 Schroeder: ‚Too ridiculous for words', S. 172.

anzubieten, die andere Leser in den Stand versetzen, das wahrzunehmen, was man selbst wahrzunehmen glaubt.[683]

In *diesen* wissenschaftstheoretischen Kontext gehört Friedrich Schleiermachers Arbeitsmaxime: „Ich verstehe nichts was ich nicht als nothwendig einsehe und construiren kann".[684] ‚Etwas als notwendig konstruieren' kann am besten übersetzt werden als ‚eine Abhängigkeitsbeziehung deutlich machen'.[685] Man verändert probeweise die Textorganisation und stellt dann die kontrastive Frage, warum diese und nicht andere Elemente in dieser und nicht irgendeiner anderen Reihenfolge verwendet werden: Welchen Nachteil hat es, wenn man etwas umstellt? Was passiert, wenn man ein Wort durch ein anderes ersetzt? Sieht man dann etwas, das man versuchsweise konstruiert, als ‚notwendig' ein, kann man

---

683 Vgl. Lyas: Aesthetics, S. 128; ders.: The Evaluation of Art, in: Philosophical Aesthetics. An Introduction, hg. von Oswald Hanfling, Oxford 1992, S. 349–380; ders.: Criticism and Interpretation, in: ebd., S. 381–403. Jakob Steinbrenner deutet an, daß die „naturalistische Auffassung", die Colin Lyas vorschlage, der normativen Ästhetik die Grundlage entziehe (Art. Wertung/ästhetischer Wert, in: Ästhetische Grundbegriffe. Historisches Wörterbuch in sieben Bänden, Bd. 6, hg. Karlheinz Barck, Stuttgart 2005, S. 588–617, S. 616).
684 Schleiermacher: Hermeneutik, S. 31. Man könnte Schleiermachers Versuch, die Prinzipien der Textauslegung theoretisch zu fassen, bis auf Platons *Phaidros* zurückverfolgen, wo die Untersuchung von Literaturwerken mit der Frage nach der ‚schriftstellerischen Notwendigkeit' in Beziehung gesetzt wird. Nach Platons Darstellung erklärt man eine Komposition, indem man zu zeigen versucht, warum gerade diese und nicht irgendwelche anderen Elemente in dieser und nicht einer anderen Reihenfolge verwendet werden, vgl. Malcolm Heath: Unity in Greek Poetics, Oxford 1989. Wie schwierig es ist, sich nicht allein auf die thematische Kohärenz sprachlicher Gebilde zu fokussieren, sondern die Vielfalt der möglichen Interessen zu berücksichtigen, die der Integration der Elemente zu einem zufriedenstellenden ‚Ganzen' zugrunde liegen können, zeigt Heath an der Geschichte der Pindar-Interpretation (The Origins of Modern Pindaric Criticism, in: The Journal of Hellenic Studies 106 (1987), S. 85–98).
685 Die Vertiefung des Verstehens durch kontrafaktisches Überlegen skizziert Wittgenstein folgendermaßen: „Ich sage mir: ‚Was ist das? Was sagt nur diese Phrase? Was drückt sie nur aus?' – Es ist mir, als müßte es noch ein viel klareres Verstehen von ihr geben, als das, was ich habe. Und dieses Verstehen würde dadurch erreicht, daß man eine Menge über die Umgebung der Phrase sagt. So als wollte man eine ausdrucksvolle Geste in einer Zeremonie verstehen. Und zur Erklärung müßte ich die Zeremonie [...] analysieren. Z.B. sie abändern und zeigen, wie das die Rolle jener Geste beeinflussen würde." (BPP 1, § 34) Passend dazu bestimmt Petri Ylikoski das Verstehen als Fähigkeit, kausale und konstitutive Abhängigkeiten durch kontrafaktische Aussagen zu klären: „Understanding consists of knowledge about relations of dependence. When one understands something, one can make all kinds of correct inferences about it, many of which are counterfactual: What would have happened if certain things had been different? What will happen if things are changed in a certain manner?" (The Illusion of Depth, S. 101)

angeben, warum es *so* beschaffen sein *muß*, wenn das Sprachgebilde, relativ auf bestimmte Interessen, zufriedenstellend sein soll.[686]

Es ist aber nicht immer so, daß der Autor seinen Text so und nicht anders gestalten *muß*, wenn er befriedigend sein soll. Manchmal erklärt man den Text mit Bezug auf die *Vorteile*, die der Autor aus einer Konstruktionsweise zieht, oder mit Bezug auf den *Reiz*, den er einem Motiv abgewinnt.[687] Eine mögliche Umformulierung der Maxime Schleiermachers könnte also lauten: Ich verstehe nichts, was ich nicht als aus der Perspektive des Autors als gut (angemessen, vorteilhaft, befriedigend) auffassen und konstruieren kann. Diese Fassung der Maxime wäre weit genug, um die Faszination der rhythmischen Gestaltung eines Gedichts, die Attraktivität von Eichendorffs Taugenichts-Figur oder die Lust an Dekadenzphantasien einzubeziehen. Auch Konfusionen können in dieser Weise ‚evident' werden: Eine Konfusion ‚gewinnt an Evidenz', wenn man die irreführenden Problemformulierungen, von denen der Verfasser des Textes ausgeht, und die weiteren gedanklichen Schritte, durch die er in die Verwirrung hineingeraten ist, selbst formulieren und in ihrer trügerischen Attraktivität verdeutlichen kann.[688] Aber auch diese erweiterte Maxime hat nur eine eingeschränkte Gültigkeit und deckt längst nicht alle Formen des Verstehens ab. Denn im Gespräch über Texte werden auch ungelöste Probleme, Nachlässigkeiten oder

---

[686] Ein Beispiel für solche Erläuterungen: „Molière *needs* to end the scene on a climax which will reinforce the image of Sganarelle's foolish confidence in his own ability to avoid cuckoldry and highlight his certainty that Ariste will not be able to do so. He *needs* also to respond to the dramatic situation with which the scene began: Isabelle's attempt to go out. Molière combines both these considerations in the scene's climax by leading up to it with a further, but differently focused and differently conducted, exchange between the two brothers." (Hawcroft: Reasoning with Fools, S. 45 [Herv. V.P.]; vgl. auch S. 74, 121f., 160.) Insbesondere die Chicago Critics haben sehr konsequent untersucht, was der jeweilige Dichter im Verhältnis zu den Interessen, die man ihm unterstellt, *tun muß*, damit das Werk seinen spezifischen Reiz entfaltet, vgl. Crane: The Languages of Criticism and the Structure of Poetry, S. 43–47; Wayne Booth: Macbeth as Tragic Hero [1951], in: ders.: The Essential Wayne Booth, hg. von Walter Jost, Chicago 2006, S. 23–33.

[687] Richard Alewyn erklärt in seiner Arbeit über Brentanos Erzähltechnik die Einführung des fiktiven Erzählers durch „technische Vorteile" und durch den „Vorteil dieser Einrichtung für den Dichter" (Brentanos ‚Geschichte vom braven Kasperl und dem schönen Annerl', S. 150, 154). Auch sonst fragt er regelmäßig, „inwiefern dem Dichter damit gedient ist" (S. 169). Seine „Analyse" (S. 180) will durch solche Fragen dem „dichterische[n] Interesse" (S. 134) der Geschichte näherkommen.

[688] „Man muß auch die Confusion selbst bis auf d[ie] Principien kennen, *charakterisieren* und selbst *construiren* können" (Friedrich Schlegel: Kritische Friedrich-Schlegel-Ausgabe, 2. Abt., Bd. 18: Philosophische Lehrjahre 1796–1806, hg. von Ernst Behler, Paderborn 1963, S. 63). Vgl. Collingwood: The Idea of History, S. 215.

2.7 Die Herstellung von Evidenz im wissenschaftlichen Gespräch über Texte

Druckfehler ‚sichtbar' gemacht, bei denen sich die Frage nach dem Zweck oder dem Reiz nicht stellt. Die Forschungsmaxime dürfte in der modifizierten Fassung trotzdem brauchbar sein, denn eine der zentralen Aufgaben der Literaturwissenschaft ist es, die Frage zu beantworten, warum Texte gerade so und nicht anders gestaltet sind, warum sich ihre Autoren unter bestimmten Umständen gerade so und nicht anders verhalten haben.

Peter Szondi konstatiert bei seinen Zeitgenossen eine „Scheu" vor der „Versenkung in das einzelne Kunstwerk".[689] Leonard Forster meint, daß manche Philologen „alles mit der Literatur machen [...], nur nicht Literatur lesen, Literatur genießen und diesen Genuß anderen vermitteln".[690] Ähnlich polemisch ist Heinz Schlaffers Behauptung, die Philologie habe sich „eine eigene kleine Welt eingerichtet, in die die Literatur nur als neutralisierter Anwendungsbereich der Terminologien und Theorien eingelassen wird".[691] Es scheint so, als ob gerade dasjenige, was literarische Werke eigentlich ausmacht – Szondi nennt es die „Logik ihres Produziertseins",[692] Forster ihre spezifische „Energie",[693] Schlaffer ihre Fähigkeit zu „bezaubern"[694] – in universitären Forschungskontexten nicht genügend berücksichtigt wird. Man macht es sich zu leicht, wenn man diese pessimistischen Urteile reproduziert, denn es ist gar nicht wünschenswert, die Philologie, die von der Vielfalt ihrer Forschungsinteressen lebt, auf die Würdigung der ästhetischen Besonderheiten einzelner Werke zu beschränken. Auch gibt es keinen Grund, die Abgrenzung des Untersuchungsgebiets der Literaturwissenschaft mit dem ehrfürchtigen Glauben an die „Sonderstellung des Kunstwerks"[695] zu verknüpfen. Andererseits ist es auch nicht angebracht, die genannten Kritikpunkte zu ignorieren, denn *erstens* ist die Anwendung von Terminologien noch kein Verstehen; *zweitens* ist das Objekt der Analyse nicht ein vom Autor abgelöster, ‚neutralisierter' Bedeutungsträger, sondern ein ‚lebendiger' Gebrauch sprachlicher Zeichen; und *drittens* besteht eine Beziehung zwischen der Fähigkeit, die Gestaltung von Texten (und anderen Kulturprodukten) erklären zu können, und der Fähigkeit, sich selbst und anderen ihren spezifischen *Reiz* deutlich zu machen.

---

689 Szondi: Über philologische Erkenntnis, S. 276.
690 Leonard Forster: Literaturwissenschaft als Flucht vor der Literatur?, Wolfenbüttel 1978, S. 20.
691 Heinz Schlaffer: Unwissenschaftliche Bedingungen der Literaturwissenschaft, in: Jahrbuch der deutschen Schillergesellschaft 42 (1998), S. 486–490, S. 487.
692 Szondi: Über philologische Erkenntnis, S. 286.
693 Forster: Literaturwissenschaft als Flucht vor der Literatur, S. 19.
694 Schlaffer: Unwissenschaftliche Bedingungen der Literaturwissenschaft, S. 486.
695 „Wer die Sonderstellung des Kunstwerks preisgibt, dem ist der Gegenstand der Literaturwissenschaft schon abhanden gekommen." (Schlaffer: Unwissenschaftliche Bedingungen der Literaturwissenschaft, S. 488)

2.8 Abschließende Diskussion der konstruktiven Überlegungen

Die im zweiten Teil dieser Arbeit vorgeschlagene Neubestimmung läuft fest etablierten Bildern vom Gegenstand und von den Aufgaben der Philologie zuwider: Die Schriftzeichen sind keine selbständigen, von ihrem Gebrauch getrennten Gebilde und auch der Geist des Autors kann nicht die Sonderstellung beanspruchen, die man ihm traditionell eingeräumt hat. Was ‚Geist‘ genannt wird, ergibt sich aus dem Zusammenspiel der Zeichen, ist also nicht der Aufenthaltsort von Vorstellungen oder Absichten. Das Interesse am Geist ist für eine poststrukturalistische, sozialbehavioristische Literaturwissenschaft ein Interesse an den Mustern, in denen sich ein Autor sprachlich mit seiner Umwelt auseinandersetzt, an den Schattierungen seines Benehmens. Andererseits artikulieren Autoren nicht alles, was sie ‚im tiefsten Herzen‘ fühlen, und versuchen gelegentlich, ihre wahren Absichten zu ‚verschleiern‘. Das ‚Innere‘ behält so seine Berechtigung, wenngleich nur als wertvolles Bild und nicht als unbeobachtbarer Raum, in dem das Mentale versteckt ist. Die philologische Erkenntnis wird dementsprechend auch nicht länger als ein geistiges Reproduzieren oder Erschließen von Bedeutungen definiert, die zusätzlich zu den Zeichen vorhanden sind. Sie läßt sich als die Fähigkeit bestimmen, den Gebrauch der Zeichen richtig wahrzunehmen, nachzubilden und zu charakterisieren. Die Zeichen erhalten nach dieser Auffassung also weder einen Sinn durch psychische Zustände, noch organisieren sie sich aus eigener Kraft zu Strukturen, die losgelöst vom Verfasser analysiert werden können. Sie sind sinnvoll durch ihre Einbettung in die Sprachverwendung und das sonstige Verhalten des bekannten oder unbekannten Verfassers. Die Sprachverwendung bietet sich jedoch dem Forscher nicht ohne eigenes Zutun dar, sondern muss unter Aufbietung der eigenen geistigen Fähigkeiten probeweise vergegenwärtigt und in ein möglichst kohärentes Gesamtbild vom historisch situierten Gebrauch der Zeichen integriert werden.

Die Umstrukturierung des Begriffsrahmens kann die Forschungspraxis nachhaltig verändern. Der verhaltensbezogene Textbegriff, der die strukturalistische Dissoziation der Zeichen von ihrem Gebrauch hinter sich läßt, führt zu einer Öffnung der Untersuchung für die Produktivität und Vielgestaltigkeit des Sprachverhaltens. Wer seine Arbeit als Interpretation begreift, die den Sinn selbständiger Zeichenkomplexe entziffern soll, wird ein anderes Bild vom Untersuchungsgegenstand entwickeln als jemand, der fortwährend fragt, was der Autor tut, indem er seinen Text schreibt. Die dogmatische Trennung der Schreibinstanz von der Erzählinstanz ist so gesehen nur Symptom für ein tieferliegendes Problem. Die vorgeschlagene Änderung der Denkgewohnheiten soll möglichst zu einem besseren theoretischen Verständnis der philologischen Arbeit (einschließlich ihrer Normen) führen und nicht irgendein besonderes Forschungsanliegen privilegieren. Eine wünschenswerte Philosophie der Philologie wäre antimetaphysisch in ihrer Analyse begrifflicher Verwirrungen und sprachinduzierter Trugschlüsse, undogmatisch in dem Bemühen, vorgefaßte Meinungen über die Gegenstände der Untersuchung zu reduzieren, pluralistisch in der Anerkennung einer Vielfalt von Forschungsinteressen und integrativ in dem Versuch, die unnötige Trennung literaturwissenschaftlicher Forschungsrichtungen zu überwinden.

Eine Gelehrtenbehavioristik kann dazu beitragen, das subjektive und das objektive Moment der philologischen Forschung in ein richtiges Verhältnis zu setzen. Das Zeichen lebt im Gebrauch, den der Autor von ihm macht: in den Gedanken, die er formuliert, in den Gefühlen, die er präsentiert, in den Handlungen, die er vollzieht. Doch bleiben Zeichen unbelebt für den Leser, solange dieser nicht seine eigenen rhetorischen, intellektuellen und emotionalen Ressourcen investiert und das Sprachverhalten des Verfassers angemessen wiedergibt. Ein Literaturwissenschaftler erweckt das Wort zum Leben, aber nicht dadurch, daß er ihm Bedeutungen zuweist, sondern dadurch, daß er versuchsweise simuliert und beschreibt, was damit getan wird. Das Streben nach Erkenntnis, nach einer richtigen Gesamtauffassung ist nach dieser Konzeption nicht nur ein Nachdenken über Texte, sondern auch eine Arbeit an sich selbst: Man verändert, indem man das Schreiben und das sonstige Verhalten von Autoren analysiert, das eigene Verhaltensrepertoire, denkt sich zum Beispiel in neue Probleme ein, erweitert seine Kenntnisse, schärft seine Ausdrucksmöglichkeiten. Der Text wird in dem Maße lebendig, wie es gelingt, die eigenen Fähigkeiten auszubilden und angemessen einzubringen. Wer diese Subjektivität der Forschung (die Vergegenwärtigung des Autors durch den Forscher) anerkennt, muß nicht befürchten, das Streben nach Objektivität preiszugeben, denn auch wenn die Hypothesen, die man vergleichend prüft, Konstruktions- und Projektionsleistungen sind, ist die Philologie ein systematischer Versuch, richtige Antworten zu finden.

Das Streben nach philologischer Erkenntnis ist als etwas Dynamisches und Soziales zu denken. Die Erkenntnis bekundet sich in der Würdigung der Besonderheiten der Texte, in der gemeinsamen Rekapitulation ihres Aufbaus, in der richtigen Charakterisierung von Mustern des Sprachverhaltens. Es zeugt von einem verkürzten Wissenschaftsverständnis, wenn man die philologische Praxis auf die Ansammlung und Integration richtiger Aussagen über Texte und ihre Verfasser beschränkt. Ihre Daseinsberechtigung bezieht die Literaturforschung nicht zuletzt aus einem anspruchsvollen Ideal der Selbstkultivierung, das sich um diszipliniertes Denken und nuancierten sprachlichen Ausdruck dreht.[696] Die

---

696 Vgl. Talbot Brewer: What Good are the Humanities?, in: Raritan 37/4 (2018), S. 98–162.

hartnäckige Analyse des geschriebenen Worts erhält ihren Sinn durch die Einbindung in ein wissenschaftliches Gespräch, das über die geistige Durchdringung des Gelesenen den Weg zu eigenen Gedanken und eigenen Formen sprachlicher Gestaltung bereitet.

Dank

Das vorliegende Buch ist eine überarbeitete Fassung meiner Dissertation, die im Wintersemester 2017/2018 von der Philosophischen Fakultät der Georg-August-Universität Göttingen angenommen wurde. Viel Freundlichkeit begegnete mir in den Jahren, die ich daran gearbeitet habe. Prof. Eckard Rolf, Prof. Oliver Scholz und insbesondere Prof. Eric Achermann haben meine Interessen geformt und mich zur wissenschaftlichen Arbeit ermutigt. Ein Promotionsstipendium der Konrad-Adenauer-Stiftung gab mir Zeit zum Denken und Schreiben. Die Präzisierung und schrittweise Ausarbeitung des Forschungsvorhabens wurde von Prof. Tilmann Köppe und Prof. Simone Winko mit geduldigem Wohlwollen gefördert. Vor allem Tilmann Köppe bin ich für entscheidende Hinweise zu großem Dank verpflichtet. Wertvolle Anregungen erhielt ich in seinem Forschungskolloquium und darüber hinaus in den Forschungskolloquien von Prof. Reinold Schmücker und Prof. Dieter Burdorf. Von den Gesprächen mit Dr. Stefanie Bremerich, Dr. Adrian Bruns, Dr. Stefan Descher, Svenja Frank, Dr. Tobias Klauk, Niels Klenner, Dr. Matthias Löwe, Dr. Julian Schröter, Jan Stühring und Jan Werner habe ich sehr profitiert. Mein besonderer Dank gilt Christiane Turza, die mich fortwährend ermutigt und zu präziseren Überlegungen angeleitet hat. Dr. Sophia Wege hat mir durch Ratschläge und treffende Einwände zu einem frühen Entwurf geholfen. Den größten Dank schulde ich Magdalena Fricke, die sämtliche Kapitel sorgfältig kritisiert und die Entwicklung der Arbeit beharrlich unterstützt hat. Arnold Maxwill ist zuletzt mit feingezahntem Kamm durch den gesamten Text gegangen.

Den Herausgebern Prof. Moritz Baßler, Prof. Werner Frick und Prof. Monika Schmitz-Emans möchte ich dafür danken, daß sie die Arbeit in die Reihe ‚spectrum Literaturwissenschaft' aufgenommen haben.

Siglenverzeichnis

PG   Wittgenstein, Ludwig: Philosophische Grammatik, in: ders.: Werkausgabe, Bd. 4, hg. von Rush Rhees, Frankfurt/M. 1989.
BPP   Wittgenstein, Ludwig: Bemerkungen über die Philosophie der Psychologie, in: ders.: Werkausgabe, Bd. 7, Frankfurt/M. 1984, hg. von Heikki Nyman, Georg Henrik von Wright und Elizabeth Anscombe, S. 7–346.
LS I   Wittgenstein, Ludwig: Letzte Schriften über die Philosophie der Psychologie, in: ders.: Werkausgabe, Bd. 7, Frankfurt/M. 1984, hg. von Heikki Nyman, Georg Henrik von Wright und Elizabeth Anscombe, S. 347–488.
LS II   Wittgenstein, Ludwig: Letzte Schriften über die Philosophie der Psychologie. Das Innere und das Äußere, 1949–1951, hg. von Heikki Nyman und Georg Henrik von Wright, Frankfurt/M. 1993.
PU   Wittgenstein, Ludwig: Philosophische Untersuchungen. Kritisch-genetische Edition, hg. von Joachim Schulte, Frankfurt/M. 2001.
ÜG   Wittgenstein, Ludwig: Über Gewißheit, in: ders.: Werkausgabe, Bd. 8, hg. von Georg Henrik von Wright und Elizabeth Anscombe, Frankfurt/M. 1984, S. 113–257.
Zettel   Wittgenstein, Ludwig: Zettel, in: ders.: Werkausgabe, Bd. 8, hg. von Georg Henrik von Wright und Elizabeth Anscombe, Frankfurt/M. 1989, S. 259–443.

Literaturverzeichnis

Abrams, Meyer: Unconscious Expectations in the Reading of Poetry, in: The Journal of English Literary History 9/4 (1942), S. 235–244.
Abrams, Meyer: The Mirror and the Lamp. Romantic Theory and the Critical Tradition, Oxford 1953.
Achinstein, Peter: An Illocutionary Theory of Explanation, in: ders.: Evidence, Explanation, and Realism. Essays in Philosophy of Science, Oxford 2010, S. 103–122.
Achinstein, Peter: The Problem of Theoretical Terms, in: ders.: Evidence, Explanation, and Realism. Essays in the Philosophy of Science, Oxford 2010, S. 266–285.
Addison, Joseph: Critical Essays from The Spectator, hg. von Donald Bond, Oxford 1970.
Adelung, Johann Christoph: Versuch eines vollständigen grammatisch-kritischen Wörterbuches der Hochdeutschen Mundart, Bd. 1, Leipzig 1774.
Adelung, Johann Christoph: Versuch eines vollständigen grammatisch-kritischen Wörterbuches der Hochdeutschen Mundart, Bd. 4, Leipzig 1780.
Aitchison, Jean: Words in the Mind. An Introduction to the Mental Lexicon, Oxford 1994.
Albrecht, Andrea: ‚Stockphilologen einerseits' und ‚blos beobachtende Naturforscher andrerseits'. Zu Wilhelm Diltheys Vorstellung von der *universitas litterarum* und seinem Ideal disziplinärer Konzilianz, in: 200 Jahre Berliner Universität. 200 Jahre Berliner Germanistik 1810–2010 hg., von Brigitte Peters und Erhard Schütz, Bern 2011, S. 81–104.
Albrecht, Andrea, Lutz Danneberg, Olav Krämer und Carlos Spoerhase: Einleitung, in: Theorien, Methoden und Praktiken des Interpretierens, hg. von dens., Berlin 2015, S. 1–20.
Albrecht, Andrea: Kontrafaktische Imaginationen zum Logischen Empirismus. Max Horkheimer und Ludwik Fleck, in: Scientia Poetica 20 (2016), S. 364–394.
Albrecht, Michael von: Ovid. Eine Einführung, Stuttgart 2003.
Alewyn, Richard: Johannes Beer. Studien zum Roman des 17. Jahrhunderts [1932], 2., verb. Aufl., aus dem Nachlass hg. von Klaus Garber und Michael Schroeter, Heidelberg 2012.
Alewyn, Richard: Hans Pyritz. Paul Flemings deutsche Liebeslyrik [1932], in: Deutsche Barockforschung. Dokumentation einer Epoche, hg. von dems., Köln 1966, S. 437–443.
Alewyn, Richard: Formen des Barock, in: Corona 10 (1943), S. 662–690.
Alewyn, Richard: Schauspieler und Stegreifbühne des Barock, in: Mimus und Logos. Eine Festgabe für Carl Niessen, Emsdetten 1952, S. 3–18.
Alewyn, Richard: Der Geist des Barocktheaters, in: Weltliteratur. Festgabe für Fritz Strich zum 70. Geburtstag, hg. von Walter Muschg und Emil Staiger in Verb. mit Walter Henzen, Bern 1952, S. 16–38.
Alewyn, Richard: Das weltliche Fest des Barock. Versuch einer Morphologie, in: Festschrift der Arbeitsgemeinschaft für Forschung des Landes Nordrhein-Westfalen zu Ehren Karl Arnolds, Köln 1955, S. 1–22.
Alewyn, Richard: Deutsche Philologie, Neuerer Teil, in: Aufgaben deutscher Forschung, Bd. 1: Geisteswissenschaften, hg. von Leo Brandt, 2. Aufl., Köln 1956, S. 181–191.
Alewyn, Richard: Brentanos ‚Geschichte vom braven Kasperl und dem schönen Annerl' [1957], in: ders.: Probleme und Gestalten. Essays, Frankfurt/M. 1982, S. 133–197.
Alewyn, Richard: Eine Landschaft Eichendorffs [1957], in: ders.: Probleme und Gestalten. Essays, Frankfurt/M. 1982, S. 203–231.
Alewyn, Richard: Der Roman des Barock, in: Formkräfte der deutschen Dichtung vom Barock bis zur Gegenwart, hg. von Hans Steffen, Göttingen 1963, S. 11–34.

Alewyn, Richard: Antrittsrede [1969], in: Wie sie sich selber sehen. Antrittsreden der Mitglieder vor dem Kollegium, hg. von Michael Assmann, Göttingen 1999, S. 84–85.

Alewyn, Richard: Warum? Wie? Und abermals Warum?, in: Wie, warum und zu welchem Ende wurde ich Literaturhistoriker? Eine Sammlung von Aufsätzen aus Anlaß des 70. Geburtstags von Robert Minder, hg. von Siegfried Unseld, Frankfurt/M. 1972, S. 18–20.

Alewyn, Richard: Vorwort [1974], in: ders.: Probleme und Gestalten. Essays, Frankfurt/M. 1982, S. 7–9.

Alexander, Norman und Mary Wiley: Situated Activity and Identity Formation, in: Social Psychology. Sociological Perspectives, hg. von Morris Rosenberg und Ralph Turner, New Brunswick 1990, S. 269–289.

Alexander, Werner: Hermeneutica Generalis. Zur Konzeption und Entwicklung der allgemeinen Verstehenslehre im 17. und 18. Jahrhundert, Stuttgart 1993.

Anscombe, Elizabeth: Intention, Oxford 1972.

Anscombe, Elizabeth: The Causation of Action [1983], in: dies.: Human Life, Action, and Ethics, hg. von Luke Gormally und Mary Geach, Exeter 2005, S. 89–108.

Antos, Gerd und Manfred Beetz: Die nachgespielte Partie. Vorschläge zu einer Theorie der literarischen Produktion, in: Analytische Literaturwissenschaft, hg. von Peter Finke, Wiesbaden 1984, S. 90–141.

Anz, Thomas: Literatur und Lust. Glück und Unglück beim Lesen, München 1998.

Anz, Thomas: Textwelten, in: Handbuch Literaturwissenschaft, Bd. 1: Gegenstände und Grundbegriffe, hg. von dems., Stuttgart 2007, S. 111–130.

Apel, Karl Otto: Das Verstehen. Eine Problemgeschichte als Begriffsgeschichte, in: Archiv für Begriffsgeschichte 1 (1955), S. 142–199.

Aristoteles: Dichtkunst, ins Deutsche übersetzt, mit Anmerkungen und besondern Abhandlungen versehen von Michael Conrad Curtius, Hannover 1753.

Aristoteles: Poetik, übersetzt und erläutert von Arbogast Schmitt, 2. Aufl., Berlin 2011.

Armstrong, David: A Materialist Theory of the Mind, London 1993.

Arnauld, Antoine und Claude Lancelot: Grammaire générale et raisonnée ou La Grammaire de Port-Royal, hg. von Herbert Brekle, Stuttgart-Bad Cannstatt 1966.

Arnauld, Antoine und Pierre Nicole: L'Art de Penser. La Logique de Port-Royal, 3 Bde., hg. von Bruno Baron von Freytag Löringhoff und Herbert Brekle, Stuttgart-Bad Canstatt 1965–1967.

Arrivé, Michel: Postulats pour la description linguistique des textes littéraires, in: Langue Française 3 (1969), S. 3–13.

Attridge, Derek: The Singularity of Literature, London 2004.

Attridge, Derek: The Work of Literature, Oxford 2015.

Auerochs, Bernd: Art. Erzähler, in: Metzler Lexikon Literatur. Begriffe und Definitionen, hg. von Dieter Burdorf, Christoph Fasbender und Burkhard Moennighoff, 3., völlig neu bearb. Aufl., Stuttgart 2007, S. 207–208.

Augustinus: De Trinitate, übers. von Johann Kreuzer, Hamburg 2001.

Augustinus: Philosophische Spätdialoge, eingel., übers. und erl. von Karl-Heinrich Lütcke und Günther Weigel, Zürich 1973.

Austin, John: How to Do Things with Words, hg. von James Urmson und Marina Sbisà, London 1962.

Austin, John: Sense and Sensibilia, hg. von Geoffrey Warnock, Oxford 1962.

Austin, John: The Meaning of a Word, in: ders.: Philosophical Papers, hg. von James Urmson und Geoffrey Warnock, Oxford 1979, S. 55–77.

Austin, John: A Plea for Excuses, in: ders.: Philosophical Papers, hg. von James Urmson und Geoffrey Warnock, Oxford 1979, S. 175–204.
Ayer, Alfred: Language, Truth and Logic, London 1947.
Ayer, Alfred: What Can Logic Do For Philosophy?, in: Proceedings of the Aristotelian Society, Suppl. 22 (1948), S. 167–178.
Baasner, Rainer: Günther Müllers morphologische Poetik und ihre Rezeption, in: Zeitenwechsel. Germanistische Literaturwissenschaft vor und nach 1945, hg. von Wilfried Barner und Christoph König, Frankfurt/M. 1996, S. 256–267.
Bachmann, Ingeborg: Ludwig Wittgenstein – Zu einem Kapitel der jüngsten Philosophiegeschichte [1953], in: dies.: Werke, Bd. 4, hg. von Christine Koschel, Inge von Weidenbaum und Clemens Münster, München 1993, S. 13–23.
Bachmann, Ingeborg: Sagbares und Unsagbares – Die Philosophie Ludwig Wittgensteins [1954], in: dies.: Werke, Bd. 4, hg. von Christine Koschel, Inge von Weidenbaum und Clemens Münster, München 1993, S. 103–127.
Bachtin, Michail: The Problem of Speech Genres, in: ders.: Speech Genres and Other Late Essays, hg. von Caryl Emerson und Michael Holquist, Austin, TX 1986, S. 60–102.
Bäcker, Iris: Lesen und Verstehen (Sinnbildung), in: Grundthemen der Literaturwissenschaft: Lesen, hg. von Alexander Honold und Rolf Parr, Berlin 2018, S. 140–155.
Baker, Gordon (Hg.): The Voices of Wittgenstein, London 2003.
Barrett, Louise: Back to the Rough Ground and into the Hurly Burly. Why Cognitive Ethology Needs ‚Wittgenstein's razor', in: Mind, Language and Action, hg. von Danièle Moyal-Sharrock, Volker Munz und Annalisa Cova, Berlin 2015, S. 291–315.
Barrett, Louise: Why Behaviorsm Isn't Satanism, in: The Oxford Handbook of Comparative Evolutionary Psychology, hg. von Jennifer Vonk und Todd Shackelford, Oxford 2012, S. 17–38.
Bartelborth, Thomas und Oliver Scholz: Kohärenzkonzeptionen in der analytischen Philosophie, in: Information Philosophie 5 (2001), S. 24–31.
Bartelborth, Thomas: Erklären, Berlin 2007.
Barthes, Roland: Les deux critiques [1963], in: ders.: Œuvres complètes, nouvelle édition, Bd. 2, hg. von Eric Marty, Paris 2002, S. 496–501.
Barthes, Roland: Sur Racine [1963], in: ders.: Œuvres complètes, nouvelle édition, Bd. 2, hg. von Eric Marty, Paris 2002, S. 51–196.
Barthes, Roland: La mort de l'auteur [1968], in: ders.: Œuvres complètes, nouvelle édition, Bd. 3, hg. von Eric Marty, Paris 2002, S. 40–45.
Barthes, Roland: Texte (théorie du) [1973], in: ders.: Œuvres complètes, nouvelle édition, Bd. 4, hg. von Eric Marty, Paris 2002, S. 443–459.
Barthes, Roland: Rencontre avec Roland Barthes, in: French Review 52/3 (1979), S. 432–439.
Baßler, Moritz: Vergleichen, was uns ergreift. Von den Kränkungen der Literaturwissenschaft, in: (Be-)Richten und Erzählen, hg. von dems., Cesare Giacobazzi, Christoph Kleinschmidt und Stephanie Waldow, München 2011, S. 47–58.
Baßler, Moritz: Mythos Intention. Zur Naturalisierung von Textbefunden, in: Theorien und Praktiken der Autorschaft, hg. von Matthias Schaffrick und Marcus Willand, Berlin 2014, S. 151–167.
Baudry, Jean-Louis: Écriture, Fiction, Idéologie, in: Tel Quel: Théorie d'ensemble, Paris 1968, S. 127–147.
Baudry, Jean-Louis: Linguistique et production textuelle, in: Tel Quel: Théorie d'ensemble, Paris 1968, S. 351–364.

Baxandall, Michael: Patterns of Intention. On the Historical Explanation of Pictures, New Haven, CT 1985.
Baz, Avner: When Words are Called For. A Defence of Ordinary Language Philosophy, Cambridge 2012.
Beardsley, Monroe: Aesthetics from Classical Greece to the Present. A Short History, London 1966.
Beardsley, Monroe: The Possibility of Criticism, Detroit 1970.
Beardsley, Monroe: Aesthetics. Problems in the Philosophy of Criticism, 2. Aufl., Indianapolis 1981.
Beardsley, Monroe: Intentions and Interpretations. A Fallacy Revisited, in: ders.: The Aesthetic Point of View. Selected Essays, hg. von Michael Wreen und Donald Callen, Ithaca, NY 1982, S. 188–207.
Bearn, Gordon: Derrida Dry. Iterating Iterability Analytically, in: Diacritics 25/3 (1995), S. 2–25.
Becher, Erich: Geisteswissenschaften und Naturwissenschaften. Untersuchungen zur Theorie und Einteilung der Realwissenschaften, München 1921.
Beetz, Manfred: Nachgeholte Hermeneutik. Zum Verhältnis von Interpretations- und Logiklehren in Barock und Aufklärung, in: Deutsche Vierteljahrsschrift für Literaturwissenschaft und Geistesgeschichte 55 (1981), S. 591–628.
Benne, Christian: Die Erfindung des Manuskripts. Zur Theorie und Geschichte literarischer Gegenständlichkeit, Berlin 2015.
Bickert, Hans Günther: Studien zum Problem der Exposition im Drama der tektonischen Bauform. Terminologie, Funktionen, Gestaltung, Marburg 1969.
Bickert, Hans Günther: Expositionsprobleme des tektonischen Dramas, in: Beiträge zur Poetik des Dramas, hg. von Werner Keller, Darmstadt 1976, S. 39–70.
Blackburn, Simon: Theory, Observation and Drama, in: Folk Psychology. The Theory of Mind Debate, hg. von Martin Davis und Tony Stone, Oxford 1995, S. 274–290.
Blair, Hugh: Lectures on Rhetoric and Belles Lettres, Bd. 1, London 1798.
Bloomfield, Leonard: Language, London 1933.
Bloor, David: Wittgenstein. A Social Theory of Knowledge, London 1983.
Bloor, David: Left and Right Wittgensteinians, in: Science as Practice and Culture, hg. von Andrew Pickering, Chicago 1992, S. 266–282.
Bloor, David: Wittgenstein, Rules and Institutions, London 1997.
Bloor, David: Art. Performative Theory of Institutions, in: Encyclopedia of Philosophy and the Social Sciences, Bd. 2, hg. von Byron Kalids, Thousand Oaks, CA 2013, S. 706–708.
Boeckh, August: Encyclopädie und Methodologie der philologischen Wissenschaften, hg. von Ernst Bratuscheck, 2. Aufl. besorgt von Rudolf Klussmann, Leipzig 1886.
Booth, Wayne: Macbeth as Tragic Hero [1951], in: ders.: The Essential Wayne Booth, hg. von Walter Jost, Chicago 2006, S. 23–33.
Booth, Wayne: The Rhetoric of Fiction, 2. Aufl., Chicago 1983.
Bosse, Heinrich: Der Autor als abwesender Redner, in: Lesen und Schreiben im 17. und 18. Jahrhundert. Studien zu ihrer Bewertung in Deutschland, England, Frankreich, hg. von Paul Goetsch, Tübingen 1994, S. 277–290.
Böttiger, Carl August: J. J. C. Bode's literarisches Leben, in: Michael Montaigne: Gedanken und Meinungen über allerley Gegenstände, übers. von J. J. C. Bode, Bd. 6, Berlin 1795, S. I–CXLIV.
Bouveresse, Jacques: La philosophie d'un anti-philosophe: Paul Valéry, in: ders.: Essais IV. Pourquoi pas des philosophes?, Marseille 2004, S. 243–278.

Bouveresse, Jacques: Rudolf Carnap et l'héritage de l'Aufklärung, in: ders.: Essais VI. Les lumières des positivismes, Marseille 2011, S. 55–133.
Brady, Emily: Sibley's Vision, in: Aesthetic Concepts. Essays After Sibley, hg. von ders. und Jerrold Levinson, Oxford 2001, S. 1–22.
Brahm, Otto: Kritische Schriften, Bd. 2: Literarische Persönlichkeiten aus dem Neunzehnten Jahrhundert, hg. von Paul Schlenther, Berlin 1915.
Breitinger, Johann Jakob: Critische Dichtkunst, Zürich 1740.
Brenner, Peter: Das Problem der Interpretation. Eine Einführung in die Grundlagen der Literaturwissenschaft, Tübingen 1998.
Brentano, Franz: Psychologie vom empirischen Standpunkt [1874], mit Einl. und Anm. hg. von Oskar Kraus, Hamburg 1973.
Breuer, Dieter: Einführung in die pragmatische Texttheorie, München 1974.
Brewer, Talbot: What Good are the Humanities?, in: Raritan 37/4 (2018), S. 98–162.
Brink, Charles: Horace on Poetry. The Ars Poetica, Cambridge 1971.
Britton, Celia: The Nouveau Roman. Fiction, Theory and Politics, London 1992.
Britton, Celia: Structuralist and Poststructuralist Psychoanalytic and Marxist Theories, in: The Cambridge History of Literary Criticism, hg. von Ramsey Selden, Cambridge 1993, S. 197–252.
Brody, Jules: Boileau and Longinus, Genf 1958.
Bromwich, David: The Intellectual Life of Edmund Burke. From the Sublime and Beautiful to American Independence, Cambridge, MA 2014.
Brusotti, Marco: Der Okzident und das Fremde. Wittgenstein über Frazer, Spengler, Renan, in: Okzidentbilder. Konstruktionen und Wahrnehmungen, hg. von Ute Dietrich und Martina Winkler, Leipzig 2000, S. 31–61.
Brusotti, Marco: Wittgenstein, Frazer und die ‚ethnologische Betrachtungsweise', Berlin 2014.
Brütting, Richard: ‚écriture' und ‚texte'. Die französische Literaturtheorie ‚nach dem Strukturalismus', Bonn 1976.
Brütting, Richard: Art. Tel quel, in: Frankreich-Lexikon, hg. von Bernd Schmidt, Berlin 2005, S. 926–928.
Bühler, Axel: Begriffe des *sensus* bezogen auf Rede und Text im 18. Jahrhundert, in: Sensus–significatio. Akten des 8. Internationalen Kolloquiums des Lessico Intellettuale Europeo, Rom 1996, S. 409–453.
Bühler, Axel: Autorabsicht und fiktionale Rede, in: Rückkehr des Autors. Zur Erneuerung eines umstrittenen Begriffs, hg. von Fotis Jannidis, Gerhard Lauer, Matías Martínez und Simone Winko, Tübingen 1999, S. 61–75.
Bühler, Axel: Interpretieren – Vielfalt oder Einheit?, in: Regeln der Bedeutung. Zur Theorie der Bedeutung literarischer Texte, hg. von Fotis Jannidis, Gerhard Lauer, Matías Martínez und Simone Winko, Berlin 2003, S. 169–181.
Bühler, Axel: Vielfalt des Interpretierens, in: Hermeneutik. Basistexte zur Einführung in die wissenschaftstheoretischen Grundlagen von Verstehen und Interpretation, hg. von dems., Heidelberg 2003, S. 99–119.
Bühler, Axel: Die Funktion der Autorintention bei der Interpretation, in: Geschichte der Hermeneutik und die Methode der textinterpretierenden Disziplinen, hg. von Jörg Schönert und Friedrich Vollhardt, Berlin 2005, S. 463–472.
Bühler, Axel: Ein Plädoyer für den hermeneutischen Intentionalismus, in: Fiktion, Wahrheit, Wirklichkeit. Philosophische Grundlagen der Literaturtheorie, hg. von Maria Reicher, Paderborn 2010, S. 178–198.

Bühler, Axel: Interpretation als Erkenntnis, in: Literatur interpretieren. Interdisziplinäre Beiträge zur Theorie und Praxis, hg. von Jan Borkowski, Stefan Descher, Felicitas Ferder und Philipp David Heine, Münster 2015, S. 173–189.
Burdach, Konrad: Vorspiel. Gesammelte Schriften zur Geschichte des deutschen Geistes, Bd. 1, Halle 1925.
Burdorf, Dieter: Poetik der Form. Eine Begriffs- und Problemgeschichte, Stuttgart 2001.
Burdorf, Dieter: Der letzte Textgelehrte. Bemerkungen zu Peter Szondi, in: Textgelehrte. Literaturwissenschaft und literarisches Wissen im Umfeld der kritischen Theorie, hg. von Nicolas Berg und dems., Göttingen 2014, S. 409–425.
Burdorf, Dieter: Einführung in die Gedichtanalyse, 3., akt. und erw. Aufl., Stuttgart 2015.
Burge, Tyler: Mind-Body Causation and Explanation, in: Mental Causation, hg. von John Heil und Alfred Mele, Oxford 1993.
Bußmann, Hadumod: Art. Gebrauchstheorie der Bedeutung, in: dies.: Lexikon Sprachwissenschaft, Stuttgart 2008, S. 216–217.
Butler, Joseph: Sermons, Oxford 1826.
Calabi, Clotilde, Wolfgang Huemer und Marco Santambrogio: It's a Great Work but I Don't like It, in: The Pleasure of Pictures. Pictorial Experience and Aesthetic Appreciation, hg. von Jérôme Pelletier und Alberto Voltolini, London 2018, S. 52–71.
Campe, Johann Heinrich: Wörterbuch der Deutschen Sprache, Bd. 2: F–K, Braunschweig 1808.
Carnap, Rudolf: Von Gott und Seele. Scheinfragen in Metaphysik und Theologie [1929], in: ders.: Scheinprobleme in der Philosophie und andere metaphysikkritische Schriften, hg. von Thomas Mormann, Hamburg 2004, S. 49–62.
Carnap, Rudolf: Überwindung der Metaphysik durch logische Analyse der Sprache [1931], in: ders.: Scheinprobleme in der Philosophie und andere metaphysikkritische Schriften, hg. von Thomas Mormann, Hamburg 2004, S. 81–109.
Carnap, Rudolf: Erwiderung auf die vorstehenden Aufsätze von E. Zilsel und K. Duncker, in: Erkenntnis 3 (1932/33), S. 177–188.
Carnap, Rudolf: Über den Charakter der philosophischen Probleme [1934], in: ders.: Scheinprobleme in der Philosophie und andere metaphysikkritische Schriften, hg. von Thomas Mormann, Hamburg 2004, S. 111–127.
Carnap, Rudolf: Logische Syntax der Sprache, Wien 1934.
Carnap, Rudolf: Aufgaben der Wissenschaftslogik, Wien 1934.
Carnap, Rudolf: Strawson on Linguistic Naturalism, in: The Philosophy of Rudolf Carnap, hg. von Paul Arthur Schilpp, London 1963, S. 933–940.
Carroll, Noël: On Criticism, New York 2009.
Carroll, Noël: Art in Three Dimensions. An Introduction, in: ders.: Art in three Dimensions, Oxford 2010, S. 1–16.
Carroll, Noël: Art, Creativity and Tradition, in: ders.: Art in three Dimensions, Oxford 2010, S. 53–73.
Carroll, Noël: Narrative Closure, in: ders.: Art in Three Dimensions, Oxford 2010, S. 355–375.
Cassam, Quassim: Vice Epistemology, in: The Monist 99 (2016), S. 159–180.
Cavell, Stanley: Aesthetic Problems of Modern Philosophy [1969], in: ders.: Must we mean what we say. A Book of Essays. Cambridge 1976, S. 73–96.
Cavell, Stanley: Philosophy the Day After Tomorrow, Cambridge, MA 2005.
Chamberlin, Thomas: The Method of Multiple Working Hypotheses, in: Science 15 (1890), S. 92–96.
Champlin, T. S.: For Its Own Sake, in: ders.: Reflexive Paradoxes, London 1988.

Charpa, Ulrich: Wissen und Handeln. Grundzüge einer Forschungstheorie, Stuttgart 2001.
Chatman, Seymour: Reply to Barbara Herrnstein Smith, in: Critical Inquiry 7/4 (1981), S. 802–809.
Chatman, Seymour: Coming to Terms. The Rhetoric of Narrative in Fiction and Film, Ithaca, NY 1990.
Chomsky, Noam: Cartesian Linguistics, New York 1966.
Chomsky, Noam: Language and Mind, New York 1972.
Christmann, Ursula und Norbert Groeben: Psychologie des Lesens, in: Handbuch Lesen, hg. von Bodo Franzmann, München 1999, S. 145–223.
Churchland, Paul: Matter and Consciousness. A Contemporary Introduction to the Philosophy of Mind, Cambridge, MA 1988.
Cicero: Sämmtliche Briefe, übers. und erl. von C. M. Wieland, Bd. 2, Zürich 1808.
Cicero: Sämmtliche Briefe, übers. und erl. von C. M. Wieland, Bd. 4, Zürich 1811.
Clark, Herbert: Using Language, Cambridge 1996.
Clark, Herbert und Eve Clark: Psychology and Language. An Introduction to Psycholinguistics, New York 1977.
Cohen, Ted: The Aesthetic/Non-aesthetic and the Concept of Taste, in: Theoria 29 (1973), S. 113–152.
Collingwood, Robin George: The Idea of History [1946], hg. von Jan van der Dussen, Oxford 1994.
Conrady, Karl Otto: Einführung in die neuere deutsche Literaturwissenschaft, Hamburg 1966.
Costall, Alan und Ivan Leudar: On the Persistence of the ‚Problem of Other Minds' in Psychology. Chomsky, Grice and Theory of Mind, in: Theory and Psychology 14/5 (2004), S. 601–621.
Costall, Alan und Ivan Leudar: Where is the ‚Theory' in Theory of Mind?, in: Theory & Psychology 14/5 (2004), S. 623–646.
Costall, Alan und Ivan Leudar (Hg.): Against Theory of Mind, London 2009.
Costall, Alan und Ivan Leudar: On the Historical Antecedents of the Theory of Mind Paradigm, in: Against Theory of Mind, hg. von dens., London 2009, S. 19–38.
Cottingham, John: A Descartes Dictionary, Oxford 1993.
Coulter, Jeff: The Social Construction of Mind. Studies in Ethnomethodology and Linguistic Philosophy, London 1979.
Coulter, Jeff: Mind in Action, Oxford 1989.
Coulter, Jeff: Language without Mind, in: Conversation and Cognition, hg. von Hedwig te Molder und Jonathan Potter, Cambridge 2005, S. 79–92.
Coulter, Jeff: Twenty-five Theses Against Cognitivsm, in: Theory, Culture and Society 25/2 (2008), S. 19–32.
Coulter, Jeff und Wes Sharrock: The Hinterland of the Chinese Room, in: Views into the Chinese Room. New Essays on Searle and Artificial Intelligence, hg. von John Preston und Mark Bishop, Oxford 2002, S. 181–200.
Coulter, Jeff und Wes Sharrock: ToM. A Critical Commentary, in: Theory and Psychology 14/5 (2004), S. 579–600.
Coulter, Jeff und Wes Sharrock: Brain, Mind, and Human Behavior in Contemporary Cognitive Science. Critical Assessment of the Philosophy of Psychology, Lewiston, NY 2007.
Coulter, Jeff und Rod Watson: The Debate over Cognitivism, in: Theory, Culture and Society 25/2 (2008), S. 1–7.
Crane, Ronald: Introduction, in: Critics and Criticism. Ancient and Modern, hg. von dems., Chicago 1952, S. 1–24.

Crane, Ronald: The Critical Monism of Cleanth Brooks, in: Critics and Criticism. Ancient and Modern, hg. von dems., Chicago 1952, S. 83–107.
Crane, Ronald: The Concept of Plot and the Plot of Tom Jones, in: Critics and Criticism. Ancient and Modern, hg. von dems., Chicago 1952, S. 616–646.
Crane, Ronald: The Languages of Criticism and the Structure of Poetry, Toronto 1953.
Crane, Ronald: Criticism as Inquiry; or, The Perils of the ‚High Priori Road', in: ders.: The Idea of the Humanities and Other Essays Critical and Historical, Bd. 2, Chicago 1967, S. 25–44.
Crane, Ronald: Questions and Answers in the Teaching of Literary Texts, in: ders.: The Idea of the Humanities and Other Essays Critical and Historical, Bd. 2, Chicago 1967, S. 176–193.
Crane, Ronald: On Hypotheses in ‚Historical Criticism', in: ders.: The Idea of the Humanities and Other Essays Critical and Historical, Bd. 2, Chicago 1967, S. 236–260.
Crane, Tim: Aspects of Psychologism, Cambridge, MA 2014.
Crawford, Mary und Roger Chaffin: The Reader's Construction of Meaning. Cognitive Research on Gender and Comprehension, in: Gender and Reading. Essays on Readers, Texts, and Contexts, hg. von Elizabeth Flynn und Patrocino Schweickart, Baltimore 1986, S. 3–30.
Culler, Jonathan: Philosophy and Literature. The Fortunes of the Performative, in: Poetics Today 21/3 (2000), S. 503–519.
Currie, Gregory: Narratives and Narrators. A Philosophy of Stories, Oxford 2010.
Danneberg, Lutz: Interpretation und Argumentation: Fragestellungen der Interpretationstheorie, in: Vom Umgang mit Literatur und Literaturgeschichte. Positionen nach der Theoriedebatte, hg. von dems. und Friedrich Vollhardt, Stuttgart 1992, S. 13–23.
Danneberg, Lutz: Zur Theorie der werkimmanenten Interpretation, in: Zeitenwechsel. Germanistische Literaturwissenschaft vor und nach 1945, hg. von Wilfried Barner und Christoph König, Frankfurt/M. 1996, S. 313–342.
Danneberg, Lutz, Annette Gilbert und Carlos Spoerhase (Hg.): Das Werk. Verschwinden und Fortwirken eines grundlegenden literaturwissenschaftlichen Begriffs, Berlin 2019.
Dannhauer, Johann Conrad: Idea boni interpretis, 4. Aufl., Straßburg 1652.
Danziger, Kurt: Naming the Mind. How Psychology found its Language, London 1997.
Davidson, Donald: The Structure and Content of Truth, in: The Journal of Philosophy 87 (1990), S. 279–328.
Davidson, Donald: Reply to Bruce Vermazen, in: The Philosophy of Donald Davidson, hg. von Lewis Hahn, Chicago 1999, S. 654–655.
Davidson, Donald: The Myth of the Subjective, in: ders.: Subjective, Intersubjective, Objective, Oxford 2001, S. 39–52.
Davidson, Donald: The Social Aspect of Language, in: ders.: Truth, Language, and History, Oxford 2005, S. 109–125.
de Bary, Philip: Thomas Reid and Scepticism, London 2002.
de Jong, Irene J. F.: Aristotle on the Homeric Narrator, in: The Classical Quarterly 55 (2005), S. 616–621.
Demetz, Peter: Die alte und die neue Kritik, in: Die Zeit, Nr. 41 (13.10.1967).
Dennett, Daniel: Gilbert Ryle's Last Letter to Dennett, in: Electronic Journal of Analytic Philosophy 7 (2000), S. 1–5.
Derrida, Jacques: Grammatologie [1967], übers. von Hans-Jörg Rheinberger und Hanns Zischler, Frankfurt/M. 1974.
Derrida, Jacques: La ‚différance': Séance du samedi 27 janvier 1968, in: Bulletin de la Société française de Philosophie 62 (1968), S. 73–120.

Derrida, Jacques: Semiologie und Grammatologie [1968]. Gespräch mit Julia Kristeva, in: ders.: Positionen. Gespräche mit Henri Ronse, Julia Kristeva, Jean-Louis Houdebine, Guy Scarpetta, übers. von Dorothea Schmidt und Astrid Wintersberger, Wien 1986, S. 52–82.
Derrida, Jacques: Signature événement contexte, in: ders.: Marges de la philosophie, Paris 1972, S. 365–393.
Derrida, Jacques: Limited Inc. [1977], übers. von Werner Rappl und Dagmar Travner, Wien 2001.
Derrida, Jacques: Acts of Literature, hg. von Derek Attridge, London 1992.
Derrida, Jacques: Response to Mulhall, in: Ratio 13 (2000), S. 415–418.
Descartes, René: Œuvres, hg. von Charles Adam und Paul Tannery, 11 Bde., nouvelle édition, Paris 1996.
Detel, Wolfgang: Geist und Verstehen. Historische Grundlagen einer modernen Hermeneutik, Frankfurt/M. 2011.
Detel, Wolfgang: Kognition, Parsen und rationale Erklärung. Elemente einer allgemeinen Hermeneutik, Frankfurt/M. 2014.
Detel, Wolfgang: Hermeneutik der Literatur und Theorie des Geistes. Exemplarische Interpretationen poetischer Texte, Frankfurt/M. 2016.
Dilthey, Wilhelm: Über das Studium der Geschichte der Wissenschaften vom Menschen, der Gesellschaft und dem Staat [1875], in: ders.: Gesammelte Schriften, Bd. 5, Stuttgart 1957, S. 31–71.
Dilthey, Wilhelm: Einleitung in die Geisteswissenschaften [1883], in: ders.: Gesammelte Schriften, Bd. 1, Stuttgart 1959.
Dilthey, Wilhelm: Ideen über eine beschreibende und zergliedernde Psychologie [1894], in: ders.: Gesammelte Schriften, Bd. 5, Stuttgart 1957, S. 139–240.
Dilthey, Wilhelm: Beiträge zum Studium der Individualität [1895/96], in: ders.: Gesammelte Schriften, Bd. 5, Stuttgart 1957, S. 241–316.
Dilthey, Wilhelm: Die Entstehung der Hermeneutik [1900], in: ders.: Gesammelte Schriften, Bd. 5, Stuttgart 1957, S. 317–338.
Dilthey, Wilhelm: Studien zur Grundlegung der Geisteswissenschaften [1905], in: ders.: Gesammelte Schriften, Bd. 7, Stuttgart 1965, S. 1–75.
Dlugos, Peter: Yolton and Rorty on the Veil of Ideas, in: History of Philosophy Quarterly 13/3 (1996), S. 317–329.
Dray, William: R. G. Collingwood and the Understanding of Actions in History, in: ders.: Perspectives on History, London 1980, S. 9–26.
Dray, William: History as Re-Enactment. R. G. Collingwood's Idea of History, Oxford 1995.
Dretske, Fred: Naturalizing the Mind, Cambridge, MA 1995.
Drury, Maurice, Erich Heller, Norman Malcolm und Rush Rhees: Ludwig Wittgenstein. A Symposium. Assessments of the Man and the Philosopher, in: The Listener 63, Nr. 1609 (28.1.1960), S. 163–165.
Duff, Antony: Criminal Attempts, Oxford 1996.
Dummett, Michael: Ursprünge der analytischen Philosophie, übers. von Joachim Schulte, Frankfurt/M. 1988.
Dürr, Claudia und Tasos Zembylas: Wissen, Können und literarisches Schreiben. Eine Epistemologie der künstlerischen Praxis, Wien 2009.
Dutton, Denis: To Understand it on its Own Terms, in: Philosophy and Phenomenological Research 33/2 (1974), S. 246–256.

Dutton, Denis: The Art Instinct. Beauty, Pleasure and Human Evolution, Oxford 2009.
Ehlers, Klaas-Hinrich: Das dynamische System. Zur Entwicklung von Begriff und Metaphorik des Systems bei Jurij Tynjanov, Frankfurt/M. 1992.
Ehlich, Konrad: Zum Textbegriff, in: ders.: Sprache und sprachliches Handeln, Bd. 1: Pragmatik und Sprachtheorie, Berlin 2007, S. 531–549.
Ehrenpreis, Irvin: Personae, in: ders.: Literary Meaning and Augustan Values, Charlottesville, VA 1974, S. 49–60.
Eibl, Karl: Ist Literaturwissenschaft als Erfahrungswissenschaft möglich? Mit einigen Anmerkungen zur Wissenschaftsphilosophie des Wiener Kreises, in: Empirie in der Literaturwissenschaft, hg. von Philip Ajouri, Katja Mellmann und Christoph Rauen, Münster 2013, S. 19–45.
Enfield, Nicholas: The Ontology of Action, in Interaction, in: The Cambridge Handbook of Linguistic Anthropology, hg. von dems., Paul Kockelman und Jack Sidnell, Cambridge 2014, S. 423–446.
Entner, Heinz: Paul Fleming. Ein deutscher Dichter im dreißigjährigen Krieg, Leipzig 1989.
Epstein, Hans: Die Metaphysizierung in der literaturwissenschaftlichen Begriffsbildung und ihre Folgen. Dargestellt an drei Theorien des Literaturbarocks, Berlin 1929.
Farrow, Steve: Text World Theory and Cognitive Linguistics, in: Language & Communication 28 (2008), S. 276–281.
Ferrari, Giovanni: Aristotle's Literary Aesthetics, in: Phronesis 44 (1999), S. 181–197.
Finke, Peter: Kritische Überlegungen zu einer Interpretation Richard Alewyns, in: Interpretationsanalysen. Argumentationsstrukturen in literaturwissenschaftlichen Interpretationen, hg. von Walther Kindt und Siegfried Schmidt, München 1976, S. 16–39.
Firth, John: The Technique of Semantics, in: ders.: Papers in Linguistics 1934–1951, Oxford 1957, S. 7–35.
Fischer, Eugen: Therapie statt Theorie. Das Big Typescript als Schlüssel zu Wittgensteins später Philosophieauffassung, in: Wittgensteins „große Maschinenschrift". Untersuchungen zum philosophischen Ort des Big Typescripts im Werk Ludwig Wittgensteins, hg. von Stefan Majetschak, Frankfurt/M. 2006, S. 31–59.
Fischer, Eugen: Philosophical Delusion and its Therapy. Outline of a Philosophical Revolution, London 2010.
Fischer, Eugen: Verbal Fallacies and Philosophical Intuitions. The Continuing Relevance of Ordinary Language Analysis, in: Austin on Language, hg. von Brian Garvey, Basingstoke 2014, S. 124–140.
Fischer, Eugen: Philosophie der Philosophie, in: Grundriss Wissenschaftsphilosophie. Die Philosophien der Einzelwissenschaften, hg. von Simon Lohse und Thomas Reydon, Hamburg 2017, S. 77–104.
Fischer, Eugen: Two Analogy Strategies. The Cases of Mind Metaphors and Introspection, in: Connection Science 30 (2018), S. 211–243.
Fish, Stanley: Is there a Text in this Class? The Authority of Interpretive Communities, Cambridge, MA 1980.
Fish, Stanley: Doing What Comes Naturally. Change, Rhetoric, and the Practice of Theory in Literary and Legal Studies, Durham 1989.
Fish, Stanley: Biography and Intention, in: Contesting the Subject. Essays in Postmodern Theory and Practice of Biography and Biographical Criticism, hg. von William Epstein, West Lafayette, IN 1991, S. 9–16.

Fish, Stanley: One More Time, in: Postmodern Sophistry. Stanley Fish and the Critical Enterprise, hg. von Gary Olson und Lynn Worsham, Albany, NY 2004, S. 265–297.
Fish, Stanley: There is No Textualist Position, in: San Diego Law Review 2/42 (2005), S. 629–650.
Fix, Ulla: Grammatik des Wortes. Semantik des Textes. Freiräume und Grenzen für die Herstellung von Sinn, in: Regeln der Bedeutung. Zur Theorie der Bedeutung literarischer Texte, hg. von Gerhard Lauer, Matías Martínez und Simone Winko, Berlin 2003, S. 80–102.
Fix, Ulla: Analysieren, Verstehen und Interpretieren in der Sprachwissenschaft, in: Literatur interpretieren. Interdisziplinäre Beiträge zur Theorie und Praxis, hg. von Jan Borkowski, Stefan Descher, Felicitas Ferder und Philipp David Heine, Münster 2015, S. 91–118.
Fleck, Ludwik: Entstehung und Entwicklung einer wissenschaftlichen Tatsache. Einführung in die Lehre vom Denkstil und Denkkollektiv [1935]. Mit einer Einleitung hg. von Lothar Schäfer u. Thomas Schnelle, Frankfurt/M. 1980.
Fleck, Ludwik: Schauen, Sehen, Wissen [1947], in: ders.: Denkstile und Tatsachen. Gesammelte Schriften und Zeugnisse, hg. von Sylwia Werner und Claus Zittel, 2. Auflage, Berlin 2014, S. 390–418.
Floyd, Richard: The Non-Reificatory Approach to Belief, London 2017.
Fodor, Jerry: The Language of Thought, Cambridge, MA 1975.
Fodor, Jerry: Representations. Philosophical Essays on the Foundations of Cognitive Science, Cambridge, MA 1981.
Fodor, Jerry: A Theory of Content and Other Essays, Cambridge 1990.
Fodor, Jerry: Concepts. Where Cognitive Science Went Wrong, Oxford 1998.
Fodor, Jerry: Hume Variations, Oxford 2003.
Føllesdal, Dagfinn: Understanding and Rationality, in: Meaning and Understanding, hg. von Jacques Bouveresse und Herman Parret, Berlin 1981, S. 154–168.
Forster, Leonard: Literaturwissenschaft als Flucht vor der Literatur?, Wolfenbüttel 1978.
Foucault, Michel: Über verschiedene Arten, Geschichte zu schreiben [Gespräch mit R. Bellour, 1967], in: ders.: Dits et Ecrits, hg. von Daniel Defert und Francois Ewald unter Mitarbeit von Jacques Lagrange, übers. von Michael Bischoff, Hans-Dieter Gondek und Hermann Kocyba, Bd. 1, Frankfurt/M. 2001, S. 750–766.
Foucault, Michel: Ärzte, Richter und Hexer im 17. Jahrhundert [1969], in: ders.: Dits et Ecrits, hg. von Daniel Defert und Francois Ewald unter Mitarbeit von Jacques Lagrange, übers. von Michael Bischoff, Hans-Dieter Gondek und Hermann Kocyba, Bd. 1, Frankfurt/M. 2001, S. 958–973.
Frank, Manfred: Was ist ein literarischer Text, und was heißt es, ihn zu verstehen?, in: ders.: Das Sagbare und das Unsagbare. Studien zur deutsch-französischen Hermeneutik und Texttheorie, Frankfurt/M. 1989, S. 121–195.
Fränkel, Jonas: Von der Aufgabe und den Sünden der Philologie, in: ders.: Dichtung und Wissenschaft, Heidelberg 1958, S. 10–24.
Frazer, James: The Golden Bough. A Study in Magic and Religion, hg. von Robert Fraser, Oxford 1994.
Freeman, Mark und Charles Locurto: In Skinner's Wake. Behaviorism, Poststructuralism, and the Ironies of Intellectual Discourse, in: New Ideas in Psychology 12/1 (1994), S. 39–56.
Frege, Gottlob: Sinn und Bedeutung [1892], in: ders.: Funktion, Begriff, Bedeutung. Fünf logische Studien, hg. und eingel. von Günther Patzig, Göttingen 1962, S. 40-65.

Frege, Gottlob: Der Gedanke. Eine logische Untersuchung [1918], in: ders.: Logische Untersuchungen, hg. und eingel. von Günther Patzig, Göttingen 1966, S. 35–62.
Frege, Gottlob: Schriften zur Logik und Sprachphilosophie, hg. von Gottfried Gabriel, Hamburg 1971.
Frege, Gottlob: Grundgesetze der Arithmetik, Bd. 1 [1893], Hildesheim 1998.
Fricke, Christel: Frank Sibley, in: Ästhetik und Kunstphilosophie. Von der Antike bis zur Gegenwart in Einzeldarstellungen, hg. von Julian Nida-Rümelin und Monika Betzler, Stuttgart 1998, S. 736–742.
Fricke, Harald: Die Sprache der Literaturwissenschaft. Textanalytische und philosophische Untersuchungen, München 1977.
Fricke, Harald: Norm und Abweichung. Eine Philosophie der Literatur, München 1981.
Fricke, Harald: Zur Rolle von Theorie und Erfahrung in der Literaturwissenschaft, in: Colloquium Helveticum 4 (1986), S. 5–21.
Fricke, Harald: Wieviel Suggestion verträgt die Interpretation? Ein Versuch am lebenden Objekt der Karl-May-Forschung. Mit einem Exkurs zur Psychoanalyse, in: ders.: Literatur und Literaturwissenschaft. Beiträge zu Grundfragen einer verunsicherten Disziplin, Paderborn 1991, S. 45–62.
Fricke, Harald: Wieviele ‚Methoden' braucht die Literaturwissenschaft? Zur Konkurrenz wissenschaftlicher Standards in einem unwissenschaftlichen Fach, in: ders.: Literatur und Literaturwissenschaft. Beiträge zu Grundfragen einer verunsicherten Disziplin, Paderborn 1991, S. 169–188.
Fricke, Harald: Methoden? Prämissen? Argumentationsweisen! Überlegungen zur Konkurrenz wissenschaftlicher Standards in der Literaturwissenschaft, in: Vom Umgang mit Literatur und Literaturgeschichte. Positionen und Perspektiven nach der ‚Theoriedebatte', hg. von Lutz Danneberg und Friedrich Vollhardt, Stuttgart 1992, S. 211–227.
Fricke, Harald: Begriffsgeschichte und Explikation in der Literaturwissenschaft, in: Die Interdisziplinarität der Begriffsgeschichte, hg. von Gunter Scholtz, Hamburg 2000, S. 67–72.
Fricke, Harald: Textanalyse und Textinterpretation. Erkenntnis- und wissenschaftstheoretische Grundlagen, in: Handbuch Literaturwissenschaft, Bd. 2: Methoden und Theorien, hg. von Thomas Anz, Stuttgart 2007, S. 41–51.
Fricke, Harald: Invarianz und Variabilität von Gattungen, in: Handbuch Gattungstheorie, hg. von Rüdiger Zymner, Stuttgart 2010, S. 19–21.
Fricke, Harald und Klaus Weimar: Begriffsgeschichte im Explikationsprogramm. Konzeptuelle Anmerkungen zum neubearbeiteten Reallexikon der deutschen Literaturwissenschaft, in: Archiv für Begriffsgeschichte 39 (1996), S. 7–18.
Friedemann, Käte: Die Rolle des Erzählers in der Epik [1910], Darmstadt 1965.
Frith, Christopher: Making up the Mind. How the Brain Creates Our Mental World, Oxford 2013.
Fritz, Gerd: Art. Wortbedeutung in Theorien sprachlichen Handelns, in: Lexikologie. Ein internationales Handbuch zur Natur und Struktur von Wörtern und Wortschätzen, hg. von Alan Cruse u.a., Berlin 2002, S. 189–199.
Fritz, Gerd: Dynamische Texttheorie, 2. Aufl., Gießener Elektronische Bibliothek 2017 [http://geb.uni-giessen.de/geb/volltexte/2017/12601].
Fuhrmann, Manfred: Die Dichtungstheorie der Antike: Aristoteles, Horaz, ‚Longin', 2. Aufl., Darmstadt 1992.
Gadamer, Hans-Georg: Gesammelte Werke, Bd. 1: Wahrheit und Methode. Grundzüge einer philosophischen Hermeneutik, Tübingen 1990.

Gadamer, Hans-Georg: Gesammelte Werke, Bd. 2: Wahrheit und Methode. Ergänzungen. Register, Tübingen 1993.
Gadamer, Hans-Georg: Über den Beitrag der Dichtkunst bei der Suche nach der Wahrheit, in: ders.: Gesammelte Werke, Bd. 8: Ästhetik und Poetik I: Kunst als Aussage, Tübingen 1993, S. 70–79.
Gadamer, Hans-Georg: Sehen – Hören – Lesen, in: ders.: Gesammelte Werke, Bd. 8: Ästhetik und Poetik I: Kunst als Aussage, Tübingen 1993, S. 271–278.
Gaskin, Richard: Language, Truth, and Literature. A Defense of Literary Humanism, Oxford 2013.
Gauker, Christopher: Thinking Out Loud. An Essay on the Relation between Thought and Language, Princeton 1994.
Gauker, Christopher: Words without Meaning, Cambridge, MA 2003.
Gauker, Christopher: Attitudes without Psychology, in: Facta Philosophica 5 (2003), S. 239–256.
Gauker, Christopher: On the Alleged Priority of Thought over Language, in: John Searle's Philosophy of Language, hg. von Savas Tsohatzidis, Cambridge 2007, S. 125–142.
Garber, Klaus: Zum Bilde Richard Alewyns, München 2005.
Gardiner, Patrick: The ‚Objects' of Historical Knowledge, in: Philosophy 27 (1952), S. 211–220.
Gardt, Andreas: Textsemantik. Methoden der Bedeutungserschließung, in: Geschichte der Sprache und Sprache der Geschichte. Probleme und Perspektiven der historischen Sprachwissenschaft des Deutschen, hg. von Jochen Bär und Marcus Müller, Berlin 2012, S. 61–82.
Gavins, Joanna und Gerard Steen: Contextualising Cognitive Poetics, in: Cognitive Poetics in Practice, hg. von dens., London 2003, S. 1–12.
Genette, Gérard: Structuralisme et critique littéraire [1965], in: ders.: Figures I, Paris 1966, S. 145–170.
Genette, Gérard und Marc Fumaroli: Comment parler de la littérature?, in: Le Débat 29 (1984), S. 139–157.
George, Alexander: Quine's Indeterminacy. A Paradox Resolved and a Problem Revealed, in: The Harvard Review of Philosophy 9 (2014), S. 41–55.
Geuss, Raymond: Philosophy and Real Politics, Princeton 2008.
Glock, Hans-Johann: A Wittgenstein Dictionary, Oxford 1996.
Glock, Hans-Johann: Abusing Use, in: Dialectica 50/3 (1996), S. 205–223.
Glock, Hans-Johann: Wie kam die Bedeutung zur Regel?, in: Deutsche Zeitschrift für Philosophie 48/3 (2000), S. 429–447.
Glock, Hans-Johann: Wittgenstein and Quine. Mind, Language and Behaviour, in: Wittgenstein and Contemporary Philosophy of Mind, hg. von Severin Schroeder, Basingstoke 2000, S. 3–23.
Glock, Hans-Johann: Quine and Davidson on Language, Thought and Reality, Cambridge 2003.
Glock, Hans-Johann: Ludwig Wittgenstein. Sprache, Bedeutung und Gebrauch, in: Klassiker der Philosophie heute, hg. von Ansgar Beckermann und Dominik Perler, Stuttgart 2004, S. 601–622.
Glock, Hans-Johann: What is Analytic Philosophy?, Cambridge 2008.
Glock, Hans-Johann: Concepts. Where Subjectivism Goes Wrong, in: Philosophy 84 (2009), S. 5–29.
Glock, Hans-Johann: Meaning, Rules, and Conventions, in: Wittgenstein's Enduring Arguments, hg. von Edoardo Zamuner, London 2009, S. 156–178.

Glock, Hans-Johann: Unverständlichkeit verständlich machen, in: Fiktion, Wahrheit, Interpretation. Philologische und philosophische Perspektiven, hg. von Jürgen Daiber, Eva Maria Konrad, Thomas Petraschka und Hans Rott, Paderborn 2013, S. 220–239.

Glock, Hans-Johann: Reasons for Action. Wittgensteinian and Davidsonian Perspectives, in: Historical and Meta-Philosophical Context, in: Nordic Wittgenstein Review 3/1 (2014), S. 7–46.

Glock, Hans-Johann: Propositional Attitudes, Intentional Contents and Other Representationalist Myths, in: Mind, Language and Action, hg. von Danièle Moyal-Sharrock, Volker Munz und Annalisa Cova, Berlin 2015, S. 523–548.

Gloning, Thomas: Bedeutung, Gebrauch und sprachliche Handlung. Ansätze und Probleme einer handlungstheoretischen Semantik aus linguistischer Sicht, Tübingen 1996.

Gloning, Thomas: Wortbedeutung, Wortgebrauch, Wortschatzaufbau. Zu den Grundlagen und Aufgaben historischer Wörterbücher und historisch-lexikologischer Informationssysteme, in: Lexikographie und Grammatik des Mittelhochdeutschen, hg. von Ralf Plate und Andrea Rapp, Mainz 2005, S. 61–97.

Goethe, Johann Wolfgang: Sämtliche Werke nach Epochen seines Schaffens. Bd. 8.1: Briefwechsel zwischen Schiller und Goethe in den Jahren 1794 bis 1805, hg. von Manfred Beetz, München 1990.

Goldberg, Bruce: Mechanism and Meaning, in: Knowledge and Mind. Philosophical Essays, hg. von Carl Ginet und Sydney Shoemaker, New York 1983, S. 191–210.

Goldman, Alan: Interpreting Art and Literature, in: The Journal of Aesthetics and Art Criticism 48/3 (1990), S. 205–214.

Goldman, Alvin: Simulating Minds. The Philosophy, Psychology, and Neuroscience of Mindreading, Oxford 2006.

Goodman, Nelson: On Thoughts Without Words, in: ders.: Of Mind and Other Matters, Cambridge, MA 1984, S. 21–28.

Goodman, Nelson: On Hempel's Paper, in: Starmaking. Realism, Anti-Realism, and Irrealism, hg. von Peter McCormick, Cambridge, MA 1996, S. 206–208.

Goodman, Nelson und Catherine Elgin: Sights Unseen, in: dies.: Reconceptions in Philosophy and Other Arts and Sciences, Indianapolis 1988, S. 83–92.

Goodman, Nelson und Catherine Elgin: A Reconception in Philosophy, in: dies.: Reconceptions in Philosophy and Other Arts and Sciences, Indianapolis 1988, S. 153–166.

Göttner, Heide: Logik der Interpretation. Analyse einer literaturwissenschaftlichen Methode unter kritischer Betrachtung der Hermeneutik, München 1973.

Gottsched, Johann Christoph: Versuch einer Critischen Dichtkunst, Leipzig 1751.

Gottsched, Johann Christoph: Erste Gründe der Weltweisheit, Bd. 1, Leipzig 1756.

Gottsched, Johann Christoph: Ausführliche Redekunst, Leipzig 1759.

Gottsched, Johann Christoph: Vorübungen der lateinischen und deutschen Dichtkunst zum Gebrauch der Schulen entworfen, Leipzig 1760.

Graff, Gerald: How I Learned to Stop Worrying and Love Stanley, in: Postmodern Sophistry. Stanley Fish and the Critical Enterprise, hg. von Gary Olson und Lynn Worsham, Albany, NY 2004, S. 27–41.

Green, Karen: Brain Writing and Derrida, in: The Australasian Journal of Philosophy 71/3 (1993), S. 238–255.

Green, Karen: A Plague on Both Your Houses, in: The Monist 82/2 (1999), S. 278–303.

Grice, Paul: Studies in the Way of Words, Cambridge, MA 1989.

Griffin, Jasper: Homer on Life and Death, Oxford 1980.

Griffin, Jasper: The Odyssey, Cambridge 2004.
Gross, Sabine und Hans Adler: Adjusting the Frame. Comments on Cognitivism and Literature, in: Poetics Today 23/2 (2002), S. 195–220.
Grotzer, Peter: Der Streit um die ‚Nouvelle Critique', in: Schweizer Monatshefte 47/6 (1967), S. 597–610.
Grotzer, Peter: ‚Poétique'. Eine neue Literaturzeitschrift in Frankreich, in: Schweizer Monatshefte 50/11(1971), S. 995–999.
Gulley, Norman: Aristotle on the Purposes of Literature, in: Articles on Aristotle, Bd. 4, hg. von Jonathan Barnes, Michael Schofield und Richard Sorabji, London 1979, S. 166–175.
Gumbrecht, Hans Ulrich: Diesseits der Hermeneutik. Über die Produktion von Präsenz, Frankfurt/M. 2004.
Haack, Susan: Science, Scientism, and Anti-Science in the Age of Preposterism, in: Skeptical Inquirer 21/6 (1997), S. 37–42.
Haack, Susan: Confessions of an Old-Fashioned Prig, in: dies.: Manifesto of a Passionate Moderate, Chicago 1998, S. 7–30.
Haack, Susan: Defending Science – Within Reason. Between Scientism and Cynicism, Amherst, NY 2007.
Haack, Susan: Putting Philosophy to Work. Inquiry and Its Place in Culture, Amherst, NY 2008.
Haack, Susan: Evidence Matters. Science, Proof, and Truth in the Law, Cambridge 2014.
Hacker, Peter: Languages, Minds and Brains, in: Mindwaves, hg. von Colin Blakemore, Oxford 1987, S. 485–505.
Hacker, Peter: Appearance and Reality. A Philosophical Investigation into Perception and Perceptual Qualities, Oxford 1987.
Hacker, Peter: Chomsky's Problems, in: Language & Communication 10/2 (1990), S. 127–148.
Hacker, Peter: Wittgenstein. Meaning and Mind, Oxford 1990.
Hacker, Peter: Seeing, Representing and Describing. An Examination of David Marr's ‚Computational Theory of Vision', in: Investigating Psychology. Sciences of the Mind After Wittgenstein, hg. von John Hyman, London 1991, S. 119–154.
Hacker, Peter: Experimental Methods and Conceptual Confusion. An Investigation into R. L. Gregory's Theory of Perception, in: Iyyun 40 (1991), S. 289–314.
Hacker, Peter: Malcolm and Searle on ‚Intentional Mental States', in: Philosophical Investigations 15 (1992), S. 245–275.
Hacker, Peter: Wittgenstein. Mind and Will, Oxford 1996.
Hacker, Peter: Wittgenstein's Place in Twentieth Century Analytic Philosophy, Oxford 1996.
Hacker, Peter: Davidson on First-Person Authority, in: The Philosophical Quarterly 47 (1997), S. 285–304.
Hacker, Peter: Wittgenstein on Human Nature, London 1997.
Hacker, Peter: Carnaps ‚Überwindung der Metaphysik', in: Deutsche Zeitschrift für Philosophie 48 (2000), S. 469–486.
Hacker, Peter: Verstehen wollen, in: Was ist ein philosophisches Problem?, hg. von Joachim Schulte und Uwe Justus Wenzel, Frankfurt/M. 2001, S. 54–71.
Hacker, Peter: Wittgenstein and the Autonomy of Humanistic Understanding, in: ders.: Wittgenstein: Connections and Controversies, Oxford 2001, S. 34–73.
Hacker, Peter: Wittgenstein on Frazer's Golden Bough, in: ders.: Wittgenstein: Connections and Controversies, Oxford 2001, S. 74–97.

Hacker, Peter: Strawson's Rehabilitation of Metaphysics, in: ders.: Wittgenstein: Connections and Controversies, Oxford 2001, S. 345–370.
Hacker, Peter: Eliminative Materialism, in: Wittgenstein and Contemporary Philosophy of Mind, hg. von Severin Schroeder, London 2001, S. 60–84.
Hacker, Peter: Of the Ontology of Belief, in: Semantik und Ontologie. Beiträge zur philosophischen Forschung, hg. von Mark Siebel und Mark Textor, Frankfurt/M. 2004, S. 185–222.
Hacker, Peter: Wittgenstein and Quine. Proximity at great distance, in: Wittgenstein and Quine, hg. von Robert Arrington und Hans-Johann Glock, London 2005, S. 1–38.
Hacker, Peter: Analytic Philosophy. Beyond the Linguistic Turn and Back Again, in: The Analytic Turn. Analysis in Early Analytic Philosophy and Phenomenology, hg. von Michael Beaney, London 2006, S. 125–141.
Hacker, Peter: Human Nature. The Categorial Framework, Oxford 2007.
Hacker, Peter: Agential Reasons and the Explanation of Human Behaviour, in: New Essays on the Explanation of Action, hg. von Constantine Sandis, London 2009, S. 75–93.
Hacker, Peter: Philosophy: a Contribution not to Human Knowledge, but to Human Understanding, in: The Nature of Philosophy, hg. von Anthony O'Hear, Cambridge 2010, S. 219–254.
Hacker, Peter: A Plague on Both Your ,Isms', in: American Philosophical Quarterly 48/2 (2011), S. 97–111.
Hacker, Peter: Language, Language-Games and Forms of Life, in: Forms of Life and Language Games, hg. von Jesús Padilla Gálvez und Margit Gaffal, Frankfurt/M. 2011, S. 17–36.
Hacker, Peter: Zwei Auffassungen von Sprache, in: Deutsche Zeitschrift für Philosophie 60/6 (2012), S. 843–860.
Hacker, Peter: The Relevance of Wittgenstein's Philosophy of Psychology to the Psychological Sciences, in: Wittgenstein. Zu Philosophie und Wissenschaft, hg. von Pirmin Stekeler-Weithofer, Hamburg 2012, S. 205–223.
Hacker, Peter: The Intellectual Powers: A Study of Human Nature, Oxford 2013.
Hacker, Peter: Wittgenstein's Anthropological and Ethnological Approach, in: ders.: Wittgenstein: Comparisons and Context, Oxford 2013, S. 111–127.
Hacker, Peter: The Linguistic Turn in Analytic Philosophy, in: The Oxford Handbook of the History of Analytic Philosophy, hg. von Michael Beaney, Oxford 2013, S. 926–947.
Hacker, Peter: Crane on Intentionality, in: The Harvard Review of Philosophy 19 (2013), S. 46–58.
Hacker, Peter: The Passions. A Study of Human Nature, Oxford 2017.
Hacker, Peter und Gordon Baker: Frege. Logical Excavations, Oxford 1984.
Hacker, Peter und Gordon Baker: Language, Sense and Nonsense. A Critical Investigation into Modern Theories of Language, Oxford 1984.
Hacker, Peter und Maxwell Bennett: Philosophical Foundations of Neuroscience, Oxford 2003.
Hacker, Peter und Maxwell Bennett: History of Cognitive Neuroscience, Oxford 2008.
Hacker, Peter und Gordon Baker: Wittgenstein. Understanding and Meaning. Part I: Essays, 2. Aufl., Oxford 2009.
Hacker, Peter und Gordon Baker: Wittgenstein: Rules, Grammar and Necessity, 2. Aufl., Oxford 2009.
Hacker, Peter und Parashkev Nachev: The Neural Antecedents to Voluntary Action. A Conceptual Analysis, in: Cognitive Neuroscience 5/3–4 (2014), S. 193–208.

Hacker, Peter und Maxwell Bennett: On Explaining and Understanding Cognitive Behaviour, in: The Australian Journal of Psychology 67/4 (2015), S. 1-10.
Hacking, Ian: Einführung in die Philosophie der Naturwissenschaften, Stuttgart 1996.
Hacking, Ian: The Social Construction of What?, Cambridge, MA 1999.
Haller, Rudolf: War Wittgenstein von Spengler beeinflußt?, in: ders.: Fragen zu Wittgenstein und Aufsätze zur österreichischen Philosophie, Amsterdam 1986, S. 170-186.
Haller, Rudolf: Lebensform oder Lebensformen?, in: ders.: Fragen zu Wittgenstein und Aufsätze zur österreichischen Philosophie, Amsterdam 1986, S. 208-216.
Halliwell, Stephen: Aristotle's Poetics, 2. Aufl., Chicago 1998.
Halliwell, Stephen: Rewards of Mimesis. Pleasure, Understanding, and Emotion in Aristotle's Aesthetics, in: ders.: Aesthetics of Mimesis, Princeton 2002, S. 177-206.
Halliwell, Stephen: Art. Aesthetics in Antiquity, in: A Companion to Aesthetics, hg. von Stephen Davies, 2. Aufl., Oxford 2009, S. 10-21.
Hampshire, Stuart: Thought and Action, London 1959.
Hamsphire, Stuart: Justice is Conflict, London 1999.
Hanfling, Oswald: Philosophy and Ordinary Language. The Bent and Genius of Our Tongue, London 2000.
Hansen, Nat: Contemporary Ordinary Language Philosophy, in: Philosophy Compass 9/8 (2014), S. 556-569.
Hanson, Norwood: Patterns of Discovery. An Inquiry Into the Conceptual Foundations of Science, Cambridge 1958.
Harding, Denys: Psychological Processes in the Reading of Fiction, in: The British Journal of Aesthetics 2 (1962), S. 133-147.
Harding, Denys: Considered Experience. The Invitation of the Novel, in: English in Education 1/2 (1967), S. 7-15.
Harding, Denys: The Bond with the Author, in: The Use of English 22/4 (1971), S. 307-325.
Harding, Denys: Experience into Words. Essays on Poetry, London 1979.
Harris, James: Three Treatises [1744], in: ders.: The Works of James Harris, London 1801, S. 1-204.
Harris, James: Philological Inquiries, London 1781.
Harris, Roy: The Language Myth, London 1981.
Harris, Roy: Rethinking Writing, London 2000.
Harris, Roy: Rationality and the Literate Mind, London 2009.
Hart, Herbert: The Concept of Law [1961], hg. von Penelope Bulloch und Joseph Raz, 3. Aufl., Oxford 2012.
Hart, Herbert: Punishment and Responsibility. Essays in the Philosophy of Law, 2. Aufl., Oxford 2008.
Hasselberger, William: Human Agency, Reasons and Inter-Subjective Understanding, in: Philosophy 89 (2014), S. 135-160.
Hawcroft, Michael: Molière. Reasoning with Fools, Oxford 2007.
Heath, Malcolm: The Origins of Modern Pindaric Criticism, in: The Journal of Hellenic Studies 106 (1987), S. 85-98.
Heath, Malcolm: Unity in Greek Poetics. Oxford 1989.
Heath, Malcolm: Interpreting Classical Texts, London 2002.
Heath, Malcolm: Ancient Philosophical Poetics, Cambridge 2013.
Heckhausen, Heinz: Motivation und Handlung, 2. Aufl., Berlin 1989.

Heeschen, Volker: The Narration ‚Instinct'. Every Talk and Aesthetic Forms of Communication in Communities of the New Guinea Mointains, in: Verbal Art across Cultures. The Aesthetics and Proto-Aesthetics of Communication, hg. von Hubert Knoblauch, Tübingen 2001, S. 137–165.

Heidegger, Martin: Sein und Zeit [1927], 11. Aufl., Tübingen 1967.

Heintz, Bettina: Die Innenwelt der Mathematik. Zur Kultur und Praxis einer beweisenden Disziplin, Wien 2000.

Heinze, Richard: Die gegenwärtigen Aufgaben der römischen Literaturgeschichte, Antrittsvorlesung, gehalten in der Aula der Universität Leipzig am 24. Oktober 1906, in: Neue Jahrbücher für Antike und Deutsche Bildung 19 (1907), S. 161–175.

Heinze, Richard: Virgils epische Technik, 3. Aufl., Leipzig 1915.

Heinze, Richard und Adolf Kiessling: Q. Horatius Flaccus, 2. Teil: Satiren, Berlin 1921.

Heinze, Richard: Von den Ursachen der Größe Roms. Rede, gehalten beim Antritt des Rektorats an der Universität Leipzig am 31. Oktober 1921, in: ders.: Vom Geist des Römertums. Ausgewählte Aufsätze, hg. von Erich Burck, 4. Aufl., Darmstadt 1972, S. 9–27.

Heinze, Richard: Augusteische Kultur, Leipzig 1930.

Heinze, Richard und Adolf Kiessling: Horaz. Briefe, 6. Aufl., Berlin 1959.

Hempel, Carl: The Logical Analysis of Psychology, in: Readings in Philosophical Analysis, hg. von Herbert Feigl und Wilfried Sellars, New York 1949, S. 373–384.

Hempel, Carl: Aspects of Scientific Explanation and Other Essays in the Philosophy of Science, New York 1965.

Hempel, Carl: Comments on Goodman's ‚Ways of Worldmaking' [1980], in: Starmaking. Realism, Anti-Realism, and Irrealism, hg. von Peter McCormick, Cambridge, MA 1996, S. 125–132.

Hempfer, Klaus: Poststrukturale Texttheorie und narrative Praxis. Tel Quel und die Konstitution eines nouveau nouveau roman, München 1976.

Herder, Johann Gottfried: Erstes Kritisches Wäldchen [1769], in: ders.: Werke, Bd. 2: Schriften zur Ästhetik und Literatur 1767–1781, hg. von Gunter Grimm, Frankfurt/M. 1993, S. 75–245.

Herder, Johann Gottfried: Kalligone [1800], in: ders.: Werke, Bd. 8: Schriften zur Literatur und Philosophie 1792–1800, hg. von Hans-Dietrich Irmscher, Frankfurt/M. 1998, S. 641–971.

Herder, Johann Gottfried: Frühe Schriften 1764–1772, hg. von Ulrich Gaier, Frankfurt/M. 1985.

Hermann, Gottfried: De officio interpretis, in: ders.: Opuscula, Bd. 7, Leipzig 1839, S. 97–128.

Hickok, Gregory: The Myth of Mirror Neurons. The Real Neuroscience of Communication and Cognition, New York 2014.

Hirsch, Eric: Validity in Interpretation, London 1967.

Hirsch, Eric: The Aims of Interpretation, Chicago 1976.

Hißmann, Michael: Anleitung zur Kenntniss der auserlesenen Litteratur in allen Theilen der Philosophie, Göttingen 1778.

Hofmannsthal, Hugo von: Studie über die Entwicklung des Dichters Victor Hugo [1901], in: ders.: Reden und Aufsätze I. 1891–1913, hg. von Bernd Schoeller in Beratung mit Rudolf Hirsch, Frankfurt/M. 1979, S. 247–320.

Hofmannsthal, Hugo von: Lebensformen von W. Fred [1911], in: ders.: Reden und Aufsätze I. 1891–1913, hg. von Bernd Schoeller in Beratung mit Rudolf Hirsch, Frankfurt/M. 1979, S. 400–402.

Hogan, Patrick Colm: Cognitive Science, Literature, and the Arts. A Guide for Humanists, London 2003.
Holland, Norman: Literature and the Brain, Gainesville, FA 2009.
Home, Henry: Elements of Criticism, hg. von Peter Jones, 2. Bde., Indianapolis 2005.
Hookway, Christopher: Questions, Epistemology, and Inquiries, in: Grazer Philosophische Studien 77 (2008), S. 1–21.
Hörmann, Hans: Meinen und Verstehen. Grundzüge einer psychologischen Semantik, Frankfurt/M. 1976.
Houdebine, Jean-Louis: Première approche de la notion de texte, in: Tel Quel: Théorie d'ensemble, Paris 1968, S. 270–284.
Howell, Wilbur: Aristotle and Horace on Rhetoric and Poetics, in: ders.: Poetics, Rhetoric, and Logic. Studies in the Basic Disciplines of Criticism, London 1975, S. 45–72.
Hume, David: A Treatise of Human Nature [1738], hg. und bearb. von Peter Nidditch, 2. Aufl., Oxford 1978.
Hume, David: Enquiries Concerning Human Understanding and Concerning the Principles of Morals [1748/51], hg. und bearb. von Peter Nidditch, 3. Aufl., Oxford 1975.
Hume, David: Of Tragedy [1757], in: Essays, Moral, Political, and Literary, hg. von Eugene Miller, Indianapolis 1987, S. 216–225.
Hume, David: Dialogues Concerning Natural Religion [1776], hg. von John Gaskin, Oxford 1993.
Hunter, John: Essays after Wittgenstein, Toronto 1973.
Husserl, Edmund: Formale und transzendentale Logik. Versuch einer Kritik der logischen Vernunft, Halle 1929.
Husserl, Edmund: Logische Untersuchungen, Bd. 1: Prolegomena zur reinen Logik [1900], hg. von Elmar Holenstein, Den Haag 1984.
Husserl, Edmund: Logische Untersuchungen, Bd. 2: Untersuchungen zur Phänomenologie und Theorie der Erkenntnis [1902], hg. von Ursula Panzer, Den Haag 1984.
Husserl, Edmund: Cartesianische Meditationen und Pariser Vorträge, hg. von Stefan Strasser, Den Haag 1963.
Hutto, Daniel: Enactivism. From a Wittgensteinian Point of View, in: American Philosophical Quarterly 50/3 (2013), S. 281–302.
Hutto, Daniel: Psychology's Inescapable Need for Conceptual Clarification, in: A Wittgensteinian Perspective on the Use of Conceptual Analysis in Psychology, hg. von Kathleen Slaney und Timothy Racine, Basingstoke 2013, S. 28–50.
Hutto, Daniel und Shaun Gallagher: Understanding Others through Primary Interaction and Narrative Practice, in: The Shared Mind, hg. von Timothy Racine, Amsterdam 2008, S. 17–38.
Hutto, Daniel und Erik Myin: Radicalizing Enactivism. Basic Minds without Content, Cambridge, MA 2013.
Hyman, John: Introduction, in: Investigating Psychology. Sciences of the Mind after Wittgenstein, hg. von dems., London 1991, S. 1–24.
Hyman, John: Art. Language and Pictorial Art, in: A Companion to Aesthetics, hg. von David Cooper, Oxford 1992, S. 261–268.
Hyman, John: The Objective Eye. Colour, Form and Reality in the Theory of Art, Chicago 2006.
Hyman, John: Action, Knowledge, and Will, Oxford 2015.
Ickler, Theodor: Skinner und ‚Skinner'. Ein Theorienvergleich, in: Sprache und Kognition 13 (1994), S. 221–229.

Ickler, Theodor: Wirkliche Zeichen, in: Wortschatz und Orthographie in Geschichte und Gegenwart, hg. von Peter Müller und Bernd Naumann, Tübingen 2000, S. 199–223.
IJsseling, Samuel: Lesen und Schreiben. Husserl über Texte, in: Distanz und Nähe. Reflexionen und Analysen zur Kunst der Gegenwart, hg. von Petra Jaeger und Rudolf Lüthe, Würzburg 1983, S. 173–190.
Ineichen, Hans: Philosophische Hermeneutik, Freiburg/Br. 1991.
Ingarden, Roman: Das literarische Kunstwerk [1931], 4. Aufl., Tübingen 1972.
Ingarden, Roman: Vom Erkennen des literarischen Kunstwerks, Tübingen 1968.
Ingarden, Roman: Über die Poetik, in: ders.: Gegenstand und Aufgaben der Literaturwissenschaft. Aufsätze und Diskussionsbeiträge, Tübingen 1976, S. 29–89.
Isenberg, Arnold: Critical Communication, in: ders.: Aesthetics and the Theory of Criticism: Selected Essays, hg. von William Callaghan u.a., Chicago 1973, S. 156–171.
Isenschmid, Andreas: Peter Szondi. Portrait des Literaturwissenschaftlers als junger Mann, in: Textgelehrte. Literaturwissenschaft und literarisches Wissen im Umfeld der kritischen Theorie, hg. von Nicolas Berg und Dieter Burdorf, Göttingen 2014, S. 389–408.
Iser, Wolfgang: Die Appellstruktur der Texte. Unbestimmtheit als Wirkungsbedingung literarischer Prosa, Konstanz 1970.
Jackendoff, Ray: Conceptual Semantics, in: Meaning and Mental Representations, hg. von Umberto Eco, Marco Santambrogio und Patrizia Violi, Bloomington, IN 1988, S. 81–97.
Jackendoff, Ray: A User's Guide to Thought and Meaning, Oxford 2012.
Jäger, Ludwig: Chomskys Problem, in: Zeitschrift für Sprachwissenschaft 12/2 (1993), S. 235–260.
Jahn, Thomas: Zum Wortfeld ‚Seele-Geist' in der Sprache Homers, München 1987.
Jahraus, Oliver und Stefan Neuhaus: Die Methodologie der Literaturwissenschaft und die Kafka-Interpretation, in: Kafkas ‚Urteil' und die Literaturtheorie. Zehn Modellanalysen, hg. von dens., Stuttgart 2002, S. 23–34.
James, William: The Principles of Psychology [1890], New York 1950.
Jannidis, Fotis: Art. Intention, in: Reallexikon der deutschen Literaturwissenschaft, Bd. 2, hg. von Harald Fricke, Berlin 2000, S. 160–162.
Jannidis, Fotis: Autor, Autorbild und Autorintention, in: editio 16 (2002), S. 26–35.
Jannidis, Fotis: Zwischen Autor und Erzähler, in: Autorschaft. Positionen und Revisionen, hg. von Heinrich Detering, Stuttgart 2002, S. 540–556.
Jannidis, Fotis: Figur und Person. Beitrag zu einer historischen Narratologie, Berlin 2004.
Jannidis, Fotis: Art. Autorfunktion, in: Metzler Lexikon Literatur- und Kulturtheorie. Ansätze – Personen – Grundbegriffe, hg. von Ansgar Nünning, 3., erw. und akt. Aufl., Stuttgart 2004, S. 38.
Jannidis, Fotis: Analytische Hermeneutik. Eine vorläufige Skizze, in: Heuristiken der Literaturwissenschaft. Disziplinexterne Perspektiven auf Literatur, hg. von Uta Klein, Katja Mellmann und Stefanie Metzger, Paderborn 2006, S. 131–144.
Johnson-Laird, Philip: The Mental Representation of the Meaning of Words, in: Readings in Philosophy and Cognitive Science, hg. von Alvin Goldman, Cambridge, MA 1993, S. 561–583.
Joseph, John: The Linguistic Sign, in: The Cambridge Companion to Saussure, hg. von Carol Sanders, Cambridge 2006, S. 59–75.
Joseph, Miriam: Shakespeare's Use of the Arts of Language, New York 1947.
Juhl, Peter: Interpretation. An Essay in the Philosophy of Literary Criticism, Princeton 1980.
Jung, Matthias: Der bewusste Ausdruck. Anthropologie der Artikulation, Berlin 2009.

Kahrmann, Cordula, Gunter Reiß und Manfred Schluchter: Erzähltextanalyse. Eine Einführung in die Grundlagen und Verfahren, 4. Aufl., Weinheim 1996.
Kainz, Friedrich: Psychologie der Sprache, Bd. 4: Spezielle Sprachpsychologie, Stuttgart 1967.
Kallich, Martin: The Association of Ideas and Critical Theory in Eighteenth-Century England. A History of a Psychological Method in English Criticism, The Hague 1970.
Kant, Immanuel: Kritik der reinen Vernunft [1781/87], hg. von Raymund Schmidt, Hamburg 1976.
Kanterian, Edward: Analytische Philosophie, Frankfurt/M. 2004.
Kanterian, Edward: Frege. A Guide for the Perplexed, London 2012.
Kayser, Wolfgang: Literarische Wertung und Interpretation, in: Die Vortragsreise. Studien zur Literatur, Bern 1958, S. 39–57.
Kayser, Wolfgang: Vom Werten der Dichtung, in: ders.: Die Vortragsreise. Studien zur Literatur, Bern 1958, S. 58–70.
Kayser, Wolfgang: Kleist als Erzähler, in: ders.: Die Vortragsreise. Studien zur Literatur, Bern 1958, S. 169–183.
Kayser, Wolfgang: Das sprachliche Kunstwerk. Eine Einführung in die Literaturwissenschaft, Bern 1961.
Keller, Rudi: Zeichentheorie, Tübingen 1995.
Kelleter, Frank: A Tale of Two Natures. Worried Reflections on the Study of Literature and Culture in an Age of Neuroscience and Neo-Darwinism, in: Journal of Literary Theory 1/1 (2007), S. 153–189.
Kemmerling, Andreas: Überzeugungen für Naturalisten, in: Proceedings of the 2nd Conference ‚Perspectives in Analytical Philosophy', Bd. 3, Berlin 1997, S. 59–83.
Kemmerling, Andreas: Wissenschaft oder Unsinn? Vor hundert Jahren wurde Gilbert Ryle geboren, in: Neue Zürcher Zeitung, 19.8.2000, S. 66.
Kemmerling, Andreas: Vom Unverständlichen zum als selbstverständlich Vorausgesetzten. Lockes unerläuterter Ideenbegriff, in: Aufklärung 18 (2006), S. 7–20.
Kemmerling, Andreas: Die Meinensstrategie. Ein Grundmuster rationaler Überzeugungsbeeinflussung in der sprachlichen Verständigung, in: Überzeugungsstrategien, hg. von Angelos Chaniotis, Amina Kropp und Christine Steinhoff, Berlin 2009, S. 9–20.
Kempski, Jürgen von: Wittgenstein und die Analytische Philosophie, in: Merkur 161 (1961), S. 664–667.
Kempski, Jürgen von: Über Wittgenstein, in: Neue Deutsche Hefte 82 (1961), S. 43–60.
Kempski, Jürgen von: Brechungen. Kritische Versuche zur Philosophie der Gegenwart, hg. von Achim Eschbach, Frankfurt/M. 1992.
Kenny, Anthony: Descartes. A Study of His Philosophy, Bristol 1968.
Kenny, Anthony: Language and the Mind, in: ders.: The Legacy of Wittgenstein, Oxford 1984, S. 137–147.
Kenny, Anthony: The Homunculus Fallacy, in: Investigating Psychology. Sciences of the Mind after Wittgenstein, hg. von John Hyman, London 1991, S. 155–165.
Kenny, Anthony: Frege, London 1995.
Kenny, Anthony: Cognitive Scientism, in: ders.: From Empedokles to Wittgenstein. Historical Essays in Philosophy, Oxford 2008, S. 149–162.
Kerferd, George: Meaning and Reference. Gorgias and the Relation between Language and Reality, in: The Sophistic Movement, hg. von Konstantine Boudouris, Athen 1984, S. 215–222.

Kermode, Frank: The Single Correct Interpretation, in: ders.: Essays on Fiction, London 1983, S. 201–220.
Kindi, Vasso: Wittgenstein and Philosophy of Science, in: A Companion to Wittgenstein, hg. von Hans-Johann Glock und John Hyman, Oxford 2017, S. 587–602.
Kindt, Tom und Hans-Harald Müller: Konstruierte Ahnen. Forschungsprogramme und ihre Vorläufer. Dargestellt am Beispiel des Verhältnisses der geistesgeschichtlichen Literaturwissenschaft zu Wilhelm Dilthey, in: Literaturwissenschaft und Wissenschaftsforschung, hg. von Jörg Schönert, Stuttgart 2000, S. 150–173.
Kindt, Tom und Hans-Harald Müller: Dilthey gegen Scherer. Geistesgeschichte contra Positivismus. Zur Revision eines wissenschaftshistorischen Stereotyps, in: Deutsche Vierteljahrsschrift für Literaturwissenschaft und Geistesgeschichte 74/4 (2000), S. 685–709.
Kindt, Tom und Hans-Harald Müller: Implied Author. Concept and Controversy, Berlin 2006.
Kindt, Tom und Tilmann Köppe: Moderne Interpretationstheorien. Ein Reader, Göttingen 2008.
Kindt, Tom und Tilmann Köppe: Einführung in die Erzähltheorie, Stuttgart 2014.
Kirwan, Christopher: Augustine, Oxford 1999.
Kivy, Peter: The Performance of Reading, Oxford 2006.
Klausnitzer, Ralf: Koexistenz und Konkurrenz. Theoretische Umgangsformen mit Literatur im Widerstreit, in: Kontroversen in der Literaturtheorie, hg. von Ralf Klausnitzer und Carlos Spoerhase, Bern 2007, S. 15–48.
Klausnitzer, Ralf: Einführung in die Literaturwissenschaft, 2., akt. und erw. Aufl., Berlin 2012.
Klein, Wolfgang: Die Wissenschaft der Interpretation, in: Methoden der Textanalyse, hg. von dems., Heidelberg 1977, S. 1–23.
Klein, Wolfgang: Die Werke der Sprache. Für ein neues Verhältnis zwischen Literaturwissenschaft und Linguistik, in: ders.: Von den Werken der Sprache, Stuttgart 2015, S. 337–359.
Klein, Wolfgang: Wie ist eine exakte Wissenschaft von der Literatur möglich?, in: ders.: Von den Werken der Sprache, Stuttgart 2015, S. 360–378.
Klingner, Friedrich: Horaz-Erklärungen, in: ders.: Studien zur griechischen und römischen Literatur, Zürich 1964, S. 305–324.
Klingner, Friedrich: Ohnmacht und Macht des musischen Menschen. Horazens Ode ‚Ille et nefasto … ‘, in: ders.: Studien zur griechischen und römischen Literatur, Zürich 1964, S. 325–333.
Klopstock, Friedrich Gottlieb: Von der Nachahmung des griechischen Sylbenmasses im Deutschen [1754/55], in: ders.: Der Messias. Studienausgabe, hg. von Elisabeth Höpker-Herberg, Stuttgart 1986, S. 127–138.
Kohl, Katrin: „Sey mir gegrüßet!" Sprechakte in der Lyrik Klopstocks und seiner deutschen Zeitgenossen, in: Klopstock an der Grenze der Epochen, hg. von Kevin Hilliard und ders., Berlin 1995, S. 7–32.
Kohn, Hans: Wege und Irrwege. Vom Geist des deutschen Bürgertums, Düsseldorf 1962.
Koikkalainen, Petri und Samy Syrjamarki: Encountering the Past. An Interview with Quentin Skinner, in: Finnish Yearbook of Political Thought 6 (2002), S. 32–63.
Kölbel, Max: Propositionen, in: Handbuch Sprachphilosophie, hg. von Nikola Kompa, Stuttgart 2015, S. 99–105.
Kondylis, Panajotis: Die neuzeitliche Metaphysikkritik, Stuttgart 1990.
Konerding, Klaus-Peter: Frames und Lexikalisches Wissen, Tübingen 1993.

König, Christoph: Hofmannsthal. Ein moderner Dichter unter den Philologen, Göttingen 2001.
König, Christoph: Engführungen. Peter Szondi und die Literatur, Marbach 2004.
König, Christoph: Osnabrücker Erklärung zum Potential europäischer Philologien, in: Das Potential europäischer Philologien. Geschichte, Leistung, Funktion, hg. von dems., Göttingen 2009, S. 217–223.
König, Christoph: Philologie der Poesie. Von Goethe bis Peter Szondi, Berlin 2014.
König, Christoph: Die Kreativität philologischer Erkenntnis in komparatistischer Absicht, in: Geschichte der Germanistik 49–50 (2016), S. 119–126.
Köppe, Tilmann und Simone Winko: Neuere Literaturtheorien. Eine Einführung, 2. erw. und akt. Aufl., Stuttgart 2013.
Köppe, Tilmann und Tobias Klauk: Philosophie der Literaturwissenschaft, in: Grundriss Wissenschaftsphilosophie. Die Philosophie der Einzelwissenschaften, hg. von Simon Lohse und Thomas Reydon, Hamburg 2017, S. 105–130.
Köppe, Tilmann und Tobias Klauk: Zur Struktur und Rolle ästhetischer Erfahrung in Emil Staigers ‚Die Kunst der Interpretation' (1951), in: Scientia Poetica 21/1 (2017), S. 135–170.
Köppe, Tilmann und Tobias Klauk: Ausdrucksqualitäten moderner Lyrik, in: KulturPoetik 18/2 (2018), S. 180–203.
Körner, Josef: Wilhelm Scherer, in: ders.: Philologische Schriften und Briefe, hg. von Ralf Klausnitzer, Göttingen 2001, S. 42–66.
Krah, Hans: Einführung in die Literaturwissenschaft, Kiel 2006.
Kraft, Werner: Wittgenstein und Karl Kraus, in: Die Neue Rundschau 72 (1961), S. 812–844.
Krasser, Helmut: Büßer, Spötter oder Künstler? Zur Rezeptionsgeschichte der Horazode 1,34, in: Zeitgenosse Horaz. Der Dichter und seine Leser seit zwei Jahrtausenden, hg. von dems. und Ernst Schmidt, Tübingen 1996, S. 311–343.
Kraus, Walter: Zur Idealität des Ich und der Situation in der römischen Elegie, in: Ideen und Formen. Festschrift für Hugo Friedrich, hg. von Fritz Schalk, Frankfurt/M. 1965, S. 153–163.
Kristeller, Paul Oskar: Das moderne System der Künste [1959], in: ders.: Humanismus und Renaissance, Bd. 2: Philosophie, Bildung und Kunst, München 1980, S. 164–206.
Krommer, Axel: Das Verstehen literarischen Verstehens als interdisziplinäres Projekt, in: Deutschdidaktik und Deutschunterricht nach PISA, hg. von Ulf Abraham, Freiburg/Br. 2003, S. 165–187.
Krummacher, Hans-Henrik: Das barocke Epicedium. Rhetorische Tradition und deutsche Gelegenheitsdichtung im 17. Jahrhundert, in: ders.: Lyra. Studien zur Theorie und Geschichte der Lyik vom 16. bis zum 19. Jahrhundert, Berlin 2013, S. 215–271.
Krummacher, Hans-Henrik: De quatuor novissimis'. Über ein traditionelles theologisches Thema bei Andreas Gryphius, in: ders.: Lyra. Studien zur Theorie und Geschichte der Lyik vom 16. bis zum 19. Jahrhundert, Berlin 2013, S. 439–499.
Künne, Wolfgang: Im übertragenen Sinne. Zur Theorie der Metapher, in: Conceptus 8 (1981), S. 181–200.
Künne, Wolfgang: Verstehen und Sinn, in: Allgemeine Zeitschrift für Philosophie 6 (1981), S. 1–16.
Künne, Wolfgang: Sinn(losigkeit) in ‚Über Gewißheit', in: Teoria 2 (1985), S. 113–133.
Künne, Wolfgang: Die philosophische Logik Gottlob Freges. Ein Kommentar, Frankfurt/M. 2010.
La Mettrie, Julien Offray de: L'homme machine [1748], hg. von Claudia Becker, Hamburg 1990.
Lachmann, Karl: Vorrede, in: Iwein. Eine Erzählung von Hartmann von Aue, mit Anm. von Georg Friedrich Benecke und dems., 2. Aufl., Berlin 1843, S. III–X.

Lahn, Silke und Jan Christoph Meister: Einführung in die Erzähltextanalyse, 3., akt. und erw. Aufl., Stuttgart 2016.

Lamarque, Peter: The Death of the Author. An Analytical Autopsy, in: The British Journal of Aesthetics 30/4 (1990), S. 319–331.

Lamarque, Peter: The Philosophy of Literature, Oxford 2009.

Lamarque, Peter: Work and Object. Explorations in the Metaphysics of Art, Oxford 2010.

Lamarque, Peter: Appreciation and Literary Interpretation, in: Is there a Single Right Interpretation?, hg. von Michael Krausz, University Park, PA 2010, S. 285–306.

Lamarque, Peter: Fiction and the Nonfiction Novel, in: ders.: The Opacity of Literature, London 2014, S. 83–104.

Lamarque, Peter: Wittgenstein, Literature, and the Idea of a Practice, in: ders.: The Opacity of Literature, London 2014, S. 105–119.

Lamarque, Peter: Aesthetics and Literature. A Problematic Relation?, in: ders.: The Opacity of Narrative, London 2014, S. 169–183.

Lamarque, Peter und Stein Haugom Olsen: The Philosophy of Literature. Pleasure Restored, in: The Blackwell Guide to Aesthetics, hg. von Peter Kivy, Oxford 2004, S. 195–214.

Lamarque, Peter und Stein Haugom Olsen: Literature and Fiction, in: Theory's Empire. An Anthology of Dissent, hg. von Daphne Patai, New York 2005, S. 636–651.

Lämmert, Eberhard: Peter Szondi. Ein Rückblick zu seinem 65. Geburtstag, in: Poetica 26 (1994), S. 1–30.

Lämmert, Eberhard: Theorie und Praxis der Kritik. Peter Szondis Hermeneutik, in: Literaturwissenschaft als kritische Wissenschaft, hg. von Michael Klein und Sieglinde Klettenhammer, Wien 2005, S. 77–99.

Lanser, Susan Snaider: The Narrative Act. Point of View in Prose Fiction, Princeton 1981.

Laugier, Sandra: Du réel à l'ordinaire: quelle philosophie du langage aujourd'hui? Paris 1999.

Laugier, Sandra: Ce que le behaviorisme veut dire. Quine, le naturalisme et les dispositions, in: La Régularité, hg. von Christiane Chauviré und Albert Ogien, Paris 2002, S. 49–76.

Laugier, Sandra: Dépsychologiser la psychologie, in: dies.: Wittgenstein. Le mythe de l'inexpressivité, Paris 2010, S. 23–54.

Laugier, Sandra: Art. Behavior, Behaviorism, in: Dictionary of Untranslatables. A Philosophical Lexicon, hg. Barbara Cassin, Princeton 2014, S. 94–97.

Leech, Geoffrey: Meaning and the English Verb, 3. Aufl., London 2004.

Lefèvre, Eckard: Horaz. Dichter im augusteischen Rom, München 1993.

Lepper, Marcel: Philologie zur Einführung, Hamburg 2012.

Lessing, Gotthold Ephraim: Beyträge zur Historie und Aufnahme des Theaters [1750], in: ders.: Werke und Briefe, Bd. 1, hg. von Jürgen Stenzel, Frankfurt/M. 1989, S. 723–934.

Lessing, Gotthold Ephraim: Rettungen des Horaz [1754], in: ders.: Werke und Briefe, Bd. 3, hg. von Conrad Wiedemann, Frankfurt/M. 2003, S. 158–197.

Lessing, Gotthold Ephraim: Pope ein Metaphysiker [1755], in: ders.: Werke und Briefe, Bd. 3, hg. von Conrad Wiedemann, Frankfurt/M. 2003, S. 614–650.

Lessing, Gotthold Ephraim: Laokoon; oder über die Grenzen der Malerei und Poesie [1766], in: ders.: Werke und Briefe, Bd. 5/2, hg. von Wilfried Barner, Frankfurt/M. 1990, S. 9–349.

Lessing, Gotthold Ephraim: Hamburgische Dramaturgie [1767–1769], in: ders.: Werke und Briefe, Bd. 6, hg. von Klaus Bohnen, Frankfurt/M. 1985, S. 181–713.

Lessing, Gotthold Ephraim: Anmerkungen über das Epigramm [1771], in: ders.: Werke und Briefe, Bd. 7, hg. Klaus Bohnen, Frankfurt/M. 2000, S. 179–290.

Lessing, Gotthold Ephraim: Briefe von und an Lessing 1776–1781, hg. von Helmuth Kiesel, Frankfurt/M. 1994.
Levelt, Willem: Speaking. From Intention to Articulation, Cambridge, MA 1989.
Leventhal, Robert: The Disciplines of Interpretation. Lessing, Herder, Schlegel and Hermeneutics in Germany 1750–1800, Berlin 1994.
Levine, Joseph: Between the Ancients and the Moderns. Baroque Culture in Restoration England, London 1999.
Levinson, Jerrold: Intention and Interpretation. A Last Look, in: Intention and Interpretation, hg. von Gary Iseminger, Philadelphia 1992, S. 221–256.
Lichtenberg, Georg Christoph: Schriften und Briefe, Bd. 1: Sudelbücher, Fragmente, Fabeln, Verse, hg. vonWolfgang Promies E, München 1983.
Limpinsel, Mirco: Angemessenheit und Unangemessenheit. Studien zu einem hermeneutischen Topos, Berlin 2013.
Limpinsel, Mirco: Unfertige Hermeneutik. Zum hermeneutischen Topos der ‚Fragment gebliebenen Theorie', in: Fragment und Gesamtwerk. Relationsbestimmungen in Edition und Interpretation, hg. von Matthias Berning und Stephanie Jordans, Kassel 2015, S. 89–104.
Livingston, Paisley: Art and Intention. A Philosophical Study, Oxford 2005.
Lloyd-Jones, Hugh: Tycho von Wilamowitz-Moellendorff on the Dramatic Technique of Sophocles, in: The Classical Quarterly 22/2 (1972), S. 214–228.
Löbner, Sebastian: Semantik. Eine Einführung. 2., akt. und stark erw. Aufl., Berlin 2015.
Locke, John: An Essay Concerning Human Understanding [1689], hg. von Peter Nidditch, Oxford 1974.
Locke, John: Of the Conduct of the Understanding [1706], hg. von John Yolton, Bristol 1993.
Long, Anthony: Cicero's Plato and Aristotle, in: Cicero the Philosopher, hg. von Jonathan Powell, Oxford 1995, S. 37–61.
Longinus: Vom Erhabenen, übers. von Otto Schönberger, Stuttgart 1988.
Luckmann, Thomas: Der Ursprung von Literatur. Medien, Rollen, Kommunikationssituationen zwischen 1450 und 1670, hg. von Peter Spangenberg, München 1988, S. 279–288.
Luckmann, Thomas und Peter Berger: Die gesellschaftliche Konstruktion der Wirklichkeit. Eine Theorie der Wissenssoziologie, Frankfurt/M. 1974.
Lüthi, Hans Jürg: Eichendorffs Heimat, in: Aurora 50 (1990), S. 145–165.
Lutzeier, Peter Rolf: Linguistische Semantik, Stuttgart 1985.
Lutzeier, Peter Rolf: Wort und Bedeutung. Grundzüge der lexikalischen Semantik, in: Über Wörter. Grundkurs Linguistik, hg. von Jürgen Dittmann und Claudia Schmitt, Freiburg/Br. 2002, S. 33–58.
Lyas, Colin: Wittgensteinian Intentions, in: Intention and Interpretation, hg. von Gary Iseminger, Philadelphia 1992, S. 132–152.
Lyas, Colin: The Evaluation of Art, in: Philosophical Aesthetics. An Introduction, hg. von Oswald Hanfling, Oxford 1992, S. 349–380.
Lyas, Colin: Criticism and Interpretation, in: Philosophical Aesthetics. An Introduction, hg. von Oswald Hanfling, Oxford 1992, S. 381–403.
Lyas, Colin: Aesthetics, London 1997.
Lyas, Colin: Sibley, in: The Routledge Companion to Aesthetics, hg. von Berys Gaut und Dominic Lopes, 3. Aufl., London 2013, S. 190–199.
Lynch, Michael: Extending Wittgenstein. The Pivotal Move from Epistemology to the Sociology of Science, in: Science as Practice and Culture, hg. von Andrew Pickering, Chicago 1992, S. 215–265.

Lynch, Michael: Scientific Practice and Ordinary Action. Ethnomethodology and Social Studies of Science, Cambridge 1993.
Macherey, Pierre: Pour une théorie de la production littéraire, Paris 1966.
Magee, Bryan: Modern British Philosophy, London 1971.
Mahrholz, Werner: Deutsche Selbstbekenntnisse. Ein Beitrag zur Geschichte der Selbstbiographie von der Mystik bis zum Pietismus, Berlin 1919.
Malcolm, Norman: Behaviorism as a Philosophy of Psychology, in: Behaviorism and Phenomenology. Contrasting Bases for Modern Psychology, hg. von Trenton Wann, Chicago 1964, S. 141–155.
Malcolm, Norman: Problems of Mind. Descartes to Wittgenstein, London 1972.
Malcolm, Norman: The Myth of Cognitive Processes and Structures, in: Cognitive Development and Epistemology, hg. von Theodore Mischel, London 1974, S. 385–392.
Malcolm, Norman: Rez. John Searle:‚Intentionality', in: Philosophical Investigations 7/4 (1984), S. 313–322.
Malcolm, Norman und David Armstrong: Consciousness and Causality. A Debate on the Nature of Mind, Oxford 1984.
Mancing, Howard: Cervantes as Narrator of Don Quijote, in: Cervantes 23/1 (2003), S. 117–140.
Mancing, Howard: Narration and Theory, in: Cervantes 24/2 (2004), S. 137–156.
Mancing, Howard: Don Quixote. A Reference Guide, Westport, CT 2006.
Margolin, Uri: Art. Narrator, in: Handbook of Narratology, hg. von Peter Hühn, Wolf Schmid, Jörg Schönert und John Pier, Berlin 2009, S. 351–369.
Marr, David: Vision. A Computational Investigation into the Human Representation and Processing of Visual Information, San Francisco 1980.
Martens, Gunter: Das Werk als Grenze. Ein Versuch zur terminologischen Bestimmung eines editorischen Begriffs, in: editio 18 (2004), S. 175–186.
Martens, Gunter: Vom kritischen Geschäft des Editionsphilologen. Thesen zu einem weiter gefaßten Begriff der Textkritik, in: editio 19 (2005), S. 10–22.
Martin, Jane: Explaining, Understanding, and Teaching, New York 1970.
Martin, Michael: Verstehen. The Uses of Understanding in Social Science, London 2000.
Martínez, Matías und Michael Scheffel: Einführung in die Erzähltheorie, 9., erw. und akt. Aufl., München 2012.
Martus, Steffen: ‚jeder Philolog ist eine Sekte für sich'. Wilhelm Scherer als Klassiker des Umgangs mit Klassikern, in: Mitteilungen des Deutschen Germanistenverbandes 53/1 (2006), S. 8–26.
Martus, Steffen: Epistemische Dinge in der Literaturwissenschaft, in: Theorien, Methoden und Praktiken des Interpretierens, hg. von Andrea Albrecht, Lutz Danneberg, Olav Krämer und Carlos Spoerhase, Berlin 2015, S. 23–51.
Martus, Steffen: Literaturwissenschaftliche Kooperativität aus praxeologischer Perspektive – am Beispiel der ‚Brüder Grimm', in: Symphilologie. Formen der Kooperation in den Geisteswissenschaften, hg. von Vincent Hoppe, Marcel Lepper und Stefanie Stockhorst, Göttingen 2016, S. 47–72.
Martus, Steffen: Zur normativen Modellierung und Moderation von epistemischen Situationen in der Literaturwissenschaft aus praxeologischer Perspektive, in: Scientia Poetica 20 (2016), S. 220–233.
Matthews, Gareth: Thought's Ego in Augustine and Descartes, London 1992.
Mayer, Roland: Persona Problems. The Literary Persona in Antiquity Revisited, in: Materiali e Discussioni 50 (2003), S. 55–80.

McDowell, John: Anti-Realism and the Epistemology of Understanding [1981], in: ders.: Meaning, Knowledge, and Reality, Cambridge, MA 1998, S. 314–343.
McKeon, Richard: Literary Criticism and the Concept of Imitation in Antiquity, in: Critics and Criticism. Ancient and Modern, hg. von Ronald Crane, Chicago 1952, S. 147–175.
Meier, Georg Friedrich: Vertheidigung der Baumgartischen Erklärung eines Gedichts [1746], in: ders.: Frühe Schriften zur ästhetischen Erziehung der Deutschen, Teil 2: Der kleine Dichterkrieg zwischen Halle und Leipzig, mit Textkommentaren, Zeittafeln und einem Nachwort hg. von Hans-Joachim Kertscher und Günter Schenk, Halle 1999, S. 33–55.
Meier, Georg Friedrich: Vorstellung der Ursachen, warum es unmöglich zu seyn scheint, mit Herrn Profeßor Gottsched eine nützliche und vernünftige Streitigkeit zu führen [1754], in: ders.: Frühe Schriften zur ästhetischen Erziehung der Deutschen, Teil 2: Der kleine Dichterkrieg zwischen Halle und Leipzig, mit Textkommentaren, Zeittafeln und einem Nachwort hg. von Hans-Joachim Kertscher und Günter Schenk, Halle 1999, S. 122–156.
Meier, Georg Friedrich: Versuch einer allgemeinen Auslegungskunst [1757], hg. von Axel Bühler und Luigi Cataldi Madonna, Hamburg 1996.
Meier, Georg Friedrich: Anfangsgründe aller schönen Wissenschaften, 3. Teil, 2. Aufl., Halle 1759.
Meier-Oeser, Stephan: Die Spur des Zeichens. Das Zeichen und seine Funktion in der Philosophie des Mittelalters und der frühen Neuzeit, Berlin 1997.
Meier-Oeser, Stephan: Sprache und Bilder im Geist. Skizzen zu einem philosophischen Langzeitprojekt, in: Philosophisches Jahrbuch 111 (2004), S. 312–342.
Meixner, Uwe: Einführung in die Ontologie, Darmstadt 2004.
Meixner, Uwe: Defending Husserl. A Plea in the Case of Wittgenstein & Company versus Phenomenology, Berlin 2014.
Mele, Alfred: Motivation and Agency, Oxford 2003.
Mele, Alfred: Intention, in: A Companion to the Philosophy of Action, hg. von Timothy O'Connor und Constantine Sandis, Oxford 2010, S. 108–113.
Melser, Derek: The Act of Thinking, Cambridge, MA 2004.
Mendelssohn, Moses: G. F. Meiers Auszug aus den Anfangsgründen aller schönen Künste und Wissenschaften [1758], in: Ästhetische Schriften, hg. von Anne Pollok, Hamburg 2011, S. 102–107.
Merker, Björn: Warum wir musikalisch sind. Antworten aus der Evolutionsbiologie, in: Der musikalische Mensch, Evolution, Biologie und Pädagogik musikalischer Begabung, hg. von Wilfried Gruhn und Annemarie Seither-Preisler, Hildesheim 2014, S. 255–280.
Metzinger, Thomas: Grundkurs Philosophie des Geistes, Bd. 1, Paderborn 2006.
Metzinger, Thomas: Grundkurs Philosophie des Geistes, Bd. 3, Paderborn 2010.
Meyer, Heinrich: Die Grenzen der Literatur, in: Jahrbuch für Internationale Germanistik 2/1 (1970), S. 103–113.
Miller, Henry Knight: The Voices of Henry Fielding. Style in Tom Jones, in: The Augustan Milieu. Essays Presented to Louis Landa, hg. von Eric Rothstein und George Rousseau, Oxford 1970, S. 262–288.
Millikan, Ruth: Language. A Biological Model, Oxford 2005.
Moi, Toril: Revolution of the Ordinary. Literary Studies after Wittgenstein, Austin, and Cavell, Chicago 2017.
Mooij, Jan Johann Albinn: The Nature and Function of Literary Theories, in: Poetics Today 1/1–2 (1979), S. 111–135.

Mooij, Jan Johann Albinn: Theory and Observation in the Study of Literature, in: Poetics 9 (1980), S. 509–524.
Mondana, Lorenza: Understanding as an Embodied, Situated and Sequential Achievement in Interaction, in: The Journal of Pragmatics 43 (2011), S. 542–552.
Moore, George Edward: Some Main Problems of Philosophy, Leicester 1953.
Moore, George Edward: Wittgenstein's Lectures in 1930–33, in: ders.: Philosophical Papers, London 1959, S. 252–324.
Morgan, Michael: Authorship and the History of Philosophy, in: The Review of Metaphysics 42/2 (1988), S. 327–355.
Moritz, Karl Philipp: Götterlehre oder mythologische Dichtungen der Alten. Mit fünf und sechzig in Kupfer gestochenen Abbildungen nach antiken geschnittnen Steinen und andern Denkmälern des Alterthums, Berlin 1791.
Morris, Michael: An Introduction to the Philosophy of Language, Cambridge 2007.
Morris, Michael: Language, Fiction, and the Later Wittgenstein, in: Reality and Culture. Essays on the Philosophy of Bernard Harrison, hg. von Patricia Hanna, New York 2014, S. 185–202.
Müller, Günther: Über die Seinsweise von Dichtung, in: Deutsche Vierteljahrsschrift für Literaturwissenschaft und Geistesgeschichte 17 (1939), S. 137–152.
Müller, Günther: Aufbauformen des Romans [1953], in: ders.: Morphologische Poetik. Gesammelte Aufsätze, Darmstadt 1968, S. 556–569.
Müller, Hans-Harald: Zur Genealogie der werkimmanenten Interpretation, in: Konzert und Konkurrenz. Die Künste und ihre Wissenschaften im 19. Jahrhundert, hg. von Christian Scholl, Sandra Richter und Oliver Huck, Göttingen 2010, S. 269–282.
Müller, Hans-Harald: Zwischen Gelehrtenbehavioristik und Wissenschaftsethik. Wissenschaftliche Selbstreflexion bei Wilhelm Scherer, in: Ethos und Pathos der Geisteswissenschaften. Konfigurationen der wissenschaftlichen Persona seit 1750, hg. von Ralf Klausnitzer, Carlos Spoerhase und Dirk Werle, Berlin 2015, S. 79–92.
Müller, Jan-Dirk: Auctor, Actor, Author, in: Der Autor im Dialog. Beiträge zu Autorität und Autorschaft, hg. von Felix Philipp Ingold und Werner Wunderlich, St. Gallen 1995, S. 17–31.
Müller, Jan-Dirk: Aufführung – Autor – Werk. Zu einigen blinden Stellen der gegenwärtigen Diskussion, in: ders.: Mediävistische Kulturwissenschaft. Ausgewählte Studien, Berlin 2010, S. 11–25.
Mulsow, Martin: Prekäres Wissen. Eine andere Ideengeschichte der frühen Neuzeit, Berlin 2012.
Nehamas, Alexander: The Postulated Author. Critical Monism as a Regulative Ideal, in: Critical Inquiry 8 (1981), S. 131–149.
Nehamas, Alexander: Writer, Text, Author, Work, in: Literature and the Question of Philosophy, hg. von Anthony Cascardi, Baltimore 1987, S. 267–291.
Nelson, Leonard: Spuk. Eine Pfingstgabe für alle Adepten des metaphysischen Schauens, Leipzig 1921.
Neurath, Otto: Anti-Spengler, München 1921.
Neurath, Otto: Empirische Soziologie. Der wissenschaftliche Gehalt der Geschichte und Nationalökonomie [1931], in: ders.: Gesammelte philosophische und methodologische Schriften, hg. von Rudolf Haller und Heiner Rutte, Wien 1981, S. 423–527.
Neurath, Otto: Soziologie im Physikalismus [1932], in: ders.: Gesammelte philosophische und methodologische Schriften, hg. von Rudolf Haller und Heiner Rutte, Wien 1981, S. 533–562.
Neurath, Otto: Protokollsätze [1932/33], in: ders.: Gesammelte philosophische und methodologische Schriften, hg. von Rudolf Haller und Heiner Rutte, Wien 1981, S. 577–585.

Neurath, Otto: Einzelwissenschaften, Einheitswissenschaften, Pseudorationalismus [1936], in: ders.: Gesammelte philosophische und methodologische Schriften, hg. von Rudolf Haller und Heiner Rutte, Wien 1981, S. 703–709.

Neurath, Otto: Die Enzyklopädie als ‚Modell' [1936], in: ders.: Gesammelte philosophische und methodologische Schriften, hg. von Rudolf Haller und Heiner Rutte, Wien 1981, S. 725–738.

Neurath, Otto: Der logische Empirismus und der Wiener Kreis [1936], in: ders.: Gesammelte philosophische und methodologische Schriften, hg. von Rudolf Haller und Heiner Rutte, Wien 1981, S. 739–747.

Newen, Albert: Analytische Philosophie, Hamburg 2005.

Nielsen, Karsten Hvidtfelt: Anlässlich der Lyrik Paul Celans, eine sprachtheoretische Überlegung, in: Zur Lyrik Paul Celans, hg. von Peter Buhrmann, München 2000, S. 31–61.

Nielsen, Karsten Hvidtfelt: Wirken oder Wissen. Zur Rhetorizität des Sprechens, in: Augias 56/59 (2001), S. 75–92.

Nielsen, Karsten Hvidtfelt: Cicero und Wittgenstein. Zur Verortung des rhetorischen Sprechens, in: Jahrbuch Rhetorik 21 (2002), S. 102–118.

Nietzsche, Friedrich: Unzeitgemässe Betrachtungen. Erstes Stück: David Strauss der Bekenner und Schriftsteller [1873], in: ders.: Sämtliche Werke. Kritische Studienausgabe in 15 Einzelbänden, Bd. 1, hg. Giorgio Colli und Mazzino Montinari, 3. Aufl., Berlin 1999, S. 157–242.

Nietzsche, Friedrich: Menschliches, Allzumenschliches. Ein Buch für freie Geister. Zweiter Band [1886], in: ders.: Sämtliche Werke. Kritische Studienausgabe in 15 Einzelbänden, Bd. 2, hg. Giorgio Colli und Mazzino Montinari, 3. Aufl., Berlin 1999, S. 367–704.

Nietzsche, Friedrich: Jenseits von Gut und Böse. Vorspiel einer Philosophie der Zukunft [1886], in: ders.: Sämtliche Werke. Kritische Studienausgabe in 15 Einzelbänden, Bd. 5, hg. Giorgio Colli und Mazzino Montinari, 3. Aufl., Berlin 1999, S. 9–243.

Nipperdey, Thomas: Die anthropologische Dimension der Geschichtswissenschaft [1973], in: ders.: Gesellschaft, Kultur, Theorie. Gesammelte Aufsätze zur neueren deutschen Geschichte, Göttingen 1976, S. 33–58.

Nisbet, Hugh Barr: Lessing. Eine Biographie, übers. von Karl Guthke, München 2008.

Noë, Alva: Out of Our Heads. Why You Are Not Your Brain, and Other Lessons from the Biology of Consciousness, New York 2009.

Noë, Alva: Varieties of Presence, Cambridge, MA 2012.

Norden, Eduard: Lessing als klassischer Philologe [1929], in: Kleine Schriften zum klassischen Altertum, hg. von Bernhard Kytzler, Berlin 1966, S. 621–638.

Nünlist, René: The Ancient Critic at Work. Terms and Concepts of Literary Criticism in Greek Scholia, Cambridge 2009.

Nünning, Ansgar: Philologie *und* Kulturwissenschaften. Grundzüge, Aufgaben und Perspektiven einer kultur- und lebenswissenschaftlich orientierten Literaturwissenschaft, in: Die Zukunft der Philologien, hg. von Dieter Burdorf, Heidelberg 2014, S. 229–275.

Oesterle, Günter: Friedrich Schlegel in Paris oder die romantische Gegenrevolution, in: Die deutsche Romantik und die französische Revolution, hg. von Gonthier-Louis Fink, Straßburg 1989, S. 163–179.

Oesterle, Günter: ‚Kunstwerk der Kritik' oder ‚Vorübungen zur Geschichtsschreibung'? Form und Funktionswandel der Charakteristik in Romantik und Vormärz, in: Literaturkritik – Anspruch und Wirklichkeit, hg. von Wilfried Barner, Stuttgart 1990, S. 64–86.

Olsen, Stein Haugom: The End of Literary Theory, Cambridge 1987.

Olsen, Stein Haugom: Biography in Criticism, in: A Companion to the Philosophy of Literature, hg. von Garry Hagberg und Walter Jost, Oxford 2010, S. 436–452.

Olson, Elder: William Empson, Contemporary Criticism and Poetic Diction, in: Critics and Criticism. Ancient and Modern, hg. von Ronald Crane, Chicago 1952, S. 45–82.

Olson, Elder: R. S. Crane, in: Remembering the University of Chicago: Teachers, Scientists, and Scholars, hg. von Edward Shils, Chicago 1991, S. 85–96.

Ovid: Briefe aus der Verbannung, hg. und übers. von Georg Luck, Zürich 1963.

Palmer, Frank: Semantics, Cambridge 1981.

Panofsky, Erwin: Idea. Ein Beitrag zur Begriffsgeschichte der älteren Kunsttheorie [1924], 7. Aufl., Berlin 1993.

Pardo, Michael und Dennis Patterson: Minds, Brains, and Law. Conceptual Foundations of Law and Neuroscience, Oxford 2013.

Pasternack, Gerhard: Theoriebildung in der Literaturwissenschaft. Einführung in Grundfragen des Interpretationspluralismus, München 1975.

Patron, Sylvie: Le Narrateur. Un problème de théorie narrative, 2. Aufl., Paris 2016.

Paul, Hermann: Prinzipien der Sprachgeschichte [1880], 9. Aufl., Tübingen 1975.

Paul, Hermann: Methodenlehre, in: Grundriss der germanischen Philologie, hg. von dems., Bd. 1, 2. Aufl., Straßburg 1901, S. 152–237.

Paul, Hermann: Deutsches Wörterbuch, bearb. von Werner Betz, 6. Aufl., Tübingen 1966.

Pecharman, Martine: Port-Royal et l'analyse augustinienne du langage, in: Augustin au XVIIème siècle, hg. von Laurence Devillairs, Florenz 2007, S. 101–134.

Peckham, Morse: Literary Interpretation as Conventionalized Verbal Behavior [1967], in: ders.: The Triumph of Romanticism. Collected Essays, Columbia, SC 1970, S. 341–370.

Peckham, Morse: The Intentional? Fallacy? [1968], in: ders.: The Triumph of Romanticism. Collected Essays, Columbia, SC 1970, S. 421–444.

Petraschka, Thomas: Interpretation und Rationalität. Billigkeitsprinzipien in der philologischen Hermeneutik, Berlin 2014.

Petrey, Sandy: Speech Acts and Literary Theory, London 1990.

Phelan, James: Reading People, Reading Plots. Character, Progression, and the Interpretation of Narrative, Chicago 1989.

Phelan, James: Art. Narrative Progression, in: Routledge Encyclopedia of Narrative Theory, hg. von David Herman, Manfred Jahn und Marie-Laure Ryan, London 2005, S. 359–360.

Phelan, James: Experiencing Fiction. Judgments, Progressions, and the Rhetorical Theory of Narrative, Columbus, OH 2007.

Phelan, James und Wayne Booth: Art. Narrator, in: The Routledge Encyclopedia of Narrative Theory, hg. von David Herman, Manfred Jahn und Marie-Laure Ryan. London 2005, S. 388–392.

Philipse, Herman: Trancendental Idealism, in: The Cambridge Companion to Husserl, hg. von Barry Smith und David Woodruff Smith, Cambridge 1995, S. 239–322.

Philipse, Herman: Heidegger's Philosophy of Being. A Critical Interpretation, Princeton 1998.

Philipse, Herman: Overcoming Epistemology, in: The Oxford Handbook of Continental Philosophy, hg. von Brian Leiter und Michael Rosen, Oxford 2007, S. 334–378.

Philipse, Herman: Can Philosophy be a Rigorous Science?, in: Royal Institute of Philosophy Supplement 65 (2009), S. 155–176.

Picard, Raymond: Nouvelle critique ou nouvelle imposture, Paris 1965.

Picard, Raymond: Werkimmanente Kritik, in: Kritiker unserer Zeit. Texte und Dokumente, Bd. 2: Methoden und Ergebnisse europäischer Literaturkritik, hg. von Hans Mayer, Pfullingen 1967, S. 27-34.
Pickering, Andrew: The Mangle of Practice. Time, Agency, and Science, Chicago 1995.
Pinker, Steven: The Language Instinct. How the Mind Creates Language, London 1995.
Pinker, Steven: The Blank Slate. The Modern Denial of Human Nature, London 2003.
Pinker, Steven: The Stuff of Thought. Language as a Window into Human Nature, London 2007.
Polenz, Peter von: Deutsche Satzsemantik. Grundbegriffe des Zwischen-den-Zeilen-Lesens, Berlin 1985.
Popper, Karl: Unended Quest. An Intellectual Autobiography [1976], London 2002.
Porter, James: Is Art Modern? Kristeller's ‚Modern System of the Arts' Reconsidered, in: The British Journal of Aesthetics 49 (2009), S. 1-24.
Porter, James: Why Art Has Never Been Autonomous, in: Arethusa 43 (2010), S. 165-180.
Porzig, Walter: Das Wunder der Sprache. Probleme, Methoden und Ergebnisse der Sprachwissenschaft. 5. Aufl., hg. von Andrea Jecklin und Heinz Rupp, München 1971.
Pratt, Mary Louise: Toward a Speech Act Theory of Literary Discourse, Bloomington, IN 1977.
Price, Henry: Thinking and Experience, London 1953.
Prinz, Katharina und Simone Winko: Art. Wie rekonstruiert man Wertungen und Werte in literarischen Texten?, in: Handbuch Kanon und Wertung, hg. von Gabriele Rippl und Simone Winko, Stuttgart 2013, S. 402-407.
Prose, Francine: Reading like a Writer, New York 2006.
Proudfoot, Diane: Wittgenstein on Cognitive Science, in: Philosophy 72 (1997), S. 189-217.
Proudfoot, Diane: Wittgentein's Anticipation of the Chinese Room, in: Views into the Chinese Room. New Essays on Searle and Artificial Intelligence, hg. von John Preston und Mark Bishop, Oxford 2002, S. 167-180.
Proudfoot, Diane: Meaning and Mind. Wittgenstein's Relevance for the ‚Does Language Shape Thought?' Debate, in: New Ideas in Psychology 27/2 (2009), S. 163-183.
Proudfoot, Diane: Can a Robot Smile? Wittgenstein on Facial Expression, in: A Wittgensteinian Perspective on the Use of Conceptual Analysis in Psychology, hg. von Kathleen Slaney und Timothy Racine, Basingstoke 2013, S. 172-194.
Putnam, Hilary: Travis on Meaning, Thought and the Ways the World Is, in: The Philosophical Quarterly 52/206 (2002), S. 96-106.
Quine, Willard: Word and Object [1960], hg. von Dagfinn Føllesdal, Cambridge, MA 2013.
Quine, Willard: Ontological Relativity, in: ders.: Ontological Relativity and Other Essays, New York 1969, S. 26-68.
Quine, Willard: Epistemology Naturalized, in: ders.: Ontological Relativity and Other Essays, New York 1969, S. 69-90.
Quine, Willard: Mind and Verbal Dispositions [1975], in: ders.: Confessions of a Confirmed Extensionalist and Other Essays, hg. von Dagfinn Føllesdal, Cambridge, MA 2008, S. 244-256.
Quine, Willard: Pursuit of Truth, Cambridge, MA 1992.
Quine, Willard und Joseph Ullian: The Web of Belief, 2. Aufl., New York 1978.
Quintilian: Ausbildung des Redners. Zwölf Bücher, Bd. 2: Buch VII-XII, hg. und übers. von Helmut Rahn, Darmstadt 1995.
Racine, Timothy und Kathleen Slaney (Hg.): A Wittgensteinian Perspective on the Use of Conceptual Analysis in Psychology, Basingstoke 2013.

Ravenscroft, Ian: Philosophy of Mind. A Beginner's Guide, Oxford 2005.
Reddy, Michael: The Conduit Metaphor. A Case of Frame Conflict in Our Language about Language, in: Metaphor and Thought, hg. von Andrew Ortony, 2. Aufl., Cambridge 1993, S. 164–201.
Reichardt, Hans: Gliederung der Philologie, Tübingen 1846.
Reicher, Maria: Kommunikative Absichten und die Ontologie des literarischen Werks, in: Literatur interpretieren. Interdisziplinäre Beiträge zur Theorie und Praxis, hg. von Jan Borkowski, Stefan Descher, Felicitas Ferder und Philipp David Heine, Münster 2015, S. 191–217.
Reichert, John: Making Sense of Literature, Chicago 1977.
Reichert, John: Rez. Stein Haugom Olsen: ‚The Structure of Literary Understanding', in: Comparative Literature 32/2 (1980), S. 210–213.
Reichert, John: Do Poets Ever Mean What They Say?, in: New Literary History 13/1 (1981), S. 53–68.
Reid, Thomas: Essays on The Intellectual Powers. A Critical Edition, hg. von Derek Brookes und Knud Haakonssen, Edinburgh 2002.
Reinhard, Wolfgang: Lebensformen Europas. Eine historische Kulturanthropologie, München 2004.
Ricardou, Jean: Penser la littérature aujourd'hui, in: Marche romane 21/12 (1971), S. 7–17.
Richards, Ivor: The Philosophy of Rhetoric, Oxford 1936.
Rickert, Heinrich: Die Grenzen der naturwissenschaftlichen Begriffsbildung. Eine logische Einleitung in die historischen Wissenschaften [1896], 5. Aufl., Tübingen 1929.
Rickert, Heinrich: Kulturwissenschaft und Naturwissenschaft [1890], mit einem Nachwort hg. von Friedrich Vollhardt, Stuttgart 1986.
Riemer, Nick: Word Meaning, in: The Oxford Handbook of the Word, hg. von John Taylor, Oxford 2015, S. 305–319.
Robinson, Jenefer: General and Individual Style in Literature, in: The Journal of Aesthetics and Art Criticism 43/2 (1984), S. 147–158.
Robinson, Jenefer: Style and Personality in the Literary Work, in: The Philosophical Review 94/2 (1985), S. 227–247.
Robinson, Jeffrey: Accountability in Social Interaction, in: Accountability and Social Interaction, hg. von dems., Oxford 2016, S. 1–46.
Roger, Jacques: Buffon. A Life in Natural History, Ithaca, NY 1997.
Rosch, Eleanor: Wittgenstein and Categorization Research in Cognitive Psychology, in: Meaning and the Growth of Understanding. Wittgenstein's Significance for Developmental Psychology, hg. von Michael Chapman und Roger Dixon, Berlin 1987, S. 151–166.
Rosenberg, Jay: On Understanding the Difficulty of Understanding Understanding, in: Meaning and Understanding, hg. von Herman Parret und Jacques Bouveresse, Berlin 1981, S. 29–43.
Ruef, Hans: Augustin über Semiotik und Sprache. Sprachtheoretische Analysen zu Augustins Schrift ‚De Dialectica', mit einer deutschen Übersetzung, Bern 1981.
Rueff, Martin: ‚Introduction' à L'Archéologie du savoir, in: Les Études philosophiques 153 (2015), S. 327–352.
Rumfitt, Ian: Meaning and Understanding, in: The Oxford Handbook of Contemporary Philosophy, hg. von Frank Jackson und Michael Smith, Oxford 2005, S. 427–453.
Rundle; Bede: Disputes and Values, in: The Business of Reason, hg. von John Macintosh und Samuel Coval, London 1969, S. 207–222.

Rundle, Bede: Grammar in Philosophy, Oxford 1979.
Rundle, Bede: Wittgenstein and Contemporary Philosophy of Language, Oxford 1990.
Rundle, Bede: Facts and Values, in: ders.: Facts, London 1993, S. 55–85.
Rundle, Bede: Analytical Philosophy and Psychology, in: Rethinking Psychology, hg. von Jonathan Smith, Rom Harré und Luk van Langenhove, London 1995, S. 207–221.
Rundle, Bede: Mind in Action, Oxford 1997.
Rundle, Bede: Meaning and Understanding, in: Wittgenstein. A Critical Reader, hg. von Hans-Johann Glock, Oxford 2001, S. 94–119.
Rundle, Bede: Objects and Attitudes, in: Language & Communication 21 (2001), S. 143–156.
Rundle, Bede: Why There Is Something Rather than Nothing, Oxford 2004.
Rundle, Bede: Art. External Word, in: The Oxford Companion to Philosophy, hg. von Ted Honderich, Oxford 2005, S. 285–286.
Rundle, Bede: Mental Occurrences and Terminus Verbs, in: Ryle on Mind and Language, hg. von David Dolby, London 2016, S. 165–177.
Russell, Bertrand: The Problems of Philosophy, Oxford 1912.
Russell, Bertrand: An Inquiry into Meaning and Truth [1950], London 1995.
Russell, Donald: Criticism in Antiquity, Berkeley 1981.
Ryle, Gilbert: The Concept of Mind [1949], hg. von Julia Tanney, London 2009.
Ryle, Gilbert: Ordinary Language, in: The Philosophical Review 62/2 (1953), S. 167–186.
Ryle, Gilbert: Dilemmas, Cambridge 1954.
Ryle, Gilbert: On Thinking, hg. von Konstantin Kolenda, Oxford 1979.
Ryle, Gilbert: Paper Read to the Oxford Philosophical Society, in: ders.: Aspects of Mind, hg. von René Meyer, Cambridge 1993, S. 101–107.
Ryle, Gilbert: Phenomenology versus ‚The Concept of Mind', in: ders.: Collected Papers, Bd. 1, hg. von Julia Tanney, London 2009, S. 186–204.
Ryle, Gilbert: Jane Austen and the Moralists, in: ders.: Collected Papers, Bd. 1, hg. von Julia Tanney, London 2009, S. 286–301.
Ryle, Gilbert: Ordinary Language, in: ders.: Collected Papers, Bd. 2, hg. von Julia Tanney, London 2009, S. 314–331.
Ryle, Gilbert: The Theory of Meaning, in: Collected Papers, Bd. 2, hg. von Julia Tanney, London 2009 S. 363–385.
Ryle, Gilbert: Use, Usage and Meaning, in: ders.: Collected Papers, Bd. 2, hg. von Julia Tanney, London 2009, S. 420–427.
Ryle, Gilbert: A Rational Animal, in: ders.: Collected Papers, Bd. 2, hg. von Julia Tanney, London 2009, S. 428–447.
Ryle, Gilbert: Thinking and Reflecting, in: ders.: Collected Papers, Bd. 2, hg. von Julia Tanney, London 2009, S. 479–493.
Ryle, Gilbert: The Thinking of Thoughts, in: ders.: Collected Papers, Bd. 2, hg. von Julia Tanney, London 2009, S. 494–510.
Sacks, Harvey: Lectures on Conversation, 2 Bde., hg. von Gail Jefferson, Oxford 1992.
Sacks, Sheldon: Fiction and the Shape of Belief, Berkeley 1966.
Saine, Thomas: The Problem of Being Modern, or The German Pursuit of Enlightenment from Leibniz to the French Revolution, Detroit 1997.
Sandis, Constantine: The Things We Do and Why We Do Them, London 2011.
Sandor, Andras: Text und Werk. Forschungslage und Versuch eines literaturwissenschaftlichen Modells, in: Deutsche Vierteljahrsschrift für Literaturwissenschaft und Geistesgeschichte 53 (1979), S. 478–511.

Saussure, Ferdinand de: Cours de linguistique générale. Edition Critique, hg. von Rudolf Engler, Wiesbaden 1989.
Savigny, Eike von: Argumentation in der Literaturwissenschaft. Wissenschaftstheoretische Untersuchungen zu Lyrikinterpretationen, München 1976.
Scheer, Eckart: Art. Repräsentation (17. und 18. Jahrhundert), in: Historisches Wörterbuch der Philosophie, hg. von Joachim Ritter und Karlfried Gründer, Bd. 8, Basel 1992, Sp. 799–811.
Scherer, Stefan: Die Evidenz der Literaturwissenschaft, in: Internationales Archiv für Sozialgeschichte der deutschen Literatur 30/2 (2006), S. 136–155.
Scherer, Wilhelm: Geschichte der Deutschen Litteratur [1883], 6. Aufl., Berlin 1891.
Scherer, Wilhelm: Goethe-Philologie, in: ders.: Aufsätze über Goethe, Berlin 1886, S. 1–27.
Scherer, Wilhelm: Die Brüder Grimm und die Romantik. Aus Anlaß eines Briefwechsels zwischen Jacob und Wilhelm Grimm, in: ders.: Kleine Schriften zur altdeutschen Philologie, hg. von Konrad Burdach, Berlin 1893, S. 41–46.
Scherer, Wilhelm: Karl Lachmann, in: ders.: Kleine Schriften zur altdeutschen Philologie, hg. von Konrad Burdach, Berlin 1893, S. 99–111.
Scherer, Wilhelm: Moritz Haupt, in: ders.: Kleine Schriften zur altdeutschen Philologie, hg. von Konrad Burdach, Berlin 1893, S. 111–132.
Scherer, Wilhelm: Poetik [1888], hg. von Gunter Reiss, Tübingen 1977.
Schlaffer, Heinz: Unwissenschaftliche Bedingungen der Literaturwissenschaft, in: Jahrbuch der deutschen Schillergesellschaft 42 (1998), S. 486–490.
Schlaffer, Heinz: Sprechakte der Lyrik, in: Poetica 40 (2008), S. 21–42.
Schlegel, August Wilhelm: Charakteristiken und Kritiken, Bd. 2, Berlin 1801.
Schlegel, Friedrich: Brief über den Roman [1800], in: ders.: Kritische Friedrich-Schlegel-Ausgabe, 1. Abt., Bd. 2: Charakteristiken und Kritiken I (1796–1801), hg. von Hans Eichner, München 1967, S. 329–339.
Schlegel, Friedrich: Lessings Gedanken und Meinungen [1804], in: ders.: Kritische Friedrich-Schlegel-Ausgabe, 1. Abt., Bd. 3: Charakteristiken und Kritiken II (1802–1829), hg. von Ernst Behler unter Mitwirkung von Jean-Jacques Anstett und Hans Eichner, Paderborn 1975, S. 46–102.
Schlegel, Friedrich: Kritische Friedrich-Schlegel-Ausgabe, 2. Abt., Bd. 18: Philosophische Lehrjahre 1796–1806, hg. von Ernst Behler, Paderborn 1963.
Schleiermacher, Friedrich: Hermeneutik. Nach den Handschriften neu hg. und eingel. von Heinz Kimmerle, Heidelberg 1959.
Schleiermacher, Friedrich: Über den Begriff der Hermeneutik. Erste Abhandlung, in: ders.: Kritische Gesamtausgabe, 1. Abt., Bd. 11: Akademievorträge, hg. von Martin Rössler, Berlin 2002, S. 599–621.
Schlenker, Barry: Self-Presentation, in: Handbook of Self and Identity, hg. von Mark Leary und June Tangney, New York 2012, S. 542–570.
Schlick, Moritz: Allgemeine Erkenntnislehre, Berlin 1918.
Schloßberger, Matthias: Die Erfahrung des Anderen. Gefühle im menschlichen Miteinander, Berlin 2005.
Schnädelbach, Herbert: Philosophie in Deutschland 1831–1933, Frankfurt/M. 1983.
Schneider, Ralf: Interpretationsschemata und Rezeptionsprozess. Anmerkungen zum Interpretieren aus Sicht einer kognitiven Rezeptionstheorie, in: Literatur interpretieren. Interdisziplinäre Beiträge zur Theorie und Praxis, hg. von Jan Borkowski, Stefan Descher, Felicitas Ferder und Philipp David Heine, Münster 2015, S. 251–276.

Schnotz, Wolfgang: Was geschieht im Kopf des Lesers? Mentale Konstruktionsprozesse beim Textverstehen aus Sicht der Psychologie und der kognitiven Linguistik, in: Text – Verstehen. Grammatik und darüber hinaus, hg. von Hardarik Blühdorn, Eva Breindl und Ulrich Waßner, Berlin 2006, S. 222–238.

Scholz, Oliver: Zum Verstehen fiktionaler Repräsentationen, in: Von der verbalen Konstitution zur symbolischen Bedeutung, hg. von János Petöfi und Terry Olivi, Hamburg 1988, S. 1–27.

Scholz, Oliver: Art. Repräsentation (19. und 20. Jahrhundert), in: Historisches Wörterbuch der Philosophie, hg. von Joachim Ritter und Karlfried Gründer, Bd. 8, Basel 1992, Sp. 826–834.

Scholz, Oliver: Willard Van Orman Quine. Naturalisierter Empirismus, in: Philosophie im 20. Jahrhundert, Bd. 2: Wissenschaftstheorie und Analytische Philosophie, hg. von Anton Hügli und Poul Lübcke, Hamburg 1993, S. 390–431.

Scholz, Oliver: Bilder im Geiste? Das Standardmodell, sein Scheitern und ein Gegenvorschlag, in: Bilder im Geiste. Zur kognitiven und erkenntnistheoretischen Funktion piktorialer Repräsentationen, hg. von Klaus Sachs-Hombach, Amsterdam 1995, S. 39–61.

Scholz, Oliver: Die allgemeine Hermeneutik bei Georg Friedrich Meier, in: Unzeitgemäße Hermeneutik. Verstehen und Interpretation im Denken der Aufklärung, hg. von Axel Bühler, Frankfurt/M. 1995, S. 158–191.

Scholz, Oliver: Vorstellungen von Vorstellungen, in: Ludwig Wittgenstein. Philosophische Untersuchungen, hg. von Eike von Savigny, Berlin 1998, S. 191–213.

Scholz, Oliver: Wie versteht man eine Person? Zum Streit über die Form der Alltagspsychologie, in: Analyse & Kritik 21/1 (1999), S. 75–96.

Scholz, Oliver: Wittgensteins Holismen. Sätze, Sprachspiele, Lebensformen, in: Grundlagen der analytischen Philosophie, hg. von Uwe Meixner und Albert Newen, Paderborn 2001, S. 173–188.

Scholz, Oliver: Jenseits der Legende. Auf der Suche nach den genuinen Leistungen Schleiermachers für die allgemeine Hermeneutik, in: Theorien der Interpretation vom Humanismus bis zur Romantik, hg. von Jan Schröder, Stuttgart 2001, S. 265–285.

Scholz, Oliver: Sinn durch Einbettung. Von Frege zu Wittgenstein, in: Holismus in der Philosophie. Ein zentrales Motiv der Gegenwartsphilosophie, hg. von Georg Bertram und Jasper Liptow, Weilerswist 2002, S. 168–188.

Scholz, Oliver: Bild, Darstellung, Zeichen. Philosophische Theorien bildlicher Darstellung, 2. Aufl., Frankfurt/M. 2004.

Scholz, Oliver: Art. Hermeneutik, in: Enzyklopädie der Neuzeit, Bd. 5, hg. von Friedrich Jäger, Stuttgart 2007, S. 381–385.

Scholz, Oliver: Erkenntnis der Geschichte, in: Erzählen, Erklären, Verstehen. Beiträge zur Wissenschaftstheorie und Methodologie der Historischen Kulturwissenschaften, hg. von Andreas Frings und Johannes Marx, Berlin 2008, S. 111–128.

Scholz, Oliver: Art. Verstehen, in: Enzyklopädie Philosophie und Wissenschaftstheorie, hg. von Hans Jörg Sandkühler, Hamburg 2010, S. 2905–2909.

Scholz, Oliver: Bildspiele, in: Image and Imaging in Philosophy, Science and the Arts, hg. von Richard Heinrich, Elisabeth Nemeth, Wolfram Pichler und David Wagner, Frankfurt/M. 2011, S. 365–381.

Scholz, Oliver: Verstehen verstehen, in: Mathematik verstehen. Philosophische und didaktische Perspektiven, hg. von Markus Helmerich, Katja Lengnink, Gregor Nickel und Martin Rathgeb, Wiesbaden 2011, S. 3–14.

Scholz, Oliver: Die alte und neue Wissenschaft der Hermeneutik, in: Zeitschrift für philosophische Forschung 66 (2012), S. 594–599.
Scholz, Oliver: Die individuelle Wirklichkeit und die Pluralität wissenschaftlicher Methoden. Anmerkungen zur frühen Debatte über Heinrich Rickerts Logik der historischen Begriffsbildung, in: Der Begriff der Geschichte im Marburger und Südwestdeutschen Neukantianismus, hg. von Christian Krijnen und Marc de Launay, Würzburg 2013, S. 69–85.
Scholz, Oliver: Wissenschaftstheorie, Erkenntnistheorie und Metaphysik. Klärungen zu einem ungeklärten Verhältnis, in: Philosophia Naturalis 50/1 (2013), S. 5–24.
Scholz, Oliver: On the Very Idea of a Textual Meaning, in: Naturalistische Hermeneutik. Ein neues Paradigma des Verstehens und Interpretierens, hg. von Luigi Cataldi Madonna, Würzburg 2013, S. 143–151.
Scholz, Oliver: Philosophy of History. Metaphysics and Epistemology, in: Explanation in the Special Sciences. The Case of Biology and History, hg. von dems., Marie Kaiser, Daniel Plenge und Andreas Hüttemann, Dordrecht 2014, S. 245–253.
Scholz, Oliver: Die Hypothetisch-Deduktive Methode und die Methode des Schlusses auf die beste Erklärung – ein Vergleich. Unveröffentlichter Vortrag, Freiburg/Br., Oktober 2014.
Scholz, Oliver: Art. Hermeneutics, in: International Encyclopedia of the Social and Behavioral Sciences, hg. von James Wright, 2. Aufl., Amsterdam 2015, S. 778–784.
Scholz, Oliver: Texte interpretieren. Daten, Hypothesen und Methoden, in: Literatur interpretieren. Interdisziplinäre Beiträge zur Theorie und Praxis, hg. von Jan Borkowski, Stefan Descher, Felicitas Ferder und Philipp David Heine, Münster 2015, S. 147–171.
Scholz, Oliver: Verstehen und Rationalität. Untersuchungen zu den Grundlagen von Hermeneutik und Sprachphilosophie, 3. Aufl., Frankfurt/M. 2016.
Scholz, Oliver: Verstehen = Zusammenhänge erkennen, in: Verstehen und Verständigung, hg. von Klaus Sachs-Hombach, Stuttgart 2016, S. 17–32.
Scholz, Oliver: Was heißt es, einen Begriff zu besitzen? Verstehen, Fähigkeiten und die Ontologie des Geistes, in: Concepts and Categorization, hg. von David Hommen, Christoph Kann und Tanja Osswald, Münster 2016, S. 79–94.
Scholz, Oliver und Eike von Savigny: Art. Das Normalsprachenprogramm in der Analytischen Philosophie, in: Sprachphilosophie. Ein internationales Handbuch zeitgenössischer Forschung, Bd. 1, hg. von Marcelo Dascal, Berlin 1993, S. 859–872.
Scholz, Oliver und Thomas Bartelborth: Understanding Utterances and Other Actions, in: Speech Acts, Mind and Social Reality. Discussions with John R. Searle, hg. von Günther Grewendorf und Georg Meggle, Dordrecht 2000, S. 165–186.
Schreier, Margit: Art. Bedeutung, in: Lexikon Literaturwissenschaft. Hundert Grundbegriffe, hg. von Gerhard Lauer und Christine Ruhrberg, Stuttgart 2011, S. 39–41.
Schroeder, Severin: ‚Too Low!' Frank Cioffi on Wittgenstein's Lectures on Aesthetics, in: Philosophical Investigations 16/4 (1993), S. 261–279.
Schroeder, Severin: The Coded-Message Model of Literature, in: Wittgenstein, Theory, and the Arts, hg. von Richard Allen und Malcolm Turvey, London 2001, S. 146–156.
Schroeder, Severin: Are Reasons Causes? A Wittgensteinian Response to Davidson, in: Wittgenstein and Contemporary Philosophy of Mind, hg. von dems., London 2001, S. 150–170.
Schroeder, Severin: A Tale of Two Problems. Wittgenstein's Discussion of Aspect Perception, in: Mind, Method, and Morality. Essays in Honour of Anthony Kenny, hg. von John Cottingham und Peter Hacker, Oxford 2010, S. 352–371.

Schroeder, Severin: Über Wert und Zweck von Kunstwerken, in: Zeitschrift für philosophische Forschung 66/1 (2012), S. 27–48.
Schroeder, Severin: Wittgenstein on Rules in Language and Mathematics, in: The Textual Genesis of Wittgenstein's ‚Philosophical Investigations', hg. von Nuno Venturinha, London 2013, S. 155–167.
Schroeder, Severin: Wittgenstein, in: Handbuch Sprachphilosophie, hg. von Nikola Kompa, Stuttgart 2015, S. 207–215.
Schroeder, Severin: ‚Too ridiculous for words'. Wittgenstein on scientific aesthetics, in: Wittgenstein and Scientism, hg. von Jonathan Beale, London 2017, S. 116–132.
Schultz, Franz: Schicksal der deutschen Literaturgeschichte. Ein Gespräch, Frankfurt/M. 1929.
Schwarz-Friesel, Monika: Kognitive Semantiktheorie und neuropsychologische Realität. Repräsentationale und prozedurale Aspekte der semantischen Kompetenz, Tübingen 1992.
Schwarz-Friesel, Monika: Kognitive Linguistik, in: Deutsch als Fremdsprache 41/2 (2004), S. 83–89.
Schwarz-Friesel, Monika und Jeanette Chur: Semantik. Ein Arbeitsbuch. 6., grundl. überarb. und erw. Aufl., Tübingen 2014.
Schwitzgebel, Eric: A Dispositional Approach to Attitudes. Thinking Outside the Belief Box, in: New Essays on Belief. Constitution, Content, and Structure, hg. von Nikolaj Nottelmann, Basingstoke 2013, S. 75–100.
Schwitzgebel, Eric und Victoria McGeer: Disorder in the Representational Warehouse, in: Child Development 77/6 (2006), S. 1557–1562.
Scriven, Michael: Explanation, Predictions, and Laws, in: Theories of Explanation, hg. von Joseph Pitt, Oxford 1988, S. 51–74.
Searle, John: Intentionality. An Essay in the Philosophy of Mind, Cambridge 1983.
Searle, John: Minds, Brains, and Science, Cambridge, MA 1984.
Searle, John: Meaning, Communication and Representation, in: Philosophical Grounds of Rationality, hg. von Richard Grandy und Richard Warner, Oxford 1986, S. 209–226.
Searle, John: Literary Theory and its Discontents, in: New Literary History 25/3 (1994), S. 637–667.
Searle, John: Intentionality, in: A Companion to the Philosophy of Mind, hg. von Samuel Guttenplan, Oxford 1994, S. 379–386.
Searle, John: Art. Intentionality, in: Sprachphilosophie. Ein internationales Handbuch zeitgenössischer Forschung, Bd. 2, hg. von Marcelo Dascal, Berlin 1996, S. 1336–1345.
Searle, John: Mind, Language and Society. Philosophy in the Real World, New York 1998.
Searle, John: Der logische Status fiktionaler Rede, übers. von Andreas Kemmerling und Oliver Scholz, im Einvernehmen mit den Übersetzern revidiert von Maria Reicher, in: Fiktion, Wahrheit, Wirklichkeit. Philosophische Grundlagen der Literaturtheorie, hg. von Maria Reicher, Paderborn 2007, S. 21–36.
See, Klaus von: Die Göttinger Sieben. Kritik einer Legende, 3. Aufl., Heidelberg 2000.
See, Klaus von: Freiheit und Gemeinschaft. Völkisch-nationales Denken in Deutschland zwischen Französischer Revolution und Erstem Weltkrieg, Heidelberg 2001.
Segerdahl, Pär: Language Use. A Philosophical Investigation into the Basic Notions of Pragmatics, London 1996.
Segerdahl, Pär: Scientific Studies of Aspects of Everyday Life. The Example of Conversation Analysis, in: Language & Communication 18 (1998), S. 275–323.

Segerdahl, Pär: Conversation Analysis as Rigorous Science, in: Discussing Conversation Analysis. The Work of Emanuel Schegloff, hg. von Paul Thibault und Carlo Prevignano, Amsterdam 2003, S. 91–108.
Segerdahl, Pär: Gender, Language and Philosophical Reconciliation. What Does Judith Butler Destabilize?, in: Ethics and the Philosophy of Culture. Wittgensteinian Approaches, hg. von Ylva Gustafsson, Camilla Kronqvist und Hannes Nykänen, Newcastle 2013, S. 172–211.
Segerdahl, Pär: The Rhetoric and Prose of the Human/Animal Contrast, in: Language & Communication 42 (2015), S. 36–49.
Sibley, Frank: Approach to Aesthetics. Collected Papers on Philosophical Aesthetics, Oxford 2001.
Singer, Herbert: Literatur, Wissenschaft, Bildung, in: Ansichten einer künftigen Germanistik, hg. von Jürgen Kolbe, Frankfurt/M. 1969, S. 43–57.
Sircello, Guy: Mind and Art. An Essay on the Varieties of Expression, Princeton 1972.
Skinner, Quentin: Reason and Rhetoric in the Philosophy of Hobbes, Cambridge 1996.
Skinner, Quentin: Visions of Politics, Bd. 1: Regarding Method, Cambridge 2002.
Skinner, Quentin: Über Interpretation, in: ders.: Visionen des Politischen, übers. von Robin Celikates und Eva Engels, hg. und mit einem Nachwort versehen von Marion Heinz und Martin Rühl, Frankfurt/M. 2009, S. 7–17.
Skinner, Quentin: Wahrheit, Überzeugung und Interpretation, in: Ideengeschichte heute. Traditionen und Perspektiven, hg. von Timothy Goering, Bielefeld 2017, S. 55–68.
Šklovskij, Viktor: Theorie der Prosa, hg. und übers. von Gisela Drohla, Frankfurt/M. 1966.
Smith, Barbara Herrnstein: Poetic Closure. A Study of How Poems End, Chicago 1968.
Smith, Barbara Herrnstein: On the Margins of Discourse. The Relation of Literature to Language, Chicago 1978.
Smith, Barbara Herrnstein: Narrative Versions, Narrative Theories, in: Critical Inquiry 7/1 (1980), S. 213–236.
Smith, Barbara Herrnstein: Towards the Practice of Theory, in: Romanticism and Culture. A Tribute to Morse Peckham, hg. von William Matalene, Columbia, SC 1984, S. 109–115.
Smith, Barbara Herrnstein: Contingencies of Value. Alternative Perspectives for Critical Theory, Cambridge, MA 1988.
Smith, Barbara Herrnstein: Cult-Lit: Hirsch, Literacy, and the ‚National Culture', in: The Politics of Liberal Education, hg. von Darryl Gless u. ders., Durham, NC 1992, S. 75–94.
Smith, Barbara Herrnstein: The Truth/Value of Judgments, in: Rethinking Knowledge. Reflections Across the Disciplines, hg. von Robert Goodman und Walter Fisher, Albany, NY 1995, S. 23–39.
Smith, Barbara Herrnstein: Making (Up) the Truth. Constructivist Contributions, in: dies.: Belief and Resistance. Dynamics of Contemporary Intellectual Controversy, Cambridge, MA 1997, S. 23–36.
Smith, Barbara Herrnstein: Doing Without Meaning, in: dies.: Belief and Resistance. Dynamics of Contemporary Intellectual Controversy, Cambridge, MA 1997, S. 52–72.
Smith, Barbara Herrnstein: Scandals of Knowledge, in: dies.: Scandalous Knowledge. Science, Truth and the Human, Edinburgh 2005, S. 1–17.
Smith, Barbara Herrnstein: Super Natural Science. The Claims of Evolutionary Psychology, in: dies.: Scandalous Knowledge. Science, Truth and the Human, Edinburgh 2005, S. 130–152.
Smith, Barbara Herrnstein: Natural Reflections. Human Cognition at the Nexus of Science and Religion, New Haven, CT 2009.

Sneis, Jørgen: Phänomenologie und Textinterpretation. Studien zur Theoriegeschichte und Methodik der Literaturwissenschaft, Berlin 2018.
Snowdon, Paul: How to Interpret ‚Direct Perception', in: The Contents of Experience, hg. von Tim Crane, Cambridge 1992, S. 48–78.
Sparr, Thomas: Poetik nach dem Strukturalismus. Derrida, de Man, Szondi, in: Zeitschrift für Semiotik 15/3–4 (1993), S. 153–268.
Sparr, Thomas: Peter Szondi: Über philologische Erkenntnis, in: Textgelehrte. Literaturwissenschaft und literarisches Wissen im Umfeld der kritischen Theorie, hg. von Nicolas Berg und Dieter Burdorf, Göttingen 2014, S. 427–438.
Spengler, Oswald: Der Untergang des Abendlandes. Umrisse einer Morphologie der Weltgeschichte, Bd. 1: Gestalt und Wirklichkeit, München 1920.
Sperber, Dan und Deirdre Wilson: Relevance. Communication and Cognition, Oxford 1995.
Sperber, Dan und Deirdre Wilson: Meaning and Relevance, Cambridge 2012.
Spoerhase, Carlos: Autorschaft und Interpretation. Methodische Grundlagen einer philologischen Hermeneutik, Berlin 2007.
Spoerhase, Carlos: Was ist ein Werk? Über philologische Werkfunktionen, in: Scientia Poetica 11 (2007), S. 276–344.
Spoerhase, Carlos: Even Homer Sometimes Nods. Against Hermeneutic Perfectionism, in: Philosophy and Literature 38 (2014), S. 549–562.
Spoerhase, Carlos: Das ‚Laboratorium' der Philologie? Das philologische Seminar als Raum der Vermittlung von Praxiswissen (circa 1850–1900), in: Theorien, Methoden und Praktiken des Interpretierens, hg. von Andrea Albrecht, Lutz Danneberg, Olav Krämer und Carlos Spoerhase, Berlin 2015, S. 53–80.
Spranger, Eduard: Lebensformen. Geisteswissenschaftliche Psychologie und Ethik der Persönlichkeit [1914], 2., völlig neu bearb. und erw. Aufl., Halle 1921.
Spree, Axel: Art. Interpretation, in: Reallexikon der deutschen Literaturwissenschaft, Bd. 2, hg. von Harald Fricke, Berlin 2000, S. 168–172.
Stackmann, Karl: Philologie und Lehrerausbildung. Vorträge zur Eröffnung der Universitätswoche Göttingen, 22. Oktober 1973, Göttingen 1974.
Stackmann, Karl: Die Edition – Königsweg der Philologie?, in: ders.: Kleine Schriften, Bd. 2: Philologie und Lexikographie, hg. von Jens Haustein, Göttingen 1998, S. 1–19.
Stackmann, Karl: Neue Philologie?, in: ders.: Kleine Schriften, Bd. 2: Philologie und Lexikographie, hg. von Jens Haustein, Göttingen 1998, S. 20–41.
Stackmann, Karl: Art. Philologie, in: Reallexikon der deutschen Literaturwissenschaft, Bd. 3, hg. von Jan-Dirk Müller, Berlin 2003, S. 74–79.
Staiger, Emil: Die Zeit als Einbildungskraft des Dichters. Untersuchungen zu Gedichten von Brentano, Goethe und Keller [1939], 3. Aufl., Zürich 1963.
Staiger, Emil: Die Kunst der Interpretation. Studien zur deutschen Literaturgeschichte, Zürich 1955.
Staiger, Emil: Das Problem der wissenschaftlichen Interpretation von Dichtwerken, in: Worte und Werte. Bruno Markwardt zum 60. Geburtstag, hg. von Gustav Erdmann und Alfons Eichstaedt, Berlin 1961, S. 355–358.
Stanzel, Franz: Typische Formen des Romans, Göttingen 1964.
Stanzel, Franz: Theorie des Erzählens, 8. Aufl., Göttingen 2008.
Stecker, Robert: Art. Interpretation, in: The Routledge Companion to Aesthetics, hg. von Berys Gaut und Dominic Lopes, London 2001, S. 239–251.

Steinbrenner, Jakob: Art. Wertung/ästhetischer Wert, in: Ästhetische Grundbegriffe. Historisches Wörterbuch in sieben Bänden, Bd. 6, hg. Karlheinz Barck, Stuttgart 2005, S. 588–617.
Steinig, Wolfgang: Als die Wörter tanzen lernten. Ursprung und Gegenwart der Sprache, Heidelberg 2006.
Steinmetz, Horst: Suspensive Interpretation. Am Beispiel Franz Kafkas, Göttingen 1977.
Steinmetz, Horst: Verstehen, Mißverstehen, Nichtverstehen, in: Germanisch-Romanische Monatsschrift 37 (1987), S. 387–398.
Stenlund, Sören: Language, Action and Mind, in: The Future of the Cognitive Revolution, hg. von Christina Erneling, Oxford 1997, S. 302–316.
Sterelny, Kim: The Representational Theory of Mind. An Introduction, Oxford 1990.
Stich, Stephen: What is a Theory of Mental Representation?, in: Mind 101/402 (1992), S. 243–261.
Stierle, Karlheinz: Text als Handlung. Perspektiven einer systematischen Literaturwissenschaft, München 1975.
Stockwell, Peter: Cognitive Poetics. An Introduction, London 2002.
Stockwell, Peter: Cognitive Poetics and Literary Theory, in: Journal of Literary Theory 1 (2007), S. 135–152.
Stone, Martin: Wittgenstein on Deconstruction, in: The New Wittgenstein, hg. von Alice Crary und Rupert Read, London 2000, S. 83–117.
Stout, Jeffrey: What is the Meaning of a Text?, in: New Literary History 14/1 (1982), S. 1–12.
Stoutland, Frederick: Philosophy of Mind with and Against Wittgenstein, in: Psychology and Philosophy. Inquiries into the Soul from Late Scholasticism to Contemporary Thought, hg. von Sara Heinämaa und Martina Reuter, Dordrecht 2009, S. 285–305.
Strawson, Galen: Mental Reality, 2. Aufl., Cambridge, MA 2010.
Strawson, Peter: Wittgenstein's Philosophical Investigations [1954], in: ders.: Freedom and Resentment and Other Essays, London 2008, S. 147–185.
Strawson, Peter: Individuals. An Essay in Descriptive Metaphysics, London 1959.
Strawson, Peter: Analysis, Science and Metaphysics, in: The Linguistic Turn, hg. von Richard Rorty, Chicago 1962, S. 312–320.
Strawson, Peter: Carnap's Views on Constructed Systems versus Natural Languages, in: The Philosophy of Rudolf Carnap, hg. von Paul Arthur Schilpp, Chicago 1963, S. 503–518.
Strawson, Peter: Categories [1970], in: ders.: Freedom and Resentment and Other Essays, Oxford 2008, S. 119–146.
Strawson, Peter: Perception and its Objects [1979], in: ders.: Philosophical Writings, hg. von Galen Strawson und Michelle Montague, Oxford 2011, S. 125–145.
Strawson, Peter: Analysis and Metaphysics. An Introduction to Philosophy, Oxford 1992.
Strawson, Peter: Knowing from Words [1994], in: ders.: Philosophical Writings, hg. von Galen Strawson und Michelle Montague, Oxford 2011, S. 186–190.
Strelka, Joseph: Methodologie der Literaturwissenschaft, Tübingen 1978.
Stroh, Wilfried: Ovids Enzyklopädie der Liebe, in: Ovid: Die erotischen Dichtungen, übers. von Viktor von Marnitz, Stuttgart 2001.
Stroh, Wilfried: Vergil, Horaz, Livius und die Augusteische Blütezeit der römischen Poesie, in: Divus Augustus. Der erste römische Kaiser und seine Welt, hg. von dems., Ralf von den Hoff und Martin Zimmermann, München 2014, S. 143–170.
Stroll, Avrum: Propositions and Sentences. The Detachment Argument, in: The International Logic Review 1 (1970), S. 89–97.

Stroud, Barry: The Quest for Reality. Subjectivism and the Metaphysics of Colour, Oxford 2000.
Strube, Werner: Analytische Philosophie der Literaturwissenschaft. Untersuchungen zur literaturwissenschaftlichen Definition, Klassifikation, Interpretation und Textbewertung, Paderborn 1993.
Strube, Werner: Die literaturwissenschaftliche Textinterpretation, in: Sinnvermittlung. Studien zur Geschichte von Exegese und Hermeneutik, hg. von Paul Michel und Hans Weder, Zürich 2000, S. 43–69.
Strube, Werner: Klassische Analysen der ästhetischen Sprache. Zur Ästhetik Wittgensteins, Macdonalds und Sibleys, in: Nutzen und Klarheit. Anglo-amerikanische Ästhetik im 20. Jahrhundert, hg. von Thomas Hecken und Axel Spree, Paderborn 2002, S. 33–61.
Strube, Werner: Verschiedene Arten der Bedeutung sprachlicher Äußerungen. Eine sprachphilosophische Untersuchung, in: Regeln der Bedeutung. Zur Theorie der Bedeutung literarischer Texte, hg. von Fotis Jannidis, Gerhard Lauer, Matías Martínez und Simone Winko, Berlin 2003, S. 37–67.
Strube, Werner: Die Entstehung der Ästhetik als einer wissenschaftlichen Disziplin, in: Scientia Poetica 8 (2004), S. 1–30.
Sullivan, Shirley Darcus: Psychological and Ethical Ideas. What Early Greeks Say, Leiden 1995.
Szondi, Peter: Zur Erkenntnisproblematik in der Literaturwissenschaft, in: Die Neue Rundschau 73 (1962), S. 146–165.
Szondi, Peter: Überwindung des Klassizismus. Hölderlins Brief an Böhlendorff vom 4. Dezember 1801 [1964], in: ders.: Schriften, Bd. 1, hg. von Jean Bollack, Frankfurt/M. 1978, S. 345–366.
Szondi, Peter: Intention und Gehalt. Hofmannsthal ad se ipsum [1964], in: ders.: Schriften, Bd. 2, hg. von Jean Bollack, Frankfurt/M. 1978, S. 266–272.
Szondi, Peter: Hegels Lehre von der Dichtung [1964/65], in: ders.: Poetik und Geschichtsphilosophie I, hg. von Senta Metz und Hans Hagen Hildebrandt, Frankfurt/M. 1974, S. 267–511.
Szondi, Peter: Hölderlin-Studien. Mit einem Traktat über philologische Erkenntnis [1967], in: ders: Schriften, Bd. 1, Frankfurt/M. 1978, S. 261–418.
Szondi, Peter: Diskussion mit Horst Bienek, Horst Enders, Lars Gustafsson, Walter Höllerer, Franz Mon, Roland Posner, Tomas Tranströmer, Gerhard Schmidt-Henkel und Hellmuth Schnelle: Metaphern und Metaphern-Systeme, in: Sprache im technischen Zeitalter 31 (1969), S. 204–210.
Szondi, Peter: Schleiermachers Hermeneutik heute [1970], in: ders.: Schriften, Bd. 2, hg. von Jean Bollack, Franfurt/M. 1978, S. 106–130.
Szondi, Peter: Durch die Enge geführt. Versuch über die Verständlichkeit des modernen Gedichts [1971], übers. von Jean Bollack u.a., in: ders.: Schriften, Bd. 2, Frankfurt/M. 1978, S. 345–389 [Lecture de Strette. Essai sur la poésie de Paul Celan, in: Critique 27/288 (1971), S. 387–420].
Szondi, Peter: Einführung in die literarische Hermeneutik, hg. von Jean Bollack und Helen Stierlin, Frankfurt/M. 1975.
Szondi, Peter: Briefe, hg. von Christoph König und Thomas Sparr, Frankfurt/M. 1993.
Szondi, Peter und Theodor W. Adorno: Von der Unruhe der Studenten. Ein Rundfunkgespräch [1967], in: Frankfurter Adorno-Blätter VI, hg. von Rolf Tiedemann, München, 2000, S. 142–155.
Tanney, Julia: Rules, Reason, and Self Knowledge, Cambridge, MA 2013.

Tanselle, Thomas: A Rationale of Textual Criticism, Philadelphia 1989.
Taylor, Talbot: Mutual Misunderstanding. Scepticism and the Theorizing of Language and Interpretation, London 1992.
Taylor, Talbot: Enculturating Language, in: ders.: Theorizing Language. Analysis, Normativity, Rhetoric, History, Oxford 1997, S. 1–26.
Tepe, Peter: Mythos und Literatur. Aufbau einer literaturwissenschaftlichen Mythosforschung, Würzburg 2002.
Tepe, Peter: Kognitive Hermeneutik. Textinterpretation ist als Erfahrungswissenschaft möglich, Würzburg 2007.
Thomasson, Amie: Ontology Made Easy, Oxford 2015.
Thomasson, Amie: What Can We Do, When We Do Metaphysics?, in: The Cambridge Companion to Philosophical Methodology, hg. von Giuseppa d'Oro und Søren Overgaard, Cambridge 2017, S. 77–100.
Thomé, Horst: Art. Werk, in: Reallexikon der deutschen Literaturwissenschaft, Bd. 3, hg. von Jan-Dirk Müller, Berlin 2007, S. 832–834.
Thorpe, Clarence: Addison's Contribution to Criticism, in: The Seventeenth Century. Studies in the History of Thought and Literature from Bacon to Pope, Stanford 1951, S. 316–329.
Thorpe, Clarence: The Aesthetic Theory of Thomas Hobbes. With Special Reference to His Contribution to the Psychological Approach in English Literary Criticism, New York 1964.
Thürnau, Donatus: Art. Bedeutung, in: Reallexikon der deutschen Literaturwissenschaft, Bd. 1, hg. von Klaus Weimar, Berlin 1997, S. 204–207.
Titzmann, Michael: Strukturale Textanalyse. Theorie und Praxis der Interpretation, 3. Aufl., München 1993.
Titzmann, Michael: Art. Semiotische Aspekte der Literaturwissenschaft: Literatursemiotik, in: Semiotik. Ein Handbuch zu den zeichentheoretischen Grundlagen von Natur und Kultur, 3. Teilbd., hg. von Roland Posner, Berlin 2003, S. 3028–3102.
Titzmann, Michael: ‚Empirie' in der Literaturwissenschaft, in: Empirie in der Literaturwissenschaft, hg. von Philip Ajouri, Katja Mellmann und Christoph Rauen, Münster 2013, S. 149–179.
Titzmann, Michael: Strukturalismus. Was bleibt, in: Strukturalismus in Deutschland. Literatur und Sprachwissenschaft 1910-1975, hg. von Hans-Harald Müller, Marcel Lepper und Andreas Gardt, Göttingen 2010, S. 371–411.
Tolstoi, Lew: Was ist Kunst?, in: ders.: Gesammelte Werke, Bd. 14, hg. von Eberhard Dieckmann und Gerhard Dudek, Berlin 1984, S. 39–232.
Travis, Charles: Unshadowed Thought. Representation in Thought and Language, Cambridge, MA 2000.
Trunz, Erich: Johann Matthäus Meyfart. Theologe und Schriftsteller in der Zeit des Dreißigjährigen Krieges, München 1987.
Trunz, Erich: Heinrich Hudemann und Martin Ruarus, zwei holsteinische Dichter des Frühbarock, in: ders.: Deutsche Literatur zwischen Späthumanismus und Barock. Acht Studien, München 1995, S. 287–349.
Tsilipakos, Leonidas: Clarity and Confusion in Social Theory. Taking Concepts Seriously, London 2015.
Turner, Mark: Reading Minds. The Study of English in the Age of Cognitive Science, Princeton 1991.
Tynjanov, Jurij: Das Problem der Verssprache. Zur Semantik des poetischen Textes [1924], übers. und eingel. von Inge Paulmann, München 1977.

Uebel, Thomas: Empiricism at the Crossroads. The Vienna Circle's Protocol-Sentence Debate, Chicago 2007.
Uebel, Thomas : „BLUBO-Metaphysik": Die Verwerfung der Werttheorie des Südwestdeutschen Neukantianismus durch Carnap und Neurath, in: Logischer Empirismus, Werte und Moral. Eine Neubewertung, hg. von Anna Siegetsleitner, Wien 2010, S. 103–129.
Uebel, Thomas: Pragmatics in Carnap and Morris and the Bipartite Metatheory Conception, in: Erkenntnis 78/3 (2013), S. 523–546.
Ullrich, Wolfgang: Des Geistes Gegenwart. Eine Wissenschaftspoetik, Berlin 2014.
Urmson, James: The Objects of the Five Senses, in: Proceedings of the British Academy 54 (1969), S. 117–131.
Valéry, Paul: Cahiers 1894–1914, Bd. 1, hg. von Nicole Celeyrette-Pietri, Paris 1973.
Vallacher, Robin und Daniel Wegner: Action Identification Theory, in: Handbook of Theories of Social Psychology, hg. von Paul van Lange, Arie Kruglanski und Edward Tory Higgins, Thousand Oaks, CA 2007, S. 327–348.
Viehoff, Reinhold: Literarisches Verstehen. Neuere Ansätze und Ergebnisse empirischer Forschung, in: Internationales Archiv für Sozialgeschichte der deutschen Literatur 13 (1988), S. 1–39.
Vollhardt, Friedrich: Heinrich Rickert, ‚Kulturwissenschaft und Naturwissenschaft' (1890), in: KulturPoetik 3/2 (2003), S. 279–285.
Vollhardt, Friedrich: Der Ursprung der Empfindsamkeitsdebatte in der ‚Tafelrunde' um Richard Alewyn, in: Das Projekt Empfindsamkeit und der Ursprung der Moderne. Richard Alewyns Sentimentalismusforschungen und ihr epochaler Kontext, hg. von Klaus Garber und Ute Széll, München 2005, S. 53–63.
Vogt, Jochen: Wie analysiere ich eine Erzählung?, Paderborn 2011.
Volk, Katharina: Ovid, Oxford 2010.
Voßkamp, Wilhelm: Gattungen als literarisch-soziale Institutionen, in: Textsortenlehre – Gattungsgeschichte, hg. von Walter Hinck, Heidelberg 1977, S. 27–44.
Walton, Douglas: The New Dialectic. Conversational Contexts of Argument, Toronto 1998.
Walton, Kendall: Categories of Art, in: The Philosophical Review 79/3 (1970), S. 334–367.
Weber, Dietrich: Erzählliteratur. Schriftwerk, Kunstwerk, Erzählwerk, Göttingen 1998.
Weber, Dietrich: Aperçus zum Geschichtenerzählspieler, in: Ästhetische Transgressionen. Festschrift für Ulrich Ernst zum 60. Geburtstag, hg. von Michael Scheffel, Silke Grothues und Ruth Sassenhausen, Trier 2006, S. 235–252.
Weber, Dietrich: Sub-Ego-Fiktionen. Zu-Sätze zur Theorie der Erzähl- und Storyliteratur, in: Figuren der Ordnung. Beiträge zu Theorie und Geschichte literarischer Dispositionsmuster, hg. von Susanne Gramatzki und Rüdiger Zymner, Köln 2009, S. 231–242.
Weber, Max: Der Sinn der ‚Wertfreiheit' der soziologischen und ökonomischen Wissenschaften [1917], in: ders.: Gesammelte Aufsätze zur Wissenschaftslehre, hg. von Johannes Winckelmann, 6. Aufl., Tübingen 1985, S. 489–540.
Wege, Sophia: Wahrnehmung, Wiederholung, Vertikalität. Zur Theorie und Praxis der Kognitiven Literaturwissenschaft, Bielefeld 2013.
Weimar, Klaus: Zur neuen Hermeneutik um 1800, in: Wissenschaft und Nation. Zur Entstehungsgeschichte der deutschen Literaturwissenschaft, hg. von Jürgen Fohrmann und Wilhelm Voßkamp, München 1991, S. 195–203.
Weimar, Klaus: Enzyklopädie der Literaturwissenschaft, 2. Aufl., Tübingen 1993.

Weimar, Klaus: Berichte über Gelesenes, in: Modern Language Notes 114/3 (1999), S. 551–566.

Weimar, Klaus: Art. Einfühlung, in: Reallexikon der deutschen Literaturwissenschaft, Bd. 1, hg. von dems., Berlin 1997, S. 427–429.

Weimar, Klaus: Doppelte Autorschaft, in: Rückkehr des Autors. Zur Erneuerung eines umstrittenen Begriffs, hg. von Fotis Jannidis, Gerhard Lauer, Matías Martínez und Simone Winko, Tübingen 1999, S. 123–133.

Weimar, Klaus: Lesen: zu sich selbst sprechen in fremdem Namen, in: Literaturwissenschaft. Einführung in ein Sprachspiel, hg. von Ursula Renner und Heinrich Bosse, Freiburg/Br. 1999, S. 49–62.

Weimar, Klaus: Text, Interpretation, Methode. Hermeneutische Klärungen, in: Wie international ist die Literaturwissenschaft? Methoden- und Theoriediskussion in den Literaturwissenschaften, hg. von Lutz Danneberg und Friedrich Vollhardt, Stuttgart 1999, S. 110–122.

Weimar, Klaus: Art. Hermeneutik, in: Reallexikon der deutschen Literaturwissenschaft, Bd. 2, hg. von Harald Fricke, Berlin 2000, S. 25–29.

Weimar, Klaus: Art. Literatur, in: Reallexikon der deutschen Literaturwissenschaft, Bd. 2, hg. von Harald Fricke, Berlin 2000, S. 443–448.

Weimar, Klaus: Was ist Interpretation?, in: Mitteilungen des Deutschen Germanistenverbandes 49 (2002), S. 104–115.

Weimar, Klaus: Geschichte der deutschen Literaturwissenschaft bis zum Ende des 19. Jahrhunderts, Paderborn 2003.

Weimar, Klaus: Literarische Bedeutung, in: Regeln der Bedeutung. Zur Theorie der Bedeutung literarischer Texte, hg. von Fotis Jannidis, Gerhard Lauer, Matías Martínez und Simone Winko, Berlin 2003, S. 228–245.

Weimar, Klaus: Art. Poesie, in: Reallexikon der deutschen Literaturwissenschaft, Bd. 3, hg. von Jan-Dirk Müller, Berlin 2003, S. 96–100.

Weimar, Klaus: Funktionen des Literaturbegriffs, in: Grenzen der Literatur. Zu Begriff und Phänomen des Literarischen, hg. von Simone Winko, Fotis Jannidis und Gerhard Lauer, Berlin 2009, S. 78–91.

Weimar, Klaus: Über die Ethik des Verstehens, in: Der Deutschunterricht 4 (2010), S. 14–25.

Weimar, Klaus und Wolfgang Binder: Literatur als Denkschule. Eine Vorlesung, Zürich 1972.

Wellek, René: The Crisis of Comparative Literature, in: ders.: Concepts of Criticism, London 1963, S. 282–295.

Wellek, René und Austin Warren: Theory of Literature, New York 1949.

Wettstein, Howard: The Magic Prism. An Essay in the Philosophy of Language, Oxford 2004.

Wettstein, Howard: Speaking for Another, in: Indirect Reports and Pragmatics. Interdisciplinary Studies, hg. von Alessandro Capone, Ferenc Kiefer und Franco Lo Piparo, Dordrecht 2015, S. 405–434.

Wezel, Johann Karl: Lebensgeschichte Tobias Knauts, des Weisen, sonst der Stammler genannt, Bd. 1, Leipzig 1773.

White, Alan: Meaning, Intentionality and Use, in: Atti del XII Congresso Internazionale di Filosofia (Venezia, 12–18 Settembre 1958), Bd. 4: Logica, linguaggio e comunicazione, Florenz 1961, S. 377–384.

White, Alan: Rez. J. L. Austin: ‚How to Do Things with Words', in: Analysis 23/1 (1963), S. 58–64.

White, Alan: The Philosophy of Mind, New York 1967.

White, Alan: Truth, London 1970.
White, Alan: Inference, in: The Philosophical Quarterly 21 (1971), S. 289–302.
White, Alan: Conceptual Analysis, in: The Owl of Minerva. Philosophers on Philosophy, hg. von Charles Bontempo, New York 1975, S. 103–117.
White, Alan: Propositions and Sentences, in: Bertrand Russell Memorial Volume, hg. von George Roberts, London 1979, S. 22–33.
White, Alan: Belief as a Propositional Attitude, in: Bertrand Russell Memorial Volume, hg. von George Roberts, London 1979, S. 242–252.
White, Alan: The Nature of Knowledge, Totowa 1982.
White, Alan: Fact in the Law, in: Facts in Law, hg. von William Twining, Wiesbaden 1983, S. 108–119.
White, Alan: Grounds of Liability. An Introduction to the Philosophy of Law, Oxford 1985.
White, Alan: Methods of Metaphysics, London 1987.
White, Alan: The Language of Imagination, Oxford 1990.
White, Alan: Rez. G. J. Warnock: ‚J. L. Austin', in: Philosophical Books 31/2 (1990), S. 89–91.
Wieland, Christoph Martin: Rez. ‚Kandide, oder die beste der Welt aufs neue verdeutscht', in: Teutscher Merkur (1778), 1. Vierteljahr, S. 297–299.
Wieland, Christoph Martin: Übersetzung des Horaz, hg. von Manfred Fuhrmann, Frankfurt/M. 1986.
Wieland, Christoph Martin: An D.F.G.R.V.******, in: ders.: Von der Freiheit der Literatur. Kritische Schriften und Publizistik, Bd. 1, hg. von Wolfgang Albrecht, Frankfurt/M. 1997, S. 163–170.
Wieland, Christoph Martin: Die Musen-Almanache für das Jahr 1797. Ein Gespräch zwischen einem Freund und Mir, in: ders.: Von der Freiheit der Literatur. Kritische Schriften und Publizistik, Bd. 1, hg. von Wolfgang Albrecht. Frankfurt/M. 1997, S. 273–321.
Wiggershaus, Rolf: Wittgenstein und Adorno. Zwei Spielarten modernen Philosophierens, Göttingen 2001.
Wiggins, David: Language: The Great Conduit, in: The Times Literary Supplement (12.4.1996), S. 15.
Wiggins, David: Languages as Social Objects, in: Philosophy 72 (1997), S. 499–524.
Wiggins, David: Ethics. Twelve Lectures on the Philosophy of Morality, Cambridge, MA 2006.
Wilamowitz-Moellendorff, Tycho von: Die dramatische Technik des Sophokles [1917]. Aus dem Nachlass hg. von Ernst Kapp. Mit einem Beitrag von Ulrich von Wilamowitz-Moellendorff und einem Anhang zur Neuaufl. von William Calder III und Anton Bierl, Hildesheim 1996.
Wilamowitz-Moellendorff, Ulrich von: Philologie und Schulreform [1892], in: ders.: Reden und Vorträge, 3., verm. Aufl., Berlin 1913, S. 97–119.
Wilamowitz-Moellendorff, Ulrich von: Platon, Bd. 1: Leben und Werke, 2. Aufl., Berlin 1920.
Wilamowitz-Moellendorf, Ulrich von: Geschichte der Philologie [1921], mit einem Nachwort und Register von Albert Henrichs, Leipzig 1998.
Willand, Marcus: Intention in romantischer Hermeneutik und linguistischer Pragmatik, in: Turns und Trends der Literaturwissenschaft. Literatur, Kultur und Wissenschaft zwischen Nachmärz und Jahrhundertwende im Blickfeld aktueller Theoriebildung, hg. von Christian Meierhofer und Eric Scheufler, Zürich 2010, S. 28–49.
Williams, Michael: Problems of Knowledge. Critical Introduction to Epistemology, Oxford 2001.
Williams, Michael: Why (Wittgensteinian) Contextualism is not Fundamentalism, in: Episteme 4/1 (2007), S. 93–114.

Wimsatt, William: Genesis. A Fallacy Revisited, in: On Literary Intention, hg. von David Newton de Molina, Edinburgh 1976, S. 116–138.

Wimsatt, William und Monroe Beardsley: The Intentional Fallacy, in: William Wimsatt: The Verbal Icon. Studies in the Meaning of Poetry, Lexington 1954, S. 3–18.

Winko, Simone: Einführung: Autor und Intention, in: Rückkehr des Autors. Zur Erneuerung eines umstrittenen Begriffs, hg. von Fotis Jannidis, Gerhard Lauer, Matías Martínez und ders., Tübingen 1999, S. 39–46.

Winko, Simone: Autor-Funktionen. Zur argumentativen Verwendung von Autorkonzepten in der gegenwärtigen literaturwissenschaftlichen Interpretationspraxis, in: Autorschaft. Positionen und Revisionen, hg. von Heinrich Detering, Stuttgart 2002, S. 334–354.

Winko, Simone: Art. Textanalyse, in: Reallexikon der deutschen Literaturwissenschaft, Bd. 3, hg. von Jan-Dirk Müller, Berlin 2003, S. 597–601.

Winko, Simone: Über Regeln emotionaler Bedeutung, in: Regeln der Bedeutung. Zur Theorie der Bedeutung literarischer Texte, hg. von Fotis Jannidis, Gerhard Lauer, Matías Martínez und ders., Berlin 2003, S. 329–348.

Winko, Simone: Kodierte Gefühle. Zu einer Poetik der Emotionen in lyrischen und poetologischen Texten um 1900, Berlin 2003.

Winko, Simone: Art. Textbewertung, in: Handbuch Literaturwissenschaft, Bd. 2: Methoden und Theorien, hg. von Thomas Anz, Stuttgart 2007, S. 233–266.

Winko, Simone: Textualitätsannahmen und die Analyse literarischer Texte, in: Zeitschrift für germanistische Linguistik 36/3 (2009), S. 427–443.

Winko, Simone: Zur Plausibilität als Beurteilungskriterium literaturwissenschaftlicher Interpretationen, in: Theorien, Methoden und Praktiken des Interpretierens, hg. von Andrea Albrecht, Lutz Danneberg, Olav Krämer und Carlos Spoerhase, Berlin 2015, S. 483–511.

Winko, Simone: Standards literaturwissenschaftlichen Argumentierens. Grundlagen und Forschungsfragen, in: Germanisch-Romanische Monatsschrift 65/1 (2015), S. 13–29.

Winko, Simone, Fotis Jannidis, Gerhard Lauer und Matías Martínez: Der Bedeutungsbegriff in der Literaturwissenschaft. Eine historische und systematische Skizze, in: Regeln der Bedeutung. Zur Theorie der Bedeutung literarischer Texte, hg. von dens., Berlin 2003, S. 3–30.

Winko, Simone, Fotis Jannidis und Gerhard Lauer: Radikal historisiert: Für einen pragmatischen Literaturbegriff, in: Grenzen der Literatur. Zu Begriff und Phänomen des Literarischen, hg. von dens., Berlin 2009, S. 3–37.

Winko, Simone und Fotis Jannidis: Wissen und Inferenz. Zum Verstehen und Interpretieren literarischer Texte am Beispiel von Hans Magnus Enzensbergers Gedicht ‚Frühschriften', in: Literatur interpretieren. Interdisziplinäre Beiträge zur Theorie und Praxis, hg. von Jan Borkowski, Stefan Descher, Felicitas Ferder und Philipp David Heine, Münster 2015, S. 221–250.

Wittgenstein, Ludwig: Lectures and Conversations on Aesthetics, Psychology, and Religious Belief. Compiled from Notes taken by Yorick Smythies, Rush Rhees and James Taylor, hg. von Cyrill Barrett, Berkeley 1967.

Wittgenstein, Ludwig: Das Blaue Buch, übers. von Petra von Morstein, in: ders.: Werkausgabe, Bd. 5, Frankfurt/M. 1970, S. 15–116.

Wittgenstein, Ludwig: Eine philosophische Betrachtung, in: ders.: Werkausgabe, Bd. 5, Frankfurt/M. 1970, S. 117–282.

Wittgenstein, Ludwig: Philosophische Grammatik [= PG], in: ders.: Werkausgabe, Bd. 4, hg. von Rush Rhees, Frankfurt/M. 1989.

Wittgenstein, Ludwig: Bemerkungen über die Philosophie der Psychologie [= BPP], in: ders.: Werkausgabe, Bd. 7, hg. von Heikki Nyman, Georg Henrik von Wright und Elizabeth Anscombe, Frankfurt/M. 1984, S. 7–346.
Wittgenstein, Ludwig: Letzte Schriften über die Philosophie der Psychologie [= LS I], in: ders.: Werkausgabe, Bd. 7, hg. von Heikki Nyman, Georg Henrik von Wright und Elizabeth Anscombe, Frankfurt/M. 1984, S. 347–488.
Wittgenstein, Ludwig: Über Gewißheit [= ÜG], in: ders.: Werkausgabe, Bd. 8, hg. von Georg Henrik von Wright und Elizabeth Anscombe, Frankfurt/M. 1984, S. 113–257.
Wittgenstein, Ludwig: Vermischte Bemerkungen, in: ders.: Werkausgabe, Bd. 8, Frankfurt/M. 1984, S. 445–575.
Wittgenstein, Ludwig: Zettel [= Zettel], in: ders.: Werkausgabe, Bd. 8, hg. von Georg Henrik von Wright und Elizabeth Anscombe, Frankfurt/M. 1989, S. 259–443.
Wittgenstein, Ludwig: Bemerkungen über Frazers Golden Bough, in: ders.: Vortrag über Ethik und andere kleine Schriften, hg. von Joachim Schulte, Frankfurt/M. 1991.
Wittgenstein, Ludwig: Letzte Schriften über die Philosophie der Psychologie. Das Innere und das Äußere, 1949–1951 [= LS II], hg. von Heikki Nyman und Georg Henrik von Wright Frankfurt/M. 1993.
Wittgenstein, Ludwig: Philosophische Untersuchungen [= PU]. Kritisch-genetische Edition, hg. von Joachim Schulte, Frankfurt/M. 2001.
Wittgenstein, Ludwig: The Big Typescript, hg. von Michael Nedo, Wien 2002.
Wolf, Friedrich August: Darstellung der Alterthums-Wissenschaft nach Begriff, Umfang, Zweck und Wert, in: ders.: Museum der Alterthums-Wissenschaft, Bd. 1, Berlin 1807, S. 1–145.
Wolf, Friedrich August: Vorlesungen über die Alterthumswissenschaft, hg. von Johann Daniel Gürtler und Samuel F. W. Hoffmann, Leipzig 1839.
Wright, Andrew: Henry Fielding. Mask and Feast, Berkeley 1965.
Wright, Georg Henrik von: Varieties of Goodness, London 1963.
Wright, Georg Henrik von: Determinismus in den Geschichts- und Sozialwissenschaften. Ein Entwurf, in: ders.: Handlung, Norm und Intention. Untersuchungen zur deontischen Logik, hg. von Hans Poser, Berlin 1977, S. 131–152.
Wright, Georg Henrik von: Begriffsanalyse ist eine schaffende Tätigkeit, in: Deutsche Zeitschrift für Philosophie 45 (1997), S. 267–277.
Yallop, Colin: Words and Meaning, in: Lexicology and Corpus Linguistics. An Introduction, hg. von Michael Halliday, Wolfgang Teubert, dems. und Anna Cermakova, London 2004, S. 23–71.
Ylikoski, Petri: The Illusion of Depth of Understanding in Science, in: Scientific Understanding. Philosophical Perspectives, hg. von Henk de Regt, Sabina Leonelli und Kai Eigner, Pittsburgh 2009, S. 110–119.
Yolton, John: Locke and Malebranche. Two Concepts of Ideas, in: John Locke. Symposium Wolfenbüttel 1979, hg. Reinhard Brandt, Berlin 1981, S. 208–224.
Yolton, John: A Locke Dictionary, Oxford 1993.
Yolton John: Perception and Reality. A History from Descartes to Kant, Ithaca, NY 1996.
Zabka, Thomas: Pragmatik der Literaturinterpretation. Theoretische Grundlagen – kritische Analysen, Tübingen 2005.
Zabka, Thomas: Art. Interpretation, in: Metzler Lexikon Literatur. Begriffe und Definitionen, hg. von Dieter Burdorf, Christoph Fasbender und Burkhard Moennighoff, 3., völlig neu bearb. Aufl., Stuttgart 2007, S. 356–357.

Zabka, Thomas: Art. Verstehen, in: Metzler Lexikon Literatur. Begriffe und Definitionen, hg. von Dieter Burdorf, Christoph Fasbender und Burkhard Moennighoff, 3., völlig neu bearb. Aufl., Stuttgart 2007, S. 807.
Zabka, Thomas: Interpretationsverhältnisse entfalten. Vorschläge zur Analyse und Kritik literaturwissenschaftlicher Bedeutungszuweisung, in: Journal of Literary Theory 2/1 (2008), S. 51–70.
Zeller, Hans: Befund und Deutung. Interpretation und Dokumentation als Ziel und Methode der Edition, in: Texte und Varianten. Probleme ihrer Edition und Interpretation, hg. von Gunter Martens und Hans Zeller, München 1971, S. 45–89.
Ziem, Alexander: Frames und sprachliches Wissen. Kognitive Aspekte der semantischen Kompetenz, Berlin 2008.
Zimmermann, Thomas Ede: Einführung in die Semantik, Darmstadt 2014.
Zipfel, Frank: Fiktion, Fiktivität, Fiktionalität. Analysen zur Fiktion in der Literatur und zum Fiktionsbegriff in der Literaturwissenschaft, Berlin 2001.
Zipfel, Frank: Art. Fiktion, in: Lexikon Literaturwissenschaft. Hundert Grundbegriffe, hg. von Gerhard Lauer und Christine Ruhrberg, Stuttgart 2011, S. 93–96.
Zipfel, Frank: Narratorless Narration? Some Reflections on the Arguments for and against the Ubiquity of Narrators in Fictional Narration, in: Author and Narrator. Transdisciplinary Contributions to a Narratological Debate, hg. von Dorothee Birke und Tilmann Köppe, Berlin 2015, S. 45–80.
Zymner, Rüdiger: Uneigentliche Bedeutung, in: Regeln der Bedeutung. Zur Theorie der Bedeutung literarischer Texte, hg. von Gerhard Lauer, Matías Martínez und Simone Winko, Berlin 2003, S. 128–168.
Zymner, Rüdiger: Gattungstheorie. Probleme und Positionen der Literaturwissenschaft, Paderborn 2003.
Zymner, Rüdiger: ‚Stimme(n)' als Struktur und Stimmen als Ereignis, in: Stimmen im Text. Narratologische Positionsbestimmungen, hg. von Andreas Blödorn, Berlin 2006, S. 321–348.
Zymner, Rüdiger: Gattungsvervielfältigung. Zu einem Aspekt der Gattungsdynamik, in: Gattungstheorie und Gattungsgeschichte, hg. von Marion Gymnich, Brigitte Neumann und Ansgar Nünning, Trier 2007, S. 101–116.
Zymner, Rüdiger: Lyrik. Umriss und Begriff, Paderborn 2009.
Zymner, Rüdiger und Harald Fricke: Einübung in die Literaturwissenschaft, 5. überarb. und erw. Aufl., Paderborn 2007.

Personenregister

Abrams, Meyer 220, 326
Achinstein, Peter 299, 323
Addison, Joseph 101–104, 107, 109, 232
Adelung, Johann Christoph 194, 307, 315
Adler, Hans 109
Aitchison, Jean 174
Albrecht, Andrea 185, 281, 306, 313, 330
Albrecht, Michael von 267
Alewyn, Richard 179, 187, 193, 197, 214, 215, 223, 246, 259, 301, 305, 336, 337, 340, 341, 351, 356, 358
Alexander, Norman 197
Alexander, Werner 152
Anscombe, Elizabeth 131, 135, 302
Antos, Gerd 241
Anz, Thomas 109, 304
Apel, Karl Otto 314
Aristoteles 103–107, 217–220, 228, 229, 246
Armstrong, David 73, 74, 82
Arnauld, Antoine 96
Arrivé, Michel 236
Attridge, Derek 246, 250, 294, 295
Auerochs, Bernd 254, 264
Augustinus 25, 26, 70–72, 78–80, 83, 96, 147, 150, 157, 158
Austin, John 1, 7, 8, 10, 12–14, 36, 56, 58, 82, 86, 94, 183, 184, 189, 194, 195, 197, 210–213, 231, 236, 248, 249, 292, 325, 331, 342
Ayer, Alfred 9, 183

Baasner, Rainer 301
Bachmann, Ingeborg 6
Bachtin, Michail 192
Bäcker, Iris 79
Baker, Gordon 8, 9, 21, 22, 33, 36, 43, 45, 56, 101, 171, 194, 200, 204
Barrett, Louise 86, 87
Bartelborth, Thomas 311, 332
Barthes, Roland 154, 235, 236, 237, 240, 343
Baßler, Moritz 121, 126, 237
Baudry, Jean-Louis 240, 343

Baumgarten, Alexander Gottlieb 103, 104, 107, 108, 109
Baxandall, Michael 222
Baz, Avner 13
Beardsley, Monroe 121, 122, 126, 138, 234, 235, 238, 267, 305, 306
Bearn, Gordon 58
Becher, Erich 69
Beetz, Manfred 241, 341
Benne, Christian 77
Bennett, Maxwell 9, 171, 172
Bickert, Hans Günther 246
Blackburn, Simon 316, 331
Blair, Hugh 264
Bloomfield, Leonard 36
Bloor, David 185, 190, 193, 223, 224
Bodmer, Johann Jakob 104, 106
Boeckh, August 194, 285, 291, 334
Bolz, Norbert 340
Booth, Wayne 249, 265, 273, 358
Bosse, Heinrich 156
Böttiger, Carl August 264
Bouveresse, Jacques 8, 10
Brady, Emily 350
Brahm, Otto 107, 108
Breitinger, Johann Jakob 104, 106
Brenner, Peter 18, 199
Brentano, Franz 70, 73, 74
Breuer, Dieter 109
Brewer, Talbot 361
Brink, Charles 217, 243
Britton, Celia 249
Brody, Jules 217
Bromwich, David 60
Brusotti, Marco 191, 301, 356
Brütting, Richard 191, 236
Bühler, Axel 49, 128, 129, 146, 147, 152, 308, 310, 312
Burdach, Konrad 18
Burdorf, Dieter 1, 10, 108, 257, 325
Burge, Tyler 130
Bußmann, Hadumod 41
Butler, Joseph 204

Calabi, Clotilde 352
Carnap, Rudolf 1, 8–10, 12, 62, 181–183, 186, 199, 203, 204
Carroll, Noël 133, 134, 148, 181, 188, 217–219, 228, 246, 251, 256, 288, 294, 295, 300
Cassam, Quassim 290
Cavell, Stanley 190, 347
Celan, Paul 240, 342
Chaffin, Roger 160
Charpa, Ulrich 290
Chatman, Seymour 241, 257, 258, 259
Chomsky, Noam 86, 110, 190, 237
Christmann, Ursula 161, 164
Chur, Jeanette 28
Churchland, Paul 73
Clark, Eve 149
Clark, Herbert 149, 211
Cohen, Ted 350
Collingwood, Robin George 335, 346, 358
Conrady, Karl Otto 305
Costall, Alan 77
Cottingham, John 85
Coulter, Jeff 9, 76, 87, 112, 163
Crane, Ronald 50, 181, 214, 246, 282, 283, 286, 287, 358
Crane, Tim 70, 74, 112
Crawford, Mary 160
Culler, Jonathan 232
Currie, Gregory 221, 229, 263, 342

Danneberg, Lutz 185, 233, 306
Dannhauer, Johann Conrad 151, 152, 341
Danziger, Kurt 70
Davidson, Donald 23, 138, 139, 194
de Bary, Philip 85
de Jong, Irene J. F. 264
de Saussure, Ferdinand 30
Demetz, Peter 236
Dennett, Daniel 119
Derrida, Jacques 6, 14, 18–20, 30, 55, 112, 114, 191, 237, 238, 250, 342
Descartes, René 69, 72–74, 80, 81, 84–87, 95, 96, 98, 127, 156
Detel, Wolfgang 61, 65, 87, 88, 91, 92, 122, 127, 147, 169, 170, 172, 310, 311

Dilthey, Wilhelm 69, 75, 76, 169, 281, 293, 314, 335, 345, 347
Dlugos, Peter 85
Dray, William 335
Dretske, Fred 74
Drury, Maurice 188
Duff, Antony 171, 352
Dummett, Michael 33
Dürr, Claudia 218
Dutton, Denis 219, 226

Ehlers, Klaas-Hinrich 246
Ehlich, Konrad 249
Ehrenpreis, Irvin 273
Eibl, Karl 175, 176
Elgin, Catherine 115, 292
Enfield, Nicholas 211
Entner, Heinz 277
Epstein, Hans 281

Farrow, Steve 109
Ferrari, Giovanni 220
Finke, Peter 187, 340
Firth, John 36
Fischer, Eugen 12, 14, 15, 22, 24, 63, 72, 90, 102
Fish, Stanley 36, 133–135, 160, 323, 347
Fix, Ulla 101, 161
Flasch, Kurt 281
Fleck, Ludwik 284, 320, 330
Floyd, Richard 65
Fodor, Jerry 86, 87, 127, 130, 150
Føllesdal, Dagfinn 320
Forster, Leonard 359
Foucault, Michel 191, 236
Frank, Manfred 30
Fränkel, Jonas 94
Frazer, James 80
Freeman, Mark 191
Frege, Gottlob 32–34, 66–70, 73, 87, 98, 99, 111, 143, 154–156
Fricke, Christel 350
Fricke, Harald 10, 54, 121, 166, 170, 173, 182, 185, 225, 279, 329, 339–340, 350
Friedemann, Käte 253

Frith, Christopher 74
Fritz, Gerd 201, 246
Fuhrmann, Manfred 217

Gadamer, Hans-Georg 18, 19, 179, 320
Garber, Klaus 351
Gardiner, Patrick 335
Gardt, Andreas 161
Gaskin, Richard 143
Gauker, Christopher 21, 112, 337
Gavins, Joanna 109
Genette, Gérard 187, 235
George, Alexander 352
Geuss, Raymond 217
Glock, Hans-Johann 12, 22, 41, 43, 87, 116, 163, 182, 189, 198–201, 337, 352
Gloning, Thomas 199, 200
Goethe, Johann Wolfgang 274
Goldberg, Bruce 110
Goldman, Alan 332
Goldman, Alvin 342
Goodman, Nelson 86, 115, 292, 330
Goodman Nelson 120
Göttner, Heide 322
Gottsched, Johann Christoph 103–105, 227,271
Graff, Gerald 347
Green, Karen 238
Grice, Paul 77, 140, 141
Griffin, Jasper 259, 303
Groeben, Norbert 161, 164
Gross, Sabine 109
Grotzer, Peter 236, 314
Gulley, Norman 229
Gumbrecht, Hans Ulrich 18, 19, 334

Haack, Susan 282, 283, 285, 315
Hacker, Peter 8, 9, 11–15, 20–22, 33, 43–45, 56, 65, 72, 74, 81–83, 86, 88, 89, 91, 95, 97, 102, 112, 116, 127, 131, 132, 136, 141, 147, 163, 171, 172, 174, 176, 183, 185, 189–191, 194, 198, 200, 204, 208, 223, 224, 244, 252, 279, 290, 291, 302, 303, 315, 317–319, 326, 331, 332, 337, 338, 356
Hacking, Ian 166, 330
Haller, Rudolf 223, 301

Halliwell, Stephen 106, 217, 220
Hampshire, Stuart 208, 218, 284
Hanfling, Oswald 13
Hansen, Nat 14, 184
Hanson, Norwood 323, 324
Harding, Denys 133, 221, 228, 229, 304
Harris, James 245
Harris, Roy 150, 192, 242, 243, 342
Hart, Herbert 9, 136
Hasselberger, William 171
Hawcroft, Michael 277, 278, 280, 358
Heath, Malcolm 103, 312, 357
Heckhausen, Heinz 128
Heeschen, Volker 225
Heidegger, Martin 9, 18, 318
Heintz, Bettina 330
Heinze, Richard 52–54, 142, 223, 250, 252, 259, 295, 305, 327
Hempel, Carl 203, 204, 299, 330
Hempfer, Klaus 240, 241, 343
Herder, Johann Gottfried 107, 108, 343
Hermann, Gottfried 294
Hickok, Gregory 343
Hirsch, Eric 17, 32, 39, 125, 126, 153, 154, 161, 171
Hißmann, Michael 155
Hofmannsthal, Hugo von 223
Hogan, Patrck Colm 82
Hogan, Patrick Colm 84
Holland, Norman 160
Home, Henry 118
Hookway, Christopher 284
Horaz 217, 220, 224, 243, 269, 272
Hörisch, Jochen 340
Hörmann, Hans 140
Houdebine, Jean-Louis 240
Howell, Wilbur 220
Huemer, Wolfgang 352
Hume, David 10, 87, 228, 334
Hunter, John 132
Husserl, Edmund 34, 35, 66, 72, 73, 76, 124, 125, 145
Hutto, Daniel 65, 83, 84, 321
Hyman, John 9, 12, 15, 102, 127, 131, 242, 279, 291

Ickler, Theodor 147, 189

IJsseling, Samuel 318
Ineichen, Hans 32
Ingarden, Roman 32, 34, 35, 45, 48, 49, 110, 145, 233–235
Isenberg, Arnold 356
Isenschmid, Andreas 1
Iser, Wolfgang 160

Jackendoff, Ray 24, 28, 101, 164, 165
Jäger, Ludwig 174
Jahn, Thomas 62
Jahraus, Oliver 282
James, William 73
Jannidis, Fotis 18, 22, 77, 84, 121, 140, 147, 153, 158, 164–166, 168, 254, 258, 346
Japp, Uwe 340
Johnson-Laird, Philip 28
Joseph, John 30
Joseph, Miriam 276
Juhl, Peter 231, 248, 276, 328
Jung, Matthias 169

Kahrmann, Cordula 155, 254
Kainz, Friedrich 243
Kallich, Martin 102
Kant, Immanuel 10, 74, 75, 107, 108, 208
Kanterian, Edward 34
Kayser, Wolfgang 40, 216, 234, 235, 253, 254, 262, 265, 266, 274, 295, 306, 313, 340
Keller, Rudi 147
Kelleter, Frank 79
Kemmerling, Andreas 65, 85, 91, 141, 204
Kempski, Jürgen von 6
Kenny, Anthony 12, 34, 82, 95, 174, 318
Kerferd, George 154
Kermode, Frank 248
Kiessling, Adolf 53, 142
Kindi, Vasso 323
Kindt, Tom 18, 247, 256, 281
Kirwan, Christopher 25
Kittler, Friedrich 340
Kivy, Peter 103
Klauk, Tobias 181, 348
Klausnitzer, Ralf 161, 256, 306, 342
Klein, Wolfgang 255, 296

Klingner, Friedrich 203, 320
Klopstock, Friedrich Gottlieb 231, 328, 354, 355
Kohl, Katrin 231
Kohn, Hans 59
Kölbel, Max 45
Kondylis, Panajotis 14
Konerding, Klaus-Peter 173
König, Christoph 1, 179, 181, 293, 299, 305, 336, 337
Köppe, Tilmann 18, 62, 79, 113, 138, 181, 247, 294, 321, 348
Körner, Josef 281
Kraft, Werner 6
Krah, Hans 232
Krämer, Olav 185, 306
Krasser, Helmut 269
Kraus, Walter 268
Kristeller, Paul Oskar 217
Krommer, Axel 79
Krummacher, Hans-Henrik 120, 137
Künne, Wolfgang 43, 69

La Mettrie, Julien Offray de 81
Lachmann, Karl 335, 354
Lahn, Silke 254
Lamarque, Peter 50, 214, 219, 221, 224, 225, 230, 235, 279, 294, 295, 304, 318, 320, 321, 351, 352
Lämmert, Eberhard 1, 7
Lanser, Susan Snaider 232
Lauer, Gerhard 18, 22, 140, 165, 168
Laugier, Sandra 13, 190
Leech, Geoffrey 324
Lefèvre, Eckard 144
Lepper, Marcel 171
Lessing, Gotthold Ephraim 104–107, 226, 233, 245, 269–272
Leudar, Ivan 77
Levelt, Willem 136
Leventhal, Robert 156
Levine, Joseph 59
Levinson, Jerrold 49, 51
Lichtenberg, Georg Christoph 11, 80
Limpinsel, Mirco 11, 286, 348
Livingston, Paisley 128, 130, 131
Lloyd-Jones, Hugh 277

Löbner, Sebastian 24, 27, 100, 113, 172
Locke, John 67, 69, 72–74, 80, 81, 85–87, 97–99, 110, 140, 147, 150, 151, 291, 292
Locurto, Charles 191
Long, Anthony 119
Longinus 227
Luckmann, Thomas 192, 224
Lüthi, Hans Jürg 279, 280
Lutzeier, Peter Rolf 24, 25, 29, 49, 52, 99, 100, 113, 140, 200
Lyas, Colin 122, 251, 350, 357
Lynch, Michael 185

Macherey, Pierre 236, 297
Mahrholz, Werner 223
Malcolm, Norman 12, 13, 74, 82, 86, 171, 188, 320
Mancing, Howard 266, 267
Margolin, Uri 254, 265
Marr, David 88
Martens, Gunter 121, 231
Martin, Jane 300
Martin, Michael 289
Martínez, Matías 18, 22, 140, 259–264, 266, 274
Martus, Steffen 187, 282, 284, 316, 340
Matthews, Gareth 72
Mayer, Roland 268, 269
McDowell, John 320
McGeer, Victoria 115
McKeon, Richard 220
Meier, Georg Friedrich 40, 41, 104, 105, 123, 124, 151, 152, 198
Meister, Jan Christoph 254
Meixner, Uwe 55, 73
Mele, Alfred 128
Melser, Derek 63, 119, 284
Mendelssohn, Moses 104, 105
Merker, Björn 226
Metzinger, Thomas 65, 74, 87, 88, 113, 128
Meyer, Heinrich 216
Miller, Henry Knight 266
Millikan, Ruth 197, 201
Moi, Toril 13, 126, 135, 139
Mondana, Lorenza 353
Mooij, Jan Johann Albinn 322, 324
Moore, George Edward 45, 46, 47, 51, 52, 204

Morgan, Michael 258
Moritz, Karl Philipp 50
Morris, Michael 21
Müller, Günther 234, 235, 301
Müller, Hans-Harald 187, 233, 256, 281
Müller, Jan-Dirk 121, 214
Mulsow, Martin 144

Nehamas, Alexander 257, 258
Neuhaus, Stefan 282
Neurath, Otto 1, 9, 12, 33, 185, 186, 189, 193, 205, 287, 301, 330, 335, 336, 345, 350
Newen, Albert 146
Nielsen, Karsten Hvidtfelt 57, 342
Nietzsche, Friedrich 11, 296, 338
Nipperdey, Thomas 179
Nisbet, Hugh Barr 269
Noë, Alva 83, 344, 347
Norden, Eduard 269
Nünlist, René 264
Nünning, Ansgar 179

Oesterle, Günter 302, 353
Olsen, Stein Haugom 49, 221, 225, 304, 351
Olson, Elder 50, 247, 283
Ovid 221, 244, 259, 267, 268

Palmer, Frank 31
Pardo, Michael 9
Pasternack 349
Pasternack, Gerhard 349
Patterson, Dennis 9
Paul, Hermann 76, 82, 98, 105, 153, 194, 239, 294, 327, 351
Peirce, Charles Sanders 282, 285
Petraschka, Thomas 347, 349
Petrey, Sandy 232
Phelan, James 50, 246, 265
Philipse, Herman 13, 72, 76
Picard, Raymond 235, 236
Pickering, Andrew 185
Pinker, Steven 84, 118, 150, 151, 174
Polenz, Peter von 140
Popper, Karl 183
Porter, James 217
Porzig, Walter 76
Pratt, Mary Louise 231

Price, Henry 119
Prinz, Katharina 229
Prose, Francine 218
Proudfoot, Diane 113, 151, 344
Putnam, Hilary 8

Quine, Willard 86, 88, 146, 189, 190, 236, 322–324, 337, 338, 340, 350, 352

Ravenscroft, Ian 64, 65
Reddy, Michael 157
Reichardt, Hans 294
Reicher, Maria 39, 124, 194
Reichert, John 135, 225, 231, 249, 273, 289, 302, 304, 318, 324
Reid, Thomas 85, 86, 92
Reinhard, Wolfgang 193
Reiß, Gunter 155, 254
Ricardou, Jean 240
Richard 214
Richards, Ivor 188
Rickert, Heinrich 32, 33, 69, 315, 352
Riemer, Nick 100
Robinson, Jeffrey 197
Robinson, Jenefer 251
Roger, Jacques 303
Rosch, Eleanor 100
Rosenberg, Jay 326
Ruef, Hans 78
Rueff, Martin 236
Rumfitt, Ian 141
Rundle, Bede 12, 13, 22, 41, 63, 67, 127, 131, 132, 204, 252, 297, 298, 302, 337, 338
Russell, Bertrand 54, 124
Russell, Donald 229
Ryle, Gilbert 1, 8, 12–14, 41, 42, 56, 73, 83, 86, 115, 119, 147, 184, 189, 194, 204, 206, 208–214, 217, 218, 236, 292, 294, 310, 321–323, 344, 354

Sacks, Harvey 343, 353
Sacks, Sheldon 229
Saine, Thomas 59
Sandis, Constantine 302
Sandor, Andras 230

Santambrogio, Marco 352
Savigny, Eike von 14, 115, 324
Scheer, Eckart 86
Scheffel, Michael 259, 260–264, 266, 274
Scherer, Stefan 348
Scherer, Wilhelm 107, 108, 187, 224, 228, 239, 275, 281, 294, 333, 341, 347, 354
Schlaffer, Heinz 231, 359
Schlegel, August Wilhelm 233
Schlegel, Friedrich 274, 302, 353, 354, 358
Schleiermacher, Friedrich 6, 238, 239, 285, 293, 335, 357
Schlick, Moritz 12, 171, 300
Schloßberger, Matthias 169
Schluchter, Manfred 155, 254
Schnädelbach, Herbert 334
Schneider, Ralf 163, 166, 170
Schnotz, Wolfgang 101, 109, 150, 161, 167
Scholz, Oliver 2, 14, 22, 40, 43, 49, 77, 86, 88, 115, 116, 126, 140, 174, 181, 185, 187, 189, 192, 193, 200, 238, 242, 266, 284, 291, 298, 300, 308, 309, 311, 315, 316, 320, 321, 324, 332, 342, 345, 352
Schreier, Margit 40
Schröder, Rudolf Alexander 320
Schroeder, Severin 132, 201, 202, 219, 221, 318, 321
Schultz, Franz 281, 283
Schwarz-Friesel, Monika 28, 100, 161
Schwitzgebel, Eric 115, 206
Scriven, Michael 299, 302
Searle, John 82, 88–91, 110–113, 115, 124, 266
See, Klaus von 297, 328
Segerdahl, Pär 9, 10, 112, 175
Sharrock, Wes 9, 76, 163
Sibley, Frank 350, 353
Singer, Herbert 216
Sircello, Guy 251
Skinner, Burrhus Frederic 86
Skinner, Quentin 196, 232, 235, 248, 288, 297
Šklovskij, Viktor 222, 235, 259, 276

Smith, Barbara Herrnstein 17, 190, 191, 232, 241, 282, 285, 298, 304, 330, 351
Sneis, Jørgen 71
Snowdon, Paul 322
Sparr, Thomas 1, 55
Spengler, Oswald 301
Sperber, Dan 140, 161
Spoerhase, Carlos 185, 186, 230, 299, 306, 346
Spranger, Eduard 223
Spree, Axel 310
Stackmann, Karl 123, 179, 203, 214
Staiger, Emil 234, 348, 349, 351
Stanzel, Franz 264–266, 273, 274
Stecker, Robert 309
Steinbrenner, Jakob 357
Steinig, Wolfgang 118
Steinmetz, Horst 161, 306
Stenlund, Sören 87
Stich, Stephen 100
Stierle, Karlheinz 248
Stockwell, Peter 77, 109
Stone, Martin 311
Stout, Jeffrey 312
Stoutland, Frederick 65
Strawson, Galen 119
Strawson, Peter 12, 15, 37, 182, 183, 319
Strelka, Joseph 216
Stroh, Wilfried 143, 244
Stroll, Avrum 45
Stroud, Barry 102
Strube, Werner 42, 103, 186, 350
Szondi, Peter 1, 5–7, 11, 22, 55, 57, 58, 94, 98, 117, 120, 139, 147, 171, 180, 181, 188, 189, 191, 202, 215, 221, 222, 239, 240, 242, 291, 294, 305, 312, 314–317, 331, 334, 344, 347–350, 353, 359

Tanney, Julia 131
Tanselle, Thomas 230
Taylor, Talbot 153, 155, 192
Tepe, Peter 66, 122–124, 129, 146, 154, 158, 253, 254, 261, 272, 296, 310, 327, 328
Thomasson, Amie 183, 185
Thomé, Horst 230
Thorpe, Clarence 102
Thürnau, Donatus 40
Titzmann, Michael 24, 25, 39, 232, 255, 268
Tolstoi, Lew 220
Travis, Charles 8
Trunz, Erich 59, 120, 216
Tsilipakos, Leonidas 9
Turner, Mark 82, 83, 109, 159
Tynjanov, Jurij 235, 245, 246

Uebel, Thomas 33, 186
Ullrich, Wolfgang 299
Urmson, James 319

Valéry, Paul 10
Vallacher, Robin 210
Viehoff, Reinhold 170
Vogt, Jochen 261
Volk, Katharina 259
Vollhardt, Friedrich 32, 179, 301
Voßkamp, Wilhelm 224

Walton, Douglas 284
Walton, Kendall 320
Warren, Austin 233, 234
Weber, Dietrich 263, 266, 275
Weber, Max 296
Wechsler, Alfred 223
Wege, Sophia 109
Wegner, Daniel 210
Weimar, Klaus 10, 39, 40, 45, 48–50, 79, 106, 107, 155–159, 161, 164–166, 172, 181, 182, 215, 216, 232, 233, 246, 256, 293, 316, 320, 324, 335, 343, 345
Wellek, René 233, 234, 235
Wettstein, Howard 45, 90, 143, 337, 338, 340
Wezel, Johann Karl 155
White, Alan 9, 12, 13, 23, 40, 43, 45, 86, 93, 120, 127, 136, 210, 213, 291, 297, 302, 332
Wieland, Christoph Martin 142, 144, 145, 215, 216, 264
Wiggershaus, Rolf 192
Wiggins, David 194, 195, 219
Wilamowitz-Moellendorff, Tycho von 277

Wilamowitz-Moellendorff, Ulrich von 58, 63, 64, 196, 277, 333, 346
Wiley, Mary 197
Willand, Marcus 77
Williams, Michael 324, 329
Wilson, Deirdre 140, 161
Wimsatt, William 121, 122, 137, 238
Winko, Simone 18, 22, 41, 44, 54, 61, 62, 77, 79, 113, 138, 140, 148, 165, 168, 188, 229, 288, 292, 296, 323, 340
Wittgenstein, Ludwig 1, 2, 6–9, 11–15, 20–23, 36, 37, 41, 43–46, 51, 56–58, 65, 66, 70, 73, 74, 76, 81–83, 86–88, 90, 92, 95–101, 110–117, 127, 129, 132, 138–140, 144–148, 151, 163, 171, 174, 176, 182, 183, 185, 188–202, 204–207, 210, 219–221, 223–226, 231, 236, 279, 289, 291, 301, 311, 313–315, 318, 321, 323, 326, 329, 331, 332, 337, 338, 344, 350, 352, 354–357
Wolf, Friedrich August 152, 153, 346
Wright, Georg Henrik von 183, 302

Yallop, Colin 116
Ylikoski, Petri 348, 357
Yolton, John 81, 85, 86

Zabka, Thomas 133, 170, 306, 308
Zeller, Hans 121
Zembylas, Tasos 218
Ziem, Alexander 173
Zimmermann, Thomas Ede 26, 27, 31, 32
Zipfel, Frank 261, 263, 265, 272
Zymner, Rüdiger 165, 166, 224, 225, 254, 256, 273, 275, 350